U0921189

广西文化年鉴
GuangXi Culture YearBook
2011

广西壮族自治区文化厅　编

余益中　主编

南海出版公司

热烈祝贺《广西文化
全国地方志系统第二届

数字·2010文化广西

机　构

2010年全区文化机构总数10,279个，与上年同期相比增加423个(主要是增加了县级图书馆、县级文化馆、乡镇社区文化站、娱乐场所及文化相关产业等机构)，其中：

全区艺术表演团体141个，其中文化部门116个；

全区艺术表演场馆24座，其中文化部门22座；

全区公共图书馆108个(县级图书馆92个)，全区市群众艺术馆15个，县级文化馆107个，乡镇社区文化站1,162个(乡镇文化站1,126个)；

全区艺术教育机构6个，艺术创作机构7个，艺术科研机构10个；

全区娱乐场所3,223个，网吧5,040个，艺术品经营机构15个；

全区文物保护管理机构61个，文物科研机构5个，博物馆64个，文物商店4个。

全区文化及相关产业机构10,279个，其中文化部门产业机构1,939个，其他部门文化产业机构8,340个；在文化部门产业机构中，国有1,927个，其他12个。

人　员

全区文化从业人员67,980人，其中文化部门从业人员14,920人，其他部门从业人员53,060人。

经　费

全区文化文物经费全年收入145,385.3万元，其中：财政拨款123,933.2万元，与上年收入112,639.4万元及其中的财政拨款92,967.2万元相比，分别增加32,745.9万元、30,966万元，增长29.07%、33.3%。当年人均文化事业费26.92元。

全区文化文物经费全年支出137,862.5万元，比上年经费支出113,175.1万元增加24,687.4万元，增长21.8%。

投　资

全区文化设施年内建设项目217个，计划投资额118,296.2万元，国家投资16,077.4万元，与上年计划投资额51,743.7万元、国家投资11,257.1万元相比分别增加66,552.5、4,820.3万元增长128.6%、42.8%；本年实际完成18,639.4万元，竣工项目113个，面积4.969万平方米。

年鉴》2010年荣获
年鉴评奖专业类一等奖

事　业

全区艺术表演团体年内创作首演剧目14个。全年演出1.575万场，平均每团112场，观众1,507.6万人次，其中农村演出0.699万场、观众805.3万人次。演出收入3,678.8万元。

全区艺术表演场馆演出1.868万场，其中艺术演出0.165万场，平均每单位演出778场，观众136万人次，演出收入356.2万元。

全区公共图书馆总藏量1,880.877万册(件)，其中图书1,371.482万册；总流量1,342.783万人次，其中：外借356.399万人次、732.795万册次；购书费1,675.5万元；电子阅览室终端3341台。本年人均藏书0.298册，人均购书费0.364元。

全区群众艺术馆，文化馆(站)共举办展览2,395个；组织文艺活动19,775次；举办训练班8,747个，培训37.609万人次；组织各类理论研讨和讲座169场；对公众开放阅览室面积1.324万平方米；由本馆指导的：馆办文艺团体385个，群众业余文艺团队8,400个；馆办老年大学19个。

全区文化市场经营机构固定资产原值327,497.1万元，经营面积236.867万平方米，营业收入261,078.6万元，利润总额84,881.4万元，应付工资总额55,955.1万元。

全区文博机构藏品34.7472万件，陈列、展览339个；参观876万人次，门票收入172.1万元。其中：博物馆藏品27.9452万件，陈列展览318个；参观744.1万人次，门票收入39万元。

产　业

全区文化产业全年总产出376,230.7万元。增加值289,620.5万元，与上年总产出373,998万元及增加值272,128.7万元相比，分别增加2,232.7万元、17,491.8万元，增长0.60%、6.43%。

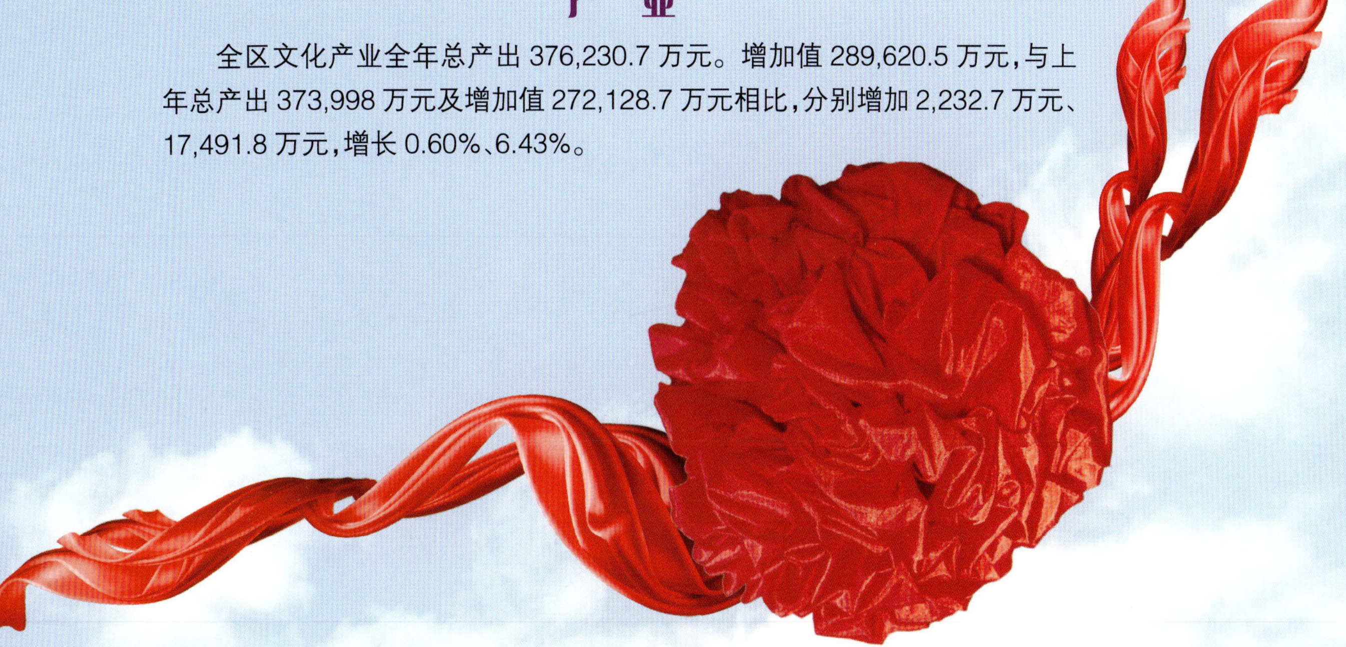

广西文物

所长：林　强

广西文物考古研究所的前身是1973年成立的广西壮族自治区文物工作队，2006年经自治区文化厅批准更现名，是广西唯一同时具有考古发掘单位资质和文物保护工程勘察设计乙级资质、施工二级资质的文物机构，内设办公室、考古研究室、文物保护工程研究室、信息资料研究室、保卫科，现有员工40余人，其中研究馆员9人，副研究馆员4人，馆员4人，承担着全区考古调查、勘探、发掘、科学研究和文物保护工程设计、施工的主要任务。

近年来，出色的完成基本建设发掘任务，有乐滩、长洲、山秀等水利枢纽，南宁至百色、百色至隆林等高速公路，贵阳至广州、南宁至广州等快速铁路建设所涉及的遗址、墓葬，以及合浦草鞋村等遗址的主动性科研发掘项目。其中包括田阳那赖、百色大梅等30余处旧石器时代遗址遗址，发掘面积超过30000平方米；崇左冲塘、都安北大岭等50余处新石器时代遗址，发掘面积超过40000平方米；合浦风门岭等数百座汉墓，包括永福窑田岭窑址等一批三国两晋南朝和隋唐宋元明清各时期的遗址及墓葬。同时，完成各级文物保护单位的维修保护方案、施工项目近百个，包括忻城莫土司衙署等文物保护单位，以及完成广西连城要塞遗址及友谊关文物保护规划等项目。此外，出版了《广西考古文集》（已4辑），《合浦风门岭汉墓》、《广西先秦岩洞葬》等十数本考古报告、论文集等著作；共举办、协办国际国内会议多次，如"2010年中国历史地理国际学术研讨会"、"岭南地区考古与文化遗产保护学术研讨会"等学术会议，并接待了美国、法国、澳大利亚、日本、越南等多个国家和地区的专家学者来访和交流。

广西文物考古研究所卓有成效的开展考古、文物保护工作，有力地保护了一批文化遗产，出土了一批珍贵文物，取得了一批科研成果，为广西社会建设、经济建设、文化建设和发展作了积极贡献。

考古研究所

① 自治区文化厅厅长余益中在考古所新办公楼启用仪式上致辞

② 2007 年至 2010 年多次发掘的合浦县草鞋村遗址发掘现场

③ 2008 年贵港市贵城遗址发掘区

④ 2009 年完成的东兰县列宁岩文物保护工程

⑤ 2010 年永福窑田岭宋代窑址空中俯视发掘现场

⑥ 田东县福兰新石器时代遗址发掘现场

⑦ 出土的汉代瓦当

⑧ 出土的汉代"万岁"瓦当

⑨ 出土的宋代兽面纹瓦当

校长：潘世明

广西

广西艺术学校始建于1959年，是一所全日制国家级重点中等职业学校，隶属广西文化厅，同时接受广西教育厅的领导，是国家财政全额拨款并具有独立法人资质的全民所有制事业单位。2007年，戏曲表演专业被教育厅认定为自治区级示范专业，学校晋升为自治区级重点中等职业学校。2008年，舞蹈表演专业被自治区教育厅认定为自治区级示范专业，学校晋升为国家级重点中等职业学校。2009年，被自治区教育厅、财政厅认定为自治区职教攻坚“示范性中等职业学校”。2010年，舞蹈表演专业实训基地被广西教育厅认定为“广西中等职业教育示范性实训基地”。

学校以“育人为本，德高艺精”为校训，注重教学质量，教学成果突出，先后荣获了国内外奖项300多个。广西荣获全国“梅花奖”、“国家舞台艺术精品工程奖”、“文华奖”、“五个一工程奖”、“牡丹奖”的获奖者，大多数是从广西艺术学校走出去的毕业生。目前，广西艺术学校拥有声乐、器乐、舞蹈、杂技与魔术、戏曲、播音与节目主持、工艺美术、灯光设计、木偶与皮影表演及制作等专业，为广西及区外各级专业文艺团体、企事业单位、部队培养和输送了大批艺术人才。

广西艺术学校校长潘世明，国家一级演员，中国音乐家协会会员，中国艺术职业教育学会副秘书长，广西音乐家协会理事，男高音歌唱家，于中国音乐学院本科毕业，文学学士学位，北京师范大学教育管理在读博士，曾荣获广西和全国声乐比赛金、银、铜多个奖项，多年来，集演唱、教学、教研于一身，为多部电影、电视剧主题曲配唱，出版发行个人演唱专辑《春天的呼唤》，培养黄春艳、胡芸菲、张妮慧、韦盛、文雯、莫飞鹏等一批优秀学生在全区、全国比赛获奖，发表《创新广西民族声乐人才培养模式》、《黑衣壮民歌演唱风格初探》等论文多篇，2008年荣获改革开放30年中国艺术职业教育优秀教师称号，2009年被中华人民共和国人力资源和社会保障部、文化部授予全国文化系统先进工作者称号，为广西艺术系列、群众文化系列高级职称评委，第九、第十、第十一、第十二、第十三、第十四届全国青年歌手电视大奖赛广西赛区评委，中国音乐金钟奖广西赛区评委，个人艺术成就辑入《中国音乐家大辞典》。

①
②

③

④

艺术学校

① 2010 年 10 月 2010 "红铜鼓" 中国—东盟艺术教育成果展演新闻发布会在我校举行

② 广西艺术学校校门新貌

③ 2010 年 10 月青年教师李艳在意大利国际魔术大会的比赛中获第二名

④ 粤剧表演《天女散花》

⑤ 2010 年 12 月由广西艺术学校师生组成的广西青少年艺术团赴台湾交流演出

⑥ 2010 年 11 月接待东盟中日韩 10+3 贵宾来访

⑦ 2010 年 11 月杂技表演《女子柔术—茉莉花开》荣获 "红铜鼓" 中国—东盟艺术教育成果展演一等奖、第一届广西杂技(魔术)比赛一等奖

⑧ 2010 年 11 月杂技节目《跳板灌篮》荣获 2010 "红铜鼓" 中国—东盟艺术教育成果展演一等奖

⑨ 2010 年 3 月我校四位同学荣获广西中职学校新时代 "刘三姐" 荣誉称号

馆长:王　頠

广西民族博物馆位于南宁市青秀山风景区内，占地130亩，总建筑面积30000平方米，建设总投资约2.5亿元，是自治区财政全额拨款的全民所有制博物馆，直属自治区文化厅。近两年来，根据余益中厅长关于博物馆事业发展“藏、研、展、开”的工作定位，广西民族博物馆团结拼搏、锐意进取，取得了良好成绩。2010至2011年共征集各类文物17000余件。馆内目前正在撰写或已经发表的论文33篇，其中包括5篇国际SCI文章，学术专著5部，科普著作一部。引进印尼国家博物馆文物精品展、缅甸佛文化展等3个国外展，举办《千针万线总是情——馆藏刺绣珍品展》等6个馆藏文物精品展。此外，成功创建国家4A级旅游景区，以“三贴近”为指导，定期把博物馆文化送进校园和社区，并且结合媒体资源，成功举办了“畅享民歌”、“为明天征集今天——追寻老物件”等几个大型品牌活动。

①

②

③

④

族博物馆

① 中共中央政治局委员、中央宣传部部长刘云山视察民族博物馆
② 中共中央政治局委员、中央政法委副书记王乐泉视察民族博物馆
③ 全国人大副委员长韩启德视察民族博物馆
④ 全国政协副主席、中共中央统战部部长杜青林参观民族博物馆
⑤ 国务院调研组参观民族博物馆
⑥ 广西壮族自治区党委书记郭声琨陪同国资委主任李荣融参观民族博物馆
⑦ 中央纪委副书记、监察部部长兼国家预防腐败局局长马馼参观民族博物馆
⑧ 文化部副部长赵少华参观民族博物馆
⑨ 国家文物局副局长董保华视察民族博物馆
⑩ 老挝国家副主席本扬·沃拉吉到馆参观
⑪ 馆班子领导成员
⑫ 追寻党的足迹——广西民族博物馆“七一”活动
⑬ 2011 年 11 月民族博物馆社工部走进橘子郡开展活动
⑭ 工作人员在巴马征集服饰后与村民合影
⑮ 工作人员在田林调查瑶族铜鼓舞

馆长:吴伟峰

广 西

广西博物馆,前身是1934年在南宁创立的广西省立博物馆。抗日战争爆发以后,广西省立博物馆几度搬迁,处于风雨飘摇、举步维艰之中,文物损失严重,馆名也多次更改。直到新中国成立,广西的文博事业才得到复苏。经过多年筹备,1956年5月1日,广西省博物馆大楼竣工,宣告重建工作完成。1958年3月,随着广西壮族自治区成立,广西博物馆遂改为现名。1978年建成目前的陈列大楼。

现有馆藏文物41792件(套),包括出土文物、近现代文物、书画、陶瓷器和杂项等,其中一级文物144件(套),二级文物1961件(套),三级文物3848件(套)。目前展出的基本陈列有"文莱苏丹龙辇陈列"、"瓯骆遗粹——广西百越文化文物陈列"、"瓷美如花——馆藏明清瓷器精品展",此外,每年举办临时性的专题展览约30个左右。民族文物苑作为民族民俗展览向室外的延伸和扩展,辅以生产、生活用品原状陈列和民族风味小吃,节假日还组织传统工艺和民族民间文艺表演。除在本馆办展外,还多次赴国外以及国内的一些城市举办专题展览,或引进外地的展览到本馆展出,以此促进文化交流。已出版的学术专著有:《铜鼓史话》、《铜鼓艺术研究》、《广西铜鼓图录》、《古代铜鼓通论》、《广西出土文物》、《广西贵县罗泊湾汉墓》、《广西左江岩画》、《百色旧石器》、《广西铜镜》、《广西博物馆七十年》、《广西博物馆土陶瓷精粹》、《河池铜鼓》、《越南出水陶瓷》、《瓯骆遗粹——广西百越文化文物陈列》、《广西博物馆馆藏书画精品选集》、《博物馆免费开放的思考》、《博物馆与旅游》、《广西博物馆文集》(1-7辑)等。

在当前经济全球化和文化多元化快速发展的新形势下,广西博物馆以新的姿态迎接新的机遇和挑战,正在积极筹划改扩建,增加设施,更新陈列展览,强化服务功能,力争在不久的将来使本馆变成具有浓郁地方特色的现代化的博物馆。

博 物 馆

获奖证书
HONORARY CREDENTIAL

编号：桂社科奖字201011044号

吴伟峰等主编的《河池铜鼓》（著作类）荣获广西壮族自治区第十一次社会科学优秀成果奖二等奖。

特发此证

成果合作者：黄启善、谢日万、梁富林、蓝日勇、蒋廷瑜、万辅彬、韩德明

广西壮族自治区人民政府
二〇一〇年十二月

① 2010年5月11日，国家文物局董保华副局长到广西博物馆检查、调研工作

② 2010年4月16日，召开广西博物馆改建建设谈会，文化厅覃溥副厅长出席了座谈会

③ 2010年，广西博物馆推出"馆长讲解日"活动。图为吴伟峰馆长在"馆长讲解日"为观众讲解

④ 2010年8月，广西博物馆林峰副馆长带队赴防城、宁明、龙州等地调查并征集旧界碑

⑤ 2010年5-8月，广西博物馆开展第二批馆藏珍贵文物推荐定级工作

⑥⑧ 广西博物馆组织编撰的《河池铜鼓》荣获广西第十一次社会科学优秀成果二等奖

⑦ 广西博物馆召开第三届学术研讨会

⑨ 广西博物馆开展文物宣传进校园活动

⑩ 2010年，广西博物馆推出中华传统节日主题系列活动，图为该馆与学校举办中秋节主题活动

⑪ 广西博物馆新推出固定陈列"瓯骆遗粹——广西百越文化文物陈列"

⑫ 广西博物馆建设完成的精品库房

院长:林燕飞

广西歌舞剧院前身为广西省民族歌舞团,成立于1954年元月,1958年成立广西壮族自治区,改称为广西壮族自治区歌舞团,2004年8月经自治区人民政府批准更名为广西壮族自治区歌舞剧院,下设广西歌舞剧院歌舞团、广西歌舞剧院交响乐团、广西歌舞剧院民族乐团、广西歌舞剧院舞美艺术制作中心。自成立以来,一直是广西文化建设的一支主力军,是宣传广西的艺术之窗,是唱响歌海、舞动八桂的艺术奇葩,常年承担着自治区党委、自治区政府下达的各类重大演出任务,为弘扬广西民族文化艺术和促进广西对外文化交流作出了重要贡献。

该院汇聚了包括壮、汉、瑶、苗、侗、仫佬、水家、京、回、满等民族的艺术精英,创作和演出了许多具有广西民族特色的作品。几十年来,大批在民族艺术上有成就、享誉国内外的艺术家,创作许多作品在全国、全区的文艺汇演以及各种类型的评选比赛中获奖。创作演出代表性的作品有:舞蹈《鉴水河情歌》、《瑶族婚礼舞》、《拉木歌》、《北海女民兵》、《打棍出箱》、《赶圩归来阿哩哩》、《坐夜》、《壮乡春早》、《双刀舞》、《花山战鼓》、《瑶山孕》、《打磨秋》、《秋歌》、《海恋》、《担》;大型歌舞《严阵以待》;舞剧《长山战歌》;庆典大型民族歌舞《红日照南疆》、《金色足迹》;壮族民族歌舞《骆越神韵》、《民族之光》;歌曲有《青山里流出一条红水河》、《我的歌声飞向南》、《壮族人民歌唱毛主席》、《晨雾中牛铃在响》、《赶圩归来阿哩哩》、《壮家少年热爱毛主席》、《歌声牵出月亮来》;器乐曲有《壮锦献给毛主席》、《壮乡春早》、《山歌好比春江水》、《侗寨狂欢夜》;歌剧《百鸟衣》、《甜娘》、《海怪与女奴》;大型音乐剧《桂林故事》;大合唱《红水河之歌》等。还上演过学习歌剧《洪湖赤卫队》、《江姐》,芭蕾舞剧《白毛女》、《红色娘子军》、《沂蒙颂》、《草原儿女》,民族舞剧《半屏山》以及钢琴协奏曲《黄河》、小提琴协奏曲《梁祝》、交响幻想曲《歌仙·刘三姐》、交响曲《八桂风韵》、交响组曲《刘三姐》、交响乐《壮乡和韵》、大型交响音画《广西畅想》等。

特别是近几年来,该院创编的大型民族歌舞《漓江诗情》在参加第二届全国少数民族文艺汇演中,荣获了创作金奖、演出金奖、舞美金奖及12个单项奖。出色完成了随广西壮族自治区政府代表团赴澳洲、东南亚各国、印度、韩国出访演出,赴京参加广西文化周演出和庆祝国庆60周年献礼演出以及自治区庆祝国庆60周年、自治区成立50周年文艺晚会演出,举行广西政协60年光辉历程全区巡演,参加上海世博会广西活动周、中国西部交响乐周、广西红十字建会一百周年、广西"防治艾滋 履行承诺 共享阳光"公益晚会的演出等,创编音乐剧《桂花雨》参加第九届中国艺术节,荣获第十三届文化大奖特别奖、剧作奖、舞台美术奖及艺术节表演奖。

舞剧院

证　书

广西壮族自治区歌舞剧院 创作演出的《 桂花雨 》在文化部第十三届文华奖评奖中荣获文华大奖特别奖。

中华人民共和国文化部 颁

二〇　年五月

①2010年10月11日自治区党委书记郭声琨与参加广西红十字会建会100周年纪念大会文艺演出的演员亲切握手

②2010年8月16日自治区主席马飚、副主席李康、自治区文化厅厅长余益中在"情系八桂"两岸文化联谊行开幕式上与广西歌舞剧院演员亲切合影

③2010年8月2日自治区文化厅厅长余益中在上海世博会上敲响马山会鼓

④2010年10月29日自治区文化厅厅长余益中为第一届广西舞蹈青年演员大奖赛获奖演员颁奖

⑤2010年11月25日赴印度演出演职人员合影

⑥2009年12月26日纪念自治区地方人大建立30年文艺晚会

⑦2010年5月广西歌舞剧院音乐剧《桂花雨》获奖

⑧2010年3月10日广西歌舞剧院文化"三下乡"演出

⑨2010年12月24日广西交响乐团参加中国西部交响乐周音乐会演出

⑩2010年3月14日全国纪检监察工作座谈会文艺晚会

⑪2010年5月广西歌舞剧院音乐剧《桂花雨》

⑫2010年6月广西政协"同舟共进"文艺晚会

⑬2010年9月25日庆祝恭城瑶族自治县成立20周年文艺晚会

⑭2010年8月2日上海世博会《壮美广西》文艺会

⑮2010年11月29日广西"防治艾滋、履行承诺、共享阳光"公益晚会

团长:黄民胜

广西壮剧团成立于1965年,前身为右江壮剧团,是广西唯一的自治区级壮剧艺术专业表演团体,属财政差额拨款事业单位,在编员工80人,(其中高级职称37人,中级职称17人)。全团75%以上由壮、苗、瑶、回族、仫佬族等少数民族演职员组成,是一个年轻充满活力和艺术创造力、富有凝聚力而又和谐团结、敬业创新的艺术大家庭。经过几代艺术家和广大演职员的不懈努力,把一个不起眼的弱小剧种和剧团,发展成今天初具规模并跻身于全国百强艺术表演院团之林的剧种剧团。

广西壮剧团是一个善于创造奇迹的剧团。40多年来创作排演了多部具有浓郁地方特色和民族风格的传统和现代剧目,多次荣获全区、全国奖,提高了壮剧艺术的知名度、美誉度和影响力。在自治区所举行的一至七届剧展中,广西壮剧团连续荣获6届桂花金奖、1届桂花银奖,曾3次获选代表广西参加全国艺术节展演。壮剧《金花银花》荣获"广西第一届剧展优秀剧本奖(桂花金奖)"、"全国少数民族题材创作奖"、"全国戏曲观摩演出二等奖"和第一届"振兴广西文艺创作铜鼓奖";壮剧《羽人梦》1987年荣获"第二届全国少数民族题材创作金奖"、第二届"广西剧展桂花二等奖"、第二届"振兴广西文艺创作铜鼓奖"。尤其是大型风情壮剧《歌王》,为广西夺得第一个全国艺术最高奖——文华大奖、五个一工程奖,并获第三届广西文艺创作"铜鼓奖"。近年来排演的新编大型历史壮剧《瓦氏夫人》,荣获第三届全国少数民族文艺会演戏剧类金奖第一名、第七届全国戏剧节会演金奖、第五届广西文艺创作"铜鼓奖";《天上恋曲》荣获第二届中国少数民族戏剧汇演银奖,第六届广西文艺创作"铜鼓奖"。2011年1月入选了2009—2010年度国家舞台艺术精品工程"资助剧目";2012年1月,荣获了2009—2010年度国家舞台艺术精品工程"重点资助剧目"。广西壮剧团以辉煌的业绩和突出的贡献,为壮族争得了荣誉,为广西争了光。

③

④

壮剧团

①广西壮族自治区党委郭声琨书记到剧团调研
②自治区主席马飚来我团视察
③自治区文化厅余益中厅长到我团了解情况
④自治区文化厅副厅长洪波(左二);党组副书记、副厅长李民胜(左四)到我团了解排练场修建情况
⑤国家文化部艺术司戏剧处王勇处长(前排左三);中国剧协党组成员、出版社社长樊国宾(前排左七)亲临广西南宁观看"天"剧演出
⑥2011年10月5日文化部艺术司董伟司长观看《天上恋曲》演出
⑦现代壮剧《天上恋曲》荣获第七届广西剧展桂花金奖、第二届中国少数民族戏剧汇演银奖、荣获了2009—2010年度国家舞台艺术精品工程"重点资助剧目"、第六届广西文艺创作铜鼓奖
⑧2008年赴越南演出时为汶川祈福、捐款
⑨广西壮剧团赴靖西县乡镇进行"文化下乡"惠民演出
⑩2010中国壮剧艺术论坛
⑪非物质文化遗产传承基地魅力壮剧专场演出《铜鼓迎宾》
⑫非物质文化遗产传承基地魅力壮剧专场演出北路壮剧《金花银花》拦路歌
⑬壮剧·非物质文化遗产下基层进校园示范演出
⑭参加中国东盟博览会及南宁国际民歌艺术节系列演出

团长：杨步云

广西

广西彩调剧团创建于1956年11月1日，是全国唯一的省级彩调剧团。20世纪60年代，经国家文化部评审荣登全国120个著名专业剧团金榜。2006年5月广西彩调被国务院列入第一批国家级非物质文化遗产名录，自治区文化厅将广西彩调剧团确定为该项目主要保护、传承单位。

据不完全统计，从1956年至2010年，广西彩调剧团共创作、改编、移植上演了255个剧目，这些剧目除了有《王三打鸟》、《王二报喜》、《三看亲》、《双黄旦》、《隔河看亲》、《二女争夫》、《换子记》《半夜拜菩萨》等广大群众喜闻乐见，久演不衰的优秀传统剧目外，还有被专家和媒体赞誉为经典可与世界戏剧艺术接轨的《哪嗬咿嗬嗨》以及《三朵小红花》、《闪光的足迹》、《梦里听竹》、《大山小村官》、《哎呀，我的小冤家》、《追》、《乡醉》、《桑园小夜曲》等一大批在区内外有重大影响的优秀现代戏剧作品。此外，剧团还先后拍摄了电影艺术片《三朵小红花》、《刘三姐》，电视艺术片《三看亲》、《调子喜闹春》、《苗山妹子》，彩调电视剧《特效农药》、《百事叉做媒》、《大山小村官》、《月香》等，有数十个优秀传统彩调剧目录制成盒式磁带或VCD光碟向社会发行；出版、发表了《广西彩调剧优秀传统剧目选·江波整理改编卷》，《广西彩调剧优秀传统剧目选·杨爱民、韦结品、唐继、尹天植、周锡生改编卷》，《广西彩调剧优秀传统剧目、学术研究文稿综合卷》，《彩调艺术资料大全·目录索引》，《耕耘调子园·江波彩调艺术研究文集》（续集）等剧集和戏剧论文专著。为彩调艺术的保护、传承和发展作出了积极的贡献。

广西彩调剧团演员担纲主演的民间歌舞剧《刘三姐》，50年前曾五进中南海、四进怀仁堂为老一辈国家领导人演出，成为了全广西人民心中永恒的记忆，及至后来该团重新编排演出的彩调歌舞剧《刘三姐》，足迹遍及祖国近30个省、市及7个国家和地区，用歌声架起友谊彩桥，让全国和世界的人们更多地认识了彩调，认识了广西，不愧是广西享誉全国蜚声世界的著名文化品牌，创造了广西戏剧的辉煌，书写了彩调艺术的传奇。

“全国先进文化事业单位”是国家文化部在新的世纪里授予广西彩调剧团的光荣称号。建团至今，培养和造就了一大批具有较深艺术造诣的编剧、导演、表演、音乐和舞美设计等方面的人才。截至2011年，共获各种奖项358个（含单项和综合奖项），其中有7人次分获文华导演、表演、音乐设计、造型设计奖，2人获曹禺戏剧文学奖，5人获国务院特殊津贴，2人获广西首届中青年德艺双馨戏剧家，3人分获中国文化部优秀专家、自治区优秀专家、广西有特殊贡献科技人员殊荣，1人荣立广西壮族自治区人事厅，文联二等功；1人获自治区民族团结进步先进个人表彰，有26人获正高职称，57人获副高职称；5人入选广西文学艺术家十三年成果展示会文艺家；拥有国家级非物质文化遗产彩调项目代表性传承人1人，自治区级非物质文化遗产彩调项目代表性传承人3人。在长期的艺术实践中，剧团不仅形成了自己独具特色的演剧风格，同时还在歌、舞、以及大型综艺晚会的组织、策划、创作、演出等方面具备和积累了丰富的经验和超强的实力。

彩调剧团

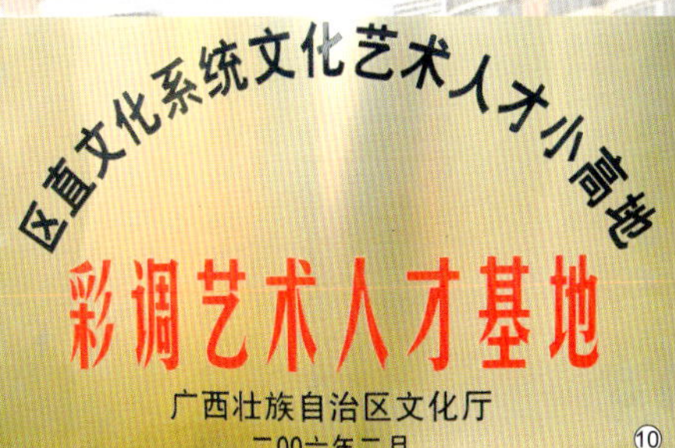

① 2010年，自治区党委书记郭声琨（左二）、由文化厅厅长余益中（右一）陪同在歌舞剧《刘三姐》赴台湾演出前与台方官员合影

② 2009年，马飚主席（左一）接见杨步云团长（右一），并做演出前的重要指示

③ 2009年，广西新版歌舞剧《刘三姐》剧组随自治区主席马飚赴台湾参加桂台经贸演出

④ 2009年，歌舞剧《刘三姐》在台湾演出结束后，余厅长及台方官员接见演员

⑤ 2010年，余益中厅长给歌舞剧《刘三姐》演员做演出前的指示

⑥ 2010年，余益中厅长及台方官员接见歌舞剧《刘三姐》演员

⑦ 2010年，歌舞剧《刘三姐》在台湾花莲县演出结束后向观众谢幕

⑧ 2010年，广西新版歌舞剧《刘三姐》在台湾小巨蛋演出盛况

⑨ 2006年广西彩调剧经国务院公布被列为“国家级非物质文化遗产”

⑩ 2006年广西彩调剧团被文化厅授予“彩调艺术人才基地”

⑪ 广西彩调剧团历年来的部分获奖情况

广西文化年鉴 2011

余益中 主编

广西壮族自治区文化厅 编

南海出版公司

图书在版编目(CIP)数据

广西文化年鉴.2011/广西壮族自治区文化厅编写.
—海口:南海出版公司,2012.2

ISBN 978-7-5442-5774-9

Ⅰ.①广… Ⅱ.①广… Ⅲ.①文化事业—广西—2011—年鉴
Ⅳ.①G127.67—54

中国版本图书馆CIP数据核字(2012)第016555号

GUANGXI WENHUA NIANJIAN

广 西 文 化 年 鉴 2011

编　　写 广西壮族自治区文化厅
责任编辑 徐世坤
封面设计 臧　磊
出版发行 南海出版公司　电话:(0898)66568511
公司地址 海口市海秀中路51号星华大厦5楼　邮编:570206
电子邮箱 nanhaicbgs@yahoo.com.cn
经　　销 新华书店
印　　刷 广西民族印刷有限公司
开　　本 889毫米×1230毫米　1/16
印　　张 34.625
字　　数 699千字
版次印次 2012年3月第1版　2012年3月第1次印刷
书　　号 ISBN 978-7-5442-5774-9
定　　价 168.00元

《广西文化年鉴》(2011)

编纂委员会

唐文红　广西监察厅派驻文化厅纪检监察室主任
陈来安　广西审计厅派驻文化体育新闻审计处处长
黄秀彩　广西文化厅机关服务中心主任
周保旺　广西文化信息中心主任
姚立华　广西文化稽查总队队长
林燕飞　广西歌舞剧院院长
黄民胜　广西壮剧团团长
龙　倩　广西桂剧团团长
杨步云　广西彩调剧团团长
卢　浩　广西京剧团团长
诸家设　广西话剧团团长
陈家明　广西杂技团团长
张民甫　广西木偶剧团团长
罗　征　广西群众艺术馆馆长
廖明君　广西民族文化艺术研究院院长
常剑均　广西艺术创作中心主任
潘世明　广西艺术学校校长
徐欣禄　广西图书馆馆长
吴伟峰　广西博物馆馆长
王　頠　广西民族博物馆馆长
陈运发　广西自然博物馆馆长
林　峰　广西文物商店经理
林　强　广西文物考古研究所所长
张宪文　广西文物保护研究设计中心主任
黄荣东　广西演出有限责任公司总经理
李　卉　广西文化物资供应公司经理
石春玲　广西舞台设备技术研究所常务副所长
蒙文虎　南宁市文化新闻出版局局长
李丽珍　柳州市文化局局长
张执雪　桂林市文化局局长
温　伦　梧州市文化新闻出版局局长

陈月梅　北海市文化局局长
卢　岩　防城港市文化体育新闻出版局局长
林钦娟　钦州市文化和新闻出版局局长
廖向杰　贵港市文化局局长
李锦第　玉林市文化局局长
黄小卡　百色市文化和新闻出版局局长
廖　平　贺州市文化新闻出版局局长
杨卫群　河池市文化广播影视管理局局长
黎瑞江　来宾市文化新闻出版局局长
陆汉新　崇左市文化局局长

《广西文化年鉴》(2011)

编辑部

主　编:余益中
统　稿:李武斌

《广西文化年鉴》(2011)

撰稿人

自治区文化厅 任保胜 陈 菊 关 辉 黄燕熙
吴 兵 伍 冰 刘国建 叶 平
严 俨 罗 艳 邱玉红

广西文化信息中心 陈余灿 刘创举

广西文化稽查总队 袁 境

广西图书馆 李 臻

广西群众艺术馆 吴鹏毅

广西博物馆 陶少艺

广西自然博物馆 罗 宇 阮敏燕

广西民族博物馆 农学坚 陆文东 龚世扬 黄诗莉
刘 梅 邓 锟 麦 西 许 明
肖亚群 谢 睿 陆国中 田 宇
刘治福

广西文物考古研究所 农丽娜

广西民族文化艺术研究院 黄怡鹏 黎学锐 许晓明 史 晖
黄 羽 韦 玺

广西艺术创作中心 裴志勇 李甜芬

广西艺术学校 张 清

广西歌舞剧院 曾智聆

广西壮剧团 潘小波

广西桂剧团 阳 杰 李 静

广西彩调剧团 周锡生

广西杂技团 陈庆勋 汤展新

广西木偶剧团 钟吉湖

广西话剧团 黄 勇

广西京剧团 石 俊

广西演出有限责任公司 秦传张

广西文物保护研究设计中心 张宪文

广西文化物质供应公司 廖鑫欣

广西舞台设备技术研究所 黄吴华

广西文物商店 淡秋平

南宁市文化新闻出版局 潘雨茜 李 庄 黎彦彤 姚 彧
贺南潮 李 霞 周 凝 梅晓光
宁强智 蒙洁慧 韦思私 陈 叶
吴朝霞 邵发建 刘钦荣 梁新润
韦增初 蒙显初 莫 鹏 黄 涛
何生德 梁 艳 黄苏燕 甘超冰
廖 健 黄芥夫 黄宝荣 文耀华
郭 健 黄香芋

柳州市文化局 陈冬梅 张 静 杨 骅 梁 军
罗自强 张海君 张家豪 刘 政

桂林市文化局 阳 引 石维佳 陶 佳 黄 琼
周 娴 王嘉曦 秦七一 周 娴
徐卫红 李 曦 刘 琦 孙小良
韦 军 侯文强 贺战武 周 羽
阳 引 黄泳军 曾令辉 杨迪忠
王朝德

梧州市文化新闻出版局 吴培艳

北海市文化局 徐锡维

防城港市文化体育新闻出版局 廖翠荣

钦州市文化和新闻出版局 苏其光

贵港市文化局 冯贵淳 廖其坚 邓桂风 刘伟清
李延军 黄军萍 甘健晓 杨 洪
刘 达

玉林市文化局 李丽阳

百色市文化和新闻出版局 梁 永 张 超 黄延琪 韦明汉
滕光耀 梁秀彩 黄春玲 陆宝彰
陈永明 林 军 黄瑞萍 黄志宁
朱志杰 陆艳萍

贺州市文化新闻出版局 谢月明 林 虹 秦长安 刘 华
胡作建 罗义丽 陈爱萍

河池市文化广播影视管理局 韦礼明 韦凤娟 牙韩万

来宾市文化新闻出版局 陈大权

崇左市文化局 韦双庆

目　录

领导文章特载

政府工作报告

——2010年1月27日在广西壮族自治区第十一届人民代表大会第三次会议上（节选）…………………… 马　飚　3

学习贯彻十七届六中全会精神　加快建设民族文化强区…………………… 余益中　4

努力提高新形势下广西文化信息宣传工作新水平…………………… 李民胜　11

深入学习贯彻十七届六中全会精神　推动文化产业成为千亿元产业和国民经济支柱性产业…………………… 洪　波　14

善续民族之精　善集天下之美　善创时代之优…………………… 唐正柱　17

深入学习贯彻《非物质文化遗产法》进一步开创广西非物质文化遗产事业发展新局面…………………… 覃　溥　20

创建国家公共文化服务体系示范区（项目）的思考…………………… 李晓泉　24

我心中的梦

——赴美文化经贸交流体会…………………… 马红英　30

着力建设六型办公室　提高服务工作水平

——新时期做好文化系统办公室工作的思考…………………… 任保胜　35

全区文化概览

2010年广西文化工作综述 …………………… 41

专业艺术 …………………… 46

艺术精品创作评选获奖

全国性活动

第二届彩调艺术节

第四届广西青年演员大奖赛（戏曲、曲艺、话剧）

第一届广西舞蹈青年演员大奖赛

第一届广西杂技（魔术）比赛

广西文化艺术交流演出团赴台演出
广西艺术团赴越南演出活动
重要演出活动
2011 年新春演出季活动
全区艺术题材规划会议
歌曲创作
广西艺术团赴印度演出
群众文化 …………………………………………………………………………………… 49
第一届全区群众艺术馆、文化馆业务干部专业技能比赛
“和谐文化服务行”群众文化活动启动仪式
农民的笑声——广西群文春节联欢晚会
广西首届“百益杯”广场健身舞大赛
首届广西农民画展
“千团万场”——“月月比”庆元宵群众文化活动
基层文化骨干培训大行动
第十五届“群星奖”
乡镇综合文化站试点管理
抗日战争胜利 65 周年群文活动
上海世博会广西活动周筹备活动
上海世博会广西活动周
全区公共图书馆先进集体和先进工作者评选活动
公共文化馆群艺馆先进集体和先进工作者评选活动
“和谐文化在基层——千团万场”群众文化活动现场会
公共文化单位免费开放与公益性服务研究课题
村级公共服务中心建设
文　物 …………………………………………………………………………………… 53
文物博物馆事业概况
文物保护维修
广西连城要塞遗址和友谊关文物保护总体规划评审与研讨会
博物馆建设
博物馆免费开放
第三次文物普查
考古发掘与研究
文物博物馆对外交流
花山岩画申报世界文化遗产工作
文博管理干部业务培训
5·18 国际博物馆日及文化遗产日宣传活动

2010年全区文化遗产保护宣传讲解大赛
国家文物局局长单霁翔一行莅临桂林市考察调研
桂林靖江王府及王陵、甑皮岩遗址列入第一批国家考古遗址公园立项名单
北海市被列为国家历史文化名城
合浦县文物管理局成立
中国桂林·史前文化遗产国际高峰论坛暨中国博物馆协会史前遗址博物馆专业委员会第八届研讨会
第五批自治区爱国主义教育基地
非物质文化遗产 …… 58
国家非物质文化遗产保护督查组在广西检查工作
桂林市彩调艺术传承展示基地挂牌成立
自治区文化厅表彰全区非物质文化遗产普查工作先进集体和先进工作者
全国少数民族非物质文化遗产项目(音乐、舞蹈类)调演
广西举办第三届歌王大赛
自治区人民政府公布第三批自治区级非物质文化遗产名录
制定传承人传习活动经费管理办法
组织专家对非物质文化遗产工作进行调研
广西隆重庆祝国家第五个“文化遗产日”
广西歌手摘得第八届中国西部民歌(花儿)歌会金银奖
“河池铜鼓文化生态保护区”建设启动
完成国家级非物质文化遗产项目“十二五”期间保护工作资金申报工作
自治区文化厅召开非物质文化遗产保护专家座谈会
完成2009年非物质文化遗产工作年鉴撰写工作
文化部督查组在广西召开戏剧保护工作传承人座谈会
首届中国非物质文化遗产博览会广西参展项目喜获金银铜奖
广西启动非物质文化遗产丛书编撰工作
第二届广西文场展演暨广西文场保护发展论坛在荔浦县举行
非物质文化遗产保护工作培训班在三江县举办
河池铜鼓文化生态保护区专家咨询会在北京举行
百色市启动“百色壮族文化生态保护区”建设工作
完成国家级非物质文化遗产项目生产性保护示范基地推荐申报工作
文化市场 …… 62
“一手抓管理,一手抓繁荣”努力促进文化事业大繁荣
全力推进全区文化市场综合执法改革工作
拉网式推进各类专项整治,保持文化市场监管高压态势
推进和完善我区文化网络监控平台建设
参与中国国际文化旅游节,探索文化事业发展模式

文化产业 …………………………………………………………………………………… 64
文化产业机构及增加值
《广西壮族自治区人民政府关于加快文化产业发展的实施意见》
(桂政发[2010]63号)出台
广西钦州坭兴陶艺有限公司被国家文化部命名为第四批国家文化产业
示范基地
评选命名第三批自治区文化产业示范基地
广西原创动画电影《生日礼物》屡获大奖
与自治区有关部门联合下发《关于金融支持广西文化产业振兴和发展
繁荣的指导意见》(南宁银发[2010]125号)
签署《广西文化产业发展规划合作协议》
广西文化产业城项目前期工作进展顺利
2010中国—东盟文化产业论坛
全区文化产业工作会
2010年全区文化产业规划研讨班
全区文化系统文化产业投融资项目落实工作培训班
全区动漫游戏产业工作座谈会
全区文化产业示范基地管理建设工作会议
参加第六届中国深圳国际文化产业博览交易会获奖
参加第五届中国西部文化产业博览会获奖
参加第五届中国北京国际创意产业博览会获奖
对外文化交流 ……………………………………………………………………………… 67
广西艺术团赴韩国参加“欢乐春节”文化活动
广西艺术团赴泰国参加“欢乐春节”文化活动
广西文化代表团赴澳大利亚、新西兰进行考察
广西青年代表团赴越南参加第五届“东盟青年营”活动
美国西雅图国际儿童艺术节执行主任访问广西
成功举办“情系八桂——两岸文化联谊行”活动
广西艺术团赴越南参加第二届国际木偶艺术节
广西艺术团赴越南参加建交演出
新加坡代表团来桂访问
“第五期10+3文化人力资源开发合作研讨班”
“中国—东盟文化交流培训中心”正式揭牌
广西艺术团赴印度参加中国节演出
广西青少年艺术团赴台演出交流
艺术教育 …………………………………………………………………………………… 70
广西第八届中等艺术教育“红铜鼓”专业比赛

2010“红铜鼓”中国—东盟艺术教育成果展演
文化经费 …… 71
文化文物系统单位经费收入
文化文物系统单位经费支出
文化产业增加值
文化队伍 …… 73
文化系统人员构成
文化艺术人才培养中长期规划
文化艺术人才培养
区直文化系统干部教育培训经验交流会
文化艺术人才培养传帮带
文化部全国文化干部培训广西文化市场管理执法干部培训班
自治区文化厅直属博物馆领导班子业务管理绩效考核
区直文化系统领导班子后备干部队伍建设规划
广西文化艺术创作人才小高地挂牌
广西文化艺术创作人才小高地建设
区直文化系统经营性文化单位改革
广西杂技团转企改制继续推进
筹建广西地方戏曲院团
事业单位岗位设置
政府特殊津贴
第七批广西壮族自治区优秀专家
广西参与上海世博会先进集体和先进个人
上海世博会先进个人
专业技术人员职称评审
专业技术资格转正定职
文化设施 …… 76
乡镇综合文化站建设投资

厅属文化单位

广西文化信息中心 …… 81
广西文化信息中心概况
文化活动的宣传与策划
文化新闻工作显著
政府信息公开

文化信息报送工作
自治区文化厅官方网站
信息系统安全
广西文化
广西电视台驻文化厅记者站
编纂《广西通志·文化志》
广西文化稽查总队 …… 84
概况
元旦春节专项整治
整治互联网和手机媒体淫秽色情及低俗信息专项行动
“平安世博”保障行动
清理校园周边的“护苗行动”
暑假专治行动
“两会一节”保障行动
全区交叉大检查
网络监控软件覆盖全区
制定目标　谋定方略
编制执法指导书籍
党日活动
建立总队温馨家园活动
升华素质　积极参训
广西图书馆 …… 89
概况
被定级为一级公共图书馆
第十三期全国古籍普查培训班
县级数字图书馆推广计划培训班
八桂辉煌景象大型航拍摄影展
广西第三批全国珍贵古籍名录推荐评审会
首次全区古籍保护工作会议
世界读书日暨“八桂讲坛”二百期纪念活动
“广西黑衣壮印象”摄影图片展上海展出
第三届广西中小学生网页制作大赛
广西北部湾经济区数据库建设
广西古籍保护专家检查古籍修复中心申报情况
《中国图书馆分类法》第五版高级研讨班
RFID图书管理系统取得良好效果
广西图书馆学会举办图书馆自动化系统研讨班

广西文化信息资源共享系统平台调试协调会
《广西文献名录》荣获自治区第十一次社会科学优秀成果三等奖
第二批珍贵古籍名录专家评审会
国务院残工委检查组到馆检查盲人服务工作
全区盲人电脑技能竞赛
文化部副部长杨志今到广西图书馆调研
文化共享工程广西分中心举办市县支中心管理员高级培训班
评为自治区文化系统人口和计划生育工作先进单位
广西图书馆喜获“广西科普教育基地”荣誉称号
广西图书馆喜获“全民阅读示范基地”荣誉称号
广西群众艺术馆…………………………………………………………………… 97
概况
第一届全区群众艺术馆、文化馆专业技能大赛
农民的笑声·广西群文春节联欢晚会
广西农民画展,广西农民画展座谈会
和谐文化建设在基层
第三届广西歌王大赛
“欢腾广西·声动广西”上海世博会广西活动周室外演出活动
广西纪念中国人民抗日战争胜利65周年广场文艺晚会
第三届广西粤曲大赛
知青文艺汇演
全区群众艺术馆馆长联席会
第七届中国—东盟博览会民俗礼仪迎宾
广西第四届少年儿童艺术比赛
第二届“魅力北部湾”广西群众文化理论研讨会
第二届“魅力北部湾”群众文化活动
文化调研项目
非物质文化遗产保护项目整理与研究工作
群众文化理论研究
《梦的眼睛》
《一袋玉米》
群众文艺辅导·培训·人才培养
广西博物馆……………………………………………………………………… 103
概况
瓯骆遗粹——广西百越文化文物陈列
妙笔丹青——馆藏齐白石、黄宾虹、徐悲鸿、张大千绘画艺术精品展
这里的石头会说话——馆藏石质文物展

千年瓷都——江西省博物馆藏景德镇瓷器精品展
策马西行——滇黔桂三省(区)博物馆藏徐悲鸿作品联展
名人名枪——中国人民革命军事博物馆枪械珍品特展
举办书画、摄影临时展览
参加全区讲解比赛获奖
"馆长讲解日"活动
开展文化遗产保护宣传月活动获表彰
中华传统节日主题活动
文物宣传进校园、社区、军营和乡村
举办专题知识讲座
爱国主义教育基地共建活动
志愿者工作
参加爱国诗词配乐朗诵比赛获奖
文物修复保护工作
藏品搜集及信息化工作
征集中越边境旧界碑
信息资料利用
安全保卫工作
科学研究
岭南地区考古与文化遗产保护——广东省珠江文化研究会
岭南考古研究专业委员会成立十周年暨广西文博学术研讨会
博物馆致力于社会和谐——广西博物馆第三届学术研讨会
派员参加博协大会
人才培养
推进改扩建工作
编制"十二五"发展规划
国家一级博物馆运行试评估
党建工作
参加区直文化系统第八届职工运动会
荣获"全区民族团结进步教育示范基地"荣誉称号
广西自然博物馆 ……………………………………………………………………………… 108
概况
全国科技活动周广西活动
广西科技活动周
文化遗产保护宣传月
国际博物馆日
全国科普日暨广西十月科普大行动活动

大型科普宣传工作
项目申报
藏品管理
扶绥那派盆地恐龙化石地点调查
桂西南地区洞穴哺乳动物化石调查和试掘
桂北地区洞穴哺乳动物化石调查
桂西南中越边境地区两栖爬动物多样性调查与研究
北部湾海洋动物多样性调查和标本采集
标本征集
区直属机关“最佳主题实践活动奖”及“学习型党支部”称号
论文发表
学术交流
广西民族博物馆 ………………………………………………………………………… 111
概况
军民共建揭牌仪式
荣获区直机关文明单位称号
馆校共建
参加第二届“我邀明月颂中华”——历代经典爱国诗词配乐朗诵大赛
参加自治区文化系统运动会
干部培训和人才培养
建立健全岗位职责和绩效考核制度
七彩秘境——云南民族民俗风情展
似雪银花——贵州、湖南、广西三省区银饰展
民族的记忆——广西世居民族原生态文化影像摄影展
中国—东盟自由贸易区建设成就展
广西摄影之窗——广西10名资深摄影家作品展
清冶铜华以为镜　莹光如水照佳人——陕西历史博物馆馆藏铜镜特展
外婆送我花背带——广西少数民族背带艺术展
久远的记忆——中国少数民族地区岩画联展
参加“世界传统服装展”
系列民族音乐会
“进校园，进社区”系列活动
全区文化遗产保护宣传讲解大赛
民族生态之旅夏令营
青少年“玩艺坊”
畅享民歌
2010月圆南宁·国际狂欢夜

创建国家 4A 级旅游景区
“文化遗产 在你身边——追寻老物件”活动
青少年教育主题系列活动
情系八桂·广西民族博物馆文化之旅
完成“文物调查及数据库管理系统建设项目”任务
文物征集
藏品整理和藏品档案建设
藏品定级
藏品保护修复
馆藏铜鼓参加上海“世博会”
龙胜龙脊壮族生态博物馆开馆
广西民族博物馆工作站暨民族生态博物馆工作会议召开
文物数据库项目
民博网站建设
档案和图书资料管理
广西文物考古研究所 ………………………………………………………… 119
概况
“三普”表彰
科研成果
广西历史地理与华南边疆开发——2010 年中国历史地理国际学术研讨会
贵港市梁君垌及马鞍岭古墓发掘
钟山县铜盘墓地发掘
永福县窑田岭窑址发掘
基本建设考古
文物保护维修
广西民族文化艺术研究院 ………………………………………………………… 120
概况
民族艺术
歌海
广西非物质文化遗产
广西文化产业研究中心成立
合作共建文化生态保护区
《广西北部湾经济区文化发展研究》项目获奖
《中越边境跨国民族群体及文化生态研究》课题合作
广西灌阳县文化发展调查研究
参与国家社科基金西部项目《壮族族群认同与国家认同》
参与国家社科基金特别委托项目《中国节日志·壮族三月三》

参与教育部人文社会科学重点研究基地项目《少数民族非物质文化遗产》
参与广西壮族自治区政府重点课题《广西推进少数民族地区文化跨越发展研究》
参与广西社科基金项目《广西世居少数民族生态民俗与生态文明研究》
广西、云南中越边境壮族“巫乐”普查课题项目
《歌海传奇：歌仙刘三姐》出版
参加“情系八桂—两岸文化联谊行”活动
参加2010年中国艺术人类学国际学术研讨会
参加广西民族研究学会第五届、广西壮学学会第三届会员代表大会暨学术研讨会
参加全区非遗保护工作培训班
香港中学生文化艺术考察活动策划及开展
参加《广西文学》创作论坛座谈会
参加中国苗族文化发展论坛
参与2010年广西演艺比赛活动的组织、评比、观摩工作
打造西江“黄金水道”原创优秀歌曲征歌活动
“依托红色文化，助力创先争优”主题党员活动
参加第八届区直文化系统职工运动会
“文化遗珍—梁汉昌专栏”
《黄昏·废弃的工厂》
参加广州亚运会开幕式文艺演出
广西艺术创作中心……………………………………………………………………… 126
广西艺术创作中心概况
精心策划全区舞台艺术创作
戏剧审读论证工作
组织指导广西优秀剧目参加全国性艺术活动并获奖
辛勤笔耕，创作成果丰厚
组织和参与对外文化交流学习活动
策划和组织举办了一系列大型艺术活动和文艺晚会
戏剧创作信息交流活动
参与区内外多项艺术活动
担任评委
广西艺术学校……………………………………………………………………………… 128
概况
获奖情况
教研成果
交流学习
学校大事记
组织活动

广西歌舞剧院 …… 131
概述
庆祝广西政协 60 年光辉历程全区巡演
中国西部交响乐周演出
庆祝恭城自治县成立 20 周年晚会
音乐剧《桂花雨》获十三届“文华奖”文华大奖特别奖
广西红十字建会一百周年纪念大会文艺演出
“关爱生命，文明出行 ”百场巡演
广西“防治艾滋　履行承诺　共享阳光”公益晚会演出
上海世博会广西活动周《壮美广西》和《民俗广西》文艺演出
剧院“三下乡”演出
第一届广西舞蹈青年演员大奖赛
接待中央领导及外宾代表团的演出
赴韩国参加“中韩缘文化年”
“魅力广西”印度行
广西壮剧团 …… 135
概况
剧团管理
业务训练
剧团下乡演出
参加庆典演出
非物质文化遗产保护名录项目专场演出
剧目创作演出获奖
非物质文化遗产保护工作
先进表彰
广西桂剧团 …… 137
概况
新创剧目《七步吟》
《锦衣绣口》
参加第四届广西戏曲曲艺青年演员大奖赛
参加第一届广西舞蹈杂技青年演员大奖赛
下乡演出
重大及庆典演出
非物质文化遗产保护工作
先进表彰
广西彩调剧团 …… 139
概况

新创剧目
剧团下乡演出
涉外演出
国内重大活动演出
新版歌舞剧《刘三姐》在国内演出
新版彩调歌舞剧《刘三姐》再度赴台湾演出概况
非物质文化遗产保护工作
剧目参赛获奖
参加国内重大活动获奖
广西杂技团 …………………………………………………………………………… 141
概况
剧团参赛获奖
赴台湾演出
剧团对外商业演出
剧团对外文化交流演出
剧团国内演出情况
广西木偶剧团 …………………………………………………………………………… 142
概况
新创作的剧目
国外演出
区内演出
获奖情况
参加中央电视台拍摄情况
文化三下乡演出
广西话剧团 …………………………………………………………………………… 144
概况
年内完成演出工作
文化“三下乡”慰问演出
创排喜剧小品综合晚会
平果县2010年迎新春文艺晚会演出
宾阳县2010年炮龙节文艺晚会暨开幕式演出
音乐童话剧
2010年“劳动者之歌”区总工会五一文艺晚会
广西红十字天使计划《博爱救心八桂行》全区巡演
童话音乐剧《小红帽》
南宁人防成果展演
欢乐童话剧《皇帝的新装》

全国农信社文艺汇演
区计生委纪念中共中央《公开信》发表30周年大会暨“生命礼赞·感恩感动”人物颁奖晚会演出
广西交警安全出行文艺晚会
童话音乐剧《朋友》
广西红十字会成立100周年纪念大会
南宁市国学经典诵读比赛
第六次人口普查宣传月文艺晚会演出
参加广西总工会“送文化、送温暖、送欢乐”巡回演出
广西“防治艾滋　履行承诺　共享阳光”公益晚会演出
诗歌进校园　朗诵传深情——“青春，送你一首歌”诗歌走进校园活动
新创剧目
参加第四届广西青年演员（戏曲、曲艺、话剧）大奖赛
第六届广西文艺创作铜鼓奖申报
参加2010年中国·余杭“良渚文化杯”小戏小品大赛
2010年天津“天穆杯”全国第二届小品展演
重要会议
专业技能培训
广西话剧团影视剧演员俱乐部
影视剧活动
对外艺术交流、辅导活动
培星工作
明星剧场
党建工作
第六次人口普查
计生工作
广西京剧团 …………………………………………………………………… 147
概况
加强基训、提高演职人员的业务素质
剧团下乡慰问演出
京剧进校园活动
中国—东盟京剧艺术发展与传播研讨会活动
剧目参赛演出情况
广西演出有限责任公司 ……………………………………………………… 149
概况
承办第九届新春文艺演出月
举办红五月演出活动

举办金秋十月演出周活动
南宁剧场
红星城
转企改制
广西文物保护研究设计中心 …………………………………………………… 150
概况
支援灾区文物抢救工作
业务成果
广西文化物资供应公司 ……………………………………………………… 151
概况
员工培养
主要业务成果
广西舞台设备技术研究所 …………………………………………………… 151
概况
业务
广西文物商店 ………………………………………………………………… 152
概况
业务

各市文化建设

南宁市 ……………………………………………………………………… 155
全市文化工作综述 ……………………………………………………………… 155
专业艺术 ………………………………………………………………………… 159
概况
交流演出
艺术成果
艺术研究
策划文艺活动
群众文化 ………………………………………………………………………… 161
概况
“绿城之春”——2010 首府南宁新年音乐会
南宁市非物质文化遗产普查工作总结表彰会
“能帮就帮，新春送温暖，四进社区”文艺演出活动
南宁市举办元宵节大型广场化妆舞会
首届南宁市乡村社区和谐文艺大展演

南宁市举办文化馆专业人员技能培训班
南宁市农民工文化艺术节
南宁市第二十个全国“助残日”广场文艺演出
南宁市2010年少年儿童艺术节
南宁市首届青年美术作品展
南宁市残疾人文化活动周
南宁市第二届“我邀明月颂中华”——经典爱国诗词配乐朗诵大赛
南宁市首届少数民族文艺展演
2010年“华联杯”南宁市社区文化艺术节
2010年“华联杯”夕阳秀艺术大赛
南宁市第三批市级非物质文化遗产名录暨第二批非物质文化遗产代表性传承人名单
公共图书馆……………………………………………………………………………… 166
南宁市图书馆概况
藏书建设
读者服务
网络服务
全国文化信息资源共享工程建设工作
绿城讲坛
专题展览
科普基地工作
南宁图书馆学会
南宁市少年儿童图书馆概况
少儿图书馆读者活动与服务
少年图书馆业务建设
文化产业…………………………………………………………………………………… 169
文化市场…………………………………………………………………………………… 169
南宁市文化市场综合执法支队
“扫黄打非”工作
出版物市场管理
网吧管理
娱乐市场管理
安全生产
网络文化市场计算机监管平台建设
南宁市演出公司
文化遗产…………………………………………………………………………………… 171
南宁市博物馆

邓颖超纪念馆免费开放
文化遗产保护和宣传
举办各类宣传活动
文物调查、挖掘、保护和研究
市博物馆文物征集
馆藏文物信息化管理
南宁市孔庙管理所
市孔庙管理所文物征集及鉴定工作
《广西孔庙》一书的编写
文物维修工作
非物质文化遗产保护及传承工作
县域文化……………………………………………………………………………… 173
兴宁区
江南区
青秀区
西乡塘区
邕宁区
良庆区
武鸣县
横县
宾阳县
上林县
马山县
隆安县
柳州市……………………………………………………………………………… 187
全市文化工作综述…………………………………………………………………… 187
专业艺术……………………………………………………………………………… 187
概况
国有专业剧院改革
大型文艺活动与演出
第二届广西彩调艺术节
“柳江明珠”水上大舞台演出
“2010 中国著名画家走进柳州”画展
“我爱侗乡”——三江农民画展
精品剧目送百姓
群众文化……………………………………………………………………………… 189
概况

元宵花灯
和谐文化服务行
第十一届“柳江之夏”文艺展演
第七届龙城金秋群众文艺汇演
基层文化建设
公共图书馆……………………………………………………………………………… 190
概况
柳州市图书馆概况
图书馆馆藏建设
读者活动
基层服务
政务信息查询服务
文化市场……………………………………………………………………………… 192
概况
文化市场专项整治
网吧远程视频监控平台的建设
文化产业……………………………………………………………………………… 192
概况
文化经营单位
文化遗产……………………………………………………………………………… 193
概况
第三次全国文物普查
文物管理和数据库建设
文化遗产保护
文物征集和捐赠
非物质文化遗产保护
博物馆事业
县域文化……………………………………………………………………………… 194
柳江县
柳城县
鹿寨县
融安县
融水县
三江县
柳北区
柳南区
鱼峰区

城中区
桂林市 …………………………………………………………………………………… 206
全市文化工作综述 …………………………………………………………………… 206
专业艺术 ……………………………………………………………………………… 206
市曲艺作品实现全国少数民族曲艺展演“三连冠”
市直五大专业剧团综合业务考评活动
市代表队参加第四届广西青年演员戏曲、曲艺、话剧大奖赛
参加第一届广西舞蹈青年演员大奖赛
第一届广西杂技(魔术)比赛决赛桂林市参赛节目全部获奖
《灵渠长歌》启动百场巡演
“情系八桂——两岸文化联谊行”在桂林落幕
群众文化 ……………………………………………………………………………… 207
新春文化活动月及春节群文活动精彩纷呈
“周末大家乐”广场文艺演出精彩纷呈
“和谐文化服务行”群众文化建设年活动掀起培训新高潮
美术写生班
第三十一届“漓江之声”
“桂林写生作品展”
“漓江之声”获殊荣
公共文化单位免费开放课题调研
广西第二届文场保护发展(荔浦)论坛
2010 年十二县、五城区及各大高校巡展
伍门三代书法作品展
2010 年桂林市新春摄影艺术展
中·日桂林书画联展
桂林市·衡阳市美术书法精品展
印象草原·内蒙古草原油画院油画作品展
传承之旅——林浩湖书画展
周嘉福中国画回乡展
喜迎国庆——桂林高校教师六人美术作品交流展
公共图书馆 …………………………………………………………………………… 210
广西桂林图书馆开展古籍保护工作
第三期全国碑帖鉴定与保护研修班
广西桂林图书馆文化共享工程建设
桂北地区文化共享工程培训
广西桂林图书馆开展科普工作
广西桂林图书馆开展“图书馆服务宣传周”活动

"桂海讲坛""桂林百姓文化大讲坛""桂图展览"
广西桂林图书馆在乡镇小学开设馆外流通站
广西桂林图书馆召开"(民国)《广西一览》影印再版、
《广西桂林图书馆馆藏精粹》系列出版"新闻发布会
广西桂林图书馆与桂林社科联联合开展科普系列活动
桂林市图书读者协会开展读者活动
广西桂林图书馆开展读者活动
广西壮族自治区副主席李康视察广西桂林图书馆
中国残联理事长王新宪视察广西桂林图书馆盲文有声读物图书室
文化市场 …… 214
知识产权保护专项执法行动
调整网吧监督员,加强社会监督
组织开展文化市场法制宣传教育活动
排查整治中小学、幼儿园周边200米网吧和游戏机室
开展打击网络侵权盗版"剑网行动"
进一步规范文化市场经营秩序
研究制定文化市场"十二五"发展规划
桂林市网吧行业协会正式成立
向新闻出版局转移音像制品管理职责
组织实施文化市场综合执法改革
组织元旦、春节专项整治行动
规范行政审批,进一步提高行政效能和质量
完成全市文化经营许可证年检和文化经营场所普查登记
组织文化市场交叉执法检查
开展净化社会文化环境促进未成年人健康成长行动
文化产业 …… 218
桂林市获"经典城市名片"榜首
"一院两馆"项目进展顺利
两文化产业单位获第三批自治区级文化产业示范基地
桂林市文化产业发展规划(2011—2015)编制完成
《印象·刘三姐》《梦幻漓江》入选全国文化旅游重点项目支持名录
文化遗产 …… 219
概况
全面完成第三次全国文物普查田野调查阶段工作任务
靖江王陵与王府、甑皮岩遗址入选第一批国家考古遗址公园立项名单
"中国桂林·史前文化遗产国际高峰论坛暨中国博物馆协会史前遗址博物馆
专业委员会第八届学术研讨会"在桂林召开

桂林甑皮岩遗址博物馆入选第五批自治区爱国主义教育基地
龙胜龙脊壮族生态博物馆开馆
全州永岁洮阳城遗址发掘
永福窑田岭遗址发掘
获全区文化遗产保护宣传讲解大赛最好成绩
桂林博物馆遵循“藏品立馆”规律成果斐然
县域文化 …… 222
叠彩区
七星区
象山区
恭城瑶族自治县
灌阳县
荔浦县
临桂县
灵川县
龙胜各族自治县
平乐县
全州县
兴安县
阳朔县
永福县
资源县
梧州市 …… 243
全市文化工作综述 …… 243
专业艺术 …… 245
专业剧团作品演出
办好系列节庆演出活动
2010 年赈灾晚会
文化下乡
举办梧州粤剧文化周活动
艺术创作工作
群众文化 …… 245
“和谐文化在基层——百团千场”群众文化活动
“璀璨广场”群众文化活动
“凸显‘二为’方向 文化联动服务行”活动
“安利杯”少儿独唱独奏独舞比赛
全市群众文艺汇演

全市“唱响金秋”粤曲大赛
公共图书馆 …… 246
藏书建设
读者活动与服务
鸳江讲坛
文化共享工程
文化市场 …… 247
网吧专项整治行动
电子游戏经营场所专项整治
“4·26”世界知识产权日宣传
打击网络侵权盗版专项行动
“扫黄打非”工作
演出市场专项检查
全市文化市场行政管理执法培训班
文化行业消防安全专项整治行动
建设网络文化市场监管平台
文化产业 …… 249
文化娱乐业
特色文化产业
文化产业规划
文化产业示范基地
文化遗产 …… 250
第三次全国文物普查实地调查成果丰硕
博物馆社会效益显著提升
第五批市级文物保护单位
第二批市级非物质文化遗产名录
积极开展文化遗产主题宣传活动
服务中心,扎实开展文物调查勘探工作
县域文化 …… 250
苍梧县
岑溪市
藤县
蒙山县
蝶山区
万秀区
长洲区

北海市 …… 260
全市文化工作综述 …… 260
专业艺术 …… 261
北海市文艺创作研究所
北海市画院
北海歌舞剧院
北海市粤剧团
群众文化 …… 263
广场文化活动
阵地文化活动
“文化惠民”活动
第二届“魅力北部湾”活动
非物质文化遗产保护
艺术教育培训活动
公共图书馆 …… 264
北海市图书馆
北海市少年儿童图书馆
文化产业 …… 265
广告美术产业
艺术培训业
文艺演出业
文化市场 …… 265
治理整顿
网吧管理
专项行动
“扫黄打非”行动
捐款献爱心活动
文化市场安全监管
演出市场经营管理
文化遗产 …… 266
文物宣传
文物保护
文物普查
申报国家历史文化名城
县域文化 …… 267
合浦县
海城区

银海区
铁山港区
防城港市 …………………………………………………………………………… 270
全市文化工作综述 ……………………………………………………………………… 270
专业艺术 ………………………………………………………………………………… 271
文艺作品创作生产
文艺赛事获奖情况
艺术培训
群众文化 ………………………………………………………………………………… 271
“欢乐西湾”群众广场文艺演出
《梦幻北部湾·启航》演出
四大节庆
2010年防城港市军警民迎春文艺晚会
2010年防城港市元宵节大型焰火文艺晚会暨群众广场游园联欢活动
“和谐之声”乡村行
公共图书馆 ……………………………………………………………………………… 273
图书机构及藏书
图书馆借阅业务
市图书馆服务宣传活动
文化市场 ………………………………………………………………………………… 273
文化市场稽查
“扫黄打非”工作
文化产业 ………………………………………………………………………………… 273
文化产业规模
文化遗产 ………………………………………………………………………………… 274
全区第三次文物普查实地调查阶段验收试点工作会议
文物保护
非物质文化遗产保护
日常文物管理
文化交流 ………………………………………………………………………………… 275
中越文化交流
旅游大篷车“五一”走进各市交流
“走出去”文化交流活动
文化设施 ………………………………………………………………………………… 275
三大文化场馆建设
文化新惠民工程
文化信息资源共享工程

县域文化 …… 276

东兴市

上思县

港口区

防城区

钦州市 …… 279

全市文化工作综述 …… 279

专业艺术 …… 279

专业团体创作演出

艺术作品比赛获奖

美术摄影书法作品创作及获奖

主题文艺晚会及节庆文化活动

第十二届广西区运动会开闭幕式文艺演出筹备工作

艺术对外交流活动

群众文化 …… 280

“魅力北部湾”广西群众文化活动

“和谐文化在基层——千团万场”群众文化活动

“欢乐田园”农村文艺汇演

送戏下乡活动

“快乐周末”社区广场文化活动

农村文艺人才培训

青少年艺术教育

群众文化辅导

群众文化艺术创作及获奖

农家书屋建设

基层文化基础设施建设

公共图书馆 …… 282

公共图书馆服务

文化信息资源共享工程

图书馆文化下乡活动

古籍普查保护

图书馆服务宣传周活动

文化市场 …… 283

网吧专项整治

歌舞、游艺娱乐场所专项整治

音像制品、书报刊市场专项整治

文化市场执法人员及经营业主培训

扫黄打非
互联网和手机媒体淫秽色情及低俗信息专项整治
文化行政审批许可
文化产业…… 284
文化产业示范基地
重要文化设施建设
文化遗产…… 284
全市第三次文物普查
文化遗产宣传活动
博物馆免费开放
博物馆接待活动
文物保护与维修
非物质文化遗产保护
贵港市…… 286
全市文化工作综述…… 286
专业艺术…… 287
舞台艺术作品在各类比赛获奖展实力
群众文化…… 287
春节系列文化活动
第三届“荷之韵”广场文化节
中央电视台“欢乐中国行——走进贵港”大型综艺晚会
中国银行“世界之舞”舞蹈晚会
重要节庆文化活动
“和谐文化服务行”——百队千场文化活动
公共图书馆…… 289
贺岁文化活动
中小学生网页制作大赛
世界读书日活动
文化市场…… 289
概况
文化市场管理
文化产业…… 290
大力扶持文化产业工作
文化遗产…… 290
加强文化遗产保护工作
开展全国第三次文物普查
文物考古勘探与调查

县域文化……………………………………………………………………………………………… 291
港北区
港南区
覃塘区
桂平市
平南县
玉林市……………………………………………………………………………………………… 301
全市文化工作综述………………………………………………………………………………… 301
专业艺术……………………………………………………………………………………………… 302
专业艺术表演团体演出
艺术作品比赛获奖
大型文艺活动
举办玉林市第四届文艺比赛
对外文化演出交流
音乐创作
群众文化……………………………………………………………………………………………… 303
群众艺术创作
迎新春系列文化活动
“颂祖国、赞和谐、贺新岁”春联征集活动
举办书画展
“人寿杯”少儿即席书画比赛
梁雪梅独唱音乐会
全区群众艺术馆馆长联席会
干部业务技能比赛
全市“文化致富工程”培训班
文化信息资源共享工程培训班
词典创作笔会
参加名师讲堂
玉林市直文化系统第二届职工运动会
公共图书馆…………………………………………………………………………………………… 304
玉林市图书馆
馆长联席会
一级图书馆揭牌仪式
文化信息资源共享工程建设
馆藏文献资源建设
读者服务活动
先进表彰

文化市场…………………………………………………………………………………………… 305
文化市场普查
文化市场整治概况
网络文化市场计算机监管平台建成启用
文化产业…………………………………………………………………………………………… 306
概况
云天文化旅游区建成开放
公布文化产业示范基地
玉博会文化产业馆
文化遗产…………………………………………………………………………………………… 306
概况
第三次文物普查
文物数据库建设
文物保护维修
文物展览
免费开放
先进表彰
公布非物质文化遗产名录
文化遗产保护宣传月活动
文化设施…………………………………………………………………………………………… 307
文化基础设施建设
文化设施维修与设备配送
县域文化…………………………………………………………………………………………… 308
玉州区
北流市
容县
陆川县
博白县
兴业县
福绵管理区
百色市……………………………………………………………………………………………… 320
全市文化工作综述……………………………………………………………………………… 320
专业艺术…………………………………………………………………………………………… 323
大型壮族歌剧《壮锦》荣获文华奖
艺术创作表演获奖
青少年艺术

群众文化…………………………………………………………………………………… 324
全市文艺汇演
“和谐文化服务行——千团万场”群众文化活动
群众文化赛事
地方民族特色文化节庆活动
基层文化骨干培训
“强基惠农”行动培训
村级公共服务中心建设
公共图书馆………………………………………………………………………………… 325
文化信息共享工程建设
推荐表彰先进
图书馆服务宣传周活动
文化市场…………………………………………………………………………………… 325
行政审批
行政执法
元旦春节期间文化市场监管
整治校园周边文化市场“百日行动”
“平安世博”文化市场专项保障行动
从严查处网吧接纳未成年人违法行为
网络文化市场计算机监管平台建设
文化产业…………………………………………………………………………………… 326
概况
文化遗产…………………………………………………………………………………… 327
第三次全国文物普查受表彰
文博基础设施建设
博物馆、纪念馆免费开放工作
文物考古和研究工作
非物质文化遗产申报保护
非物质文化遗产名录收集申报
壮族文化生态保护区建设
县域文化…………………………………………………………………………………… 327
右江区
田阳县
田东县
平果县
德保县
靖西县

那坡县
凌云县
乐业县
田林县
隆林各族自治县
西林县
贺州市…………………………………………………………………………………… 349
全市文化工作综述…………………………………………………………………… 349
专业艺术……………………………………………………………………………… 349
两项文艺节目获全国群星奖
坚持品牌打造,繁荣文化创作
首届文化旅游节“客家风·民族情”联谊晚会
群众文化……………………………………………………………………………… 350
和谐文化服务行活动丰富多彩
举办“乡村风采”农村业余文艺调演
文化基础设施建设
乡镇文化站建设有序开展
公共图书馆…………………………………………………………………………… 351
公共图书馆业务建设
文化市场……………………………………………………………………………… 351
文化市场经营场所
文化市场稽查整治
文化产业……………………………………………………………………………… 352
文化产业持续发展
文化遗产……………………………………………………………………………… 352
展示历史文化
非物质文化遗产
县域文化……………………………………………………………………………… 353
八步区
钟山县
昭平县
富川县
平桂管理区
河池市…………………………………………………………………………………… 357
全市文化工作综述…………………………………………………………………… 357
专业艺术……………………………………………………………………………… 358
专业文艺参赛获嘉奖

重要文化节庆活动
对外文化交流
群众文化…………………………………………………………………………………………… 359
群众文化活动
河池市 2010 年春节联欢晚会
乡村文化大世界
抗旱救灾
河池市首届文广(新)系统运动会
重大文化基础设施建设
公共图书馆………………………………………………………………………………………… 360
公共文化场馆免费开放
图书馆业务活动
文化市场…………………………………………………………………………………………… 360
文化市场经营单位
文化市场执法管理
文化遗产…………………………………………………………………………………………… 360
第三次全国文物普查
非物质文化遗产保护
河池铜鼓文化生态保护区
县域文化…………………………………………………………………………………………… 361
金城江区
大化县
东兰县
都安县
环江毛南族自治县
罗城仫佬族自治县
南丹县
天峨县
宜州市
巴马谣族自治县
凤山县
来宾市………………………………………………………………………………………………… 378
全市文化工作综述…………………………………………………………………………………… 378
专业艺术…………………………………………………………………………………………… 379
全国瑶族文化高峰论坛
赴港庆祝香港回归 13 周年少数民族歌舞文艺晚会
打造红水河民族文化艺术品牌

送文化下基层、进营房活动
城市联谊晚会
组织策划节庆活动
群众文化…… 380
公共文化服务设施建设
文艺队伍培训
城乡基层活动
新春文化活动
参赛作品获奖
公共图书馆…… 382
文化信息共享工程
送书下乡活动
文化市场…… 382
文化市场管理整治
查处大案要案
文化产业…… 382
文化产业园建设
文化产业规划
加强巩固演出市场
文化遗产…… 383
完成全国第三次文物普查
文物保护维修
完成全市非物质文化遗产普查第三阶段工作
非物质文化遗产后续工作
县域文化…… 383
象州县
武宣县
忻城县
合山市
金秀瑶族自治县
兴宾区
崇左市…… 388
全市文化工作综述…… 388
专业艺术…… 391
艺术团体现状
组建市歌舞团
艺术演出和艺术创作

崇左保利迎春晚会
在京创业者演讲暨汇报演出
中越青年大联欢晚会
群众文化 …………………………………………………………………………………………… 391
村级公共服务中心建设
文化信息资源共享工程乡镇服务点和农村党员远程教育服务点建设
“三求”工程试点文化站及“社区文化建设”试点工程建设
和谐文化服务行
群众文化活动蓬勃发展
三月三壮族山歌擂台赛
文化下乡
加强文化队伍建设
公共图书馆 ………………………………………………………………………………………… 393
概况
公共文化服务工作
图书征订
开设讲座
图书宣传
文化市场 …………………………………………………………………………………………… 393
概况
社会文化环境专项治理
文化行政执法稽查活动
年度全市文化行政执法检查
文化市场综合执法改革
文化遗产 …………………………………………………………………………………………… 395
文物博物事业概况
文物保护
馆所建设
第三次全国文物普查
文物征集

文化政策法规

广西壮族自治区国民经济和社会发展“十二五”规划纲要(节选) ………………………… 399
广西壮族自治区人民政府关于加快文化产业发展的实施意见 ……………………………… 402
广西壮族自治区人民政府关于建设百家博物馆的意见 ……………………………………… 407
附件:广西百家博物馆建设项目名单 …………………………………………………………… 410

广西壮族自治区人民政府关于公布第三批自治区级非物质文化遗产名录和第一批
第二批自治区级非物质文化遗产扩展项目名录的通知…………………………… 414
第三批自治区级非物质文化遗产名录名单…………………………………………… 414
第一批、第二批自治区级非物质文化遗产扩展项目名单(共计16项) ………………… 417
广西壮族自治区人民政府办公厅关于印发加快广西北部湾经济区大产业大港口
大交通大物流大城建大旅游大招商大文化发展实施意见的通知………………… 418
关于加快广西北部湾经济区大文化发展的实施意见………………………………… 418
广西壮族自治区人民政府办公厅关于印发《广西壮族自治区文化厅主要职责
内设机构和人员编制规定》的通知 ………………………………………………… 422
广西壮族自治区文化厅主要职责内设机构和人员编制规定………………………… 422
关于印发《关于加快推进全区市、县(市、区)文化市场综合执法改革的实施意见》
的紧急通知……………………………………………………………………………… 426
附件:关于加快推进全区市、县(市、区)文化市场综合执法改革的实施意见 ………… 427
关于金融支持广西文化产业振兴和发展繁荣的指导意见…………………………… 430
广西壮族自治区文化厅关于命名第三批自治区文化产业示范基地的通知………… 435
广西壮族自治区文化厅关于印发《广西文化艺术人才培养规划(2011—2020年)》
的通知…………………………………………………………………………………… 436
广西文化艺术人才培养规划(2011—2020年) ………………………………………… 436

文化调研报告

广西推进少数民族地区文化跨越发展研究　自治区文化厅课题组…………………… 445
关于扶绥等七县公共文化服务体系建设情况的调研报告…………………………… 457

文化专题报道

营造良好舆论氛围　推动广西跨越发展
——中共中央政治局委员、中央书记处书记、中宣部部长刘云山广西调研纪实
《广西日报》………………………………… 469
发扬改革创新精神　做大做强广西文化产业
——自治区主席马飚到湖南长沙考察文化产业　《广西日报》…………………… 474
马飚要求加快发展文化体育会展服务等现代产业　《广西日报》………………… 476
壮乡文化事业蓬勃发展　西部时报……………………………………………………… 478
广西“十一五”文化事业建设综述:文化唱响美好广西　广西新闻网 ………………… 479
“情系八桂——两岸文化联谊行”揭幕　《中国文化报》……………………………… 481

创新服务方式　实现文化共享
——广西公共文化场馆开展公共文化服务掠影　《广西日报》…………………… 482
“中国—东盟文化交流培训中心”揭牌成立　《广西日报》…………………………… 484
广西与东盟文化交流合作述评：以文化与东盟相牵手　《广西日报》…………………… 485
工业山水城　文化吐芳华
——柳州市实施“文化建设十大工程”综述　《广西日报》…………………………… 488
八桂和谐美　两岸情谊深
——情系八桂·两岸文化联谊行　《广西日报》……………………………………… 490
拾历史遗粹　铸精神家园
——柳州、桂林文博事业巡礼　《广西日报》…………………………………………… 492
“文化外交”彰显广西形象　《广西日报》……………………………………………… 495

文化大事记

文化大事记……………………………………………………………………………………… 501

广西文化年鉴

领导文章特载

领导文章特载

政府工作报告

——2010 年 1 月 27 日在广西壮族自治区第十一届人民代表大会第三次会议上(节选)

广西壮族自治区主席　马　飚

大力发展文化产业。把文化产业作为重要的千亿元产业和新的经济增长点来培育,加快建设具有广西气派、壮乡风格、现代特征、开放包容的文化先进省区。一是制定和实施文化产业发展规划,重点发展文化创意、演艺娱乐、出版发行、数字电视和数字电影等产业;加快建设广西文化产业园区、刘三姐演艺城、南宁文化产业中心;改革文化体制,加快打造一批文化品牌和文化集团,组建广西文化投资集团和广西演艺集团,做大做强广西日报传媒集团、广西出版传媒集团、广西广电信息网络股份有限公司等;大力发展动漫产业,加快建设南宁动漫城和柳州、桂林、北海动漫基地,打造龙头动漫企业。二是加快建设广西城乡建设规划展示馆、广西铜鼓博物馆、广西美术馆等工程,建设一批市县级图书馆、文化馆、博物馆以及 209 个乡镇综合文化站。支持来宾市创建"全国村级公共文化服务中心示范城市"。加强文化遗产和非物质文化遗产的保护力度,加快宁明花山岩画申报世界文化遗产和广西铜鼓习俗申报联合国教科文组织急需保护的非物质文化遗产名录。三是加大对外文化交流,鼓励文化企业在境外兴办文化实体,打造山水实景演出国际品牌。办好中国—东盟文化产业论坛和展览。

学习贯彻十七届六中全会精神　加快建设民族文化强区

余益中

自治区第十次党代会《报告》提出了建设民族文化强区的战略目标，强调实现富民强桂新跨越，要更加注重文化引领，部署了深入推进社会主义核心价值体系建设、加快发展公益性文化事业、做大做强文化产业、大力推进文化改革创新、切实加强精神文明建设五大重要任务。自治区第十次党代会《报告》体现了自治区党委深入贯彻落实党的十七届六中全会精神、在中国特色社会主义文化发展道路上推进广西文化大发展大繁荣的坚强决心，吹响了建设民族文化强区的时代号角，标志着我区文化发展迈入了新的历史征程。

一、增强文化自觉

贯彻落实自治区第十次党代会精神，建设民族文化强区，必须不断增强文化自觉，深刻认识建设民族文化强区在推进富民强桂新跨越进程中的重大战略意义，自觉推动文化建设与经济建设、政治建设、社会建设以及生态文明建设协调发展。

(一)民族文化强区建设是西部经济强区建设的重要动力。在现代经济中，文化因素越来越重要，经济与文化越来越融为一体，一个地区，当文化表现出比物质和货币资本更强大力量的时候，当经济、产业和产品体现出文化品格的时候，这个地区的经济才能进入更高的发展阶段，才能具有可持续发展和持续创造财富的能力。文化产业作为文化与经济融合的形态，是经济发展新的重要增长点、经济结构调整的重要支点、经济发展方式转变的重要着力点。建设西部经济强区，必须建设民族文化强区，使文化产业成为新的重要经济支柱，使文化成为经济发展的强大助推器。

(二)民族文化强区建设是生态文明示范区建设的重要支撑。社会主义先进文化引领全社会认识自然规律，了解生态知识，树立人与自然和谐的价值观，促进整个社会生产生活方式的转变。广西“山青水秀生态美”，很大程度上得益于深厚的传统生态文化，广西各族人民在长期生产生活实践中养成了珍惜自然环境、人文环境和社会环境的意识，形成了保护自然文化生态的理念。建设生态文明示范区，必须建设民族文化强区，构建现代生态文化体系，充分发挥生态文化在生态文明建设中的重要支撑作用。

(三)民族文化强区建设是社会和谐稳定模范区建设的重要保障。社会主义先进文化具有引领风尚、教育人民、服务社会、推动发展的作用。建设社会和谐稳定模范区，必须建设民族文化强区，提供更好更多的优秀精神文化产品和服务，丰富群众文化生活，发挥文化“以文化人，润物无声”作用，培育良好社会风尚，疏导情绪、化解矛盾、关爱人心、抚慰心灵，增进群众对政府的理解和支持，增加群众对未来的希望和信心，激发群众对发展的热情和劲头，促进人心和顺、人际和睦、社会和谐，把基层群众注意力引导到改革发展上来，自觉维护安定团结良好局面。

(四)民族文化强区建设是民族团结进步模范区建设的重要纽带。社会主义先进文化是瓦解西方分裂中华民族图谋的强大力量，是凝聚各民族人民团结奋斗的重要纽带。民族团结进步事业不仅仅是经济扶持、政治关照、政策倾斜，还要求文化的融合、精神的互通、思想的交汇。建设民族团结进步模范区，必须建设民族文化强区，加强社会主义和谐文化建设，弘扬和发展广西特色和谐文化，促进民族团结进步观念植根人心。

二、树立文化自信

贯彻落实自治区第十次党代会精神，建设民族文化强区，必须全面认识广西文化发展的显著成就，树立高度的文化自信，增强建设民族文化强区的坚定信念。

(一)公共文化服务体系日趋完善。广西民族博物馆、广西方志馆、广西城市规划展示馆等一批文化设施建成开放，全区公共文化设施网络初步形成。实施文化信息资源共享工程，建设了1.5万个分中心和基层服务点。全区公共图书馆、文化馆(站)等向社会免费开放。广播、电视人口覆盖率分别达到95%、97%。广播影视数字化取得突破，在全国率先完成城市有线电视数字化整体转换。全区“千团万场”群众文化活动蓬勃开展，形成了“桂林百姓大舞台”等地方特色群众文化活动品牌。来宾市被列为首批创建国家公共文化服务体系示范区。

(二)文化精品生产硕果累累。舞台艺术精品迭出，获各类国家级大奖100多项，舞剧《碧海丝路》获“五个一工程”奖，音乐剧《桂花雨》获文华大奖特别奖，壮族歌剧《壮锦》获文华奖优秀剧目奖，壮剧《天上恋曲》入选国家舞台艺术精品工程重点资助剧目。桂剧《七步吟》入选国家舞台艺术精品工程年度资助剧目，电影《黄土地》等影视作品获华表奖、金鸡奖。漓江画派在国内美术界独树一帜。成功举办自治区首府各界庆祝建党90周年文艺晚会《旗帜颂》、庆祝自治区成立50周年文艺晚会《山歌好比春江水》、上海世博会广西活动周等重大文化活动。

(三)文化产业蓬勃发展。2009年，文化产业增加值约198.7亿元，占GDP比重2.6%。打造了南宁国际民歌艺术节、《印象·刘三姐》等一批著名文化品牌。组建一批文化产业集团。广西文化产业城、桂林高新区创意产业园区等文化产业园区建设不断推进。建设28个自治区文化产业示范基地，5个国家文化产业示范基地。文化旅游、出版和报业实力居西部地区前列。动漫游戏业异军突起，产业体系初步形成，涌现20多家知名动漫游戏企业，动画电影《生日礼物》等原创作品获大奖。文化市场健康繁荣，由娱乐、演出、音像、出版物、电影、网络文化、艺术品等市场组成的统一、开放、竞争、有序的文化市场体系逐渐形成，以综合行政执法、社会监督、行业自律、技术监控为主要内容的文化市场监管体系初步建立。

(四)文化遗产保护成果丰硕。完成第三次全国文物普查，调查登记不可移动文物1.15万处。完成“1+10”民族生态博物馆工程，建成国内最大的民族生态博物馆群。实施花山岩画等80多个重点文物保护工程。各有2处文物列入国家申报世界文化遗产预备名单、大遗址名单、考古遗址公园立项名单。全国重点文物保护单位达到了45处。北海市列入国家历史文化名城。37个项目入选非物质文化遗产国家级名录。16人被认定为国家级代表性传承人。设立了2个自治区级文化生态保护区、20多个非物质文化遗产保护传习基地。

(五)文化交流贸易成效斐然。与40多个国家和地区开展文化交流活动。中国—东盟文化交流培训中心落户南宁，中国—东盟文化产业论坛等品牌效应突显，组团赴东盟交流演出大受欢迎。台湾广西少数民族艺术节、“情系八桂—两岸文化联谊行”反响热烈，组团赴台演出大获成功。文化贸易快速增长，商业演出渐入佳境，出版物、动漫游戏、工

艺美术等产品出口持续发展。

（六）文化体制改革全面推进。大文化行政管理格局逐步形成，部分市、县（市、区）归并成立了文化广电新闻出版局或文体旅游局，各设区市本级文化市场综合执法改革全面完成。国有文艺院团体制改革提速。公益性文化单位改革不断深化。经营性文化单位转企改制积极推进。

三、推进文化自强

贯彻落实自治区第十次党代会精神，建设民族文化强区，必须立足文化改革发展新起点，坚持工程布局、项目支撑、政策保障，推进文化自强，增强广西文化凝聚力影响力、活力创造力、实力竞争力，使文化软实力成为发展硬支撑，创造全区各族人民更加幸福美好的生活。

（一）全面落实民族文化强区建设的各项任务。社会主义核心价值体系建设工程。深入推进社会主义核心价值体系建设，全面提升全民思想道德文化素质，培育现代人文精神，建设广西和谐文化，形成推进富民强桂的强大精神文化力量。一是社会主义核心价值体系教育活动。在全区开展“团结和谐、爱国奉献、开放包容、创新争先”的“广西精神”大讨论大宣传大教育，广泛开展“解放思想、赶超跨越”大讨论活动，开展“和谐壮乡、团结进步”宣传教育活动。二是城乡精神文明创建活动。开展文明城市群创建，推进文明村镇建设，深化窗口服务行业创优工作，让人民群众在参与中受教育、得实惠，让社会主义精神文明绽放璀璨之花、结出丰硕之果。三是群众文化活动。组织开展“和谐建设在基层—千团万场”群众文化活动，自治区、市、县、乡镇（街道）、村（社区）联动，各市县创建一个特色群众文化活动品牌，鼓励每个行政村和社区组建一支业余文艺队，各社区和行政村组织周周演，各县组织月月比，各市组织季季赛、自治区组织年年奖。四是全民读书活动。每年举办一次“八桂书香节”；开展全民读书月活动；举办农民读书节；开展“千万少年快乐阅读”活动。

文化精品工程。立足发展先进文化、建设和谐文化，创新文化创作生产机制，促进文化名作大作不断涌现，使广西成为引领时代潮流的文化精品生产基地之一。一是精神文明建设“五个一工程”。着力打造和推出弘扬时代主旋律、反映富民强桂火热实践、体现广西文化特色、有深远影响力的优秀舞台剧目、文学作品、电影、电视剧、经典歌曲和美术、书法、摄影等艺术门类精品力作。二是广西气派舞台艺术精品工程。推出大型原生态民族歌舞乐《壮·美》等一批强烈反映时代精神、代表广西文化形象、彰显广西文化气派、具有广泛影响的精品剧目。三是品牌文化活动工程。重点办好广西戏剧展览会、全区少数民族文艺汇演等重大文化活动。四是文化创作生产引导扶持工程。实施优秀文化产品推广计划、优秀艺术院团引导扶持计划、文艺理论与批评扶持计划等，使广西民族文化艺术精品享誉中外。

公共文化服务体系建设工程。坚持政府主导，以全体人民为服务对象，以保障人民群众看电视、听广播、读书看报、进行公共文化鉴赏、参与公共文化活动等基本文化权益为主要内容，完善覆盖城乡、结构合理、功能健全、实用高效的公共文化服务体系。一是公共文化服务设施网络体系。建设广西自然博物馆、群众艺术馆、自治区博物馆、民族文献中心、非物质文化遗产传承展示中心等自治区文化设施。实施设区市级市文化设施建设项目，到“十二五”末全区设区市都建有设施达标、布局合理、功能完善的公共图书馆、文化馆、博物馆。加强县级图书馆、文化馆、博

物馆、乡镇综合文化站建设,新建改建不达标文化馆站,切实解决面积狭小、设施落后等问题。顺应农村居民的热切愿望,每年建设1000个左右农村村级公共服务中心,加快实现覆盖全区所有行政村。落实中央提出的“从城市住房开发投资中提取1%,用于社区公共文化设施建设”的政策,全区所有社区都建立具有综合服务功能的文化中心。“十二五”时期为县文化馆、图书馆等单位配置流动文化服务车,建立灵活机动、方便群众的流动服务网络。二是数字文化服务体系。大力发展网络文化阵地和数字资源,实施文化信息资源共享工程、公共电子阅览室建设计划、数字图书馆推广工程,到“十二五”末实现数字文化服务覆盖全区所有乡镇、城市社区和行政村。三是公共文化服务供给体系。提高对特殊地域、特殊群体的公共文化供给能力,把农民工纳入城市公共文化服务体系。实施舞台艺术送农民项目,每个乡镇每个月开展一次公益性舞台艺术演出。实施农村电影放映工程,继续确保每个行政村一月放映一场数字电影。实施广播电视村村通工程,完成全区20户以下通电自然村通广播电视。四是公共文化服务保障体系。把主要公共文化产品和服务项目、公益性文化活动纳入公共财政经常性支出预算。推进公共图书馆、文化馆(站)、博物馆、纪念馆、工人文化宫、青少年宫、妇女儿童活动中心、科技馆等公共文化设施免费开放。创建国家公共文化服务体系示范区和项目,到2015年覆盖全区1/3以上市县。制定公共文化服务指标体系和绩效考核办法。

文化产业倍增工程。加快转变文化产业发展方式,构建现代文化产业体系,推动文化产业跨越式发展,使文化产业成为我区的重要支柱产业和战略性新兴产业,使广西成为西部文化产业高地。一是十大重点文化产业。做大做强文化旅游、文化创意、广告会展、演艺娱乐、工艺美术、数字内容、影视制作、出版发行、印刷复制、动漫游戏、体育健身、休闲养生等文化产业。二是十大文化产业园区。建设广西文化产业城、广西体育产业城、广西刘三姐演艺城、柳州文化产业园、桂林动漫戏曲产业园、百色红色文化产业园、梧州文化产业园、北海文化创意产业城、钦州坭兴陶文化产业园、来宾凤凰文化产业园、防城港江山半岛文化产业园等文化产业园区。打造10家年产值超5亿元的文化产业园区。三是十大文化产业集团。培育十大年销售收入超亿元的龙头文化产业集团、百家年销售收入超1000万元大型文化企业、千家年销售收入超100万元中型文化企业、万家年销售收入超10万元小型文化企业、微型文化企业。四是十大文化旅游精品。建设广西山水文化旅游(桂东北)、广西宗教文化旅游(桂东南)、广西福寿养生文化旅游(桂西南)、广西少数民族文化旅游(桂中)、广西红色文化旅游(桂西)、广西北部湾海洋文化旅游、广西南国边关文化旅游、广西红水河流域奇石文化旅游、广西亚热带休闲农业文化旅游、广西抗战文化旅游等文化旅游精品。五是十大文化节庆精品。举办好南宁国际民歌艺术节、柳州国际水上狂欢节、桂林国际动漫节、桂林国际山水旅游文化节、天下来宾·红水河文化艺术节、河池国际铜鼓山歌艺术节、北海国际珍珠文化艺术节、防城港京族哈节等文化节庆精品。六是十大美术工艺精品。打造壮锦、绣球、坭兴陶、芒编、画扇、贝雕、铜鼓、农民画、宝石加工、红木艺术品等美术工艺精品。七是十大文化产品和服务市场。建设中国—东盟文化产业博览会、文化产权交易所、中国—东盟民间艺术品研发展示交易中心、国际古董和艺术品拍卖交易中心、网吧和娱乐场所连锁经营、文艺演出院线、数字电影院

线、出版物发行网络、下一代广播电视网(NGB)、电信网广电网互联网“三网融合”等文化产品和服务市场。八是十大文化产业振兴计划。实施文化产业公共平台建设计划、数字文化产业创新计划、动漫产业公共技术服务平台建设计划、投融资体系建设计划、文化产业项目服务计划、文化产业创业就业扶持计划、文化市场监管能力提升计划、文化市场技术监管平台建设计划、文化市场信用体系建设计划、文化产业统计能力建设计划等计划。

文化遗产保护利用工程。深入挖掘文化遗产人文价值、社会价值和经济价值,建设广西特色优秀传统文化传承体系,推动文化遗产事业融入经济社会发展,惠及广大人民群众。一是百家博物馆建设工程。建设100家左右各级各类博物馆,推进地市级公共博物馆和文物大县博物馆陈列展示提升达标工程,提升博物馆数量和质量。二是文物保护利用工程。实施国有可移动文物普查工程、重点文物保护工程、大遗址保护和国家考古遗址公园建设工程、水下文物保护工程、可移动文物保护工程、世界文化遗产申报工程、广西特色名镇名村建设工程、古村落古民居保护工程、重大基本建设考古与文物抢救工程、文物平安工程、县级文物管理所建设工程等重大工程。三是非物质文化遗产保护利用工程。地级市设立综合性非物质文化遗产馆,有条件的县(市、区)设立专题性非物质文化遗产馆。努力培育100个自治区级生产性保护示范基地。建设10个自治区级文化生态保护区,打造2个国家级文化生态保护区。实施国家级非物质文化遗产项目代表性传承人抢救性记录工程、非物质文化遗产数字化保护工程。建设优秀传统文化教育研究基地。四是文化典籍保护工程。推进文化典籍保护和数字化建设。编辑出版《广西文化大典》丛书。

文化改革创新工程。全面完成文化体制改革各项重点任务,形成科学有效的宏观文化管理体制和富有效率的文化微观运行机制。一是国有文艺院团体制改革。根据国有文艺院团不同性质和功能,“转制一批、整合一批、撤销一批、划转一批、保留一批”,完成全区国有文艺院团体制改革。二是公益性文化单位改革。推进公益性文化事业单位人事、收入分配、社会保障制度改革,健全法人治理结构,完善激励约束机制,提高服务群众的能力和水平。三是国有经营性文化单位转企改制。以培育合格市场主体为中心环节,加快转企改制,建立法人治理结构和规范的资产经营责任制。四是文化管理体制创新。整合重建文化市场综合执法机构,建立统一的文化行政主体。转变政府职能,推进政企分开、政事分开、政资分开、政府与市场中介组织分开。

文化传播交流工程。着眼于全球背景进行文化合作交流,推动广西成为国际文化传播交流合作的重要平台,不断扩大广西文化在国际上的影响力,向世界展示广西开放、文明、和谐的时代风貌。一是与东盟文化交流合作。实施广西与东盟文化合作行动计划,建好中国—东盟文化交流培训中心,办好中国—东盟文化产业论坛等文化交流品牌,扩大与东盟国家文化交往和投资贸易,把广西建设成为中国与东盟文化交流枢纽、中国文化走向东盟的主力省区。二是国际文化交流合作。每年选择1—2个主要外资来源国、旅游客源国举办“广西文化舟世界行”,宣传魅力广西。参加国家年度驻外文化中心央地对口合作计划、“中国文化节”等活动。三是与港澳台文化交流合作。每年选派优秀艺术院团赴港澳交流演出。定期举办台湾广西少数民族艺术节等活动,建设两岸少数民族文化交流基地。四是开拓海外文化市场。培育一批外向型文化出口企业和文化产品出口示范基地。建设文艺演出、动漫、影视音像、出版物等国际营销网络。鼓励广西实景演艺团队走出去，打响国际山水实景演出品牌。

文化人才工程。实施人才强文战略，发展壮大文化桂军，把广西打造成为富有吸引力、竞争力和创造力的西部重要文化人才聚集区，面向东盟的区域性国际文化人才高地。一是文化名家资助计划。以扶持、资助承担重大课题、重点项目、重要演出等方式，推出一批造诣高深、成就突出、影响广泛的名家大师。二是领军文化人才开发计划。建立以项目为导向的培养、资助机制，加强绩效考核和全程跟踪机制。三是青年文化英才培养计划。每年重点培养扶持一批青年英才，采取及早选苗、重点扶持、跟踪培养等特殊措施，使优秀青年人才持续不断地脱颖而出。四是高层次文化人才引进计划。围绕文化领域重点发展战略目标的人才需求，制定和发布高层次文化人才引进目录。五是文化队伍培训计划。对现有专职文化队伍和业余文化队伍进行系统培训。

（二）切实完善和落实民族文化强区建设的保障措施。制定建设民族文化强区规划，为建设民族文化强区进行宏观指导。建议制定建设民族文化强区中长期规划。规划要大略大气大方大益，使民族文化强区建设与丰富文化资源相匹配，与西部经济强区建设相承接，与人民精神文化需求相适应。把文化建设纳入自治区及各地经济社会发展总体规划，与经济社会发展一同研究部署、一同组织实施、一同督促检查。

加大财政对文化建设的投入，为建设民族文化强区提供资金保障。建议全区财政的文化事业经费支出占财政总支出的比例达到1%，以法规形式确定对文化建设的投入机制。设立广西文化发展基金、广西公共文化建设专项资金、广西农村文化活动专项资金。设立专项艺术基金，支持收藏和推介优秀文化作品。

完善和落实文化政策，为建设民族文化强区提供政策保障。建议制定《关于加快民族文化强区建设若干文化经济政策的意见》。继续执行文化体制改革配套政策，对转企改制国有文化单位扶持政策执行期限再延长5年。鼓励文化企业和社会资本对接，对文化内容创意生产、非物质文化遗产项目经营实行税收优惠。自治区级文化产业园区（基地）比照高新技术开发区给予政策扶持。对新创办的文化企业，在登记注册后3年内按规定缴纳的企业所得税地方留成部分，由财政部门返还给企业。建立社会捐助公益性文化事业的项目库和资金专户。落实好各类企业按规定对宣传文化事业公益性捐赠税前扣除的优惠政策。各地在年度新增建设用地计划指标中，优先安排文化项目，公共文化基础设施建设用地按政府划拨方式提供，文化园区用地按优惠方式提供，政府在返还土地收益、减免建设规费、税收政策、项目建设等方面给予优惠。

强化高素质文化人才队伍建设，为建设民族文化强区提供智力保障。建议鼓励高校开设新兴文化产业相关专业，建立若干个产学研相结合的文化产业人才培训基地，组建若干所文化职业教育学院。出台《引进文化领域高层次人才办法》。制定实施基层文化人才队伍建设规划，完善机构编制、学习培训、待遇保障等方面的政策措施。加强县级文化馆、图书馆工作队伍建设，配齐乡镇（街道）党委宣传委员、宣传干事、乡镇综合文化工作专职人员和乡村文化协管员，设立城乡社区公共文化服务岗位。引导优秀文化人才向基层流动，对在城乡社区公共文化服务岗

位服务期满考核合格的高校毕业生志愿者报考文化部门公务员、相关专业研究生实行定向招录。出台《文化企事业单位智力贡献参与分配的实施意见》。设立广西文化发展贡献奖、广西文艺终身成就奖，评选广西中青年德艺双馨文艺工作者、基层先进文化工作者。

加快文化立法，为建设民族文化强区提供法制保障。建议认真落实国家新出台的文化相关法律法规，修订《文物保护条例》《民族民间传统文化保护条例》，出台《公共文化服务保障条例》《公共图书馆条例》《文化产业促进条例》等文化法规。

加强组织领导，为建设民族文化强区提供组织保障。建议组建自治区文化委员会，在自治区党委、政府领导下，组织实施全区文化改革发展。成立自治区建设民族文化强区领导小组。制定文化强区、文化强市、文化强县综合评价指标体系。对市、县文化综合实力定期评估和排名。把文化改革发展成效纳入科学发展考核评价体系，作为衡量领导班子和领导干部工作业绩的重要依据。把文化建设内容纳入干部培训计划和各级党校、行政学院、干部学院教学体系。

（作者：广西壮族自治区文化厅党组书记、厅长）

努力提高新形势下广西文化信息宣传工作新水平

李民胜

2010年以来，全区文化系统信息化建设得到了较快发展，文化信息和宣传工作成效明显，政务公开和政府信息公开工作逐步规范。我们加大在信息化建设的投入，购置了一批软硬件设备设施，并且利用信息化手段推动文化业务取得了良好效果；文化信息报送工作成效显著，报送了一批高质量的文化信息，实现了信息报送工作的历史性突破；文化厅官方网站有了很大的改进、提升，信息更新速度快，内容丰富充实，突出广西地域特色和文化行业特色；向社会公开发布了大量的文化信息，满足了社会公众的需求，增加了政务透明度，推动了文化工作的开展；文化宣传工作也迈上了新台阶，2010年全区文化工作会议、"文化遗产日"主题活动、上海世博会广西活动周文艺演出、"情系八桂——两岸文化联谊行"，第四届广西戏曲青年演员大奖赛、第一届广西舞蹈青年演员大奖赛、中国—东盟"红铜鼓"艺术教育成果展演等系列活动都取得了良好的宣传效果。另外，在志书、年鉴编纂方面也取得了突出成绩，《广西文化年鉴》2009年卷获得了全国地方志系统第二届年鉴评奖一等奖，《广西文化志》在解决了经费、人员之后，编纂工作顺利开展，编纂方案及时间安排已获得自治区地方志编纂委员会的同意和确认。余益中厅长在厅领导班子述职报告中提到：文化品牌的影响更大了，文化建设的舆论氛围更加浓厚了。这离不开全区文化信息工作者的努力拼搏，借此机会，我代表文化厅党组对全区文化信息工作者表示衷心的感谢！

一、认清形势，充分认识文化信息和宣传工作在文化建设中的重要性

（一）深化对做好新形势下文化信息和宣传工作重要性的认识。我们要深刻认识到文化信息和宣传工作是文化工作的重要组成部分，是推动社会主义文化大发展大繁荣的舆论保障和思想政治保障。这个工作做好了，可以更好地起到凝聚力量，鼓舞斗志，营造氛围的作用。文化信息和工作宣传既能为领导决策提供服务，也能把领导意图进行传播。利用宣传信息手段科学决策、指导工作、推动落实，已经成为各级领导干部重要的施政方式。利用文化宣传平台，主动公开信息并接受人民监督，这为政府与公民建立了沟通的桥梁，有利于实现好、维护好、发展好最广大人民群众的根本利益，有利于提高政府工作透明度和公信力，推进行政管理体制改革，促进党风廉政建设。

（二）推进信息化建设是适应新形势的需要。一是中央领导高度重视信息化建设。温家宝总理指出，信息化是当今世界发展的大趋势，是推动经济社会发展和变革的重要力量。二是从经济发展看，推进信息化是加快新型工业化进程的必然选择。三是从社会发展看，数亿网民已构成了一种力量。网络舆论冲击和电子政务正在发挥越来越大的作用。四是从国防建设看，信息化条件下局部战争的胜负取决于信息实力的强弱。五是电子政务建设正在加快步伐，国家出台了《信息公开条例》，我区也在加快电子政务建设和加快社会公共服务的信息化进程。六是从文化

系统来说，在网络日益成为文化传播交流主渠道的今天，加强文化信息化的步伐，用先进优秀文化产品占领网络文化阵地，已经刻不容缓。

（三）文化信息化在文化管理中作用日益明显。一是文化信息化为文化管理和综合决策提供技术支撑。政务信息关乎全局，影响决策。二是文化信息化有助于我们提高行政效率，降低行政成本，加大行政事务和有关社会公益信息的透明度。三是文化信息化丰富了我们为公众提供文化服务的手段。四是能够提高我们对文化市场的监控能力。

总的来说，我们必须要从事业发展的高度来认识文化信息和宣传工作，把文化信息和宣传工作作为文化建设的一个重要内容来抓紧抓好。

二、夯实基础，全面加快文化信息和宣传建设步伐

（一）坚持科学发展，确保文化信息和宣传工作的正确方向。我们的文化信息和宣传工作一定要从有利于维护人民群众根本利益、有利于维护社会和谐稳定、有利于文化工作科学发展出发，坚持做到以科学的理论武装人、以正确的舆论引导人、以高尚的精神塑造人、以优秀的作品鼓舞人，确保文化宣传和信息工作的正确方向。同时，要着力宣传社会主义文化建设理念，提高广大文化工作者的思想认识水平，全面展示文化体制改革、文化事业发展的重大成果以及在文化队伍思想建设、能力建设、作风建设、廉政建设方面所取得的新成绩。

（二）打造文化信息网络和宣传平台，适应经济社会发展，实现文化业务管理的全面信息化。当前和今后一个时期，我们要以全面实现信息化为目标，以电子政务建设为重点，以资源整合为突破口，以完善体制机制为保障，尽快形成布局合理、科学高效、先进实用、安全稳定的信息化格局，将网络、自动控制、现代通讯等高科技手段和服务应用到文化领域。我们要以信息化带动文化业务重组和过程优化，利用信息化促进文化业务管理模式创新。逐步建立较完善的业务应用系统，建成覆盖全区的文化信息网络平台和宣传平台，辅助文化管理，为文化管理和综合决策服务，逐步实现各项文化管理的现代化、规范化。

（三）统筹规划，整合发展，发挥信息化优势。信息化建设是一项系统工程，必须发挥政府统筹规划、宏观调控、组织推进、统一标准、政策导向的作用。要综合考虑现有信息化基础条件重大发展机遇，整合现有基础网络资源和信息资源，对信息化建设进行全面规划，并分阶段、有步骤地推进；坚持基础设施先行，以推广应用为突破口，加快面向应用、面向需求的信息化项目建设。

三、开拓创新，努力实现文化信息和宣传工作新突破

（一）加强领导，健全机构。文化信息和宣传工作是事关文化建设全局性的大事，是“一把手工程”。各个市的文化局局长、一把手，都要重视，要坚持一把手亲自抓、负总责，确保认识到位、责任到位、措施到位、投入到位。希望通过这次会议，我们能进一步统一思想、端正态度，并结合本单位工作实际，提出切实可行的实施办法和措施。

（二）加大投入，共同配合。各地要争取有关部门的支持，加大投入，我们要通过积极工作和宣传汇报，通过为区域经济社会发展战略目标和中心工作提供优质的文化信息服务，争取财政投入。事实证明，有为才有位，有为有位才有投入；文化厅也将结合应用系统的要求尽可能争取专项资金来支持全区的信息化建设。相信随着大气候形成，政府财政会不断加大投入。

（三）加强培训，打造队伍。首先，是领导要带头学习信息技术，应用信息系统开展工作；其次，要加强全体工作人员的培训；另外，要加强文化信息机构、人员、设备配置，形成一支具有一定规模、能够从事信息技术管理、应用及文化信息和宣传工作的专业队伍。

（四）创新方式，高效服务。文化信息和宣传工作要创新服务方式，主动、积极、及时、准确地宣传报道文化工作，为文化事业、文化产业树形象、作宣传。信息部门是领导同志的第三只眼睛，是领导同志及时、准确、全面了解形势动态的耳目。我们要坚持主动服务、贴近服务、全方位服务。政务信息工作不仅要看数量，更要看质量，看是否对领导同志决策发挥了作用，看帮助解决了什么问题。

随着进一步兴起文化建设新高潮，文化宣传信息工作任务十分繁重，大家要提高认识，强化工作紧迫感和责任心，切实加强对宣传信息工作的领导，扎实工作，狠抓落实，充分发挥文化信息和宣传工作的职能作用，为促进广西文化大发展大繁荣作出新的更大的贡献！

（作者：广西壮族自治区文化厅党组副书记、副厅长）

深入学习贯彻十七届六中全会精神 推动文化产业成为千亿元产业和国民经济支柱性产业

洪 波

党的十七届六中全会站在经济社会发展全局的高度，对推动文化产业成为国民经济支柱性产业这一重大战略任务作出了全面部署，强调发展文化产业是社会主义市场经济条件下满足人民多样化精神文化需求的重要途径，必须坚持社会主义先进文化前进方向，坚持把社会效益放在首位、社会效益和经济效益相统一，按照全面协调可持续的要求，推动文化产业跨越式发展，使之成为新的经济增长点、经济结构战略性调整的重要支点、转变经济发展方式的重要着力点，为推动科学发展提供重要支撑。

自治区党委、政府高度重视文化产业发展，2010 年以来先后出台了《关于加快发展文化产业的实施意见》《广西文化产业发展“十二五”规划》，提出到 2015 年文化产业增加值达到 1000 亿元，占地区生产总值比重达到 5%，推动文化产业成为千亿元产业和国民经济支柱性产业。为落实中央和自治区党委、政府的重要部署，要抓住文化产业发展的历史性机遇，着眼于支柱性产业的战略定位，按照支柱性产业的发展要求，探索符合文化产业发展规律、具有广西特点的文化产业发展道路，努力推动文化产业又好又快发展。

一、调整文化产业结构，形成一批有实力的大型文化企业，支持“专、精、特、新”中小文化企业发展

推进文化产业结构调整，对于提高文化产业发展质量和效益，促进文化产业又好又快发展具有决定性意义。调整结构是指改变文化资源的存量构成和比例关系。

首先，需要调整文化产业规模结构，提高集约化程度，形成一批实力雄厚、具有较强竞争力的大型文化企业和企业集团。组建和发展广西演艺集团等大型文化企业和企业集团，鼓励和引导各种非公有制文化企业健康发展，做大做强一批有发展潜力的民营文化企业，形成文化产业战略投资者。按照自治区党委、政府部署，未来几年将抓紧推进广西文化产业城建设，加快建成国际一流、国内领先的大型综合性文化产业园区和文化服务社区；抓紧建成几个聚集一定数量文化企业、产业链较为完整的文化产业园区，打造特色鲜明、辐射力强的文化产业集群。其次是使产业园区真正能够形成一种积聚效应，入园的企业有紧密的关联度，政策配套服务周延，可以形成一种倍增的效应。

其次，充分利用先进技术和现代生产方式，促进传统文化生产模式和传播模式改造，推进产业升级，延伸产业链，拓展新型文化产品和服务。

此外，还要优化文化产业组织结构。支持“专、精、特、新”中小文化企业发展，形成富有活力的优势企业群体和协作配套体系，提高产业整体效益。鼓励创办文化“微型企业”，带动全社会文化创业。

另外，还要适应文化市场需求结构变化，形成新的经济增长点和消费热点，为文化产业发展开辟新的空间。

还有，文化产业的区域结构也需要优化。

要走差异化、特色化发展路子，积极培育构建广西北部湾经济区文化产业圈、桂西桂北民族特色文化产业圈和西江流域文化产业带这一“两圈一带”文化产业发展新格局，发展文化产业中心城市和特色文化产业县、乡、街、村，形成城乡互动、区域协调、各具特色的文化产业发展局面。

二、把握文化产品两种属性，坚持把社会效益放在首位、社会效益和经济效益相统一

社会主义市场经济条件下，文化产品既有意识形态属性，也有商品属性。为了确保文化产业实现持续健康快速发展，就必须坚持社会主义先进文化前进方向，坚持把社会效益放在首位、社会效益和经济效益相统一。

实现“两个效益”有机统一，要注意防止两种倾向。一种倾向是放弃社会责任和文化责任，片面地追求经济效益；另一种倾向是放弃市场经营和产业发展，空谈方向导向，不谈提高传播能力。第一种倾向必然导致产业失去正确方向，出现一些有害的文化产品，有时会危及国家利益、社会稳定和人民幸福。在这种情况下，经济效益越大社会危害越大。第二种倾向由于不能满足人民群众日益增长的精神文化需求，不能适应文化产业和文化市场发展的需要，不能适应国际文化激烈竞争的形势，致使我们的文化既传播不出去也守不住家园，同样也会危及国家利益、社会稳定和人民幸福。

要鼓励文化产业从业人员自觉把社会效益放在首位的前提下，努力创新体制机制，把面向群众、面向基层、面向农村与面向市场统一起来，准确把握群众需要，在占领市场的过程中服务于群众，在服务群众的过程中赢得市场。

三、集聚优势资源，努力打造民族文化知名品牌

要加大对拥有自主知识产权、弘扬民族传统文化的产业支持力度，打造知名品牌。

在文化市场竞争激烈的情况下，如果缺乏有核心竞争力的文化产业和知名文化品牌，我们的文化产品和服务不仅走不出去，就连区内市场也难以守住。近年来，我区打造了一批文化旅游、工艺美术、演艺等具有较大影响力的文化产业品牌，在带动文化产业发展方面起到了很大的作用，但精品品牌数量还不够多。

推动文化产业跨越式发展，需要集聚各方面优势资源，加快发展民族文化产业，着力打造广西特色的知名民族文化品牌。要尽快的依托我区区域文化典型元素，努力形成动漫品牌形象、以品牌形象引领新兴文化业态的发展。我们的特色文化品牌要进一步做大。靖西旧州绣球、博白芒编、阳朔画扇、北海贝雕、河池铜鼓、临桂五通镇农民画、钦州坭兴陶等一地一品工艺美术特色品牌，这些特色的资源要延伸链条，并形成品牌，走向全国。要充分挖掘和开发利用广西丰富的民族历史文化、红色文化、边关文化、生态文化、海洋文化、和谐文化等文化资源，打响老品牌，打造新品牌，大力开发培育民族歌舞、民族戏曲、民族服饰、民族节庆、民族体育、民族饮食等新业态新品牌，提升文化创意，突出产业化发展导向，使之形成可持续发展的文化产品和文化项目，打造一批具有较高知名度、美誉度、拥有自主知识产权的文化产业品牌，以内容优势赢得产业发展优势。

四、加快与旅游、体育、信息、物流、建筑等其他产业融合发展，延伸文化产业链

要推动文化产业与旅游、体育、信息、物流、建筑等产业融合发展，增加相关产业的文化含量，延伸文化产业链，提高附加值。

文化产业的内涵是文化，外在形态是产业，产业融合是其本质特征之一。不仅文化产业内部存在融合发展的态势，而且文化产

业与其他产业融合的趋势也日益明显。这既是加快文化产业发展的需要，也是经济社会发展对文化建设提出的迫切要求。

从文化产业生产的角度看，只有加快文化产业和其他产业的融合，创新文化产品和服务的生产、存储、传播和消费形态，发展新型文化业态，文化产业才能最大限度实现社会效益和经济效益。从文化传播角度来讲，文化生存在于传播。只有最大限度地通过各种渠道和载体广泛传播，为更多的人所认知和认同，文化才能薪火相传、生生不息。

推动文化与旅游融合发展，发展文化旅游业，重点开发特色鲜明、效益显著的文化旅游产品，打造文化旅游系列活动品牌，推出高品质旅游演艺产品，培育文化旅游精品线路，特别要发挥南宁、柳州、桂林各方面优势，发展民族民间演艺集群。推动文化与农业融合发展，将文化产业与现代农业嫁接，通过把文化艺术、文化创意与园艺观光、体验娱乐等市场需求相结合，开发形成休闲观光型农业、创意型农业、都市型农业等转型业态。推动文化与商业融合发展，发展时尚文化产业。

（作者：广西壮族自治区文化厅党组成员、副厅长）

善续民族之精　善集天下之美　善创时代之优

唐正柱

苗族是我国人口较多的少数民族，在大力弘扬中华民族文化、建设中华民族共同精神家园的总目标下，如何传承、保护、发展、弘扬苗族文化？这是一个需要从理论上、实践上加以解决的大课题。我们应该认准发展的历史方位，进而正确地应对。

一、历史方位：苗族文化发展正进入前所未有的历史转型期

长期以来，由于受到历史、环境、条件等诸多因素的制约，我国苗族地区的社会发展缓慢，生产力发展水平低下，直到上世纪 50 年代，仍基本保留着已延续了千百年的传统的经济、社会、文化形态。而随着新中国的建立，特别是改革开放和社会主义市场经济体制的逐步建立，苗族文化开始进入前所未有的历史性转型期。

转型前的苗族文化，从总体上来说与自给自足的自然经济、与日出而作出日落而息的传统农业文明相适应。而转型时期的苗族文化，将从与封闭的自然经济、传统的农业社会相适应的文化形态转变为与开放的市场经济、现代的信息社会相适应的现代文化形态。

苗族文化之所以进入历史性的大转型，其原因主要有：

一是因为经济基础的大变化。新中国经济建设的巨大成就特别是改革开放 30 多年所积蓄的经济实力为文化的大发展大繁荣提供了坚实的经济基础，苗族能够从中获得较多的资金用于发展苗族文化。

二是政治新格局的建立。新中国成立后，中国共产党实施正确的民族政策，包括实行民族区域自治制度，各民族之间建立了平等、团结、互助的关系，确立了共同发展、共同繁荣的目标，从根本上改变了过去的民族压迫、民族歧视、民族剥削的制度，并且高度重视少数民族文化的传承、保护和发展、创新，为少数民族文化的大发展开辟了广阔天地。

三是社会格局的大开放。传统封闭性的文化圈被打破，民族文化封闭性的生存环境已不复存在。国家之间、民族之间实现了大交流。各民族可以在平等自愿的基础上互相学习，互相借鉴，互相欣赏。苗族文化因而可以在广阔的视野、广大的资源中不断发展和创新。

四是市场经济体制的新建立。在市场经济条件下，一方面，民族文化可以部分地朝着文化产业发展，另一方面以流行文化为代表的商业文化对少数民族文化也必然产生巨大冲击。如果以经济效益作为取舍少数民族文化的标准，那许多弥足珍贵的文化基因将面临被淘汰的命运，许多传统的民族文化面临失去传承链条的危险。许多语言将死去，许多风俗将成为记录，许多文化物种将成为化石。因此要通过政府的必要扶持来修正市场选择的弊端。

五是高新科技的大发展。高新科技成果的应用，催生了一系列新兴的文化形态，也使文化产品的创造和传播更加高效便捷，内容更加丰富，形式更加多样。我们应该大力推进苗族文化与现代科技的结合，利用先进科技培育、发展和传播苗族文化。

六是文化大发展大繁荣的新战略。党的十七大确立了文化大发展大繁荣的战略，其中也包括了促进少数民族文化的大发展大繁

荣，这就意味着国家将对少数民族文化的传承、保护和发展、创新给予全面的扶持。这就说明国家为苗族文化的大发展提供了前所未有的优越条件。

总之，我们要充分认识到苗族文化的大转型有其历史的必然性，要充分地认识到苗族文化的大发展有其现实的优越条件，进而把握机遇，扎实推进，切实做好保护、传承、发展、创新苗族文化的各项工作。

二、发展思路：善续民族之精，善集天下之美，善创时代之优

（一）要善续苗族之精。苗族文化的接力棒传到我们这一代手中，就有责无旁贷的传承与弘扬的义务。

苗族文化具有重要的多方面价值。苗族文化是数千年来苗族人民智慧的结晶，是苗族精神文明建设的成果总汇，是我们今天建设先进文化的重要资源。苗族文化是世界文化生态中古老而重要的物种，具有不可替代的文化基因，对于世界文化的多样性具有重要价值。文化生态就像自然生态一样，我们要保护好文化生态，保护好文化的物种、文化的基因。举例来说，一个名叫泰瑞·缪格勒（THIERRY MUGLER）的服装设计师从苗族服装中获取灵感，追求其内在的韵味，舍弃繁琐的配饰，用简洁、明快的手法，展示现代时尚的设计观念，因而获得法国第五届国际青年时装设计师大奖赛的国家奖。大力发展苗族文化，对于满足苗族人民群众精神文化的多方面需求有不可替代的意义，对于增强苗族人民的自信心、自豪感、凝聚力具有重要作用，对于增强中华民族的和谐团结、实现各民族的共同进步和共同繁荣具有重要意义。

因此，我们一定要善续民族之精，大力传承和弘扬苗族文化。具体来说，有以下几个方面：

一要大力弘扬苗族的伟大精神。作为中华民族的重要一员，数千年来，苗族形成了以爱国主义为核心，勤劳智慧、善良勇敢、自立自强、平等团结、互助和谐的民族精神，形成了崇尚知识、追求美好、酷爱自由、乐观向上、热情好客、爱憎分明、坚韧不拔、不屈不挠的民族性格。这是弥足珍贵的。

二要大力弘扬苗族文化的精华。苗族有数千年的灿烂文化，有引人入胜的神话传说，有形式多样的民间歌谣，有绚丽夺目的服饰、舞蹈和建筑艺术，还有神奇的苗医等。我们要在整理的基础上宣传推广苗族标志性的文化精品。譬如出版苗数古籍经典、音乐舞蹈精品、戏剧精粹、建筑精华，除了制作成图书、光盘之外，还要数字出版。要办好中国苗族文化网。要筹建苗族文化大观园，集收藏、展示、研究、培训、开发诸多功能于一体。成为苗族文物与非物质文化的展示中心，同时也成为苗族文化产业的策划、开发中心。

三要用好苗族文化元素，彰显苗族特色。正如一桶清水可以通过加千分之一、万分之一的色彩而改变水的颜色一样，当代苗族文化也因特色而格外引人注目。要在熟悉苗族的物质的和非物质文化遗产，包括建筑、服饰、饮食、乐器、音乐、舞蹈、宗教器物、交际礼品、工艺产品、神话传说、史诗谣谚、故事寓言、节庆活动、民间习俗、人生礼仪等基础上，努力创造具有时代特征的优秀的精神文化产品，这不仅包括新音乐、新舞蹈、新文学、新美术、新戏剧、新建筑、新工艺品、新服饰，也包括电视剧、电影、动漫、网络文艺等方面的优秀作品。

（二）要善集天下之美。我们所处的时代是全球化、信息化时代，这是我们的先辈们所没有经历的。苗族历史上的伟大作家，譬如屈原，就有吞吐日月、集天下之大成的气概。正是这样的胸怀，才奠定了他在世界文化史上的地位。今天，我们无论从政治条件，还是从经济条件，无论从技术层面还是从观念层面，都有集天下之美的可能。任何的划地为牢、固步自封，都会妨碍苗族文化的大发展、大繁荣。

马克思、恩格斯早就指出：“资产阶级，由于开拓了世界市场，使一切国家的生产和消费都成为世界性的了……物质的生产是如此，精神的生产也是如此。各个民族的精神产品成了公共的财产。民族的片面性和局限性日益成为不可能，于是由许多种民族的和地方的文学形成了一种世界的文学。”既然各民族的精神产品成为了公共财产，就意味着每个民族的文化消费者都能够从世界文化的广阔范围中去寻找自己的精神文化需求，民族文化生产和消费的自给自足的形态已经成为历史。同时，每个民族的精神产品的创作者都可以从世界文化宝库中寻找创作的养分、创造的灵感，从世界各民族的新生活中寻找新的创作素材和创作主题。文化产品的创作生产正跨越民族的范围，进行文化资源的整合。一些深受群众喜爱的作品具有多民族文化的元素，一些好作品也是多民族成员共同努力的结果。民族之间的相互学习相互借鉴和共同合作将成为常态。为了创作能够为当今年青人所喜爱的作品，我们必须集天下之美。

（三）要善创时代之优。在挖掘、整理、继承苗族文化之精和在学习、借鉴、融合其他民族之美的同时，我们要高度重视苗族文化的创新，更准确地说，重视苗族文化的创优，从而实现又新又好。一方面将民族文化中的优秀元素发扬光大，另一方面立足时代、面向世界，创造出时代性强的优秀的苗族新文化。

在内容上，不仅关注苗族自身的发展，更关注全球人类发展的共同主题，因为本民族的发展已经与全球的发展休戚相关。不再过多地关注民族之间的斗争，而是共同探讨人性的深度，剖析人类的复杂性，追求人心的和美、民族的和睦、人类的和平。

在表现方式上，注重借鉴其他民族的表现手法、特别是当下的最新成果以丰富自己的创造手段。

在文化的传播方式上，以互联网为主要渠道，通过文字、声音、影像等多种方式传播到世界各地。

在服务对象上，它不再仅仅作为本民族的精神财富和文化消费品，同时也成为世界共有的精神财富和文化消费品。

苗族作为中国最古老的少数民族，在21世纪应该有更大的作为。回顾近100年来，我们发现，沈从文在文学方面是非常成功的，宋祖英在歌唱方面是非常成功的。他们作为苗族的儿女，为中华文化的发展作出了杰出贡献，也为世界文化书写了灿烂的一页。我们有理由相信，越来越多的苗家儿女能够谱写崭新的乐章。

（本文根据本人在北京举行的全国第一届苗族作家研讨会和在融水举行2010苗族文化论坛上的发言稿整理。作者：广西壮族自治区文化厅党组成员、副厅长）

深入学习贯彻《非物质文化遗产法》进一步开创广西非物质文化遗产事业发展新局面

覃 溥

经十一届全国人大常委会第十九次会议表决通过、国家主席胡锦涛签署第42号主席令予以公布的《中华人民共和国非物质文化遗产法》(以下均称《非遗法》),于2011年6月1日起施行。这是我国文化领域法制建设和非物质文化遗产保护事业的重大历史性进步。《非遗法》是我国第一部对非物质文化遗产(以下均"非遗")进行保护的法律,它从对非遗的调查到代表性项目名录的建立,再到非遗代表性项目的传承、传播,各级政府及专业机构在《非遗法》中的责任和义务,甚至对在相关于非遗产保护中的违法行为等都在法律责任上作了明确的规定。《非遗法》公布实施不仅将对中国的非遗保护事业发展起到非常重要的推动作用,还以此向世界鲜明的表示了中国政府对文化多样性发展的世界潮流的适应,对继承和弘扬中华民族优秀传统文化的坚定方向和法律意志,以法律的形式对在实施非遗保护中致力于增强民族凝聚力和创造力提供有力保障。《非遗法》的公布实施将在推动我国文化的大发展大繁荣,提升国家软实力上将产生重大而深远地影响。

一、《非物质文化遗产法》的颁布实施,对中国非物质文化遗产保护工作的发展具有里程碑的意义

《非遗法》是中国特色社会主义政治、经济、社会、文化四位一体战略布局中颁布的一部重要法律。是中国继《中华人民共和国文物保护法》公布以来,在文化领域制定的又一部重要法律,蔡武部长强调指出《非遗法》的颁布"在文化建设立法中具有里程碑的意义"。如何理解这关于"里程碑"意义的定位,我想这首先是一个面向世界的、很重要的国家意志彰显——即中国政府在保护本民族的文化遗产方面,已经由"文化自觉"的意识上升到严肃的法律导向和具体操作的规范,我国的非遗保护将从此走上依法保护的阶段。再是,从《非遗法》的公布到将开始实施的这段期间内,国际上与国内社会各界公众也都十分关注和高度评价,这个非同一般的反响效应,突出表现为各界公众对非遗保护工作近十年来实践与探索的全面回顾和肯定的评价,以及对中国非遗保护事业未来发展的满怀期望与许多有见地的热议和中肯建议。在这个里程碑上开启新历程的中国非遗保护事业,其可展望的未来不仅使专业的部门、机构及从业人员受之激励,也将更具影响力地唤起社会上更多的人们奋力投身其中的!

二、《非遗法》的公布实施将为加强非遗保护工作提供强有力的法律支撑和由此而建全的一系列制度将成为工作推进的坚强保障

中国的非遗保护工作实际从"民族民间保护工程"已经起步,至加入《保护非物质文化遗产国际公约》组织完成与国际接轨的过渡,而在2003年开始实施为期三年的全国非物质文化遗产普查则是中国真正进入非遗保护工作的全方位状态,三年深入至全国城乡的普查为以后的一系列保护行动和法律法规的制定奠定了广泛与扎实的资源基础。2006年在联合国教科文组织"人类口头和非物遗产代表作"申报原则框架指导下、根据我国国情开启的国家、省(区)和市(县)三级保护名录和传承人的申报，以及与此同步开展的各种保护措施和活动的推动与实践，中国的非遗保护工作历经了种种探索与尝试、冲突与共识。从文化部门的孤军奋战到各部门的有效联动、职能机构的有限作为到全社会的逐渐参与，全国非遗保护工作局面向好发展。回顾有许多欣慰，但感慨也是甚多的，因为多年的历程并不是“艰难”能全部概括的（新的领域、法律不建全、机构人员的不到位、资金的不足、全社会参与动员需要持之以恒、发展与保护的协调等等环环相扣的问题的制约）。各级政府、各方面的专业机构和专家们在非遗保护领域的执着，非遗保护工作在国内的实施及一系列成果的取得，中国政府在世界非遗保护领域的参与及有所作为，都为《非遗法》的公布实施奠定了坚实的基础和形成了强大的推动力。

2006 年 1 月 1 日《广西壮族自治区民族民间传统保护条例》颁布施行，对我区的民族民间传统文化继承和保护起到了积极和推动作用。但在整个国家层面的立法仍是空白。《非物质文化遗产法》的实施，将党中央关于文化遗产保护的方针政策上升为国家意志及政府法律性的职能，将保障将我国非物质文化遗产保护工作多年来的有效经验上升为法律制度，将各级政府部门保护非物质文化遗产的职责上升为法律责任，这无疑为非物质文化遗产保护政策的长期实施和有效运行提供了持续性的保障。

三、《非遗法》的公布实施再次从文化领域表明中国是一个负责任的国家，是我国以有效措施坚决履行国际公约义务的重要体现

中国是制定《保护非物质文化遗产公约》的重要发起国，并两次当选保护非物质文化遗产政府间委员会委员国。以法律的形式保护本国非物质文化遗产，是《保护非物质文化遗产公约》赋予缔约国的重要职责。作为一个负责任的大国，中国有责任也有义务，为推进国际社会的非遗保护而努力。在充分吸收国际公约精神的基础上，结合我国非遗的保护实践制定《非遗法》，这是我国全面履行国际公约义务的体现，也彰显了我国维护人类文化多样性的决心和努力，是我国为促进世界非遗保护、维护人类文化多样性作出贡献的具体行动。

四、要深入研读《非遗法》、准确领会其对非遗保护对象诠释和工作的法律规范

《非遗法》共六章四十五条，包括了总则、非物质文化遗产调查、代表性项目名录、传承与传播、法律责任等五个方面。《非遗法》的主要内容可以概括为：“一个目标、两大原则、三项制度”。

（一）明确了继承和弘扬中华民族优秀传统文化“一个目标”——即“继承和弘扬中华民族优秀传统文化，促进社会主义精神文明建设，加强非物质文化遗产保护、保存工作”。为了进一步体现这一目标，《非遗法》还从不同角度进行了制度上的设计：一是在调整范围上，对保护对象进行了明确界定；二是在法律性质上，定位于行政保护为主；三是在保护措施上，实行区别保护，确认国家采取认定、记录、建档等措施保存各类非遗项目，采取传承、传播等方式保护具有历史、文学、艺术、科学价值的非物质文化遗产。

（二）提出了指导非遗保护工作的“两大原则”。一是保护非遗产，应当注重其真实性、整体性和传承性；二是保护非遗产应当有利于增强中华民族的文化认同，有利于维护国家统一和民族团结，有利于促进社会和谐和可持续发展。这两大原则是我国非遗保护经验的高度凝炼和总结，是我们在保护实践中遵循非遗传承、衍变规律，处理好有关民族、宗教问题以及传统文化中的精华与糟粕等问题的重要指针。

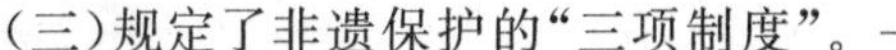

（三）规定了非遗保护的“三项制度”。一

是夯实非遗产调查是保护工作的基础，《非遗法》对县级以上人民政府、各有关部门、公民、法人和其他组织的调查以及境外组织或个人在我国境内的调查分别作出了规定。二是代表性项目名录制度。建立非遗产代表性项目名录，是为了集中有限的资源，对体现中华民族优秀传统文化，具有历史、文学、艺术、科学价值的非遗产项目制定保护规划，进行重点保护，并明确了建立名录的程序规范和保护要求。三是传承与传播制度。非遗产的传承与传播，既包括对代表性传承人的认定和扶持，也包括各级人民政府、有关部门及学校、新闻媒体、公共文化机构等在非遗产宣传、教育、传播方面的重要责任。

《非遗法》还明确鼓励和支持合理利用非遗产代表性项目开发具有地方、民族特色和市场潜力的文化产品和文化服务，这不仅将使中国的社会发展和经济建设从中受益于非遗做保护，更会使非遗代表性项目在社会发展和经济建设中发挥独特的同时，获得了传承与发展的广阔空间。

五、借《非遗法》公布实施大好时机，乘势而上，加大力度、稳步有序依法推进我区非遗产保护事业发展

接手协助厅长负责非遗产保护工作近一年来，在对过去工作的积累了解及之后的工作调研、非遗处同志及专家们的指教与帮助下，自己对全区的非遗产保护工作作了一些思考，结合《非遗法》的公布实施近期也与非遗处同志作了很多方面的研究。我想从相对宏观但又基础性的两个角度去审视广西的非遗产保护形势及任务，下面几项重要的工作从现在起上要有日程表、有力度地去努力推进。

一是在加强和采取多种形式宣传普及《非遗法》的同时，要会相关部门在尽快启动《广西壮族自治区民族民间传统保护条例》的修改要会相关部门在尽快启动，争取对应上位法又结合广西实际的地方性法规早日颁布实施。

二是抓法健全机构和专业队伍。这是做好非遗产保护的前提条件，这方面我们的状况需要各级政府和相关部门加大力度、采取有效措施去努力改善和推动。

三是开展名录调查，规范保护标准。开展对我区自治区级以上非遗名录、代表性传承人进行现状调查，根据调查，制定较有针对性的分类保护标准规范，制定保护与传承的长效机制。并在对我们过去数年的工作状况有一个真实的了解和评价（全区性非遗产保护工作情况调查已正在进行）的基础上研究与规划我区非遗产保护事业未来，以有效措施应对我们所面对的问题，努力开辟在法制轨道上有效保护、得力传承、持续发展的良性工作局面。

四是开展调查，摸清家底，是保护非物质文化遗产的基础性。“十二五”期间完成109个县区非遗资料库建设，实现自治区管理平台与各县级支中心的互联互通，互建共享；重点推进全国非遗普查分布图集（广西卷）的出版工作，出版广西国家级非遗名录丛书。

五是实施非遗“记忆工程”。我区非遗产种类繁多，性质各异，由于历史的原因，有的民俗和民间信仰活动或多或少存有一些与时代发展不相符合的因素，需要在认真甄别的基础上，针对不同的情况采取相应的措施。“记忆工程”，通过影像资料，书面资料把一个个非遗名录作为历史的记忆保存下来，并供研究和展示利用。“十二五”期间计划研究完成50个重点项目抢救性记录。

六是建立境外调查审批制度。根据文化部对境外组织和个人在我国境内开展非遗调查的管理办法，结合我区的实际，制定和建立境外组织和个人在广西开展非遗的调查活动的审批制度，确保民族团结与文化安全。

七是加强工作平台建设，加快传承基地建设，推行“传承传播工程”。非遗的传承与

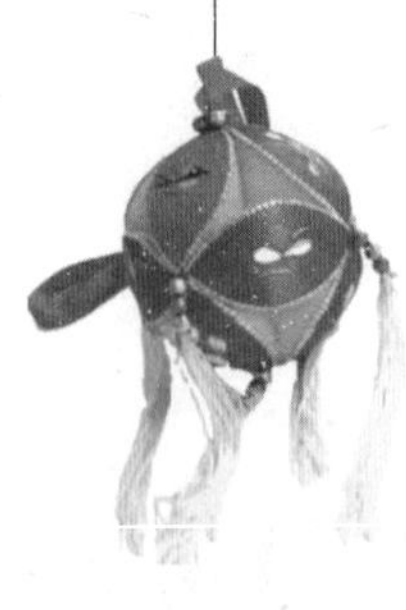

传播，包含了对代表性传承人的认定和扶持，也包括人民政府、有关部门及学校、新闻媒体、公共文化机构等在非遗宣传、教育、传播方面的重要责任，对那些体现中华民族优秀传统文化，具有历史，文学、艺术、科学价值的非遗产，建立传承传播机制进行保护和弘扬。“十二五”期间，在全区建立40个非遗传习基地。2011年授牌命名10个非遗传习基地。

八是加快示范基地建设，推进名录生产性保护。“十二五”期间在全区设立10个生产性保护示范基地。2011年授牌、命名1～2个非遗生产性示范保护基地。通过生产、流通销售等方式，合理利用非遗代表性项目开发具有地方、民族特色和市场潜力的文化产品和文化服务，促进非遗生产性保护的工作平台，推进名录生产性保护。

九是加快文化生态保护试验区建设，推进名录整体性保护。“十二五”期间，在全区设立5个自治区文化生态保护试验区。2011年启动2个自治区级文化生态保护试验区建设，其中推进1个进入国家级文化生态保护试验区实施范围。通过对非遗项目集中、特色鲜明、形式和内涵保持完整的特定区域，施行区域性整体性保护，推动整个文化生态保护的发展。要依法并结合广西的特点，探索文化生态保护区的保护内容、保护方式、管理模式等。

十是建立传承激励机制，注重人才队伍建设；建立和完善传承人保护机制。开展非遗进校园活动——民间舞蹈进校园、民间美术进校园、民歌民乐进校园、戏曲曲艺进校园、织染纽绣进校园、杂技竞技进校园，推动学校、家庭、社会、企业等各个渠道的传承工作的开展。制定和完善非物质文化遗产代表性传承人的保护措施，以四项制度——传承经费使用管理制度、传承活动报告制度、传承人助学制度和奖学激励制度的建立保障传承保护落到实处。

6月11日是第六个“中国文化遗产日”。为弘扬民族文化，保护和传承民族民间优秀传统文化与艺术，宣传贯彻《非遗法》，普及非物质文化遗产知识，让非物质文化遗产保护家喻户晓；向区内外的广大人民群众，展示我区非物质文化遗产的丰硕成果，让人民群众珍爱广西瑰丽多彩的非物质文化遗产，自觉参与依法保护工作。我区各市县将在前后根据今年遗产日“依法保护、重在传承”的主题开展一系列的活动。我厅主办的“民族团结跟党走——民俗踩街踏歌行巡游”；汇集民间织绣大师，展览壮族织锦、瑶族刺绣、苗族织锦、侗族编织、水族铜鼓纹蜡染等传统工艺，展示广西织绣纽缝的传世佳作的“锦绣尽染家乡红—广西首届织染纽绣大赛”；“广西第四届歌王大赛”和“ 动纵情八桂——广西学习宣传非物资文化遗产法主题晚会”也将届时隆重系列展演。这一召集来自全区各民族五百多人参加的盛大活动举办，不仅是对《非遗法》的公布实施的隆重庆祝，也是对全区数年非遗保护工作的回顾与成果展示，旨在向首府人民、并通过各种媒体传播形式向全区人民汇报和展示我们文化遗产保护的成就，可以预见这些汇报和展示对唤起民众更高的保护热情将产生强烈的感染和影响。

薪火相传，众人拾柴火焰高，非遗保护尤其亦然。因为有了《非遗法》的法律支撑和保障，有了过去十年广西非物质文化遗产保护事业的成就奠定，有了愈来愈多的人们重视并参与到非物质文化遗产保护中来，我对即将开启的又一个非遗保护“五年计划”充满工作激情和信心！

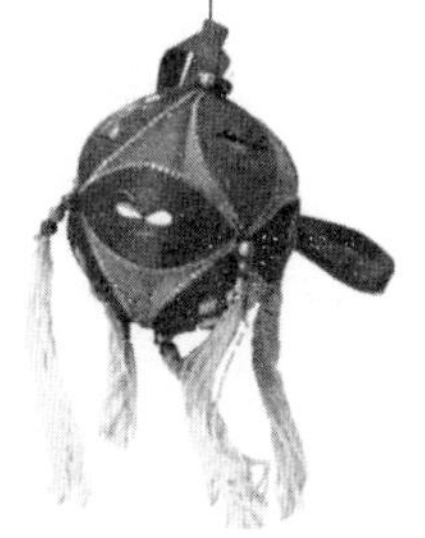

（作者：广西壮族自治区文化厅副厅长
自治区文物局局长）

创建国家公共文化服务体系示范区(项目)的思考

李晓泉

2011 年 6 月文化部、财政部公布了第一批创建国家公共文化服务体系示范区名单,青岛、苏州、成都、北京市朝阳区、我区来宾市等 28 个城市和地区获得示范区创建资格。创建示范区(项目)单位按照国家专家委员会制订的《创建标准》,承担着探索路径、积累经验的重大责任,承载着全面贯彻中央公共文化服务体系建设战略部署先导、认真落实国家"十二五"文化改革和发展规划纲要先行、成为统筹城乡文化发展实现公共文化服务体系建设科学发展先进典型的重要使命,承担着履行好典型示范的重要使命,通过制度设计、实践探索和理论提升,形成可供推广的经验,为全国同类型地区公共文化服务体系建设提供可供借鉴的示范,为国家制定相关政策提供科学依据和实践经验。

一、公共文化服务体系建设在国内外的研究与实践

如何构建公共文化服务体系属于文化政策研究范畴,是中国现阶段文化政策的具体问题。国外理论界没有公共文化服务体系的说法,相关理论研究都集中在文化政策研究上,侧重介绍当代西方文化政策的发展概况以及当代公共行政和管理理论对文化公共管理的影响。

文化政策是一定社会共同体处理文化事务的方针和原则。20 世纪 90 年代末期至今,各国源自产业动机而形成的文化政策已臻成熟,同时文化政策开始倾向于满足人们发展需求的文化权利的实现和维护国家、民族文化主权的需要。这期间西方国家文化政策发展有两次转变:第一次是从国家单方面的文化提供与传播过渡到一种更多元与包容的立场。从政策上看,不再一味追求精英艺术的品质,而强调接触文化的机会与文化活动的参与;推广多文化融合论与文化多元性;重视地方性与社区性的文化价值。第二次转变,更侧重公共行政与管理观念上的转变。以前文化多被认为是意识形态,所以由政府机构主导;现在文化主导地位从政府机关转移到了私人机构,但国家仍有主导权。这一观念上的转变源于时代环境的变迁,自 20 世纪 80 年代以来,西方各国为应对财政危机和政府的信任赤字、绩效赤字,均开始了大规模的政府改革。由传统的、官僚的、层级节制的、缺乏弹性的行政,转向市场导向的、因应变化的、深具弹性的公共管理。随着西方政府改革运动的深入,各国的文化体制、公共文化管理、文化政策都进入了大规模的调整、改革阶段。首先是英国的私有化运动,当时撒切尔夫人信奉布坎南的公共选择理论,主张以市场机制作为调节资源配置的主要工具,减少国家干预,恢复自由经济。此后,英国政府开始重新审视对艺术和文化部门的资助和管理,在继续保持对其公共部门的资助外,政府希望艺术和文化机构能够寻求新的经济来源以补充收入。同期,法国也认识到对文化事业的鼓励、支持应采取间接的方式,在不排斥政府干预行动的基础上,将市场机制引入公共文化事业中,希望通过市场经济规律,鼓励私人企业投资文化事业。美国同样认为私有化和市场机制比政府的效率更高,倡导消减用于包括文化项目在内的社会服务的公共开支,解除市场管制,允许资本自由流动。因此，美国文化是将其置入开放性的市场经济和民间社会而发展起来的，政府采取间接管理与规划。

西方国家公共文化部门的管理体制改革，呈现出一系列新的取向：强调市场竞争、政府工作的绩效评估、行政过程的透明取向、成本效率和顾客导向的新公共管理，主张通过引进市场机制来完善政府公共组织，最终实现国家文化行政系统与国家公共文化系统之间独立和互补的关系，确立起较为科学而有效的公共文化管理的体制模式；从公民权利、社会资本、公共对话三个维度树立了检验公共行政发展标尺，构建政府与市民平等对话、沟通协商与互动合作的公共管理新模式——新公共服务理论，使得管理实践中公民导向再次凸显，"公平性""民主性"和服务对象的最大满意度成为公共文化行政追求的目标。20 世纪以来，西方国家民间文化公共行政系统获得快速成长，在公民、文化从业者和文化企业业主的自愿、自主、自发组织下，通过国家法律法规认可或授权的途径，在文化公共空间营造起具有文化公共权威的、代表着社会民间文化价值取向的新型行政机制。

港澳台地区的公共文化服务在理论和实践方面领先于大陆。香港康文署为了更好地服务于公众，开发了一套管理资讯系统——"公众意见登记系统"，用以记录、储存和处理由各公共文化部门工作人员从不同渠道收集的公众对康文署服务、设施及员工表现的评估和建议。2002 年香港艺术发展局委托英国研究机构进行香港艺文指标研究，其成果用来监测公共文化部门文化艺术推进情况；评估政府支持文艺事业的效益；提供改进艺文政策和措施的数据和意见；作为地方政府拟定总体文化发展规划的综合参考指数等。台湾地区十分注重对公共文化项目的绩效评估研究，其研究方法和流程基本一致，先确定研究动机与目的，然后通过相关文献回顾来界定研究对象范围，再以层次分析法系统化建构该项目的层级评估架构及准则，通过专家群体的问卷调查，赋予评估指标权，建立完整的公共文化项目评估指标，接着再进一步根据建立的指标评估模型，进行实际案例操作来验证操作性，最后用实例操作结果检讨修正评估指标，得出结论与具体建议。2003 年台湾文建会也委托财团法人台湾智库开发了"台湾文化指标"，它是一项从指标出发，然后进行计划拟定与实施，最后由系统来管理计划实施的绩效模式。该指标结合了经济和社会统计数据，在联合国教科文组织的文化统计项目中筛选出适合的指标，再加上若干适合本土特殊适用性的指标，并通过案例测试检验、研究加以完善。

二、国家公共文化服务体系示范区创建的内容和要求

十七届六中全会《关于深化文化体系改革 推动社会主义大发展大繁荣若干重大问题的决定》中将推进公共文化服务体系示范区创建写进了"重大问题的决定"，示范区和示范项目创建成为构建文化服务体系、保障人民群众基本文化权益的重要任务，上升为国家战略的重大问题。

国家公共文化服务体系示范区（项目）创建工作的基本要求是：按照公益性、均等性、基本性、便利性的要求，在全国创建一批网络健全、结构合理、发展均衡、运行有效的公共文化服务体系示范区，培育一批具有创新性、带动性、导向性、科学性的公共文化服务体系项目，为我国公共文化服务体系建设探索经验、提供示范，推动公共文化服务体系建设科学发展。创建工作对于进一步发挥典型的示范、影响和带动作用，充分调动地方人民政府的积极性，整合、集成"十一五"公共文化服务

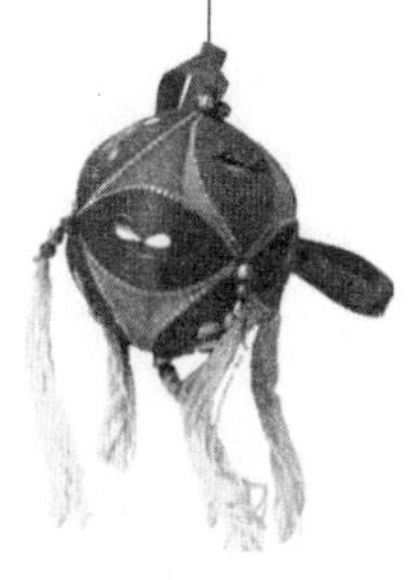

体系建设成果，更好地研究解决公共文化服务体系建设的突出矛盾和问题，推动公共文化服务体系建设可持续发展具有重要意义。各地文化、财政部门密切配合，各相关部门整合资源，党委政府加强领导，把示范区（项目）创建工作与当地经济社会发展紧密结合，加大投入力度，引导和动员广大群众和社会力量积极参与，确保创建工作取得实效。具体地说，就是硬件建设和软件建设两大任务。

（一）硬件建设。国家公共文化服务体系示范区（项目）创建的西部标准有明确的规定，并将这些硬件建设或者说是规定动作，纳入评估范围，纳入政府、文化行政部门、公共文化机构、重大文化项目工作考核机制。

1.公共文化设施网络建设方面。图书馆、博物馆、文化馆（站）、影剧院等公共文化设施网络体系初步形成，市县两级图书馆、文化馆都具备流动文化服务能力，市、县两级图书馆80%达到部颁三级以上标准，市辖两级群艺馆、文化馆80%达到部颁三级以上标准，县文化馆达到部颁三级以上标准，乡镇（街道）综合文化站80%建有单独设置的综合文化站，其设备配置、活动开展、人员配备、综合管理等达到发展改革委、文化部制定的《乡镇（街道）文化站建设标准》，60%的乡镇（街道）、社区建有标准配置的公共电子阅览室。

2.公共文化服务供给方面。依托传统节日、重大庆典活动和民族民间文化资源，开展群众喜闻乐见、丰富多彩的文体活动，群众受众率和参与率达到本省（自治区、直辖市）的先进水平，人均参加文体活动的时间每周不少于3小时；图书馆、文化馆、博物馆实现免费开放；各级公共文化设施电子阅览室为社会公众提供免费上网服务时间每周不少于42小时，图书馆每周开放时间不少于56小时，文化馆（站）、博物馆每周开放时间不少于42小时；基本实现每个行政村每月看1场以上电影、每年看2场以上戏剧或文艺演出，每年组织3次以上规模较大的群众文体活动。

3.公共文化服务组织支撑方面。政府有建设公共文化服务体系的相关规划和政策，建立政府统一领导、相关部门分工负责、社会团体积极参与的管理体制和工作机制，切实按照国务院《公共文化体育设施条例》和文化部、国土资源部、建设部编制的《公共图书馆建设用地指标》《公共图书馆建设标准》《文化馆建设用地指标》《文化馆建设标准》《乡镇综合文化站建设标准》《城市社区体育设施建设用地指标》等标准，无偿划拨公共图书馆、文化馆（站）、博物馆、体育馆（场）等公益性文化设施建设用地。

4.资金、人才和技术保障措施落实方面，公共文化体系建设纳入政府重要议事日程，纳入当地国民经济和社会发展总体规划，纳入对地方政府的考核指标体系，纳入政府目标管理责任制，纳入财政预算，纳入城乡建设整体规划；公共文化服务体系建设经费得到落实，近三年财政文化体育与传媒支出不低于同级财政经常性收入的增长幅度，人均文化支出（按常住人口计算）高于本省平均水平；乡镇（街道）综合文化站的人员编制3名以上，行政村和社区有至少1名财政补贴的文化管理员（文化指导员或协管员）；市级文化单位业务人员占职工总数不低于70%，县级文化事业单位业务人员占职工总数不低于80%。

（二）软件建设。

1.不折不扣执行《创建国家公共文化服务体系示范区过程管理有关规定（暂行）》。为加大对国家公共文化服务体系示范区创建过程的管理力度，扎实推进创建国家公共文化服务体系示范区各项工作。二〇一一年九月文化部就加强创建示范区过程管理作了规定，将过程管理有关规定执行情况作为创建示范区验收的重要依据，纳入示范区验收考核指标体系。对过程管理没有达到基本要求的创建示范区，验收时将实行一票否决。同时要求：一是建立领导机制。成立创建工作领导小组。由创建示范区党委、政府主要领导牵头。设立领导小组办公室。领导小组办公室设在当地文化行政部门。实行领导小组定期例会制度和重大事项会商协商制度。二是建立联络员制度。三是建立经费管理制度。对中央补助资金应制定经费使用方案，包括使用范围、详细的项目预算和用途、预期效果等，使用方案应经省财政厅、文化厅审核后报国家示范区创建领导小组办公室备案，不得挪做他用。建立经费使用情况报告制度。四是建立督导检查制度。五是建立信息报送制度。六是建立信息宣传工作评分制度。

2. 高度重视公共文化服务体系制度设计研究，将制度设计研究列入验收范围。制度设计研究是一种以重大现实性问题为对象的全局性、战略性、前瞻性研究。文化部提出“十二五”期间公共文化服务体系建设要实现软硬建设并重、政策研究与事件推动并重、点线面结合并重“三个并重”，并将开展制度设计研究作为公共文化服务体系“软件工程”的基础性工作予以推进。六中全会提出到2020年基本建立覆盖全社会的公共文化服务体系，制度设计就是为完成这个历史任务提供理论指导、政策支撑、制度保障。示范区、示范项目中的制度设计研究，服务于示范区、示范项目的创建，与示范区、示范项目创建紧密结合，创建过程中解决的突出矛盾和问题就是制度设计研究的重点。就是说，围绕创建目标，结合实际，结合创建实践中所要解决的突出问题和所要形成的突破示范，研究当地具有示范意义的问题。制度设计研究不是个人研究项目，不是兴趣研究项目，不是纯学术研究，不是纯理论研究，而是面向实践的研究，是为了解决实践问题提供理论指导和制度保障的研究，它需要在研究对象的历史和现状、国内与国外、经验和教训基础上形成实践方案，形成解决问题的路径和方向，形成解决问题的措施和办法，然后将这些研究的结果和解决问题的方法付诸于实践，在示范区示范项目创建中检验，这是一个检验研究成果、修正研究成果、完善研究成果的过程，是一个由理论到实践、由实践再到新理论的制度设计研究与示范区创建实践紧密结合的过程。因此，制度设计研究一定要与示范区示范项目紧密结合，一定要坚持实践牵引、实践导向，坚持研究和实践紧密结合。最后的研究成果，首先是一系列有理论色彩、学术色彩又与实践相结合的研究报告、学术论文和调研报告；其次，是将研究成果、制度设计成果应用于实践、显示成效和问题的实践报告和分析报告；第三，基于理论一实践一理论基础上，形成政府一系列的制度建设：政府事业发展规划、政府的规范性文件以及标准、规章和实施办法、管理办法。这样的成果才具有示范意义和复制意义，才达到示范区创建的根本目的。

三、我区创建国家公共文化服务体系示范区(项目)的思考

根据文化部的工作部署，示范区(项目)建设要达到以下几个目的：一是整合集成十一五建设成果，提升公共文化服务能力。二是进一步发挥典型的示范、影响和带动作用，全面推进公共文化服务体系建设。三是调动各地方政府推动公共文化服务体系建设的积极性，为文化部门提供有力的工作抓手。四是结合制度设计研究工作，研究解决当前制约公共文化服务体系建设发展的突出矛盾和问题。

(一)领导高度重视，列入政府“一把手工

程”。当前制约公共文化服务体系建设的一些观念上和体制机制上障碍仍然存在，一些地方党委政府缺乏“文化自觉”，缺乏政府主导的意识，没有按照科学发展观的要求将文化建设真正纳入“四位一体”总体布局；一些地方领导片面强调GDP指标，重经济轻文化建设，重城市形象、轻城乡统筹，总以为经济发展了，一切问题和矛盾就能迎刃而解，总以为文化建设不是刚性指标，于是在实际工作中“说起来重要，干起来次要，忙起来不要”，缺乏推动文化发展的内在动力。所以，公共文化服务体系示范区创建，首先是领导重视，尤其是一把手重视，整个班子达成共识。在评审时，文化部要求申报单位的领导到场答辩，绝大部分申报单位都是书记、市长、副市长赴京“赶考”。在创建过程中，各创建单位成立了创建国家公共文化服务体系示范区工作领导小组，规定了市人民政府、县(市、区)人民政府以及各部委办局的职责。比如来宾市，成立以市委书记、市长、常务副市长、宣传部部长等市政府领导任组长，各部委办局主要领导及各县市区书记县长任委员的领导小组。领导小组下设办公室，市级及各县(市、区)分别成立创建国家公共文化服务体系示范区办公室，负责督促市直及有关部门、各县(市区)开展创建工作；检查统计创建工作进度，并及时向市委、市政府领导汇报；制订督查方案，将创建工作列入年度目标管理考评等；负责收集创建工作相关图片、录像，撰写总结材料，编制工作简报，并整理归档等工作。只有一把手重视，形成一把手工程，才能按照创建标准加大财政投入，才能整合各部门资源，才能协调创建过程中设计各部门的的各种工作。

(二)重视理论队伍建设，在制度设计研究成果指导下开展创建工作。

制度设计研究，是示范区示范项目验收不可或缺的重要组成部分，对示范区的验收，就包括对制度设计研究成果的验收，因此，制度设计研究和示范区创建必须同步规划、同步推进、同步验收。

国家层面上，文化部组织了高校科研单位、文化行政部门和公共文化单位的学者和专家，成立了国家公共文化服务体系建设专家组，后来又升格为专家委员会。广西成立了国家公共文化服务体系示范区项目创建工作领导小组，成立了下设有图书馆组、文化馆组、博物馆组、综合组四个专家组的专家委员会，协调指导创建工作中重大问题。理论队伍、专家队伍，是我们完成创建任务、完成制度设计研究的主要力量。在硬件工作开展的同时做好制度设计工作，达到从实践中总结经验上升为理论，用理论来引导实践，在实践中完善理论，用逐步完善的理论完善示范区建设，形成真正意义上的广西全区示范区，创建西部地区具有可复制可操作性的示范区。获得创建资格的单位，在充分发挥本地研究人才积极性的同时，要主动与自治区专家委员会联系，主动邀请国家专家委员会给予指导，甚至可以聘请外单位、区外专家承担部分或者主要的研究任务。

通过制度实际研究，吸纳一流专家，建立一支政府公共文化机构、专家学者组成的公共文化服务体系政策理论研究队伍，为政府决策提供参考咨询，努力实现科学决策、民主决策。示范区要成为制度设计研究的实践基地，边创建边总结，逐步形成一系列推进公共文化服务体系建设的政策、手段和措施，努力建成公共文化服务体系建设的长效机制，使公共文化服务体系建设在科学理论的指导下实现可持续发展。

(三)按时按质完成示范区、示范项目的创建任务。获得创建资格后，来宾市、罗城县积极行动，起草了建设规划，来宾市对本市市级、县(市、区)级、乡镇级、村级的图书馆、文化馆、博物馆、公共电子阅览室、影剧院、乡镇综合文化站、村级公共文化服务中心的现状,硬、软件建设主要任务,完成任务时间,责任单位,主要负责人等进行了全面摸底调查和汇总,并对未来要开展的工作进行明确分工和详细规划。罗城县提出了按“政府组织,专家指导,公众参与,多方兴办”的工作方式,将全县的11个乡镇文化站建设成为运行有效、管理规范、综合性强、软硬件皆优的乡镇公共文化服务综合体,以促进基本公共文化服务均等化,全面推动罗城仫佬族自治县乡镇公共文化服务体系建设科学发展,实现广覆盖、高效能两个根本性转变。明确了县文体局、各乡镇的工作任务、内容、步骤;明确并细化文化站站长、工作人员、村屯文化协管员的岗位职责。然而,从目前现有的资料来看,大家对何为真正意义上的“制度设计”理解不够透彻,工作重心还是停留在硬件建设上,以为硬件达标就能完成创建任务,因为作为西部地区,经济后发达地区,硬件建设与经济发达地区相比总是滞后,以为硬件标准达标了就是示范,硬件是基础,形成制度,形成可复制的示范才是最终目的。国家有明确要求,要通过验收,要成为真正的具有榜样意义的可复制的示范区,还要两手抓,软件建设与硬件建设紧密结合,软硬件同时并进,形成硬件建设和软件建设“双轮驱动”“两翼齐飞”的建设格局,按时按质完成任务。

(作者:广西壮族自治区文化厅党组成员、纪检组组长)

我心中的梦

——赴美文化经贸交流体会

马红英

2010年9月15日至29日，我作为文化部组织的赴美文化贸易经验交流项目的成员，与22位来自全国十个省(市)文化系统机关、企事业单位管理人员一起，前往美国参加了为期15天的学习考察。期间，我们在华盛顿的肯尼迪艺术中心进行交流，了解了美国非营利性文化机构的运作情况；在纽约参加了倪德伦环球娱乐公司为此次项目专门设计的、为期六天的文化管理课程和时间活动，深入学习美国主流演艺市场和产品的运作情况，特别是围绕百老汇运营模式，全面了解美国在演绎产品制作、广告和市场推广、法律法规、剧院管理、创作人才培养和政府产业政策方面的情况；在洛杉矶，与美国广播公司、迪士尼高层管理人员进行交流，深入了解美国影视业和全球知名娱乐公司的品牌管理及运作。除此之外，还与美方就如何进一步开展双方的交流与合作进行了探讨。这次赴美文化贸易经验交流之旅，我在感叹万分的同时，也学习与收获良多，但更多的是对未来的思考。

文化是城市的灵魂

这次学习考察的首个收获，是我对文化有了全新的认识和理解。这源自倪德伦环球娱乐公司的主席对我们致欢迎辞时所说的一句话，让我醍醐灌顶，他说，“文化不是奢侈品”。

在很多人眼中，美国纽约的百老汇是一种高雅的艺术，奢侈的享受，属于上流社会、有钱人的“曲高和寡”的文化消费，有着普通人高不可攀的门槛。但事实上，百老汇对纽约人乃至全世界的人来说，并非高高在上，不可触摸；相反，它是一种贴近大众，雅俗共享的娱乐。

据了解，百老汇一年创造的经济效益在43亿美元左右。尽管直接到百老汇看戏的消费只占其中不到1/4，但由此带来的旅游消费却占了很大一部分。百老汇是纽约市最能够吸引游客的地方，访问纽约市的3540万游客当中超过50%是专程为看百老汇演出而来的。在纽约市以外的百老汇产业，包括在北美140个城市上演的百老汇剧目每年的票房总收入高达6亿美元。这意味着，百老汇文化不是奢侈品，而是一种大众消费品，在整座城市普及、蔓延，随处可见。当你走在42大街时代广场附近，你会发现，以百老汇音乐剧文化为中心的大型商圈，是纽约最具象征性的城市剪影。每到晚上，人们都会涌到42大街，到不同剧场看自己喜欢的剧，有人排队等待入场，有人在排队买票，有人坐在时代广场的阶梯上等待。当你置身那样的场景，感受到那种氛围，你会觉得一座城市的文化就在这里，鲜活，具象，充满了立体感。正像人们所说，“如果不在百老汇看两三场话剧、音乐剧，等于没有来纽约”。

百老汇在其一百多年的发展史中，渐渐形成了现在的规模、体系、以及影响力。对于纽约市来说，百老汇有着三层非比寻常的意义：一是城市的形象传播吸引力。百老汇所形成的影响力，也成了纽约市的口碑，以至于到纽约旅游的人很大一部分都是因为慕“百老汇”之名，专程来看百老汇音乐剧的。二是城市的经济推动力。百老汇作为一个成熟的文化产业，光是提供就业机会，就给纽约市的经济做出了重要贡献；而其在旅游经济方面带来的财政收入更是功不可没。百老汇为纽约经济提供了重要的支持，是纽约的支柱产业。三是城市的文化号召力。百老汇给纽约市带来了独有的文化特色，并将这种文化上升至纽约文化、美国文化，走向世界，在全球范围内形成号召力，影响力。

当一种文化渗入一座城市，成为大众日常消费与享受的对象，成为一座城市经济发展休戚相关的载体，成为一座城市的精神象征与符号代表的时候，它便不是一种奢侈品，而是一种附生于城市而形成的城市灵魂。正如一位社会学家所说的，一座城市是否是伟大的城市，不在于她拥有多少幢高楼大厦，也不在于她拥有多么雄厚的经济基础，而在于她有没有文化。文化能让一座城市变得鲜活；文化能让一座城市风情万种、魅力无限；文化还能让一座城市独树一帜。从这个角度来看，文化就是一座城市的灵魂，既凝固了一座城市的精神，也释放着一座城市的影响力。

广西的南宁国际民歌艺术节就是一个出色的例子。广西素有“歌海”之美誉，是中国家喻户晓的“歌仙”刘三姐的故乡；广西各族人民生来就喜爱唱歌，尤其是壮族人民，善于以歌表现自己的劳作，抒发自己的情感。为了传承和发扬广西民歌文化，1999年起，广西南宁举办了首届国际民歌艺术节，于是，每年的金秋时节，南宁这个一度默默无闻的“边陲小城”便汇聚了来自全国乃至世界各地的中外艺术家，在这里“以歌会友”，同台献艺、相互交流。

迄今为止，南宁国际民歌艺术节已经成功举办了十二届，以其鲜明的民族化、现代化、国际化特征获得了中国、全世界的认同，并与北京国际音乐节、上海国际音乐节一起，被称中国最著名的三大音乐节庆之一。而经过多年的努力和创新，南宁国际民歌艺术节不仅挖掘了南宁的文化底蕴，提升了南宁的城市品味，更重要的是打造出广西重要的文化品牌。如今，民歌让南宁成了歌的海洋，歌的家乡，成为天下民歌眷恋的地方；民歌节，则凸显了南宁的城市文化，成为南宁城市一张鲜活的名片，也从此将南宁推向了全国，推向了世界，树立了南宁在国内国际的品牌形象，并大大提升了南宁在世界的知名度和影响力。

百老汇的制胜点

以前我们对百老汇的认识，只局限于风靡全球这一表面现象，对其本质的了解可谓知之甚少。

在为期六天，共十八个专题的学习期间，内容丰富、形式生动的课程让我们全面了解了百老汇的历史、产品制作、管理运营、营销推广等。不仅如此，我们还有幸观赏了百老汇四部风格迥异的经典音乐剧，分别是《西区故事》《狮子王》《歌剧魅影》，以及《孟菲斯》。在经过系统详尽的了解百老汇、零距离接触百老汇之后，我深深地认识和体会到百老汇的魅力，也才知晓百老汇风靡全球，令无数人疯狂的奥秘所在。作为一种舞台戏剧艺术，百老汇音乐剧与其他高雅艺术如芭蕾、歌剧相比，从诞生之初就带上了一种极其鲜明的特性，这就是艺术性、通俗性、娱乐性、商业性。

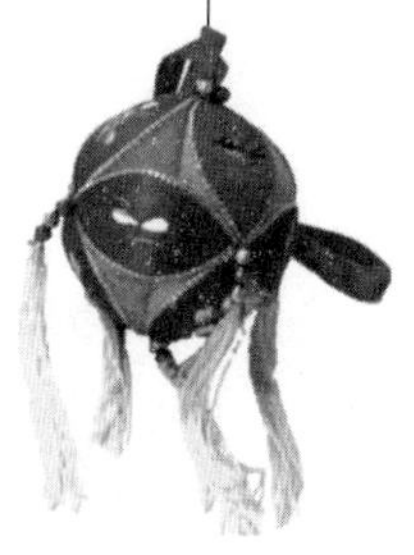

百老汇音乐剧的艺术性，是指它将一流的音乐、戏剧、舞蹈编排在一起，将深刻的主题、鲜活的人物，以及动听的故事通过精湛的艺术形式呈现出来。百老汇音乐剧的创作，集中了诸多剧本、音乐、导演、演员等方面的人才，竭力打造成为艺术精品。

音乐剧,顾名思义,就是“音乐的戏剧”,但百老汇音乐剧并非“音乐”与“戏剧”的简单相加,而是一种囊括了大量其他艺术元素的高度综合的舞台戏剧艺术,其中包括文化、诗歌、音乐、舞蹈、文学、诗歌、音乐、舞蹈、表演、杂技、美术、建筑等,当然还包括造型艺术、舞台艺术、声光艺术……凭借这些丰富的艺术形式和手段,它给观众呈现出来的,是一种跨越了时间和空间,兼具了听觉与视觉,融合了歌舞与戏剧的高超的观赏艺术。

在我们观看的四部音乐剧中,都给我们留了这种印象。例如根据迪斯尼动画片改编的《狮子王》音乐剧,为了极力地表现出非洲大草原那广阔雄浑的气势和野兽们群起狂奔的场面,在舞台上运用了杂技、高跷、皮影、木偶等各种艺术形式,营造出毫不亚于好莱坞电影的惊心动魄的舞台效果。跟传统的舞台剧相比,百老汇音乐剧更具有综合艺术性和观赏美感,深深地吸引着观众的眼球,它全方位给予观众的震撼力,让人感受到了它无穷的魅力,并叹为观止。

百老汇音乐剧的通俗性,则是指在艺术语言、舞台风格、戏剧内容及其表达方式上,力求通俗易懂、好听好看、雅俗共赏。人们从剧中可以感受到自己所关注的人生命题或社会话题,例如人的尊严、价值、道德、命运等,并在情感和心灵上都获得强烈的共鸣。

有人形容百老汇是“美国经典文化与社会文化生活精华的代名词”。因为与古典意大利歌剧不同,百老汇音乐剧主要以现实生活为题材。对比早期的音乐剧作品和现代作品,你会发现,百老汇的剧目创造,且不说艺术形式和手段不断升级、更新,在题材和内容上,也始终与时俱进,反映着不同时代的人们的生存状态与精神面貌。也就是说,百老汇音乐剧的通俗性,不是它低俗媚俗,而是它注重人性、贴近生活——描述人的命运发展,展现人的价值尊严,传播人的道德伦理。被赋予了人性内涵的主题,在音乐剧中得到了生动而感人的表达,便有了打动人、感染人的力量。

更为重要的是,这些主题在音乐剧中,无不有着一种乐观、积极的精神,尤其是融以幽默感、轻松感的表现形式,让音乐剧洋溢着一种热烈的氛围,充满了活跃的生命力,让人不知不觉被征服的同时,也被其高尚的精神所潜移默化地影响着。

百老汇音乐剧的娱乐性,是指它给人们带来的全方位感官享受。无论是优美动人的音乐旋律,还是劲爆热闹的舞蹈场面,无论是绚丽多彩的舞台灯光,还是高科技手段的道具展示……都让人在陶醉于音乐剧本身的独特魅力的同时,获得视觉上的审美愉悦和身心上的娱乐快感,以及心理放松、体力休憩、情感调适等轻松愉快的体验。

百老汇音乐剧的内涵不仅在于它所承载的丰富深刻的人文内涵,更在于它实现了寓教于乐。百老汇音乐剧大多数作品都是喜剧风格,因为音乐喜剧能以其轻松幽默、戏谑诙谐,滑稽风趣,给观众带来寓教于乐的感受。就算是《西区故事》《歌剧魅影》这样比较严肃的剧目,在舞台呈现上也会突出娱乐效果,给观众以全方位的视听觉享受。富丽堂皇的舞台背景,丰富而多元的现代化高科技手段,五颜六色的灯光照明等,让舞台表演动感十足,更能挑动观众的感官神经,给予观众强烈的视听刺激,全方位的冲击观众的身心体验。

百老汇音乐剧的商业性,可以说是它生产的最终目的,主要体现在管理与操作中,运用先进科学的制作管理营销手段。百老汇音乐剧从剧作的创意策划、组织制作,到广告宣传、票务营销、实际演出、版权管理、衍生产品,都有着十分周密细致的规划。

音乐剧之所以具有通俗性、娱乐性,归根

结底都是由音乐剧的商业性本质所决定的。百老汇音乐剧作为一种商业性艺术，必须是通俗的，给人娱乐消遣的。如果音乐剧一味追求高雅、高深，便难以广泛地吸引普通大众；如果音乐剧缺乏娱乐性，过于严肃、呆板，同样也会让大众产生心理抗拒。因此，百老汇所有剧目的创造理念、制作方式都与时俱进地适销对路，以不断满足不同时代、不同社会的人们对于艺术、审美、娱乐的需求，

此外，百老汇还非常擅于运用成熟的市场运营模式、宣传推广策略，通过现代科技、网络、媒体宣传媒介等进行广泛、大肆的宣传，迅速地提升剧作的知名度和影响力。例如有些剧目的广告，甚至在开演几年前就已经开始进行铺天盖地的宣传，运用极具创意的广告画面和宣传口号，抓住受众的眼球，刺激受众的好奇心，增加受众的期待值。

通过这次全面系统的学习，我们对百老汇的成功理念都有了深刻的认识和理解，而这些宝贵的成功经验，对我们艺术产品的生产、文化产业的发展乃至对外文化贸易都有非常重要的借鉴和学习的作用。

我心中的梦

短短的美国之行，当我拓宽了视野，开阔了眼界的同时，我更多的思考着如何推出中华文化、让中华文化走出去，让中华文化像百老汇文化那样，为一个城市，为一个国家，为整个人类社会作出贡献。带着这种心情，我与倪德伦公司总裁小罗伯特·倪德伦进行了交流。

首先，我向小罗伯特郑重地推荐了我们引以为豪的《印象·刘三姐》这一大型的山水实景演出。中国山水实景演出第一人——梅帅元先生，在中国桂林制作了第一部山水实景演出《印象·刘三姐》，创造了一个全新的演出形式，并成为中国文化产业重点项目。

《印象·刘三姐》将历史传说、音乐文化、自然景观、民俗风情进行完美融合，把广为流传的刘三姐的人物和故事，用气势宏大的场景、生动活泼的表演进行全新的演绎，呈现给观众一场前所未有的视觉盛宴。《印象·刘三姐》于 2004 年在桂林首演，迄今为止已经演出了 2700 场，观众数量高达 600 多万，收入将近 2 亿美元。类似的实景演出在中国有十几个，例如内蒙古的《天骄·成吉思汗》、河南的《嵩山·少林》、湖南的《天门狐仙·新刘海砍樵》等。在中国日渐成熟的旅游环境里，在中国固有的文化土壤上派生出来的实景演出，不仅培育了一个巨大而广阔的市场，还造就了一个全新的文化旅游模式，这些实景演出堪称中国甚至是东方的百老汇，创造了中国商业艺术的新神话。

据了解，梅帅元欲将其多年从事舞台艺术创作的经验和十年来打造山水实景演出的经验融为一体，新创一部独树一帜的大型音乐剧《印象·刘三姐》。借这个机会，我也向小罗伯特推介了这部音乐剧，并探讨其与百老汇品牌嫁接和合作的可能性。小罗伯特听了之后表示非常感兴趣，意欲寻求投资或其他合作方式。

我认为，这样一部具有本土文化元素的大型音乐剧，如果能借助百老汇品牌的影响力，与其成熟的运营模式、管理理念、品牌推广相结合，在广西打造出一个中西结合的大型音乐剧，将有助于提高广西在中国，乃至世界的知名度。而刘三姐，作为广西的文化符号也会因此得到全新的诠释，进一步的深化与升华，甚至可能成为广西新的文化号召力，对广西的文化沉淀，城市发展带来深远的影响和意义。

另外，通过与百老汇的品牌嫁接合作，还可以为我们的《印象·刘三姐》直接打进百老汇奠定基础，为将来实现全球演出架接桥梁。

到时候，我们的《印象·刘三姐》也能够像其他风靡全球的百老汇剧目一样，在全世界巡回演出。这样的话，甚至不用一百年，我们就能在全世界范围内树立起自己的民族文化品牌形象，这对中国文化、世界文化、对人类社会来说，都将会是一种贡献。

但我知道，这些想法都不是一蹴而就的，其过程亦有可能充满了困难和艰辛。对于我来说，这更像是一个梦想，一个在自己重新解读和诠释文化的过程中，在全球发展格局的国际语境下，在自己所肩负的责任、使命感中，更为长远的战略思考。

从美国回来后，我还不断收到来自倪德伦的电子邮件，一再的跟踪和询问合作的可能性，而我也在与梅帅元团队进行商量探讨。我深知，这样的梦，不是我凭一己之力就能实现的，但我目前要做的，是将这样的想法，这样的梦，化解在我一步一步努力的行动中，直到抵达成功的彼岸。因为，我相信梦想之花一定会在坚持与努力中绽放！

（作者：广西壮族自治区文化厅副巡视员）

着力建设六型办公室　提高服务工作水平

——新时期做好文化系统办公室工作的思考

任保胜

办公室作为综合办事机构，是政务运行的枢纽、领导决策的参谋、联系上下的桥梁、对外展示形象的窗口，承担着协调综合、参谋助手、审核把关、运转保障、督促检查的职责。文化建设进入“十二五”开局之年，面临大发展、快发展的新形势，各级文化部门办公室承担的任务越来越重，工作的领域越来越宽，责任越来越大。做好办公室工作，要在建设“学习型、创新型、服务型、应急型、实干型、效能型”办公室方面下功夫，见成效，提升服务工作水平，为推进文化大发展大繁荣作贡献。

一、要在建设学习型办公室上见成效

学习是做好办公室工作的必要保障。办公室人员必须具有过硬的政治素质、过硬的工作作风、过硬的业务本领，因此必须加强学习。要在办公室内营造浓厚的学习氛围，建立有效的学习机制，提高学习能力，增强学习效果，为高效办事、优质办会、精品办文打下基础。

一是注重学以立德。要把学习作为一种精神追求，深入学习和掌握中国特色社会主义理论体系，牢固树立辩证唯物主义和历史唯物主义世界观和方法论，不断加强党性修养，牢固树立为民的执政观、科学的发展观和正确的政绩观，做到讲大局、讲忠诚、讲诚信、讲奉献、讲正气，政治上清醒、理论上成熟、思想上为民、工作上务实、生活上清廉。

二是注重学以怡情。加强学习不仅是工作的要求，更是人生的需求，学习使人的生活更有品位、内心更加宁静，行为更加有智慧。通过学习，认真领悟科学理论的真谛，培养高尚的道德修养，保持豁达开朗的胸怀气度，保持健康向上的生活情趣，不断增强自身的人格魅力。

三是注重学以致用。坚持理论学习与工作实践相结合，把学习内容与与提高办公室工作效率相结合，服务文化中心工作相结合。善于在学中干、在干中学，将工作的过程变为学习的过程，不断拓宽视野和知识面，提高思维能力和工作水平，培养一专多能、一人多手的复合型人才，使大家做到提笔能写，开口能讲，遇事能办，不断增强工作的预见性、主动性和创造性。

二、要在建设创新型办公室上见成效

创新是办公室工作的持久动力。办公室工作要善于找到和找准全局工作的突破口，在创新上下功夫。办公室工作包罗万象，创新点很多，关键是要不断解放思想，勤于思考，勇于实践。

一是思维观念要创新。思想是行动的指南。思想保守，观念守旧，过于谨小慎微，想有为，难有大作为。要强化创新观念，克服办公室工作不用创新、难以创新、创新风险较大等错误思想，进一步树立“没有创新就没有进步、没有创新就没有特色、没有创新就没有亮点”的理念，在继承的基础上不断创新发展。只要是符合科学发展观的要求，只要能更好地促进办公室工作，就要敢于突破陈规，破除一些不适合形势发展的旧框框，放开手脚去做。

二是工作目标要创新。要适应文化大发展大繁荣的新形势，审时度势、与时俱进地把握大局，科学地制定长远目标和近期目标，牢固树立“不干则已，干则干好”“有所为、有所不为”的观念，切实把“争创一流、走在前列”作为各项工作的基本要求。坚持目标一流，工作标准一流，不断更新不同阶段的工作目标，通过树立新的目标来鼓舞人、激励人、凝聚人，提升工作水平，力争做到最好、最优，为文化发展的新跨越多作贡献。

三是工作方法要创新。要既注重创新工作思路，又注重创新载体和举措；既注重重大活动、重点工作的创新，又注重在细小的事务工作中寻找突破，努力用创新的意识、创新的思维和创新的实践，来推动各项工作上新的台阶。着力推进工作方法创新，做到老工作有新举措、新任务有好办法。树立“尊重别人就是尊重自己”“爱护别人就是爱护自己”的观念，在批评与自我批评的基础上搞好团结，形成团队合力。特别要有补台、补位、补过的意识，相互支持，相互关心，把办公室建成服务高效、运转协调、坚强有力的战斗集体。

四是制度建设要创新。办公室是一个枢纽，是一个责权利的交汇点，必须加强制度建设，理顺关系，明确职责，规范程序，形成分工合作、协调配合、井然有序的工作机制，形成生动活泼、精诚合作、相辅相成的工作局面。随着形势的发展变化，各项制度应不断健全完善和创新，不能一成不变。要按照“定岗、定责、定标准”的要求，健全工作职责、工作流程、工作标准，使办文、办会、办事等工作更加科学、规范、有序。在制度建设创新中，特别应当高度重视激励约束机制的创新和落实。

三、要在建设服务型办公室上见成效

服务是办公室的基本职能。强化服务意识，提高服务水平是做好办公室工作的关键。办公室服务水平的高低，集中反映了工作的优劣。要把围绕中心、服务发展作为办公室一切工作的出发点和落脚点，抓全局、抓大事、抓重点，做到主动服务、精致服务、科学服务，切实做到“五个不让”：不让领导布置的工作在办公室延误，不让需要办理的文件在办公室积压，不让各种差错在办公室发生，不让来机关联系工作的同志在办公室受到冷落，不让机关的形象在办公室受到影响。

一是协调服务要到位。办公室是综合协调部门，必须要围绕中心工作，履行好协调职责，将机关的各个部门连接成一个有机整体，使整个机关有序运转。强化协调服务功能，全心全意做好为领导服务、为各处室服务、为人民群众服务工作，统筹办好重要会议、重大活动、重要事项，做到统得起、抓得住、把得牢，确保各项工作的正常运转。要从讲政治、顾大局的角度出发，敢于协调，善于协调，多沟通、常联系、在协调中实现服务质量的进一步提高。协调要协调到面上，努力搞好与上级部门的关系、与同级兄弟部门、单位的关系、与下级部门单位的关系、与处理好办公室与机关各部门、直属单位的关系，形成推动工作的合力。

二是参谋服务要到位。办公室是各项决策部署的第一“感应器”，要积极参与并服务好机关统一部署的各项中心工作，了解实情，形成创新的思路，提出合理化建议，为推进中心工作当好参谋。办公室人员要不断提高自己的认知水平、政策水平和工作能力，使参谋服务更加到位。在日常工作中，办公室既要按照领导习惯的工作方法和思维方式去研究问题、承办事项，为领导做好决策前、决策中、决策后的各项准备工作。同时，办公室也承担着大量的为机关、基层服务的工作。在各项决策的贯彻过程中，办公室必须密切注意信息的反馈，倾听机关及基层职工的呼声。

三是保障服务要到位。办公室是机关的行政中枢，起着下情上传、上情下达的关键作用，做好保障服务工作是办公室的重要职责。公文处理要严把法律关、政策关、审批关、格式关、文字关和印发关，努力确保不出差错。机要保密工作要按照“确保安全、确保时效”的要求，严防泄密事故发生。后勤保障工作按照精细化的要求，为机关各项事务有序开展作好后盾。信息宣传要积极、主动，树立文化系统开明、开放、向上的良好形象。

四、要在建设应急型办公室上见成效

应急是做好办公室工作的必然要求。办公室面临着很多临时性、不可预见性的工作任务，要应对处理的急事越来越多。能应急，应好急是办公室工作水平的重要标志。

一是增强应急意识。凡事预则立，不预则废。办公室工作的服务性职能决定了其工作一定程度上的被动性。要做好办公室工作，必须发挥人员的主动性，善于在被动中求主动，变被动为主动。对一些常规性、规律性、阶段性等确定性工作，不能消极等待，要主动着手，提前准备，把问题想在前面，把工作做在前头。同时要积极适应领导的工作思路，想领导之所想，谋领导之所谋，主动做好超前服务。

二是提高应急能力。“闲时不荒、忙时不慌”。要在常规性工作和应急工作中提高应急能力，总结成功的经验，吸取失误的教训，形成一套简明实用、具有自身特色的对策和办法。一旦遇到非正常情况，就能有案可查、有例可循、有案可依，遇急不慌，处事不惊，从容应对，妥善处理。对领导临时交办的任务、应急事件和突发事件等非确定性工作，以灵活的应变能力，做到忙而不乱。

五、要在建设实干型办公室上见成效

实干才能兴文。办公室同志必须把心思用在实干上，把劲头放在实干上，在实干中建树信心，在实干中推动文化发展。工作动机上，要以干实事为出发点；工作过程中，要以讲实干为着力点；工作结果上，要以求实效为落脚点。

一是戒空，体现一个“实”字。各项工作都要“实”字当头。要查实情，对基层情况和群众反映的问题，要认真分析，及时汇报。要办实事，对于领导交办的、群众想办的、基层要办的事，要即说即办，急事急办，特事特办。要求实效，对领导的决策部署，要及时督查督办，跟踪工作进度，掌握落实情况，报告执行结果，确保各项决策落到实处。

二是戒懒，做到一个“勤”字。办公室工作任务繁重、头绪繁杂，很多时候是“两眼一睁、忙到熄灯”。做好办公室工作，“勤”是关键，即使“白加黑、五加二”也无怨无悔。对于职责内的工作不能懈怠，要以勤勉的态度抓紧抓好，抓一件成一件，件件有交代，项项有落实。对职责以外但没有部门抓的或职责不明的工作，办公室不能推脱，要自觉承担或发挥好牵头组织作用，做到机关工作不留空档，保证各项工作的全面推进。要“口勤”，向领导要多请示、多汇报、与各处室、直属单位要多联系、多沟通。要“手勤”，及时做好“上情下达、下情上达”。要“脚勤”，深入基层、多搞调查研究，及时了解和掌握工作动态。要“脑勤”，结合工作勤于思考，为领导提供有用信息。

三是戒躁，贵在一个“恒”字。办公室工作主要是为领导和机关提供服务，不像业务部门工作动静大、成果显，工作多是些繁杂琐事，这就要求必须戒骄戒躁，不浮躁、不急躁、不毛躁。平心静气、心平气和地面对工作，沉着冷静、睿智敏捷地应对工作，从容不迫、积极认真地干好工作。做任何工作，做任何事情，都有一种持之以恒、坚韧不拔的恒心和毅

力，不达目地不罢休的精神，耐得住辛苦、清苦、艰苦，做好本职工作，干出一番事业。

六、要在建设效能型办公室上见成效

效能是办公室工作的基本要求。办公室工作效率高低关系到机关工作的全局，因此必须反应敏捷、快速、高效。拖拖拉拉、敷衍推诿是办公室工作的大忌。不论是办事、办会、办文等工作宜“快”不宜“慢”，做到行动快、节奏快、反应快，在快中求细、求精、求优，只有这样才能保证机关工作的高效运转。

一是办事快中求细。办公室多小事，但“办公室工作无小事”。办公室的每一项工作都是“牵一发而动全身”，稍有偏差，就可能捅出漏子，造成失误，延误工作。办事要快，同时切实做到凡事都认真，不以事小而不为、不以事杂而乱为、不以事急而盲为。从一点一滴的积累开始，养成认真细致、一丝不苟的良好习惯，无论办大事小事都要尽可能考虑周全一些，细致一些，严谨一些。

二是办文快中求精。办文是衡量办公室工作水平的重要标尺，也是办公室的一项日常工作、基础工作。要保证公文运转的质量和效率，尽可能做到对收文及时登记、拟办、送交、督办、归档，当天收文、当天分办，急件能急事急办，杜绝拖、压、错、漏。要强化文稿精品意识，文稿起草要坚持提高领导满意度、基层认同感、对实际工作的指导性为原则，正确传达上级指示精神，准确体现领导意图、如实反映基层情况，在“短”“新”“实”上下功夫，用简短的篇幅容纳丰富的内容、用通俗的语言表达深刻的道理、用清新的文风增强表达的效果。

三是办会快中求优。办会是办公室的一项重要工作。要搞好会前调研、会中服务、会后总结，多办精品会议。重大会议会务工作往往纷繁复杂，千头万绪，要及早制定筹备方案。要增强时间观念，加快工作节奏，提高工作效率，对规定时间内完成的筹备工作，只能按期或提前完成，决不能拖延。要有科学缜密的工作方法，严谨细致的工作作风和强烈的敬业精神，周密计划，精心组织、统筹安排，不断提高办会质量。

（作者：广西壮族自治区文化厅副巡视员）

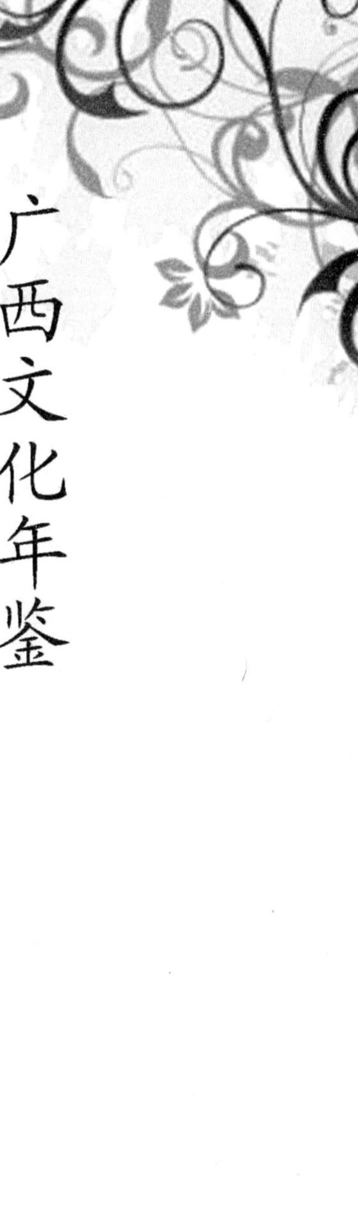

广西文化年鉴

全区文化概览

全区文化概览

2010年广西文化工作综述

2010年，全区文化系统在自治区党委、政府的正确领导下，全面贯彻党的十七大和十七届三中、四中、五中全会精神以及自治区党委九届六次、十次、十三次会议精神，深入学习实践科学发展观，按照高举旗帜、围绕大局、服务人民、改革创新的总体要求，紧紧围绕"保增长、保民生、保稳定，保持广西发展良好势头"的工作部署，深入开展"工作落实年"活动，以大发展大繁荣为主题，以改革创新为动力，以重大文化项目为抓手，抢抓机遇争主动，突破重点带全局，狠抓落实求实效，提高能力谋发展，奋力开创文化建设崭新局面，兴起文化建设新高潮，取得了新的显著成效，为推动经济社会又好又快发展提供了强有力的思想保证、精神动力和文化条件。

——公共文化服务体系建设加快推进，进一步保障和改善了文化民生。文化基础设施建设取得重大突破。广西铜鼓博物馆、广西美术馆建设加快推进，一些城市的博物馆、文化艺术中心等一大批标志性文化设施项目开工建设，开工项目数目之多、投资数额之大，前所未有。实施文化惠农工程，共建设了209个乡镇综合文化站、500个村级公共服务中心，为18个县级支中心、325个乡镇基层服务点、9123个村级服务点配备了文化信息资源共享工程设备。村级公共服务中心建设在全国产生重要影响，2010年，文化部党组副书记、副部长欧阳坚，副部长杨志今等国家部委领导先后莅临广西视察指导村级公共服务中心建设；在全国村级文化建设工作座谈会上就村级公共服务中心建设作了典型发言；在全国县级公共文化服务体系建设经验交流会上作经验介绍。南宁市实施文化民生工程、柳州市实施文化建设十大工程、来宾市实施"求乐、求知、求技"文化惠农工程，深受群众的欢迎。公共文化服务能力不断提高。全区36家博物馆、纪念馆免费向社会开放。赠发了22台流动舞台车。以"和谐文化建设在基层"为主题，"千团万场"群众文化活动在全区蓬勃开展。据不完全统计，全区有5553个业余文艺队参加演出，演出64000多场次，演职人员达10多万人次，观众达1200多万人次。在第十五届全国"群星奖"决赛中，我厅选送的《楼上楼下》《仙姑岭茶歌》《流水欢歌迎客来》《哪嗬咿嗬嗨》等4个节目获得作品类群星奖，南宁国际民歌艺术节"绿城歌台"、柳州市"柳江之夏"、桂林市"漓江之声"、玉林市北流市"激情广西大家唱"等4个群众文化活动项目获项目类群星奖，两位同志被评为群文之星。在文化部主办的"永远的辉煌"第十二届中国老年合唱节中，柳州市合唱协会第一合唱团、百色市老年大学合唱团获得"红帆

杯”奖。贵港市荷之灵合唱团参加第六届世界合唱比赛获民谣组银奖，荷之灵中老年合唱团参加全国第二届艺彩杯中老年艺术展演获合唱组金奖。来宾市节目《四个老奶逛新村》获全国首届农民艺术节最高奖——“精萃奖”；蜂鼓说唱《李宁还乡》参加全国少数民族曲艺会演获得三等奖。河池市金城女子合唱团参加首届“中华红歌会”获“长江杯”奖。建立自治区、市、县、乡村四级人才队伍培训网络，开展“基层文化骨干培训大行动”，全区14个市60多名群众艺术馆专业人员、110个县(市、区)440多名文化馆专业人员、近1000名文化站长及分管文化的副镇长得到了系统培训。

——艺术创作演出捷报频传，彰显广西气派，进一步唱响唱美了广西。艺术精品创作屡获大奖，喜获丰收。精心实施“广西气派舞台艺术精品工程”，推出了一批体现壮乡风格、彰显广西气派、反映时代精神的精品剧(节)目，屡获国家级大奖，一些精品叫好又叫座，走向市场，走向全国。音乐剧《桂花雨》、壮族歌剧《壮锦》入选参加第九届中国艺术节，《桂花雨》获文化部第十三届文华奖“文华大奖特别奖”及剧作奖、舞台美术奖2个单项奖，《壮锦》获“文华奖优秀剧目奖”。现代壮剧《天上的恋曲》入选2009—2010年度国家舞台艺术精品工程年度资助剧目；参加全国第二届中国少数民族戏剧会演获银奖，并获优秀编剧奖等10个单项奖。组织创作了中越青年大联欢主题歌曲《你来我往有情缘——中越青年之歌》，在两国青年中广为传唱。组织创作了“打造西江黄金水道”优秀原创歌曲，在社会上产生了广泛影响。现代京剧《御赐玉棋》入选参加了文化部举办的全国优秀京剧剧目展演。广西交响乐团入选参加了文化部举办的“中国西部交响音乐周”活动。在国际、国家级比赛中，我区一批优秀人才崭露头角。广西艺术学校李艳参加意大利国际魔术比赛获第二名。南宁市艺术剧院演员廖鸿飞成功夺取文化部最高级别的专业声乐赛事——全国声乐大赛民族组优秀奖，并在第十四届CCTV青歌赛中进入民族唱法决赛获第16名。《瑶族蝴蝶歌》演唱组合参加第十四届CCTV青年歌手电视大奖赛获优秀奖(前12名)。京族哈妹组合参加第十四届CCTV青年歌手电视大奖赛进入了原生态唱法单项决赛比赛，获得团体优秀奖。精心举办“2011年新春演出季”，与演出经纪公司签订了音乐剧《桂花雨》赴5个省巡回演出的意向。2010年来大型音舞诗《咕哩美》、大型舞剧《碧海丝路》、粤剧《珠还合浦》等精品剧目走向了市场，取得经济效益和社会效益双丰收。重大文化活动服务大局，精彩纷呈。成功举办2010年上海世博会广西活动周文艺演出，创造了世界最大壮锦、世界最长板鞋的世界吉尼斯纪录，吸引观众达40多万人，60多家媒体全方位报道，获得上海世博会组委会、自治区领导、社会各界和广大游客的高度赞誉。成功举办“同舟共济”自治区政协大型晚会、全国纪检监察宣传教育工作座谈会文艺演出、2010年预防艾滋病宣传活动文艺晚会、风情气派中国—东盟自由贸易区建成文艺晚会《和风吹绿一江水·风情东南亚》等重大演出活动，有力地配合了中心工作。举办第二届彩调艺术节、第四届广西青年演员大奖赛、第一届广西舞蹈青年演员大奖赛和第一届广西杂技魔术比赛等系列文化活动，推进舞台艺术持续繁荣发展，推出了一批本土舞台艺术人才。

——文化产业蓬勃发展，进一步提高了对国民经济增长的贡献率。认真贯彻落实自治区党委、政府关于打造千亿元文化产业的部署，发挥优势，抢抓机遇，推动文化产业蓬勃发展，文化产业在保增长、调结构、扩内需、

惠民生中发挥了积极作用。广西文化产业工作得到文化部的充分肯定，在文化部召开的国家文化产业示范园区、基地建设座谈会上，蔡武部长在讲话中两次提到广西，自治区文化厅分管领导作了发言，发言摘要刊登在《中国文化报》上。实施重大项目带动战略，重点推进了广西文化产业城、刘三姐演艺城、老南宁文化景观等一大批重点项目的建设发展。南宁市打造了邕州神韵“天天演”文化产业品牌。柳州市“柳江明珠水上大舞台”首创成功，成为目前世界上最大的水上浮动舞台；工业大剧《红瑶梦》圆满完成创排任务并成功首演。桂林市推进了高新区文化创意产业园、山水玫瑰主题社区、桂林·中国丝绸文化产业创意园、桂林·香港3D动漫国际城产业园等项目建设。玉林市投资近20亿元的云天文化城项目正式建成开放；防城港市海上实景演出项目《梦幻北部湾》建设积极推进。积极发展新兴文化业态，南宁、柳州、桂林、北海市动漫产业基地建设取得新进展。骨干文化企业不断成长，新评选命名广西金壮锦文化艺术有限公司等7家企业和单位为第三批自治区级文化产业示范基地，广西钦州坭兴陶艺有限公司被命名为第四批国家文化产业示范基地。狠抓投融资政策落实，自治区9部门联合下发了《关于金融支持广西文化产业振兴和发展繁荣的指导意见》；与国家开发银行广西分行签署了《广西文化产业发展规划合作协议》，在全国率先举办文化产业投融资项目落实工作培训班，得到文化部文化产业司的肯定和资金支持。搭建文化产业展示交流平台，参加第六届深圳文化产业博览会、第五届中国西部文化产业博览会、第五届中国北京国际创意产业博览会，重点宣传了广西的国家级、自治区级文化产业示范基地，推出了招商引资项目，获最佳组织奖、最佳展示奖等奖项。成功举办2010中国—东盟文化产业论坛，推动了中国与东盟文化产业交流合作。

——文化市场健康有序发展，进一步推进了现代文化市场体系建设。坚持繁荣和管理并重，加强文化市场监管，开展了2010年元旦春节、校园“护苗”专项整治行动、平安世博平安亚运文化市场专项保障行动等6次集中整治行动，全区共出动稽查员148381人次，检查经营场所139733(单位)家次，受理举报1213件，立案调查1436件，办结案件1152件，收缴非法音像制品245613(盒张)，责令整改2056家次，停业整顿328家次，取缔违规经营场所70家，确保了文化市场平安稳定发展。柳州市、桂林市、南宁市文化局荣获2010年全国文化市场行政执法先进单位。推进文化网络监控平台建设，全区大部分的市已初步建成文化网络监管平台，各市均已完成所辖城区网吧终端软件安装。积极推进行业协会管理，全区有13个市组建了市级网吧协会，发挥了传达信息、协调关系、维护权益、配合管理的积极作用。推进文化市场综合执法改革，起草了《全区市、县(市、区)文化市场综合执法改革实施意见》，报自治区人民政府审议通过，已由自治区党委宣传部、自治区编办、自治区文化厅等5部门印发实施。推动文化与旅游融合发展，各地举办了欢乐和谐2010南宁国际民歌艺术节、第五届中国崇左(德天)边关国际文化旅游节、2010天下来宾·红水河民族文化艺术节、2010防城港京族哈节、第二届防城港市国际龙舟节、十万大山森林旅游节等系列文化节会，有力地促进了当地经济社会发展。柳州市“飞瀑彩泉不夜天—瀑布群音乐喷泉”获“吉尼斯世界之最文艺晚会”。《印象·刘三姐》《梦幻漓江》列入国家首批文化旅游演出类重点项目名录。《印象·刘三姐》获首届中国国际文化旅游节文化旅游发展贡献奖。

——文化遗产保护成效显著，进一步发挥了文化遗产服务经济社会发展主战场的作用。文物保护工作扎实推进。完成了第三次文物普查县域实地调查，调查登记不可移动文物11504处，组织三普查资料汇总整理，通过了国家组织的省级整体验收，柳州市文物普查队、藤县第三次文物普查工作队获“全国突出贡献奖集体奖”，黄元勇等7位同志获“全国突出贡献个人奖”。左江岩画申报世界文化遗产获得新进展。完成了龙胜龙脊生态博物馆、金秀古陈瑶族生态博物馆建设工程。组织编制了广西铜鼓博物馆陈列大纲，组织了自治区博物馆改扩建项目调研和概念性设计方案征集，研究确定了广西北部湾博物馆等4个区域博物馆建设项目。组织开展了县级博物馆改造维修工程。完成民办博物馆柳州票证博物馆正式登记，实现了我区民办博物馆零的突破。靖江王府及王陵、甑皮岩遗址列入首批国家考古遗址公园立项名单。实施了花山岩画等13处文物保护单位修缮工程；组织编制了靖江王陵大遗址等15处维修保护方案，连城要塞遗址和友谊关等6个文物保护单位保护规划。配合湘桂铁路改扩建工程等20项基本建设工程开展了文物调查、勘探、发掘和抢救保护。海上丝绸之路始发港汉代合浦港研究取得重大突破，初步确认了合浦汉代城址。国务院正式批复将北海市列为国家历史文化名城。住房与城乡建设部、国家文物局公布南宁市江西镇杨美村为第五批中国历史文化名村。自治区人民政府公布第一批自治区历史文化名镇5个、名村12个。完成了国家文物局馆藏文物调查及数据库管理系统建设项目推广任务。全区文化遗产保护宣传月活动多姿多彩，组织举办了启动仪式、文化遗产日五周年庆祝大会、全区文化遗产保护宣传讲解大赛等活动。加强古籍保护工作。17部古籍入选第三批国家珍贵古籍名录，2家图书馆入选第三批全国古籍重点保护单位。完成了第二批自治区珍贵古籍名录和自治区古籍修复中心的申报。编纂了《第一批广西珍贵古籍名录图录》。非物质文化遗产保护开创了良好局面。圆满完成文化部非遗司非遗督查迎检工作，得到了督查组的好评。举办了第三届广西歌王大赛、“八桂风谣——广西非物质文化遗产传统音乐舞蹈汇报演出”“巧夺天工——广西非物质文化遗产传统技艺大展”等系列活动。晋京参加全国少数民族非物质文化遗产项目调演，获“调演组织奖”；组织参加第八届中国西部民歌（花儿）歌会获1个金奖、2个银奖；参加首届中国非遗博览会，参展产品获1个金奖、3个银奖、2个铜奖。完成了第三批自治区级非物质文化遗产名录评审，使我区自治区级名录总数达215个（252个保护单位），自治区级名录总量翻了一番。“河池铜鼓文化生态保护区”“百色壮族文化生态保护区”建设试点正式启动，为争创国家级文化生态保护区迈出了关键一步。制定实施《国家级、自治区级非物质文化遗产项目代表性传承人传习活动经费管理暂行办法》，对国家级、自治区级代表性传承人分别予以资助。设立了桂林市桂剧传习基地等10个第二批自治区级传习基地。组织制定了《广西非物质文化遗产保护工作平台2010—2015年建设规划》。

——对外及港澳台文化交流合作亮点纷呈，进一步扩大了广西文化在海内外的影响。推动文化“走出去”迈出更大步伐，对外文化交流规模、层次、水平有了大的飞跃，大幅提升了广西文化的软实力。抓住机遇，拓展与东盟的文化交流合作。组织编制《广西与东盟文化合作行动计划》，被列入广西与东盟全面开放合作十项专项行动计划之一。“中国—东盟文化交流培训中心”落户南宁并正式揭牌，成功举办文化部“第五期10＋3文化

人力资源开发合作研讨班”、2010“红铜鼓”中国—东盟艺术教育成果展演。组织93人的广西艺术团携“魅力广西”随自治区政府主要领导赴越出席广西与越南边境四省联合工作委员会第三次会晤并顺访越南演出活动获得成功。组团参加2010年欢乐春节泰国演出活动、广西青年代表团赴越南参加第五届东盟青年营活动、广西木偶剧团赴越南参加第二届木偶艺术节，组织广西少数民族服饰展参加第七届新加坡文化遗产节展出。与新加坡政务次长就加强我区与新加坡的交流合作进行会谈达成相关合作意愿。发挥优势，加强与台湾的文化交流合作，广西文化艺术交流演出团携新版歌舞剧《刘三姐》、杂技剧《快乐的小雪猫》随自治区代表团赴台举办“两岸产业高峰会议——2010年桂台经贸合作论坛”文化交流演出活动引起了轰动，受到了自治区党委书记郭声琨等广西代表团成员及台湾各界群众的好评。成功举办了“情系八桂——两岸文化联谊行”活动，新华社等大陆、台湾的16家主要媒体对活动给予了高度关注。据著名搜索引擎“百度”的统计，共有72500项符合“情系八桂”的查询结果。组织广西青少年艺术团赴台演出交流，演出引起了强烈的反响。“魅力来宾·风采八桂”“庆回归、促和谐”少数民族歌舞节目赴港演出产生了较大影响。广西艺术团赴韩国参加“欢乐春节·中韩缘文化节”、赴印度参加中印建交60周年演出，积极开展了与韩国、印度以及美国的文化交流，接待了美国西雅图国际儿童艺术节执行主任专访广西，拓展了文化交流的区域。

——文化体制改革和人才队伍建设扎实推进，进一步增强了文化发展的活力。文化体制改革取得了新进展。完成了广西演出公司转企改制。注销了广西文化音像出版社，妥善解决了在职人员分流安置等问题。继续推进了广西杂技团转企改制。制定了广西桂剧团、壮剧团、彩调剧团重组为“广西壮族自治区戏剧院”的工作方案。积极推动市县级文艺院团改革，对柳州市国有文艺院团改革进行调研并总结了典型经验，同时开展了县级改革试点调查摸底工作。深化公益性文化单位内部制度改革，制定了厅直属事业单位岗位设置方案，推进人事管理由身份管理向岗位管理转变；建立了区直博物馆馆长工作目标责任制和考核体系。人才队伍建设取得了新成果。编制了《广西文化艺术人才培养规划（2011—2020年）》，印发了《广西文化艺术人才培养传帮带工作指导意见》。广西文化艺术创作人才小高地正式挂牌成立，争取了自治区人才小高地建设经费152万元。举办6个门类的各项培训班，参训人员达800多人。成功举办第八届全区“红铜鼓”中等艺术教育专业大赛。承办了全国文化厅（局）人事处长会议。

——全面推进各项保障工作，进一步为文化建设提供更加有力的支持。国家加大对广西文化建设的支持力度，进一步坚定了我区推进文化大发展大繁荣的信心和决心。中共中央政治局委员、中央书记处书记、中宣部部长刘云山对广西文化工作作出了重要批示，体现了党中央对广西文化建设的高度重视和亲切关怀。2010年12月2日至3日，自治区副主席李康率自治区文化厅领导到文化部、国家文物局汇报工作，取得部、局支持。文化部、国家文物局表示，全力支持广西“三区一带”（国家公共文化服务体系建设示范区、中国—东盟文化交流和产业合作实验区、国家民族和谐文化建设示范区、千里边境文化带）文化建设，在项目、资金、政策等方面加大支持力度。文化部着手起草贯彻落实《国务院关于进一步促进广西经济社会发展的若干意见》的具体实施意见，按照高标准给予广

西文化建设以支持。制定了总投资约200亿元的广西“十二五”文化建设重大项目库，利用各种机会、各种形式向文化部、国家文物局等国家部委汇报，申报的项目大部分已纳入国家及文化部、国家文物局“十二五”规划和西部大开发重大项目库。规划编制和政策制定工作取得突破性成果，文化发展的政策环境得到进一步优化。由自治区文化厅牵头，会同自治区广电局、新闻出版局、体育局编制了《广西壮族自治区“十二五”时期文化发展规划》。组织编制了《广西文化产业发展规划》，并上报自治区人民政府。自治区人民政府办公厅下发了《关于加快广西北部湾经济区大文化发展的实施意见》。自治区文化厅代拟了《广西壮族自治区人民政府关于加快文化产业发展的实施意见》《广西壮族自治区人民政府关于建设百家博物馆的意见》，自治区人民政府已经印发实施。制定了《广西与东盟文化合作行动计划》，经自治区人民政府审定，列为广西与东盟全面开放合作10个专项行动计划之一。一年来，自治区人民政府出台的文化政策之多、力度之大，前所未有。计划财务、文化科技、文化法制、文化宣传、政务公开、人大建议和政协提案办理、老干服务、计划生育、后勤保障、综合治理等工作进一步加强，综合保障能力进一步提升，文化系统面貌更加朝气蓬勃。“工作落实年”活动和绩效考评工作取得好成绩。全面落实了自治区党委、政府关于在全区开展“工作落实年”活动的决策部署，制定了工作落实年活动方案、深入实施阶段工作方案、督查方案等文件，深入开展了工作落实年活动。在全区“工作落实年”活动点评中，自治区文化厅“工作落实年”活动的总体满意度，在43个自治区政府工作部门中排第13位。绩效考评工作有成效，通过多方面的努力，自治区文化厅绩效考评工作顺利开展，推动全年工作任务的落实，促进工作效能的提升。大力推进了文化法制建设，大力开展文化法制宣传教育活动，组织实施了全区开展文化市场执法绩效考评和评估，“五五”普法工作和依法行政工作被自治区评为优秀，对《广西壮族自治区文物保护管理条例》进行了修订。《广西文化年鉴2009》获得全国地方志系统第二届年鉴评奖一等奖。文化艺术科研工作成绩斐然，《广西北部湾经济区文化发展研究》获得广西第十一次社会科学评奖著作类二等奖；《打响国际山水实景演出品牌，加快推动中华文化走出去》获自治区党委宣传部调研二等奖。全国艺术研究院所建设工作会议暨2010年度全国艺术科学规划培训会议在广西召开，广西文化艺术科研工作获得文化部的肯定；我区1项课题获得2010年国家社科基金艺术学项目西部课题立项、2项国家社会科学基金艺术学项目课题结项。自治区文化厅被文化部评为“2010年度文化信息工作先进单位”。人大建议和政协提案办理工作继续保持了先进地位，自治区文化厅被评为自治区十一届人大一、二、三次会议代表建议办理工作先进单位、2010年度自治区政协提案办理先进单位。

专业艺术

【艺术精品创作评选获奖】 广西歌舞剧院排演的音乐剧《桂花雨》参加第九届中国艺术节，获得第十三届中国艺术政府奖“文华大奖特别奖”和剧作奖、舞台美术奖等两项文华单项奖。该剧主演赵宇获得了第九届中国艺术节表演奖。百色市右江民族歌舞团排演的歌剧《壮锦》参加第九届中国艺术节，获得第十三届中国艺术政府奖“文华奖优秀剧目奖”。广西壮剧团演出的壮剧《天上的恋曲》入选国家舞台艺术精品工程2009—2010年度资助剧目，参加第二届全国少数民族戏剧汇演，获

得银奖及十项单项奖。该剧主演廖鸿飞获得了第九届中国艺术节表演奖。广西木偶剧团创作排演的木偶音乐剧《拇指姑娘》参加金狮奖第三届全国木偶、皮影戏大赛，荣获得金奖及表演单项奖。南宁市艺术剧院的廖鸿飞、广西艺术学院的陈雪参加第九届全国声乐比赛分别获得民族唱法、美声唱法的优秀奖。

【全国性活动】 7月，参加由文化部、国家民族事务委员会、国家广播电影电视总局、国家旅游局、中国人民对外友好协会与宁夏回族自治区人民政府共同主办的第二届中国（宁夏）国际文化艺术旅游博览会活动；12月，广西交响乐团赴重庆参加由文化部、重庆市人民政府主办的"中国西部交响音乐周"活动；12月广西京剧团演出的京剧《御赐玉棋》参加由文化部主办的全国京剧优秀剧目展演活动。

【第二届彩调艺术节】 1月12日至18日，由自治区文化厅、广西文联、柳州市人民政府联合主办的第二届广西彩调艺术节在柳州市举行。本次彩调艺术节共展演了16场30多个剧目，来自广西彩调剧团和桂林市、河池市、来宾市、柳州市的彩调剧团5支代表队的11个专业团体、20个业余团体共400多名专业和业余演员参加了演出。经评审，由广西彩调剧团演出的《哎哟，我的小冤家》荣获第二届广西彩调艺术节大型剧目荣誉奖，柳州市整合几家专业剧团力量创排的现代彩调歌舞剧《红瑶梦》荣获大型剧目优秀剧目奖，桂林市彩调剧团的《留守妻子》、广西彩调剧团的《王二报喜》等15个小戏分别获得小型剧目一、二、三等奖。本届艺术节还举办了以"彩调的发展与繁荣"为主题的理论研讨会，200多名来自区直属单位、柳州市、各个地市县的戏曲专家、文艺工作者和戏曲爱好者参加并就彩调等地方戏曲的发展现状展开了讨论，为彩调的传承与发展献计献策。

【第四届广西青年演员大奖赛（戏曲、曲艺、话剧）】 9月3日至6日，由自治区文化厅主办的第四届广西青年演员大奖赛（戏曲、曲艺、话剧）圆满完成。本次大奖赛规定参赛演员的年龄不得超过35岁，有156个节目参加初赛，15个参赛单位的91个节目进入决赛，经评审，广西壮剧团的哈丹等15名演员获得了表演一等奖，桂林市桂剧团的伍思亭等21名演员获得了表演二等奖，广西桂剧团的钟恒等51名演员获得了表演三等奖，桂林市文化局等8个单位荣获优秀组织奖，广西壮剧团等4个单位荣获组织奖。

【第一届广西舞蹈青年演员大奖赛】 10月25日至29日，由自治区文化厅主办的第一届广西舞蹈青年演员大奖赛在南宁举行，初赛共有129个节目参加，有32个单位105个节目的192名青年舞蹈演员入选决赛，经评审，百色市右江民族歌舞团的杨柳枝等25名演员获得了表演一等奖，广西歌舞剧院的朱觉荣等36名演员获得了表演二等奖，百色市右江民族歌舞团的陆玉杰等51名演员获得了表演三等奖，广西歌舞剧院的颜斌等7名编导获得了优秀编导奖，广西歌舞剧院的朱觉荣等10名编导获得了编导奖，南宁市文化新闻出版局等7个单位荣获优秀组织奖，梧州市文化新闻出版局等10个单位荣获组织奖。

【第一届广西杂技（魔术）比赛】 11月10日至11日，由自治区文化厅、广西文联、广西电视台共同举办的第一届广西杂技（魔术）比赛在南宁举行。本次比赛共有来自全区7个单位的27个节目（其中杂技类16个、魔术类11个）进入决赛，经评审，广西杂技团的杂技《转碟》等6个节目获得了节目一等奖，桂林市桂剧团的魔术《心动时刻》等6个节目获得了节目二等奖，广西杂技家协会的魔术《神话组

合——人偶双变脸》等7个节目获得了节目三等奖，桂林市桂剧团的谢俊芳等18名演员获得了优秀表演奖，广西杂技团的谢玮瑜等16名编导老师获得了优秀编导老师奖，广西杂技团等5个单位获得了优秀组织奖。

【广西文化艺术交流演出团赴台演出】 为配合做好7月在台湾举办的“两岸产业高峰会议——2010年桂台经贸合作论坛”及经贸文化教育交流活动，6月27日至7月7日，广西文化艺术交流演出团携新版歌舞剧《刘三姐》、杂技剧《快乐的小雪猫》赴台进行文化交流演出活动。在台期间，杂技剧《快乐的小雪猫》分别于1日、5日晚在桃园县艺文展演中心、高雄树德科技大学演艺中心各进行了一场演出，新版歌舞剧《刘三姐》分别于2日、6日晚在花莲县立体育馆、南投县中兴村中兴体育馆各进行了一场演出，四场演出观众多达16000多人次。郭声琨书记率代表团其他负责同志到花莲县观看了《刘三姐》演出。

【广西艺术团赴越南演出活动】 为配合自治区领导9月赴越南出席广西与越南边境四省联合工作委员会第三次会晤并顺访越南的工作，广西艺术团组织了由广西杂技团、广西木偶剧团、南宁市艺术剧院共93人组成的广西艺术团赴越南进行演出。艺术团分别于9月10日晚、11日晚在河内瓯姬演艺中心奉献了两场“魅力广西”文艺演出，两场演出观众人数达1500多人。自治区主席马飚，越南文化体育旅游部副部长黎进寿，中国驻越南大使孙国祥，自治区党委常委、自治区副主席陈武，越南驻南宁总领事阮英勇以及部分国家驻越南使团等出席观看了11日晚的文艺演出，并对演出给予了极高的评价。

【重要演出活动】 2月15日晚，由自治区文化厅组织演出的2010年迎新春文艺晚会在荔园山庄隆重举行。中央领导、国家有关部委领导、自治区党委、政府领导与社会各界群众一起观看了演出。3月18日，由广西壮族自治区纪律检查委员会、自治区监察厅、自治区文化厅联合主办的《全国纪检监察宣传教育工作座谈会文艺演出》在南宁市人民大会堂举行。6月6日晚，自治区政协贯彻落实胡锦涛总书记重要讲话和全区政协工作会议精神《同舟共进》文艺巡回演出启动仪式暨首场演出，在南宁市人民会堂举行。自治区政协主席马铁山，自治区党委常委、南宁市委书记车荣福，自治区党委常委、统战部部长黄道伟，自治区人大常委会副主任刘新文、荣仕星，自治区政协副主席林国强、蒋济雄、梁春禄、黄格胜、黄日波、彭钊等领导出席观看了晚会。巡演团从6月6日开始至6月25日在全区14个市和部分县(市、区)进行了巡回演出。9月26日，自治区文化厅组织广西歌舞剧院、广西桂剧团、广西杂技团等区直院团策划排演了自治区党委、自治区人民政府庆祝恭城瑶族自治县成立20周年慰问演出活动。10月12日，纪念广西红十字会成立100周年文艺演出在南宁举行，全国政协副主席、中国红十字会名誉副会长李金华，自治区党委书记、自治区人大常委会主任、广西红十字会名誉会长郭声琨、自治区政协主席马铁山，中国红十字会党组书记、常务副会长王伟，自治区领导余远辉、吴恒、李康、蒋培兰观看了演出。11月29日，2010广西艾滋病宣传活动专题《遏制艾滋，履行承诺，共享阳光》公益晚会活动在南宁市人大会堂举行，自治区党委常委、副主席李金早，自治区副主席李康等领导与社会各界群众一同观看了演出并接见了晚会演职人员。12月22日，由自治区纪委、自治区党委宣传部主办的《践行“六戒”颂扬清风两证文化主题晚会》在广西电视台演播大厅成功举行。自治区党委书记郭声琨，自治区主席马飚，自治区党委常委、宣传部部长沈北海，自治区党委常委、纪委书记石生龙，自治区党委常委、秘书长余远辉，自治区人大常委会副主任覃瑞祥，自治区政协副主席林国强，自治区党委组织部部长周新建等领导与社会各行业代表一同观看了演出并接见了演职人员。

【2011年新春演出季活动】 由自治区文化厅举办的2011年新春演出季活动于12月举行。此次演出季涵盖音乐会、音乐剧、舞剧，还有壮剧、儿童剧等不同的艺术形式。由广西壮剧团演出的壮剧《天上的恋曲》、广西歌舞剧院演出的音乐剧《桂花雨》、广西木偶剧团演出的木偶剧《九色鹿》、广西彩调剧团演出的彩调剧《刘三姐》以及国内外部分经典剧目参加了演出季活动。

【全区艺术题材规划会议】 4月1日至3日，2010年全区艺术创作题材规划会议在南宁举行，前副厅长李格训、自治区党委宣传部文艺处石才夫处长以及全区14市文化局的分管局长、厅直属二层单位负责人等39人参加了会议。本次会议总结了“十一五”期间全区艺术创作的经验，部署了“十二五”期间全区艺术创作题材规划，听取了各市文化局、厅直属各院团和创作研究机构关于“十二五”期间艺术创作题材规划的汇报。

【歌曲创作】 为庆祝中越青年大联欢活动，专门创作主题歌曲《你来我往有情缘——中越青年之歌》，此歌曲由我区知名词作家麦展穗作词，东方歌舞团著名音乐家孟可作曲。同时为配合自治区党委、自治区人民政府作出的建设西江黄金水道的重大战略决策，组织了西江“黄金水道”主题歌曲的征集及评选活动，共征集到西江黄金水道主题原创歌曲109首，经评审，共评选出29首优秀歌曲。自治区文化厅精选了《你来我往有情缘》《放歌西江》《潮涌金海岸》等16首广西新创作的优秀歌曲，出版了《2010广西创作歌曲作品选》。

【广西艺术团赴印度演出】 11月23日，为配合文化部和中国驻印度大使馆联合举办的2010印度“中国节”活动，自治区文化厅组织广西艺术团赴印度演出。中国驻印度大使张炎、印度各界人士以及各国驻印度使节、华侨华人、中资机构及留学生的代表等观看了演出。

群众文化

【第一届全区群众艺术馆、文化馆业务干部专业技能比赛】 1月10日至12日，广西文化厅人教处、社文处、广西群众艺术馆联合举办第一届全区群众艺术馆、文化馆业务干部专业技能比赛。来自全区14个市群众艺术馆、文化馆的业务干部140多人参加比赛。比赛分声乐、器乐、舞蹈、戏曲、小品、美术、书法、摄影8个门类进行。经角逐评出一等奖15名，二等奖29名，三等奖42名。来宾市、南宁市、崇左市、桂林市群众艺术馆获团体优胜奖。

【“和谐文化服务行”群众文化活动启动仪式】
“和谐文化服务行”是文化厅社会文化口落实自治区政府“和谐建设在基层”的具体抓手，包括“基层文化骨干培训大行动”“千团万场群众文化活动”和“乡镇综合文化站规范管理试点”三部分。1月26日，在广西隆安县那桐镇那桐村举行了“和谐文化服务行——千团万场”群众文化活动启动仪式，拉开了广西“和谐文化服务行”的序幕。自治区文化厅副厅长陈映红、社文处黄燕熙处长及全区14个地市文化局局长、109个县文体局局长、社文科科长，群众艺术馆馆长等参加了此次活动。

“千团万场”活动启动之后，基层群众文化工作者队伍将深入到社区、乡村，开展群众文艺大培训，指导、鼓励、扶持全区业余群众文化团体开展自编自导自演自练自赛自比等文娱活动。

【农民的笑声——广西群文春节联欢晚会】 1月26日晚，在南宁市明星剧场举行由自治区文化厅主办、广西群众艺术团承办的广西群文春节联欢晚会。晚会演员是从全区业余群众艺术团队中选出来的群众演员和基层文艺工作者，表演的节目大多是获得“八桂群星奖”的优秀节目，并根据乡村的过年风俗与农民的审美习惯设计、创作的。主要节目有贺州市《仙姑岭茶歌》《流水欢歌迎客来》，防城港市的《节日欢歌》，玉林市的《春婆劝夫》、百色市的《瑶依朵》，河池市《哪嗬咿嗬嗨》等。广西群众艺术艺术馆火车头管弦乐团、群星艺术团、红棉艺术团、朱槿艺术团等艺术团体也表演了精彩的节目。

【广西首届“百益杯”广场健身舞大赛】 1月30日，由自治区文化厅、广西中华文化促进会联合主办、广西群众艺术馆承办的广西首届“百益杯”广场健身舞大赛在南宁市南湖广场举行，来自全区各地的28支代表队2500多名中老年人参加比赛。大赛评出金奖3名，银奖5名，铜奖8名。

【首届广西农民画展】 2月2日下午，由自治区文化厅主办、广西群众艺术馆承办的首届农民画展在广西博物馆举行。展出的300多件作品是从全区各地征集的800多件作品中挑选出来的，涉及油画、国画、皮画、水粉画、木烙画、剪纸等门类。体现了新时代农民的精神风貌和新农村文化建设的丰硕成果，对于推动农村文化艺术的开展，具有积极的意义。

【“千团万场”——“月月比”庆元宵群众文化活动】 “千团万场”群众文化活动包括四项内容：一是鼓励各乡村、各社区文化活动队利用自己的场地及文化广场自行组织各种文化演出的“周周演”活动；二是各县（市、区）文化馆对各个业余文化活动团体进行辅导，对其活动次数和质量开展“月月比”的评比活动，并在各个辅导点给予公布；三是各县文化局充分利用政府支持的“三八节”“五一节”“七一”“十一”等群众文艺活动进行“季季赛”；四是各市根据各县“月月比”“季季赛”情况，向自治区推荐优秀业余文化活动团体，自治区在年底举行“千团万场”群众文化活动“年年奖”，通过授匾、以奖代拨等形式鼓励各个业余文化活动团体开展形式多样的文化活动，丰富、活跃农村和社区的文化生活。2月28日晚，广西“千团万场”——“月月比”活动启动仪式暨2010年绿城南宁欢度元宵广场化装舞会在民族广场隆重举行。这一活动由自治区文化厅、南宁市市委、南宁市文化新闻出版局主办，广西群众艺术馆、南宁市群众艺术馆承办。江南区、青秀区、兴宁区、西乡塘区的代表队及数千南宁市民齐聚广场，身着艳丽的服饰，头戴面具，跟随着音乐的旋律在民族广场上共度元宵佳节。

【基层文化骨干培训大行动】 建立由广西群众艺术馆组织专家，编写辅导教材，培训市级专业人员，建立省级培训市级，市级培训县级，县级培训、辅导乡镇村屯的基层文化骨干的培训网络，培养一批市级、县级的师资力量和辅导队伍。3月22日至25日，在来宾市象州县举办“和谐文化建设在基层，基层文化骨干师资培训班”。来自全区14个市群众艺术馆、来宾市各县文化馆、柳州市部分文化馆的100多位学员参加了培训。培训班开设了音乐、舞蹈、戏剧、小品四门课程，由广西群众艺术馆的老师授课。来自全区14个市群众艺术馆、来宾市各县文化馆、象州县所有文化站长及部分业余文艺团体骨干100多位学员参加了培训。4月至6月，在百色、南宁、柳州、桂林、河池、贵港、钦州等地分别举办培训班，全区14市110个县(市区)近500名文化馆专业人员得到了系统的培训。

【第十五届“群星奖”】 5月，由文化部主办的第十五届“群星奖”决赛在广东省举行。经角逐，我区选送的河池市方言小品《楼上楼下》、贺州市客家山歌剧《仙姑岭茶歌》获戏曲作品类群星奖，贺州市蝴蝶歌《流水欢歌迎客来》获音乐作品类群星奖，宜州市幼儿群舞《哪嗬咿嗬嗨》获舞蹈类群星奖。南宁国际民歌艺术节“绿城歌台”广场文化活动、柳州市“柳江之夏”群众文化活动、桂林市大型群众文化活动——“漓江之声”、北流市“激情广西·大家唱”群众文化活动获项目类群星奖。桂林市群众艺术馆馆长苏韶芬、贺州市群众艺术馆副馆长黄毅环获“群文之星”称号。

【乡镇综合文化站试点管理】 年内，在评估2008年乡镇综合文化站管理试点工作的基础上，对14个试点单位重新确认，做得好的继续保留试点资格，只有一个被取消试点资格，主要原因是乡镇党委政府不重视。在此基础上将试点名额增加到50个。每个继续给予工作经费2万元，各试点单位根据《广西乡镇综合文化站共享工程规范管理试点工作实施计划表》，各市文化局加大了对所辖试点单位的业务指导力度。

【抗日战争胜利65周年群文活动】 8月，组织各市围绕“中国人民抗日战争胜利65周年”主题，开展群文活动。各市开展了形式多样的文艺演出，歌舞、戏曲、配乐诗朗诵、武术操各种节目精彩纷呈。各市县文化局、文化馆积极鼓励和引导各社区、农村业余剧团、歌舞队、文化晨练队及村屯社区文艺队等，开展形式多样、内容丰富的纪念活动。8月16日，在南宁市兴宁区政府礼堂开展了兴宁区首届乡村社区和谐文艺大展演声乐组预赛暨“中国人民抗日战争胜利65周年”文艺演出，贺州市于9月10日在灵峰广场举行纪念抗战胜利65周年广场文艺演出。

【上海世博会广西活动周筹备活动】 2008年，接受世博会广西活动周任务后，在上海世博会广西活动参展领导小组办公室的领导下，自治区文化厅成立了以厅长余益中为组长的领导小组，领导小组下设办公室，由副厅长陈映红兼主任，业务处社会文化处处长黄燕熙任常务副主任。办公室下设创编中心，室外演出执行组、宣传组、外联组、后勤组，开展了与上海世博局对接，赴上海实地考察，成立了以各方专家为核心的创编中心，设计与制定了演出策划方案、工作方案、实施方案并进行多方论证。3月29日，自治区文化厅与广西民营企业家协会联合举行“上海世博会广西活动周·春天文化酒会”为主题的联欢活动。20多位广西民营企业家就广西企业如何与世博会广西活动周合作、如何做大做强广西文化产业等与自治区文化厅领导进行交流。4月1日上午，广西赠献上海世博会壮锦在南宁启动开机织锦仪式。4月6日，上海世博会广西活动周文艺演出新闻发布会在南宁召开。文化厅副厅长陈映红、总导演卢浩出席了新闻发布会并发言。7月7日上午，举行了世界最大壮锦竣工仪式，由广西民营企业家协会出资、广西金壮锦文化艺术有限公司组织制作、广西工艺美术研究所配合完成的长为6.6米、宽3.68米的世界最大壮锦提前完成。上海世博会广西活动周筹备期间，文化厅各相关处室明确任务、密切配合，广西歌舞剧院、广西群众艺术馆、广西金壮锦文化艺

术有限公司等相关单位各司其责，确保上海世博会广西活动周各项活动顺利进行。

【上海世博会广西活动周】 8月2日上午，2010年上海世博会广西活动周开幕式在宝钢大舞台举行。中共中央政治局委员、上海市委书记俞正声出席，广西壮族自治区党委书记、自治区人大常委会主任郭声琨宣布广西活动周开幕。上海市委副书记、市长韩正，广西壮族自治区党委副书记、自治区主席马飚分别致辞。出席开幕式的上海、广西两地领导还有：刘云耕、冯国勤、杨雄、马铁山、沈北海、陈武、余远辉等。广西壮族自治区副主席高雄主持开幕式。8月2日至6日广西活动周举办期间，吸引了大批中外游客观看以《壮美广西 人居天堂》为主题的世博会广西活动周文艺演出。广西的"非物质文化遗产"传承人、民间艺人和专业艺术家以情景戏剧的表演方式在宝钢小舞台奉献《民俗广西》演出；在庆典广场上演《欢腾广西》，为游客奉上马山会鼓、高桩狮子、壮族嘹歌、高腔诗雷、多耶大联欢等节目。此外，园区内还举行踩街巡游《声动广西》，巡游队伍以壮乡板鞋队伍、会鼓队伍、打扁担队伍为主体，配以壮族铜鼓、凌云长号等民族乐器，展示欢快热烈的广西风情。广西活动周以50多场次的文艺节目表演，共吸引了30多万人次的中外游客观看，大批游客并对独具民族特色的广西元素节目给予较高评价。世界最长的板鞋、世界最大的壮锦等通过了上海大世界吉尼斯总部的认证并现场颁证。

【全区公共图书馆先进集体和先进工作者评选活动】 5月，开展全区公共图书馆先进集体和先进工作者评选活动，评选出21个"全区公共图书馆先进集体"；36名"全区公共图书馆先进工作者"。

【公共文化馆群艺馆先进集体和先进工作者评选活动】 8月，开展全区公共文化馆（群艺馆）先进集体、先进工作者评选活动，对近年来公共文化馆（群艺馆）建设中作出突出成绩的典型予以表彰，发挥先进典型引领和示范作用。评选出21个"全区公共文化馆（群艺馆）先进集体"，35名"全区公共文化馆（群艺馆）先进工作者"。

【"和谐文化在基层——千团万场"群众文化活动现场会】 12月27日至29日，2010年全区"和谐文化在基层——千团万场"群众文化活动现场会暨总结表彰会在柳州融安举行，文化厅领导、来自14个市的文化局分管局长、社文科长、群众艺术馆馆长等130余人参加了会议。会议对2010年广西"和谐文化在基层——千团万场"群众文化活动工作情况和明年工作计划进行了通报，今年全区共有5553个业余文艺团队参加演出和演练，演出场次达到64504场，演职员达到10万人次，观众达到1600多万人次。试点市来宾市、试点县融安县、试点单位南宁市群众艺术馆、试点村社冲乡仓贝村的代表做了重点发言。经各市评选、推荐，表彰了338支"优秀村屯文艺队"、321名"优秀文艺骨干"、137名"优秀辅导员"。参会人员还实地考察了融安县县城广场群众文化，长安镇、浮石镇和大将大潭屯、大坡泗香屯、浮石路池屯群众文化活动情况。

【公共文化单位免费开放与公益性服务研究课题】 8月，成立由文化厅厅长余益中任组长、副厅长唐正柱任副组长的"公共图书馆免费开放研究"课题组。该课题是国家文化部"公共文化单位免费开放与公益性服务研究"的子课题，在国家公共文化服务体系制度设计研究课题专家组首席专家胡智锋指导下开展工作。课题组成员包括广西图书馆馆长徐欣禄、副馆长黄艳、研究馆员秦晓艳、副研究馆员张鹤鸣，广西桂林图书馆副馆长钟琼、副研究馆员曹旻、覃静、薛柳。课题组下设四个子课题组：课题总报告组、公共图书馆免费开放研究组、群艺馆免费开放研究组、博物馆免费开放研究组。年内完成了课题第一阶段的成果《广西来宾市文化馆(站)、图书馆免费开放与公益性服务调研报告》。

【村级公共服务中心建设】 建设500个村级公共服务中心建设列入自治区人民政府为民办实事的主要工作任务，自治区文化厅、自治区体育局为牵头单位。村级公共服务中心建设内容包括“五个一”，即一个篮球场、一个文艺舞台、一栋公共服务综合楼(包括多功能活动室、农家书屋、人口计生服务室、卫生室等)，组建一支农民文艺队、一支农民篮球队。3月，各市人民政府与自治区政府签订完成任务责任书；5月底各市确定建设点名单后，汇总上报自治区政府；6月13日财政厅下拨补助经费0.8亿元；8月6日，自治区人民政府批复建立自治区村级公共服务中心工程建设厅际联席会议制度；8月23日，成立自治区村级公共服务中心建设厅际联席会议办公室(设在文化厅)；10月25日组织召开自治区村级公共服务中心厅际联席会议；10月底11月初，厅际联席会议成员单位组成6个督查组分赴14个市45个县100多个建设点，采取实地考察、查阅台账、会议汇报的方式进行督查；12月6日，自治区人民政府召开厅际联席会议，决定将卫生厅列入2011年村级公共服务中心建设牵头单位，提出进一步整合卫生室、农家书屋、计生、体育等部门的资金和资源的要求；12月24日，自治区政府召开全区工作会议，总结当年的工作情况，部署收尾工作和2011年的工作，李康副主席在会上发表了重要讲话。截止2011年1月，全区村级公共服务中心篮球场竣工500个，戏台竣工500个，综合楼建成497栋，组建篮球队655支，组建文艺队545支。

文　物

【文物博物馆事业概况】 广西共有各级各类文物博物管理机构136个，其中博物馆61个(国家一级博物馆1个，国家二级博物馆4个，国家三级博物馆12个)，纪念馆4个，各级文物管理所(站)61个，文物考古研究所1个，文物考古工作队(考古队)3个，文物保护研究设计中心1个，文物商店4个，文物拍卖企业1个，形成了覆盖全自治区100%的三级文物保护网络。从业人员1515人，其中具有高级专业技术职称111人，中级795人。拥有业务用房23.09万平方米，其中陈列展览用房总面积9.64万平方米，文物库房总面积2.53万平方米。各级各类博物馆、纪念馆、文物管理所收藏文物30.47万件(套)，其中一级文物332件(套)。登记在册不可移动文物点有1万多处，各级文物保护单位2255余处，其中全国重点文物保护单位42处200多余点，自治区级文物保护单位355处，县级文物保护单位1732处。

【文物保护维修】 年内，经国家文物局、自治区文化厅批准、立项，国家和地方投入2872.2万元对部分文物保护单位进行保护维修，维修总面积43692平方米。宁明花山岩画本体一期抢险加固保护和平台加固工程、凭祥大连城、永福永宁州城、龙州法国驻龙州领事馆旧址第二期和恭城朗山民居第二期等重点文物保护工程均按计划施工。靖江王陵昭和王陵、安肃王陵、温裕王陵遗址维修保护和安全技术防范系统建设，容县近代建筑群维修、恭城古建筑群维修等文物保护设计方案以及连城要塞和友谊关、灵川江头村和长岗岭古建

筑群、柳州白莲洞遗址、胡志明旧居、忻城莫土司衙署等文物保护规划的编制工作扎实开展。此外，由广西文物保护研究设计中心承担勘察设计的广东佛山祖庙文物保护工程项目被列为年度全国十大文物维修工程之一。

【广西连城要塞遗址和友谊关文物保护总体规划评审与研讨会】 12月29日至31日，自治区文化厅在南宁市组织召开《广西连城要塞遗址和友谊关文物保护总体规划》专家评审与研讨会，出席研讨会专家有国家文物局原副局长、国家文物局考古专家组组长、研究员黄景略，原中国文物研究所副所长、教授级高工黄克忠，全国政协委员、文化部圆明园学会会长、研究员张廷皓，中国文物学会常务副会长、中国文物保护技术协会副理事长、研究员付清远，中国文化遗产研究院副院长、总工程师、研究员侯卫东，国家文物局文物保护项目评审专家、教授级高工张之平，国家文物局信息咨询中心副总工程师、高级建筑师、项目审核部主任王立平，中国文化遗产研究院岩土与遗址保护研究所所长、高级工程师王金华，原工程兵工程学院院长，教授、少将施元龙，中国人民解放军理工大学工程兵工程学院军队文化遗产保护与研究中心主任、副教授奚江琳，中国人民解放军理工大学工程兵工程学院军事学教授朱剑敏，中国人民解放军理工大学工程兵工程学院筑城学副教授邬建华，以及广西社会科学院原副院长、研究员黄铮，广西地方志办公室研究员周永光，广西博物馆原馆长、研究员蒋廷瑜，广西文物保护研究设计中心主任、副研究馆员张宪文等。与会专家现场考察了友谊关、金鸡山炮台等要塞遗址，在认真阅读规划文本、听取编制单位广西文化遗产研究院汇报，并经过讨论后认为：该项目政治、军事、文化、社会意义重大深远，总体保护规划的编制十分及时和必要。规划编制团队前期调查工作全面，测绘、勘察、现状调查及分析评估、历史文献、图片等资料充分，规划内容符合编制要求，体例基本规范、完整，原则通过。

【博物馆建设】 年内，自治区人民政府颁布《关于建设百家博物馆的意见》（桂政发[2010]73号），计划在5年时间内，调动行业、企业、社会组织和个人建设博物馆的积极性，利用市场办法建设行业博物馆、国有企业博物馆、民办博物馆，力争在全自治区新建、改扩建博物馆100家左右，提升博物馆现代化、专业化、社会化水平。自治区组织推动集中在一个时期利用市场办法建设百家博物馆在全国属于首创，已引起国家文物局和兄弟省的高度关注，取得良好反响。年内，广西完成北部湾博物馆、西江文化博物馆、柳州工业博物馆等区域性博物馆项目建议书的编制、立项等前期工作，龙胜各族自治县龙脊壮族生态博物馆建成并对游人开放。广西第一家民办博物馆——柳州票证博物馆正式登记注册，广西民办博物馆实现零的突破。

【博物馆免费开放】 1月25日，中共中央宣传部、财政部、文化部、国家文物局联合下发《关于印发免费开放博物馆纪念馆名单的通知》（文物博发[2010]9号），确定广西免费开放博物馆、纪念馆36家，其中文物系统占34家。国家和自治区安排博物馆、纪念馆免费开放专项经费2913万元。全年免费开放的博物馆纪念馆先后举办“瓯骆遗粹——广西百越文化文物精品展”“中国与东盟”等基本陈列136个，引进推出“印度尼西亚国家博物馆文物精品展”“妙笔丹青——馆藏齐白石、黄宾虹、徐悲鸿、张大千绘画艺术精品展”等临时展览203个，全年接待观众876万人次，其中未成年人227.3万人次。

3月19日自治区文化厅在柳州市召开

2010 年全区博物馆纪念馆免费开放工作会议，总结 2009 年全区博物馆纪念馆免费开放工作实施情况，研究部署免费开放各项工作任务。5 月 10 日至 12 日，国家文物局董保华副局长、国家文物局政策法规司何成中副司长、博物馆与社会文物司博物馆处李学良副处长调研柳州市博物馆、自治区博物馆、田东右江革命纪念馆、田东县博物馆免费开放工作。5 月 12 日下午，自治区文化厅主持召开了广西博物馆、纪念馆免费开放工作座谈会，自治区党委宣传部、自治区财政厅、自治区教育厅和自治区博物馆等 14 个免费开放博物馆纪念馆馆长参加会议。会上，国家文物局何成中副司长等领导就我区博物馆纪念馆免费开放工作情况作了重要指示。

【第三次文物普查】 截止 4 月 30 日，广西第三次全国文物普查第二阶段实地文物调查阶段县域验收任务全部完成，共调查登记不可移动文物 11504 处，其中新发现 6124 处，复查 5380 处。年内，国家文物局和自治区第三次文物普查领导小组办公室先后表彰在第三次文物普查实地调查阶段工作成绩突出的集体和个人，柳州市文物普查队、藤县第三次文物普查工作队荣获全国突出贡献集体奖，黄之勇等 7 人获全国突出贡献个人奖。6 月 30 日自治区三普办在南宁召开了第三次全区文物普查实地调查阶段先进集体和先进个人表彰大会，南宁市第三次全国文物普查队等 28 个单位获第三次全区文物普查实地调查阶段先进集体，陆彩红等 84 人获第三次全区文物普查实地调查阶段先进个人，广西文物考古研究所获自治区级特别奖，南宁市等 13 个第三次全国文物普查领导小组办公室获自治区级组织奖。11 月 5 日，中国文物信息咨询中心与自治区三普办在南宁举行广西第三次全国文物普查电子数据移交仪式，国家文物数据中心（中国文物信息咨询中心）主任游庆桥与自治区三普办主任、自治区文化厅副厅长覃溥签订文物普查数据移交协议书，确认广西文物普查电子数据通过国家验收。11 月 28 日至 12 月 2 日，国家文物局第三次全国文物普查办公室副主任刘小和、研究员乔梁、副研究员滕磊、李昂和南京工业大学建筑学院教授汪永平、黄河水利委员会黄河博物馆馆长王建平、湖南省普查办副主任、研究员吴顺东组成验收组对广西第三次文物普查实地调查阶段工作进行整体验收，验收组检查广西全部文物普查电子数据，实地复核了南宁市江南区、崇左市凭祥市 2 个县域普查单位的普查情况，并召开广西第三次文物普查实地调查阶段整体验收总结会，国家文物局三普办验收组宣读了《广西第三次文物普查实地调查阶段整体验收意见》，宣布广西实地文物调查完成率 100%，全区 109 个普查基本单元全部通过验收，标志着广西第三次文物普查实地调查阶段的工作顺利完成。自治区三普办主任、自治区文化厅副厅长覃溥、自治区文化厅文物处处长兼文物局常务副局长谢日万全程陪同。

【考古发掘与研究】 2010 年广西开展湘桂铁路改扩建工程、贵阳至广州高速铁路、马山至平果、柳州至武宣高速公路、玉林大容山 25.5W 风电项目等基本建设工程用地范围文物调查、勘探和发掘，继续海上丝绸之路始发港汉代合浦港研究并初步确认汉代城址。广西文物考古研究所及广西自然博物馆实施考古发掘项目 10 项，其中抢救性发掘 2 项，基本建设考古发掘 5 项，主动性发掘 3 项。完成考古勘探面积 919.5 万平方米，考古发掘面积 1.66 万平方米，发掘墓葬 96 座，形成考古报告 5 篇，抢救了一批珍贵文物，发现了一批重要的遗迹，为考古科学研究提供了新线

索、新依据。

【文物博物馆对外交流】 4月，应新加坡国家文物局邀请，以自治区文化厅副厅长、自治区文物局局长覃溥为团长的广西文物博物馆考察团一行3人对新加坡进行了为期5天的工作访问，与新加坡国家文物局就开展博物馆领域的交流与合作进行了探讨。8月24日至29日在广西举办的中越青年大联欢活动中，来自越南58个省、5个直辖市的3000多名越南青年分别从广西友谊关、东兴、水口、龙邦等口岸分赴柳州、桂林、北海、钦州、防城港、百色、崇左等7市，参观了广西民族博物馆、柳州市博物馆、柳州胡志明旧居、桂林育才学校旧址、八路军桂林办事处旧址、百色起义纪念馆、钦州刘永福故居、凭祥友谊关、龙州胡志明展馆等12个博物馆、纪念馆以及文物保护单位，占所有参观点的三分之二。8月11日至22日，应新加坡国家文物局邀请，广西民族博物馆组织那坡黑衣壮女服、金秀瑶族自治县盘瑶女服、三江侗族自治县男子芦笙衣及南丹县中堡苗族女服和白裤瑶女服等展品参加新加坡第七届文化遗产节活动之一“异族风情·大同世界——世界传统服装展”。11月2日借承办“第五届东盟10+3文化人力资源开发合作研讨班”之际，文化部、自治区文化厅在广西民族博物馆举行了“中国—东盟文化交流培训中心”揭牌仪式。该中心以广西民族博物馆为硬件设施为依托，整合国家、各省区和广西各项资源包括师资、政策、网络、教育等资源，与广西现有艺术院校、区直剧团、群众艺术馆、图书馆、博物馆、艺术研究院等有形与无形的文化文物资源相结合，承接国家层面在中国与东盟各国间文化文物交流培训的任务，搭建全国各省区与东盟的文化文物合作交流平台。12月19日，以覃溥副厅长为团长的广西博物馆代表团回访缅甸文化遗产部，双方约定在更宽领域加强合作。

【花山岩画申报世界文化遗产工作】 6月9日，自治区文化厅在北京召开广西左江岩画申报世界遗产专家咨询会，国家文物局文物保护与考古司世界遗产处黄晓帆，国家文物局科技专家组专家、高级工程师黄克忠，北京大学世界遗产研究中心主任、博士生导师谢凝高，北京大学世界遗产研究中心副主任、联合国教科文组织亚太地区世界遗产培训与研究中心副主任陈耀华，清华大学建筑学院教授吕舟，中国建筑设计研究院建筑历史所所长陈同滨，中央美术学院教授、博士生导师郑岩，中国文化遗产研究院岩土文物与遗址保护研究所所长、高级工程师王金华，中国文化遗产研究院发展研究所所长、高级工程师沈阳，联合国教科文组织北京办事处文化遗产保护专员、兼任北京大学世界遗产研究中心学术委员杜晓帆，宁夏贺兰山岩画管理处主任李成荣，西安建筑科技大学建筑学院院长、教授刘克成，以及自治区文化厅党组副书记、副厅长李民胜，自治区文化厅副厅长、广西文物局局长覃溥，自治区文化厅文物处处长、广西文物局常务副局长谢日万出席专家咨询会。会议确定以“左江岩画”为申报世界文化遗产的名称、增加沿江4县岩画申遗点、开展左江岩画基础工作和价值体系研究的工作思路，调研确定了左江岩画11个申报点。对左江流域岩画考古遗址调查、左江岩画文物点调查登录和岩画本体保护勘察研究等3个子项课题开展研究，新发现古文化遗址15处，共调查登记81处岩画文物点，包括凭祥市麒麟山崖画等3处、江州区驮角岩岩画等31处、宁明县花山岩画等5处、龙州县沉香角岩画等17处、扶绥县大山崖壁画等24处、大新县岜娅山崖画1处。9月16日至19日，自治区文化厅在南宁召开花山岩画岩体开裂病害机理研究报告验收会暨花山岩画第一期抢救性修复加固工程设计和花山岩画第一期抢险加固保护试验工程评审会，参加验收会专家有中国文化遗产研究院、国家文物局科技保护专家组成员、研究员黄克忠，中国文化遗产研究院、国家文物局科技保护专家组组长、研究员王丹华，故宫博物院、国家文物局科技保护专家组成员、研究员陆寿麟，敦煌研究院、国家文物局科技保护专家组成员、研究员李最雄，四川省文物考古研究院、国家文物局科技保护专家组成员、研究员马家郁，原水电部水利勘察研究院总工程师、国家文物局专家组成员、总工程师冯水滨，中国科学院地质研究所、国家文物局专家组成员、研究员曲永新，敦煌研究院副院长、研究员王旭东，陕西省考古研究院、研究员杨军昌，山东省博物馆、研究员孔庆生，同济大学教授戴仕炳，中国地质大学教授方 云，中国文化遗产研究院书记朱晓东，中国文化遗产研究院高级工程师王金华、研究员王云峰、研究员郭 宏和自治区文化厅副厅长、文物局局长覃溥，自治区文化厅文物处处长、文物局常务副局长谢日万，广西文化厅研究馆员陈远璋，广西博物馆研究馆员蓝日勇。花山岩画环境监测、开裂病害专项勘察、病害机理研究、花山岩画开裂岩体第一期抢险加固工程 4 项前期项目通过验收。

【文博管理干部业务培训】 组织推荐文博工作人员参加国家文物局举办的《馆藏纸质文物病害分类与图示》等 3 项文物保护行业标准培训班、2010 年度全国博物馆专业人员杂项鉴定研修班等各种培训。11 月 20 日至 22 日，自治区文化厅在南宁举办全区文博单位管理干部理论学习班，来自全区地市文化局和文博单位的 120 名管理干部参加了学习，国家文物局政策法规司政策法规处处长陈培军就党中央、国务院和中央领导同志关于保护发展文化遗产的文件和论述作了理论学习辅导，上海市文物管理委员会副主任、上海博物馆馆长陈燮君作了世博会与文博工作创新体会介绍。自治区文化厅副厅长、文物局局长覃溥、自治区文化厅文物处处长兼文物局常务副局长谢日万出席学习班开班仪式并参加培训。

【5·18 国际博物馆日及文化遗产日宣传活动】 2010 年广西围绕“博物馆致力于社会和谐”和“文化遗产在我身边”两大主题，开展形式多样，内容丰富的“5·18”国际博物馆日及文化遗产日宣传活动。广西民族博物馆与《南国早报》、南宁电视台共同推出“文化遗产在我身边——追寻老物件”活动；桂林市桂海碑林博物馆先后与桂林联达置业公司、桂林“1+1”爱心公益会、桂林市外国语学校等单位联合举办打制石器、钻木取火、古陶仿制、原始狩猎、鉴宝有奖等特色体验活动；自治区文物局和广西文化信息中心推出文化遗产保护宣传月深入基层采访系列活动，邀请人民日报、新华社、广西新闻社、广西日报等广西主流媒体记者 10 人于 6 月 8～10 日、6 月 14～15 日分赴柳州、桂林、钦州、东兴等地采访，宣传报道近年来广西在文化遗产保护工作方面所取得的经验和成果、广西文化遗产保护工作特别是第三次文物普查工作情况、博物馆免费开放、博物馆建设、重大文物保护等内容。年内，广西壮族自治区博物馆获全国文化遗产日活动组织奖先进集体称号。

【2010 年全区文化遗产保护宣传讲解大赛】 6 月 27 日至 29 日，自治区文化厅在南宁市举办 2010 年全区文化遗产保护宣传讲解大赛，来自全区 11 个市 31 个文博单位的 104 名选手参加比赛。经过激烈的角逐，大赛最后决

出个人一等奖14名、二等奖28名、三等奖40名，另有15个单位获得组织奖。6月30日上午，自治区文化厅党组副书记、副厅长李民胜，自治区文化厅副厅长、文物局局长覃溥出席了颁奖仪式并为获奖个人和单位颁奖。

【国家文物局局长单霁翔一行莅临桂林市考察调研】 8月24日，文化部党组成员、国家文物局局长单霁翔在自治区文化厅厅长余益中，副厅长、文物局局长覃溥陪同下考察桂林市文化遗产保护工作，他高度肯定自治区文化厅和桂林市委、市政府在保护建设靖江王陵、甑皮岩考古遗址公园等方面所做的工作，并表示国家文物局将加大力度支持桂林文化遗产保护工作，为全国文化遗产保护提供有益经验。

【桂林靖江王府及王陵、甑皮岩遗址列入第一批国家考古遗址公园立项名单】 10月9日，桂林靖江王府及王陵、甑皮岩遗址2处全国重点文物保护单位被列入第一批国家考古遗址公园立项名单。考古遗址公园是国家推行的大遗址保护新模式，具有科研、教育、游憩等功能，国家将在大遗址保护、研究、展示和利用等方面给予支持建设。

【北海市被列为国家历史文化名城】 11月9日，国务院《关于同意将广西壮族自治区北海市列为国家历史文化名城的批复》（国函[2010]121号）同意将广西壮族自治区北海市列为国家历史文化名城，继桂林市、柳州市后成为广西第3座国家历史文化名城。

【合浦县文物管理局成立】 11月1日，合浦县机构编制委员会《关于成立合浦县文物管理局的通知》（合编[2010]36号），同意成立合浦县文物管理局，为县政府直属的相当正科级全额拨款事业单位，核定事业编制6名。这是广西第一个成立的县级文物管理局。

【中国桂林·史前文化遗产国际高峰论坛暨中国博物馆协会史前遗址博物馆专业委员会第八届研讨会】 由中国博物馆协会、自治区文化厅和桂林市人民政府联合主办，主题为"史前文化遗产保护与考古遗址公园建设"的中国桂林·史前文化遗产国际高峰论坛暨中国博物馆协会史前遗址博物馆专业委员会第八届研讨会11月15日在桂林举行。这是2009年12月国家文物局颁布实施《国家考古遗址公园管理办法（试行）》以来，中国史前考古界及史前遗址博物馆界围绕史前文化遗产保护与考古遗址公园建设召开的首次国际会议，旨在加强史前文化遗产的保护和研究，促进史前文化遗产研究保护管理的国际交流与合作，推进甑皮岩国家考古遗址公园的建设。中国考古学会理事长张忠培、中国科学院院士袁道先、联合国教科文组织驻北京办事处文化遗产保护专员杜晓帆、国际博物馆协会副主席马丁·施尔等专家以及来自中国、瑞士、澳大利亚、日本等国家与台湾地区的文化遗产管理部门和专业机构代表100余人出席论坛。

【第五批自治区爱国主义教育基地】 12月28日，自治区党委宣传部、自治区教育厅、民政厅、文化厅联合下发《关于确定第五批自治区爱国主义教育基地的通知》（桂宣发[2010]70号），广西民族博物馆、广西自然博物馆、南宁邓颖超纪念馆、桂林甑皮岩遗址博物馆、钦州冯子材旧居建筑群、博白王力故居等16处列入第五批自治区爱国主义教育基地名单。

非物质文化遗产

【国家非物质文化遗产保护督查组在广西检查工作】 1月14日至17日，国家非物质文化遗产保护督查组一行5人，在中国社会科学院研究员、国家非物质文化遗产保护工作专家委员会副主任委员刘魁立先生的带领下，到广西检查督导非物质文化遗产保护工作。检查组先后深入钦州坭兴陶有限公司、靖西壮锦厂、靖西旧州、那坡县吞力屯等国家级非物质文化遗产项目保护地进行实地考察，并在首府南宁举办非物质文化遗产知识讲座、国家级非物质文化遗产项目传承人座谈会和督查工作情况反馈。

【桂林市彩调艺术传承展示基地挂牌成立】 1月23日，经过精心筹备，自治区级非物质文化遗产传习基地——桂林市彩调艺术传承展示基地在桂林市彩调剧团“彩调园”揭牌，标志着广西非物质文化遗产项目保护工作平台建设全面启动。

【自治区文化厅表彰全区非物质文化遗产普查工作先进集体和先进工作者】 1月26日，自治区文化厅在首府南宁召开全区非物质文化遗产普查工作表彰大会，授予南宁文化局等38个单位“全区非物质文化遗产普查先进集体”荣誉称号，授予赵岚等129名同志“全区非物质文化遗产普查先进工作者”荣誉称号。

【全国少数民族非物质文化遗产项目(音乐、舞蹈类)调演】 为宣传展示少数民族非物质文化遗产的独特魅力，促进少数民族非物质文化遗产的保护和传承，文化部、国家民委定于2月至4月在北京举办“全国少数民族非物质文化遗产(音乐舞蹈类)调演”活动，在全国精选10台节目晋京演出。广西作为少数民族省区单独组台演出。3月22日至23日，由广西120名演职人员参与精心排演的大型晚会“八桂风谣”在北京天桥剧场倾情上演。“八桂风谣”精选了广西16个国家级、自治区级非物质文化遗产名录项目。展现了壮、瑶、苗、侗、京、毛南、仫佬等7个广西世居少数民族的非物质文化遗产项目，既有那坡壮族民歌、壮族三声部民歌、瑶族蝴蝶歌、壮族嘹歌、侗族大歌等传统音乐项目，又有壮族蚂拐舞、瑶族长鼓舞、瑶族猴鼓舞、田林瑶族铜鼓舞等传统舞蹈项目，并融入了京族独弦琴艺术、壮族天琴艺术以及壮族铜鼓习俗、毛南族肥套、苗族系列坡会等传统习俗的经典舞段，体现了广西少数民族文化的多样性和各民族唇齿相依、共生共荣的良好风貌。演出着眼于非物质文化遗产世代相承、与群众生活密切相关的特点，在编排上精选与“人”的一生密切相关的少数民族传统音乐和传统舞蹈，内容分为《出世·成长》《情爱·婚嫁》《劳作·敬神》和《归天·再生》四大章节，同时兼具艺术性，舞美设计则采用木棉花、花山岩画、壮锦、壮族吊脚楼等广西特有元素和情景再现的艺术手法，着重体现文化遗产的“原生形态”和“古风原韵”，原汁原味地呈现广西少数民族的独特风情。由于自治区文化厅出色地组织“八桂风谣——广西壮族自治区专场”的演出工作，被中国非物质文化遗产保护中心授予调演组织奖。

【广西举办第三届歌王大赛】 广西第三届歌王大赛于4月16日在广西文物苑举行。本届歌王大赛有来自全区11个市代表队的40名歌手角逐“广西歌王”桂冠。经过激烈争夺，河池市代表队的郭桂英和蒋兴元、来宾市代表队的覃耀达、桂林市代表队的粟桂发荣膺“广西歌王”称号。另有10人被评为“广西十大优秀歌手”。

【自治区人民政府公布第三批自治区级非物质文化遗产名录】 5月30日，自治区人民政府下文公布第三批自治区级非物质文化遗产名录86项和第一、第二批自治区级扩展项目名录16项。第三批自治区级非物质文化遗产名录评审工作共收到全区178个推荐项目

参评，其中民间文学16项、民间音乐22项、民间舞蹈28项、传统戏剧12项、传统手工艺36项、民俗48项、曲艺6项、杂技与竞技6项、民间美术3项、传统医药1项。

【制定传承人传习活动经费管理办法】 6月4日，为有效保护和传承非物质文化遗产，鼓励和支持代表性传承人开展传习活动，提高专项经费使用效益，根据国家关于代表性传承人传习经费管理的有关精神，文化厅制定下发了《国家级、自治区级非物质文化遗产项目代表性传承人传习活动经费管理暂行办法》，明确了专项经费的管理和使用途径。

【组织专家对非物质文化遗产工作进行调研】 5月20日至23日，自治区非物质文化遗产保护中心组织广西文化艺术研究院、广西民族博物馆有关专家一行7人前往桂林市对全州县东山瑶族乡、灵川县长岗岭商道古村落、桂林黄昌典毛笔制作技艺等文化遗产保护情况进行调研。9月20日，自治区文化厅非物质文化遗产处、艺术处、自治区彩调剧团组成地方戏剧保护工作调研组前往桂林市、临桂县和永福县开展桂剧、彩调剧和广西文场保护工作调研。10月26日至29日，自治区民族文化艺术研究院前往灌阳县对瑶族文化和桂剧保护情况展开调研。11月2日，自治区民族文化艺术研究院在德保县召开北路壮剧保护工作座谈会，邀请壮剧业余剧团编剧、导演和演员参加，了解业余剧团在传承工作中面临的实际情况。

【广西隆重庆祝国家第五个“文化遗产日”】 6月12日是我国第五个“文化遗产日”，主题是“文化遗产 人人参与”。按照文化部、国家文物局的工作部署，为热烈庆祝“文化遗产日”五周年，积极营造文化遗产保护的良好氛围，全区各地文化部门开展了丰富多彩的宣传展示活动。自治区文化厅在首府南宁举行了“文化遗产日五周年庆祝大会”“八桂风谣——广西非物质文化遗产传统音乐舞蹈展演”“巧夺天工——广西非物质遗产传统技艺大展”等3个主题活动，并在庆祝大会上举行第一批自治区级文化生态保护区授牌仪式，为“河池铜鼓文化生态保护区”和“百色壮族文化生态保护区”授牌。

【广西歌手摘得第八届中国西部民歌(花儿)歌会金银奖】 7月21—24日，由文化部社会文化司、宁夏回族自治区党委宣传部和中国西部十二省(区、市)文化厅及新疆生产建设兵团文化局主办的第八届中国西部民歌(花儿)歌会在银川市举办。230多名歌手参加了此次比赛，经过三场激烈角逐，评委从参赛的80个节目中评出金奖17个、银奖21个、优秀奖34个，由自治区文化厅选送的壮族嘹歌组合《我的家乡美》荣获原生态组金奖、苗族弹唱组合《木叶情歌》荣获原生态组银奖、壮族“诗”“欢”组合《山歌满山坡》荣获创作民歌组银奖，广西代表队荣获组织奖，取得广西参加这项赛事以来的最好成绩。

【“河池铜鼓文化生态保护区”建设启动】 8月25日，河池市在东兰县隆重举行“河池铜鼓文化生态保护区”建设启动仪式，铜鼓文化重点保护区域的东兰县、天峨县、南丹县、大化瑶族自治县、巴马瑶放自治县、环江毛南族自治县代表接受保护区建设牌匾，标志着自治区级“河池铜鼓文化生态保护区”建设工作正式开展，为“十二五”期间冲击国家级文化生态保护试验区打好工作基础。

【完成国家级非物质文化遗产项目“十二五”期间保护工作资金申报工作】 9月10日，完成了广西壮族自治区国家级非物质文化遗产名录27个项目和9个已获公示进入国家级名录项目“十二五”期间保护规划的制订和保护经费的申报工作。

【自治区文化厅召开非物质文化遗产保护专家座谈会】 9月16日，文化厅召开广西非物质文化遗产保护工作专家座谈会，邀请广西民族大学、广西师范学院、广西艺术学院、广西艺术学校、广西民族文化艺术研究院、广西民族问题研究中心、广西群众艺术馆、广西桂剧团、广西壮剧团、广西彩调剧团、广西博物馆、广西民族博物馆、南宁市粤剧团、南宁市文化局等单位的专家、学者和管理人员参加。会议听取了与会专家和基层一线管理人员对非物质文化遗产保护工作的意见和建议。

【完成2009年非物质文化遗产工作年鉴撰写工作】 9月17日，组织人员为广西2009年文化工作年鉴非物质文化遗产卷撰写2009年广西非物质文化遗产工作有关内容。

【文化部督查组在广西召开戏剧保护工作传承人座谈会】 10月11日晚，文化部督查组在广西工作期间，召开了桂剧、壮剧和彩调剧传承人座谈会，会上听取了国家级、自治区级传承人对项目保护工作的意见和建议，了解传承工作面临的困难，现场解答了传承人提出的问题。

【首届中国非物质文化遗产博览会广西参展项目喜获金银铜奖】 10月15日至18日，由文化部和山东省人民政府共同主办的中国首届非物质文化遗产博览会在山东省济南市隆重举行。此次博览会旨在进一步宣传我国丰富多彩的非物质文化遗产，弘扬中华民族优秀传统文化。博览会的主题是“保护传承、合理利用”，采用政府主导、社会参与的方式，以适合生产性保护的非遗项目的博览交易为重点，充分展示非遗的独特魅力，促进非遗的生产性保护，使非遗保护和传承融入当代、融入大众、融入生活。本届博览会共有全国各地622个非物质文化遗产保护项目参展，经过各方努力，共达成合作意向签约项目505个、签约投资总额432亿元，8个项目现场签约，广西钦州坭兴陶烧制技艺项目被博览会组委会选为现场签约项目之一。我区选派钦州坭兴陶烧制技艺、壮族织锦技艺等11个项目参加展览。经首届中国非物质文化遗产博览会组委会评比，钦州坭兴陶展品《高鼓花樽》荣获参展展品金奖；壮锦《蟒龙图》、桂林三花酒展品《携酒访友》和梧州龟苓膏展品荣获银奖；北海贝雕展品《称心如意》和《桂林黄昌典毛笔》荣获铜奖。

【广西启动非物质文化遗产丛书编撰工作】 11月17日，文化厅召开广西非物质文化遗产丛书编撰专家委员会第一次会议，标志着非遗丛书编撰工作进入实际操作程序。

【第二届广西文场展演暨广西文场保护发展论坛在荔浦县举行】 12月2日至4日，为了弘扬民族文化，展现广西文场艺术风采，推动非物质文化遗产的保护和传承，进一步探索广西文场传承与发展的长效机制，由文化厅、区文联主办，桂林市文化局、荔浦县人民政府、广西曲艺家协会承办的全区第二届广西文场展演暨广西文场保护发展论坛在荔浦县隆重举行，此次活动荟萃了全区文场研究和艺术表演精英，构筑起一个沟通、交流和展示文场研究的平台。

【非物质文化遗产保护工作培训班在三江县举办】 12月8日至10日，在三江侗族自治县举办全区非物质文化遗产保护工作培训班，来全区各市、县、区文化部门的分管非遗工作的局领导和非遗业务主办人员300多人接受如何科学保护非物质文化遗产、国家级非物质文化遗产项目申报书的制作和历年来自治区级非遗项目申报工作存在的主要问题等内容的培训。这次培训班邀请了文化部从事非遗行政管理工作多年的领导、中国艺术研究在非遗项目申报文本制作方面经验丰富

的专家和自治区非遗评审工作的专家到会讲课。

【河池铜鼓文化生态保护区专家咨询会在北京举行】 12月23日，在文化厅副厅长覃溥和河池市副市长潘育伟的率领下，河池铜鼓文化生态保护区重点保护区域所在地的七个县分管文化工作的副县长(宣传部长)、广西非遗研究专家、新闻媒体一行20人在北京广西大厦召开“广西河池铜鼓文化生态保护区建设规划专家咨询会”，文化部非遗司管理处、保护处的领导、国家非物质文化遗产保护工作专家委员会委员、中央民族大学的教授、中国艺术研究院和中国非物质文化遗产保护中心等专家学者出席会议，并对保护区建设规划纲要提出了具体的修改、补充意见。

【百色市启动“百色壮族文化生态保护区”建设工作】 12月28日，百色市人民政府在百色市隆重举行“百色壮族文化生态保护区”建设工作启动仪式。保护区域相关县分管县领出席仪式，百色市人大常委会潘其弟副主任到会祝贺并发表重要讲话，田阳县人民政府副县长代表保护区建设单位在启动仪式上作了努力建好保护区，传承民族文脉的宣誓表态。

【完成国家级非物质文化遗产项目生产性保护示范基地推荐申报工作】 12月31日，完成了国家级非物质文化遗产项目生产性保护示范基地的推荐申报工作，根据评审条件共推荐了钦州坭兴陶有限公司、靖西县壮锦厂和东兰音乐铜鼓文化传播有限责任公司三个单位。

文化市场

【“一手抓管理，一手抓繁荣”努力促进文化事业大繁荣】 年内，文化市场处在自治区党委、自治区政府、文化部的统一领导和文化厅党组的精心部署下，以深入践行科学发展观为契机，始终坚持“一手抓管理，一手抓繁荣”的工作思路，严格遵行“守土有责、守土负责、守土尽责”的管理方针，充分发挥主观能动性，有针对性地分析、研究当前文化市场出现的新局面、新问题，进一步完善机制体制、强化管理，着力构建统一开放、竞争有序的文化市场，努力促进社会主义文化事业大发展大繁荣。

【全力推进全区文化市场综合执法改革工作】

按照文化部的部署，文化市场处把文化市场综合执法改革工作作为全年工作的重点并做了大量工作。第一，年初根据自治区党委宣传部领导的指示，文化市场处对全区文化执法部门的机构编制、人员编制进行了调查。据统计，在全区14市，110个县(市、区)中，有机构有编制的文化执法机构共有101个(其中市级14个，县(市)68个，城区19个)；无机构编制，有在岗人员的有13个县区(其中县级是忻城、合山、金秀、钟山、龙胜、兴安6个县)；无机构编制，无在岗人员的有11个城区。在101个文化执法机构中，参公单位71个，全额事业编制31个。差额拨额1个、自收自支10个。全区现有稽查人员编制565个，目前在岗人员564人。这些调查结果为起草《全区市、县(市、区)文化市场综合执法改革实施意见》提供理论和实践依据打下基础，为推进综合执法改革工作发挥了决策参考作用。第二，经过厅领导的积极协调，5月中旬，由自治区党委宣传部牵头，文化厅具体办理，自治区编办、广电局、新闻出版局五部门联合转发了中宣部、中编办等五部委联合下发的[2009]25号文。对推动全区市、县文化市场综合执法机构改革奠定了基础。第三，以中宣发[2009]25号文件为依据，同时参考了部分省区出台的改革方案，根据广西的实际，起草了《广西文化市场综合执法改革实施方案（征求意见稿）》，经过4次征求各厅局及自治区文改办意见，5次修改，2次自治区领导专题研究，于11月5日由自治区党委宣传部和自治区文化厅、编办、广电局、新闻出版局联合会签，以桂宣报[2010]43号文件将《全区市、县（市、区）文化市场综合执法改革实施意见》报自治区人民政府审议。

【拉网式推进各类专项整治，保持文化市场监管高压态势】 年内，文化市场处在抓好文化市场的日常监管，促进文化市场繁荣，做好演出、娱乐性场所的审批等相关工作外，按照文化部统一部署，重点抓好各项集中专项整治行动。一是2009年12月至2010年3月，在全区范围内开展了为期3个月的元旦、春节文化市场专项整治行动。二是于4月至6月，根据文化部的统一部署，在全区开展平安世博文化市场专项保障行动，为办好一届“成功、精彩、难忘”的世博会营造良好社会文化环境。三是4月15日至5月30日配合自治区安委会，在全区开展公共文化经营场所安全大检查行动。重点检查公共娱乐场所的消防安全问题。四是贯彻落实5月3日全国综治维稳电视电话会议精神，于5月至6月份在全区开展以整顿校园周边网吧、歌舞娱乐场所，打击网吧接纳未成年人为重点的文化市场“护苗”专项整治行动。五是贯彻文化部通知精神，于7月至9月在全区范围内开展以“净化社会文化环境，维护未成年人权益”为目标的暑假期间文化市场监管专项行动。六是按照文化部要求，在全区范围内开展市与市、县与县、市与县之间大规模的文化市场交叉执法检查行动。文化厅党组对文化市场管理工作高度重视，厅领导多次听取市场处文化市场管理工作汇报，了解文化市场专项整治的具体情况，指导文化市场管理工作。在副厅长洪波的部署下，市场处和稽查总队也分别4次组成16个检查组分赴各市、县进行调研和督导、检查工作。在全区各级文化行政部门和执法人员的共同努力下，全年我区文化市场平稳有序，健康繁荣，无重大事故发生。据统计，在3月至11月专项整治期间，我区共出动稽查员148381人次，检查经营场所139733（单位）家次，受理举报1213件，立案调查1436件，办结案件1152件，收缴非法音像制品245613（盒张），罚款229万元，责令整改2056家次，停业整顿328家次，取缔违规经营场所70家。

【推进和完善我区文化网络监控平台建设】 为加快推进全区网络监管平台的建设，3月28日，文化市场处邀请了文化部网络监管平台技术人员对全区各市局分管领导及技术人员进行了培训，并对全区网络监管平台的建设进行了部署。6月9日，我厅再次下发《关于各市网络文化市场计算机监管系统建设有关问题的通知》（桂文办发[2010]82号），对目前各市监管平台建设的工作提出了进一步要求。并为尚未完成监管平台建设的市制定了时间表和线路图，提供了4套实施方案供各地参考。截至11月份，南宁、柳州、桂林、来宾、梧州已初步建成文化网络监管平台，其中南宁、柳州、来宾、贺州、梧州、玉林、贵港、防城港、北海等市已经完成所辖市、县网吧终端软件的安装工作。其余大部分市已经基本落实了网络监管平台建设专项经费，并确定了各市网吧终端软件安装工作的时间表和线路图，年底以前将基本建成监管平台并完成网吧终端软件的安装工作。

【参与中国国际文化旅游节，探索文化事业发展模式】 年内，在抓好日常文化市场管理的

同时，文化市场处不忘坚持“一手抓管理，一手抓繁荣”的工作思路，不断思考新形势下文化市场新的发展状态，积极探索与时代潮流相适应的文化事业发展模式。借助文化部和国家旅游局联合举办的首届中国国际文化旅游节的宝贵机会，在副厅长洪波的指示下，文化市场处积极参与了此项活动的各项工作，活动中，由文化厅和旅游局联合推荐选送的文化旅游作品《印象·刘三姐》《梦幻漓江》获列入国家首批文化旅游演出类重点项目名录——旅游演出类，其中选送的文化旅游作品《印象·刘三姐》进入首届中国国际文化旅游节文化旅游发展贡献奖——影响中国旅游的一部旅游演出的提名名单，推荐选送的文化旅游发展贡献奖的我区导演梅帅元获中央电视台等媒体名人之约的采访。为了进一步推动我区文化旅游结合发展，文化厅与自治区旅游局联合成立了“广西壮族自治区文化旅游合作发展领导小组”，结合广西特点、制定工作措施，促进文化旅游深度结合，力求切实推动我区文化大发展大繁荣。

文化产业

【文化产业机构及增加值】 2010 年，全区文化系统文化产业总产出 376230.7 万元，实现增加值 289620.5 万元。全区文化及相关产业机构 10273 个，从业人员 67837 人（统计对象包括艺术业、图书馆、群众文化、艺术教育、文化市场经营机构、动漫企业、文艺科研、文物业、其他文化及相关产业）。

【《广西壮族自治区人民政府关于加快文化产业发展的实施意见》（桂政发[2010]63 号）出台】 12 月 19 日，《广西壮族自治区人民政府关于加快文化产业发展的实施意见》（桂政发[2010]63 号）作为《中共广西壮族自治区委员会、广西壮族自治区人民政府关于进一步加快服务业发展的决定》（桂发〔2010〕34 号）的配套文件之一出台并开始实施。《意见》由文化厅牵头起草，经征求自治区有关部门和全区各市的意见修改完善形成。《意见》明确了 2010—2015 年文化产业发展的总体目标、主要任务和政策措施等，是第一个以自治区政府名义下发的推动全区文化产业发展的政策文件。

【广西钦州坭兴陶艺有限公司被国家文化部命名为第四批国家文化产业示范基地】 根据文化部统一要求，经组织申报和初审，文化厅向文化部推荐广西钦州坭兴陶艺有限公司、桂林乐满地旅游开发有限公司、广西南宁唐人文化传播有限公司和广西金壮锦文化艺术有限公司等 4 家候选企业参评第四批国家文化产业示范基地。其中，广西钦州坭兴陶艺有限公司于 11 月 23 日被国家文化部正式命名为第四批国家文化产业示范基地，成为广西第五个入选国家级文化产业示范基地的单位。

【评选命名第三批自治区文化产业示范基地】 5 月 6 日，文化厅命名广西金壮锦文化艺术有限公司、广西接力世纪传媒有限公司、广西南宁唐人文化传播有限公司、桂林佳辉王城旅游发展有限责任公司、龙胜各族自治县和平乡金江村黄洛长发瑶寨、梧州市石表山休闲旅游风景区发展有限公司、桂平西山风景名胜区管理处等 7 家企业和单位为第三批自治区级文化产业示范基地，并于 6 月 22 日在南宁举行了第三批自治区文化产业示范基地授牌仪式和部分基地的揭牌仪式。

【广西原创动画电影《生日礼物》屡获大奖】 年内，由文化厅支持、柳州市委宣传部和广西蓝海世纪数码传媒有限公司联合制作的动画电影《生日礼物》荣获第十六届上海电视节动画项目创投优秀奖、首届金鹏奖中国国际新媒体短片大赛优秀动画片导演奖，特别是在由文化部、工信部、教育部、共青团中央、湖南省人民政府、中国移动通信集团公司主办的第五届中国原创手机动漫大赛中，从参赛的114389件作品中脱颖而出，获得动画类的唯一金奖。

【与自治区有关部门联合下发《关于金融支持广西文化产业振兴和发展繁荣的指导意见》(南宁银发[2010]125号)】 8月9日，自治区党委宣传部、人民银行南宁中心支行、财政厅、广电局、新闻出版局、广西银监会、证监会、保监会等自治区9部门联合下发了《关于金融支持广西文化产业振兴和发展繁荣的指导意见》(南宁银发[2010]125号)，为进一步改进和提升对广西文化产业的金融服务，支持广西文化产业振兴和发展繁荣提出了指导意见。

【签署《广西文化产业发展规划合作协议》】 6月24日，文化厅与国家开发银行广西分行签署《广西文化产业发展规划合作协议》。双方将依据合作协议，充分发挥政银合力，为广西文化企业、文化项目搭建投融资平台，推进广西文化产业发展。

【广西文化产业城项目前期工作进展顺利】 广西文化产业城项目选址南宁五象新区，规划建设用地约3000亩。根据自治区政府指示，文化厅牵头开展广西文化产业城项目策划、园区规划等前期工作，多次与自治区广电局、新闻出版局、南宁市规划局等有关部门对接，多次汇总上报了广西文化产业城规划建设方案，前期工作进展顺利。

【2010中国—东盟文化产业论坛】 11月26日至27日在南宁举办“2010中国—东盟文化产业论坛”。本届论坛由文化部对外文化联络局、文化部文化产业司、自治区文化厅共同主办，由自治区广播电影电视局、新闻出版局、旅游局、广西社会科学院共同协办，中国演出家协会、中国软件行业协会游戏软件分会、国家开发银行广西分行作为支持单位。论坛以“中国—东盟文化产业的互动与发展”为主题，包括“演艺业的改革与发展”“演艺业交流合作的途径和模式”“动漫游艺业面临的机遇和挑战”“动漫游艺业的共同繁荣与发展”“中国—东盟文化产业论坛的模式内容及发展”“文化产业发展对中国—东盟自由贸易区建设的促进作用”等6项重要议题。论坛专设中国—东盟文化产业论坛四周年成果展，展示了历届论坛的概况、成果及宣传推广的主要项目。论坛代表近100人，包括东盟五国驻南宁总领事馆官员，论坛主办、协办、支持单位，以及区直有关部门、各地市文化行政部门、厅直属单位的嘉宾和代表。文化厅副厅长李民胜出席会议并作主题发言。文化厅副厅长洪波主持会议并作会议总结。会议期间，嘉宾和代表们还观看了具有浓郁广西地方特色的桂戏坊节目表演“锦衣绣口”，考察了中越边境文化项目。

【全区文化产业工作会】 3月16日，文化厅在南宁召开全区文化产业工作会。会议听取了14个市文化局关于2009年文化产业工作总结和2010年工作计划的情况汇报，研究部署了2010年全区文化系统文化产业发展的重点工作，并对文化产业工作的开展提出了具体要求。文化厅副厅长唐正柱出席会议，并做题为《全面把握文化产业发展机遇和特点 全力推进我区文化产业跨越式发展》的重要讲话。全区14个市分管文化产业的文化局领导和文化产业科负责人共27人参加了会议。

【2010年全区文化产业规划研讨班】 4月13

日至15日，文化厅在南宁举办2010年全区文化产业规划研讨班。文化厅副厅长唐正柱，北京大学文化产业研究院副院长、教授陈少峰，广西师范学院文学院硕士生导师、教授何颖，桂林广维文华旅游文化产业有限公司董事、《印象·刘三姐》项目营销总策划贺立德等四位专家分别从文化产业引导和管理、文化产业发展环境和理论、文化产业项目定位和运作等方面作了主题发言。厅直属单位、全区各市县文化局和文化企业的189位代表参加研讨班。

【全区文化系统文化产业投融资项目落实工作培训班】 6月22日至23日，文化厅在南宁举办全区文化系统文化产业投融资项目落实工作培训班。培训班邀请中信建投证券有限责任公司董事总经理徐炯炜、深圳证券交易所办公室副主任徐良平博士、国家开发银行广西分行客户三处副处长沈小云分别介绍了文化产业投融资、文化企业上市和文化产业金融业务知识。厅直属单位、全区各市县文化局和文化企业的163位代表参加培训。期间，各市文化局负责人和产业工作负责人还进行了文化产业工作座谈。10月27日、29日，文化部文化产业司根据桂林市和防城港市申请，邀请专家在桂林市和防城港市分别举办了文化产业投融资业务培训班。

【全区动漫游戏产业工作座谈会】 12月22日，文化厅在南宁召开全区动漫游戏产业工作座谈会。会议分析了当前广西动漫产业的基本情况，充分肯定了近年来动漫产业获得的成绩，对新形势下动漫产业的发展提出了一些新思路和新举措，并对下一步工作提出了新的要求和新的希望。文化厅副厅长洪波出席会议并讲话。来自南宁、柳州、桂林、北海4个市的文化局分管动漫游戏产业的领导以及全区动漫游戏企事业单位、动漫教育机构近60位代表参加会议。企业代表对各自在动漫游戏产业实践中取得的成就和发展经验以及下一步的发展规划进行了交流发言，并对动漫产业工作提出了宝贵的建议和意见。

【全区文化产业示范基地管理建设工作会议】

12月23日，文化厅在南宁召开全区文化产业示范基地管理建设工作会议。会议传达了文化部第四批国家文化产业示范基地命名授牌会议精神，听取了五家国家级文化产业示范基地和部分自治区文化产业示范基地发展情况的交流汇报，分析了当前文化产业示范基地建设和管理方面存在的问题，研究部署了“十二五”期间文化产业园区基地建设管理工作的发展目标、主要任务和措施。文化厅副厅长洪波出席会议并作重要讲话。南宁、柳州、桂林、梧州、北海、钦州、防城港、百色、贵港、河池等市文化局领导和来自5家国家级文化产业示范基地及28家自治区级文化产业示范基地的近50位代表参加了会议。

【参加第六届中国深圳国际文化产业博览交易会获奖】 5月14日至17日，第六届中国深圳国际文化产业博览交易会在深圳举行。由自治区党委常委、宣传部部长沈北海任团长，政府办公室副主任吴建新任副团长，文化厅、广电局、新闻出版局及各市有关部门、企业代表共同组成的广西展团近200人赴深圳参展。广西在本届深博会1号馆设270平方米特装展位，以“构建广西北部湾文化产业圈”为主题，通过文字、图片、电视专题宣传片、实物、现场表演、互动活动等方式展示和宣传了广西文化产业发展成就。特别是宣传推介了广西的28家国家、自治区级文化产业示范基地。共推出23个招商引资项目，发放《2010广西文化产业重点投融资项目册》1000册。广西金壮锦文化艺术有限公司、北海钰龙珠宝有限公司、北海恒兴珠宝有限责任公司等3家展商现场展示富有广西特色的壮锦、绣球、北海珍珠、北海贝雕等民族民间工艺品。广西桂剧团演员给观众带来具有广西民族特色、展现北部湾风情的节目以及抛绣球观众互动活动。广西获本届文博会组委会颁发的优秀组织奖和优秀展示奖。

【参加第五届中国西部文化产业博览会获奖】 10月15日至18日，第五届中国西部文化产业博览会在西安举办。由文化厅厅长余益中任团长，文化厅、广电局、新闻出版局及各市有关部门、企业共同组成的广西展团约150人赴西安参展。广西在本届西博会上设置225平米的特装展位，以"构建北部湾(广西)文化产业圈"为主题，通过文字、图片、专题片等形式，宣传展示了广西文化产业在广西北部湾经济区开放开发的大好形势下，抢抓机遇、趁势而上、加快发展的可喜局面和广阔前景。广西展位上富有广西民族和地域特色的歌舞表演以及壮锦、绣球、北海珍珠、贝雕工艺品等文化产品深受观众喜爱。重点宣传了28个国家、自治区级文化产业示范基地，推介了29个重点招商引资项目，现场发放投融资项目册600册，吸引了大批投资商前来参观洽谈。广西获本届西部文博会组委会颁发的最佳组织奖和最佳展示奖。

【参加第五届中国北京国际创意产业博览会获奖】 11月17日至21日，第五届中国北京国际创意产业博览会在北京举办。由文化厅副厅长洪波任团长的广西展团赴北京参展。广西在本届北京文博会上设36平米展位，宣传了广西的28家国家和自治区级文化产业示范基地。广西凌速文化艺术有限公司、北海钰龙珠宝有限公司等2家展商参展，推出29个招商引资项目，发放《2010广西文化产业重点投融资项目册》300册。广西获本届北京文博会组委会颁发的最佳组织奖。

对外文化交流

【广西艺术团赴韩国参加"欢乐春节"文化活动】 根据文化部外联局的统一部署，应中华人民共和国驻大韩民国大使馆中国文化中心的邀请，1月8日至15日在文化厅副厅长陈映红的带领下，组织了以广西歌舞剧院多名艺术家为成员的30人综合艺术团，参加了"欢乐春节·中韩缘文化节"中韩联合演出在首尔世宗文化会馆的演出和广西友好城市韩国忠清北道清州市的演出，中国驻韩国大使程永华、文化参赞兼首尔中国文化中心主任车兆和，韩国文化体育观光部长官柳仁村、文化艺术局局长朴光武、韩国海外弘报院院长金熙范，韩国国会议员、韩国外交通商部和文化体育观光部等各政府部门高层官员、各界群众、华人华侨、留学生、中资机构、中外新闻媒体记者等2000余人观看了演出。韩国KBS电视台、阿里郎电台和《朝鲜日报》等当地主流媒体分别采访了中国驻韩国大使程永华和文化参赞车兆和，并于当晚进行了报道；新华社、《人民日报》和中国国际广播电台驻首尔记者等，也对文化节做了相关报道。中国驻韩国大使程永华在中韩联合演出前一天的上午，会见了广西艺术团团长陈映红，对广西积极参与"欢乐春节·中韩缘文化节"给予赞赏，并高度评价广西对外文化交流工作做得扎实有效。

【广西艺术团赴泰国参加"欢乐春节"文化活动】 为增进中泰两国人民的友谊，发展两国间的文化交流，共同庆祝中泰建交35周年，2月5日至22日，文化厅派出以办公室主任任保胜为团长的由文化厅、木偶剧团20人组成的广西艺术团赴泰国参加了由中国文化部、

中国驻泰国大使馆、泰国旅游体育部主办的2010年泰国“欢乐春节”文化活动。这是广西艺术团第二次承接泰国“欢乐春节”活动。广西艺术团表演的木偶剧《红孩儿》片断、木偶芭蕾舞蹈《天鹅湖》深受观众喜欢。泰国总理阿披实、中国驻泰国大使馆管木大使一起陪同泰王国诗琳通公主观看了艺术团在曼谷唐人街的精彩演出。中国中央电视台、人民日报、新华社、中国文化传媒集团等媒体以“弘扬中华文明,共建和谐世界”为题全面报道了2010年赴泰“欢乐春节”文艺演出活动的盛况,泰国国家电视台、电台及新闻媒体也以中泰两国隆重纪念建交三十五周年和中国艺术团与泰国人民欢度新春佳节做了详细的报道。

【广西文化代表团赴澳大利亚、新西兰进行考察】 4月7日至16日,以文化厅厅长余益中为团长的广西文化代表团一行5人赴澳大利亚、新西兰进行了为期10天的文化考察和友好访问。其间,代表团与澳大利亚华人文化艺术界联合会(Australia Chinese Performing Artist's Association)、澳大利亚华厦传媒集团(AC Media Group Australia)、新西兰罗托鲁阿艺术节活动运营中心(CMM Event Management Rotorua Festival of Arts)负责人和有关专家交流了文化演艺市场、公共文化服务、国际文化交流等相关业务的现状与发展,探讨了双方今后开展文化交流、项目合作等方面的合作事宜。代表团先后到访5个城市(悉尼、墨尔本、布里斯班、奥克兰、罗托鲁阿),实地考察了10余家文化机构并与相关的业界专家进行了不同形式的交流。整个考察访问行程紧凑,内容丰富,体会深刻,取得了圆满成功。

【广西青年代表团赴越南参加第五届“东盟青年营”活动】 为增进中国—东盟各国青年之间的了解和友谊,文化厅派出了在音乐、舞蹈、摄影等领域有专长的青年代表团一行6人,于4月23日至29日赴越南参加第五届“东盟青年营”活动,代表团成员充分展示了中国青年的风采和才艺,成员陈颖荣获了组委会评选的“东盟青年营小姐”称号。

【美国西雅图国际儿童艺术节执行主任访问广西】 2011年美国西雅图国际儿童艺术节拟将中国作为主宾国,广西作为文化部推荐的六个省区之一于7月19日至21日接待了美国西雅图国际儿童艺术节执行主任 Marilyn Raichle 女士。Marilyn Raichle 女士来访期间,拜访了自治区文化厅并观摩《小美人鱼》《小雪猫与独耳鼠》《朋友》等儿童剧的演出,之后与三个剧目的主创人员进行了座谈,并表示希望能借2011年美国西雅图国际儿童艺术节推进中美两国的文化交流合作。

【成功举办“情系八桂——两岸文化联谊行”活动】 8月15日至24日“情系八桂——两岸文化联谊行”活动在广西成功举办。该活动由文化部以中华文化联谊会名义和自治区人民政府联合举办,由自治区文化厅承办。来自台湾和大陆的150多位嘉宾参加了本次活动。中华文化联谊会会长、文化部副部长赵少华为活动题写贺词。文化部党组成员、纪检组组长李洪峰和广西自治区政府主席马飚、副主席陈武、李康及国务院台办有关部门领导出席了活动开幕式暨欢迎晚宴,李康副主席专程赴桂林出席闭幕式暨联欢晚会。活动组委会先后召开新闻发布会和两次工作协调会,精心策划了丰富多彩的活动内容,认真制定了活动总体方案,活动规模大、时间长、内容丰富、涉及面广,各项工作有条不紊地进行,交通、餐饮、住房、参观、游览、观摩、研讨、联谊等各个环节环环相扣,流畅自如,圆满地完成了接待工作。“情系八桂”活动问卷调查统计结果显示，台湾嘉宾对“情系八桂——两岸文化联谊行”活动整体满意度近乎百分之百。许多嘉宾在问卷中对活动主办方的细致、专业、高效、周详的组织工作表示由衷赞叹。广西绚丽多彩的民族文化、悠久厚重的历史文化以及魅力四射的山水文化吸引了包括新华社、中新社、中央电视台、人民日报、中央人民广播电台等中央媒体在内的两岸共46家主要媒体记者前来参与活动，据著名搜索引擎“谷歌”的统计，共有63200项符合“情系八桂——两岸文化联谊行”的查询结果，显示出海内外网络媒体对“情系八桂——两岸文化联谊行”活动的高度关注。文化部对本次活动给予了高度评价，认为“活动策划精心，安排周密，文化内涵丰富，嘉宾反响强烈，达到了以文化促情谊的预期目的”。

【广西艺术团赴越南参加第二届国际木偶艺术节】 9月4日至9日，文化厅派出了以广西木偶剧团副团长叶青为团长的广西艺术代表团一行6人，赴越南参加第二届国际木偶艺术节，代表团演员表现突出，取得了四项大奖的好成绩。组委会以及观众给予广西艺术团很高的评价，称赞节目形式新颖；演员技艺高超，人和木偶的表演结合得惟妙惟肖；服装不仅好看，而且具有浓郁的民族特色；节目音乐动听。获金奖节目之一《木偶变脸》还特别被挑选为闭幕式晚会表演节目。

【广西艺术团赴越南参加建交演出】 根据自治区领导指示，为配合自治区领导9月赴越南出席广西与越南边境四省联合工作委员会第三次会晤并顺访越南的工作，文化厅组成了以厅长余益中为团长，由广西杂技团、广西木偶剧团、南宁市艺术剧院共93人组成的广西艺术团赴越南进行演出。艺术团分别于9月10日、11日晚在河内瓯姬演艺中心奉献了两场“魅力广西”文艺演出，吸引了大批越南观众及当地华人华侨前来观看。自治区主席马飚，越南文化体育旅游部副部长黎进寿，中国驻越南大使孙国祥，自治区党委常委、自治区副主席陈武，越南驻南宁总领事阮英勇，部分国家驻越南使团等出席观看了11日晚的文艺演出，并对演出给予了极高的评价。“魅力广西”文艺演出吸引了越南的艺术团体和艺术院校前来观看，为下一步广西与越南的文化交流合作奠定了良好的基础。

【新加坡代表团来桂访问】 10月20日上午，新加坡政务次长陈振泉一行借应邀参加第七届中国—东盟博览会、第七届中国—东盟商务与投资峰会这一契机访问广西文化厅。文化厅厅长余益中、副巡视员马红英等与新加坡代表团进行了友好会谈。会上双方回顾了近年来广西与新加坡的文化交流与合作，观看了《刘三姐故乡的歌——广西对外文化交流项目推介》DVD。会谈达成了如下意向：一是新加坡会率先考虑邀请广西相关艺术团赴新加坡参加2012年“春到河畔”迎新春活动。二是“广西文化舟”“彩虹之光”华文艺术教育推广计划以及“文物馆”等项目赴新加坡交流事宜，陈振泉次长表示将和新加坡有关部门商议后，再进行下一步的探讨和交流。

【“第五期10+3文化人力资源开发合作研讨班”】 11月1日至6日，文化厅承接由文化部主办的“第五期东盟中日韩(10+3)文化人力资源开发合作研讨班”在广西参观访问的任务。参加本次研讨班赴广西参观访问的成员由东盟秘书处及东盟8国共20名代表和文化部外联局亚洲处4名嘉宾组成。活动期间，研讨班各国代表考察了广西图书馆、广西艺术学院、广西博物馆、广西艺术学校等多家单位，参加了具有历史意义的“中国—东盟文化交流培训中心”揭牌仪式，参观了广西民族博物馆，观摩了2010·中国—东盟“红铜鼓”

艺术教育成果展演，进一步了解了广西在非物质文化遗产保护、传承与发展以及艺术教学方面等所取得的成果，对广西承办方的热情好客表示感谢。东盟秘书处官员代表全体研讨班成员在结业仪式上发言时，对中国在非物质文化遗产保护、传承方面取得的经验给予了充分肯定，希望各方能进一步加强交流与了解，拓展合作空间。同时还对举办下一届10＋3文化人力资源开发合作研讨班提出了诸多建言。

【"中国—东盟文化交流培训中心"正式揭牌】 11月2日，借承办文化部"第五届东盟10＋3文化人力资源开发合作研讨班"的机会，文化厅在广西民族博物馆举行了"中国—东盟文化交流培训中心"揭牌仪式。前来南宁参加第五期东盟中日韩(10＋3)文化人力资源开发合作研讨班活动的文化部、东盟秘书处和东盟各国代表、自治区政府有关部门以及文化厅领导出席了揭牌仪式。"中国—东盟文化交流培训中心"计划以广西民族博物馆为依托，整合国家、各省区和广西各项资源，包括师资、政策、网络、教育等，与广西各类艺术院校、区直剧团、群众艺术馆、图书馆、艺术研究院等文化艺术资源相结合，承接国家层面在中国与东盟各国间文化交流培训的任务，搭建全国各省区与东盟的文化合作交流平台，推动中国与东盟在文化方面的全面交流与合作。该中心挂牌之后将主要承接国家层面的援外培训项目，对东盟特别是老挝、缅甸、柬埔寨等欠发达国家的培训交流任务，在文博、舞台演出、艺术教育、文化产业人才等领域开展多层次、宽领域的文化培训交流活动。

【广西艺术团赴印度参加中国节演出】 根据国家主席胡锦涛2006年访印时与印度达成的共识，中印两国政府商定于2010年互办中国节和印度节。为增进中印两国人民的友谊，加强两国间的文化交流与合作，共同庆祝中国与印度建交60周年，受文化部委派，广西壮族自治区文化厅派出以厅长余益中为团长，广西歌舞剧院、广西杂技团、广西木偶剧团多名艺术家为成员的广西艺术团一行40人，于11月21日至26日赴印度参加由中国文化部外联局和中国驻印度大使馆主办的2010印度"中国节"系列活动。11月23日晚在印度首都新德里卡玛尼剧院，"魅力广西"文艺演出拉开帷幕，广西艺术团通过歌曲、舞蹈、杂技、魔术及木偶剧等形式，让印度观众充分领略了广西人民的热情好客和中华民族艺术文化的多姿多彩。中国驻印度大使张炎、印度各界人士以及各国驻印度使节、华侨华人、中资机构及留学生的代表等约700人观看了演出。中央电视台、《人民日报》、中国国际广播电台等多家媒体对演出的盛况进行了报道。演出第二天《人民日报》第三版以"印度观众感受'魅力广西'"为题进行了专题报道，并和温总理的出访活动放在了同一版块。广西艺术团的访问增进了中印两国人民的情谊，成为2010年印度"中国节"一道亮丽的风景。

【广西青少年艺术团赴台演出交流】 为加强两岸文化艺术交流，增强桂台青少年的艺术创作与相互学习，推动两岸文化艺术领域在更宽领域的交流合作，应台湾"中国青年大陆研究文教基金会"邀请，广西壮族自治区文化厅派出了以副巡视员马红英为团长的广西青少年艺术团一行30人于12月17日至12月26日赴台进行演出交流。广西的民族歌舞、杂技魔术在台湾三所高中的演出引起了强烈反响。

艺术教育

【广西第八届中等艺术教育"红铜鼓"专业比

赛】 为检阅广西中等艺术职业教育教学成果，增进中等艺术职业教育教学交流，促进教室与舞台、教学与实践有机结合，提高中等艺术职业教育水平，推进广西中等艺术职业教育改革、创新与发展，10月，文化厅和教育厅在南宁举办广西第八届中等艺术教育“红铜鼓”专业比赛，全区各艺术学校、中等职业学校艺术类专业学生参加比赛。比赛的专业有：音乐、舞蹈（含歌舞组合表演）、戏曲、杂技等教学节目，学生以组台演出的形式参赛。

【2010“红铜鼓”中国—东盟艺术教育成果展演】 为展示中国—东盟艺术教育成果，促进中国—东盟艺术院校合作与交流，11月4日，文化部文化科技司、自治区文化厅和教育厅联合在广西南宁举办2010“红铜鼓”中国—东盟艺术教育成果展演。本次展演主要以音乐、舞蹈、杂技等教学节目表演和动态视频展、平面资料展等形式展示各参展机构的艺术教育成果。展演活动受到各校高度重视，报名参展节目37个，参展演员达250余人。参展的区内节目由组委会办公室从全区19所院校选送的88个节目中严格选拔而来，共评出了一等奖17个，二等奖22个，三等奖29个，创作奖2个，特别奖5个；区外艺术院校由文化部文化科技司精心选派，越南、新加坡等东盟国家艺术院校由自治区文化厅特别邀请，中国及东盟各大中院校选送的节目异彩纷呈，具有浓郁的地域特点、民族特色和时代气息，成为展示中国—东盟民族文化的新亮点，为艺术新星脱颖而出提供了展示才华的舞台，对推进中国与东盟各国艺术教育交流和人才教育合作，促进中国与东盟各国艺术教育的繁荣发展发挥了积极的作用，成为我国西部地区艺术教育领域具有示范性和引领性的品牌项目，赢得广大师生的积极参与和欢迎，受到人民网、新华网、广西新闻网、广西日报等新闻媒体的报道和好评。

文化经费

【文化文物系统单位经费收入】 年内，全区文化文物经费收入145,005.5万元，其中财政拨款101,872.5万元，与上年经费收入112,639.4万元和财政拨款92,967.2万元相比，分别增加32,366.1万元、8,905.3万元，增长28.74%、9.58%。全年人均文化事业费22.13元。

文化文物系统单位经费收入表

（单位：万元）

收入合计		财政拨款
总　计	145,005.5	101,872.5
1.文化合计	118,489.4	79,941.6
其中：艺术表演团体	23,854.6	17,949.8
艺术表演场馆	2,529.3	81.0
图书馆	13,241.8	12,119.3
群众文化	16,612.6	15,271.6

2. 文物合计	23,527.2	19,725.4
其中:博物馆	17,239.2	14,244.2
3. 教育合计	2,988.9	2,205.5

【文化文物系统单位经费支出】 年内,全区2010年文化文物经费支出137,491.0万元,比2009年113,175.1万元,增加了24315.9万元,增长21.49%。

文化文物系统单位经费收支表

(单位:万元)

	支出合计	基本支出	工资福利支出	商品和服务支出
总计	137,491.0	74,463.7	39,110	43,231.7
1. 文化合计	113,944.2	64,233.2	34,103.6	35,739.4
其中:艺术表演团体	23,871.2	16,991.4	10,044.5	7,667.7
艺术表演场馆	2,590.0	964.1	808.9	525.5
图书馆	13,290.2	8,283.8	4,733.2	2,796.7
群众文化	16,559.8	13,293.4	8,773.7	3,439.4
2. 文物合计	20,594.1	8,553.9	4,132.9	7,028.5
其中:博物馆	14,343.6	7,191.9	3,307.1	6,270.6
3. 教育合计	2,952.7	1,676.6	873.5	463.8

【文化产业增加值】 年内,全区文化产业总产出376,230.7万元,增加值289,620.5万元,跟上年总产出373,998万元和增加值272,128.7万元相比,分别增加2,232.7万元、17491.8万元,增长0.6%、6.4%。

(单位:万元)

	总产出	增加值
总 计	376,230.7	289,620.5
艺术业	27,427.5	20,947.6
其中:艺术表演团体	24,316.8	18,367.7
艺术表演场馆	2,632.4	2,251.0
图书馆	10,750.8	8,108.4
群众文化	15,616.1	12,558.9
艺术教育	2,386.5	2,002.4
文化市场经营机构	261,078.6	220,028.2
动漫企业	9,498.3	2,302.8
文艺科研	890.6	712.0
文物业	14,065.2	7,068.2
其他文化相关产业	34,517.1	15,892.0

文化队伍

【文化系统人员构成】 全区文化系统（含机关、企事业单位）年内在编人员有8731人，其中：公务员970人、占全员数11.10%；企事业单位行政人员809人、占全员数9.27%；专业技术人员5722人，占全员数65.54%；工人1230人，占全员数14.09%。博士6人，占0.07%；硕士研究生207人，占2.37%；大学1989人，占22.78%；大专3043人，占34.85%；中专及以下3486人，占39.93%。35岁及以下2564人，占29.37%；36岁至50岁4864人，占55.71%；51岁及以上1303人，占14.92%。全区文化系统公务员970人，其中：博士2人，占0.02 %；硕士研究生63人，占6.49%；大学458人，占47.22%；大专342人，占35.26%；中专及以下105人，占10.82%；35岁及以下103人，占10.6 %；36岁至50岁626人，占64.6%；51岁及以上241人，占24.8%。全区文化系统企事业单位专业技术人员5722人，其中：正高级专业技术人员150人，占2.62 %；副高级专业技术人员633人，占11.06%；中级专业技术人员1921人，占33.57%；初级专业技术人员3018人，占52.74%；博士4人，占0.07%；研究生128人，占2. 24%；大学1675人，占29.27%；大专1929人，占33.71%；中专及以下1986人，占34.71%；35岁及以下2154人，占37.64%；36岁至50岁2763人，占48.29%；51岁及以上805人，占14.07%。

【文化艺术人才培养中长期规划】 为深入贯彻落实《中共中央国务院关于进一步加强人才工作的决定》，大力实施人才兴文战略，培养造就一支适应广西经济社会发展需要的文化艺术人才队伍，促进高素质文化艺术人才队伍建设，进一步提升广西文化自主创新能力，推动文化大发展大繁荣，兴起文化建设新高潮，12月，文化厅结合实际，研究制定《广西文化艺术人才培养规划（2011—2020年）》（桂文发〔2010〕90号），明确2011—2020年广西文化艺术人才培养指导思想、总体目标、主要任务和组织实施办法。首次将文化行业高技能人才培训列入广西文化艺术人才培养范围，把文化艺术人才小高地建设工程、文化艺术"培星"工程、八桂名家"传帮带"工程和"高校联姻"工程列为广西文化艺术人才培养重点工程，对文化经营管理后备人才库、民间文化人才库和高技能文化人才库三大人才库建设提出了目标要求和主要举措。

【文化艺术人才培养】 根据全年文化艺术人才培养计划，广西壮族自治区文化厅全年共举办6个门类的各项培训班，参训人员达800多人。

【区直文化系统干部教育培训经验交流会】 为深入贯彻落实《干部教育培训工作条例（试行）和全国文化干部教育培训工作座谈会精神，推进区直文化系统干部教育培训工作又好又快发展，促进全区文化干部队伍建设，3月15日，文化厅在南宁召开区直文化系统干部教育培训经验交流会，会议传达了全国文化干部教育培训工作座谈会精神，总结文化厅干部教育培训工作，表彰先进，研究部署2010年干部教育培训工作。广西歌舞剧院、广西桂剧团、广西图书馆、广西自然博物馆、广西民族文化艺术研究院、广西艺术学校在会上作经验介绍。

【文化艺术人才培养传帮带】 5月25日文化厅印发《广西文化艺术人才培养传帮带工作指导意见》（桂文发〔2010〕33号），提出以传承为核心、以项目为载体、以单位为依托，在文化系统开展"师徒结对"的"传帮带"活动，以充分发挥各单位在实施人才培养工作中的主

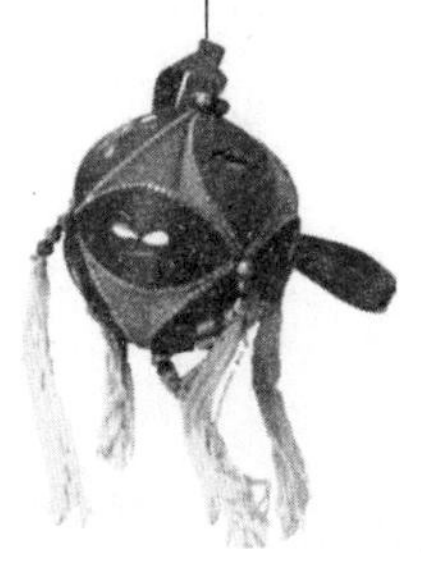

导地位，调动优秀人才在培养青年人才工作中的带动作用；明确开展“师徒结对”的“传帮带”活动的指导思想、工作目标、内容与方式、培养措施、工作要求、管理与考核办法。

【文化部全国文化干部培训广西文化市场管理执法干部培训班】 为提高广西文化市场行政管理执法干部理论水平、履职能力和执法水平，规范文化市场管理，推动文化市场繁荣发展，5 月 9 日至 15 日，文化部人事司与自治区文化厅联合在中央文化管理干部学院举办文化部全国文化干部培训广西文化市场管理执法干部培训班。文化部市场司副司长陈通、自治区文化厅副厅长陈映红、中央文化管理干部学院副院长段周武出席开班仪式并讲话。培训班采取理论学习与实地考察相结合、集中授课与交流研讨相结合的形式，对学员进行《互联网文化发展的现状与分析》《文化市场综合执法改革中的基本情况与网络监控平台建设》《网络游戏与网络音乐的管理》《网络案件办理》《相对集中行政处罚权与文化综市场综合行政执法》等内容培训，并组织学员参观考察国家大剧院、北京市文化市场执法总队等。来自广西各级文化市场行政管理部门的 52 名干部参加了培训。

【自治区文化厅直属博物馆领导班子业务管理绩效考核】 为推进公益性文化单位管理机制改革，10 月，文化厅印发《直属博物馆领导班子 2010 年业务管理绩效考核实施细则》(桂文发〔2010〕69 号)，明确对直属博物馆领导班子业务管理绩效考核的范围、考核的内容、考核的标准、考核的时间、考核的程序和奖惩措施。经考评组考核，并报文化厅党组审批，广西博物馆、广西民族博物馆、广西自然博物馆被评为优秀单位。

【区直文化系统领导班子后备干部队伍建设规划】 按照自治区党委《2010—2020 年广西党政领导班子后备干部队伍建设规划》要求，为不断完善干部队伍建设机制，努力建设一支高素质的领导班子后备干部队伍，为推动广西文化大发展大繁荣提供组织保障和人才支持，文化厅印发《2010—2020 年区直文化系统领导班子后备干部队伍建设规划》(桂文发〔2010〕30 号)，结合区直文化系统实际，对区直文化系统领导班子后备干部队伍建设进行全面规划。

【广西文化艺术创作人才小高地挂牌】 6 月 17 日，广西文化艺术创作人才小高地在南宁举行挂牌仪式，文化厅党组书记、厅长余益中，人力资源和社会保障厅副厅长刘建宏，文化厅副厅长李民胜、洪波、唐正柱、覃溥，副巡视员马红英，人力资源和社会保障厅专业技术处处长蒋劼，漓江画派促进会副会长苏旅、秘书长韦俊平，广西文联副秘书长、广西作家协会常务副主席罗传洲，广西艺术创作中心主任常剑钧，广西著名作家东西、鬼子、凡一平先生；以及文化厅机关各处室的领导和广西艺术创作中心的全体同志出席挂牌仪式。文化厅副厅长李民胜主持挂牌仪式，自治区文化厅厅长余益中、人力资源和社会保障厅副厅长刘建宏分别在挂牌仪式上致词。

【广西文化艺术创作人才小高地建设】 按照“项目论证科学化、组织责任明确化、管理内容规范化、考证指标数量化、管理过程制度化”的项目化管理目标，广西文化艺术创作人才小高地建设载体单位——广西艺术创作中心、广西作家协会、漓江画派促进会进一步创新工作方法，完善工作机制，创造一流条件，吸引和培养一批文化艺术创作高尖人才和领军人才，促进广西文化艺术创作，推动文化大发展大繁荣，推进人才小高地建设。广西艺术创作中心常剑钧、胡红一创作的大型壮族歌剧《壮锦》参加第九届中国艺术节，获文华新剧目奖，荣获2010年度“中国戏剧奖·曹禺剧本奖”提名奖。广西艺术创作中心常剑钧创作的大型壮剧《天上的恋曲》参加第二届中国少数民族戏剧汇演，获银奖及优秀演员、优秀导演等十个单项奖。广西艺术创作中心组织广西文化艺术代表团到俄罗斯文学研究院、普希金博物馆、俄罗斯国立文学艺术大学等著名艺术机构进行文化考察与文化交流；组织全国及广西有关专家分别对壮族歌剧《壮锦》、壮剧《天上的恋曲》、桂剧《灵渠长歌》、《七步吟》、粤剧《海棠亭》、彩调剧《红瑶梦》、《两江四湖》等大型剧目进行研讨；柔性引进上海越剧院院长、编剧李莉，上海戏剧学院导演系主任、导演卢昂，上海戏剧学院舞美系支部书记、灯光、舞台美术设计兼导演伊天夫，中国艺术研究院戏剧理论家薛若琳，中国文联齐致翔等全国一流专家参与广西戏剧艺术创作。漓江画派促进会会长黄格胜作为课题牵头人，成功申报全国教育科学“十一五”规划课题《广西地域美术特色教育研究》与教育厅科研项目《漓江画派服务广西文化大发展研究》。漓江画派促进会出版发行《漓江画派丛刊(第三辑)》、大型画册《山与海——漓江画派走进防城港美术作品集》，与柳州、防城港等地市政府、单位联合在北京、香港、澳门、南宁等地举办“美丽融水——画家眼里的大苗山”“山与海——漓江画派走进防城港”“美丽广西——漓江画派作品展”等画展，组织画家参加第二届中国当代画派联谊会研讨会暨作品联展及陕北过大年采风活动。广西作家协会出版发行同代人丛书第一辑四册《火里的影子》《为你而来》《美丽嘉年华》《中国银行》和中泰当代文学作品选《同一条河流》(中文版)。

【区直文化系统经营性文化单位改革】 广西演出公司改革方案经广西壮族自治区文化体制改革领导小组办公室审核后，按照自治区人民政府的要求，与自治区人力资源和社会保障厅、自治区财政厅等相关成员单位进一步沟通并达成共识，报自治区人民政府第71次常务会审议通过。广西文化音像出版社按照自治区党委、政府的统一要求，开展了转企改制的前期工作，完成清产核资、财务审计、资产评估等，因不符合转企改制重新登记的条件，办理注销的相关事宜逐步推进，妥善解决了在职人员的分流安置、离退休人员移交社区受理问题。

【广西杂技团转企改制继续推进】 在文化厅对《广西杂技团转企改制总体方案》、《方案》起草说明以及转企改制成本核算的基础上，对杂技团改革后人员是否封存事业身份、是否成立负责改制后对“老人”进行延续管理的“综合服务部”等问题进行论证。

【筹建广西地方戏曲院团】 为将广西桂剧团、壮剧团、彩调剧团等三个国家级非物质文化传承保护责任单位重组为“广西地方戏曲剧院”，实行财政全额拨款的事业体制，定位为既承担非物质文化遗产传承保护职责、开展公益性展演，又面向市场开展演出经营的综合性机构。文化厅开展了前期调研，并制定工作方案，组织专家论证。

【事业单位岗位设置】 3月，根据《广西壮族自治区事业单位岗位设置管理实施意见》，文化厅在直属23个事业单位全面推行岗位设置管理，通过开会动员、集中培训等形式，学习有关文件政策，统一思想认识，增强执行力。文化厅还印发《文化系统事业单位岗位设置管理和聘用制度实施工作宣传提纲》，广泛宣传岗位设置工作的重要意义，采取定期走访办法，及时了解、解决在实施过程中遇到的问题。截至12月底统计，厅直属23个直属事业单位岗位设置方案核准工作全部完

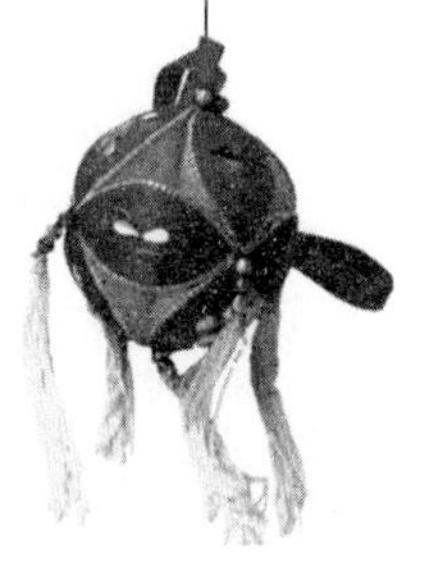

成，通过认定单位 6 个。

【政府特殊津贴】 自治区人力资源和社会保障厅《转发人力资源和社会保障部关于公布2010 年享受政府特殊津贴人员名单的通知》（桂人社函〔2011〕563 号），广西民族文化艺术研究院院长、研究员廖明君被批准享受 2010 年政府特殊津贴。

【第七批广西壮族自治区优秀专家】 9 月，广西民族博物馆馆长、研究馆员王頠被自治区党委、自治区人民政府授予第七批“广西壮族自治区优秀专家”荣誉称号（桂发〔2010〕28 号）。

【广西参与上海世博会先进集体和先进个人】 2010 年首次成功举办的上海世博会，是中国首次举办的综合性世界博览会，是继北京奥运会后成功举办的又一次世界盛会，自治区文化厅在参与上海世博会的工作中，出色完成广西活动周等各项任务，被自治区党委、自治区人民政府授予“广西参与上海世博会先进集体”荣誉称号，文化厅社会文化处副处长罗征荣获一等功，文化厅社会文化处处长黄燕熙、广西群众艺术馆馆长廖昆铭、广西歌舞剧院书记、院长林燕飞荣获二等功，广西群众艺术馆音乐舞蹈部主任梁晓犁、广西歌舞剧院副院长李钒、广西桂剧团舞蹈编导庞成珊荣获三等功。

【上海世博会先进个人】 12 月，广西京剧团团长、一级导演卢浩被中共中央、国务院授予上海世博会先进个人荣誉称号。

【专业技术人员职称评审】 根据广西壮族自治区职称改革工作领导小组办公室《关于二〇一〇年度全区企事业单位开展专业技术资格评审工作有关问题的通知》（桂职办[2010]118 号）精神，9 月，文化厅下发《关于开展二〇一〇年度全区艺术、图书资料、文物博物、群众文化系列专业技术资格评审工作的通知》（桂文发［2010］15 号），布置开展专业技术资格申报评审工作，并通知从 2010 年起在艺术系列增设演出监督和艺术研究系列研究 2 个专业技术资格评审。9 月—11 月，专业技术人员个人准备和各单位、各系列人事（职改）部门审核接收公示职称申报材料，12 月召开各系列评委会评审。2010 年，广西申报文化系列高、中、初级职称的专业人员有 303 人，其中：申报正高级职称 40 人，通过 23 人，通过率 57.50%；申报副高级职称 164 人，通过 92 人，通过率 56.10%；申报中级职称 73 人，通过 45 人，通过率 61.64%；申报初级职称 26 人，通过 26 人，通过率 100%。

【专业技术资格转正定职】 根据广西壮族自治区职称改革工作领导小组办公室《关于印发〈广西壮族自治区专业技术资格推荐评审认定暂行办法〉的通知》（桂职办[2000]49 号）要求，经考核，文化厅全年受理审批厅直属各单位专业技术资格转正定职 10 人，其中：认定中级专业技术资格 6 人、认定初级专业技术资格 4 人。

文化设施

【乡镇综合文化站建设投资】 根据国家发展改革委、文化部《关于印发全国“十一五”乡镇综合文化站建设规划的通知》（发改社会〔2007〕2427 号）和国家发展改革委《关于下达乡镇综合文化站建设 2009 年第四批扩大内需中央预算内投资计划的通知》（发改投资〔2009〕1679 号）的部署和要求，全年在国家和自治区的大力支持下，全区新建成乡镇综合文化站 209 个。完成投资 7330 万元，其中中央专项建设投资 3550 万元；自治区专项建设资金 2508 万元；地市自筹资金 1272 万元。

为了加快全区乡镇综合文化站的建设进度，余益中厅长亲自带领计划财务处及相关业务处人员多次深入到相关项目市、县（市、区）和乡镇，督促检查乡镇文化站的建设情况。通过实地检查和听取建设、施工、监理单位对乡镇文化建设情况的汇报，积极帮助协调解决建设用地、规划、地方资金配套等问题，加快了项目建设的进度，为完成国家下达我区乡镇综合文化站的建设任务打下了坚实的基础。自治区文化厅计划财务处切实负起指导、督促和检查的责任，对项目建设中发现的问题进行跟踪核查，排出项目建设进度时限表，并加强对乡镇综合文化站建设进度统计人员的培训，建立了较完善的项目跟踪制度、工程旬报制度。

厅属文化单位

厅属文化单位

广西文化信息中心

【广西文化信息中心概况】 广西文化信息中心前身是《广西文化报》编辑部，2008年12月，自治区机构编制委员会桂编[2008]153号文批复，批准将《广西文化报》编辑部更名为广西文化信息中心。经几个月的筹备，广西文化信息中心于2009年6月3日正式挂牌成立。其工作职能是：负责文化厅重大文化活动的宣传策划和新闻报道工作、文化厅舆情信息报送、政务公开、门户网站建设维护、《广西文化》编印、《广西通志・文化志》编修和全区文化系统信息化建设的规划、管理及维护等。内设行政办公室、《广西文化》编辑部、广西文化厅官方网站、宣传策划部、信息部、技术部、采编部、广西电视台驻文化厅记者站、《广西通志・文化志》编辑室等9个部门。现有干部职工23人，其中在编5人，聘用18人。在编副高以上职称2人，中级职称1人，初级职称1人。

【文化活动的宣传与策划】 年内，文化宣传策划、组织和新闻报道工作更上新台阶，实现了"量的拓展，质的提升"，宣传成果丰硕，成绩喜人：组织召开了"世博会广西活动周文艺演出""情系八桂——两岸文化联谊行""中国—东盟'红铜鼓'艺术教育成果展演"等重大文化活动新闻发布会和"世界最大壮锦竣工仪式"等记者通气会。中央和区内媒体近30家记者约200多人次参加了今年由广西文化信息中心组织的各次新闻发布活动，并播发了大量新闻报道，营造了浓厚的文化舆论氛围。全区文化工作会议、"文化遗产日"主题活动、2010上海世博会广西活动周文艺演出、"情系八桂——两岸文化联谊行"，第四届广西戏曲青年演员大奖赛、第一届广西舞蹈青年演员大奖赛、中国—东盟"红铜鼓"艺术教育成果展演等系列活动等取得良好的宣传效果，活动通过媒体宣传报道后得到社会一致好评。

【文化新闻工作显著】 年内，新闻报道工作显著，包括以下五个亮点：一是在对"'广西壮锦献世博'织锦开机仪式""世界最大壮锦竣工仪式"的策划宣传报道中，中央电视台新闻频道、人民网、新华网等中央媒体均进行了大量的新闻报道，上海东方电视台等上海媒体在世博专题栏目中均进行了报道，广西主流媒体更以显著篇幅进行宣传报道，社会反响热烈，为上海世博会广西活动周文艺演出的宣传做了很好的铺垫。二是去年由广西文化信息中心和自治区文物局共同策划组织的"广西文化遗产保护宣传月"深入基层采访活动，各大媒体均以较大篇幅刊发多条新闻给

予报道，人民网、中国新闻网、广西日报等10多家随团媒体刊播了近百条新闻报道，使社会对文化遗产保护有了更深的认识与更广泛的认同，认为保护文化遗产要从身边做起，从自己做起。同时，自治区文物局和信息中心还组织专家评委对刊播新闻进行评奖和颁奖，进一步激发了媒体记者对文化建设的采访报道热情，为今后记者下基层深入采访提供了很好的经验借鉴，我们今后还要不断加大下基层一线采访的宣传经费投入。三是第四届广西戏曲青年演员大奖赛、第一届广西青年舞蹈演员大奖赛、第一届广西杂技（魔术）大赛的新闻宣传，这是文化厅在打造广西气派的舞台艺术精品进程中的一个重要的宣传节点。新华社、光明日报等中央新闻单位，自治区和南宁市主流媒体均进行了大篇幅的宣传报道，200多条新闻报道为打造广西气派的舞台艺术精品推波助澜，也为今后对“培星计划”的宣传也提供了很好的经验。今后文化厅还要花大力气加大对培养广西本土艺术明星的宣传。四是对“情系八桂——两岸文化联谊行”的宣传活动，这个宣传报道非同寻常，因为对台工作是一项具有极端重要性、复杂性、敏感性和艰巨性的工作，自治区领导多次对如何办好“情系八桂”做出指示，而如何把握好媒体宣传口径做好宣传报道也是一项重要的政治任务，从最终宣传报道的结果来看，宣传报道的尺寸把握得体，宣传报道效果良好，新华社、中国文化报、中国台湾网等国家级媒体与广西日报、广西电视台等随团媒体也发表了大量新闻报道，500多条原创新闻报道（不含转载）充分发挥了新闻媒介的宣传价值，为“情系”系列活动首次在少数民族地区举办、且办成了一次隆重热烈、影响深远的大型两岸文化交流活动画上了圆满的句号，这为今后涉台宣传工作提供了很好的实践经验。五是在对“上海世博会广西活动周文艺演出”新闻报道中，海内外媒体的报道更是盛况空前。首先是中央电视台、人民日报、新华网等国家级媒体进行了重点宣传；其次是上海主流媒体的竞相报道，出现了世博会省市区活动周宣传报道“广西效应”。上海市广播电视、报纸、网站等媒体共刊播了近70篇（条）新闻报道，仅解放日报、文汇报、上海日报等平面媒体就报道了40多篇，超计划完成了上海主流媒体对广西活动周文艺演出的宣传报道任务。广西主流媒体宣传报道更为突出，据不完全统计发稿量多达80多条（篇、幅），平均每家媒体刊播新闻达7条（篇、幅）以上，产生少见的轰动效应。

【政府信息公开】 年内，政府信息公开工作主要围绕中央、自治区的工作大局和文化厅中心任务、重点工作，推进政务公开、政府信息公开，认真贯彻落实自治区政务服务政务公开政府信息公开电视电话精神，制定了《广西壮族自治区文化厅政务服务政务公开和政府信息公开工作实施方案》，为全区经济社会平稳较快发展营造了良好的政务环境；及时完善政府机构领导信息公开内容；协助自治区政府办公厅做好政府信息公开调研工作，开展文化厅政务服务政务公开政府信息公开基本情况摸底调查；及时更新文化厅门户网站“政务公开”专栏的内容，使公众及时、快捷、高效地获取文化厅的信息和服务；及时发布和更新了依法应主动公开的政府信息。同时，加大政务公开、政府信息公开范围，完善相关制度。信息办切实按照《中华人民共和国政府信息公开条例》和自治区人民政府办公厅有关文件，继续加大政务公开和政府信息公开范围，深化公开内容，规范公开程序、时间和形式，完善了政府信息公开审核、发布等相关制度，加强对政务公开、政府信息公开工作的领导和督促检查力度，政务公开、政府信息公开工作取得了良好的成效。截至11

月，在文化厅门户网站共发布政策法规、文化动态、政务公开、社会文化、文化市场、文化遗产、文化交流、纪检监察、艺术创作、文化产业、艺术人才等政务信息310条。及时公布政府信息公开工作年度报告。

【文化信息报送工作】 年内，围绕自治区党委、自治区人民政府和文化部重点工作安排，报送了一批高质量的文化信息，文化信息报送工作取得了历史性突破，信息采用量再创新高。一年来，有《广西文化厅硬措施提升北部湾经济区发展软实力》《北京广西共同打造中国—东盟京剧艺术发展中心》《广西来宾市探索村级公共文化服务体系建设新路》《多措并举积极推动文化产业加快发展》《广西建立粤剧、邕剧传承基地》等信息被文化部办公厅信息刊物采用。据统计，全年中宣部办公厅采用我中心报送的信息11条，文化部办公厅采用7条，自治区党委办公厅采用9条，自治区政府办公厅采用15条，自治区党委宣传部采用39条。其中，文化部办公厅、自治区党委办公厅、自治区政府办公厅、自治区党委宣传部信息采用量均比上年翻了一番多，中宣部的采用量也优于上年。文化厅被文化部授予2010年度文化信息工作先进单位称号，信息办的韦素兰同志被评为文化信息工作先进个人。2010年度文化厅被自治区党委宣传部评为全区舆情信息工作先进单位，信息办何晓黎同志被自治区党委宣传部评为舆情信息工作先进个人。《2010年广西三项措施加强农村文化建设》被评为自治区党委宣传部2010年度全区好信息等。

【自治区文化厅官方网站】 年内，文化厅官方网站信息更新速度加快，内容更加丰富，在完成本网站采访任务和宣传任务外，还为其他媒体宣传文化系统新闻事件提供稿件和新闻图片。据初步统计，2010年网站共发布各类信息400多篇，新闻图片600多幅。其中自采新闻近300篇，新闻图片500多幅；通讯员来稿100篇，新闻图片近100幅。2月，在全区文化工作会议期间，网站还以现场直播的形式在线直播会议，取得良好效果，为今后文化厅政务信息公开开辟了新途径。配合文化厅绩效考评工作，适时在网站显著位置开辟“自治区文化厅工作落实年、绩效考评活动”专题，为该项工作的开展提供了良好的服务平台。

【信息系统安全】 年内，文化信息化建设步伐进一步加快。一是组织制订了《2011—2015年广西文化信息化建设规划》(征求意见稿)。二是组织对全厅计算机进行安全检查，制订了信息安全整改方案，并组织完成了整改。三是完成了新机房的搬迁和光纤线路改造。四是完成了文化厅中心机房与区图书馆中心机房的光纤线路铺设，实现了两个机房间的数据信息远程无缝交换、资源共享、容灾备份等功能。五是完成了文化部立项的《广西文化电子信息服务平台》课题的阶段性研究任务《需求分析报告》。六是加强网站建设和信息安全。增加了服务器和网站防篡改系统，更新了网站服务器。增强安全防护措施，为信息化建设发展提供安全可靠的运行环境。配合文化厅完成全厅非涉密电脑年度安全检查。同时，按时完成厅机关服务中心委托的机关办公节能统计及改造工作。

【广西文化】 年内，《广西文化》编辑部围绕文化工作要点，在人手少经费紧张的情况下，开拓思路，积极进取，努力保证质量，有效地服务广西文化建设。一是《广西文化》按计划正常编印出版。全年编印12期。二是开设新栏目效果良好。开办了“第三次文物普查新发现”和“星光灿烂”栏目，收到良好的宣传效果。三是合作编办特辑富有成果。今年以

来,《广西文化》编辑部开拓办刊思路,与广西文化稽查总队、自治区文物局合作,编印出版了广西文化市场治理宣传特辑和广西文化遗产保护宣传特辑,产生较好影响。四是重点宣传取得新成效。对 2010 年上海世博会广西活动周文艺演出、"情系八桂——两岸文化交流联谊行"活动、第四届广西戏曲青年演出大奖赛、第一届广西舞蹈青年演员大奖赛、中国—东盟"红铜鼓"艺术教育成果展演,以及"工作落实年"和"绩效考评"工作等进行了图文并茂宣传,效果显著。

【广西电视台驻文化厅记者站】 记者站主要围绕文化系统的重大文化活动的新闻报道开展工作。全年记者站录制了文化建设方面的专题宣传片 4 部,录制的文化宣传活动在中央电视台报道 2 条,广西电视台电视报道 48 条,南宁台(地方台)报道 35 条。全年收集整理文化厅文化活动影视存档资料素材 2860 多分钟,将原有的影视档案资料库进一步扩充和完善。全年,记者站参与了多项重大文化活动的宣传报道,发挥了重要的作用。8 月,上海世博会"广西活动周"系列活动以及"情系八桂"活动,记者站全体工作人员从活动的开始筹备、节目的排练到整个文艺活动正式演出全程进行跟踪报道,全方位、多角度地宣传报道,使广大群众能在第一时间内了解活动的进展,同时,将"广西活动周"文艺演出的精彩瞬间及时、准确地记录下来,为自治区文化厅保存珍贵的影视资料。2010 年广西戏曲、舞蹈青年演员大奖赛,记者站担负了录制节目的重任,在整个活动期间对每场重要演出都认真对待,积极配合主办单位的宣传工作,为活动的宣传报道增添更多的渠道,使广大群众加深了对我区近年来戏曲艺术人才的了解,提高了广西戏剧艺术的创作力和影响力,推介广西戏曲、杂技、话剧等方面表演艺术,塑造广西文化新形象。通过相关报道提高了活动的宣传力度以及群众对该活动的关注度,得到文化厅及相关处室的一致好评。2010 年记者站被广西电视台评为 2010 年度先进单位称号,董连水同志被评为先进个人。

【编纂《广西通志·文化志》】 编纂《广西通志·文化志》工作有了重大转变和进展,9 月 14 日,文化厅召开厅务会议,厅长余益中强调"文化志"工作的重要性,要求各相关处室和文化单位要高度重视修志工作,处室和单位主要负责人要亲自抓,百忙之中也要安排专人做,一定要完成修志任务。10 月 25 日,李民胜副厅长再次召集相关处室和单位负责人会议,专门就修志的各项工作,特别就增加编辑室专职修志人员、增拨修志经费逐项进行落实。10 月 28 日上午,《广西通志·文化志》编辑室召开业务工作会议,编辑室全体成员参加了会议。会上学习讨论了厅领导对修志工作的重要指示,布置下一步工作,并进行了分工安排。会后还与机关相关处室和部分直属单位研究资料整理有关事宜。年内,编印了三辑《广西通志·文化志》资料汇编,共约 50 万字,内容为艺术表演事业管理概况、历届剧展、文艺比赛、评奖;区直剧团及部分市县剧团史料;文化厅部分处室、广西文化稽查总队、广西文化报等单位的史料。

广西文化稽查总队

【概况】 广西文化稽查总队在文化部的统一指导和文化厅的正确领导下,以邓小平理论和"三个代表"重要思想为指导方针,全面贯彻落实科学发展观,大力实施"平安世博""护苗行动""暑期行动""两会一节保障行动"等促进安全生产、构建和谐社会的中心工作。在总队的指挥指导督查下,全年全区执法队

伍共出动检查人员 249537 人次，检查经营单位 249430 家次，受理案件 1526 件，移交案件 83 件，办结案件 1206 件，罚款 3097464 元，停业整顿 263 家，吊销经营许可证 6 家。由于各方面工作取得较好成绩，2010 广西文化稽查总队被广西扫黄打非领导小组办公室授予“扫黄打非”先进集体荣誉称号。

【元旦春节专项整治】 2009 年 12 月 15 日至 2010 年 3 月 15 日在全区范围内开展为期 3 个月的“2010 年元旦、春节文化市场专项整治行动”。总队在厅领导的亲自部署下派出三个督察组，对文化市场管理力量薄弱地区、薄弱地段如城郊结合部、农村等地的网吧、信息服务中心进行为期一周的重点督察。督察组深入乡镇的文化市场明查暗访，重点检查网吧、电子游戏室违规接纳未成年人和超时经营等社会关注问题，期间共检查网吧 63 家、电子游戏机经营场所 14 家、歌舞娱乐场所 9 家、音像制品经营户 2 家，当场处罚违规经营场所 3 家，收缴违规电子游戏机主板 20 块。为防止两节后文化市场管理出现松懈现象，2 月 26 日总队联合南宁市文化稽查支队、青秀区文化稽查大队组成联合检查组，对南宁市青秀区的部分网吧、音像、歌舞娱乐、电子游艺等文化市场经营场所进行了全面突击检查，对春节后全区文化市场继续保持强势监管。在总队的认真督战下，全区各级文化行政执法部门在元旦、春节期间切实加大执法检查力度和频度，严厉打击各类违法违规经营行为。据统计，全区各级文化行政管理部门和执法机构共出动人员 15782 人次，检查文化经营场所 19639 家次，查处无证经营场所 109 家，处罚违规经营场所 260 家，罚款 51.3 万元。

【整治互联网和手机媒体淫秽色情及低俗信息专项行动】 2009 年底，自治区“扫黄打非”工作小组召开会议专题部署进一步深入整治互联网和手机媒体淫秽色情及低俗信息专项行动。按照会议相关部署和指示要求，总队成立了专项行动领导小组，由主要领导担任领导小组组长，制定了针对全区各市的督查指导工作方案。重点抓好：第一，负起对全区网络游戏市场的监管职责。据统计，专项整治行动期间全区共出动执法人员约 16583 人次，检查网吧 7332 家次，查处违规经营网吧 110 家，取缔黑网吧 32 家次。第二，积极推进全区网络监控平台建设工作。通过加强全区各市文化行政执法队伍的科技手段，运用高科技手段加强网络音乐、手机音乐市场监管。目前全区 14 市网络监控平台基本建成，已能通过网络连接对接入的网站进行全面、有效的日常监测。第三，专项整治期间，联合公安、工商、环保、卫生、消防、新闻出版等部门开展互联网和手机媒体整治行动，重点检查营业场所内是否有淫秽色情等低俗信息和行为，加大对网吧的检查力度，利用科技手段对网吧内电脑登录不良网站和淫秽色情网站进行过滤，调动多方力量，联合开展整治行动。

【“平安世博”保障行动】 4 月 1 日至 6 月 30 日在全区范围内开展“平安世博”文化市场专项保障行动工作。为了确保专项整治取得成果，总队采取以下措施：一是开展集中重点执法行动，从 4 月 1 日起，要求各市文化行政执法机构集中执法力量开展以查处网吧、游艺娱乐经营场所接纳未成年人进入为重点的执法行动，集中处理、曝光一批违法接纳未成年人的经营场所；二是严管重罚，要求各市对网吧违法经营行为的处罚执行量化标准，对查实的案件的处罚工作要落实到位；三是强化督查、督办工作。从 6 月上旬开始，自治区文化稽查总队派出三个督查组对全区 14 个市分别进行督查，对检查中发现的案件跟踪督

办，并及时通报各小组专项整治工作情况。在全区各级文化行政部门和执法人员的共同努力下，4月至6月期间，全区文化市场平稳有序，健康繁荣，无重大事故发生。此次行动中，全区各级文化行政管理部门和执法机构共出动人员65692人次，检查文化经营场所67875家次，取缔违法经营场所75家，处罚违规经营场所164家，罚款107.76万元。

【清理校园周边的"护苗行动"】 为贯彻落实5月3日全国综治维稳电视电话会议精神，文化厅决定在全区开展以清理校园周边环境、保护未成年人为主的"护苗"专项行动。5月4日总队迅速行动，联合南宁市文化稽查支队对南宁市部分文化市场经营场所进行突击检查，打响全区"护苗行动"第一枪。根据"护苗行动"的总体部署，总队制定了《广西文化稽查总队"护苗行动"督查方案》，从5月24日至6月上旬派出三个检查组对全区14市及每市的2个县（区）、1个乡镇进行"护苗行动"专项督查，分别深入各市、县、乡镇开展督查。重点检查网吧、电子游戏经营场所是否接纳未成年人，重点针对中小学校园周边文化经营场所。经全区各级文化部门上下共同努力，工作抓实抓细，"护苗"行动与"平安世博"专项整治行动双管齐下，确保了全区文化市场的平稳有序。

【暑假专治行动】 为贯彻落实文化部通知精神，文化厅下发《关于加强暑假期间文化市场监管工作的通知》（桂文办发[2010]112号），于7月至9月在全区范围内开展以"净化社会文化环境，维护未成年人权益"为目标的暑假期间文化市场监管专项行动。总队根据工作安排，对各市开展的暑假专项行动进行了督查，要求各市要坚决打击和杜绝网吧非法接纳未成年人进入现象；加大力度清理规范娱乐场所力度，开展文化市场集中整治；落实网络文化监管职责，加强网络文化市场监管；坚持"扫黄打非"和演出市场的检查工作；加强暑假娱乐场所安全工作检查。据不完全统计，暑假整治行动期间，全区共出动文化行政执法人员24854人次，检查经营场所24578家次，责令整改293家，警告286家。立案调查案件60件，办结案件57件，吊销《网络文化经营许可证》1家，没收非法音像制品（电子）出版物40166张。

【"两会一节"保障行动】 为确保第七届中国—东盟博览会、中国—东盟商务与投资峰会暨2010年南宁国际民歌节顺利召开，总队对全区各级文化市场行政执法机构提出要求，要求各级文化市场行政执法部门做到：一是认识到位，构筑思想安全防线。二是监管措施到位，构筑巡查防线。三是动态监管到位，构筑网络防线。四是防控到位，构筑责任防线。五是宣传教育到位，构筑协作防线。据不完全统计："两会一节"期间，全区各级文化市场行政执法队伍投入市场监管执法人员1600人次，出动执法车辆320台次，检查各类文化经营场所12000家次，发现违规经营行为并及时纠正处理102家次，整改存在安全隐患场所11家。确保了全区文化市场的安全稳定，为"两会一节"顺利召开作出了应有的贡献。

【全区交叉大检查】 根据文化厅党组专题会议精神和分管厅长的指示，开展了全区文化市场交叉执法检查工作，要通过交叉检查，加强各市扫黄打非工作的力度，切实解决当前文化市场存在的问题，完善各地文化市场监管工作长效机制。9月份，由总队与文化厅市场处联合派出6个督查组深入各地进行督查。据统计，在9月份交叉执法检查工作期间，全区共出动稽查人员23764人次，检查经营单位23741家次，立案调查79件，办结案

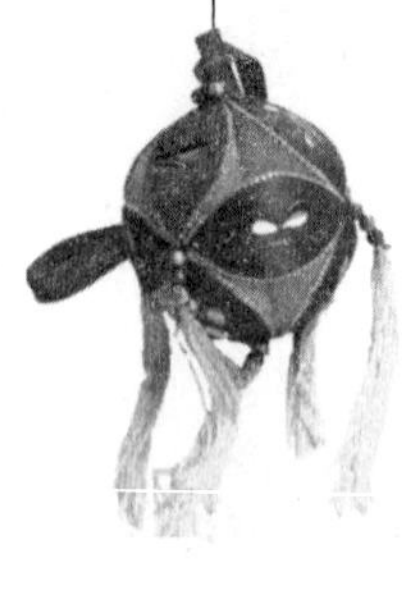

件79件，对违规经营场所处以警告245家次，责令改正292家次，罚款174700元，责令停业整顿22家次，取缔22家。

【网络监控软件覆盖全区】 在财政尚未拨出专项资金，又不能向网吧业主收取费用的艰难情况下，总队发奋作为，创造性地开展工作，使网吧监控软件的安装工作在全区推开，监控软件安装已经覆盖全区。3月28日，文化厅网络文化市场计算机监管平台建设工作小组邀请了文化部网络监管平台技术人员对全区各市局分管领导及技术人员进行了培训，并对全区网络监管平台的建设进行了部署。6月9日开始，以《关于各市网络文化市场计算机监管系统建设有关问题的通知》(桂文办发[2010]82号)文件为依据和动力，为尚未完成监管平台建设的市制定了时间表和线路图，提供了4套实施方案供各地参考。此后，总队派员到各市指导和督查安装工作，帮助各市处理和解决一些实际的困难与问题。截至10月底，南宁、柳州、桂林、来宾、梧州、防城港等已初步建成文化网络监管平台，其中南宁、柳州、来宾、贺州、梧州、玉林、贵港、防城港等市已经完成所辖市、县网吧终端软件的安装工作。其余大部分市已经基本落实了网络监管平台建设专项经费，并确定了各市网吧终端软件安装工作的时间表和线路图，年底以前将基本建成监管平台并完成网吧终端软件的安装工作。

【制定目标　谋定方略】 稽查总队作为省级文化市场行政执法机构，既承担监督指导和协调培训全自治区执法队伍的职能，也承担制止和查处文化经营活动中的重大违法行为职责，特别是在破除地方保护、查办跨地区案件方面具有不可替代的作用，为此，经总队班子认真研究探讨，系统地制定了：

(一)六项职能职责：第一，监控全自治区文化市场的经营活动；第二，督查指导全自治区文化市场文化行政执法工作；第三，协调跨区跨市的大案要案的查处；第四，考评全自治区文化行政执法绩效；第五，研究全自治区文化行政执法的新问题与新对策；第六，培训全自治区文化行政执法人员的执法业务。

(二)六项目标定位：第一，要成为全自治区文化行政执法的监控与指挥中心；第二，要成为全自治区文化行政执法的行动旗帜；第三，要成为全自治区文化行政执法的业务向导；第四，要成为全自治区文化行政执法的绩效考官；第五，要成为全自治区文化行政执法的救援部队；第六，要成为全自治区文化行政执法的温馨家园。

(三)六项工作方略：一是长效定量方略；二是旗号推进方略；三是整体效应方略；四是着眼基础方略；五是信息通达方略；六是交流激励方略。

(四)八项工作原则：一是主动作为原则；二是圆桶效应原则；三是足以证明原则；四是罪疑宁无原则；五是以人为本原则；六是标值效应原则；七是政令通达原则；八是与时俱进原则。

(五)强化七点思维意识：一是法律责任意识；二是角色定位意识；三是协作和谐意识；四是借势张力意识；五是标兵示范意识；六是奋发亮剑意识；七是快速反应意识。

(六)处理好十大辩证关系：一是管与理关系；二是堵与疏关系；三是消与长关系；四是源与流关系；五是正与负关系；六是形与实关系；七是偏与全关系；八是主与从关系；九是法与理关系；十是奇与正关系。

这些职责方略的系统制定，为总队未来创建一流队伍、争创一流业绩打下了坚实的基础。此外，这些职责方略得到了各省同仁及文化部领导的赏识与推崇，两次在文化部市场网上推出。网上推出后，兄弟省市总队

纷纷来电来函,索要更详细的资料。

【编制执法指导书籍】 为了在业务上更好的指导和服务基层执法机构,总队编制出版了《文化市场行政执法实用手册》一书,内含:"文化行政执法处罚事项一览表""24种执法文书的填制举例""101个疑难问题的解答""文化市场有关案例的点评"。文化厅领导在序言中对此书给予了较高的评价:"这本《手册》内容翔实、系统完整、易懂实用。为文化市场行政执法工作人员学习和提高行政执法水平提供了很好的教材和工具。它的问世,填补了广西文化市场行政执法学习的系统培训教材和行政执法工具书的空白,对今后进一步规范文化市场行政执法行为和提高广西各级文化市场行政执法机构行政执法水平具有十分重要的指导作用和推动作用。"同时,为了提高全区文化市场管理执法人员的宏观思考能力和宏观把握能力,探索广西文化市场管理和执法的新的路径,经过三年努力,编写出版了《文化市场管理执法新探索》一书,文化厅厅长余益中亲自为此书作序。此外,全年总队共编辑印刷《广西文化市场行政执法信息》27期,内容遍及全区各市、县、区的各类文化行政执法工作内容,提供了大量且丰富的执法信息,便于各市执法队伍互相启发,互相促进,为推动全区执法工作起到了不可低估的作用。

【党日活动】 为了提高全队思想素质水平,7月,稽查总队与广西文化信息中心、钦州市文化局、钦州市文化行政执法支队举行了一次联合"党日"活动,召开了以"提高个人修养"为主题的座谈会。宁秀育总队长围绕"加强党性锻炼,提高个人修养"进行了主题发言。他列举了32个细节,深入地剖析了"细节之处见修养";还剖析了"说话分寸见修养",列举了"三分话""过头话""露骨话""过谦话""风凉话""大实话"等分寸;剖析了"交往中十大分寸",列举了交往中的"自尊与尊人""认真与较真""抬己与贬人""谦虚与虚伪""谨慎与拘谨""活泼与轻浮""老练与世故""严己与宽人""仁爱与原则""仁义与仁愚"等十大分寸。事例翔实,表达生动形象。不少同志会后都由衷地感慨:"一席坐谈会胜读十年书。"这次党日活动开展得既生动活泼,又意义深远,收效明显,参加活动的党员心灵受到了洗礼、思想得到了升华。

【建立总队温馨家园活动】 文化行政执法队伍工作危险大、责任重,它的生存状况是"大市场、小队伍,硬任务、软措施,重责任、小权力"。为了给全区文化执法人员创建一个温馨家园平台,6月13日稽查总队在南宁市举办了全区文化执法人员在邕家属的端午节联欢慰问活动,邀请全区执法人员在邕家属24人参加活动。活动内容有联欢晚会、赠送端午节慰问品、聚餐等等,耗时不长,花钱很少,效果绝佳。既温暖了全区执法人员的心,又为他们的后一代搭建了沟通与交流的平台,意义极其深远。活动的成功举办在各市文化执法人员中反响热烈,让各市执法人员真正感受到总队对全区文化执法人员的人文关怀,让总队真正成为全区执法人员的温馨家园,有力地树起了总队是全区执法人员"娘家"的形象。由于总队的人文关怀效应,现在全区的执法队伍上下同心,互相呼应,产生了强聚力与强张力的共振效应。

【升华素质　积极参训】 文化市场是一个动态的市场。文化市场行政执法的规范程度要求越来越高。所以,总队作为全区文化行政执法的示范之师,需要不断地学习、不断地充电、不断地提高自身的综合素质。总队为了提高全体人员的业务水平和综合素质,采取了两项措施:一是今年总队各科室完成总体业务分析调研报告各一篇。内含各市场的基本状况，主要亮点，存在的主要问题及成因，对策的思路及原则。这对于提高总队全体同志的综合分析能力与宏观把握能力起了很大的作用。二是总队积极派员参加各类业务培训。5月，总队派出了3名同志参加在北京举行的广西文化市场管理执法干部培训班 。7月，总队又派出4名同志参加了中国政法大学在西安举办的全国文化市场行政执法培训班。9月总队又派5名同志参加了文化部在西宁举办的全国文化市场行政执法培训班。总队全年全员培训率为100%。

广西图书馆

【概况】 广西图书馆年内在职员工共190人，其中大专以上文化程度152人，占总人数的80 %。高级职称28人，中级职称88人，初级职称68人。全年经费总投入3366.50万元，其中购书经费601.16万元，占事业总经费的17.86%；全年新增馆藏图书62640种，141863册，现总藏书量为2503172册。在全区率先实行免费开放，年接待到馆读者1527727人次，借阅书刊3957790册次，新增持证读者14900人，累计持证读者46000人。全年共建立馆外流通点45个。

【被定级为一级公共图书馆】 2月1日，全国文化信息资源共享工程督导和公共图书馆评估工作总结会暨古籍保护工作会议在北京召开。广西图书馆馆长徐欣禄参加了此次会议，并从文化部领导手中接过了“一级图书馆”的牌匾。四年一次的公共图书馆评估定级工作是政府加强对图书馆行业的宏观管理、检验图书馆社会效益的有效手段。2009年，文化部组织开展了第四次全国县级以上公共图书馆评估工作，对2234家公共图书馆重新进行定级，广西在这次公共图书馆评估中有7个馆获得一级馆，5个馆获得二级馆，57个获得三级馆。

【第十三期全国古籍普查培训班】 3月1日至17日，第十三期全国古籍普查培训班在广西图书馆举办。来自广西、贵州两地公共图书馆、高校图书馆、博物馆、科研单位等系统从事古籍保护工作的专业技术人员共74人参加培训。全国古籍保护工作专家委员会主任李致忠；中国科学院国家科学图书馆总馆研究馆员罗琳；复旦大学图书馆研究馆员吴格以及广西大学文学院副教授张维；广西民族古籍整理办公室主任欧微微等12位古籍保护研究专家为学员讲解了古籍基本知识，古籍鉴定与编目知识，普查规范等古籍普查知识。此次培训，是加强地方古籍保护人才队伍建设、推动地方古籍保护工作全面深入开展的重要举措，体现了国家古籍保护中心对少数民族地区古籍保护工作的关心和支持。同时，培训既为全区各古籍收藏单位大范围集中参加国家层面培训提供了难得的机会；又为广西学习贵州省古籍保护工作的经验提供了难得的机会，这是对广西古籍保护工作莫大的激励和鞭策。

【县级数字图书馆推广计划培训班】 2月10日，在广西图书馆网络数据中心举办县级数字图书馆推广计划技术人员培训班。来自广西第一批实施“县级数字图书馆计划”的横县、武鸣、靖西、龙州、百色右江区5个文化共享工程县级支中心技术人员参加了学习。课程由网络数据中心欧健主讲，他围绕县级数字图书馆系统的安装、设置和应用给大家作了详细的讲解并指导技术人员进行实际操作。学员们在较短的时间内都掌握了安装和使用方法，并通过了考核。“县级数字图书馆推广计划”是以全国文化信息资源共享工程

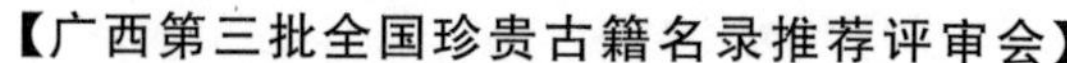

为平台，将国家图书馆优秀数字资源，配送到全国每个县级图书馆，以丰富县级图书馆数字资源，使县级图书馆普遍开展数字图书馆服务，更好地满足基层群众日益增长的文化信息需求，丰富人民群众的文化生活。此次培训将极大地改善县级图书馆藏书匮乏这一突出问题，不仅丰富了图书资源藏量，同时还能使读者在文化共享工程县支中心电子阅览室欣赏和阅读到大量的视频、图片、电子图书、电子期刊等丰富的数字出版物。

【八桂辉煌景象大型航拍摄影展】 3月9日至16日，“居高声远 激荡广西——从空中俯瞰八桂辉煌景象大型航拍摄影展”在国家图书馆展览中心展出。此次展览由国家图书馆、广西图书馆、广西日报传媒集团联合举办，国家图书馆文化教育部承办。摄影展以全新的视角，俯瞰拍摄广西的秀美河山、城市新貌和各地标志性景观、大型建设项目以及广西北部湾经济开放开发、西江黄金水道建设的火热场景。摄影展展出的100多幅作品，是从数万幅摄影作品中精选出来的佳作，采撷了新中国成立60多年来，特别是改革开放以来，广西斗转星移的巨大变迁，展示八桂大地异彩纷呈的锦绣画卷，展现了广西厚积薄发的强大生命力。展览分为8个展区，包含：北部湾畔、城市发展、工业建设、现代农业、水利开发、交通枢纽、文物古迹、醉美山水等。另外，展现广西风光与广西民族风情的音像纪录片《美在广西》同时在展厅内播放。该展览首展已于1月21日至2月7日在广西图书馆展出，展览受到了市民的广泛好评和社会的普遍关注。首展结束后，广西壮族自治区图书馆与国家图书馆、广西日报传媒集团积极进行了多方沟通联系，促成了此次展览在首都北京的展出，让首都北京的市民无须千里之行便能领略到广西的独特魅力。

【广西第三批全国珍贵古籍名录推荐评审会】

3月16日下午，广西第三批全国珍贵古籍名录推荐评审会在广西图书馆举行。广西古籍保护工作专家委员会主任徐欣禄、副主任欧薇薇，专家姚倩、黄权才、廖子良和兰旻参加了评审。专家委员对广西图书馆、广西民委古籍办、桂林图书馆、广西师范大学图书馆等10家单位提交的223部古籍进行了评审。经过仔细筛选、评定、汇总，专家委员最后确定了推荐名单，共有9家单位的178种古籍进入第三批《国家珍贵古籍名录》的推荐名单。另外，专家们还根据“全国古籍重点保护单位”的评定办法，认真评选把关，决定推荐广西桂林图书馆、柳州市图书馆申报第三批全国古籍重点保护单位。

【首次全区古籍保护工作会议】 5月27日，由文化厅和广西古籍保护中心组织召开的全区古籍保护工作会议在广西图书馆举行，这是广西首次召开的全区性古籍保护工作会议。文化厅社文处处长黄燕熙，广西图书馆馆长徐欣禄，广西民族古籍整理办公室主任欧薇薇，广西档案馆处长邓鸣鸣，广西桂林图书馆，广西社科院信息中心、广西博物馆、广西地方志办公室、广西日报社图书资料组、广西师范大学图书馆、柳州图书馆等30家古籍收藏单位的相关领导39人参加了此次会议，基本涵盖了全区主要古籍收藏单位。会上，黄燕熙处长对我区2007年以来古籍保护工作进行了总结和回顾，充分肯定了广西古籍保护工作所取得的成绩，经过全区古籍保护工作者三年来的不懈努力，广西古籍保护工作在建立古籍保护工作保障机制、推进古籍普查开展、改善古籍保藏条件、加强古籍修复抢救、培养古籍保护人才队伍、加大古籍保护宣传、形成古籍保护成果等7个方面取得了阶段性的成果。为了交流经验，相互促进，会

议还安排了广西民族古籍整理办公室、广西师范大学图书馆、柳州市图书馆三位与会代表进行经验交流发言。最后广西图书馆馆长徐欣禄通报了古籍保护中心的工作情况，对广西古籍保护中心今年所要组织开展的10项工作作了强调和说明。这次会议总结2007年以来全区古籍保护工作的实施情况，对当前广西古籍保护工作中存在的薄弱环节进行全面梳理，并安排部署全区古籍保护工作，为进一步推动广西古籍保护工作深入开展起到了积极作用。

【世界读书日暨“八桂讲坛”二百期纪念活动】

4月23日，在广西图书馆举办世界读书日暨“八桂讲坛”二百期纪念活动。文化厅副厅长陈映红，广西国际商务学院、广西教育学院等高校领导、老师出席活动，在邕部分高校大学生、社会热心读者、新闻媒体近450多人参加此次活动。活动仪式中，副厅长陈映红和广西图书馆领导首先为广西教育学院、广西交通职业技术学院、广西幼儿师范学院、广西警官高等专科学校、广西第一工业学校5家单位颁发了“八桂讲坛最佳合作单位”荣誉证书，为磨思红、梁智、庾文斌、姚海燕、花芬、陆旖旎、李博、孙显芳、张艺、藤若飞等10人颁发了最佳听众荣誉证书。同时仪式上进行共建基地授牌，广西图书馆成为广西国际商务职业技术学院、广西经贸职业技术学院、广西医科大学护理学校3家院校的思想政治教育基地。随后在举办的“美育教育与音乐欣赏”专题讲座中，全国政协委员、著名歌唱家李光羲先生就自己艺术成长道路，美育对促进人的发展，歌唱艺术、音乐欣赏等与听众分享了自己的心得，并在现场与听众进行了互动解答，演唱了《祝酒歌》《鼓浪屿之波》等脍炙人口的歌曲。精彩的报告和美妙的歌声激起听众阵阵热烈的掌声。另外，4月23至30日在广西图书馆一楼展厅还举办了“八桂讲坛二百期回顾展”，展出反映讲座举办至今的部分精彩图片，其中既有专家现场报告，听众聆听场景，也有读者与专家热烈交流，精彩互动，图片真实自然，表现出八桂讲坛学术熏陶、人文陶冶、思想启迪的浓厚文化内涵。

【“广西黑衣壮印象”摄影图片展上海展出】

8月31日至9月6日，上海图书馆、广西图书馆联合主办的“神秘的那坡黑色的海洋——广西黑衣壮印象”摄影图片展在上海图书馆目录大厅开展。该展览分为两部分，由35块图版资料和43幅摄影作品组成，图版资料详尽地介绍了广西黑衣壮的历史沿革和风俗文化，摄影作品则用镜头生动再现了当代黑衣壮的生存状态。自2005年以来，上海图书馆已有十余场展览赴广西图书馆展出，此次展览也是两馆资源共享的又一项有益尝试，同时，展览也得到了广西那坡县委宣传部、广西社会科学院和广东省摄影家协会的大力支持。本次展览正值2010年世博会在沪召开，利用这一契机推出该展览，吸引了大量来自海内外的目光，也对大力推广我国少数民族文化有着积极深远的意义。

【第三届广西中小学生网页制作大赛】 5月22日，第三届广西中小学生网页制作大赛颁奖仪式在广西图书馆报告厅隆重举行。自治区文明办未成年人思想道德建设工作处、广西科技厅成果科普处、文化厅社文处和广西图书馆领导，参赛学校人员等约300多人参加了颁奖仪式。本次大赛由自治区“知识工程”办公室、自治区科普工作联席会议办公室联合主办，是全国科技活动周广西活动的重点活动内容之一。大赛配合2010年上海世博会的举办，主题为“相约世博”。要求参赛选手从城市多元文化的融合、城市经济的繁荣、城市科技的创新、城市社区的重塑、城市

和乡村的互动等方面取材进行网页制作，来展示城市的进步和构想城市未来的发展，从而宣传世博文化、传播世博知识，参与世博活动，共享世博成果。比赛于今年2月筹划，3月初开始面向全区中小学生征集参赛作品，到5月13日为止共收到各市县选送的参赛作品152份，其中中学组92份，小学组60份。共有南宁市、贵港市、贺州市、北海市、柳州市、梧州市、河池市、来宾市、桂林市以及柳江县10个市县的27所学校参加了比赛，参赛范围大、影响面广。经过评委的严格筛选，评选出小学组一等奖2名，二等奖4名，三等奖6名；中学组一等奖5名，二等奖10名，三等奖15名；最佳创意奖每组各1名。获奖选手的指导老师获得园丁奖。广西中小学生网页制作大赛作为全国科技活动周广西活动的品牌项目至今已经成功举办了三届，得到南宁、北海、梧州、柳州、贺州等市的“知识工程”办公室和图书馆以及各个学校的大力支持，他们积级宣传，积级组织作品参赛，为比赛的成功举办提供了保障。

【广西北部湾经济区数据库建设】 12月21日，广西北部湾经济区数据库评审会在广西区党校信息中心举行。广西区党校常务副校长黄学权等校领导，自治区北部湾办公室梁金荣副主任，校图书馆馆长卢家翔，党校相关处室负责人，广西图书馆馆长徐欣禄、副馆长黄艳等11位专家应邀参加了数据库的评审会议。广西北部湾经济区数据库是由中共广西区委党校、自治区北部湾办公室和广西图书馆三家单位合作完成。数据库通过对广西北部湾经济区基本概况、自身优势、功能定位、发展目标、经济建设、国际和区域合作、未来发展等主题资源进行全面的揭示和介绍，汇集广西北部湾区域的历史、地理、文化、经济，以及与该地域相关的其他信息资源。通过文字、图片、视频等表现形式，力求对其进行真实、系统、全面的描述和记录。数据库不仅对广西北部湾经济区的重要信息进行系统的收集和整理，实行数字化存贮和管理，而且将在信息服务方面通过信息资源检索和网络、视频阅览的数字化服务平台为领导层提供决策依据，又为专家学者提供珍贵的资料，更为广大党员干部落实科学发展观，建设富裕、文明、和谐新广西提供知识和信息支持。专家们评价，北部湾经济区数据库技术标准规范把握得比较好；数据库集合了文字、图片、图表、音频和视频等多种媒体，比较全面、真实的描述和记录北部湾建设和发展情况；数据库专题网页和数据发布的方式美观、新颖、方便读者浏览。希望相关建设单位加强与新闻媒体、政府部门的沟通和合作，加大资料收集的力度，拓宽资料收集深度和广度，丰富数据资源，争取获得更多的资料的授权；不断维护、完善资源库建设，细化数据库的栏目，增加检索途径，给读者提供更加便利的检索。与会专家一致确认广西北部湾经济区数据库验收合格。

【广西古籍保护专家检查古籍修复中心申报情况】 11月1日，广西图书馆馆长徐欣禄、副馆长黄艳在三楼会议室接待了广西民委古籍办主任欧薇薇、广西大学文学院教授黄南津、广西师范学院副教授何平组成的广西古籍保护中心专家组。此次专家组来访，旨在实地考察首批自治区修复中心申报单位的实际情况，为接下来召开的评审工作奠定基础。汇报会上，广西图书馆徐欣禄馆长主要围绕着修复设施、修复人员、管理制度、修复成果、经费投入五个方面向专家组陈述了近年图书馆古籍修复工作的情况，并就专家组提出的问题进行解答。听取汇报后，专家们纷纷发言，充分肯定了广西图书馆古籍修复取得的

成果，认为图书馆在修复中心申报中作了大量工作，体现了馆领导对修复工作的重视和支持。在对广西图书馆修复工作室的实地考察中，专家组成员根据《广西自治区级古籍修复中心的职能》的具体要求仔细核对相关设备、人员、成果、制度等。其中纸浆补书机、压平机、移动装裱板等设备设施给专家组留下了深刻印象。

【《中国图书馆分类法》第五版高级研讨班】 9月17日至20日，由广西图书馆学会举办的"《中图法》第五版高级研讨班"在广西图书馆报告厅举行。广西图书馆学会秘书长秦小燕出席了开班仪式。来自广西区内各高校、公共、科研三大系统图书馆104个单位的206名专业人员参加了学习。武汉大学信息管理学院图书馆学系司莉教授为学员们重点讲解了《中图法》修订概况、各类修订内容及分类方法、文献分类规则等内容，并对第五版分类法在实际应用中可能遇到的问题提供了许多参考性建议。讲解既有理论性的概述，又有实际操作的说明，不仅帮助分类编目人员解决了《中图法》新旧版本交替、标引工作的衔接以及工作中《中图法》第五版实际应用问题，同时对于规范分类编目工作，提高专业人员业务技能和素养起到了很好的推动作用。课后司莉教授还以现场答疑的方式与学员们进行互动交流。学员们非常感谢广西图书馆学会为大家提供了这么好的学习机会和交流平台，并希望有更多的机会参加相关的培训。

【RFID图书管理系统取得良好效果】 为提高广西图书馆为读者服务的质量和自动化水平，利用科技进步推动图书馆事业发展，在广西财政的支持下，第一期RFID图书管理系统于9月初开始试运行。经过一段时间的试用，取得良好效果，得到广大读者的认可。广西图书馆成为广西第一家使用RFID系统的图书馆，在全区图书馆中起到了领先和示范作用。第一期RFID项目，主要是采用无线射频识别技术，来解决读者图书外借管理问题，涉及到成人读者和少儿读者两类。该项目采用超高频芯片，对全馆开架外借图书进行管理，为70万册图书粘贴了RFID标签，在开架借阅处安装有6套安全门禁，7套自助借还机，1套24小时还书机，12套手持盘点设备。读者可以到自助借还机外借和归还图书，并可在图书馆闭馆后通过安放在大门前的24小时还书机归还图书，实现无人值守管理，工作人员可对库藏图书进行自动盘点。

【广西图书馆学会举办图书馆自动化系统研讨班】 为进一步提高全区各级各类图书馆对新技术的应用水平，适应Web2.0、RFID、磁盘阵列等技术在图书馆事业发展中的应用，广西图书馆学会现代化技术工作委员会于4月26至30日在广西民族大学图书馆举办图书馆计算机管理系统软件研讨班，全区高校、公共、科技等三大系统图书馆共30多人参加该研讨班。广西图书馆网络数据中心欧健同志参加了此次研讨。此次研讨班的主要内容是了解介绍我国图书馆中利用较多的图创、汇文、金盘等图书馆自动化系统软件的使用，以及RFID系统和磁盘阵列在图书馆中的应用。通过5天时间的学习交流，不仅开阔了图书馆员的视野，增长了见识，而且为在以后的工作中各类新技术在图书馆的应用提供了新的参考。

【广西文化信息资源共享系统平台调试协调会】 7月28日，"基于OAI－PMH协议的互操作广西文化信息资源共享系统平台"调试协调会在广西图书馆三楼会议室举行，广西图书馆馆长徐欣禄、副馆长黄艳参加会议，桂林市图书馆副馆长钟琼、南宁市图书馆副馆长李霞、柳州市图书馆副馆长黄毓、北海市

图书馆副馆长宣泽文和各馆网络部主任以及北京中数创新有限公司总经理镇锡惠、工程师马亚帅等12人应邀出席会议。协调会针对当前广西各级公共图书馆文化信息资源利用和管理存在的问题，认为该项目应采用数字图书馆技术框架，将信息资源采取元数据集中、对象数据分布存贮的方式管理。建立基于OAI－PMH协议的互操作广西文化信息服务平台，由省级馆CDI OAI收割服务器自动、定时对各级公共图书馆资源加工层的元数据进行收割；元数据系统收割过程不需人工干预，按照既定设置自动运行，实现广西文化资源利用元数据集中、对象数据分散管理的模式，实现对全区各级图书馆文化信息资源建设和利用情况的了解，全区各支中心通过访问省级中心元数据平台，调用对象数据进行利用和查询信息资源分布情况，读者用户可通过一个界面查询全区文化共享工程的信息资源。该项目创新了文化共享工程资源利用的模式，有利于提高广西全区图书馆信息化建设的水平。

【《广西文献名录》荣获自治区第十一次社会科学优秀成果三等奖】 12月27日上午，“广西第十一次社会科学优秀成果奖颁奖大会”在南湖之滨沃顿国际大酒店北京厅隆重举行，自治区副主席李康，自治区党委宣传部副部长李海荣，自治区社科联领导庞汉生、汤竹庭等出席大会。广西社会科学优秀成果奖作为自治区人民政府颁发的全区社会科学研究最高成果奖，每两年评审一次。这次评选共收到参评成果2074项，有413项获优秀成果奖，其中，一等奖20项、二等奖123项、三等奖270项。由广西图书馆和桂林图书馆合编的《广西文献名录》一书荣获优秀成果奖三等奖。

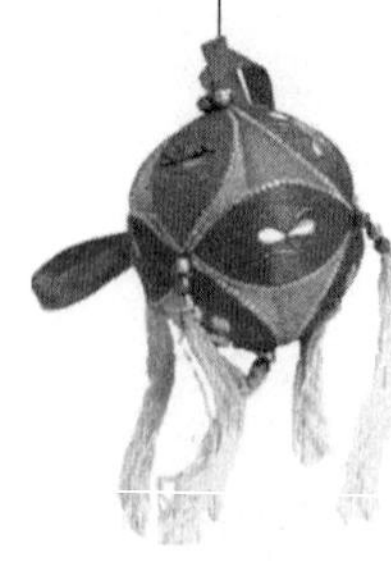

【第二批珍贵古籍名录专家评审会】 11月5日，第二批广西珍贵古籍名录及首批自治区级古籍修复中心专家评审会在广西图书馆三楼会议室召开。文化厅社文处处长黄燕熙出席了会议。此次评审会由广西古籍保护工作专家委员会主任、广西古籍保护中心主任徐欣禄主持，广西古籍保护专家委员会副主任欧薇薇，专家委员廖子良、姚倩、黄权才、黄南津、何平、林艳红、兰旻参加了评审会议。与会专家依照《〈广西壮族自治区珍贵古籍名录〉申报评审暂行办法》，对十家申报单位的330部古籍进行评审；另外依照《自治区级古籍修复中心职能、基本条件和申报程序》对广西壮族自治区图书馆、桂林图书馆、广西师范大学图书馆、广西博物馆4家申报广西古籍修复中心的单位进行了审核。全体专家一致同意推荐广西图书馆、广西师范大学图书馆、桂林图书馆、广西博物馆4家单位为首批自治区级古籍修复中心；在评审第二批广西珍贵古籍名录中，专家以认真负责的态度开展工作，严格把关，对存疑的古籍一律不予通过，确保珍贵古籍名录的权威性，最终评审结果将由广西古籍保护中心上报古籍保护工作厅际联系会议审定后报自治区政府批准公布。在评审会上，黄燕熙处长代表文化厅向新增补的广西古籍保护工作专家委员会委员广西大学文学院教授黄南津、广西师范学院历史系副教授何平、桂林图书馆副研究馆员林艳红颁发了聘书。

【国务院残工委检查组到馆检查盲人服务工作】 10月26日，国务院残工委检查组组长中国残联党组副书记、常务副理事长、国务院残工委秘书长王乃坤，检查组成员文化部社会文化司副巡视员孙凌平等领导在广西政协副主席蒋培兰、残联理事长谭和平等陪同下，检查广西图书馆“十一五”残疾人服务工作情况。广西图书馆徐欣禄馆长、张金根书记、副馆长黄艳在馆接待检查组领导一行。王乃坤等检查组领导一行重点检查了广西图书馆电子阅览室中盲人服务区，现场听取徐欣禄馆长有关盲人服务区工作开展和对盲人读者服务以及残疾人馆外流通点的服务情况介绍。检查组一行对广西图书馆不断完善和改进服务方式，有效整合资源，创新服务手段为残疾人提供方便快捷的知识信息服务取得的成效表示肯定，并期望我馆能继续努力，多收集一些盲文图书，在充分利用现有资源的基础上发挥省馆为残疾人服务的示范和指导作用，进一步将各市图书馆的残疾人服务工作推向新的高度。

【全区盲人电脑技能竞赛】 12月3日，全区盲人电脑技能竞赛在广西图书馆落下帷幕，在经过一个上午的电脑技能竞赛后，于当天下午在多功能厅举行颁奖仪式。广西残联机关党委专职副书记李克洁，广西残联教就部主任韦永学，广西图书馆党总支书记、副馆长张金根等领导出席仪式，来自广西盲人按摩学校的部分师生、广西图书馆部分干部职工以及热心读者共160多人参加了活动。此次全区盲人电脑技能竞赛由广西残疾人劳动就业指导中心、广西盲人按摩指导中心和广西知识工程办公室联合举办，广西图书馆承办，广州博朗电子产品公司冠名赞助。竞赛以市为单位进行组队，全区共有14支代表队27名盲人参赛。根据竞赛规则，最后决出一等奖1名，二等奖2名，三等奖3名，优秀奖22名，南宁、崇左等14个市获得组织奖。此次竞赛活动的目的是为了激发盲人学习电脑的热情，提高盲人的学习和就业能力。在当今高速发展的信息社会，电脑和互联网为盲人提供了一个社交的新平台，电脑和网络能帮助盲人朋友最大程度地克服自身障碍，借助高科技手段融入社会、参与社会、共享社会文明成果。

【文化部副部长杨志今到广西图书馆调研】
4月7日下午，文化部副部长杨志今、社会文化司司长于群、文化共享工程国家管理中心主任张彦博等一行6人，在自治区文化厅副厅长陈映红等相关人员陪同下到广西图书馆进行工作调研。广西图书馆馆长徐欣禄，党总支书记、副馆长张金根，副馆长黄艳，馆长助理黄胜珠等接待了文化部领导的调研。杨志今一行实地查看了广西图书馆中文报刊阅览室、电子阅览室、数据制作工作室、文学书刊借阅室、网络数据中心机房、地方文献阅览室和政府信息公开查询区、古籍书库和采编中心等，听取我馆免费服务工作进展、电子阅览室服务、文化共享工程广西分中心建设、古籍保护、政府信息公开服务等工作情况汇报。重点询问了图书馆在免费服务中运行经费保障和购书经费情况；文化共享工程建设中，电子阅览室的管理、少儿上网、电子阅览室免费时段服务效果，以及文化信息资源制作、与广西农村党员干部远程教育网络合作等。并就公共图书馆免费服务、进一步发挥各级文化共享工程分中心和基层网点的电子阅览室建设与效用、免费上网服务设想进行了交流。杨副部长对广西财政支持广西图书馆免费开放的投入给予了高度好评，认为此举在广西公共文化服务投入中起到了带动示范作用，有利于推动广西各级财政加大对公共图书馆的投入。并对广西图书馆当前采取的一系列免费服务措施给予了充分肯定和好评。希望配合广西文化厅进一步做好全区各级公共图书馆及电子阅览室免费服务相关的工作，并对所需投入的经费进行确定和测算，供文化部决策参考。

【文化共享工程广西分中心举办市县支中心管理员高级培训班】 由文化厅主办、文化共

享工程广西分中心承办的2010年广西文化共享工程市县支中心系统管理员高级培训班于11月9日至19日在广西图书馆举行，来自桂南片区15个市县支中心的34名技术骨干参加了培训。培训专门选取了桂南片区技术力量较强的15个市、县支中心技术骨干，旨在通过培训，提高文化共享工程支中心建设和服务管理水平，通过以点带面，对周边县支中心起到示范带动的作用。培训班就图书馆自动化系统使用、资源加工采集管理、网站建设、新闻专题片与照片拍摄、广西共享工程培训管理平台应用等方面内容进行深层次培训。专门邀请了理论水平高，实践经验丰富的南宁职业技术学院、南宁电视台、广西日报社、北京中数创新公司等老师为学员授课，组织学员进行相关专业实习。为期11天的培训涉及信息量大、技术面广，难度也相对较高。开班仪式上，广西图书馆徐欣禄馆长对参加此次培训的各支中心提出了要求，希望各位学员认真学习，在提升自身业务水平、强化自身技术能力的同时，能辐射到周边支中心，指导和带动当地基层中心和基层点开展文化共享工程各项工作。

【评为自治区文化系统人口和计划生育工作先进单位】 4月23日下午，文化厅召开2010年人口和计划生育工作会议，表彰2009年度人口与计划生育工作先进单位4个，表彰计划生育优生优育幸福家庭20户。广西图书馆被评为自治区文化系统人口和计划生育工作先进单位，何玉英、黄桂妹各自的家庭被评为自治区文化系统计划生育优生优育幸福家庭。近年来，广西图书馆计划生育管理工作得到馆领导的高度重视和支持，馆领导亲自抓、负总责。在组织机构建设方面，做到机构健全，组成了由馆领导和各部门负责人、各楼栋长组成计划生育协会；在具体操作方面，做到人员落实、报酬落实、措施落实；注重宣传教育，利用举办"八桂讲坛"这一宣传教育平台，请有关专家进行计生及健康知识方面的讲座，及时把计生避孕、节育、优生优育、知情选择、女性保健知识宣传到位，受到社会各界、广大读者及员工的欢迎；注重福利管理，政策措施到位；注重监督管理，预防不测发生，不定期对流动人口进行核查，与出租房主签定计生管理责任书，杜绝了计划外生育事件发生。

【广西图书馆喜获"广西科普教育基地"荣誉称号】 广西图书馆在广西科学技术协会开展的广西科普教育基地申报评审中获得"2010年～2014年广西科普教育基地"的光荣称号。近年来，广西图书馆认真贯彻落实中央和自治区党委关于充分调动全社会力量共同参与，大力加强公民科学素质建设，促进经济社会和人的全面发展的重要部署，以办馆效益为中心，大力实施知识工程和文化共享工程，有效整合优化我馆公共文化资源，把科普教育列入我馆开展社会教育的主要内容，通过举办青少年阅读活动，打造读者服务品牌等多种形式，履行公共文化服务职能，实现和保障公民的基本文化权益，满足公众的基本文化需求，为促进公众科学文化素养提高发挥图书馆应有的作用。

【广西图书馆喜获"全民阅读示范基地"荣誉称号】 7月26日至29日在吉林长春市隆重召开的2010中国图书馆学会年会中，广西图书馆因在近年全民阅读活动中富有创意且表现突出，喜获中国图书馆学会颁发的"全民阅读基地"荣誉称号。近年来，广西图书馆依托自身优势，本着以人为本，服务社会，保障和实现人民群众的文化权益为宗旨，充分利用图书馆的文化、信息等优势资源，利用"世界读书日""图书馆服务宣传周""科技周""全国科普日”等契机，积极协调和联合区党委宣传部文明办、文化厅、科技厅等各单位及与广西六所高校、多家媒体合作，在社会各界的大力支持与协助下，针对不同受众，举办了形式多样、内容丰富的各种知识讲座、报告会、影片欣赏、公益展览、信息咨询、图书阅览、图书赠送、有奖问答、趣味猜谜、科普资料发放、以及少儿阅读等多种形式的主题阅读活动，先后参与了文化、科技服务大行动、文化企业行、“科普宣传周系列活动”，为新农村建设、企业振兴、思想教育、传播科学文化提供服务。

广西群众艺术馆

【概况】 年内，在文化厅的领导下，广西群众艺术馆全馆同志紧紧围绕构建和谐社会、加强公共文化服务的总体工作要求，按照年度工作目标要求，创新思路，开拓进取，各项工作在去年的基础上开创新的发展。

第一，馆舍及机构组织。广西群众艺术馆拥有建筑面积为1800平方米的独立的馆舍。设有舞蹈排练场，声乐辅导教室，以及古筝、钢琴等专门辅导教室。业务部室有：行政办公室、调研编辑部、美术摄影部、戏剧曲艺部、音乐舞蹈部、活动策划部。馆办艺术团7个：红棉艺术团、红棉合唱团、母亲合唱团、火车头交响乐团、庆典艺术团、少儿合唱团、华艺艺术团。文化活动基地（示范点）12个：武鸣和双桥镇和乐屯活动基地、南宁翡翠苑艺术培训中心、南宁/百色/东兰/富川/贵港/崇左美术活动基地（示范点）、国乐艺术培训中心和音妙乐器钢琴培训基地。同时，开设有“广西群众艺术馆”网站，开设群文活动相关领域信息栏目外，设置“非物质文化遗产”与“广西群艺专题”两个专业资料数据库，提供了广阔的网络交流互动平台。第二，人力资源结构。编制40人，在职职工35人，其中正高职称3人，副高职称15人，中级职称7人，初级职称10人。文化理论建设和群文活动实践开展，坚持两条腿走路，齐头并进，相辅相成，形成较为科学合理的人才队伍资源配备。第三，群文工作成果。年内，主办承办或组织开展全区大、中型群众文化活动和文化交流活动12项（个/场）；主持、参与课题项目调查研究17项，其中1项入编国家级非物质文化遗产保护名录，11项入编自治区级非遗保护名录，成绩突出；公开发表研究成果30多项/件（包括学术论文、课题项目设计，活动创意设计、艺术创作作品），音乐作品《梦的眼睛》、小品剧《一袋玉米》等荣获国际级大奖；培训基层文化骨干300多人次、骨干演员350人次，举办社会艺术、未成年人艺术、农民工艺术等各类培训班36期，学员近700人；编发出版《文化新视野》4期，《群文决策参考》12期，《农民舞台》演唱材料2期，和谐文化在基层培训教材1期，共刊发文字150多万字。

【第一届全区群众艺术馆、文化馆专业技能大赛】 1月10日至12日，由文化厅人事教育处、社文处和广西群众艺术馆共同主办的第一届全区群众艺术馆、文化馆业务干部专业技能比赛开赛。比赛宗旨：为提升群众文化队伍整体业务素质，建设一支艺术水平高、业务精通、作风过硬、综合能力强、整体素质好的群文干部队伍，适应新时期群众文化工作的需求。来自全区14个市群众艺术馆、文化馆的业务干部140多人参加比赛。比赛分声乐、器乐、舞蹈、戏曲、小品、美术、书法、摄影8个门类进行。经过2天的角逐，评出一等奖15名，二等奖29名，三等奖42名。来宾市、南宁市、崇左市、桂林市群众艺术馆获团体优胜奖。

【农民的笑声·广西群文春节联欢晚会】 1

月26日，由文化厅主办、广西群众艺术馆承办的“农民的笑声·广西群文春节联欢晚会”在广西话剧团明星剧场举行。晚会以歌舞为主，表现全区各地农民群众在改革开放的大好形势下对农村发生的巨大变化的喜悦之情。深情地传出了全区群众文化工作者对祖国的祝福、对农民兄弟的亲切问候，传递出广大群文工作者祝愿来年我们的祖国国泰民安，五谷丰登的美好心声。

【广西农民画展，广西农民画展座谈会】 2月2日至6日，首届广西农民画展在自治区博物馆展出。为了办好此次画展，自治区群艺馆搜集了三江、靖西、武鸣等地农民创作的800多幅画作，包括水粉、油画、国画、皮画、剪纸、刺绣等门类。2月5日，文化厅、自治区群艺馆请来参展的几位农民画家及区内部分专业画家举行座谈会，共同探讨农民画的发展前景。广西农民画有非常好的传统，三江的农民画、临桂的“三皮画”等声名远播，不仅受到游客欢迎，还远销美国、加拿大、日本、韩国以及东南亚等地。农民画质朴的画风、鲜活的生活气息也受到与会专业画家的肯定。广西美术家协会创作中心副主任王庆军认为，农民画家生活在民间，对生活有着独特的现实感受，潜意识里拥有本土的、原创性的感受；另外对用色、构图、视觉感受等的用法都很大胆，自如地表达内心感受，作品富于灵性。

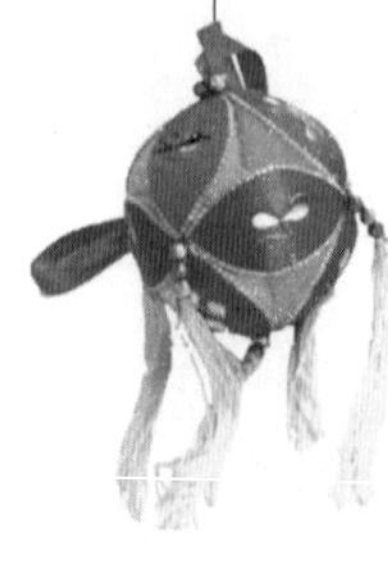

【和谐文化建设在基层】 “和谐文化建设在基层”是年内(及今后甚至是“十二五”期间)社会文化活动的重点，“和谐文化基层服务行”是年内群众文化活动的主题。其题旨在于：更好地开展“和谐文化服务行”群众文化建设年活动，培训基层文化骨干，逐步构建“省—市—县—乡—村”基层文化骨干培训网络，扎实开展公共文化服务体系建设，丰富群众文化生活，保障广大群众基本文化权益。年内，分别在象州、钦州、贵港3市举办“和谐文化建设在基层”基层文化骨干培训班4期。培训课程有声乐合唱辅导、舞蹈编导、戏曲表导演、小品创作表演等，培训基层文化骨干300多人次。这批骨干学习后再培县乡文艺骨干，起到了很好的辐射带动作用，极大地提高了我区群众艺术师资的水平。5月、7月、11月，分别在百色、南宁、河池举办“强基惠农行动”暨“文化致富工程”“两委”干部、文化馆(站)长培训班三期，培训演员350人次。这几期培训班对象是农村两委干部、文化馆(站)长，以学习文化政策法规、文化馆(站)建设管理理论为主，对于提高文化馆(站)长的管理水平，推动全区基层文化建设，起到了积极的作用。

【第三届广西歌王大赛】 4月16日，第三届广西歌王大赛在广西文物苑成功举办，来自全区11个市的58名民歌手参加了比赛。比赛评出4名歌王、10名十大民歌手。1000多群众冒雨兴致勃勃地观看了比赛。本届歌王大赛是第5个“文化遗产日”重要内容之一，对于营造全社会参与保护文化遗产的良好氛围，促进文化遗产保护工作，具有重要意义。大赛呈现以下特点：一是展示了广西山歌的魅力。广西歌海，早已出名。生活在广西这片神奇土地上的各族人民，酷爱山歌，喜唱山歌，几乎无处不歌、无事不歌、无人不歌。这次比赛，歌手们用本土民间通俗、诙谐生动的“比喻”“双关”语言，巧妙地表现心声。他们出口成章、应答如流，他们编的山歌句式短小，押韵合辙、妙语如珠、趣味横生，令人回味无穷。二是推动非物质文化遗产传承的工作开展。这次比赛的歌手全部来自农村，都是本地出名的有代表性的民间歌手。本次比赛有操桂柳话、客家话、白话、壮话歌手参赛。比赛对于提高我区的山歌艺术、推动非物质文化遗产的传承大有意义。三是收获了一批高质量的山歌作品。内容既有反映改革开放农村新变化，又有当前广西抗旱的新进展，既有计划生育的宣传，又有和谐发展的主题。所编的歌词与时俱进，以小见大，意义深远。四是发现了一批优秀歌手。本次大赛评出的4名歌王，能编能唱，多次在各类比赛中获奖，是本地民歌的传承人，是山歌队伍中的尖子。

【“欢腾广西·声动广西”上海世博会广西活动周室外演出活动】 上海世博会广西活动周室外演出“欢腾广西”“声动广西”二个活动板块，抓住室外演出大气、欢腾、热烈、互动的特点来进行精心构思编导。“声动广西”花车巡游利用广西特有的壮族铜鼓、凌云长号开道，壮族会鼓、马山扁担舞、芦笙踩堂、宾阳彩架为主体，配以广西特色音乐，向观众展示一幅流动的广西画面，为游客营造一个欢乐的海洋，特别是极具视听冲击力的马山会鼓等方块队表演，让中外游客惊喜赞叹；“欢腾广西”庆典广场演出的竹杆舞、芦笙舞、板鞋舞等观众互动舞蹈，让观众切身感受到了广西文化的绚丽多彩，集中展示广西非物质文化遗产精髓，演员与观众联欢互动，营造欢腾的氛围。“欢腾广西·声动广西”用“特、美、情、新”的艺术形式，让30多万中外游客饱览了广西的风采，为广西争了光。

【广西纪念中国人民抗日战争胜利65周年广场文艺晚会】 晚会，由文化厅主办，广西群众艺术馆承办，与9月3日晚在南宁举行19个演出单位的758名演职人员参演。本场文艺演出活动是近年来参与人数较多的一次大型群众文化活动，将“爱国主义”教育和群众文化娱乐活动有机结合起来，出色的完成了中央和广西区委宣传部关于“弘扬以爱国主义为核心的民族精神”的群众文化活动任务，同时也丰富了群众文化生活。文艺晚会有大合唱、小品、歌舞、诗歌朗诵、传统戏剧演唱等艺术表现形式。晚会在由广西群众艺术馆“庆典艺术团”表演的《欢庆腰鼓》声中揭幕，以广西老三届合唱团、广西群众艺术馆红棉合唱团、广西歌舞剧院附属合唱团等演出单位300多人组成的大型合唱曲目《保卫黄河》的雄壮气势氛围当中闭幕，唱出了“万众一心、不怕牺牲、血战到底”的伟大民族精神；由南宁市青少年活动中心推出的少儿舞蹈《二小放牛郎》、南宁市燕子岭小学小朋友们表演的舞蹈《鼓娃仔》等节目，充分体现了当代少年儿童体验“抗日战争”的艰苦岁月和充分表达他们的艺术创新能力；男声四重唱《游击队之歌》、京腔京韵《红灯记、沙家浜、我是中国人》、男声独唱《龙的传人》、歌伴舞《为祖国干杯》等节目，以成功的广场表演唱将抗日战争题材与当代建设热潮完美链接，“龙的传人”欢唱“为强大的祖国干杯”；诗朗诵《烈士碑前的记忆》表现出了“悲壮与雄浑”的革命英雄气魄，深深的感染了现场观众。晚会以多种艺术形式艺术的再现了65年前那段血与火的历史，那段永不磨灭的历史。这场广场群众文艺活动，表达了广大人民群众追思“血泪史”、追求和平的渴望、强国富民的决心和睦邻友邦的良好祝愿。精彩的演出赢得阵阵喝彩和掌声，上千名观众度过了一个激情四溢的夜晚。

【第三届广西粤曲大赛】 大赛由自治区文化厅、贵港市人民政府共同主办，广西群众艺术馆和贵港市文化局共同承办，9月25日至27日在贵港市举行。来自南宁、贵港、梧州、北海、钦州、百色、崇左、玉林等市近70多位选手60个曲目参赛。经过2天的角逐，3首曲目获得金奖、7首曲目获得银奖，10首曲目获得铜奖。大赛丰富了群众文化生活，更好地继承、弘扬了优秀民族传统文化。大赛初赛

由各市自行组织，选拔出优秀的演员赴贵港参加复赛。复赛分个人演唱、两人对唱形式，可演唱传统粤剧曲目，也可演唱新创曲目；参赛选手年龄最小的10岁，最大的70岁；既有粤剧专业演员也有业余爱好者；复赛和决赛均采用电脑计分、现场打分、现场亮分的形式，力求做到公平、公正、公开。大赛突出了“全民性、艺术性和娱乐性”特点，得到广大人民群众的认可和称赞。大赛聘请国家一级演员、第十九届中国戏剧梅花奖得主、广西戏剧家协会副主席梁素梅女士，国家一级演员、享受国务院特殊津贴广西优秀专家、原梧州市政协副主席潘楚华女士等7名区内外著名的粤剧艺术家担任评委。7位资深艺术家认真负责的、公平公正的为大赛“把脉”，“引导”粤曲艺术的传承和发展，是本次大赛的又一大亮点。

【知青文艺汇演】 汇演由广西群众艺术馆、广西三丰集团有限公司联合主办。11月14日晚，“三丰集团杯”2010广西第四届知青文艺汇演颁奖晚会在南宁举行。本次汇演主题是“昔日广阔天地献青春，今朝欢歌笑舞颂祖国”。汇演于13日和14日举行，分为声乐类、舞蹈类、曲艺类、器乐类、当代青年才艺展示5个类别，有近200个节目参赛，近2000人参加。主要参演人员均为当年广西及湖南等地的上山下乡知青。此次汇演共分5场演出，每场演出现场都座无虚席，台上精彩的演出，台下掌声雷动，让各地知青融为一体，直到演出结束，台下的观众仍沉浸其中，意犹未尽。最终，声乐类的《眷恋》和《帕尼尔我的家乡多么美》、舞蹈类《映山红》和《青春的印记》、曲艺类的小品《美古和翠芳》、器乐类的《美丽的壮锦》等获得了一等奖，评委会还评选出了各个类别的二、三等奖。“知青文艺汇演”活动丰富广大知青的精神文化生活，追忆知识青年昔日战天斗地的流金岁月，展现新时期“夕阳红”的精神风貌。

【全区群众艺术馆馆长联席会】 4月20日，联席会在玉林市召开。广西群众艺术馆廖昆铭馆长主持会议，副馆长王小鸽、覃广周、龙建辉出席，14个市群众艺术馆馆长参加了会议。廖昆铭馆长传达文化厅有关会议精神，总结2009年群众艺术馆工作，通报有关情况和布置2010年群众艺术馆重点的工作任务。与会各馆馆长分别从群众艺术馆工作的认识、如何开展群文活动、如何做好公共文化服务、如何深化内部机制改革，以及当前群众艺术馆发展存在的问题等方面进行了交流和研讨，并提出了一些建设性的意见和建议。玉林市群众艺术馆为本次会议的召开作了精心的准备，会议议程紧凑。与会各馆馆长还在东道馆苏华聪馆长为联席会准备的纪念条幅上题词。

【第七届中国—东盟博览会民俗礼仪迎宾】 10月17日至22日，第七届中国—东盟博览会在南宁举行。广西群众艺术馆负责礼仪迎送任务。本着上级提出的“有利筹办、简化礼仪、务实节俭、杜绝浪费、尊重宗教和民族习惯的原则，实现节约型会议”的要求，本着礼仪接待工作“热情、细致、得体、大方、安全”的专业要求，机场礼仪迎送工作达到了场面隆重热烈，规范有序，迎送到位，宾客满意。整个过程无差错，无纰漏，受到了高层领导和境内外佳宾的赞扬和肯定。工作人员及演职人员总数210人；工作机动车辆9部。总共迎送东盟国家首脑、政要等贵宾客人187批次，1130人。工作人员和演职人员，每天早上4、6点钟起床赶赴机场，直到深夜12点钟撤离机场，连续几天，每天工作近20小时，出色的完成各项工作任务。

【广西第四届少年儿童艺术比赛】 8月26日

至29日，由广西青少年儿童文化艺术委员会和广西壮族自治区群众艺术馆主办，全区各市群众艺术馆共同承办的2010年广西第四届少年儿童艺术比赛在南宁市举行。比赛宗旨为展现当代少年儿童的风采，丰富少年儿童的课外活动内容，推动校园文化建设，构建和谐社会。本次比赛分为少儿声乐比赛、少儿舞蹈比赛、少儿器乐比赛、少儿美术书法比赛、少儿表演等各类别。比赛决出金奖64项，其中舞蹈类15项，声乐类22项，表演类6项，器乐类16项，美术书法类5项；银奖141项，其中舞蹈类32项，声乐类44项，表演类6项，器乐类38项，美术书法类14项；铜奖76项，其中舞蹈类13项，声乐类30项，表演类3项，器乐类19项，美术书法类11项；以及优秀组织奖14个，优秀辅导奖102人。

【第二届"魅力北部湾"广西群众文化理论研讨会】 10月15日至16日，由文化厅主办，广西群众艺术馆、广西群众文化学会、南宁市、北海市、钦州市、防城港市群众艺术馆联合承办的2010年第二届"魅力北部湾"广西群众文化理论研讨会在钦州市隆重举行。社文处处长黄燕熙、广西群众艺术馆副馆长王小鸽，广西群众文化学会领导、南北钦防各市群众艺术馆领导及部分获奖论文作者参加研讨会。研讨会以科学发展观为指导，深入研究了广西群众文化理论、广西公共文化服务体系建设等一系列重大理论和实践问题，着重研讨了如何建设具有广西特色、泛北部湾特色群众文化的深层次问题。研讨会共收集到108篇论文。本次研讨会的主要内容有：

一是如何加强文化建设和发展，整合广西本土文化资源，推动广西北部湾经济区文化大发展大繁荣，为社会经济建设营造良好文化氛围。

二是广西公共文化服务体系建构各组成元素有机配合的重要性理解。

三是认识广西群众文化理论建设存在问题认识的紧迫性和重要性，群众文化理论建设、公共文化服务体系理论研究的创新性。四是泛北部湾非物质文化遗产保护与传承问题；非物质文化遗产与群众文化活动及群众文化理论建设的多维重合性问题。广西群众艺术馆副馆长王小鸽作总结，认为这次研讨会是成功的群文理论讨论会，与会者既有具有多年群众文化工作经验的老同志，也有富于活力的年青同志，大家各抒己见，气氛热烈。不少与会人员结合自身工作实际，积极发言，对如何作好公共文化服务出谋划策。总之，此次理论研讨会得到了各界的响应和支持，研讨会学术氛围浓郁，得出了富有启示意义的结论，也提出了当前公共文化服务体系建设和群文理论建设存在的问题及其对策。

【第二届"魅力北部湾"群众文化活动】 品牌群众文化活动。为整合广西北部湾群众文化资源，进一步推动广西北部湾经济区文化大发展大繁荣，为广西北部湾经济区开放开发建设营造良好文化氛围，由文化厅、广西群众艺术馆，南宁市、北海市、钦州市、防城港市等单位主办的大型群众文化活动。10月16日，第二届"魅力北部湾"群众文化活动在钦州市举行，本次活动包括："魅力北部湾"群众文艺优秀节目展演、群众文化理论研讨会、美术书法摄影展览、"魅力北部湾"（群众文化年鉴）编纂等，期间还举办文化进社区、文化下乡活动。南宁、北海、钦州、防城港4市整合资源，联手打造"魅力北部湾"群众文化品牌，符合当代城市群文化发展的主流和趋势，成为汇聚广场文化、社区文化、乡村文化的新品牌。

【文化调研项目】 年内广西群众艺术馆，参与各类文化课题项目调研5项。参加由文化

厅组织开展的“全区农村公共文化服务体系建设情况的调研”“农村村级公共文化服务中心建设的督察”“全区文化节日调查”“全区舞狮队情况调查”“公共文化单位免费开放与公益性服务课题调研”等项目、课题调研工作。并写出调研报告《深入调查研究，提升建设理念——来自扶绥、龙州、靖西、德保、象州、金秀、柳城等七县公共文化服务体系建设情况的调研报告》《来宾三县公共文化服务情况调研报告》，得到文化厅社文处的认可。

【非物质文化遗产保护项目整理与研究工作】 年内，共完成12个非物质文化遗产项目名录撰写，其中1项入编国家级非物质文化遗产保护名录，即赵兴文撰写的《藤县舞狮》入编2010年第三批国家级非物质文化遗产保护名录，其余11项均入编第三批自治区级非物质文化遗产保护名录，包括调研编辑部撰写的《打榔舞》《拜囊海》《霜降节》《农具节》《芒那节》，以及活动策划部撰写的《瑶族织绣技艺》《瑶族医药》《甘王祭》《瑶族过山谣》《瑶族做盘王》《度戒礼》。

【群众文化理论研究】 年内，广西群众艺术馆组织的“北部湾群众文化理论研讨会暨全区新农村文化建设研讨会”顺利召开并取得可喜成果，2010全区群众文化论文评选活动征集论文108篇，评选出一等奖17篇，二等奖40篇、三等奖28篇、优秀论文24篇。我馆龙建辉的《试论群众文化艺术与和谐社会建设》《浅论广场舞美设计与群众艺术活动》、刘蝉鸣的《群艺馆提升公共文化服务品质的思考》、赵兴文的《浅论文化馆在公共文化服务中的地位》、吴鹏毅的《族群文化融合边际关系——厘清民族地区文化研究理念的重要性》、刘牧虹的《农村非物质文化遗产开发利用浅论》、曹俏萍的《略谈2010年上海世博会广西活动周文艺演出成功经验》、韦倩的《全国省级群众艺术馆网站建设的思考》、宋景芳的《谈谈乡村文化在公共文化服务体系中的作用》、银联英的《当前社区老年人精神文化建设存在的问题及对策》，在自治区文化厅主办的2010年“魅力北部湾”广西群众文化理论研讨会上荣获一、二等奖。赵兴文收集、整理、撰写的“2009年广西群众艺术馆工作概况”入编《广西文化年鉴2010》一书。吴鹏毅专著《变迁与地方化》（合著，第二作者）荣获中国少数民族文学学会“第二届侗学文学‘风雨桥’奖”（2010年9月）。全年选送论文10篇参加中国群众文化学会主办的2010年度全国群众文化论文评奖活动，2篇论文获奖。组织发动参加“天津市第十九届‘文化杯’全国鲁藜诗歌评奖”，选送的诗歌作品获得一等奖1篇、三等奖1篇，刘牧虹获个人优秀组织奖。韦佳公开发表《论唱歌训练的美学功能》《乐思与心态关系之剖析》，黄巧玲《浔江嘎琵琶的音乐形态》、何美霖《论音乐美学中的自律和他律》等论文。馆内群文理论研究呈现大步提升的态势。

【《梦的眼睛》】 少儿歌曲。由广西群众艺术馆傅滔作曲，梁绍武作词、李佳演唱，作品获得由中央电视台举办的2010中央电视台“全国儿童歌曲大奖赛”金奖。《梦的眼睛》是一首具有现代气息的儿童歌曲，曲作者的作曲技法娴熟，作品结构清晰，音乐语汇使用恰当，音乐形象丰富，旋律优美动听。在创作中曲作者特意采用流行音乐的创作风格，准确把握了现代少年儿童的心理活动，创作出了孩子们既喜爱演唱又具有一定演唱技巧的歌曲。曲作者将孩子们“梦”里的感觉描绘得既细腻又生动，通过精良的音乐制作将作品的意境完美地体现出来。词作者从孩子的角度出发，抓住了孩子们天真烂漫，又充满想象力的特点，为曲子的成功创作奠定了坚实的基

础。《梦的眼睛》曾在2007年参加由文化部、财政部、教育部、国家广电总局、共青团中央、中国文学艺术界联合会、北京市人民政府等联合举办的“全国少儿歌曲创作比赛”中荣获铜奖，2008年5月在中国音协新编的第二套《全国少儿歌曲考级作品集》中被列为第十级必唱曲目，2009年在中央电视台六一晚会《童心如歌》中，作为为数不多的新创儿歌入选，被重点包装，在晚会中大放异彩。

【《一袋玉米》】 小品剧。由广西群众艺术馆杨建伟编剧、导演，并由其担任小品剧主角。10月19至24日，作品荣获由文化部社会文化司、天津市文化广播影视局等单位联合主办的“天穆杯”全国第二届“新农村、新文化、新风貌”小品展演优秀剧目奖（最高奖项）。杨建伟荣获优秀演员奖。小品《一袋玉米》讲述了一位朴实的农民，为了给帮扶自己的干部送玉米几经周折，还产生了不少误会的故事，从侧面讴歌了机关干部实实在在为老百姓服务的事实及老百姓朴实的思想；反映了广大群众在党和政府的坚强领导下，干部与广大群众一起克服自然灾害，战胜困难，取得胜利；反映出和谐社会中干群之间结成的深厚的情谊及群众对生活的信心。

【群众文艺辅导·培训·人才培养】 年内，开办音乐舞蹈、戏剧曲艺、美术书法等群众文艺辅导培训，内容丰富多彩。第一，培训组织。一是馆办艺术团7个：红棉艺术团、红棉合唱团、母亲合唱团、火车头交响乐团、庆典艺术团、少儿合唱团、华艺艺术团，下基层参加演出152场。二是建设文化活动基地（示范点）10个：武鸣和双桥镇和乐屯活动基地、南宁翡翠苑艺术培训中心、南宁、百色、东兰、富川、贵港、崇左美术活动基地（示范点），以及未挂牌正在筹备的国乐艺术培训中心和音妙乐器钢琴培训基地。第二，培训活动：一是在象州、钦州、贵港开办声乐班、舞蹈班各6期，学员共270人。二是馆办声乐、舞蹈、美术各类社会艺术培训班19期，学员433人；开办古筝、古琴、声乐高考、钢琴基础等未成年人艺术培训班16期，学员120人；举办农民工艺术培训班1期，学员12人。同时，年内广西群众艺术馆送培相关业务人员参加各类各级干部业务培训学习、参加各类学术活动5人次，进一步提升干部业务水平和职业技能，扩大群众艺术馆的社会活动影响力，提高了业务干部的文化理论素养。卢瑞君、宋景芳参加文化厅举办的广西非物质文化遗产保护培训班；卢瑞君参加由文化部产业司、区文化厅联合举办的2010中国—东盟文化产业论坛，参加由文化厅举办的全区非物质文化遗产保护培训班；韦佳、黄瞻赴文化干部管理学院学习深造。

广西博物馆

【概况】 广西博物馆创建于1934年7月1日，馆址位于南宁市青秀区民族大道34号，是一家省（自治区）级综合性历史类博物馆，是目前广西唯一的国家一级博物馆。主体建筑是一座具有壮族干栏式建筑特点的长方体大型建筑，集陈列展览和业务办公于一体，一至三楼用于陈列展览，四楼用于办公。陈列大楼后面是一块24000平方米、具有浓郁地方特色的民族文物苑。整个博物馆占地面积约60亩。馆藏文物达41792件，包括出土文物、近现代文物、书画、陶瓷器和杂项等，其中一级文物144件（套），二级文物1961件（套），三级文物3848件（套）。此外，还收藏有大量的图书资料，其中线装古籍达3万多册，弥足珍贵，是自治区级重点古籍保护单位以及自治区级古籍修复中心。设有办公室、

财务科、老干科、保卫科、陈列研究部、保管部、宣传教育部、民族文物苑管理部、文物修复保护研究室和广西文物考古研究所等11个部门。共有职工118人,其中事业编制93人,合同聘用25人,其中硕士研究生学历9人,本科学历42人,本科以上学历人员占全馆总人数的35.6%;在学科结构上,在编的专业技术人员涵盖民族学、历史学、博物馆学、考古学、管理学、美术学、文物保护、文物修复、图书档案管理、信息工程、计算机、英语等专业,其中具有中级职称人员40人,高级职称人员23人,中级职称以上人员占全馆总人数的53.3%。年内共举办长设文物展览2个,临时展览28个,引进临时展览3个,共接待国内外观众约41万人次。为国内外各种代表团、旅行团和学生讲解近500场次。

【瓯骆遗粹——广西百越文化文物陈列】 2月10日在广西博物馆开幕,是广西博物馆大型展览"广西历史漫步"之一。展览形式设计与施工面向社会公开招标,是广西博物馆建馆以来投资最大、展出文物数量最多、文物级别最高的展览,共展出瓯骆文物珍品235件(套),其中一级文物56件(套)。展览以时间为序,结构上采用专题形式,分为"远古神奇""上古华章"和"汉文越风"三个部分。通过展示富有浓郁地方特色的百色手斧等珍贵文物,配以花山等重要文化遗址的模型和大型复原场景,突出广西历史文化的特点,从不同侧面反映广西悠久灿烂的历史文化风貌。

【妙笔丹青——馆藏齐白石、黄宾虹、徐悲鸿、张大千绘画艺术精品展】 10月1日～10月30日,在广西博物馆展出。是广西博物馆利用本馆馆藏文物资源举办的特色展览,共展出齐白石、黄宾虹、徐悲鸿、张大千四位大师的44幅珍贵墨宝,内容题材包括花鸟虫鱼及人物山水等。为保护这些绘画作品,广西博物馆专门定制了一批科技含量较高的新式大型展柜,内置电脑控制恒湿设备,可悬挂大幅落地图轴。展览共吸引了2万多人次参观,南国早报、南宁晚报、生活都市报、南宁电视台等多家新闻媒体对展览进行了采访和报道。

【这里的石头会说话——馆藏石质文物展】 12月31日,在广西博物馆开展,是一个跨年主题展,展至2011年2月20日。展览分为"粗打细磨——石器""石之美者——玉器""质朴如素——滑石器""石吐虹霓——砚台"等四个部分,精选广西博物馆馆藏最具代表性的四类石质文物,共展出文物44件(套),诠释了石质文化遗产博大精深的文化内涵以及石质文物在人类社会发展历程中不可忽视和不可替代的重要作用。

【千年瓷都——江西省博物馆藏景德镇瓷器精品展】 该展览是广西博物馆从江西省博物馆引进的一个展览,于3月12日至5月12日在广西博物馆展出。展览分为"景德镇的兴起""崭露头角——空前绝后的宋代瓷器""瓷都风华——名冠天下的元代瓷器""窑火凝珍——五彩斑斓的明代瓷器""繁花似锦——流光溢彩的清代瓷器""珠山传奇——力挽狂澜的民国瓷器"等六个部分,共展出江西省博物馆藏历代景德镇瓷器121件(套),全面展示了景德镇制瓷的历史风貌。

【策马西行——滇黔桂三省(区)博物馆藏徐悲鸿作品联展】 由广西博物馆与云南省博物馆、贵州省博物馆联合举办。展览于6月28日至8月28日在广西博物馆展出。共展出徐悲鸿先生生前作品114幅,作品多为徐悲鸿先生在抗战时期亲临滇黔桂三地时所创作。

【名人名枪——中国人民革命军事博物馆枪

械珍品特展】 从中国人民革命军事博物馆引进，于10月15日至11月28日在广西博物馆展出。展览分为“峥嵘岁月的见证”“国际友谊的象征”和“枪械演进的经典”三个部分，共展出中国人民革命军事博物馆珍藏的99件枪械精品，展出的大多数枪支都是国家一级文物，其使用者是名人、伟人，或都挂有“第一”的特别称谓。

【举办书画、摄影临时展览】 年内与相关单位组织举办了“广西艺术学院2010年毕业学生作品展”“南宁市第九届教育系统师生暨国际友好城市青少年迎春艺术作品展”“广西女职工手工艺作品展”“广西女性书画摄影展”“南宁同心书画院书画展”“华夏瑰宝——广西艺术品收藏协会会员收藏精品展”“广西非物质文化遗产传统技艺大展”“南宁市首届政法委书画摄影展”“纪念广西壮族自治区档案馆成立五十周年书画作品展”等30个书画、摄影类临时展览。

【参加全区讲解比赛获奖】 6月27日至29日，广西博物馆派出12名选手参加“2010年全区文化遗产保护宣传讲解大赛”，取得优异成绩。王维获专业组一等奖，李耀东获专业组二等奖，于静、林洁获专业组三等奖；方凯彦、王双获特邀组二等奖；韦妮、马昕昀获得志愿者组二等奖，谢旖旎、吴玉卿、朱梓宁获志愿者组三等奖，敖龄匀获志愿者组优秀奖；肖君、黄璐获最佳讲解词编写奖；同时广西博物馆荣获组织奖。

【“馆长讲解日”活动】 年内，广西博物馆推出了“馆长讲解日”特色讲解活动，每月最后一周的星期五，由馆长或专家到展厅为观众进行讲解。“馆长讲解”以学术研究的角度介绍馆藏文物，并且接受观众的提问和建议。年内为观众讲解的馆长和专家有：吴伟峰馆长、韦江副馆长、林峰副馆长、黄启善研究员、蓝日勇研究员、郑超雄研究员、谢光茂研究员等。

【开展文化遗产保护宣传月活动获表彰】 6月份，广西博物馆开展文化遗产保护宣传月活动，获得了国家文物局的表彰，荣获“文化遗产日活动组织奖先进集体”称号。在文化遗产保护宣传月开展的活动有：首届“我看博物馆”摄影比赛、“我心目中的瓯骆精品——观众最喜爱的十大文物”评选活动、“三大博物馆一日游”博物馆文化之旅活动、“广西博物馆之友”文物鉴赏会、《馆藏古代书画精品选集》赠书仪式、有奖知识问答等。

【中华传统节日主题活动】 年内，广西博物馆推出了中华传统节日主题活动，6月16日（端午节）当天，开展“中华传统节日之话端午”主题教育活动；8月14日，举办“七夕秀巧手”活动；9月20日至22日，在馆内及南湖小学、中山路小学开展“我们的中秋”主题活动；10月15日至16日，在馆内及东葛路小学开展重阳节主题活动。

【文物宣传进校园、社区、军营和乡村】 年内文物宣传小分队先后走进了广西师范学院、南湖小学等校园开展文物巡展和宣讲活动，并跟随当代生活报的服务大篷车来到商业厅小区、文华园小区等社区，与公众开展互动交流。“八一”建军节前，还将巡展送到了广西边防总队海警二支队。7月底，将“瓯骆遗粹——广西百越文化文物”图片展送到靖西旧州壮族生态博物馆展出，并向当地居民发放宣传资料及《文物保护法》知识读本。

【举办专题知识讲座】 年内广西博物馆走进校园，举办了瓯骆文化讲座、博物馆文化讲座；还邀请国学专家到馆里作《中华传统服饰》及《弟子规》等国学讲座。

【爱国主义教育基地共建活动】 与广西民族

大学共建“青年就业创业见习基地”、与广西公安边防总队海警第二支队建立“警民共建”关系等。

【志愿者工作】 开展了第四批志愿者招募工作,共招募了138名志愿者并对他们进行培训、考核。志愿者杨柳荣获第二届中国博物馆十佳志愿者之星优秀奖。

【参加爱国诗词配乐朗诵比赛获奖】 9月3日晚上,广西博物馆派出七名选手,参加公安厅由自治区直属机关工委主办的第二届“我邀明月颂中华”历代经典爱国诗词配乐朗诵大赛。分别朗诵了唐代诗人杜甫的《春望》和宋代词人辛弃疾的《摸鱼儿》两首爱国诗词,最终以总分第11名的成绩荣获三等奖。

【文物修复保护工作】 全年共修复馆藏文物25件套,其中包括:书画文物15件/套、金属文物7件/套、石质文物1件/套、古籍2件/套。在完成本馆文物修复工作的同时,我馆还承担了广西民族博物馆委托的13件/套纸质文物的修复任务;为南宁市昆仑关战役博物馆保护修复了17件铁器文物;为崇左市博物馆保护修复了4件铁器文物;为田东县博物馆、合浦县博物馆复制了一批文物。11月,由广西博物馆承担,中国文化遗产研究院、西北大学协作的《广西壮族自治区博物馆馆藏贵港市罗泊湾汉墓出土漆木器保护修复项目》,在西北大学博士生导师王蕙贞教授的指导下正式开展。

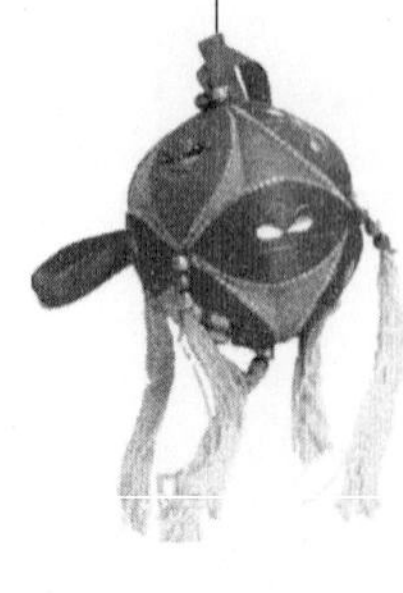

【藏品搜集及信息化工作】 全年增加藏品83件,其中56件从广西文物考古研究所交来的出土文物资料中挑选入藏,其余为社会征集和接受社会捐赠。年内完成第一批馆藏珍贵文物共计4706件(套)的《馆藏文物信息管理系统》文字信息录入和影像采集录入工作,并提交广西文物信息中心。组织专家对馆藏的一般文物进行重新定级,已完成近现代文物、陶瓷器文物、出土文物、书画文物的重新定级工作。并对新推荐的馆藏珍贵文物进行影像采集及将数据录入《馆藏文物信息管理系统》工作。

【征集中越边境旧界碑】 2月14日至17日,广西博物馆会同自治区外办边境处以及国家博物馆有关人员,到防城港、宁明、凭祥、龙州、大新等地考察中越边境旧界碑,为征集收藏这类旧界碑做前期工作。8月9日至14日,广西博物馆派员,分成两组分赴中越陆地边境防城段、宁明段和龙州段征集中越边境旧界碑。征集到宁明段49号旧界碑、防城段15号旧界碑、龙州段35号旧界碑。另受国家博物馆委托,征集其馆所藏界碑两块,分别为:防城段13号旧界碑、龙州段16号旧界碑。

【信息资料利用】 全年接待读者982人次,完成购书600册,接受赠书100余册,新书入库666册;编目上架过刊合订本193册、报纸42本;报纸夹放七种2500份、新杂志登记盖章86种449册;新旧图书及时归类上架747册。继续开展古籍普查和修复工作。完成5部馆藏古籍申报全区第二批珍贵古籍名录的申报以及“首批自治区级古籍修复中心”的申报工作;完成8类88种89册民族古籍整理工作。继续开展馆藏古籍经部、平装书历史类的编目数据录入工作,完成大洋洲史、美洲史、考古学等类目1700余条录入。组织开展图书资料回溯建库工作。

【安全保卫工作】 完善了安全技术防范系统和消防系统。重点完成了“瓯骆遗粹——广西百越文化文物陈列”展厅的消防水喷淋、探测器和排风系统安装施工。通过采购招标,投入18万元采购及安装配套了火灾报警联动控制器、消防广播功放器、消防报警备用电源等一批消防设备。重新修订完善了《广西博物馆消防安全管理制度》《广西博物馆治安保卫工作规定》《广西博物馆火灾应急预案》《广西博物馆突发事件应急预案》等规章制度和措施。全年组织对重点要害部位和出租房屋的安全大检查8次。在文物苑壮楼南边大草坪、陈列大楼二层西展厅进行了“文物苑壮楼火警应急演练”和“展厅突然停电，疏散观众应急演练”。

【科学研究】 全年专业技术人员在各类学术刊物上共发表学术论文48篇，编著出版《广西博物馆馆藏书画精品选集》《广西博物馆文集第七辑》《彭书琳论文集》《东亚和南亚早期旧石器文化》（翻译）等图录、论文集和著作。组织编撰的《河池铜鼓》荣获广西第十一次社会科学优秀成果二等奖。共有8个科研课题获得馆内立项。

【岭南地区考古与文化遗产保护——广东省珠江文化研究会岭南考古研究专业委员会成立十周年暨广西文博学术研讨会】 5月13日至16日，广西博物馆与广西文物考古研究、柳州市博物馆和岭南考古研究专业委员会共同主办的“岭南地区考古与文化遗产保护——广东省珠江文化研究会岭南考古研究专业委员会成立十周年暨广西文博学术研讨会”在柳州市召开。有来自北京、香港、浙江、湖南、广东、云南、贵州、广西等地区博物馆的专家学者共137人出席，会议收到论文54篇。

【博物馆致力于社会和谐——广西博物馆第三届学术研讨会】 12月16日至17日，广西博物馆召开“博物馆致力于社会和谐——广西博物馆第三届学术研讨会”。广西博物馆学术委员会委员、外聘专家、南宁市博物馆领导、我馆中层以上干部、提交论文的作者以及广西师范大学2009级博物馆与考古学研究生约60人参加本次学术讨论会，共有31名论文作者在会上发言。

【派员参加博协大会】 11月7日，国际博协（ICOM）第22届大会暨第25届全体大会在上海世博园开幕，这是国际博协成立64年来首次在中国举行大会。会议为期6天，来自全球122个国家、地区和国际组织的近3600名博物馆界专业人士围绕“博物馆致力于社会和谐”的主题，通过多层次、多角度、多学科的探讨，共同研究博物馆事业促进人类社会和谐发展的一系列重大课题。广西博物馆吴伟峰馆长、梁晓书记及各业务部门代表共12人参加了本次大会。

【人才培养】 全年通过工作调动和公开招聘，引进人才12名，其中副研究员1人，硕士研究生3人，本科7人，大专1人，分配到保管部、陈列研究部、宣传教育部及办公室工作。继续办好“考古学与博物馆学硕士研究生培养基地”。林强副馆长获聘为广西师范大学的硕士生导师。2007级“物馆学与考古学”硕士研究生顺利毕业，4名毕业研究生均应聘区内文物博物馆单位工作。“考古学及博物馆学”专业面向全国共招收了8名研究生。

【推进改扩建工作】 先后召开“广西博物馆建馆80周年庆典活动的通报会”“广西博物馆改扩建工作座谈会”“广西博物馆改扩建后陈列展览设置座谈会”。编制了《广西博物馆改扩建方案设计任务书》报请厅党组审批，并经文化厅领导的有关批示，委托有资质的代理机构草拟了《广西博物馆改扩建概念性方案设计征集文件》，在媒体上向社会发布了改扩建概念性方案的征集公告。11月，经专家评审，确定了改扩建概念性方案的中标方案，并对方案进行深化修改，形成广西博物馆改扩建方案。

【编制“十二五”发展规划】 总结“十一五”的执行情况，并着手编制“十二五”发展规划。经各部门及班子研究讨论，结合本馆实际情况，编制了《广西博物馆文物保护十二五规划项目》《广西博物馆十二五发展规划纲要》上报自治区文化厅、文物局。

【国家一级博物馆运行试评估】 7月27日上午，中国博物馆协会国家一级博物馆运行试评估专家组到广西博物馆实地考察、评估广西博物馆2009年、2010年度的运行情况。评估专家们对此次评估的具体情况予以说明，并认真翻阅本馆两年来的工作材料，对未来工作提出了意见和建议，到展厅及重点部门进行了考察评估。

【党建工作】 年内成立开展活动的领导小组，开展了“党组织建设年”“学习廉政准则、促进廉洁从政”主题教育活动、“讲党性，做一名爱岗敬业的文博员工——纪念中国共产党成立89周年主题党课”“结对共建、先锋同行”“创先争优”等活动，切实加强党组织的思想、作风、制度和反腐倡廉建设。组织中层以上领导干部参观了“广西检察机关预防职务犯罪展览”，给党员干部发放了《八桂赤子钟世才先进事迹读本》《七个怎么看》等学习资料。组织干部职工为见义勇为好司机丁祖兰罹患白血病的女儿捐款，为干旱灾区捐款购送爱心水等公益活动。

【参加区直文化系统第八届职工运动会】 组队参加了广西区直文化系统第八届职工运动会，取得女子拔河和气排球项目的2个团体第二名，女子羽毛球双打第二名，拖拉机扑克牌和女子羽毛球双打第三名的优异成绩，并获得了优秀组织奖。

【荣获“全区民族团结进步教育示范基地”荣誉称号】 11月6日，由自治区党委宣传部、自治区党委统战部、自治区民委和自治区教育厅联合举办的广西壮族自治区民族团结进步创建活动在南宁市民族广场举行启动仪式，广西博物馆荣获“全区民族团结进步教育示范基地”荣誉称号。

广西自然博物馆

【概况】 广西自然博物馆成立于1988年5月31日，1989年1月1月正式对外开放。全馆年末在编员工17人，其中正高职称者5人，副高职称者1人，中级职称者5人，初级职称者5人。设办公室、地学部、生物部、展教部、行政保卫科等部门。年内开展的各类展览及活动共接待观众70万人次，其中未成年人32万人次。全年新增入库藏品279件，完成了1458件定级文物的文字及图像信息的采集和系统录入工作。全年发表文章14篇及著作1部。本年度共获得全国科技活动周广西活动“优秀项目奖”等各类奖项16项。

【全国科技活动周广西活动】 全国科技活动周广西活动期间，广西自然博物馆组织了科普工作调查、北部湾海洋知识有奖问卷、发放科普宣传资料、专家科技知识解答咨询等群众性科普活动，共接待观众68816余人次，发放宣传单5500多份，发放科普工作调查、科普知识有奖问卷、礼品1900份。荣获全国科技活动周广西活动“优秀项目奖”称号。

【广西科技活动周】 广西科技活动周工作期间，广西自然博物馆以科研成果为载体，以科普长廊展示为平台，以“活‘化石’——大熊猫”为展览主线，积极参加广西科技活动周工作，观众4万余人次，荣获广西第19届科技活动周科普长廊竞赛三等奖。

【文化遗产保护宣传月】 文化遗产保护宣传

月期间，广西自然博物馆先后到南宁市天桃实验学校、南宁市一中、南宁市北湖路小学等学校开展文化遗产保护宣传月科普校园行活动。“活化石——大熊猫”展和“走进恐龙时代”展吸引了广大师生，累计参与活动师生达10000人次，发放宣传资料3000余份，发放科普调查科普知识有奖问卷、学习文具2000余份。

【国际博物馆日】 5月18日国际博物馆日，广西自然博物馆参加了广西文化遗产保护宣传活动启动仪式，并赴贵港开展“5·18国际博物馆日宣传科普校园行”活动，与贵港西江中心小学、县西小学、小江小学师生一起观赏大熊猫展览。发放有奖问卷3000余份，学习文具500份，科普宣传资料2000余份。

【全国科普日暨广西十月科普大行动活动】 10月，广西自然博物馆作为协办方参加了在桂林临桂县举办的全国科普日暨广西“十月科普大行动”启动仪式及科普广场活动、“百色革命老区少数民族山乡科普行”活动、广西科协科普工作队“倡导低碳理念，践行低碳生活——广西科普校园行”合山活动、市科协在武鸣县开展的“人才活动月”科普惠农科技下乡活动，观众达20000余人次，取得良好的宣传效果和社会效益。

【大型科普宣传工作】 2月，广西自然博物馆与自治区林业厅联合举办了“第十四届世界湿地日”活动。《广西日报》《南宁晚报》等12家新闻媒体进行了报道，社会效益辐射广，全面提升了我馆社会知名度。5月，广西自然博物馆协办了广西政协人口资源环境委员会在横县六景民族中学，主办的“广西春芽·金龙钛业助学奖学英语竞赛”暨“走进恐龙时代”科普活动。“走进恐龙时代”科普专题展览走进横县六景民族中学、六景镇中心学校，共2860人师生参观了展览，资助特困生25名，奖励优秀生25名。

【项目申报】 3月，组织开展“广西中越边境地区两栖爬行动物物种多样性与区系研究”国家自然科学基金的项目编写与申报工作；4月开展“国家林业局2011年第二次全国陆生野生动物资源调查项目”子项目的“广西棱皮树蛙野外资源调查研究”和“广西黑熊资源专项调查”项目编写与申报工作；同玉林师范学院合作，共同申报国家自然基金项目《广西濒危雉类黑颈长尾雉的遗传多样性及保护研究》。

【藏品管理】 广西自然博物馆年内完成藏品数据库建设项目1025件藏品的文字信息输入。完成了1458件定级文物的文字及图像信息的采集和系统录入并上交给相关部门。对现有藏品进行清点核对工作，编制、打印了10500多号的18000多件藏品的目录，先后进行了总账、分类账、信息卡与藏品实物的核对，总共完成了18059件(含三叶虫)藏品的信息核对工作。10月份，对470件定级石器藏品的质量重新进行测定并进行信息补录。支援崇左市各县文物藏品进行图像信息采集，先后完成了对崇左市、凭祥市、龙州县、大新县、天等县总共462件定级文物藏品的拍照，共采集的照片近3000张。

【扶绥那派盆地恐龙化石地点调查】 4月，广西自然博物馆开展了国家自然科学基金项目扶绥那派盆地恐龙化石调查。对扶绥县早白垩世恐龙化石产地进行调查，发现了部分恐龙化石，初步鉴定为鸟脚类恐龙。

【桂西南地区洞穴哺乳动物化石调查和试掘】 1月至6月，由广西自然博物馆参加的第三次文物普查工作队在桂西南地区的崇左、大新、天等和扶绥等县进行洞穴哺乳动物化石调查和试掘。该项目为广西文物局专项项

目。共调查190多个洞穴，发现含化石洞穴100多个，部分洞穴还发现了新旧石器时代石器和人类化石，并对田东县独山洞和崇左岩山洞进行试掘。独山洞的试掘发现了大量的石制品和人类化石，包括石片1000多件，人类骨架两具，头骨1个，初步测定的年代为距今12000年左右。岩山洞的试掘发现了大批犀牛骨架化石。

【桂北地区洞穴哺乳动物化石调查】 4月至5月，由广西自然博物馆参加的第三次全国文物普查队对桂北地区的南丹、巴马、凤山和宜州等地进行了洞穴哺乳动物化石调查，发现了少量化石。

【桂西南中越边境地区两栖爬动物多样性调查与研究】 广西自然博物馆年内先后到十万大山、大新恩城、下雷和靖西帮亮、岳圩、龙州弄岗等自然保护区开展两栖爬行动物资源调查，重点是对蛙类新种平龙树蛙、蛙类新种弄岗小树蛙和弄岗睑虎进行生态学考察研究，采集到平龙树蛙等两栖动物成体250多件及一批蝌蚪标本；发现了弄岗小树蛙的另外两个新分布点；采集到目前在国际上备受关注的凭祥睑虎；采集到了一种分布范围极其狭小的姬蛙科物种——德力小姬蛙。

【北部湾海洋动物多样性调查和标本采集】 3月份起，广西自然博物馆开展了防城珍珠港潮间带生物项目调查。对防城珍珠港的9个取样断面，27个样点进行定性定量，获得包括海绵动物、腔肠动物、扁形动物、纽形动物、星虫动物、软体动物、环节动物、甲壳动物等多个门类的3000多件标本和2件珍贵的蝠鲼标本，丰富了馆藏海洋生物藏品。

【标本征集】 发掘发现哺乳动物牙齿化石和古人类旧石器标本数千件；征集马达加斯加出土的菊石化石标本4件，贵州关岭地区出土了鱼龙化石2件；购买征集中华盗龙、双嵴龙、巧龙、蛇颈龙、建设气龙、昆明龙、霸王龙、准噶尔翼龙模型骨架各一具，仿真机器恐龙三角龙、霸王龙等一批共17件，亚洲象模型骨架一具；向广西壮族自治区林业厅申请收藏保管虎皮、豹皮各一张标本；到安徽宁国市工艺标本场实地考察和征集部分展览用标本。标本的征集为广西自然博物馆更好地开展学术研究，科普展览以及进行相关产业开发等方面打下了坚实的物质基础。

【区直属机关“最佳主题实践活动奖”及“学习型党支部”称号】 中共广西自然博物馆党支部广大党员同志长年坚守文博第一线，在科研、展教、野外考古发掘等领域中取得累累硕果。年内，广西自然博物馆党支部精心策划的“走进北部湾，保护海洋生物多样性”实践活动获得“区直机关基层党组织生活创新最佳主题实践活动奖”，同时党支部获得“区直机关学习型党支部”等荣誉称号。

【论文发表】 广西自然博物馆年内共发表高水平科普论文14篇和著作一部，其中SCI学术论文8篇，国际或国家核心期刊论文2篇，这些科研成果，极大地提高了广西文博相关领域在我国乃至国际的影响力。论文《Redescription of Cobitis longipectoralis Zhou，1992 (Cypriniformes：Cobitidae) from late early Miocene of East China(中国东部早中新世晚期出土的长胸鳍花鳅(鲤形目，鳅科)的再研究)》作为封面文章刊登于《SCIENCE CHINA Earth Sciences》2010年第53卷第7期；与法国科研中心Romain Amiot博士合作的研究论文《Oxygen isotope evidence for semi—aquatic habits among spinosauridTheropods(氧同位素证据表明棘龙属半水生动物)》发表于美国的《Geology》杂志2010年2月第38卷第2期；与法国古生物研究专家佟海燕合作的研究论文《Jiangxichelys, a new nanhsiungchelyid turtle from the Late Cretaceous of Ganzhou, Jiangxi Province, China(中国江西赣州晚白垩世一新的南雄龟类——江西龟)》发表于英国的《Geological Magazine》2010年第147卷第6期;《横断山区复杂地形与气候对川西白腹鼠种群地理分化的影响》发表于《四川动物》;《豫南小鲵为无效种及中国大陆小鲵属分子系统发育(有尾目,小鲵科)》发表于《动物分类学报》;与中国科学院南京古生物研究所合作,研究了宁明第三纪植物化石的裸子植物部分,并发表了研究论文《A new Cephalotaxus and associated epiphyllous fungi from the Oligocene of Guangxi,South China》。莫运明研究员参与编著,由世界自然基金会(WWF)及地奥制药集团资助的《中国两栖动物彩色图鉴》于3月正式出版发行。(四川出版集团,四川科学出版社)

【学术交流】 广西自然博物馆科研人员年内开展了富有成效的学术交流活动,增强了与国际、国内同行之间的交流与合作。6月,英国自然历史博物馆和伦敦大学学院的古生物专家学者对广西自然博物馆进行参观访问,观察了收藏的扶绥恐龙化石和江西蜥蜴化石,双方就进一步的合作研究达成了共识。8月,莫运明研究员参加了在桂林召开的"中国动物学会两栖爬行动物学分会2010年学术研讨会",并作了题为《桂西南中越边境地区6种树蛙蝌蚪形态特征的比较研究》的学术报告。9月,莫进尤研究员参加了在山东省平邑县召开的中国古生物学会古脊椎动物学会第12次学术年会暨第四纪古人类—旧石器考古专业委员会第3次学术年会。11月,莫进尤研究员参加了在泰国马哈莎拉勘大学召开的第二届东南亚古生物国际学术会议(ICPSEA2010),参观考察了泰国斯林通恐龙博物馆、泰国硅化木博物馆和泰国国家自然历史博物馆,论文《中国广西发现的侏罗纪中期蜥脚类恐龙化石(A sauropod dorsal vertebrate from the Middle Jurassic of Guangxi, China)》入选会议论文集。年内,广西自然博物馆先后协助广西师大、美国夏威夷大学和英国Kent大学的学者对我馆古人类文物藏品进行研究,共接待了国内外学术研究访问者二十余人。

广西民族博物馆

【概况】 广西民族博物馆位于南宁市青秀山风景区内,占地130亩,总建筑面积28360平方米,建设总投资约2.5亿元,是自治区财政全额拨款的全民所有制事业单位,直属文化厅。该馆于2009年5月1日正式长期免费对公众开放,其功能定位为专题性民族文化博物馆,以广西各民族繁衍生存、融合发展的社会发展物证、文化与艺术遗存、典籍等文化遗产及其研究成果的收藏、保护、研究及宣传展示为主要任务,同时兼顾周边各省以及东南亚各国相关民族的文化资料及文物的搜集、收藏、研究与展示,使之兼具中国—东盟博览会的文化交流功能,成为中国乃至世界相关民族文化研究和交流中心之一。馆内设有3个基本陈列,即《五彩八桂——广西民族文化》《穿越时空的鼓声——铜鼓文化》和《中国与东盟》,另外还设有1个临时展厅。露天展示园占地约60亩,是室内基本陈列的延伸和补充,集中展示(演)广西各民族具有代表性的传统民居建筑、民族工艺和民俗风情。其他服务设施还有:对外开放的多功能会议厅、民族民俗文化及东盟文化图书馆、信息资料中心和连接广西10个民族生态博物馆的网上博物馆。馆内机构设置齐全,设有办公

室、事业发展研究部、文物保护和保管部、信息资料部、社会宣传工作部、物业与安全管理部、产业开发部等7个部门。目前全馆职工共109人,其中事业在编人员52人,后勤服务聘用人员9人,馆内自聘人员48人;其中博士研究生学历1人,硕士研究生学历13人,本科学历64人,本科以上学历人员占全馆总人数的59%;在学科结构上,在编的专业技术人员涵盖人类学、民族学、历史学、博物馆学、社会学、美术学、英语、计算机、文物保护、文物修复、图书档案管理、信息工程、教育学、汉语言文学、文化管理等专业,其中正高级职称2人,副高级职称2人,中级职称15人,初级职称30人,分别占专业技术人员总数的8%、30%和62%;有享受国务院政府特殊津贴专家1人,入选"新世纪百千万人才工程"国家级人选1人;在年龄结构上,52名专业技术人员中,35岁以下人员41人,36至45岁人员6人,46岁以上人员5人,是一支老中青结合、满怀热情、积极向上、朝气蓬勃的队伍。

【军民共建揭牌仪式】 为共建和谐邻里关系,增进军民鱼水情,继承和发扬"军爱民、民拥军"的光荣传统,推动社会主义精神文明建设更上一个台阶,本年度广西民族博物馆与中国人民解放军在庆祝中国人民解放军建军83周年之际隆重举行中国人民解放军75707部队、广西民族博物馆军民共建文明单位揭牌仪式。

【荣获区直机关文明单位称号】 为积极响应党中央深化"科学发展先锋行",深入开展"创先争优"活动的号召,广西民族博物馆开展全方位多角度多层次创先争优工作。成立了文明单位创建工作领导小组,强化责任落实,营造创建文明单位工作氛围;强化干部职工思想道德教育,树立良好道德风尚,突出创建文明单位工作重点;进一步加强业务建设,提高服务水平,充分发挥博物馆社会教育功能,深化创建文明单位工作内涵;加强馆舍绿化、美化、净化工作,坚持综合治理常抓不懈,全面构建和谐博物馆。12月荣获区直机关文明单位称号。

【馆校共建】 为了和社会其他单位、部门资源共享,优势互补,广西民族博物馆以共建单位的形式促进共建双方共同进步,为发展民族文化和推动社会主义精神文明努力。先后分别与广西国际商务职业技术学院、广西区党校、广西教育学院和广西民族大学签订了《校外实训协议》和《民族团结教育基地》的共建协议,积极开展共建活动。

【参加第二届"我邀明月颂中华"——历代经典爱国诗词配乐朗诵大赛】 9月3日,广西民族博物馆派出郑雅元、覃婷、张伦、程晖、农雄琦五名选手参加自治区区直机关工委主办的第二届"我邀明月颂中华"——历代经典爱国诗词配乐朗诵比赛。五位选手表演唐代诗人张若虚的著名诗篇《春江花月夜》,荣获大赛三等奖。

【参加自治区文化系统运动会】 11月中旬,广西民族博物馆参加自治区文化厅举办的"区直文化系统第八届运动会",获"道德风尚奖"。

【干部培训和人才培养】 年内,广西民族博物馆大力开展干部培训和人才培养工作,共开展"广西民族博物馆2010年中层领导干部培训班""2010年全区文博单位管理干部理论学习班"等中层以上干部培训7次,参加培训人员81人次;开展"文物鉴定培训班——玉器、青花瓷基础知识及鉴定""全区文化系统文化产业投融资项目落实工作培训班"等业务知识培训21次,参加培训人员227人次;

开展《改扩建后的加拿大B.C省大学人类学博物馆》《印度尼西亚少数民族文化》《加拿大原住民博物馆怎样让物质展示非物质文化》等学术交流讲座26次，参加培训人员达432人次。

【建立健全岗位职责和绩效考核制度】 结合实际开展广西民族博物馆岗位职责和绩效考核制度建设工作。完成博物馆岗位设置工作，明确馆属各部门工作职责和岗位职责，建立博物馆绩效考核制度，实行职工“工作业绩考核”及“出勤考核”结果与“岗位津贴”发放挂钩。绩效考核制度的建立健全，推动博物馆事业发展的同时进一步提高了干部职工的工作效率和积极性。

【七彩秘境——云南民族民俗风情展】 展览由广西自治区文化厅和云南民族事务委员会主办，广西民族博物馆和云南民族博物馆承办，1月底至5月在广西民族博物馆展开。此次展览共展出400多件(套)民族民俗文物，从传统服饰、宗教美术、节庆乐舞、手工技艺、纳西族现代东巴画5个方面，系统地展示了云南25个世居民族绚丽多彩的民族民俗文化。该展览的成功举办，加强了滇、桂两省(区)民族文化的合作和交流，有助于广大观众更好地了解和认识云南独特而灿烂的文化。

【似雪银花——贵州、湖南、广西三省区银饰展】 由广西自治区文化厅、贵州省民族事务委员会、湖南省文物局主办，广西民族博物馆、贵州民族文化宫、湖南省博物馆承办，柳州博物馆协办，以巡展的方式分别在广西、贵州和湖南展出。此次展览共展出了苗族头饰、胸颈饰、手饰、衣饰、背饰、腰饰以及银饰的制作工具300多件(套)，时间跨度从清代、民国至今。广西民族博物馆为该展览提供了近百件精美的银饰品。“似雪银花”银饰展的举办使三省(区)的民族文化得到了很好的交流，同时也让更多的群众认识和了解到了苗族独特的银饰文化。

【民族的记忆——广西世居民族原生态文化影像摄影展】 “5·18”国际博物馆日，由广西民族博物馆与资深民族摄影家王梦祥先生联合举办。本次展出的所有图片是从王梦祥先生几十年积累下来的几万张照片中筛选出来的，内容涵盖了广西12个世居民族的生态环境、生产生活、建筑、习俗、节庆、服饰等等，再结合广西民族博物馆馆藏的壮族、瑶族、苗族、侗族、仫佬族等民族文物，生动地展示了世居在八桂大地的各民族的精神世界和生存状态，使观众能够一览广西根深叶茂的民族文化，对传承和弘扬广西民族文化起到了巨大的推动作用。

【中国—东盟自由贸易区建设成就展】 为纪念“中国—东盟自由贸易区”成立一周年，由中国商务部、东盟10国经贸主管部门、东盟秘书处、广西壮族自治区人民政府共同主办，广西民族博物馆承办，成就展于8月至10月在广西民族博物馆展出，是第七届中国—东盟博览会的重要组成部分。成就展通过图片、音像视频等多种形式，展示了中国—东盟自贸区建设的重大事件和成就。同时，还展出了中国以及东盟各国的艺术家和少年儿童为成就展创作的书画作品。展览展出期间，广西民族博物馆接待了包括中共中央政治局委员、中央书记处书记、中宣部部长刘云山一行，柬埔寨国务兼商业大臣占浦拉西一行、老挝副总理阿桑·劳里一行、越南副总理张永仲一行，东盟各国政府代表团、全国政协代表团、台湾代表团、美国洛杉矶郡郡长代表团、美国普罗沃市议员代表团，以及我国各省代表团等。接待参观人数10万余人次。通过本次展览增进了人们对中国—东盟自贸区所

取得的成就的了解，促进了中国与东盟之间的友好交流与合作。

【广西摄影之窗——广西10名资深摄影家作品展】 由广西老摄影家协会、广西民俗摄影协会和广西民族博物馆共同举办。此次展览为期三年，分期举行，每期将展出广西10名资深摄影家的作品。全年共举办了两期，分别于9月和12月在广西民族博物馆三楼环廊展出。这些资深摄影家无论是在战争年代还是在和平时期，都坚守各自岗位，时刻把镜头对准社会焦点、生活热点、思想亮点，留下了大量不可再生的珍贵照片，照片或记录历史，或讴歌时代，或反映生活，每一幅照片都有一段难以忘怀的记忆。

【清冶铜华以为镜 莹光如水照佳人——陕西历史博物馆馆藏铜镜特展】 由自治区文化厅和陕西省文物局主办，广西民族博物馆和陕西历史博物馆承办，展期三个月。本次展览精选了陕西历史博物馆收藏的铜镜160余面，上起西周，下至元明，多数出土于古代墓葬，也有该馆历年征集的传世佳品。按照铜镜的发展历史、形状、纹饰、镜铭、工艺等几个部分，充分展现了我国古代铜镜的发展状况，在突出展示铜镜风韵的同时，让更多的人感受到了传统铜镜文化散发的恒久魅力。

【外婆送我花背带——广西少数民族背带艺术展】 展览于12月底在广西民族博物馆三楼环廊展出，全部展品皆为广西民族博物馆所藏，包括壮族、侗族、苗族、水族、瑶族和仫佬族的背带共计30多件。这些背带是广西博物馆工作人员深入广西各个村寨征集所得，件件都是村民们亲手制作。此次展览展示了原汁原味的少数民族背带及其所蕴含的风土人情，使观众领略到少数民族妇女的精湛技艺和她们慈爱的心胸。

【久远的记忆——中国少数民族地区岩画联展】 由广西壮族自治区文化厅和宁夏回族自治区文化厅主办，广西民族博物馆和宁夏回族自治区岩画研究中心承办，广西壮族自治区文物局、宁夏回族自治区文物局、新疆维吾尔自治区文物局、内蒙古自治区文物局、西藏自治区文物局、云南省文物局、青海省文物局协办，展期三个月。展览通过文字、照片、拓片和实物的形式展示了广西、宁夏、新疆、西藏、云南、内蒙古和青海七省区少数民族地区的岩画艺术。该展览让观众更好地了解、认知了各少数民族地区岩画的历史内涵及文化价值，达到了推广和普及岩画知识，培养公众保护意识的目的，获得了观众的一致好评。

【参加“世界传统服装展”】 第七届“新加坡文化遗产节”于8月11日至22日在新加坡举行。应文化遗产节组委会邀请，广西民族博物馆在馆藏众多的民族服饰中精选了具有代表性的那坡黑衣壮女服、金秀盘瑶女服、三江侗族男子芦笙衣、南丹中堡苗女服和白裤瑶女服等5套民族传统服饰参加了世界传统服装展。这5套传统服饰均为手工制作，集中了精湛的染织、刺绣和织锦等传统工艺，充分体现广西各民族的审美情趣、聪明智慧和浓厚的文化传统，使新加坡的观众领略到了来自中国南方多姿多彩的民族风情。

【系列民族音乐会】 为给各民间社会艺术团体及民间艺术爱好者提供展示平台，让更多的群众感受民族文化的魅力，更好地弘扬广西的民族民间文化，广西民族博物馆策划了一系列极具民族特色的音乐会：1月1日，举办“天音流水——2010年新年古琴音乐会”；2月19日，举办“民乐专场——金曲放送 余音绕梁”新春音乐会；2月28日，举办“独弦琴专场——京族风情 悠远缠绵”元宵音乐会；3月8日，举办“三八国际劳动妇女节专场音乐会”。这些专场音乐会，面向社会公众展示了博大精深的民族文化艺术，吸引了众多民族音乐爱好者。

【“进校园，进社区”系列活动】 广西民族博物馆采取“形式多样、层层推进、有序进行”的方式，在南宁市各大中小学及幼儿园、主要社区开展“进校园、进社区”服务社区、服务学校的活动。通过广西民族博物馆及生态博物馆、文化遗产知识等内容的展板、PPT、实物标本等资料展示，以流动展览、知识讲座等形式，针对不同社区、学校等受众面特点，有针对性地开展形式多样的宣传活动。

【全区文化遗产保护宣传讲解大赛】 6月26日至29日全区文化遗产保护宣传讲解大赛在广西民族博物馆举行。作为全区讲解大赛的承办单位之一，广西民族博物馆在积极备战参赛的同时，积极协助主办单位进行承办工作的开展，为大赛提供了各方面完备的服务，保证了大赛的顺利举行。广西民族博物馆参赛选手获得一等奖一名、二等奖一名、三等奖两名。

【民族生态之旅夏令营】 7月5日至7日，广西民族博物馆成功举办了东兴京族生态之旅夏令营活动，《南宁晚报》的小记者们参加了广西民族博物馆此次活动，参观了爱国英雄刘永福故居、冯子材故居，亲手做了一回坭兴陶，还参观了位于东兴的哈亭及东兴京族生态博物馆，采访了非物质文化遗产项目京族独弦琴艺术代表性传承人苏春发大师。7月23日至25日，广西民族博物馆联合南宁电视台、《南国早报》、南国早报网等单位举行的“广西民族文化体验之旅·三江侗族风情游”大型活动走进侗乡三江，5个经精心挑选的南宁家庭与侗乡美景和风土人情进行了一次亲密接触。通过民族生态之旅夏令营活动，让市民有机会了解了各族的民俗风情，增长了文化见识，树立了保护民族文化的良好意识。

【青少年“玩艺坊”】 为了让民族文化得以更好地保留与传承，为了让广西民族博物馆展厅里的陈列展品更加地深入人心，经过研究，结合展厅展品特色设计出手工制陶、民族刺绣、剪纸等儿童民间手工艺学习活动，每逢节假日，来体验的儿童络绎不绝，不仅培养了孩子的动手能力，更能让他们领略到民族手工艺的魅力，拉近了博物馆与孩子之间的感情。

【畅享民歌】 为了使民歌从乡村走入都市，从民间走向舞台，让民歌更贴近百姓的生活，焕发出更加旺盛的生命力，广西民族博物馆借助广西丰富的民歌资源，联合《南国早报》和早报网策划了“畅享民歌”活动。活动从9月中旬开始筹备，12月初通过南宁电视台、《南国早报》等媒体面向全区进行宣传，并迅速引发了广大民歌爱好者的强烈反响。近千人报名，选手涵盖各民族同胞，年龄层次从4岁至80岁。演唱类别包含传统民歌.新民歌以及广西具有代表性的各类原生态民歌，表演形式多样。广西知名歌唱家、民歌专家学者担任本次活动的评委，为选手提供专业的点评，广泛征集大众评审共同分享民歌的魅力，为广大热爱民歌的民众提供了一次很好的民歌文化盛宴。此次活动很好地发挥了对非物质文化遗产的宣传普及作用，宣扬了广西源远流长的民歌文化。

【2010月圆南宁·国际狂欢夜】 9月22日，南宁电视台“2010月圆南宁·国际狂欢夜”电视直播晚会在广西民族博物馆激情上演。晚会由“月圆中秋”“和谐水韵”“舞动邕城”“缘聚南宁”4个篇章组成。共有来自美国、澳大利亚、越南、柬埔寨、老挝等29个国家的友人参加了晚会。南宁市领导及越南、柬埔寨、泰国、老挝、缅甸5国驻南宁总领事馆官员等一起观看了演出。作为南宁市对外宣传的品牌

活动，在2009年成功合作举办的基础上，“月圆南宁·国际狂欢夜”是第二次在广西民族博物馆举办，形式更为新颖，舞美更为绚烂，很好地拉近了外国友人与广西民族文化的距离。

【创建国家4A级旅游景区】 为让观众能够获得愉悦的参观体验，广西民族博物馆积极进行服务设施优化和服务水平提升。从4月开始广西民族博物馆以创建国家4A级旅游景区为契机，投资约200万元紧紧围绕旅游交通、游览服务、旅游安全、卫生、邮电服务、旅游购物、综合管理、环境与资源保护几个方面的评分标准，进行全面整改，陆续开展了公交车线路开通、停车场改扩建、厕所改建、游客服务中心建设、全馆VI标志系统建设等整改工程以及一系列专业培训。经过近半年的努力，广西民族博物馆的公共服务环境得到了进一步优化，总体服务水平有了全面的提升，公众满意度也有所提高。广西民族博物馆成为了旅游交通便利、环境优美、配套设施完善、民族文化风情浓郁的优秀文化景区。12月，广西民族博物馆获得国家旅游局批准，成为国家4A级旅游景区，成为全区第三个获得“国家4A级旅游景区”称号的文博单位。

【“文化遗产 在你身边——追寻老物件”活动】 为真实记录20世纪历史，启迪后人，从5月18日“国际博物馆日”开始，至6月12日“中国文化遗产日”期间，广西民族博物馆联合南国早报、南宁电视台推出了“为明天征集今天——追寻老物件”专题活动，面向全社会公开征集20世纪100多年来的文化遗产——“老物件”。“老物件”征集活动得到广大人民群众的热烈响应和踊跃参与，南国早报先后对广西民族博物馆的“老物件”征集活动进行了17期的系列报道。广西民族博物馆共征集到包括“四大件”、早期的电子打字机、“一五”期间工业产品、珍贵历史资料照片等在内的六千多件“老物件”，抢救和收藏了一批极易消失的现当代文物，极大地丰富和提高了广西民族博物馆的文物收藏数量和质量。广西民族博物馆精选了600余件老物件制作了《百姓寻常物，历史深辙痕——“昨日时光”百年老物件展》在2011年年初推出，受到社会各界的热烈欢迎和广泛好评。

【青少年教育主题系列活动】 5月1日，广西民族博物馆推出了免费试穿民族服饰与和铜鼓零距离接触的活动。精美鲜艳的十二套广西世居民族服饰和古朴神秘的铜鼓分设在广西民族博物馆一楼大堂两侧，第一时间抓住了孩子们的眼球，让他们亲自体验民族风情，使展厅里静态的藏品活起来，孩子们能够近距离接触到丰富多彩的展品，可以通过自己的方式来理解民族文化，并加深对民族文化的记忆。9月22日，广西民族博物馆配合中秋节日开展了以家庭为单位的“我们的中秋”主题活动，设置了如抛绣球、猜灯谜、歌词接龙、默契大考验等游戏项目，让家长与孩子之间亲子互动，在活动中感受浓浓的亲情。10月16日，是农历九月初九重阳节，又叫“老人节”，是一个属于敬老爱老的日子。因此广西民族博物馆特别邀请了同堂三代的家庭，在青少年互动教室“玩意坊”举办了一场“浓情9·9，金色重阳”的主题活动，让少年儿童感受中华传统美德，并用自己的行动来表达对爷爷奶奶的情感。

【情系八桂·广西民族博物馆文化之旅】 8月16日，“情系八桂——两岸文化联谊行”活动在广西民族博物馆开幕。上午九时许，来自台湾的一百多位文化界知名人士，在身着亮丽民族服饰的讲解员引领下，走进了广西民族博物馆，观看了山歌演唱、独弦琴演奏等节目，领略到了广西民族文化的视听盛宴。

随后，在四楼多功能厅参加有关铜鼓艺术的文化变迁和刘三姐文化现象报告会。报告会结束后，嘉宾们在讲解员的引领陪同下，参观了广西民族博物馆的《穿越时空的鼓声——铜鼓文化》展厅、《五彩八桂》展厅，嘉宾们对独具特色的广西各民族文物大为赞赏。

【完成“文物调查及数据库管理系统建设项目”任务】 2006年国家财政部、国家文物局将我区列为“文物调查及数据库管理系统建设项目”五个试点推广省（区）之一。广西民族博物馆在基建、开馆工作完成后，自2009年下半年正式启动该项目。根据自治区文物局要求，广西民族博物馆于3月前完成了3800件珍贵藏品的测量、数据录入、影像采集、系统录入等工作，其中铜鼓331面。共录入馆藏文物数据3871条，采集影像信息10970张，按时超额完成任务。

【文物征集】 在民族文化受到急剧冲击的情况下，广西民族博物馆最大限度地征集民族文物，丰富馆藏。全年广西民族博物馆深入广西各县市，并到贵州、云南、海南征集民族文物38批次，总计4449件。其中列为藏品3307件，暂列为参考品1139件，复制品3件；开展“为明天征集今天”老物件征集活动，以南宁市区的老城区和周边城郊结合部的捐赠意向者为征集对象，征集老物件3013件套，实际件数6323件；利用前往东盟各国交流合作及中国—东盟博览会等机会，征集东南亚国家的民族民俗文物122件。

【藏品整理和藏品档案建设】 及时对入馆藏品进行整理、排架和记录。对每件藏品及时定名、测量、描述、登入总账与分类账、入柜上架等各项工作。同时注重收集整理各种凭证、原始资料、拍摄藏品照片等，为今后的文物保管、利用和研究打好基础。完成332件铜鼓的整理及藏品建档、藏品整理工作。

【藏品定级】 7月至9月，广西民族博物馆邀请了自治区文物鉴定委员会蒋廷瑜、吴崇基、郑超雄、吴才权及梁志敏、农学坚等专家为馆藏文物进行定级。此次专家共定级藏品3248件，其中二级藏品219件，三级藏品3029件，为今后的藏品展览、研究和利用提供了依据。

【藏品保护修复】 主要有竹木器及纸质文物除虫防霉、残缺竹木器的修补、纺织品除虫除尘、书画装裱、铜鼓表面处理等。共计保护修复了竹木器105件、经书102本、民族服饰53件，并邀请广西壮族自治区博物馆协助修补装裱书画20件，进行铜鼓表面处理1件（用于上海世博会广西馆展览），取得较好效果。

【馆藏铜鼓参加上海“世博会”】 应上海世博会广西参展办要求，广西民族博物馆向世博会广西馆提供一面馆藏二级铜鼓进行陈列展示，为世博会广西馆增光添彩，让世界人民了解到广西古老的铜鼓文化。

【龙胜龙脊壮族生态博物馆开馆】 11月15日，广西民族生态博物馆建设“1+10”工程的第九个项目——龙胜龙脊壮族生态博物馆建成开馆。文化厅副厅长兼文物局局长覃溥等领导共同为该馆揭牌。2009年6月3日动工建设的龙脊壮族生态博物馆位于广西桂林市龙胜各族自治县和平乡东北部龙脊村平寨。龙胜龙脊壮族生态博物馆包括展示与信息资料中心和生态博物馆保护区域两部分组成，该馆的展示与信息资料中心占地面积289平方米，建筑面积601平方米，内设基本陈列《龙脊神韵，壮家风情》，以图、声、像等现代科技手段和采集的民间实物展览相结合，表现当地壮族的历史渊源、民族服饰、生产工具、民俗节庆和传统工艺等经济、文化概貌。该馆的保护范围包括廖家寨、侯家寨、潘家寨（含平段寨和平寨）等三个村寨。聚居在龙脊地区的壮族保存着以梯田景观为代表的山地

农业稻作文化、以“白衣”为代表的服饰文化，以干栏民居为代表的建筑文化、以碑刻和石板路为代表的石文化、以铜鼓舞和弯歌为代表的歌舞文化，以寨老制度为代表的民族自治制度文化和以“龙脊四宝”为代表的饮食文化，是广西北部壮族的典型代表。龙脊壮族生态博物馆是广西民族生态博物馆“1＋10”工程的主要组成部分，它的建设不仅可以保护与传承民族文化，强化旅游区内的人文内涵，为当地旅游业的发展提供文化支持，同时也为壮族民族文化在现代化冲击中的恢复与变迁进行学术上的深入研究提供资料。

【广西民族博物馆工作站暨民族生态博物馆工作会议召开】 6月24日，广西民族博物馆工作站暨民族生态博物馆工作会议在广西民族博物馆一楼会议室召开。广西民族博物馆馆领导和主要工作人员以及南丹等十个县市分管生态博物馆工作的文化局局长、书记出席会议。广西民族博物馆馆长王頠、党支部书记梁志敏、副馆长莫志东先后发言，南丹、三江、靖西、贺州、那坡、灵川、东兴、金秀、融水、龙胜等县(市)文化(体)局、博物馆的同志就各自生态博物馆的建设情况进行了汇报。会上还宣读了新制定的民族生态博物馆联系人及项目负责制，进一步明确了广西民族博物馆与各生态博物馆的联系沟通方式和责权划分；强调要发挥“1＋10”工程的优势，充分利用广西民族博物馆这一平台大力宣传民族生态博物馆。

【文物数据库项目】 年内，我馆继续协助广西文物局开展全区馆藏文物数据库项目工作。在此期间，继续对全区馆藏数据进行信息核对检查、藏品影像数据编号存储，规范编制藏品目录、控制与管理数据质量并上报等具体工作。截至上半年，全区14个市100多家报送单位的四万多件馆藏文物对应的文物数据上报至广西文物信息中心后，继续负责组织信息中心开展对基础数据的分类、编目、汇总和建库工作。至年中，全区30000多件文物数据已全部进入馆藏文物数据总库，按照国家文物局要求，8月全区14个市28000多件一、二、三级馆藏珍贵文物对应的文物数据全部上报至国家文物数据中心。广西文物信息中心工作组在广西文物局的领导下在规定时间内全面完成了已定级的馆藏珍贵文物数据汇总报送任务，顺利通过验收。在开展文物数据库项目工作的同时，我馆协助文物局开始第三次文物普查全区数据汇总和校验的准备工作。在数据汇总报验阶段，搭建好系统运行环境，完成第三次全国文物普查汇总软件的安装，按时按量对全区的三普数据专家组审核后版本再进行不可移动文物数验证、消失文物数验证、地图标注验证、文件数验证校验等校验工作，最后将校验正确的10600多个普查数据点导入汇总软件进行验查，形成统计报表及统计地图，做好汇总备份工作。在广西文物局的领导下，协助信息中心按时完成了全区三普数据验收前的准备工作，并于11月5号顺利通过了中国文物信息咨询中心数据检查组的检查，将全区10000多件三普电子数据全部上报至中国文物信息咨询中心。

【民博网站建设】 广西民族博物馆网站(www.gxmn.org)在2010年经历第三次改版，到目前为止已经形成一个由资讯、展览、生态博物馆、鉴赏、体验、研究、服务、商店等多个栏目，中文简繁体、英文组成的信息发布平台。我馆有专门的英文/中文繁体编辑承担网站及其他信息的翻译工作。截止12月26日，我馆网站已经发布3427篇中英文稿，12592张图片(其中新闻图片1225张，文物展览图片11367张)，访问量为2141639次，视频72个，网上陈列展览14个。我馆网站由本馆人员基于最新的开源技术平台开发搭建，采用了图片、文字、音频，视频等多种手段展示。

【档案和图书资料管理】 今年我馆在继续工程项目收尾工作的同时，基本完成了工程项目档案的收集和整理，形成工程项目档案335卷。与此同时，按照保管期限和档案类别的不同，对2009年的文书档案进行分类立卷，完成对归档文件的档号编制、目录输入等一系列工作，形成21个案卷，并借阅工程和文书档案82人次。另外，年内采购图书421册，并于年底通过招标方式采购了图书管理软件，完成2890册馆藏图书的信息回溯和图书上架工作，积极开展图书借阅，年内图书借阅225人次。年内刻录本馆资料光盘186张，目前馆藏资料光盘总数达到608张，拍摄馆内各项活动DV带87盒，馆藏累计达276盒。征订了2011年的报纸期刊总计70种。

广西文物考古研究所

【概况】 广西文物考古研究所前身是1974年成立的广西壮族自治区文物工作队，2006年3月更为现名，是具有相对独立管理体制的财政拨款事业单位，承担全区考古调查、勘探、发掘、科学研究和文物保护工程设计、施工任务。设办公室、史前考古研究室、历史时期考古研究室、文物保护工程研究室等4个部门。现有干部职工33人，其中在编人员20人，聘用人员13人。在编的研究馆员有7人，副研究馆员5人，馆员5人，助理馆员3人。全年共完成文物调查18项，考古勘探9项，考古发掘8项，文物保护工程勘察设计12项，施工12项。

【“三普”表彰】 5月27日，由广西第三次文物普查领导小组办公室组织的第三次全区文物普查实地调查阶段先进个人和先进集体评选表彰活动在南宁市举行。广西文物考古研究所荣获第三次全区文物普查实地调查阶段特别奖，覃芳、杨清平、覃玉东、李珍四位同志荣获第三次全区文物普查实地调查阶段先进个人奖。

【科研成果】 年内，广西文物考古研究所出版了《广西考古文集》(第四辑)、《东亚及南亚早期旧石器文化》(谢光茂译)、《彭书琳论文集》等著作；专业技术人员在各类学术刊物上共发表学术论文约20篇。

【广西历史地理与华南边疆开发——2010年中国历史地理国际学术研讨会】 11月6日至9日，由中国地理学会历史地理专业委员会主办，广西师范大学历史文化与旅游学院、广西文物考古研究所承办的广西历史地理与华南边疆开发——2010年中国历史地理国际学术研讨会在桂林召开。国内各省及香港和台湾地区，以及韩国的学者共170余人参加，广西文物考古研究所所长林强出席了会议并致辞，所内多位同志出席并作了会议交流。专家学者从不同角度论述了历史地理、考古学与边疆开发的关系，并为今后学科的发展提出了许多有益的建议。

【贵港市梁君垌及马鞍岭古墓发掘】 为配合南宁至广州快速铁路的修建，广西文物考古研究所在贵港市的梁君垌与马鞍岭发掘古墓葬15座，出土各类遗物200余件，多为陶器，另有少量铜器、铁器、银器、玉器、琉璃珠，出土的一件陶船尤为珍贵。这批墓葬的年代为东汉晚期至晋，为研究广西汉晋墓葬提供了最新的资料。

【钟山县铜盘墓地发掘】 为配合贵阳至广州

快速铁路建设，广西文物考古研究所及钟山县文物管理所联合对钟山县红花镇铜盆村墓地进行了考古发掘，共清理墓葬61座，出土文物490余件，时代为汉代、清代。本次发掘墓葬数量较多，特别是两汉时期的墓葬，时代互相衔接，系列完整，对于研究这一地区墓葬类型及文化遗物的演变，了解这一地区汉代政治经济文化面貌及文化发展历程具有较为重要的参考价值。

【永福县窑田岭窑址发掘】 为配合湘桂铁路提速扩能改造工程建设，广西文物考古研究所对永福窑田岭窑址进行考古发掘，发掘面积为8000平方米，共清理出九座保存较好的宋代龙窑，一处宋代窑场作坊遗迹，4个明清时期的葫芦形窑及大量灰坑、柱洞和总量接近60吨的瓷器。出土的完整瓷器不多，但类型多样，制作精致，有碗、碟、盏、盘、壶、罐、瓶、杯、灯、炉、钵腰鼓及各类杂器等，其中所出土铜红釉以及大量可复原的腰鼓是本次发掘的重大发现，也是该窑址最具有特色的器物。

【基本建设考古】 受文化厅委托，广西文物考古研究所进行了大量配合公路、铁路、水电及其他工程建设的基本建设项目考古工作，做好考古调查、发掘和文物保护工作，其中完成了桂林至三江高速公路、马山至平果高速公路、郁江贵港航运枢纽二线船闸工程选址、龙胜南山风电厂等17个基本建设项目的文物调查。完成了新建南宁至广州铁路、桂林至三江高速公路建设用地等9个建设项目的考古勘探，勘探面积9195161.1平方米。完成了湘桂铁路提速扩能改造工程建设涉及的永福县窑田岭窑址、贵阳至广州快速铁路涉及的的钟山县铜盆墓群等抢救性发掘，发掘面积共为16000多平方米，约100座古墓葬，抢救了一批珍贵文物，发现了一批重要的遗迹，为广西的考古研究提供了新材料。

【文物保护维修】 年内广西文物考古研究所对兴业县桂东南起义司令部旧址、武宣县文庙、武鸣县明秀园、平果县弄良明墓、田东县八仙山摩崖造像、陆川县菁莪馆、灵川县湖南会馆等各级文物保护单位进行了文物保护设计或施工，有效进行了文物保护工作。

广西民族文化艺术研究院

【概况】 广西民族文化艺术研究院隶属广西壮族自治区文化厅，成立于1985年，其前身为广西艺术研究所。设有民族文化研究中心、民族艺术研究中心、文化产业研究中心、《民族艺术》杂志社、《歌海》杂志社、《广西非物质文化遗产》杂志社、信息资料中心、行政办公室，建有广西民族文化网，创办有南宁创艺艺术职业学校。人员编制38人，2010年末有在职人员30人，其中具有高级专业技术职务资格6人，有博士研究生1人、硕士研究生7人；享受国务院特贴专家5人、文化部优秀专家1人、广西优秀专家1人。院长廖明君。工作职能：围绕文化行政部门中心工作，开展民族文化艺术科学基础理论研究；参与民族文化艺术实践，研究文化艺术生产与管理规律、建设发展战略；收集、整理、保护、研究以及开发利用民族民间文化艺术资源，建立并完善档案管理及信息咨询服务系统，开展对外文化艺术交流、传播，借鉴世界优秀文化艺术成果。年内主持和参与研究各类课题15项，参与编写出版著作1种，发表论文46篇，集体获奖5项，个人获奖10项。

【民族艺术】 季刊，16开本，128页。国内外公开发行，国际标准连续出版物号ISSN1003—2568，国内统一连续出版物号

CN45—1052/J，邮发代号：48—58。创刊于1986年，由广西民族文化艺术研究院主办、中国艺术人类学学会及广西非物质文化遗产研究中心联办，主编廖明君。开设非物质文化遗产保护、学术访谈、文化研究、艺术探索、神话与图像、艺术考古、艺术·民族·文化等栏目，年内，为具有较强学术实力且在某一领域有体系性研究的学者开设专栏，并聘请相关学者负责主持，致力于推动民族民间文化艺术研究的发展，被评为全国中文核心期刊（是全国综合性艺术类三份期刊之一）、中文社会科学引文索引来源期刊、中国人文社会科学核心期刊、RCCSE中国权威学术期刊、中文社会科学引文索引来源期刊（CSSCI），被国内外诸多权威机构收藏（北京大学、中国社会科学院、台湾汉学研究中心、美国哈佛大学等），受到国内外学术界高度评价。2010年出刊4期，共发表文章79篇，合计78万字左右。

【歌海】 双月刊，16开本，128页，国内外公开发行，国际标准连续出版物号ISSN1007—4910，国内统一连续出版物号CN45—1228/J，邮发代号：48—88。系《中国核心期刊（遴选）数据库》《万方数据——数字化期刊群》《中国学术期刊（光盘版）》《中国期刊网》《中国学术期刊综合评价数据库》《中文科技期刊数据库（全文版）》来源期刊，主编廖明君。坚持学术性、艺术性、民族性相结合的办刊宗旨，以音乐研究为主要对象，尤其致力于民族民间音乐领域的挖掘、探索及研究，主要栏目有：区域音乐、民族民间音乐研究、音乐探索、文艺研究、艺术教育、歌海新歌等。年内，《歌海》杂志社邀请中国少数民族音乐学会参与联办，聘请专家主持栏目；配合文化厅和各地市的音乐创作，承办了由文化厅主办的打造“西江黄金水道”优秀原创歌曲征歌活动；“歌海新歌”栏目还推出了一系列广西各市县的原创歌曲。2010年出刊6期，共发表文章212篇，合计104.4万字左右。

【广西非物质文化遗产】 内部资料性刊物，双月刊，每年六期。由文化厅主管，广西非物质文化遗产保护中心、广西民族文化艺术研究院、广西非物质文化遗产研究中心主办。《广西非物质文化遗产》开设有“高层动态”“特别报道”“地方经纬”“学术视野”“八面来风”“五彩八桂”等栏目，以传达上级领导部门关于非物质文化遗产保护工作的方针政策，宣传非物质文化遗产保护工作的重大意义，通报全区非物质文化遗产保护工作情况，指导全区的非物质文化遗产保护工作为办刊宗旨。

【广西文化产业研究中心成立】 年底，广西壮族自治区编办正式批准设立广西文化产业研究中心。广西文化产业研究中心是专门从事文化事业、文化产业理论研究以及产业化运作实践的高层次战略研究机构，挂靠广西民族文化艺术研究院，直属文化厅管理。中心以广西民族文化艺术研究院的科研力量为依托，采用“机构开放、人员流动、内外联合、竞争创新”的运行机制，结合广西文化产业实际，充分整合各方面资源，形成政府、企业、学校以及科研机构之间的综合协作力，致力于推动广西文化产业产、学、研的结合，促进广西文化产业的跨越式发展。广西文化产业研究中心主要从事以下研究及实践工作：一是探索文化产业基础理论，为广西文化产业发展提供理论支撑；二是培养各类文化产业专门人才，为广西文化产业发展提供人才保证；三是搞好各类政策咨询与信息服务，为广西各级政府部门决策提供智力支持；四是加强与国内外文化产业理论研究团体的联系，不断拓宽文化产业理论研究视野；五是发挥理论研究优势，与国内外文化产业实体合作，共

同打造文化产业品牌。广西文化产业研究中心的成立，标志着广西文化厅的文化产业研究工作进入到了科学化、系统化、规范化的新阶段。

【合作共建文化生态保护区】 9月，广西民族文化艺术研究院分别与河池市文化广播影视管理局、百色市文化和新闻出版局签署了项目合作协议书，就合作共建“河池铜鼓文化生态保护区”和“百色壮族文化生态保护区”达成协议。“河池铜鼓文化生态保护区”将以河池市红水河流域各民族的铜鼓习俗及铜鼓文化为资源，“百色壮族文化生态保护区”将以百色市源远流长、丰厚独特的壮族文化为资源，通过打造一批既具民俗风情又具地域特色的文化生态保护以及文化旅游产业核心项目，分别将两个保护区打造成传承、保护、开发、利用和弘扬铜鼓文化、壮族文化的基地，使之成为向外界展示河池、百色魅力的重要窗口。

【《广西北部湾经济区文化发展研究》项目获奖】 由文化厅余益中厅长任课题组组长，广西民族文化艺术研究院与上海交通大学、中国传媒大学合作，开展了《广西北部湾经济区文化发展研究》课题项目，研究成果《广西北部湾经济区文化发展研究》被“湾办”、文化厅以及南宁等市所采纳，获广西第十一次社会科学优秀成果奖二等奖，为地方文化发展战略提供了决策依据。

【《中越边境跨国民族群体及文化生态研究》课题合作】 6月至9月，广西民族文化艺术研究院联合越南文化艺术研究院、香港科技大学的专家学者赴东兴京族三岛中的万尾、巫头岛进行两次哈节文化考察，为课题合作奠定田野考察基础。7月，越南文化艺术研究院院长阮氏本先生及香港科技大学张兆和博士到研究院洽谈有关《中越边境跨国民族群体及文化生态研究》课题合作项目，并签定了合作协议书。9月，受越南文化艺术研究院的邀请，研究院派出考察组一行6人对越南海防、河内等地的民族文化及文化旅游等方面进行考察，积累了第一手录音、摄影、摄像及访谈资料，为双方进一步的文化交流与学术合作打下了基础。

【广西灌阳县文化发展调查研究】 为协助灌阳县挖掘和整合当地文化资源，以期对灌阳县文化发展工作提出合理化建议，应灌阳县人民政府邀请，10月26日至30日，文化厅灌阳文化考察组余益中、班华勤、廖明君、熊健厚、许晓明、黎学锐一行对灌阳县文化资源进行了全面深入考察。在5天的调研时间里，考察组对灌阳县的文化遗存及自然景观进行了详尽的考察研究，先后考察了千家洞国家级自然保护区、灌阳县博物馆、唐景崧故居、月岭古民居、西山瑶族文化以及桂剧艺术等。期间，考察组还邀请灌阳县领导、相关部门负责人以及灌阳文史专家进行座谈，交换各自对灌阳文化发展工作的看法与建议。考察组撰写的《倾力打造千家洞文化品牌，全力推进灌阳文化社会发展——广西桂林灌阳文化调研报告》得到了厅领导的肯定，也受到了地方政府的重视，为灌阳文化发展提供了理论依据。

【参与国家社科基金西部项目《壮族族群认同与国家认同》】 2010年国家社科基金西部项目（编号10XMZ0038）由广西师范学院罗彩娟主持，广西民族文化艺术研究院许晓明以项目主要参加者的身份参与项目申报、考察研究及撰写工作。项目充分利用田野调查获得的第一手资料，紧紧抓住壮族的族群认同与国家认同这一主题，描述和分析壮族族群认同与国家认同的现象与特点，揭示其内部的深层关系。同时兼顾历时与共时的视角，深入讨论壮族族群认同和国家认同发展的历程及其特点，寻找其对当前加深壮族国家认同的历史文化资源，从而提出如何将这些宝贵的历史文化资源运用于当前的民族工作当中的具体建议。最后对进行理论升华，为族群认同与国家认同研究以及国家与社会关系研究等领域提出独到见解。项目从7月1日开始实施，预计2013年7月1日完成。

【参与国家社科基金特别委托项目《中国节日志·壮族三月三》】 国家社科基金特别委托项目《中国节日志》子项目(编号JRZ2009043)，由文化部民族民间文艺发展中心规划执行。项目由广西社会科学院潘其旭主持，广西民族文化艺术研究院许晓明以项目主要参加者的身份参与项目申报、考察及志书编纂工作。壮族三月三歌圩项目以壮族民众在特定的时间和地点举行的周期性、集体性、传统性的聚会对歌活动形式——歌圩为考察对象，借鉴中国传统志书与现代民族志、民俗志的写作方式，力求全面、系统、科学地记述壮族三月三歌圩的历史与现状。文本成果由综述、志略、调查报告、后记等部分构成。本项目从3月1日开始实施，预计2011年12月30日完成。

【参与教育部人文社会科学重点研究基地项目《少数民族非物质文化遗产》】 项目编号：08JJD850211。项目负责人：祁庆富。立足于文化多样性保护理论，紧密结合少数民族非物质文化遗产保护工作的实践，开展深入调查，是本课题的宗旨，对于少数民族传统文化保护及发展有着重大的学术价值和现实意义。广西民族文化艺术研究院史晖作为课题主要参与者，负责广西非物质文化遗产调查研究工作，年内完成对海外文献资料收集、整理、译介；完成非物质文化遗产核心概念与话语体系调研及论文撰写，课题阶段成果《非物质文化遗产保护的六组关键词》，入选2010年中国艺术人类学国际学术研讨会参会论文。

【参与广西壮族自治区政府重点课题《广西推进少数民族地区文化跨越发展研究》】 2010年自治区政府重点课题，课题组长余益中，成员陈菊、李武斌、黄怡鹏。课题旨在对广西少数民族地区文化跨越发展做有效的对策措施，使文化跨越发展形成对少数民族地区经济等各领域发展的推动力，更有效地发挥文化的精神动力、智力支持、思想保证的独特作用。课题组2010年对全区少数民族自治县、民族乡和壮族聚居县进行调研以后认为：切实增强少数民族地区文化发展内生力，不断提高少数民族地区文化综合竞争力，注重强化少数民族地区文化建设执行力，对于推进少数民族地区文化跨越发展并与全区文化同步均衡快速发展、促进加快全面建设小康步伐、构建富裕文明和谐广西犹为紧迫而切实可行。课题分三个部分进行论证。第一部分剖析造成少数民族地区文化发展滞后的原因。第二部分提出解决这一问题的根本是提升竞争力。第三部分则提出强化少数民族地区文化建设落实，关键在注重执行力。

【参与广西社科基金项目《广西世居少数民族生态民俗与生态文明研究》】 2008年广西哲学社会科学研究课题。主持人过竹，主要参与人黄怡鹏。已结题。课题通过全面的文献检索与深入的重点类型田野调查，从民俗学、民族学、人类学、生态学、社会学等角度对广西世居少数民族生态民俗进行深入研究，探索少数民族乡村生态文明建设在乡土民俗传统层面上的法理性与可操作性，寻找广西世居少数民族地区乡村生态文明建设的有效途径和可行方式。深入探讨广西世居少数民族生态民俗与我国社会主义生态文明建设的契合，为少数民族地区乡村生态文明建设提供

借鉴、决策参考和理论依据。在生态文明视野下对广西世居少数民族生态民俗价值重新认知与深入研究，揭示它们在当代广西生态文明建设中的作用与价值，寻找生态文明发展的传统文化动力，为建设社会主义生态文明服务，为广西世居少数民族乡村生态文明建设实践奠定理论基础。

【广西、云南中越边境壮族“巫乐”普查课题项目】 上海普通高校人文社会科学重点研究基地上海音乐学院中国仪式音乐研究中心2010年规划课题。成果形态：研究咨询报告和视频资料。项目负责人：黄羽。项目指导教师：萧梅。该项目记录、描述广西、云南中越边境的防城县、东兴县、宁明县、凭祥县、龙州县、大新县、天等县、靖西县、那坡县、田阳县、田林县、西林县、隆林县等县的“巫”在仪式中不同的唱词、行为和仪式整体的现象，力求完成对广西、云南、中越边境的壮族“巫乐”密集的地毯式普查。该项目对民族音乐学采取兼收并蓄的研究方法和视角，不仅弥补人类学对巫术、巫师研究中缺乏如纯音乐形态分析等技术性实证方法的缺憾，还可以摆脱音乐研究中符号化了的抽象分析，从而更为人本的将文化和社会以人的自身展现出来。期望通过该项目的研究深入了解壮族“巫乐”当前的现状，所处社会结构的位置，在壮族社会的功能，尝试完成对广西边境地区壮族“巫乐”的类型划分，为壮族“巫乐”的深入研究提供有价值的田野资料。

【《歌海传奇：歌仙刘三姐》出版】 《歌海传奇：歌仙刘三姐》是一部全面、系统介绍刘三姐文化以及壮族歌唱传统，兼具文学性、理论性的大众读本。由广西壮学学会副会长、广西民俗学会副会长、广西民族文化项目库专家委员会顾问、广西民族博物馆专家顾问组成员、《壮学丛书》编委潘其旭，广西民族文化艺术研究院韦玺共同编著。全书分为六章，第一章从刘三姐故乡切入探讨刘三姐传说及中国岭南好歌的特性；第二章介绍刘三姐传说以及壮族歌圩文化；第三章讨论刘三姐歌仙的形成原因；第四、五章则是对刘三姐文化中歌唱传统的人文阐释和艺术美学解读；第六章介绍刘三姐文化的现状及当代流变。全书在大量刘三姐文化研究理论成果的基础上，梳理了壮族传统文化中与刘三姐相关的文化事项，突破理论研究小众化的局限，大量运用歌谣般艺术化的语言和刘三姐文化相关图片，增强其可读性。

【参加“情系八桂——两岸文化联谊行”活动】

8月16日至23日，由中国文化部和国务院台办担任指导单位，中华文化联谊会与广西壮族自治区人民政府共同主办，自治区文化厅与自治区人民政府台湾事务办公室承办“情系八桂——两岸文化联谊行”大型文化交流活动。广西民族文化艺术研究院廖明君院长参与负责策划、组织文化报告会和学术研讨会的具体工作并在文化报告会上做专题发言，讲述了铜鼓艺术的文化变迁。

【参加2010年中国艺术人类学国际学术研讨会】 11月5日至7日，由中国艺术研究院和中国艺术人类学学会联合主办、中国艺术人类学研究中心承办的“2010中国艺术人类学学术会议”在北京举行。本次会议以“非物质文化遗产与艺术人类学”为主题，来自海内外的120余名专家学者参与了此次会议。作为中国艺术人类学学会副会长，广西民族文化艺术研究院院长廖明君参与主持会议并以“珠江流域少数民族铜鼓艺术及其保护传承”为题做主题发言。

【参加广西民族研究学会第五届、广西壮学学会第三届会员代表大会暨学术研讨会】 7月31日至8月1日在南宁举行。广西民族研究学会第四届会长覃圣敏、广西壮学会第二届副会长覃彩銮分别作了两学会的工作报告，总结了近10年来两学会开展的各项工作和取得的研究成果。7月31日下午，开展了以“民族团结与民族发展”为主题的研讨会，专家代表李富强等分别从经济、政治、文化、教育、网络舆论等方面来阐述如何维护和促进广西的民族团结。8月1日上午，会议进行分组讨论，代表们就下一步如何更好开展两学会工作、保护和发展民族传统文化、拓展民族研究视野等问题展开讨论。大会进行了两学会换届选举，广西民族问题研究中心研究员覃乃昌、广西民族问题研究中心研究员覃彩銮分别当选广西民族研究学会第五届会长和广西壮学会会长。参加本次会议的有来自广西民族问题研究中心、广西社会科学院、广西大学、广西师范大学、广西民族大学、广西师范学院、百色学院、《壮族在线》网站等研究机构、学术团体、高校、网络媒体近140人。广西民族文化艺术研究院廖明君、韩德明、梁汉昌、许晓明等参加了本次会议并提交了论文。廖明君当选为广西民族研究学会第五届民族文化遗产保护委员会主任、广西壮学学会第三届理事会副会长等职；韩德明当选为广西民族研究会第五届理事会理事；许晓明当选为广西壮学学会第三届理事会理事。

【参加全区非遗保护工作培训班】 2月，由自治区文化厅非物质文化遗产处组织的“全区非遗保护工作培训班”在三江侗族自治县举办，培训班的主旨是进一步深化非遗保护工作，提高工作人员的业务素质。由中国非遗保护中心的周副主任、学者邱春林及广西民族文化艺术研究院院长廖明君等进行讲课辅导。广西民族文化艺术研究院院长廖明君着重对我区的非遗申报项目问题作了辅导，对项目的选择、项目的分类、项目价值的判断以及项目申报中一系列问题作了讲解。研究院部分研究人员参加了培训班的培训学习。

【香港中学生文化艺术考察活动策划及开展】

12月18日至22日，由中国民族民间文化艺术交流协会(香港)主办，文化部民族民间文艺发展中心、广西壮族自治区文化厅协办，文化部港澳台办公室、香港特别行政区政府教育局支持的“香港汉华中学壮族文化研习考察活动”在南宁、靖西、德保举行。广西民族文化艺术研究院的研究人员廖明君、许晓明作为文化辅导老师参加了项目的策划及指导工作，廖明君研究员做了《壮族人文概览》的专题讲座。在5天的考察行程中，汉华中学的同学们深入桂西，了解了桂西德靖地区的壮族文化艺术，并亲身体验壮族民俗和艺术，通过活动，增强了香港中学生对中华文化的认同感。

【参加《广西文学》创作论坛座谈会】 为拓宽广西作者的创作视野，提高写作技艺，3月19日上午，《广西文学》创作论坛在南宁举行。云南《滇池》杂志社副主编、著名诗人雷平阳，广西民族大学文学院教授、博导、著名评论家李运抟，《广西文学》杂志社主编覃瑞强，副主编冯艳冰、鬼子，以及广西部分作家参加了本次创作论坛。论坛主讲人雷平阳和李运抟先后进行了讲座。雷平阳从自身的创作实践出发，阐述了现代文明对故土乡村及原生态民族文化的侵蚀与伤害，建议作者们回到属于自己的地方，写自己脚下的土地。李运抟主要从故事情节、思想深度、叙事技巧三个层面论述了小说的创作问题。讲座后，与会的众多嘉宾就当下广西文学创作中存在的一些问题进行了探讨。广西民族文化艺术研究院黎学锐参加了此次论坛。

【参加中国苗族文化发展论坛】 11月6日至8日在融水苗族自治县召开，由中国民间文艺家协会、广西壮族自治区文学艺术界联合会

举办，中共融水苗族自治县党委、自治县人民政府、广西民间文艺家协会承办。论坛主题为“科学保护与开发民族文化资源”。来自全国高校的有关专家教授及全国5个苗族自治县的代表和广西各界人士、苗族学者共91人，围绕“民族文化资源保护与开发”“苗族文化发展”“融水民族文化的抢救与开发利用”等为中心议题进行广泛交流探讨。会议期间专家学者还前往融水县安太乡小桑生态博物馆参观，考察当地苗寨。广西民族文化艺术研究院黄怡鹏获邀参加此次论坛并提交论文《民族传统节庆文化的非物质文化遗产保护传承研究——以融水苗族系列坡会为例》。论坛论文结集为《盘古》2010年第2期苗族文化研究专号。

【参与2010年广西演艺比赛活动的组织、评比、观摩工作】 年内，广西民族文化艺术研究院配合文化厅艺术处工作，院长廖明君担任第四届广西青年演员大奖赛（戏曲、曲艺、话剧）评委工作；研究院人员参与第四届广西青年演员大奖赛、第一届广西舞蹈青年演员大奖赛、第一届广西杂技魔术比赛等活动的组织工作；研究院组织全体科研人员积极参加演艺比赛、艺术展演的观摩，以学术沙龙、座谈等方式组织学习、评论工作。

【打造西江“黄金水道”原创优秀歌曲征歌活动】 6月至10月，由文化厅主办，《歌海》杂志社承办了打造西江“黄金水道”原创优秀歌曲征歌活动。活动中，《歌海》杂志社配合艺术处工作，在全国范围内邀请词曲作者，特别邀请广西著名词曲作家参与活动，先后征集到歌词50多首，原创歌曲109首，评出优秀歌曲创作奖5首，创作奖16首。征歌活动中的5首歌词发表在2010年9月29日的《广西日报》上，部分获奖歌曲在《歌海》2010年第6期“歌海新歌”栏目刊登，推动了广西各地市的音乐创作。

【“依托红色文化，助力创先争优”主题党员活动】 11月9日至10日，广西民族文化艺术研究院总支开展了以“依托红色文化，助力创先争优”为主题的党员活动，组织全院党员赴龙州、凭祥、崇左等地考察学习，通过走进红色老区，在红色纪念地感受先烈的革命精神，接受革命传统教育，从而进一步增强党员的党性，强化集体观念和团队意识，助力创先争优活动的践行。

【参加第八届区直文化系统职工运动会】 广西民族文化艺术研究院组织职工积极参加第八届区直文化系统职工运动会，获得优秀组织奖。获气排球比赛三等奖，乒乓球比赛二等奖和三等奖。

【“文化遗珍—梁汉昌专栏”】 年内，广西民族文化艺术研究院梁汉昌应邀在《阳光之旅》杂志开设“文化遗珍—梁汉昌专栏”，系统介绍国家级非物质文化遗产——瑶族服饰文化，共发表文字约15000字，照片93幅。

【《黄昏·废弃的工厂》】 7月，广西民族文化艺术研究院韦军油画作品《黄昏·废弃的工厂》参加庆祝中华人民共和国成立60周年广西美术作品展，获一等奖。

【参加广州亚运会开幕式文艺演出】 9月，广西创意艺术学校参加广州亚运会开幕式文艺演出，这是该校建校以来参加的规格最高、阵容最大的一次演出活动，为南宁、为广西赢得了荣誉，媒体对此作了广泛报道，起到宣传学校、宣传广西的作用。

广西艺术创作中心

【广西艺术创作中心概况】 广西艺术创作中

心成立于1984年，直属广西壮族自治区文化厅。1995年与广西艺术研究所合署办公。2000年分离重组。是具有独立法人资格、由财政全额拨款的正处级公益性事业单位。年末在编人员为18名，其中高级职称9人，中级职称2人，初级职称2人。设有“创作指导部”“艺术策划部”“影视文学部”以及“行政办公室”“艺术档案室”等机构。

【精心策划全区舞台艺术创作】 年初，文化厅在南宁市乡村大世界组织召开全区创作题材规划会，我中心积极配合艺术处工作，共同议定会议内容和日程。年内，我中心围绕舞台艺术繁荣发展的有关问题积极向厅领导提出意见和建议，为广西文艺发展出谋划策，先后起草了《关于落实“培星计划”、申报中国戏剧“梅花奖”有关事宜的意见》《“十二五”期间广西舞台艺术精品工程实施方案》（草案）、《关于推荐广西重点剧（节）目申报国家舞台精品工程及参加国家级重大艺术活动和评奖的建议》等文稿，为广西舞台艺术发展作了较为全面的规划。特别是在关于落实“培星计划”的意见中，将申报全国“梅花奖”列为自治区文化厅“培星计划”的重要内容，大大加强这一工作的力度，得到了厅领导的大力支持。

【戏剧审读论证工作】 年内，先后组织、指导创作《何香凝》《油茶御史》等新剧本，为第八届剧展积累剧目。同时还召开了多次剧本研讨会，组织有关专家对第七届剧展优秀剧目《壮锦》《天上的恋曲》《灵渠长歌》《哎呀，我的小冤家》进行认真研讨，并参与了《两江四湖》《七步吟》《海棠亭》《红瑶梦》等大型剧目的研讨活动，剧作者在专家意见基础上进行了进一步修改，使这些剧目的艺术质量得到明显提高。

【组织指导广西优秀剧目参加全国性艺术活动并获奖】 在组织研讨修改剧本的基础上，我中心又认真组织经修改提高后的《壮锦》和《天上的恋曲》，先后参加在广州举行的第九届中国艺术节和在银川举行的第二届全国少数民族戏剧会演，在我中心的组织、指导和协调下，克服经费、演员、乐队及舞台设备等方面的重重困难，使两个剧目得以顺利演出并获奖，《壮锦》在第九届中国艺术节上获“文华新剧目奖”及优秀表演等奖项，《天上的恋曲》获第二届全国少数民族戏剧会演银奖及优秀编剧、表演、音乐等十个单项奖。

【辛勤笔耕，创作成果丰厚】 在全面完成组织指导协调全区舞台艺术创作的工作的同时，中心专业人员还辛勤耕耘，创作出了一批优秀艺术作品。常剑钧、胡红一创作的《壮锦》经修改后，获2010年度“中国戏剧奖·曹禺剧本奖”提名奖、广西戏剧文学奖。常剑钧创作的《天上的恋曲》先后获第二届全国少数民族戏剧会演优秀编剧奖、广西戏剧文学奖等奖项。此外，胡红一还创作了《不会忘记》《走天中》《为生命歌唱》《中国铁路人》等歌词。包晓泉为2010年春节广西慰问中央领导演出、中越青年大联欢伴宴演出、全国纪检监察会议开幕式演出、广西红十字会百年庆典演出等十余台文艺晚会担任文学撰稿，并创作出版了《京色海岸》《水秀南方》等著作。裴志勇与贺晓晨合作创作了大型戏剧《油茶御史》，裴志勇还为广西文联成立六十周年撰写了广西戏剧发展有关文章，其文艺评论《八桂梨园硕果红》获广西戏剧文学奖。李甜芬创作出版了文集《本色毛南》和《青春友谊圆舞曲》《中越边境青年大联欢之歌》《奔腾西江》《多情边关》等一批歌词。白桦铭为各地文艺晚会编导了《瑶族长鼓舞》等一批节目，并成功演出。

【组织和参与对外文化交流学习活动】 7月，由我中心牵头，组织广西文化艺术人才小高

地知名作家、戏剧家、文艺家组成广西文艺代表团，先后赴俄罗斯圣彼得堡和莫斯科进行文化考察、交流和观摩学习活动。在俄期间，广西文艺代表团先后到俄罗斯文学研究院、普希金博物馆、俄罗斯国立文学艺术大学等著名艺术机构进行了交流访问和参观学习，并与俄罗斯文学研究院，俄罗斯国立文学艺术大学同行举行座谈会进行深入交流。此外，广西文艺家还先后观摩了俄罗斯传统经典芭蕾舞剧《吉赛尔》、现代音乐剧《忘情水》以及充满俄罗斯风情的民族歌舞，并在涅瓦河上与当地艺术家进行了联欢活动。这次文化考察活动，开阔了新视野，接收了新信息，接受了新观念，更重要的是通过与俄罗斯文化艺术同行的深入交流，进一步了解了俄罗斯文学艺术发展的不平凡历程和屹立于世界文学艺术之巅的辉煌成就，同时为今后相互间友好往来和文艺交流奠定了良好基础。

【策划和组织举办了一系列大型艺术活动和文艺晚会】 我中心策划和组织举办了一系列大型艺术活动和文艺晚会。由文化厅、广西文联、柳州市人民政府主办、广西艺术创作中心与柳州市文化局等单位承办的“第二届广西彩调艺术节”，于元月在柳州市举行，我中心进行了具体的组织、策划和有关会务、艺术研讨等方面工作，彩调艺术节获得圆满成功，并为有关部门和市、县策划、创作和排练文艺晚会节目。年内，广西艺术创作中心专业人员先后为全国农产品洽谈会开幕式文艺晚会“山海相约”、广西政协 60 周年纪念晚会“风雨同舟”、广西人口和计划生育委员会纪念中共中央《公开信》发表 30 周年文艺晚会“生命礼赞·感恩感动”、第 12 届南宁国际民歌艺术节开幕晚会“大地飞歌·2010”及那坡县、德保县、乐业县、恭城县、富川瑶族自治县等地庆典晚会进行策划、创作和组织排练演出或担任文学撰稿，为广大人民群众提供了丰富的精神食粮，留下了一批具有较高艺术质量的舞台艺术作品。

【戏剧创作信息交流活动】 11 月，广西艺术创作中心与中国戏剧家协会《剧本》杂志社在桂林共同组织举办了第二届《剧本》杂志社理事会暨全国戏剧创作信息交流活动，会议有来自全国和区内的《剧本》杂志理事和戏剧家参加会议。会上，全国戏剧家们总结工作，交流信息，规划未来，畅谈创作体会，并对会议的组织工作给予高度评价。

【参与区内外多项艺术活动】 5 月，中心常剑钧、胡红一同志受全国现代戏曲学会邀请，赴辽宁沈阳参加全国现代戏研讨会，对评剧《我那呼兰河》等一批全国优秀剧目进行了研讨。6 月，常剑钧、裴志勇、胡红一三人被选为中国戏剧家协会第七次全国代表大会代表，并赴北京参加大会，会上，常剑钧同志再度当选为中国戏剧家协会理事。11 月，中国剧协举办第二期编剧读书班，中心推荐的剧本《油茶御史》《何香凝》由中国剧协有关专家审阅通过，作者裴志勇、杨戈平受邀参加读书班学习，倾听专家对剧本的修改意见，拟作进一步修改提高。

【担任评委】 年内，常剑钧、裴志勇等人先后应邀担任“广西戏剧文学奖”“首届广西校园戏剧奖”“第六届广西文艺铜鼓奖·戏剧及综艺晚会评奖”评委。

广西艺术学校

【概况】 广西壮族自治区艺术学校，始建于 1959 年，是一所全日制国家级重点中等职业学校，隶属自治区文化厅，同时接受自治区教育厅的领导，是国家财政全额拨款并具有独立法人资质的全民所有制事业单位。学校分为园湖、长堽两个校区，校园绿树成荫，环境优雅。现有教职员工 127 人，其中副高以上职称 31 人，在校学生 1000 多人 。近几年来，学校以加强基础设施建设和提升内涵建设为抓手，大力实施品牌强校战略，取得了跨越式发展。2007 年，戏曲表演专业被自治区教育厅认定为自治区级示范专业，学校晋升为自治区级重点中等职业学校。2008 年，舞蹈表演专业被自治区教育厅认定为自治区级示范专业，学校晋升为国家级重点中等职业学校。2009 年，被自治区教育厅、财政厅认定为自治区职教攻坚“示范性中等职业学校”；承办中国艺术职业教育学会第 23 届年会和举行建校 50 周年庆典。2010 年，舞蹈表演专业实训基地被自治区教育厅认定为“广西中等职业教育示范性实训基地”。建校五十多年来，学校先后开设了戏曲表演、杂技与魔术表演、舞蹈表演、话剧表演、木偶与皮影表演及制作、音乐(声乐、器乐)、群众文化艺术、播音与节目主持、美术设计等专业，为广西及区外各级专业文艺团体、企事业单位、部队培养和输送了大批艺术人才，有 30 多人成为处级以上领导干部，有 50 多人获得国家一级编导、一级编剧、一级演员、一级美术师、研究员等高级职称，被誉称为“壮乡艺术家摇篮”。学校以“育人为本，德高艺精”为校训，注重教学质量，教学成果突出，先后荣获了国内外奖项 300 多个。广西荣获全国“梅花奖”“国家舞台艺术精品工程奖”“文华奖”“五个一工程奖”“牡丹奖”的获奖者，大多数是广西艺术学校的毕业生。

【获奖情况】 年内，广西艺术学校在各项评比和各类专业比赛中硕果累累。1 月 19 日，在第十四届 CCTV 青年歌手电视大赛广西赛区选拔赛决赛中，广西艺术学校合唱队荣获合唱二等奖。3 月 28 日，在第五届广西中等职业教育技能比赛中，广西艺术学校潘雪、龚嘉怡、陈淅、翁泉获“广西职业教育新时代刘三姐”称号，在模特表演比赛中，广西艺术学校龚嘉怡获一等奖、潘雪获二等奖。5 月 1 日至 3 日，广西艺术学校荣获“广西第 15 届国际标准舞大赛”成年拉丁舞集体舞第二名，拉丁舞少年女子单人第五名，并获组织奖。6 月 5 日至 6 日，参加中国·桂林 IDSA 世界体育舞蹈协会(中国)体育舞蹈公开赛暨广西桂林体育舞蹈运动协会锦标赛，广西艺术学校获少年女子单人拉丁舞两个组别的两个第一名，获业余成人女子单人拉丁舞三个组别的三个第二名、一个第五名。6 月 28 日，广西艺术学校黄文瑜参加南宁市青秀区首届乡村社区和谐文艺大展演，获展演一等奖。7 月，广西艺术学校创编的壮族舞蹈《田埂里的故事》荣获第七届中国舞蹈“荷花奖”校园舞蹈展演“十佳作品”奖。10 月 18 日，文化部文化科技司、自治区教育厅、自治区文化厅共同举办的“红铜鼓”中国—东盟艺术教育成果展演中，广西艺术学校收获颇丰，声乐类获得 1 个一等奖，1 个三等奖；器乐类获得 1 个一等奖；舞蹈类获得 1 个一等奖，2 个二等奖；杂技类获得 3 个一等奖，3 个二等奖，5 个三等奖；1 个新星奖。广西艺术学校李艳在意大利国际魔术大会的比赛中技压群芳荣获第二名。11 月 11 日，由自治区文化厅、自治区文联和广西电视台联合举办的首届广西杂技魔术比在南宁举行，广西艺术学校的杂技《女子柔术——茉莉花开》获得节目一等奖，魔术《魔幻翩翩》、杂技《钻台圈》、杂技《青春节拍——圆桌溜冰》获得节目二等奖。其中魔术《魔幻翩翩》、杂技《女子柔术——茉莉花开》还获得优秀表演奖，广西艺术学校获得本次比赛的优秀组织奖。在第三届广西区直学校科技文化艺术节的歌唱大赛中，广西艺术

学校李韦臻同学夺得了高职组一等奖，谢燕荣同学夺得了中专组的一等奖。

【教研成果】 在广西中等职业教育教学改革立项申报工作中，广西艺术学校申报的科研项目《基于心理辅导的中职生厌学心理干预研究与实践》荣获一级立项，《探索杂技表演专业校团一体化办学模式的建构与实践》荣获三级立项。在广西职业教育教学优秀论文评选中，广西艺术学校教师共有36篇论文参加比赛，其中黄志华、李阳、农棹菲、叶宁荣获优秀论文一等奖，其余9人荣获二等奖，22人荣获三等奖。在第二届“孔雀奖”全国中等艺术学校声乐比赛中，欧阳驹老师获民族组银奖；王湘莲老师获民族组铜奖。李艳撰写的论文《从情境化看节目(轻蹬技)艺术创作的发展》获浙江学术交流会征文比赛三等奖。农棹菲撰写的论文《演唱的积极与松弛》获得“全国中青年骨干教师优秀教学成果评选活动”二等奖。

【交流学习】 9月11日，上海音乐学院社会教育学院史明阳副院长到广西艺术学校考察合作项目，文化部文化科技司牛耕夫处长到广西艺术学校指导，潘世明校长、龙长生书记、周建培副校长以及相关部门负责人、相关专业老师参加了洽谈会。洽谈会上，潘世明校长介绍了广西艺术学校办学情况，史明阳副院长也就上海音乐学院社会教育学院开办有关项目工作的情况做介绍。双方约定项目正式签约的时间地点和内容。洽谈会始终洋溢着一种热烈、畅想共赢的友好气氛。11月5日，在自治区文化厅副巡视员马红英和人教处处长孙毅的带领下，东盟中日韩(10+3)文化人力资源开发与合作研讨班成员和参加中国—东盟艺术教育成果展演的部分兄弟院校领导老师到广西艺术学校参观访问。在欢迎会上，校长潘世明代表广西艺术学校做了热情洋溢的欢迎致辞。到访人员还分别参观了杂技教学、观看了教学成果展演，参观了教学设施设备。12月29日，由广西华侨学校组织的“泰国、老挝华裔青少年汉语及中华文化冬令营”一行到广西艺术学校参观，观摩了中国民族民间舞蹈课，并观看了精彩文艺汇演。此次活动，加强了广西艺术学校的对外交流，向海外宣传了办学成绩，同时让海外华裔青少年了解了中国传统文化的特色，接受祖国博大精深文化的熏陶，增强对祖国的热爱之情。12月下旬，在潘世明校长、龙长生书记带领下，广西艺术学校师生组成的广西青少年艺术团赶赴台湾，进行为期10天的交流演出。本次文化交流是应台湾“中国青年大陆研究会教育基金会”的邀请，由中华文化联谊会和中国宋庆龄基金会共同组派的。开场舞《五彩绣球》以壮乡风情特色闪亮登场，舞蹈节目《剪纸姑娘》以柔美的肢体解读了中国传统剪纸艺术，舞蹈节目《捶布》与《天琴》体现了我区中等艺术教育的较好成果，三个杂技节目《晃圈》《蹬技》和《柔术转毯》则以较高难度动作赢得赞叹，这台独具广西民族特色的节目给台湾青少年观众带来了新的视觉享受。本次文化交流是“情系八桂——两岸文化联谊行”的一个后续活动。

【学校大事记】 广西艺术学院园湖校区9月10日揭牌仪式在广西艺术学校举行，自治区政协副主席、广西艺术学院院长黄格胜，自治区文化厅党组副书记、副厅长李民胜共同为广西艺术学院园湖校区揭牌，这标志着我校与学院合作办学迈出坚实的步伐。揭牌仪式由广西艺术学院院长助理、音乐学院院长林贵雄主持。出席揭牌仪式的还有：自治区文化厅党组成员、副厅长洪波，副巡视员马红英以及有关处室领导；广西艺术学院党委书记潘晔，党委副书记、副院长禤思，副院长李绍

中、黄志豪，党委副书记、纪委书记邓军，党委副书记赵焕春，副院长陈应鑫以及音乐学院领导；广西艺术学校校长潘世明、书记龙长生、副校长李其华、周建培等。还有广西艺术学校的中层干部、工会、教代会委员和部分学生两百多人等参加揭牌仪式。广西艺术学校校长潘世明、广西艺术学院副院长黄志豪分别在揭牌仪式上致辞。潘校长在致辞上说到：随着改革开放不断深入，我国经济发展方式的转变，用人单位对人才需求领域更宽，对录用和引进人才的层次要求更高，为此广西艺术学校将在自治区文化厅的领导下，在广西艺术学院的指导下，提高办学层次，拓宽专业方向，多向联合办学。沿着全区教育工作的会议精神所指明的方向，认真贯彻落实全国教育工作会议精神和《国家中长期教育改革和发展规划纲要》，不断把广西艺术学校各项工作向前推进，为培养既有中华民族精神品质，又有扎实的专业技能和全面的文化素养、德才兼备的艺术人才而努力奋斗！12月，经过多年的探索和磨砺，广西艺术学校舞蹈表演专业已经成为广西艺术教育的品牌专业，舞蹈实训基地被自治区教育厅认定为2011年～2015年"广西中等职业教育示范性实训基地"。广西艺术学校当选为中国艺术职业教育学会常务理事，潘世明校长当选为副秘书长。由国家教育部、国家民族事务委员会、中央统战部七局、中央新疆工作协调小组办公室四部委和天津市人民政府联合主办的"民族地区职业院校学生才艺展示"，在美丽的海滨城市天津隆重举行。"民族地区职业院校学生才艺展示"是教育部举办全国职业院校技能大赛四大板块之一，其中还有三会：技能作品展洽会，发展成果展示会，创新教材展览会。学生才艺展示是首次举办。广西艺术学校收获颇丰，杂技《圆桌溜冰》荣获金奖（第一名），岳雯馨荣获模特项目比赛银奖，舞蹈《五彩绣球》荣获优秀奖。

【组织活动】 2月，组织舞蹈和杂技专业90多名学生参加庆祝广西文联成立六十周年大型文艺晚会的排练和演出。3月，组织学生参加"全区中等职业学校职业技能大赛"。6月，组织2008级杂技专业的学生参加由广西政协主办的"同舟共进"大型文艺晚会系列巡回演出。7月，组织舞蹈专业的学生排练的群舞《糯玉香》和《田埂里的故事》参加第七届中国舞蹈"荷花奖"校园舞蹈大赛。10月17日，2010"红铜鼓"中国—东盟艺术教育成果展演新闻发布会在广西艺术学校召开。10月21日，广西第八届中等艺术教育"红铜鼓"专业大赛杂技魔术专业比赛初赛在广西艺术学校桂花剧场进行。10月24日，自治区教育厅评估组专家到校进行戏曲示范性专业复评及舞蹈实训基地评估。11月4日至6日，2010"红铜鼓"中国—东盟艺术教育成果展演在南宁剧场举行，我校是承办单位之一。11月8日至20日，广西艺术学校组织部分学生参加西林县第二届句町文化艺术节演出。11月10日，第一届广西杂技（魔术）比赛决赛魔术专场在广西艺术学校桂花剧场举行。11月，选派学生赴天津参加全国职业院校技能大赛德育成果汇报演出。

广西歌舞剧院

【概述】 广西壮族自治区歌舞剧院前身为广西省民族歌舞团，成立于1954年1月，1958年改称为广西壮族自治区歌舞团，2004年8月经自治区人民政府批准更名为广西壮族自治区歌舞剧院，下设广西歌舞剧院歌舞团、广西歌舞剧院交响乐团、广西歌舞剧院民族乐团、广西歌舞剧院舞美艺术制作中心。自成立以来，一直是广西文化建设的一支主力军，

是宣传广西的艺术之窗，是唱响歌海、舞动八桂的艺术奇葩，常年承担着自治区党委、自治区政府下达的各类重大演出任务，为弘扬广西民族文化艺术和促进广西对外文化交流作出了重要贡献。该院汇聚了包括壮、汉、瑶、苗、侗、仫佬、土家、京、回、满等民族的艺术精英，创作和演出了许多具有广西民族特色的作品。几十年来，不但完成自治区党委和政府下达的各项演出任务，超额完成了每年度的演出指标，且积极组织创作声乐、舞蹈、器乐等节目参加全区和全国的各类专业比赛。大批在民族艺术上有成就、享誉国内外的艺术家，许多作品在全国、全区的文艺汇演以及各种类型的评比中获奖，不少演员、演奏员也在全国、全区的比赛中获得好名次。创作演出代表性的作品有：舞蹈《鉴水河情歌》《瑶族婚礼舞》《拉木歌》《北海女民兵》《打棍出箱》《赶圩归来阿哩哩》《坐夜》《壮乡春早》《双刀舞》《花山战鼓》《瑶山孕》《打磨秋》《秋歌》《海恋》《担》，大型歌舞《严阵以待》，舞剧《长山战歌》，庆典大型民族歌舞《红日照南疆》《金色足迹》，壮族民族歌舞《骆越神韵》《民族之光》，歌曲有《青山里流出一条红水河》《我的歌声飞向南》《壮族人民歌唱毛主席》《晨雾中牛铃在响》《赶圩归来阿哩哩》《壮家少年热爱毛主席》《歌声牵出月亮来》，器乐曲有《壮锦献给毛主席》《壮乡春早》《山歌好比春江水》《侗寨狂欢夜》，歌剧《百鸟衣》《甜娘》《海怪与女奴》，大型音乐剧《桂林故事》，大合唱《红水河之歌》，还上演过学习歌剧《洪湖赤卫队》《江姐》，芭蕾舞剧《白毛女》《红色娘子军》《沂蒙颂》《草原儿女》，民族舞剧《半屏山》以及钢琴协奏曲《黄河》，小提琴协奏曲《梁祝》，交响幻想曲《歌仙·刘三姐》，交响曲《八桂风韵》，交响组曲《刘三姐》，交响乐《壮乡和韵》，大型交响音画《广西畅想》等。特别是近几年来，我院创编的大型民族歌舞《漓江诗情》在参加第二届全国少数民族文艺汇演中，荣获了创作金奖、演出金奖、舞美金奖及十二个单项奖。近几年来，出色完成了随广西壮族自治区政府代表团赴澳洲、东南亚各国、印度、韩国出访演出、赴京参加广西文化周演出和庆祝国庆 60 周年献礼演出以及自治区庆祝国庆 60 周年、自治区成立 50 周年文艺晚会演出，参加上海世博会广西活动周，广西政协 60 年光辉历程全区巡演，中国西部交响乐周，广西红十字建会一百周年演出，广西“防治艾滋 履行承诺 共享阳光”公益晚会的演出等，特别是创编音乐剧《桂花雨》参加第九届中国艺术节，荣获第十三届文化大奖特别奖、剧作奖、舞台美术奖及艺术节表演奖。年末在职人数为 183 人，其中正高专业技术职称 20 人 、副高 60 人、中级 37 人、初级 44 人。全年演出 280 场，观众 24.86 万人，演出收入 488.1 万元。

【庆祝广西政协 60 年光辉历程全区巡演】 为了广泛宣传新时期新阶段人民政协的性质、职能、作用，推动我区人民政协事业发展，由自治区政协和广西歌舞剧院共同创作编排了一台综合性的文艺晚会“同舟共进”，于 6 月 6 日在南宁市人民大会堂首演。晚会形式多样，突出了人民政协 60 年光辉历程和政协委员深入基层、体察民情、沟通民意的作用。晚会获得了圆满成功，得到了领导的肯定及高度评价。为了让在全区各领域、各战线上工作的干部职工能近距离地欣赏这场浓缩了政协 60 周年光辉历程的文艺演出，随后在全区 20 个市、县进行了巡回演出。这台既有政治性又有艺术性，老百姓爱看的文艺晚会，得到了当地政府与老百姓的高度赞赏。

【中国西部交响乐周演出】 12 月 24 日，广西歌舞剧院交响乐团应邀赴重庆参加中国西部交响乐周的演出活动。中国西部交响乐周由国家文化部和重庆市政府举办，旨在全面展示我国西部交响乐发展的优秀成果，促进西部地区交响乐艺术普及提高，使高雅艺术贴近大众，营造全民欣赏高雅艺术的浓厚氛围，推动我国西部交响乐艺术事业发展以及西部文化大发展大繁荣。24 日上午，由中央音乐学院著名指挥家朱亦兵执棒的广西歌舞剧院交响乐团来到重庆市大渡口区，为社区居民带来了一场别开生面的演出，让高雅音乐走进了社区，走到了普通百姓的身边。当天晚上，广西歌舞剧院交响乐团在重庆大剧院为山城市民奉献了一份中西合璧，又兼具浓郁广西壮乡风情的交响音乐大餐。《莫扎特第四十交响曲》、弦乐合奏《二泉映月》、交响诗《广西畅想》、交响乐幻想曲《刘三姐》等曲目不仅让观众领略到了交响乐的独特魅力，也从中感受到了广西的神奇。

【庆祝恭城自治县成立 20 周年晚会】 为隆重庆祝恭城瑶族自治县成立 20 周年，由文化厅主办，我院具体负责了此次成立 20 周年晚会文艺演出工作。9 月 25 日晚，恭城民族体育馆内容纳了 2000 多名观众，在热情似火的呐喊中，我院演员用最好的姿态精彩演绎，通过民族歌舞的表演和瑶族服饰的展示等一系列富有地方民族特色的节目，全面地展示了恭城瑶乡 20 年来在党的民族政策指引下所取得的巨大成就，完美展现了广西歌舞艺术的风采。精彩的演出获得了各级领导和众多媒体的一致好评。本次演出为恭城瑶族自治县营造了喜庆祥和的氛围，促进了民族团结，充分展示了恭城县 20 年来经济生活取得的辉煌成就。

【音乐剧《桂花雨》获十三届“文华奖”文华大奖特别奖】 音乐剧《桂花雨》是在自治区党委、政府、文化厅的大力支持与策划下，由广西歌舞剧院创作演出的广西本土作品。该剧由国家一级编剧、著名导演安荣青担任编剧，北京现代舞团胡磊、张帝莎担任导演，广西文联党组书记、著名作曲家傅磬作曲，以上因素为该剧的成功演出提供了坚实的基础。经过各方努力，5 月 23～24 日，音乐剧《桂花雨》在广东省中山市文化艺术中心隆重献演，获第十三届“文华奖”文华大奖特别奖。作为代表广西参加第九届国家艺术节，角逐第十三届“文华奖”参评剧目，音乐剧《桂花雨》向全国人民展示了广西特色的文艺风貌和广西气派的舞台艺术。

【广西红十字建会一百周年纪念大会文艺演出】 为纪念广西红十字会组织诞生一百周年，我院精心组织、策划、排演了“广西红十字会一百周年纪念大会文艺演出”。此次文艺演出作为对广西红十字会人道主义与博爱精神的诠释，自始至终受到了自治区党委、政府，以及文化厅、广西红十字会等各级领导的关心和大力支持。10 月 11 日，文艺演出在南宁市人大会堂正式开始，精彩的文艺表演博得了与会现场的观众阵阵掌声，获得领导的肯定与表扬，展示了我院作为一个文艺团体良好的精神风貌和高水准的专业技能。

【“关爱生命，文明出行 ”百场巡演】 为全力配合广西交警总队和广西农机化管理局做好道路交通安全的宣传工作，我院策划、创作、排练、演出了《关爱生命 文明出行》2010 广西“文明交通行动计划”百场巡演文艺晚会。晚会以流行通俗歌曲、异域风情舞蹈、快板、小品、朗诵等多种广大群众喜闻乐见的艺术表演形式，从多层面对“关爱生命，文明出行”主题进行宣传。晚会自 11 月起在广西区内各地市乡镇、各高校进行了 100 场的巡演。节目深受广大观众的喜爱，起到了很好的教育和宣传作用，得到了交警总队相关领导的充分肯定和表扬。

【广西“防治艾滋　履行承诺　共享阳光”公益晚会演出】 为普及和宣传防治艾滋病知识，在第23个世界艾滋病日来临之际，我院精心组织、策划、排演了广西“防治艾滋 履行承诺 共享阳光”公益晚会演出，于11月29日在南宁市人民会堂隆重举行。晚会的文艺节目博得了现场观众的阵阵掌声，获得领导的表扬，自治区人民政府副主席李金早在晚会结束后，作了总结性的讲话，肯定了大家的演出投入及热情，并称我院的节目既有知识性又有趣味性且带有鲜明的广西本土特色，这场晚会节目与艾滋病防治知识是一个成功的结合。

【上海世博会广西活动周“壮美广西”和“民俗广西”文艺演出】 黄浦江畔尽显壮乡风姿，世博园区展现八桂壮美。根据自治区政府的安排，2010年上海世博会“广西活动周”由文化厅、建设厅主办，我院承办“壮美广西”和“民俗广西”两大板块的文艺演出与创作。8月2日至6日，广西活动周文艺演出借助上海世博会这个大舞台，将广西最精彩最具代表性的传统民俗、纯朴民风和审美习惯、非物质文化遗产以及经济社会发展成就等内容展示在世界人民面前，全方位的展现出广西的风情和魅力，突显广西独特的风俗人情，展示壮乡优美的自然景观，彰显八桂大地深厚的文化底蕴。精彩的演出获得了各级领导、各省市嘉宾、各地各界代表、广大观众和众多媒体的一致好评。广西活动周成为上海世博会最受参观者欢迎的省区活动之一。

【剧院“三下乡”演出】 3月，我院组织了一台丰富多彩的民族歌舞节目，赴德保县各乡镇开展文化“三下乡”演出活动，给群众送上精彩的文化视听盛宴，积极传播了先进文化，普及了科学技术知识，提高了农民素质和生活质量，满足了农民日益增长的文化需要。此次演出取得了良好的社会效果，得到基层群众热情欢迎和高度赞赏。

【第一届广西舞蹈青年演员大奖赛】 根据文化厅提出的打造广西气派舞台艺术精品，在舞台艺术的各个门类培养出一批创作、表演拔尖人才的工作思路，我院积极发展舞台艺术的创作，努力培养创作型和表演型人才，在思想上高度重视，在行动上紧抓落实。努力付出终有回报，在10月底举行的第一届广西舞蹈青年演员大奖赛上我院取得了优异的成绩。大赛共有105个参赛节目，来自全区32个不同参赛单位，规模大，节目多，艺术水准高，新创作节目多，是一次高水准化、高专业化、高技能化舞蹈艺术赛事。我院共选送12个参赛节目，领导对此高度重视，院创作室主抓参赛节目的创编以及排练工作，舞蹈队也给予了全力支持。参赛的舞蹈演员们在演出任务繁重的情况下，不畏辛苦，克服各种困难，全力以赴地加紧排练，经多次审查，反复修改，力求精益求精。在决赛赛场上，我院青年舞蹈演员以精湛的舞蹈技艺、优美的舞姿和认真的态度向观众展示了我院的专业水平和风采，他们的表演获得了专家和观众的一致好评。我院共有6人获表演一等奖，5人获表演二等奖，7人获表演三等奖，4个节目获优秀编导奖，2个节目获编导奖，我院同时荣获优秀组织奖。

【接待中央领导及外宾代表团的演出】 我院每年在圆满地完成自治区党委和政府下达的各项演出任务同时，还出色完成接待中央领导及国外代表团的演出工作。我院在2010年接待了菲律宾驻华代表团演出、中央领导文艺晚会演出、新加坡代表团酒会、中越青年大联欢演出、东盟博览会迎接元首演出、接待江主席的演出等演出接待任务。我院的演出工作得到领导的充分肯定和国外代表团嘉宾的高度赞扬。

【赴韩国参加“中韩缘文化年”】 受文化部委派，为了增进中韩人民的友谊和了解，共同欢度两国人民的最大节日“春节”，我院艺术团于1月8日至15日赴韩国首尔参加“中韩缘文化年”的演出活动。我们的《银落舞》优美，华丽，高贵，表现出苗族妇女的生活状态与追求；另一亮点节目《盘歌》是以轻松、愉快、风趣的对歌形式，反映出壮族青年男女的爱情场景。与韩国节目的严谨认真形成对比，使韩国观众从节目中了解我们壮族是一个勤劳、智慧、能歌善舞的民族。精彩的演出获得了韩国观众的热烈掌声与好评。

【“魅力广西”印度行】 为了纪念中国与印度建交60周年，印度对外文化交流委员会和中国文化部在印度联合举办了“中国节”系列文化活动。广西艺术团11月23日晚在印度首都新德里卡玛尼剧院为当地观众带来了一场精彩的“魅力广西”文艺演出。30多名来自广西壮族自治区的演员们在90分钟的演出时间内，为印度观众献上了中国少数民族歌舞、杂技、魔术、变脸等精彩演出，让印度观众充分领略到广西人民的热情好客，以及中国民间艺术文化的多姿多彩。印度观众反响热烈，场内掌声不断，不少观众在散场后仍不愿离去，并询问是否能够加演一场。中国驻印度大使张炎与印度各界人士，以及部分国家驻印度使节的嘉宾们共同观看了演出。张炎大使表示，作为“中国节”系列文化活动之一，本次活动的成功举办对两国文化交流有着促进意义。

广西壮剧团

【概况】 广西壮剧团成立于1965年，前身为右江壮剧团，是广西唯一的自治区级壮剧艺术专业表演团体。现有在册干部职工78人，其中高级职称9人、副高26人、中级17人、初级15人、员级8人、管理1人、工勤2人。壮族、瑶族、苗族、仫佬族、回族等少数民族演职员占全团总人数84.62%，属财政差额拨款事业单位。团内设有演出办公室、艺术生产办公室、行政办公室、人事离退休办公室。完成年度各类演出121场，超额完成文化厅下达的110场年度演出任务，收入155.6万元，观众约366790人次，其中下农村基层演出92场。

【剧团管理】 今年以来，以学习党的十七大、十七届四中、五中全会精神和学习实践科学发展观为主线，掀起广西文化建设新高潮的思路为重点，开展“创先争优”和“学习型党组织活动”等。继续完善剧团各项规章制度，进一步加强了综合治理、考勤、信访、精神文明、反腐倡廉等日常事务的管理，保障了办公室各项工作的正常运转，使办公室工作有章可循，逐步向规范化、制度化方向迈进。各行政职能部门积极主动开展工作，较好地完成各项工作任务，为剧团的业务开展、工作、居住环境等方面创造宽松的条件。剧团业务生产车间——排练场，自上世纪六十年代初建成至今，经过几十年的风雨侵蚀，已是严重危房。去年在团部的努力争取下，获得文化厅120万元专款进行维修改建，经过近一年的紧张施工，目前已全部峻工。在排练场门口搭盖高6米、长10.1米、宽7.6米舞美制作场大铁栅；拓宽剧团院内道路、美化剧团环境等，这些项目的完成，极大地改善了我团的工作生活条件，为剧团业务生产工作创造了舒适优美的环境。与社区签订《综合治理目标责任状》和《计划生育责任状》，制定《广西壮剧团党风廉政建设制度》，成立“创先争优、建

设学习型党组织活动”领导小组，极大地提高了剧团的工作效率。

【业务训练】 剧团按照文化厅有关“加快培养我区艺术表演人才队伍建设，打造区内乃至国内有影响的表演艺术家的造星计划”精神，一年来加大对青年演员的培训力度，聘请壮剧传承人和有较深造诣的退休老艺人对青年演员进行传统壮剧的培训。在训练过程中，注重结合本剧种传统表演形式的传承和探索。除了壮剧传承人和本团老师外，还聘请了涂玲慧、沈启英、刘仁贤等有很深造诣的艺术家给青年演员进行传统剧目的培训，排演了传统壮剧《耍夫妻》、移植剧目《小寡妇扇坟》《投江》《天女散花》等，老师们悉心传授，在唱腔和形体上言传身教，演员们勤奋好学，通过以学代练的形式，使青年演员的壮剧基本功和壮剧表演等方面有了长足的进步，对壮剧有了更深的了解。在原有的壮剧基本功训练中加开了现代舞基本功的训练。现代舞基本功的训练，目的是让青年演员更深入地去锻炼自身的协调能力和意识能力，通过这种新的形体训练方法结合壮剧身段的手眼步法等，让青年演员充分去认识感悟自己的肢体，多层次、多种类去提高自身的综合业务能力。抓紧培养青年演奏人才，为了完善剧种乐队“三大件”建制，保持壮剧剧种特有的演奏风格，1月至6月，聘请叶焕福老师对廖培进行为期六个月的月琴演奏技法授课指导；3月至4月，再次送黄星琦到德保县向壮剧艺人黄广扩拜师学艺，进行为期两个月的土胡演奏技法的强化训练。通过学习，这两位青年乐手的伴奏水平均有了不同程度的提高。

【剧团下乡演出】 1月初，剧团组织创作编排了一台以小戏、小品、传统剧目、折子戏、歌舞为主的综合节目，于1月3日至13日深入靖西县各乡镇进行文化下乡演出，足迹踏遍靖西县20多个乡镇，共演出22场，观众约4万多人，深受广大观众的欢迎。1月18日至29日先后到广西民建迎春团拜会、广西卫视“手拉手”、民建南宁市委员会、厢竹海鲜城、侨旺纸业制品公司团拜会演出；2月1日至2月17日为全区文化局长会议、自治区统战部团拜会、广西台办台商茶话会、崇左市财政局团拜会、南宁市人大团拜会、文化厅团拜会、良庆区政府团拜会、平果县榜圩镇茶话会及迎春文艺晚会、皇氏乳业集团拜会、田阳县元宵晚会、2010年“歌海元宵”广西文艺界联欢晚会演出；3月6日在国际大酒店演出，3月18日为全国反腐倡廉会议演出；4月10日至29日先后在荔园山庄、广西电视台、上林县第十九个税收宣传日、乐业县国际攀岩节演出；5月23、24日参加田林县中国首届壮剧文化艺术节开幕式演出；6月25日参加广西文联成立60周年大庆晚会；6月28、29日到那坡县保合广场开盘演出；7月22、23日现代壮剧《天上的恋曲》赴银川参加第二届中国少数民族戏剧会演；8月17日在南宁新会书院为台湾商会贵宾演出“拦路歌”选段；9月28日在邕宁演出；10月21、22日参加2010年南宁国际民歌艺术节良庆歌台演出；12月10日至13日现代壮剧《天上的恋曲》参加2011年广西新春演出季在南宁剧场的演出；12月14日为2010年壮剧论坛研讨会演出一场壮剧非物质文化遗产专场节目；12月21日为广西民建迎春团拜会演出。

【参加庆典演出】 5月初及23、24日剧团参加田林县中国首届壮剧文化艺术节开幕式的策划、组织及排演工作；开幕式的演出得到各界人士的好评；8月参加由文化厅组织的“情系八桂——两岸文化联谊行”演出活动；9月29日参加良庆区第二届香火龙文化艺术节演出；10月受邀组织策划参加2010年南宁国际民歌艺术节良庆区歌台的大型演出活动；10月11日至13日参加瑶风和韵恭城开幕式演出；10月16日为第三届巴马国际长寿养生文化旅游节演出；10月29日为钦州市钦北区成立十六周年演出；11月6日为2010年中国柳州融水芦笙斗马节开幕式演出。

【非物质文化遗产保护名录项目专场演出】 1月10日剧团壮剧“非物质文化遗产”剧目“南路传统壮剧提线木偶”赴北京录制广西春节联欢晚会，精心组织编排了一台传统壮剧小戏、折子戏、片段，于3月10日至25日到田林县各乡、镇、村屯进行传统壮剧下基层、进校园示范演出28场，所到之处，受到当地群众的热烈欢迎。此次下基层、进校园示范演出潜移默化地让中小学生初步了解了壮剧，使青年人渐渐对自已本民族的剧种产生浓厚兴趣并进而喜爱上壮剧。12月中旬我团还多次为不同的观众专场演出壮剧的传统剧目，提高壮剧的知名度、影响力，扩大壮剧的观众群，努力探索壮剧发展之路。

【剧目创作演出获奖】 新编现代壮剧《天上的恋曲》参加第二届中国少数民族戏剧会演，荣获“银奖”及优秀编剧奖（常剑钧），优秀导演奖（伊天夫、刘龙池），优秀作曲、唱腔设计奖（唐力、李勉新），优秀舞美设计奖（刘元生），优秀表演奖（蒋剑、张玲、黄力勤）等10个单项奖。该剧还荣获2009～2010年广西国家舞台艺术精品工程资助剧目；8月至9月，我团分别参加第四届广西青年演员戏剧大奖赛、第一届广西舞蹈青年演员大奖赛初赛和决赛，其中戏剧方面哈丹在《荆钗记》选段“投江”中饰演钱玉莲荣获表演一等奖；在南路小壮剧《耍夫妻》中饰演滑嘴嫂的卢晓娟获表演三等奖；在现代壮剧《天上的恋曲》（片段）杨丹华饰演蔡玉珍获表演二等奖，莫丰华饰演的王家宽获表演三等奖；舞蹈方面我团参赛的独舞《叻》参赛演员苏俊华获表演二等奖；古典双人舞《雨霖铃》参赛演员陈涛、谭紫蜜分别获三等奖。

【非物质文化遗产保护工作】 保护、传承工作有序进行，开展顺利。今年剧团新排演了传统壮剧《宝葫芦》、传统移植剧目《耍夫妻》《小寡妇扇坟》《投江》《天女散花》，现代壮剧《天上的恋曲》等，通过传承排演传统剧目，大大提高了壮剧青年演员的基本功及表演水平，使得他们对壮剧有了全新的了解。可喜的是，在9月结束的广西第四届青年演员大奖赛上，我团的参赛节目既有传统壮剧剧目又有新创作剧目，青年演员的表演博得了好评和肯定，取得了优异的成绩。年初我团组织有关人员到田林、德保、靖西等县进行采访、录音、录像，对传统壮剧进行深度挖掘、整理、汇编、刻碟，编辑壮剧有关书籍，整理曲牌音乐，录音视频资料；壮剧传承基地已建成使用，壮剧“非遗”展板、乐器、服装展台吸引大批大专院校学生参观。我们还排演了魅力壮剧“非遗”专场节目，成功举办了2010年中国壮剧艺术论坛。

【先进表彰】 廖小珊同志获2010年中共南宁市青秀区人口和计划生育先进个人一等奖，广西壮剧团获2010年中共南宁市青秀区人口和计划生育先进单位；广西壮剧团参加第四届广西戏曲青年演员大奖赛中荣获组织奖；广西壮剧团参加第一届广西舞蹈青年演员大奖赛中荣获组织奖。

广西桂剧团

【概况】 广西桂剧团成立于1953年6月1日，属财政差额补贴事业单位。在职人员90人，其中高级职称9人、副高级职称28人、中

级职称22人、初级职称23人。2009年成立中共广西桂剧团总支委员会。设有业务办公室、演出办公室、行政办公室、演员队、乐队、舞台队、人事办公室、老干室等。年内创作、排演剧(节)目34个，其中大戏3个，小戏19个，小品4个，表演唱3个，综合文艺晚会5台。全年完成演出场次179场，其中本剧种演出115场，农村演出22场，指令性任务演出3场，商业演出36场，值班演出3场，观众约23万人次，全年完成演出总收入103.5万元，超额完成全年场次指标69场。

【新创剧目《七步吟》】 紧紧抓住新创剧目《七步吟》，争取打造又一个舞台艺术精品，全年以改革创新为动力，紧紧抓住重点项目，抓落实求实效，取得了显著成绩。今年3月、6月我团对《七步吟》进行第二次修改提高，修改的《七步吟》演出得到厅领导肯定，并得到北京专家薛若琳、黄在敏、邹忆青、徐培成的好评，家喻户晓的《七步吟》进社区演出得到观众的喜欢。

【《锦衣绣口》】 为做好文化体制的改革工作，并达到传承和弘扬地方文化的目的。我团大胆探索，上下共同努力成功打造了一台走向市场的《锦衣绣口》晚会。《锦》剧在接待国家发改委及部分省区市"十二五"改革规划座谈会，接待东盟博览会甘肃、福建代表团，接待东盟博览会法国地方代表团，接待东盟博览会加拿大代表团，接待自治区旅游局，各厅办主任等试演中均获得好评。

【参加第四届广西戏曲曲艺青年演员大奖赛】 为参加第四届广西戏曲曲艺青年演员大奖赛，本团创编人员创作了《长安悲歌》《断桥》《打堂》《十八相送》《林冲夜奔》《哑背疯》《李逵探母》《打棍出箱》《拦马》《放裴》《打神告庙》《战马超》《游春》《焚稿》《夜探浮山》等剧目；《打堂》《长安悲歌》荣获表演一等奖；《打棍出箱》《哑背疯》《游春》荣获表演二等奖；《白蛇传》《放裴》《打神告庙》《拦马》荣获表演三等奖。

【参加第一届广西舞蹈杂技青年演员大奖赛】 为参加第一届广西舞蹈杂技青年演员大奖赛舞蹈比赛，本团创作了舞蹈《青蛇与白蛇》《中国结》《壮族大歌》和魔术《瑶山谣》等节目。《白蛇与青蛇》荣获表演二等奖和表演三等奖，魔术《瑶山谣》荣获表演三等奖。

【下乡演出】 一月儿童剧《一二三起步走》进校园演出和福彩进社区巡演；二月随文化厅"文化惠民 欢乐八桂"送戏下乡演出和自治区人民政府办公厅与都安五峒村迎新春联欢演出；四月新编历史剧《七步吟》进社区巡演。

【重大及庆典演出】 圆满完成文化厅交给的上海世博园广西馆演出，历时184天，演出1432场，精湛的地方特色演出得到了各级领导和广大观众的一致好评。完成了文化厅交给的荔园山庄春节中央领导慰问演出、接待江泽民重要演出、第六届中国(深圳)国际文化产业博览会演出、第五届中国西部文化产业博览会演出、恭城县庆20周年演出等。

【非物质文化遗产保护工作】 为加强桂剧非物质文化遗产的传承力度，今年我团特别邀请了"国家级非物质文化遗产桂剧传承人"秦彩霞老师教授了桂剧剧目《哑背疯》和桂剧唱腔等。剧团征集了《广西桂剧音乐八讲》，完成了《戏曲绝活》的第二阶段培训工作和桂剧绝活《打棍出箱》的传承演出工作。请辽宁省戏剧家协会副主席徐培成为演员讲《戏曲唱腔技法》讲座。请中国戏曲学院继续教育部主任涂玲慧为演员讲身段表演课。请苏州昆曲艺术家胡锦芳为演员讲授昆曲表演课。通过传承和人才培训，剧团的人才结构得到改善。

【先进表彰】 财务工作被文化厅授予决算一等奖，计生工作荣获 2009 年城区计生一等奖。

广西彩调剧团

【概况】 广西彩调剧团年末在职人员 78 人，其中高级职称 8 人，副高级职称 23 人，中级职称 23 人，初级职称 16 人。机构设置为：团部、创作室、营销室、业务办公室、演员队、舞台队、乐队、行政办公室、人事办公室、老干部室等。年内创作、排演剧节目 17 个（台），其中小戏 1 个、小品 7 个、曲艺节目 1 个、舞蹈节目 2 个、专题晚会 6 台。全年演出 126 场。其中彩调剧种演出 68 场，综合类演出 49 场，涉外演出 6 场，值班演出 3 场。观众达 20 余万人次（含农村场次 68 场），演出毛收入 177 万元，完成了全年的演出任务。

【新创剧目】 剧团编剧周锡生为自治区人口和计划生育委员会举办的"广西纪念中共中央《公开信》发表 30 周年"宣传活动创作了彩调小摇滚《群凤示凰》。分别邀请常剑钧和韦浙雍、杨忠为剧团创作彩调歌舞小品《月圆之夜》和戏剧小品《让爱回家》。邀请尹天植创作戏剧小品《为了谁》《血色烟花》和音乐小品《三姐打擂唱安全》《三姐打擂唱六戒》。青年演员蒋林芸为参加第四届广西舞蹈青年演员大奖赛创作独舞《心蝶》，并与青年演员陈智合作创作双人舞《调子情》。为参加全国少数民族非物质文化遗产项目调演和我国第五个"文化遗产日"活动，创作排演了 1 台大型"非物质文化遗产"歌舞晚会《八桂风瑶》。应自治区人口和计划生育委员会邀请，创作排演的彩调歌舞小品《月圆之夜》，在《计生专题文艺晚会》为广西纪念中共中央《公开信》发表 30 周年暨"生命赞歌·感恩感动"颁奖大会演出。应自治区农垦局邀请，创作排演 1 台《农垦专题文艺晚会》赴全区农垦系统巡回慰问演出，应自治区公安厅消防总队邀请，创作排演 1 台《全民消防，生命至上》消防专题晚会赴区内演出。应自治区卫生厅邀请，创作排演 1 台"预防艾滋，履行承诺，共享阳光"专题晚会，在"世界预防艾滋病日"作公益性演出。与自治区文化厅团委、社文处共同策划、创作排演了 1 台"和谐文化服务行"专题文艺晚会，并赴南宁市属部分县、区、镇巡回演出。

【剧团下乡演出】 1 月初，排演一台以彩调剧种为主的小戏专场以及小品、歌舞综合文艺晚会赴百色市乐业县各乡镇开展"三下乡"巡回慰问演出共 22 场，观众达 60000 余人次。1 月 24 日至 2 月 8 日，农垦专题晚会赴全区农垦系统巡回演出 11 场，观众达 33000 余人次。11 月 25 日，"全民消防·生命至上"专题晚会赴来宾市宣传演出。11 月 26 日至 27 日，综合文艺晚会赴大化县城中心广场及大化县北景乡板兰村参加"八个一"进库区促和谐，创先争优献青春活动演出。11 月 29 日至 12 月 2 日，"和谐文化服务行"文艺晚会赴南宁市青秀区的长圹、南阳、刘圩、伶俐等乡、镇演出 5 场，观众达 10000 余人次。11 月 29 日，"预防艾滋，履行承诺，共享阳光"文艺晚会在南宁市作公益性宣传演出，自治区政府副主席李金早、李康、自治区文化厅厅长余益中以及自治区卫生厅等部门领导观看演出。12 月 24 日，优秀传统戏《王二报喜》剧组赴来宾市金秀县参加广西"乡土情深"文化科技"三下乡"集中示范活动文艺演出。

【涉外演出】 7 月 4 日至 9 日，美丽焦点·南宁国际友谊大使应加拿大华侨之声电台邀请，剧团青年演员吴思应邀赴加拿大维多利亚市参加北美新思路模特大赛总决赛活动，共演出 6 场。

【国内重大活动演出】 3月21日至22日，大型“非遗”歌舞晚会《八桂风瑶》赴京参加全国少数民族非物质文化遗产项目调演，在北京天桥剧场作广西专场演出2场，观众约3000多人次，6月12日，为我团第五个“文化遗产日”活动在南宁剧场作第一场汇报演出，观众约1500多人。7月30日至8月8日，优秀传统戏《王三打鸟》剧组随广西代表团赴上海参加上海世博会广西活动周文艺演出，共演了10场，观众约1万多人次。8月17日，新版歌舞剧《刘三姐》选段《戏媒》在南宁市新会书院为“情系八桂——两岸文化联谊行”活动演出；9月29日，新版歌舞剧《刘三姐》选段《戏媒》在南宁市明园饭店参加广西壮族自治区国外专家国庆招待会演出。11月8日又为全国10省区25(州)市人大财经工作会议文艺晚会演出。

【新版歌舞剧《刘三姐》在国内演出】 新版彩调歌舞剧《刘三姐》应宜州市人民政府邀请，于9月11日赴宜州市刘三姐度假山庄参加广西宜州首届刘三姐文化旅游节——原乡水岸·全景体验式歌舞彩调剧《刘三姐》活动演出，观众达2200余人。9月24日至26日，在柳州市文化艺术中心大剧场为“尔海之夜”大型新版歌舞剧《刘三姐》经典回馈龙城商业性演出3场，观众达4500余人次。10月17、18日，新版彩调歌舞剧《刘三姐》赴山东济南吕剧院所属百花剧院为首届中国非物质文化遗产博览会演出2场，观众1600余人次，并荣获首届中国非物质文化遗产博览会组委会颁发的演出荣誉奖。12月4日，在东莞市文化周末剧场演出1场，观众1000余人。

【新版彩调歌舞剧《刘三姐》再度赴台湾演出概况】 为了加强桂台合作，促进海峡两岸艺术文化交流，广西彩调剧团（广西《刘三姐》艺术团）一行62人，于6月29日至7月7日在自治区文化厅厅长余益中的率领下，携新版彩调歌舞剧《刘三姐》剧组随以自治区党委书记郭声琨为团长的广西经贸文化代表团再次赴宝岛台湾作文化交流演出，7月2日晚和7月6日晚分别在花莲县立体育馆和南投县中兴新村体育馆各演出1场。两场演出都出现一票难求的火爆场面。特别是在花莲县的演出尤为突出，在只能容纳2000多人的体育馆却涌进了15000多观众，这场演出创下了体育馆启用近十年来观看人数最多的记录。自治区副主席陈武，自治区党委常委、秘书长余远辉，自治区文化厅厅长余益中等领导及台湾方面花莲县政府相关官员一同观看了演出。《刘三姐》以多情摇曳的歌舞、浓郁独特的广西民族风情和绰约多姿的彩调艺术风格，使花莲广大观众为之着迷。整个演出过程曾数度响起热烈的掌声。演出结束后，台上、台下同唱当地民歌《我们都是一家人》，自治区党委书记郭声琨等自治区领导以及台湾方面花莲县县长傅昆萁等政府官员和嘉宾，在观众热烈的掌声中走上舞台与演员亲切握手，祝贺演出成功并与演员合影留念。郭声琨书记在演出前发表了热情洋溢的即席讲话，他说：“歌舞剧《刘三姐》早已享誉海内外，这次新版进台演出，一定会给大家带来全新的艺术享受。我们将以此为契机，加强与花莲在文化、旅游、农业等领域的交流合作，增进两地同胞感情，促进互利合作，扩大共同利益，共创两地同胞福祉。”花莲县县长傅昆萁说：“广西拥有丰富多彩的民族风情和深厚广博的文化，花莲和广西有许多相近之处。这次，郭书记带来新版大型歌舞剧《刘三姐》一定会受到花莲民众的广泛欢迎。双方在文化、旅游等方面的交流与合作将迈出新步伐，取得更大的成效。”《刘三姐》在南投县（台湾省原省会）中兴新村一个乡村的体育馆演出时，同样受到当地观众的热烈欢迎。这次再赴台进行文化交流演出之所以能够取得圆满成功，在于认真总结去年赴台演出的成功经验，充分细致的做好赴台前的各项准备工作，人人职责明确，层层高效管理，用刘三姐的艺术魅力打动和征服了当地的广大观众，得到了极高的评价和认可，为增进两岸文艺界的交流奠定了良好基础，有利于引领两岸文化艺术交流朝着新的更高层次方向发展。观众对《刘三姐》的喜爱和推崇，充分彰显了《刘三姐》这一经典品牌的艺术魅力，也说明了广西刘三姐艺术团全体演职员没有辜负自治区人民政府的期望，为广西5000万各族人民争了光。

【非物质文化遗产保护工作】 10月，剧团派"非物质文化遗产"保护工作小组成员周锡生回柳城县对当地彩调的历史沿革及现状开展调研和普查工作，协助当地文化主管部门对如何抢救、保护和传承当地彩调制订可行性方案和措施，将大埔镇靖西村在清光绪三十二年(1906)成立的"靖西村调子八仙班"恢复起来，并和原"调子八仙班"老艺人的传承人何秋萍女士共同投资7000多元，将"靖西村调子八仙班"更名为"请西老还童彩调剧团"。在当地文化主管部门的大力支持下，创作排演了1台以彩调为主的综合文艺晚会并在县城附近乡、村作示范性演出，受到当地农民群众的热烈欢迎和高度评价，柳城电视台和柳州电视台先后到现场采访并作了专题报道，在柳州市和柳城县引起强烈反响。11月9日至20日，剧团非物质文化遗产保护工作小组经团部委派，由组长龙杰锋带领小组成员朱山、周锡生、王江阳赴柳州市、柳城县、融安县、宜州市、桂林市、临桂县、永福县等市、县及所属乡、镇彩调地区开展调研和普查工作，以及为广西彩调剧"非遗"传承展示厅所需展示材料进行征集、登记、造册、拍照、录音、录像。共召开老艺人座谈会8次，征集到手抄传统彩调剧本40多本，油印剧本23本，2套近200多年历史的彩调锣鼓及部分乐器；还征集到一代彩调宗师蒙廷章(1815—1874)录谱的彩调传统唱腔曲牌"工尺谱"手抄本1本，以及老一辈党和国家领导人毛泽东、刘少奇、周恩来、朱德等接见柳州市彩调剧团、桂林市彩调剧团的主要演员和宜州彩调老艺人吴老年的照片；拍录了部分彩调老艺人现场演唱及身段表演的音像共528分钟，采访老艺人现场演唱、演奏传统彩调唱腔、曲牌录音共1380分钟，还拍摄、征集各类相片900多张，同时还将剧团建团以来曾经在广西电台录制过的彩调剧(节)目及音乐资料刻录成光盘存档。征集工作结束后立即为彩调剧传承展示厅的布展进行策划、构思、做好各方面的前期工作。

【剧目参赛获奖】 1月，在柳州市艺术中心参加的第二届广西彩调艺术节比赛演出中，大型现代戏《哎呀，我的小冤家》获演出荣誉奖，现代小戏《桑园小夜曲》、传统戏《王二报喜》获演出一等奖，传统戏《三看亲》获演出三等奖。9月，剧团部分青年演员排演21个彩调剧目选段参加第四届广西戏曲、曲艺、话剧青年演员大奖赛，获表演一等奖2名、表演二等奖2名、表演三等奖5名，广西彩调剧团获优秀组织奖。该月，剧团部分青年演员参加第一届广西舞蹈青年演员大奖赛，参赛节目双人舞《调子情》和独舞《心蝶》，分别获表演三等奖1名、编导奖2名，广西彩调剧团获组织奖。

【参加国内重大活动获奖】 剧团舞美设计雷敏参加上海世博会广西活动周大、小舞台设计获荣誉奖。舞台音响师玉海明参加亚运会、亚残运会音响操作获荣誉奖。

广西杂技团

【概况】 广西壮族自治区杂技团始创于1952

年7月22日。现团领导班子成员5人，书记陈诗宏，团长陈家明，覃伟波副团长主管行政工作、刘虹副团长负责业务工作、欧虹副团长负责营销业务工作。设演员队、舞美队、财务室、行政办、艺术创编室和演出部6个部门。在职68人，退休人员42人。

【剧团参赛获奖】 11月10日，由文化厅、广西文联、广西电视台联合举办“广西第一届杂技(魔术)比赛”。我团参赛杂技节目《女子造型——心中壮锦》《转碟——彩蝶飞舞》《钻圈——猴趣》获得一等奖，《跳板蹬人》获得二等奖。

【赴台湾演出】 7月1日晚，《快乐的小雪猫》在台湾桃园县展演中心进行赴台首场演出。台湾方面出席观看的人士有：桃园市市长苏家明、台湾国民党副主席詹春柏夫人巫秀娥女士、桃园县文化局秘书长李绍伟先生、蒋孝严办公室主任詹清池先生等。演出前，自治区文化厅厅长余益中致辞。演出后桃园市市长苏家明先生代表当地政府作了讲话并高度赞扬了广西此次莅台进行的经贸文化合作论坛活动。7月5日晚，《快乐的小雪猫》在高雄市树德科技大学礼堂进行赴台的第二场演出。观看当晚演出的有树德科技大学董事长的夫人、树德科技大学执行秘书严大国先生、高雄县燕巢乡乡长吴德雄先生等。余益中厅长在演出前致辞并向高雄县燕巢乡乡长吴德雄先生赠送了壮锦，演员们向莅场嘉宾献上了壮家的绣球。

【剧团对外商业演出】 2月15日起，我团在韩国济州岛进行演出，共演出196场，观众总人数约为47000多人次。10月10日，我团派出一个演出队，赴菲律宾进行为期半年的商业演出。

【剧团对外文化交流演出】 9月10日至11日，为庆祝中国——越南建交60周年活动暨中越友好年，由自治区人民政府组团，我团与南宁市艺术剧院一起，赴越南进行庆祝演出活动。参加演出的节目有《转碟》《抖杠》《钻圈》《溜冰》，共演出2场，演出获得巨大成功，自治区政府马飚主席给予高度赞扬。11月21日至26日，为庆祝中国——印度建交60周年。我团节目《钻圈》参加由广西组建的“魅力广西”赴印度演出活动，演出1场。

【剧团国内演出情况】 5月29日至30日，《小雪猫与独耳鼠》六一期间在南宁剧场公演4场，在南宁国际大酒店演出1场。7月31日，剧团演出队赴上海参加世界博览会“广西活动周”演出。8月2日至6日，节目《家园——猴趣》《女子柔术——古陶泥兴》《溜冰》《北部湾情歌》《美人鱼》分别在“世博会”的宝钢大舞台和宝钢小舞台演出，共演出21场。11月20日，我团创作的四幕童话杂技剧《小雪猫与独耳鼠》在广东省东莞市“文化周末”演艺中心演出1场。这是该剧首次到广东省演出。

广西木偶剧团

【概况】 广西壮族自治区木偶剧团成立于1956年4月13日。2010年剧团在职人员共52人，其中：高级职称人员4人、副高级职称人员11人、中级职称人员20人、初级职称人员16人。剧团机构设有：党总支部/团长办公室、副团长办公室、团部办公室、财务室、业务发展部、演出经营科、演员队、舞台美术制作部、广西儿童剧院经营部。年内剧团创作一台进校园新小节目、两台大型新剧目。2月4日剧团参加由文化部组织的“2010年泰国快乐春节演出活动”，2月15日剧团参加自治区党委、政府举办的“2010年迎新春文艺晚会”演出，3月18日剧团参加由广西壮族自治区纪律监察委员会、自治区监察厅、自治区文化厅举办“全国纪检监察宣传教育工作座谈会文艺演出”活动。参加了由南宁市委宣传部、南宁市教育局举办的为少年儿童教育百场“送戏进校园”演出活动。新创作大型人偶童话剧《九色鹿》。9月4日至7日参加“第二届越南国际木偶艺术节”比赛。9月8日至12日随广西壮族自治区人民政府代表团出访越南民主主义人民共和国；11月21日至26日参加由中国文化部外事局、中国驻印度大使馆在印度举办的“魅力广西”演出活动。12月21日新编人偶音乐剧《拇指姑娘》参加在河北省唐山市举行“金狮奖第三届全国木偶皮影戏比赛”。全年剧团完成演出场次共122场次，观众达97600多人次。演出收入共51万元。

【新创作的剧目】 年内剧团新创作剧目包括寓言木偶剧《龟兔赛跑》和神话木偶节目《孙悟空三打白骨精》，对原来两个小节目进行了修改和重新录音。创作交通安全宣传教育节目《毛毛小淘气》和课本剧《小公鸡》。10月23日创作新编人偶音乐剧《拇指姑娘》，该剧目是根据安徒生童话故事《拇指姑娘》同名故事创作，该剧的编剧、导演由剧团青年导演冯佳担任。创作大型人偶童话剧《九色鹿》。

【国外演出】 2月4日至17日参加由文化部艺术司组织的在泰国举行的“2010泰国快乐春节演出活动”，共演出13场。9月4日至7日参加“第二届越南国际木偶艺术节”比赛共演出3场。9月8日至13日随广西壮族自治区人民政府代表团赴越南进行友好访问，共演出18场。11月21日至26日团长张民甫带领部分演员参加文化部外事局、中国驻印度大使馆在印度举行的“魅力广西”演出活动，共演出3场。

【区内演出】 2月15日剧团在荔园山庄参加由广西壮族自治区党委、自治区人民政府举办“2010年迎新春文艺晚会”演出木偶芭蕾舞剧《小美人鱼》。3月18日参加由广西壮族自治区党委纪律检查委员会、自治区监察厅、文化厅共同举办的“全国纪律监察宣传教育工作座谈会文艺演出”，上演节目木偶芭蕾舞剧《小美人鱼》。5月1日在广西儿童剧院演出，演出木偶芭蕾舞剧《小美人鱼》。5月29日至6月1日举行庆祝“国际六一儿童节”演出活动，演出木偶芭蕾舞剧《小美人鱼》，共演出11场。7月17日至18日演出队到柳州市演出，演出节目包括神话木偶剧《红孩儿》、科学儿童剧《海底故事》、童话剧《白雪公主》之《快乐的小木屋》、人偶舞蹈《梁祝情》等。19日在广西儿童剧院为美国演出商代表作专场演出，演出剧目木偶芭蕾舞剧《小美人鱼》。23日至27日演出队到柳州市演出，演出节目包括童话剧《白雪公主》之“快乐的小木屋”、木偶神话剧《红孩儿》、木偶芭蕾舞剧《小美人鱼》，共演出12场。7月29日为青秀区关工委作木偶戏专场演出，演出剧目木偶芭蕾舞剧《小美人鱼》。7月30日至8月21日剧团在广西儿童剧院举行“2010年暑期快乐木偶总动员”演出活动月，上演节目包括科学教育木偶剧《海底故事》全剧、神话木偶剧《金凤凰》全剧；小节目精选专场包括新编木偶剧《孙悟空三打白骨精》、木偶剧《毛毛小淘气》、寓言木偶剧《龟兔赛跑》、课本剧《小公鸡》、神话木偶剧《红孩儿》，共演出14场。10月1日、2日、7日剧团在广西儿童剧院演出新创作人偶童话剧《九色鹿》。10月11日至15日演出队到上林县伶俐乡为小学生共演出12场。10月21日演出队到南阳乡为小学生演出。10月25日至28日演出队到靖西县为小学生演出。11月8日至12日剧团参加由南宁市宣传部、教育局联合举行百场“送戏进校园”活动，在

上林县共演出20场。演出节目包括课本剧《王二小》《小公鸡》、木偶剧《狮子舞》、木偶芭蕾舞《天鹅湖》选段、木偶神话剧《八戒巡山》、人偶剧《小天天遇险记》。11月24日至26日剧团参加南宁市宣传部、教育局联合举行百场“送戏进校园”活动在武鸣县共演出12场。12月3日至5日剧团到柳州市上演新创作大型人偶童话剧《九色鹿》,共演出3场。12月25日至30日剧团参加南宁市宣传部、教育局联合举行百场“送戏进校园”活动在邕宁区为小学生演出,共演出22场。全年完成演出场次122场,经济收入共51万元。

【获奖情况】 9月4日至7日,剧团选出6个节目参加“第二届越南国际木偶艺术节”,韦兆杰的木偶长绸舞《梁祝情》荣获金奖,叶小莲的木偶《变脸》荣获金奖,徐滔的人偶舞蹈《假面舞会》荣获最具潜力新人奖,参赛的所有节目荣获最佳服装设计奖。12月26日剧团新创作的新编木偶音乐剧《拇指姑娘》参加“2010年金狮奖第三届全国木偶皮影戏比赛”荣获金奖。叶青、罗苑萍、黄雪群三位演员荣获表演奖。

【参加中央电视台拍摄情况】 10月22日至24日剧团参加由中国木偶皮影协会与中央电视台《中国木偶艺术》专题片的拍摄工作。由于剧团的节目与其他拍摄内容准备工作做得比较充分,当中国木偶皮影协会的领导与中央电视台的摄制组的全体成员到达剧团时,立即可以展开场景的拍摄工作,受到了中国木偶皮影协会的领导与中央电视台负责人的赞扬与好评。该专题片已在中央电视台第11套(戏曲频道)播出。

【文化“三下乡”演出】 12月,剧团到广西的边远山区进行文化“三下乡”活动,为边远山区的小学生演出。共演出20场。

广西话剧团

【概况】 广西话剧团前身是广西工作大队文工团,1949年9月19日成立于汉口,1953年正式改编为广西话剧团。在长期的艺术实践中,按照戏剧管理的科学规律,不断创新戏剧文化观念。运用市场运作机制,采取多元投资方式,极力将具思想性、艺术性、欣赏性的艺术产品不断推向市场,树立了剧团的优秀品牌。在职演职员52人,其中,国家一级演员3人、国家二级演员13人、国家三级演员7人、国家四级演员19人、国家二级舞美2人、舞台技师3人;有投资一千多万元的明星剧场和明星小剧场。

【年内完成演出工作】 完成演出106场次。其中喜剧小品综合晚会67场次。大型剧目演出19场次。文化“三下乡”演出20场次。值班演出3场次。观众达11.7万多人次。演出收入61.87万元。

【文化“三下乡”慰问演出】 1月,剧团按照国家十四个部委及广西自治区文化厅下发的通知精神,组织了32人的演出队伍,到广西罗城县各个乡镇进行文化“三下乡”慰问演出20场,观众达3万多人次。

【创排喜剧小品综合晚会】 2月创排一台喜剧小品综合文艺晚会。整台晚会以构建和谐社会为主题。思想性强、内容丰富、雅俗共赏。在全区各地60多场的演出中受到了观众的赞扬和好评。

【平果县2010年迎新春文艺晚会演出】 2月17日大年初四的夜晚,平果县文化广场的夜空,流光溢彩,在1万多市民一浪又一浪的欢呼声中,由剧团演出的平果县“2010年贺新春文艺晚会”在广场上激情上演,给平果县增添了喜庆的节日气氛。县委、县政府领导和广大市民一起观看了晚会表演。

【宾阳县2010年炮龙节文艺晚会暨开幕式演出】 2月23日，宾阳县文化广场举行的炮龙狂欢节大型文艺晚会可谓盛况空前，万名热情的观众挥动灯棒，与现场的斑斓灯光、投影景像共同组成一个梦幻世界，整个广场变成了歌舞欢腾的海洋。我团演出的节目受到了观众的喜爱和宾阳县县委、县政府领导的好评。为晚会专门创作的喜剧小品《好事多》更是让宾阳县的观众们在欢笑中，赞不绝口。

【音乐童话剧】 3月向南宁市场推出音乐童话剧《真假公主》，演出5场次，小观众达2000多人次。

【2010年"劳动者之歌"区总工会五一文艺晚会】 由自治区宣传部、自治区总工会主办，广西话剧团承办的五一国际劳动节《劳动者之歌》大型文艺晚会于4月29日晚在广西电视台1000平米演播大厅上演，演出内容丰富多彩，展示了工人阶级在全面建设小康社会的伟大进程中，发挥主力军作用的时代风采。

【广西红十字天使计划《博爱救心八桂行》全区巡演】 由广西红十字会、自治区总工会、共青团广西区委、自治区妇联、广西话剧团共同举办的"红色真情、人间有爱"红十字博爱救心八桂行巡回义演募捐晚会，于5月8日至26日在全区进行巡演，共演出20场。此次巡回义演是为救助全区2000个贫困家庭14岁以下先天性心脏病患儿而举办的。晚会精彩纷呈、形式多样，演绎了温暖社会大爱无疆的情怀。

【童话音乐剧《小红帽》】 5月至6月童话音乐剧《小红帽》在我团明星剧场演出，演出3场，小观众达1100多人次。

【南宁人防成果展演】 演出的音乐短剧《壮家姐妹夸人防》受到了观众和人防领导的好评。

【欢乐童话剧《皇帝的新装》】 7月暑假期间，欢乐童话剧《皇帝的新装》，在我团明星剧场演出。受到家长和小朋友的热烈欢迎。演出5场。小观众达1500多人次。

【全国农信社文艺汇演】 9月，我团参加了全国农信社在广州举行的文艺汇演，参赛剧目音乐短剧《春秋多米诺》获得汇演一等奖。

【区计生委纪念中共中央《公开信》发表30周年大会暨"生命礼赞·感恩感动"人物颁奖晚会演出】 9月28日晚，我团参加了广西纪念中共中央《公开信》发表30周年大会暨"生命礼赞·感恩感动"人物颁奖晚会的演出。

【广西交警安全出行文艺晚会】 10月，我团参加了由自治区公安厅交警总队主办的"关爱生命、平安出行"广西道路交通安全宣传文艺晚会演出活动。

【童话音乐剧《朋友》】 我团经典儿童剧《朋友》经过反复修改提高，于10月在我团明星剧场演出，演出5场，小观众达1500多人次。

【广西红十字会成立100周年纪念大会】 10月11日是第63个世界红十字日，今年也是广西红十字运动诞辰100周年，我团参加了广西红十字会建会100周年纪念大会的文艺演出。

【南宁市国学经典诵读比赛】 10月15日，我团代表青秀区参加了南宁市国学经典诵读比赛，经过初赛、复赛、决赛，不负重望，获得了比赛一等奖。

【第六次人口普查宣传月文艺晚会演出】 10月26日晚，由自治区党委宣传部、广西第六次全国人口普查领导小组、广西电视台共同

主办的“关心人普，共创和谐”——广西第六次全国人口普查宣传月综艺晚会在南宁举行。我团演出的喜剧小品《普查小插曲》，受到了相关领导的好评。

【参加广西总工会“送文化、送温暖、送欢乐”巡回演出】 12月23日晚，由自治区党委宣传部、自治区总工会联合主办，广西话剧团协办的2010年送文化送温暖送欢乐到企业巡回慰问演出活动首演启动仪式在南宁铁路局礼堂举行。启动仪式后，巡回慰问演出团奔赴全区14个市开展巡回慰问演出活动。由我团创作的整台晚会，运用音乐、舞蹈、诗歌、情景歌伴舞等艺术形式及现代化的技术，通过深受广大职工群众欢迎的歌曲与新创工人歌曲相结合，展现了“发挥工人阶级主力军”作用。整个巡演活动演出了23场。

【广西“防治艾滋　履行承诺　共享阳光”公益晚会演出】 11月29日晚，自治区防治艾滋病攻坚工程领导小组、自治区防治艾滋病工作委员会主办的题为“防治艾滋，履行承诺，共享阳光”的广西防治艾滋病宣传活动公益晚会在南宁市人大会堂举行。我团参与演出的喜剧小品《心病》获得了自治区常务副主席、自治区防治艾滋病攻坚工程领导小组组长李金早，自治区副主席、自治区防治艾滋病攻坚工程领导小组副组长李康等领导的赞赏。

【诗歌进校园　朗诵传深情——“青春，送你一首歌”诗歌走进校园活动】 11月21日“青春，送你一首歌”诗歌走进校园活动拉开帷幕。由广西著名电台播音员、电视主持人和广西话剧团演员组成的广西作家协会诗歌朗诵艺术团为高校师生献上了一场声情并茂的诗歌朗诵精品。

【新创剧目】 为了更好开拓演出市场，我团在10月专门为交警创作了小品《与幸福同行》。小品以关爱生命、平安出行为主题。剧目演出受到了交警总队领导的好评。6月儿童剧《朋友》经过修改提高，以全新的面貌呈现给小观众。为宾阳县2010年炮龙节文艺晚会创作喜剧小品《好事多》。为广西红十字天使计划《博爱救心八桂行》全区巡演创作情景小品《救心行动》。

【参加第四届广西青年演员（戏曲、曲艺、话剧）大奖赛】 参赛青年演员13人。参赛作品有话剧《雷雨》片段、话剧《麦克白》片段、话剧《茶馆》片段、话剧《我爱桃花》片段、话剧《风雪归夜人》片段、话剧《报童》片段等。王萨霓获表演一等奖；刘恬茨、张帅获表演二等奖；何彬、张功长、刘爽获表演三等奖。

【第六届广西文艺创作铜鼓奖申报】 新创剧目音乐剧《白头叶猴》，喜剧小品《夫妻应聘》，话剧小品《无题》《歌星与歌迷》申报第六届广西文艺创作铜鼓奖。

【参加2010年中国·余杭“良渚文化杯”小戏小品大赛】 11月，我团报送喜剧小品《夫妻应聘》《杨嫂的孝心》。话剧小品《无题》《歌星与歌迷》《棋局》《如梦》《人质》7个剧目参加2010年中国·余杭“良渚文化杯”小戏小品大赛。

【2010年天津“天穆杯”全国第二届小品展演】 我团演员黄勇参加主演的，由广西文化厅社文处报送的，喜剧小品《一袋玉米》荣获2010年天津“天穆杯”全国第二届小品展演优秀剧目奖。

【重要会议】 5月，我团派出演出部、艺术部负责同志参加由中国演出家协会主办的《温州——全国演出家协会演艺交易会》。8月，团领导参加“全区创作会议”、全区文化局长工作会议。

【专业技能培训】 5月至6月，为了迎接第四届广西青年演员大奖赛，有针对性的对演员在表演、台词专业技能上进行了强化培训。

【广西话剧团影视剧演员俱乐部】 8月成立的广西话剧团影视剧演员俱乐部，吸纳了200多名会员，积极开展有关戏剧表演活动的多项活动，为戏剧表演爱好者了解和掌握戏剧表演的基本知识，展开戏剧体验活动，提供了良好的平台。

【影视剧活动】 广西话剧团作为广西唯一的区直戏剧表演艺术剧团，有着众多的戏剧表演艺术人才，许多演员在广西乃至全国影视界享有声誉。年内共有10多人次参加了电视剧、电影的拍摄。

【对外艺术交流、辅导活动】 年内我团积极参与了众多艺术交流和辅导活动，包括：广西艺术学院影视表演系汇报演出。广西博物馆、广西民族博物馆讲解员辅导。广西文化遗产保护宣传讲解大赛辅导。南宁市公安局演讲知识讲座辅导。南宁市消防总队演讲讲座辅导。广西总工会劳动模范先进事迹报告团演讲辅导。广西交警总队文艺汇演辅导。广西国税局演讲比赛辅导。全国农行礼仪大赛辅导。广西物资学校建校30周年庆典文艺晚会策划、辅导。广西石油化工高级技工学校建校30周年庆典文艺晚会策划、辅导等。

【培星工作】 为了贯彻文化厅关于“培养新星、推出新星”的工作指示，有步骤地对有发展潜力的青年演员进行培养，内外结合，有意识地强化他们的专业技能和扩大对外宣传，收到了一定的成效。其中有广西第七届戏剧展演优秀表演奖获得者、广西十大影视歌手、优秀青年演员张功长；广西第七届剧目展演表演奖获得者、广西快乐女生十强、代表广西参加全国快乐女生突围赛的优秀青年演员何彬；第四届广西青年演员（戏曲、曲艺、话剧）大奖赛个人表演一等奖获得者王撒霓；个人表演二等奖获得者刘恬芡、张帅、刘爽。

【明星剧场】 广西话剧团明星剧场一直是对外演出的窗口，在承担本团剧目演出的同时，也给各个企事业单位提供了一个文化活动的场所，并以优质的服务，优良的专业素质，优秀的舞美技术人才队伍服务剧团和社会。全年举行了各种专题晚会演出60多场，创收20多万元。

【党建工作】 团党总支每月定期召开党总支委会议、民主生活会。6月26日，组织离退休党员赴“乡村大世界”，结合我团建设、发展，离退休党员们各抒己见，畅谈建党89年来取得的丰功伟绩。7月2日组织在职全体党员、共青团员、入党积极分子赴百色市参观革命纪念馆、瞻仰历史纪念碑、在党旗下重温“入党誓词”活动，以实际行动纪念中国共产党诞辰89周年。

【第六次人口普查】 我团获得了“全国第六次人口普查工作”一等奖。

【计生工作】 我团获得了2010年度南宁市“辖区单位人口和计划生育工作”一等奖。任宝贤同志获得了2010年度南宁市“辖区单位人口和计划生育工作”个人一等奖。

广西京剧团

【概况】 全国省级重点京剧院团，主体是由四十年代田汉先生与京剧教育家冯玉昆在柳州创办的“四维儿童剧校”的成员组成。前身是1948年11月在北京成立的中国人民解放军第十三兵团政治部火线京剧队，1949年解放军第十三兵团政治部火线京剧队、第三十

八军京剧队、第四十九军第一四五师京剧队随军南下解放广西后，先后在南宁合并为广西军区政治部京剧队，1953年集体转业，成立广西京剧团。1987年更名为广西艺术辅导团，1997年恢复广西京剧团并与广西艺术辅导团名称并行使用，2007年取消广西艺术辅导团名称而单独使用广西京剧团名称。剧团现有编制95人，目前在编人员73人，行政人员2人，专业技术人员71人，专业技术人员中获正高级职称9人、副高级职称22人、中级职称24人、初级职称17人。内设有业务办公室、行政办公室、老干科、人事科。年内共演出142场次，其中三下乡演出32场次，京剧进校园演出22场次，营业性演出收入53.874万元，观众人数21.8万多人次，出色完成了区党委和自治区文化厅下达的各项任务。

【加强基训、提高演职人员的业务素质】 1月至5月，主要是围绕提高演职员的业务素质来开展工作，根据青年演员的现状，从基本功训练、折子戏训练、乐队视场练耳、舞美各行的制作及修补工作，有效地提高青年演职员的业务素质，并制定计划定期进行业务考核，加强了青年演职员的业务能力，达到了预期目的，从而使青年演职员更加热爱自己的本职工作。

【剧团下乡慰问演出】 12月2日至16日共演出32场次。剧团一行35人深入到革命老区巴马县的各乡镇进行“三下乡”演出，在巴马县的巴马镇、那桃乡、百林乡、所略乡、燕洞乡、甲篆乡、西山乡、凤凰乡、那社乡等乡镇，给巴马的父老乡亲们送上了一台丰富多彩、丰盛的文化大餐。此次演出特别为当地群众准备了一批具有教育意义的京剧、小品和丰富多彩的魔术、歌舞节目，剧团演出水平高，受到了当地政府和群众高度评价及热烈欢迎。

【京剧进校园活动】 全年共进行了20场次京剧进校园演出活动，其中以赴小学、幼儿园演出居多，通过《红灯记》《打虎上山》等优秀剧目的演出，培养了孩子们的精神品质和人格力量，宣扬了民族精神。此外剧团联合翡翠园小学长期开展京剧培训活动，达到了在普及京剧的过程中培养观众发现人才的目的。

【中国—东盟京剧艺术发展与传播研讨会活动】 10月10日至11日，中国—东盟京剧艺术发展与传播研讨会在南宁市举行。这次研讨会在范围和规模上都是一次集效率、效果和效应为一体京剧的艺术盛会，来自中国、新加坡、泰国、马来西亚的学者、京剧艺术工作者、京剧教育与推广人士、票友等，从各自的实践出发，探讨了生存生态变迁的背景下京剧艺术在中国及海外如何传承与发展等问题。通过开展演唱会和研讨会，建立了中国—东盟京剧艺术交流与合作的平台，增进相互之间的了解，传播友谊、扩大共识、增强彼此之间的认同感，为促进京剧艺术的发展和中国东盟各国友好关系的发展作出积极的努力和贡献。通过研讨大家达成的共识包括：京剧是中国的国粹，它具有“雅俗共享”的属性。京剧的发展历程表明，京剧是一门活态发展的艺术，在坚守传统“类型化”表演的同时，应该学会借鉴包括西方舞台艺术在内的其他艺术门类的成就，在表演中注重典型性。京剧在外海华人中起着文化认同符号的作用，本着国家文化发展战略的需要，应该注重京剧在海外的推广。注重以科学的戏曲理论作为指导，加强人才培养，并拓宽教育渠道，加强演出市场的培育，京剧将在国家加强非物质文化保护工作背景下重获春天。

【剧目参赛演出情况】 7月参加广西青年演

员大奖赛，获得一等奖1个，二等奖2个。11月到上海参加上海世博会广西日展演。12月到北京参加全国京剧优秀剧目展演。

广西演出有限责任公司

【概况】 广西演出公司成立于1958年，原名称为南宁演出公司，1986年10月更为现名，公司是一家专业经营国内外演出，同时兼有经营电影、商场、饭店及物业管理的国有企业。现有在职职工64人，其中正高级专业技术职称1人，副高级专业技术职称4人，中级专业技术职称8人，初级专业技术职称10人。下设办公室、财务部、演出营销中心、资产运营中心、基建部、南宁剧场、红星城、艺苑饭店8个部门，另有一个与广东方面合股经营的红星电影城。演出营销中心是公司主体业务部门，主要从事演出项目策划及营销。公司2010年全年经营收入1042万元，其中演出业务收入323万元，房屋及场地租金收入453万元，剧场场租收入159万元，其他物业收入107万元。广西演出公司于12月转企改制为广西演出有限责任公司。

【承办第九届新春文艺演出月】 年底，由文化厅主办，广西演出公司承办的"第九届广西新春文艺演出月"活动系列演出剧目在南宁剧场逐一亮相，其中主要有《星光璀璨百老汇》《天鹅湖》《维也纳交响乐团新年音乐会》，西班牙舞曲《卡门》《刘三姐》《桂花雨》等，令南宁观众在新春佳节期间大饱眼福。总共演出20多场次，票房收入270万元。

【举办红五月演出活动】 为繁荣首府演出市场，公司策划引进了系列高品位的舞台节目，推出《小雪猫与独耳鼠》《女儿风流》和陈佩斯喜剧《老宅》等。共演出10场次，观众达12000人次，票房收入30万元。

【举办金秋十月演出周活动】 金秋十月是黄金季节，演出市场渐入佳境，公司积极运作，引进了《马丁·梅尔钢琴音乐会》《猪猪侠》《立秋》《火焰山》《欲望之舞》等几台好戏，共演出7场次，观众8000人次，票房收入38万元。

【南宁剧场】 南宁剧场建于1974年，是首府上世纪七十年代具有标志性的公共建筑之一，至今仍然是全自治区占地面积最大，功能最齐全，观众坐席最多的大型专业文艺演出场所。剧场多年不懈地开展美化绿化活动，广植果木花卉，走进剧场到处绿树成荫，四时鸟语花香，秋天佳果挂枝，具有南国特色的芒果、荔枝、木菠萝令人目不暇接，剧场绿化覆盖率达到30%，成为南宁市园林化单位，确是欣赏高雅艺术的好场所。上级领导部门多次拨款对剧场进行维修更新改造，2009年新安装了高档高靠座椅，使剧场内部更具有现代时尚气息。2010年剧场共用场79次，其中商业演出用场28次，会议用场51次，经营收入为159万元，同比增长24%。

【红星城】 红星城前身为红星剧场，位于南宁市繁华的兴宁步行街，始建于1951年5月，经过40年使用后已成为危房，2009年公司自筹资金推倒重建，2004年建成后更名为红星城。整座建筑共8000多平方米，是公司重要的经营实体，一楼出租给商户经营品牌服装，二楼一部分为大型电玩城，三楼为合股经营的红星电影城。全年红星城场地租金收入289万元，同比增长1%。红星电影城因股东持股变化，股东金逸公司增持股份后，于12月后斥资数百万元对影城进行升级改造，以增强市场竞争力，将一号大影厅舞台改造为一个3D影厅，其余影厅也相应升级。红星电影城的经营管理由金逸公司全面负责，2010

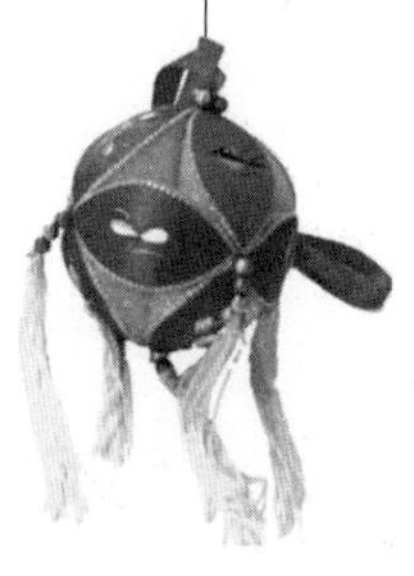

年红星电影城观众人次15万人，票房收入430万元，同比分别增长7%和22.5%。

【转企改制】 根据国家有关文化体制改革的指导意见，公司转企改制，在自治区党委宣传部文化体制改革领导小组和文化厅的具体指导下，对转企改制总体方案进行反复探讨和论证，形成书面报告后又经过五次自上而下、自下而上的修改完善，使之既符合文化体制改革的有关政策，又最大限度的维护职工利益，有利于公司今后的发展，转企改制方案于12月获上级批复施行，广西演出公司由文化事业单位改制为文化企业——广西演出有限责任公司，并组建了新的领导班子，至此，广西演出公司的历史翻开了新的一页。

广西文物保护研究设计中心

【概况】 “广西文物保护研究设计中心”原名“广西文物产业经营中心”，1998年11月成立。由于中心和文物商店的业务性质不同，从机制上限制了中心的自身发展和业务扩展，经请示，2003年7月22日区文化厅桂文发[2003]348号文同意更名为“广西文物保护研究设计中心”，并明确“‘中心’与自治区文物商店要实行全部脱钩与分离，独立核算，独自经营，规范发展”。至此，“中心”走上了独立、快速、规范发展的道路。广西文物保护研究设计中心是目前区直文博系统中唯一一个纯企业运作的文博单位，是专业从事文物保护工程维修勘察设计、文物保护规划和文物保护修缮施工、陈列展览制作的单位。“中心”成立之初仅有专业人员3人，发展至今拥有高级、中级、初级的专业设计、管理人员28人，国家文物局认证的技术工人17人，还有12位聘请的专业人员。2004年，国家文物局开始对文物保护实行资质管理，经自治区文化厅报送、国家文物局审批，“中心”是第一批取得文物保护工程勘察设计甲级、文物保护工程施工一级资质的单位。“中心”是目前广西从事文物保护工程专业人员配备较全、技术力较强的队伍，是长江以南从事文物保护、在行业内有一定影响力的专业队伍。中心设计的《佛山祖庙维修设计方案》《广西全州燕窝楼维修设计方案》刊登在《文物保护工程》杂志，《佛山祖庙维修设计方案》荣获2005年度“全国十佳文物保护工程勘察设计方案及保护规划”称号。为纪念“中心”成立十周年，汇集十年来的较为重要的工作成果，编辑出版了《文物保护工程文集》。中心设计方案，从文本的体例、做法、图纸的编排方法、内容的详细度等方面在全国文保界深受好评。中心主任张宪文是国家文物局古建专家组的成员，除了参加国家文物局组织的方案评审、规划评审、工地检查、项目调研和一些重要的学术活动之外，在2007年和2008年两次受国家文物局和广西壮族自治区文化厅的委派，以专家身份到越南讲学，受到越方的好评。

【支援灾区文物抢救工作】 在汶川5·12大地震发生后，广西文物保护研究设计中心是第一批进川实施抢救保护文化遗产的两个单位之一，负责世界文化遗产都江堰古建筑群——伏龙观的灾后抢救保护工作的。伏龙观的灾后抢救保护工程2008年6月30日举行开工仪式，2009年12月26日通过了国家文物局组织的验收，28日，国家文物局、四川省人民政府、成都市人民政府举行了竣工仪式。

【业务成果】 广西文物保护研究设计中心是具有国家文物局颁发的文物保护工程勘察设计甲级、文物保护工程施工一级资质的单位。主要业务是古建筑维修保护、文物保护规划、古文化遗址保护、古墓葬保护、近现代文物建

筑保护。业务分布范围包括广西、海南、广东、福建、江西、湖南、贵州、四川、重庆等。中心成立十二年来承接的项目共计 239 项，其中 91 项是外省业务，148 项是广西的业务。

广西文化物资供应公司

【概况】 广西壮族自治区文化物资供应公司创建于 1963 年，原为广西文化物资供应管理站，1980 年 4 月起改现名。公司主要经营销售音响设备、灯光设备、影视设备、办公设备、计算机、文化体育艺术类用品、舞台机械、视听多媒体系统集成、舞台演出用品、幕布、乐器等，并承接区内外各类型演出音响灯光器材、演出设备租赁业务。公司获选成为中国演艺设备技术协会常务理事单位、中国演艺设备技术协会团体会员单位、中国电影发行放映协会会员单位，由国家文化部、建设部和民政部批准，在首批全国演艺设备工程企业综合技术能力等级评定中，我公司经中国演艺设备技术协会演出场馆设备专业委员会评审并授予三级专业音响工程、专业灯光工程企业。公司具有一批优秀的专业音响、灯光技师、工程师和经过严格专业培训、具有大专以上学历的技术人员，富有多年的设计、施工安装、调试和演出实践经验，提供最先进、最可靠、最实用、最理想的全方位技术服务支持，其综合实力在区内名列前茅。另外，公司作为中国演艺设备技术协会常务理事单位，为促进各成员单位的交流合作，还组织了该协会广西组的活动，受到参与单位的一致好评。

【员工培养】 公司十分重视员工专业素质的培养，在鼓励员工掌握先进技术的基础上，不定期组织员工互动交流，在信息资源共享的同时，提升公司整体的业务水平。公司还定期派专业技术人员前往相关厂家进行专业灯光音响设备技术的学习。

【主要业务成果】 公司承揽完成的主要业务有：柳州柳北剧场音响系统工程。区老干中心礼堂音响系统工程。广西群艺馆大型广场线阵列音响系统工程。北海人民剧场灯光音响工程。上思县文工团音响系统。广西群艺馆多功能厅、视听室音响、KTV 系统。广西艺术学校校园广播、剧场音响工程。广西民族大学校园广播工程。广西桂剧团音响工程。南宁市园湖路小学校园广播工程。自治区文化厅会议室、多功能厅音响工程。广西金秀政府礼堂音响工程。广西龙州文工团音响灯光工程。广西非物质文化遗产日活动提供灯光音响服务。

广西舞台设备技术研究所

【概况】 广西壮族自治区舞台设备技术研究所位于南宁市青秀区建政路 33 号，占地面积 3400 平方米。原为文化厅灯具厂，建立于 1969 年，技术骨干来源于文化厅直属剧团有技术、有水平的舞台技术人员。1982 年，改为自收自支的事业单位。1992 年成立广西壮族自治区舞台设备技术研究所，原灯具厂并入研究所，经自治区编委核定编制为 38 人，明确为自收自支、自负盈亏的企业化管理事业单位。2006 年核减编制人数为 21 名，现有在职职工 14 人，退休人员 19 人，处级干部 1 人，科级干部 3 人，专业技术人员 6 人，其中中级职称 3 人，初级职称 2 人，技术工人 1 人。设行政部、工程部、财务部 3 个部门。

【业务】 广西壮族自治区舞台设备技术研究所是集科、贸、工为一体的科研院所，主要从事文化艺术类产品的科研开发、舞台产品的设置安装，是中国演艺设备技术协会会员单

位，是广西区内最早从事专业灯光、音响、舞台机械及配套设施研究安装设计的专业单位。结合工程开展科研，承接剧院、俱乐部、卡拉 OK 歌舞厅等艺术场馆的建筑声学、光学、电学等技术咨询，检测及技术鉴定，承接专业灯光、音响、舞台机械等工程的设计和设备选型、配套、安装及调试等业务，是广西唯一的舞台设备技术综合专业部门。本年度在全体职工的共同努力下，实现收入 38.08 万元，上缴各种税金 8.4 万元。

广西文物商店

【概况】 广西文物商店成立于 1978 年，原名“南宁文物商店”，直属文化厅，是广西南宁市唯一经国家文物局批准，具有文物内、外销售资格，专营文物、古玩的经营机构。现有南宁市古城路 21－8 号的总店和南宁市唐山路古玩花鸟市场内的分店“邕华斋”两个营业部。

【业务】 广西文物商店经营范围：收购社会流散文物，销售国家政策允许销售的商品，包括古玩、珠宝玉器、工艺品、文化用品等。主要业务是收购和销售各时期的陶瓷、铜器、名人书画、玉器珠宝、文房家具等收藏品和民族工艺品、礼品。2010 年全年销售收入 210 万元，上缴各种税费 12 万元。

广西文化年鉴

各市文化建设

各市文化建设

南 宁 市

全市文化工作综述

全市有专业艺术表演团体9个，其中市属2个，县区级6个；市艺术创作研究所1个。公共图书馆14个，其中市属馆2个，县区馆12个，总藏书量229万册。市级群众艺术馆1个，县区文化馆12个，辖区内社区文化活动室237家，村文化室616家。市博物馆1个，孔庙管理所1个，县区文物管理所7个，文物保护单位171个，其中国家级文物保护单位3个，省级文物保护单位22个，市县级文物保护单位146个。有文化经营单位1252家，其中19家属于艺术类表演团体；网吧846家，娱乐场所387家。一年来，我市各项文化工作均呈上升状态，重大文化活动数量和质量均创历史新高；文化基础设施建设全面加快，社会固定资产投资突飞猛进；群众文化活动全面开花；艺术赛事捷报频传。

基础设施建设迈上新台阶。文化基础公共服务设施全面推进，基本建成102个县镇综合文化站，基本完成六县六城区共12个文化信息资源共享工程县级支中心的建设工作；建成农家书屋731家，全面启动49个村级公共服务中心的建设工作。重点文化建设项目进一步向前推进。10月，南宁博物馆、南宁民族艺术基地项目正式开工；孔庙迁建工程在停建一年多时间后正式复工，计划于2011年1月完工并对社会开放；民歌博物馆完成立项工作；南宁商会旧址、临江街壁画、那莲戏台维修工程已完工，北帝庙维修工程基本完成，广西省土改工作团第二团团部旧址维修工程完成了田汉旧居、团部、唐明照等人旧居的维修，总工程量已完成50%；广西艺术中心、南宁市社会艺术培训中心、南宁市中心图书馆、顶蛳山遗址博物馆等项目正在进行前期工作。

精品工程和重大演出活动取得新成效。成功推出大型粤剧《海棠亭》。该剧以北宋大词人秦观被贬为南宁横州编管期间为民间办学的故事为线索，以典雅优美的抒情唱段、优美的人物造型，体现出现代文化语境下南派粤剧“内容”与“形式”的双美，在“两会”期间成功首演，受到了社会各界的广泛好评。为进一步完善剧本，冲刺国家大奖，剧组组织开展了多次的《海棠亭》研讨会，广泛听取专家的意见，对剧目进行新一轮的修改与完善，计划2011年冲刺广西精品、国家精品。

积极进行大型民族舞剧的创作准备工作。《百鸟衣》已获得2011年全市艺术精品项目立项；积极进行“十二五”期间小戏小品、音乐舞蹈作品的策划工作。积极开展广西壮族自治区成立50周年文艺演出《锦绣壮乡》中的经典歌曲《你来了》MTV拍摄，目前已完成该MTV的拍摄制作工作，拟在中央电视台播出。

积极筹划“天天演”项目。持续塑造南宁邕州神韵“天天演”文化品牌，在保持粤（邕）剧基本风格的同时，以吸引青年消费群体为目的，不断调整经营思路，一方面突出剧目创新，相继推出“邕州神韵”语言版、综艺版、民族器乐版等演出内容，促使演出节目更趋时尚化、青春化；另一方面拓宽经营渠道，以“设茶座、品美食”的方式，让新会书院的经营方式趋于多元化。目前，新会书院的品牌效应已经日益凸显，成为了南宁老百姓颇为喜爱的一个大舞台，成为南宁市物质文化遗产与非物质文化遗产完美结合的成功范例。同时整合现有资源，努力筹备民族歌舞天天演项目、话剧天天演项目。

艺术赛事捷报频传。我市各类艺术赛事惊喜不断，市艺术剧院演员廖鸿飞成功夺取文化部最高级别的专业声乐赛事——全国声乐大赛民族组优秀奖，实现我市声乐文华奖“零”的突破，并在CCTV青歌赛中进入民族唱法决赛获第16名；在“神华杯”书香榆林2010年中国民歌邀请赛上，我市艺术剧院青年歌手再次崭露头角：廖鸿飞荣获民族唱法最佳男歌手奖，何梦苓荣获原生态唱法优秀歌手奖，方妮、黄莹、邝小玲荣获组合类荣誉奖；广西戏曲青年演员大赛获一等奖2名、二等奖2名、三等奖3名；广西舞蹈青年演员大赛6个节目全部进入决赛，并获得3项一等奖。

重大文化活动成绩斐然。一是风情气派中国—东盟自由贸易区建成文艺晚会“和风吹绿一江水·风情东南亚”。为庆祝中国—东盟自由贸易区建成，我局承办了自贸区建成文艺晚会“和风吹绿一江水·风情东南亚”该晚会以和谐、友谊为主题，欢乐绚丽为主调，以中国、东盟国家的经典歌舞为主体，在如诗如画的篇章中充分展示了广西特色、中国气派、东盟风情。二是盛大激情中越青年联欢晚会。由中共中央对外联络部、外交部、共青团中央主办，中共广西壮族自治区委员会、广西壮族自治区政府承办的“青春·友谊之歌”中越青年联欢晚会，由南宁本土力量全面打造，共动用演职人员4000多名。晚会克服了资金少、演员人数多、排练合成时间短、天气变幻无常等重重困难，奋力拼搏，创造了演出史上的又一奇迹，受到了中越领导人的高度评价。三是欢乐和谐2010南宁国际民歌艺术节。2010南宁国际民歌艺术节共有五项文化活动，包括开幕式晚会“大地飞歌·2010”“美在广西”广西青年歌手演唱会、外国艺术家专场演出、绿城歌台等活动。其中开幕式晚会移师南宁新地标广西体育中心，创造了开幕晚会现场观众人数之最；广西青年歌手演唱会以大乐队现场伴奏的方式，首开民歌节高雅演唱艺术先河，为民歌节带来清新气息。“外国艺术家专场”以及“绿城歌台”演出在经典中创新，搭建中外艺术家交流平台，真正呈现民歌节的国际性、大众性。四是合作共赢纪念泛北部湾经济合作论坛5周年文艺晚会。2010年是纪念泛北部湾经济合作论坛5周年，也是中国—东盟自由贸易区建成的第一年。根据自治区工作部署，纪念泛北部湾经济合作论坛5周年文艺晚会“南宁·北部湾之夜”由我局具体策划实施。晚会以“同创和谐、共赢未来”为主题，以蔚蓝色的海洋文化为主线，精心撷取具有中国、东盟特色的歌、舞、乐节目，充分展示了南宁文化的软实力，受到了社会各界的高度评价。五是昂扬奋进广西残疾人运动会开幕式文艺晚会。广西第七届残疾人运动会开幕式晚会“放飞梦想”作为广西第七届残疾人运动会活动的一大重点，经过认真的组织与筹备，于7月12日在逸夫体育馆正式亮相。这台激励自强、礼赞生命的晚会全面依靠南宁本土创编力量，以主题朗诵的形式，将现代舞蹈语汇与舞台情境巧妙融合串联，形成《飞吧，鸽子》《站起来》等极具创意的节目亮点，成功凸显当代残疾人的自尊、自信、自强的主题。六是多彩民族“情系八桂·广西地方戏曲专场演出”。对台交流实现创新，由国家文化部与区文化厅主办，由我局具体精心策划组织的“情系八桂·广西地方戏曲专场演出”桂台交流活动大获成功。演出全面汇集广西桂剧、壮剧、彩调、粤剧、邕剧等地方戏曲样式，在舞台光影流转间呈现“高台铲椅”“打棍出箱”等绝技，诠释了地方戏曲的风雅之美、诙谐之美。

文化交流活动实现新跨越。对外文化工作积极实施走出去战略，以专业艺术院团为依托，不断创新对外文化交流渠道，丰富对外文化交流内容。2010年我市艺术院团赴澳大利亚、越南进行交流。市粤剧团作为广西首家受邀的文艺表演团体，携《西河会妻》《目连救母》等6部南派粤剧大戏参加新加坡国际艺术节的演出，在当地华人华侨圈迅速掀起了一股欣赏南派粤剧大戏的风潮。11月南派粤剧再次亮相法国巴黎“华人粤剧文化节”的舞台，并取得圆满成功，从而进一步扩大了南派粤剧在欧洲的影响力。两广粤剧交流并放华彩，由广州市文化广播电视新闻出版局、南宁市文化新闻出版局、广州市粤剧振兴基金会联合主办、广州市红豆粤剧团和南宁市粤剧团联合承办的“南国红豆·粤桂飘香——两广粤剧文化交流活动”，重点推出两广粤剧精品剧目展演、两广粤剧文化讲座、粤剧艺术进校园等内容，著名粤剧表演艺术大师红线女自始至终参加了这一活动，引起巨大反响。两广粤剧艺术家精彩的表演，成功唤起当代观众对粤剧文化的关注，特别是年轻人的喜爱，取得了前所未有的轰动影响。民族歌舞亮相亚运，我市艺术剧院以艺术展演促进文化交流，2010年12月赴广州参加亚运会期间的歌舞展演活动，在国际文化的平台上展现了广西歌舞华美的艺术外观、浓郁的风情特色。

文化产业发展得益新举措。积极落实国家《文化产业振兴规划》，继续实施重大项目带动战略，推动南宁博物馆、南宁民族艺术基地、民歌博物馆等重点文化项目建设。支持唐人文化园举办第二届唐人文化节，提升文化园产业价值，该园于6月份正式挂牌成为自治区级文化产业示范基地。积极推进新会书院“邕州神韵天天演”项目，在原有欣赏邕粤剧的基础上，加入时尚新鲜元素，使新会书院逐渐成为南宁文化旅游新标地。组织艺术院团参加“中演院线”演出项目推介会、第九届中国艺术节舞台演出交易会，推动南宁市艺术剧院在全国艺术院团中率先进入中演院线，为走向市场迈出了新的一步，促使我市艺术院团实现由管理型艺术团体进一步向经营型艺术团体的转变。同时积极组织各相关单位参加第六届深圳文化产业博览会。全市“一地一节”活动发挥特色优势，继续扩大“文化搭台，经济唱戏”的作用，其中横县茉莉花节成功签约项目16个，投资总额约52.93亿元，武鸣“三月三”歌圩成功签约9个项目，合计总投资额37.7746亿元，宾阳炮龙节期间共有50多万名游客慕名前来观光，旅游收入超过8000万元。

周密部署“扫黄打非”行动。组织市“扫黄打非”工作小组各成员单位参加第二十三次全国“扫黄打非”工作电视电话会议（广西分会场），并在各县（区）设立分会场，使各县（区）各有关部门及时了解2010年全国“扫黄打非”工作的重点。组织召开2010年度全市“扫黄打非”工作会议，认真传达上级指示精

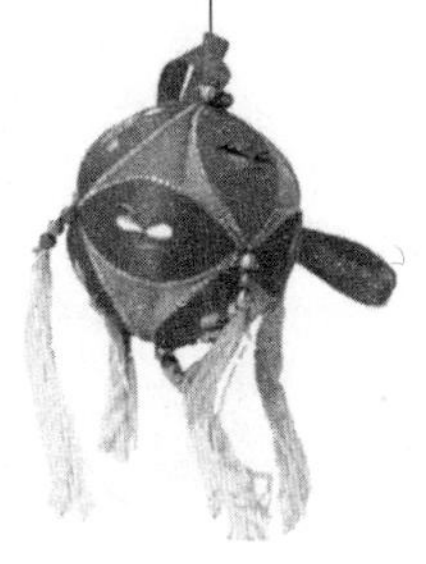

神，全面部署今年的“扫黄打非”工作。按照上级部署，结合实际，认真制定《2010年南宁市“扫黄打非”行动方案》并印发实施，明确了以封堵查缴政治性非法出版物为第一任务，以开展网络“扫黄打非”斗争为突出任务，以打击淫秽色情等文化垃圾和侵权盗版制品等非法出版物为重点的2010年“扫黄打非”工作任务。部署开展各阶段集中行动和专项治理，现已部署开展2010年第一阶段、第二阶段集中行动，组织开展了整治互联网和手机媒体传播淫秽色情及低俗信息专项行动、春节及“两会”前后出版物市场专项整治行动、春季中小学教材教辅读物市场专项检查行动、印刷企业清查行动等，集中行动和专项治理均取得实效。加强对各县(区)“扫黄打非”工作的指导和督查。指导各县(区)开展各阶段集中行动和专项治理，加强对各县(区)“扫黄打非”工作的督查，加大对各县(区)文化市场的巡查检查，并督促他们对群众举报、上级暗访检查中发现的问题予以及时有效地治理。

深入开展“扫黄打非”集中行动。一是组织开展网上“扫黄打非”行动，专项整治互联网和手机媒体淫秽色情及低俗信息。专项行动开展以来，我市各有关部门共删除互联网和手机媒体淫秽色情及低俗信息895条，清理关闭淫秽色情及低俗内容网站59个，关闭存在大量淫秽色情及低俗信息的论坛栏目63个；报公安部封堵境外淫秽色情网站16个；办理3起行政案件，处罚3人，办理2起刑事案件，刑事拘留4人。二是春节及“两会”前后组织开展整治文化市场集中行动。春节前后共出动执法人员562人次，检查网吧和出版物经营场所928家次，查处违规经营单位26家，取缔黑网吧3个、非法出版物经营摊点2个，收缴盗版音像制品3260件、书报刊286件、“六合彩”非法资料218件。取缔一家非法出版物经营摊点，收缴非法出版物250件。“两会”前后开展文化市场集中整治行动，通过加强对交通枢纽、邮递货运等环节的监控，防止境外政治性非法出版物流入我市；通过加强网络监控，封堵、拦截网络反动信息；通过加强市场巡查，严厉查缴各类非法出版物，净化社会文化环境。今年以来，我市尚未发现有政治性非法出版物在市场上出现。三是开展“迎世博”“迎亚运”文化市场集中整治行动。先后开展了“平安世博”和“迎亚运”文化市场集中整治行动，始终保持对文化市场的高压态势，坚决打击各类销售、贩卖政治性非法出版物及“法轮功”邪教宣传品、淫秽色情出版物、“六合彩”非法资料、侵权盗版制品的违法行为，取缔无证游商、摊点，为上海世博会和广州亚运会、亚残运会的成功举办营造良好文化氛围。四是开展打击盗版音像制品专项行动。1月至3月，我市开展了打击盗版音像制品专项行动。专项行动期间，我市共出动执法人员985人次，检查音像制品经营单位669家次，责令改正39家，警告28家，收缴非法音像制品24633张。五是开展春季中小学生教材教辅读物市场专项检查，严厉查处盗版教材教辅读物。3月初，市文化新闻出版局(市“扫黄打非”办)连续对我市各大教材教辅读物批发单位进行检查，共查处涉嫌发行盗版中小学教辅读物案件1起，查缴盗版教辅读物10万余册。六是开展暑假期间文化市场集中整治行动，保护未成年人成长良好环境。此次活动共对违规接纳未成年人上网的网吧吊销5家，停业整顿一批，查缴盗版音像制品、电子出版物和非法书报刊37648件。期间，我市还按照自治区“扫黄打非”办部署，加大对传销类非法出版物的查处力度，重点查缴《北部湾集结号》等非法出版物。据统计，我市今年共查缴传销类非法出版物8234册(盘)，取缔传销类非法出版物地下发

行窝点1个。七是整治“六合彩”资料专项行动，严厉打击宣扬赌博内容的非法出版物的经营活动。7月，我市部署开展整治“六合彩”资料专项行动，文化新闻出版、公安、工商、城管等“扫黄打非”部门成员单位积极行动，对集贸市场、菜市、街道社区等“六合彩”资料密集经营的区域(场所)进行反复清查，严厉打击“六合彩”资料非法经营活动。全市“扫黄打非”各级各部门共取缔兜售“六合彩”资料的游商地摊1155个，收缴“六合彩”资料69762册(份)。八是开展印刷企业清查行动，严密封堵查缴政治性非法出版物。此次清查行动全市共出动执法检查人员567人次，检查各类印刷企业380家次，收缴非法出版物28000余件。专项行动开展期间，我市没有发现印刷企业印制、装订政治性非法出版物行为。

举行非法出版物销毁活动。根据全国“扫黄打非”办的统一部署，4月22日，我市“扫黄打非”办与自治区“扫黄打非”办联合承办了2010年全国侵权盗版及非法出版物集中销毁行动广西分会场活动，公开销毁12万件侵权盗版及非法出版物，为“扫黄打非”工作和净化社会文化环境营造良好舆论氛围。自治区副主席李康、市政府副市长李国忠等领导，驻桂领事馆文化官员，自治区、南宁市“扫黄打非”成员单位有关领导，以及我市部分出版物经营单位业主、学生代表等约600人参加了活动。自治区、南宁市共10余家新闻媒体对活动进行了广泛报道。

文化遗产保护工作实现新突破。文物保护取得新进展：全国第三次文物普查第二阶段工作率先通过自治区“三普”办验收，顺利转入第三阶段，从普查新发现的244处不可移动文物中新公布蕾冒领摩崖石刻等17处不可移动文物为市级文物保护单位。全面完成文物数据库建设，并顺利地通过自治区文物局对我市数据库工作的验收，基本摸清全市馆藏文物家底。抢救性发掘上林县九龙窑遗址，共发掘出土碗、盘、碟、盏、瓶、罐、钵等共20多种器皿，采集标本近千件，为研究宋代青瓷窑分布和汉壮地区青瓷窑的相互关系提供了重要实物资料。完成了新华路水塔等文物的维修工作，推动金狮巷民居群保护和开发利用。同时进一步完善邓颖超纪念馆陈列改造工程；加强全市博物馆免费开放工作，邓颖超纪念馆接待参观总人数128550人，参观团体合计302个。同时积极开展旧城改造和市政设施建设中的文物调查工作，积极开展“5·18”博物馆日活动，组织开展文物保护知识竞赛、开放考古工地等形式多样的活动，提高广大群众文物保护意识。

非物质文化遗产保护和传承工作稳步推进。南宁多声部民歌等25个项目被列入自治区级保护名录，16个项目被确定为市级第三批非物质文化遗产保护名录，莫花美等24人被确定为第二批南宁市非物质文化遗产名录项目代表性传承人，武鸣县被命名为“中国壮乡文化研究保护基地”。目前，我市市级以上非物质文化遗产保护项目共有53个，市级以上非物质文化遗产传承人共计47人，建立35个濒危项目传承培训基地。建成邕剧展示中心。完成《南宁市非物质文化遗产名录图典》编写工作。

专业艺术

【概况】 2010年，南宁市艺术剧院在编人数185人，其中高级职称7人，副高级职称21人，中级职称83人，初级职称55人；艺术剧院内设办公室、人事科、策划部、演出市场部、培训部、舞美工程部；下设歌舞团、话剧团。全年演出114场次，其中，指令性演出95场，

公益性演出17场，文化交流演出2场，观众人数约达26万人次。南宁市粤剧团、邕剧团为“两块牌子、一套人马”，南宁市粤剧团、邕剧团在职人员80人，副高级以上职称11人，中级职称29人，初级职称6人。剧团设行政科、人事科、艺术科、演员队、乐队、舞美队。2010年粤剧团、邕剧团共演出252场，其中在农村演出45场。在全年演出中，公益性207场，指令性演出42场，商业性演出3场，观众人数约为10万人次。

【交流演出】 南宁市艺术剧院的演出活动：1月7日在市人大会堂参加庆祝中国—东盟自由贸易区建成“和风吹绿一江水·风情东南亚”文艺晚会；3月21日在五象广场参加2010红十字公益晚会；4月2日参加由市电视台举办的南宁市社会各界抗旱赈灾义演晚会。4月28日在南湖隧道工地参加以“送文化”为主题的南宁市农民工文化艺术节启动演出；5、6、7、11、12月分别赴横县、武鸣、宾阳、隆安、邕宁、马山、上林、西乡塘区等地实施南宁市2010年为民办实事项目文化惠民工程“送戏进乡村”演出共62场；7月13日在南宁三中逸夫体育馆参加广西壮族自治区“中桓杯”第七届残疾人运动会暨第二届特殊奥林匹克运动会开幕式文艺晚会；8月12日在国际会展中心参加纪念泛北部湾经济合作论坛5周年文艺晚会“南宁·北部湾之夜”；8月28日在广西体育中心参加中越青年大联欢晚会“青春·友谊之歌”；9月10至11日赴越南访问演出并获得圆满成功；10月20日在广西体育中心参加“大地飞歌·2010”南宁国际民歌艺术节开幕式晚会；10月21日在市人大会堂参加广西青年歌手演唱会；12月4日赴扶绥县参加“一杯净水一片爱心”慈善晚会；12月22日在广西电视台参加由自治区纪委、自治区党委宣传部主办的“践行‘六戒’、弘扬清风”廉政文化主题晚会。此外，慰问部队演出4场，进社区、广场演出10场。南宁市粤剧团的演出活动：6月5日至16日参加了2010年新加坡艺术节的演出活动。演出剧目主要以原创和南派特色剧目为主，共演出了8场。包括6台大型粤剧《乾隆点状元》《目连救母》《西河会妻》《风雨泣萍姬》等和两台“精选折子戏专场”。10月29日至11月1日，在南宁剧场承办了“2010两广粤剧交流精品剧目展演”活动，两广的著名粤剧表演艺术家欧凯明、梁素梅等为南宁市观众带来了精彩的粤剧表演。11月4日至13日，应法国欧洲粤剧研究会联合会总会、《欧洲时报》和荷兰广州同乡会的邀请，赴法国和荷兰进行为期10天的演出及友好访问。参加多彩民族“情系八桂·广西地方戏曲专场演出”。参加“2010泛北论坛文艺晚会”及中越青年大联欢等重大演出活动。

【艺术成果】 南宁市艺术剧院：1月，廖鸿飞获第十四届CCTV青年歌手电视大奖赛广西赛区选拔赛民族唱法二等奖，袁泉获通俗唱法二等奖，大山情人组合方妮、黄莹、邝小玲获原生态唱法三等奖。9月，在由文化部和陕西省榆林市举办的“神华杯”书香榆林2010中国民歌邀请赛中，廖鸿飞荣获民族组最佳男歌手奖、何梦苓荣获原生态组优秀歌手奖。梁晶晶在长沙参加“2010中国首届原创电影音乐器乐大赛”(打击乐团与乐手)中，荣获乐团首席打击乐手、乐团队长桂冠以及长沙市人民政府颁发的荣誉市民称号。徐艺媛、孙展参加第四届广西青年演员大奖赛(戏曲、曲艺、话剧)决赛，荣获表演三等奖。11月，李紫君、刘滨、吴振家、潘昱辰在第16届亚运会开幕式中分别在《大地之水》《海洋之舟》《白云之帆》等几个重要篇章中担任执行导演。《空中飞人》《惊涛骇浪》《红棉花开》等节目均出

自他们之手。同月，在第一届广西舞蹈青年演员大奖赛中，双人舞《士兵兄弟》获表演一等奖(表演者：贾戈、郑华)；独舞《阮玲玉》获表演一等奖(表演者：蒙璐)；独舞《中国芭比》获表演一等奖(表演者：胡程程)。南宁市粤剧团：9月，参加第四届广西戏曲曲艺青年演员大奖赛决赛，黄俊成、包卓金荣获表演一等奖，姚艳获表演二等奖，陈晓钰、李春霞获表演三等奖。同月，包卓金、姚艳参加广西第三届粤曲大赛荣获金奖，何惠临、刘希瑛、陈怡获铜奖。成功推出大型粤剧《海棠亭》，组织了多次《海棠亭》研讨会听取专家的意见，对剧目进行新一轮的修改与完善，计划2011年争取成为广西精品、国家精品剧目。

【艺术研究】 市艺术创作研究所2010年在职人员6人，高级职称1人，中级职称5人。上半年艺研所组织业务骨干赴广州、福州、上海、成都、重庆等地调研有关艺术研究院所，对艺术研究院所的职能定位、规模、核心业务和发展趋势进行了调研，完成一份调研报告并上报政府部门，引起了重视。完成2010文化年鉴的编撰，约2万字，完成《广西通志南宁文化卷》编辑工作，约10万字。《山歌带我回故乡》和《男人的歌好风流》在马山县第四届文化旅游美食节开幕式演出使用；歌曲《无力承受》和《爱到放弃》分别被中央电视台第三套节目和歌手冯俊杰专辑录用；歌曲《心鼓》被首届东兰国际铜鼓节大型鼓乐文艺演出使用。文艺评论：《婉约之美的形象展现》在《广西日报》发表，稻作文化研究《广西米粉》在《西部开发报》发表。影视剧：电视电影《右江锄奸》三部曲(《决不放过你》《追凶二十年》《惩罚者》)，广西大型电视系列片《广西北部湾经济区志》(合著)。

【策划文艺活动】 策划大型文化艺术活动：一是完成《马山民俗文化展示馆陈列方案》。该馆是马山县重大文化项目，文案以现代的陈列设计理念和独特的审美思想全面展示马山县丰富多彩的民俗文化艺术，受到社会各界广泛的关注和高度评价。二是为了传承和发展刘三姐山歌文化，应广西民委、广西山歌学会邀请，撰写了《建立广西歌圩策划案》《打造广西原生态歌圩策划书》。三是应河池市政法委邀请，撰写《河池市政法系统“抗旱救灾共建平安河池”大型文艺演出暨公安110报警定位警示牌建设启动仪式策划方案》并实施。四是应马山县古零镇党委政府邀请，完成《首届马山古零农民艺术节策划方案》。五是应东兰县党委政府邀请，完成《首届东兰国际铜鼓节大型鼓乐文艺演出策划方案》。六是应东兰县委宣传部之邀，完成《东兰县歌舞剧团成立52周年庆典文艺晚会演出方案》并实施。七是应南宁市电科广场邀请，完成《南宁电科成立十周年纪念活动暨文艺演出策划方案》并实施。八是应广西体育局邀请，完成《广西第三届万村农民篮球大赛策划总案》《广西城乡万人气排球大赛策划总案》。

群众文化

【概况】 市级群众艺术馆1个，辖县文化馆6个，城区文化广播电视站6个，乡镇文化站100多个。在职人员53人，其中：高级职称6人，中级职称22人，初级职称24人，无职称1人；本科学历26人，大专学历23人，中专学历1人，高中学历3人；男23人，女30人；30岁以下8人，30～40岁17人，40～50岁15人，50岁以上10人；党员19人，民主党派人士3人，非党派人士29人。2010年主要开展了由市委市政府主办，市委宣传部、市文化新闻出版局等单位联合承办的“乡村社区和谐文艺大展演”活动，为群众文化搭建了广阔展

示平台，全市六县六城区基本做到周周演出、月月比赛、季季比赛活动，并与自治区“千团万场”活动广泛结合，先后举办了系列新春元宵群众活动，以及全市少儿、青春艺术大赛等活动，重要节日精彩不断，群众演出活动丰富多彩，据不完全统计，全市共开展群众文化活动21006场，观众达82万多人次。特殊群体活动迈出新步伐，“2010年南宁市农民工文化艺术节”共组织进工地文艺演出14场，放电影22场，开展送书活动2次，开展医疗咨询服务2次，举办知识讲座2次，建立了2个工地图书交流站，使近3万农民工参加或享受到了一年一次的文化大餐。南国之光残疾人艺术团积极参加各类演出募捐活动，积极回报社会，并协助市残联成功举办全国第二十个助残日广场文艺演出活动。市群众艺术馆获得了“全国助残先进示范基地单位”称号。市群众艺术馆黄增况创作的《虫虫飞》获2010年全国儿童歌曲大奖赛广西赛区金奖。

【“绿城之春”——2010首府南宁新年音乐会】 1月1日，由中共南宁市委宣传部、南宁市精神文明建设委员会办公室主办，南宁市群众艺术馆、广西艺术学院承办的“绿城之春”——2010首府南宁新年音乐会在南宁国际会展中心举行。

【南宁市非物质文化遗产普查工作总结表彰会】 1月12日至13日，南宁市非物质文化遗产普查工作总结表彰会暨文化馆工作会议在隆安县召开。会议对南宁市非物质文化遗产普查工作成绩显著的31个先进集体、148个先进个人进行了表彰；南宁市各县区文化馆馆长就本县区的艺术培训工作做了发言。南宁市文化新闻出版局桂文志副局长对南宁市非物质文化遗产普查工作进行了总结。

【“能帮就帮，新春送温暖，四进社区”文艺演出活动】 2月11日，由中共南宁市委宣传部、南宁市精神文明建设委员会、南宁市文化新闻出版局联合主办的2010年“能帮就帮，新春送温暖，四进社区”文艺演出活动在南宁市五一路社区举行。

【南宁市举办元宵节大型广场化妆舞会】 2月28日晚，广西“千团万场——月月比”活动启动仪式暨2010年绿城南宁欢度元宵广场化妆舞会在民族广场举行。这一活动由文化厅、中共南宁市委、南宁市文化新闻出版局、自治区群众艺术馆主办，南宁市市委常委、宣传部部长、副市长吕洁出席并致词，参加活动的群众约四千人。

【首届南宁市乡村社区和谐文艺大展演】 3月至12月，根据中央、自治区关于大力加强基层文化建设的指示精神，由市委宣传部、市文化新闻出版局、市广播电影电视局、南宁日报社、市文联主办，南宁市群众艺术馆等单位承办了首届南宁市乡村社区和谐文艺大展演活动。展演活动期间，各类文艺汇演和比赛在南宁市城市社区、农村乡镇如雨后春笋，蓬勃开展。大展演作为南宁市2010年“两会一节”系列文化活动之一，分为乡村社区初赛、县区复赛和全市决赛三个阶段，活动内容分为舞蹈、声乐、曲艺、戏剧四个大类，组队方式是以乡镇（街道办）、社区为单位组队参赛。据统计，从初赛到复赛再到决赛，全市共有12个县区、102个乡镇、21个街道办、1300多个村委会和300多个社区委员会踊跃参与，共开展各种文艺演出活动2230多场，参与群众120多万人次。此次大展演是近年来南宁市组织的一次规模大、覆盖面广、影响力大的活动，丰富了群众的业余文化生活，真正做到“老百姓演老百姓看”，形成了村村有阵地、乡乡有舞台、月月有活动、季季有赛事的新颖格局，形成了南宁市独特的“百姓小舞台，和谐大社会”的活动模式。

【南宁市举办文化馆专业人员技能培训班】 4月26日至27日，南宁市群众艺术馆举办了全市文化馆专业人员培训班，以提高南宁市文化馆专业人员的专业技能，培训内容分为舞蹈、音乐、戏曲、曲艺四个大类。来自南宁市六县六城区的60多名专业人员和各业余团队文艺骨干参加了此次培训，其中参加舞蹈类学习25人，参加音乐类学习15人，参加戏剧类学习10人，参加曲艺类学习10人。

【南宁市农民工文化艺术节】 4月28日，由南宁市文化新闻出版局、市城乡建设委员会、市总工会联合主办的"2010年南宁市农民工文化艺术节"正式启动。活动以"送文化"为主题，将文艺演出和各种文化活动送到工地。

【南宁市第二十个全国"助残日"广场文艺演出】 5月16日，由南宁市残疾人联合会主办，青秀区残联、南宁市群众艺术馆、南宁市盲聋哑学校承办的"南宁市第二十个全国'助残日'广场文艺演出"在民族广场举行。承办单位为"助残日"宣传活动献上了《阳光少年》《呐喊》《载歌载舞》《天路》等精彩的节目，参加活动的观众约有5000人。

【南宁市2010年少年儿童艺术节】 6月5日至26日，由南宁市群众艺术馆、北京华联联合主办的2010年少年儿童艺术节成功举办。南宁市少年儿童艺术节是全市性大型赛事活动，经过多年的打造，已成为南宁市群众文化活动品牌之一。本次大赛共设少儿卡啦OK大赛、少儿电子琴比赛、少儿器乐比赛、少儿故事相声比赛、少儿模特比赛、少儿舞蹈比赛、少儿美术比赛、少儿书法比赛等多个项目，共有1300多名少年儿童报名参加了比赛。经过十几天的激烈角逐，共有476名参赛者获奖。

【南宁市首届青年美术作品展】 7月18日至26日，由南宁市文化新闻出版局、南宁市文学艺术界联合会主办的南宁市首届青年美术作品展在南宁市图书馆举行。此次展览共收到美术作品186件，其中油画作品79件，国画作品23件，雕塑和装置作品22件，影像作品23件，共展出106件。展览的部分作品将入选《南宁市首届青年美术作品优秀作品集》。

【南宁市残疾人文化活动周】 8月25日，为了贯彻落实从2010年起，每年8月份开展的"全国残疾人文化周"活动，由南宁市残联、市文化新闻出版局主办的残疾人文化活动周在横县体育馆举行，南宁市南国之光残疾人艺术团为当地观众表演了大合唱、拉丁舞、混声小合唱、快板书等十五个节目。

【南宁市第二届"我邀明月颂中华"——经典爱国诗词配乐朗诵大赛】 9月8日由市委宣传部、市文化新闻出版局主办的第二届"南宁市'我邀明月颂中华'——经典爱国诗词配乐朗诵大赛"决赛在广西儿童剧场举行。南宁市六县六城区12支代表队参加了比赛，此次活动以举办配乐诗朗诵大赛为载体，营造了欢度2010年中秋佳节的喜庆氛围。上林县代表队获得了一等奖，隆安县代表队、西乡塘区代表队获得二等奖，宾阳县等3支代表队获得三等奖，主办方还从获奖代表队中选拔一支队伍代表南宁市参加全区决赛。

【南宁市首届少数民族文艺展演】 10月15日，由南宁市人民政府主办，南宁市民族事务委员会、南宁市文化新闻出版局承办的南宁市首届少数民族文艺展演总决赛暨颁奖仪式在广西艺术学院会演中心举行。这次展演以"各民族共同团结进步、共同繁荣发展"为主题，参加展演的12个节目均是具有地域特色、民族特色的原生态歌舞节目。最终，横县代表队的《凤凰麒麟·茉莉香》和武鸣县代表队的《古岳铿锵》获得了一等奖，其他10个县

区代表队的节目分获二、三等奖。市领导范力、卢丽芬、唐济武出席并为获奖单位颁奖。

【2010年“华联杯”南宁市社区文化艺术节】 11月24日至12月4日，由南宁市群众艺术馆、北京华联联合举办的南宁市社区文化艺术节在江南华联店举行。本届艺术节有声乐、舞蹈、综合才艺三大项比赛。参演群众1500余人、节目400余个、观众约50000人。农棹菲等获声乐比赛一等奖，边淑艳等获综合才艺比赛一等奖，南宁市交警支队获舞蹈比赛一等奖。

【2010年“华联杯”夕阳秀艺术大赛】 12月19日至26日，由南宁市群众艺术馆、北京华联联合举办的“夕阳秀”艺术大赛在华联荣宝华店举行。大赛主题为“火红夕阳、秀美绿城”，旨在弘扬民族传统文化，展示南宁市中老年人的艺术风采。比赛设卡啦OK、舞蹈及综合才艺比赛三大类，共有71个社区，近2000人参加比赛，比赛节目360个。《山水相依情相伴》和《雨后春笋》获舞蹈比赛一等奖，梁直、梁柱分获综合才艺及演唱一等奖。12月26日晚进行了颁奖仪式及优秀节目展演，活动期间近十万人次的观众观看了比赛。

【南宁市第三批市级非物质文化遗产名录暨第二批非物质文化遗产代表性传承人名单】 经过一系列的普查、整理工作，南宁市十二县区文化馆于2009年12月底共上报了17个第三批市级非物质文化遗产名录申报项目。南宁市文化新闻出版局分别于1月、3月组织了专家评审会及局际联席会，对这次上报的17个项目、24个代表性传承人进行评审。在17个项目中，包括民间音乐2个，民间舞蹈3个，传统戏剧2个，民俗3个，民间文学一个，传统手工艺6个。各专家和局际领导经过评审讨论，最后通过了16个市级非物质文化遗产代表性名录及24个非物质文化遗产代表性传承人，并于4月2日进行了公示。

第三批南宁市级非物质文化遗产名录项目

编号	项目名称	项目类别	保护单位
1	南宁多声部民歌	民间音乐	南宁市群众艺术馆
2	南宁平话民歌	民间音乐	南宁市群众艺术馆
3	壮族“九莲灯”花手舞	民间舞蹈	南宁市群众艺术馆 隆安县文化馆
4	马山打榔	民间舞蹈	马山文化馆
5	百合茅山舞	民间舞蹈	横县文化馆
6	横县壮族采茶戏	民间戏剧	横县文化馆
7	壮族采茶戏	民间戏剧	邕宁区文化馆
8	壮族“亥日”	民俗	南宁市群众艺术馆 隆安县文化馆
9	山林壮族灯酒节	民俗	上林县文化馆
10	稻神祭	民俗	隆安县文化馆
11	宾阳“老穷”的故事	民间文学	宾阳县文化馆
12	杨美豆豉制作技艺	传统手工技艺	江南区文化馆

编号	项目名称	项目类别	保护单位
13	宾阳壮锦编制技艺	传统手工技艺	宾阳县文化馆
14	横县鱼生制作技艺	传统手工技艺	横县文化馆
15	横县大粽	传统手工技艺	横县文化馆
16	宾阳酸粉	传统手工技艺	宾阳县文化馆

第二批南宁市非物质文化遗产名录项目代表性传承人名单

序号	项目名称	姓名	性别	年龄	推荐单位
1	壮族三声部民歌	莫花美	女	53	马山县文化局
2	松柏汉族多声部平话山歌	农凤英	女	79	兴宁区文化局
3	松柏汉族多声部平话山歌	潘兆君	男	77	兴宁区文化局
4	邕剧	蒋耀鸣	男	66	南宁市邕剧团
5	邕剧	梁克俭	男	65	南宁市邕剧团
6	丝弦戏	磨长永	男	67	宾阳县文化局
7	丝弦戏	关艳	女	32	宾阳县文化局
8	疍家婚礼	张秀华	女	79	江南区文体局
9	宾阳游彩架	覃凤梧	女	73	宾阳县文体局
10	壮族“三月三”歌圩	李超元	男	62	武鸣县文体局
11	邕剧	李传湘	女	69	南宁市邕剧团
12	邕剧	杭彪	男	80	南宁市邕剧团
13	壮族会鼓	韦建延	男	57	马山县文体局
14	壮族抢花炮	孙子奇	男	54	邕宁区文体局
15	壮族骆垌舞	潘腾宗	男	81	武鸣县文体局
16	壮族五色香糯米饭	黄硕英	女	58	武鸣县文体局
17	红良壮族打铁技艺	林万乔	男	92	隆安县文体局
18	红良壮族打铁技艺	林仁超	男	46	隆安县文体局
19	宾阳炮龙节(组织)	吴荣新	男	54	宾阳县文体局
20	丝弦戏	熊兴亮	男	61	宾阳县文体局
21	宾阳游彩架	何丹健	男	57	宾阳县文体局
22	百鸟衣	韦其本	男	69	横县文体局
23	葛麻村十六炮会(组织)	黄道敬	男	71	横县文体局
24	葛麻村十六炮会(组织)	邓享朝	男	51	横县文体局

南宁市进入第三批自治区级非物质文化遗产名录

申报地区或单位	项目类别	项目名称
马山县	民间舞蹈	壮族打扁担
武鸣县	传统戏剧	壮族师公舞(壮族骆垌舞)
南宁市邕宁区、横县	传统戏剧	采茶戏(壮族采茶戏)
宾阳县	传统戏剧	壮族师公戏(宾阳师公戏)
宾阳县	传统手工艺	壮族织锦技艺(宾阳织锦技艺)
宾阳县	民间文学	宾阳“老窍”的故事
南宁市	民间音乐	南宁多声部民歌
南宁市	民间音乐	南宁平话民歌
马山县	民间舞蹈	壮族打榔舞
南宁市青秀区、良庆区	民间舞蹈	南宁香火龙舞
隆安县	民间舞蹈	壮族九莲灯
南宁市江南区	民间舞蹈	南宁市壮族春牛舞
隆安县	传统手工技艺	红良打铁技艺
宾阳县	传统手工技艺	宾阳酸粉制作技艺
横县	传统手工技艺	横县鱼生制作技艺
南宁市江南区	传统手工技艺	杨美豆豉制作技艺
武鸣县	传统手工技艺	壮族五色糯米饭
横县	传统手工技艺	横县大粽制作技艺
南宁市青秀区	民俗	军山庙会
隆安县	民俗	壮族亥日
横县	民俗	横县炮会
隆安县	民俗	那桐农具节
上林县	民俗	上林壮族灯酒节
隆安县	民俗	壮族芒那节
南宁市青秀区	杂技与竞技	壮族斗竹马

公共图书馆

【南宁市图书馆概况】 年内，南宁市有公共图书馆 14 个(市属 2 个、县属 6 个、城区 6 个)。南宁市图书馆设办公室、采编部、外借部、期刊部、技术部、信息部、读者活动部、业务辅导部和物业管理部等九个部门。截至 12 月底，在编人员 65 人，其中硕士研究生 2 人，大学本科 26 人，大专以上学历的 60 人；业务人员 61 人，中级职称 37 人，占业务人员总数的 55%。馆内设市民阅读中心、文学借阅室、自然科学借阅室、社会科学借阅室、综合借阅室、特色藏书阅览室、参考文献阅览室、工具书阅览室、电子阅览室、过报过刊阅览室、残疾人阅览室、典藏室、专家研究室等服务窗口13个，阅览座位1497个，有读者自修室、读者活动室、多功能报告厅等多处读者活动场所。1月，南宁市图书馆被评定为国家(地市级)一级图书馆；5月，荣获"全区公共图书馆先进集体"称号。

【藏书建设】 建成密集书库，新增346米密集书架。4～5月实现对综合借阅室、自然科学借阅室、社会科学借阅、典藏室的近四十万册图书的布局调整。丰富特色馆藏。继续征集南宁人的著作及有关南宁的作品；收藏一批反映南宁政治、经济、文化和社会发展历史面貌的老照片，辑成"南宁老照片"专辑，并按类、按专题存档；加大对反映广西及南宁、东盟等地的经济、文化、民风民俗的各类文献资料的采集，征集到《广西北部湾经济开放开发报告(2006～2010)》、中国—东盟博览会秘书处编辑的1～5届《中国—东盟博览会画册》等一批反映北部湾开发和中国东盟博览会的文献资源。采编部制订《随书光盘著录细则》，对随书光盘进行书目数据著录，完成历年来8485张随书光盘回溯建库工作，随书光盘结束手工登记借阅的历史，进入计算机管理系统。全年文献采购经费136万元，其中纸质图书80万元、期刊18万元、音像资料4万元、地方文献10万元、电子图书18万元、电子期刊6万元。年度新增图书50082种69549册。其中纸质图书18978种36023册、电子图书30000种30000册、视听文献84种702册(件)、报刊合订本1020种2484册。截至2010年12月，馆藏总量达到74万册，比去年增长约9.62%。此外，帮助城区图书馆分编图书5374种5445册。

【读者服务】 编写《南宁市图书馆读者网上续借、预约须知程序》，并彩印成5000份小册子向读者免费发放；5月"图书馆服务周"期间，推出"电子图书、电子期刊使用培训"，设计"数字资源与服务培训"课程，教授读者方正电子图书、CNKI期刊数据库以及"国家图书馆数字资源"等数字资源使用方法方面的知识。馆内"民警读书基地"挂牌成立，为南宁市公安局的民警免费办理能在市、城区各图书馆通借通还的借书证，成为我馆继2007年免费为残疾人办理图书借书证之后的又一免费举措。新增横县合百镇、中国人民解放军95095部队、警犬训练队、南宁市政协、广西储备物资管理局九三一处、蒲庙镇华康村稔床坡等6所图书流通站。馆外图书流通站达到41个。截至2010年12月底，共接待读者929115人次，其中，外借119890人次，阅览640231人次(其中电子阅览室和计算机免费阅览区域的读者49498人次)，各类读者活动参加人数168994人次。文献外借251389册次，其中，图书外借218087册，期刊外借30714册次，光盘外借2588张。新办图书借书证8590张、自修证1756张。接待咨询4823人次。2010年底，有效借书证累计35975张。

【网络服务】 完成南宁市图书馆网(www.nnlib.com)部分栏目的重新设置，在网站首页设置了"绿城讲坛"版块，版块分为预告、掠影、视频等子栏目；新增"媒体报道"版块。全年共发布信息新增数据2057条。其中南宁市图书馆网站786条，南宁文化信息网722条，南宁政务信息网516条，文字158万字，图片5170张，视频35分钟，视频资源总量115KB；报送文化信息32条。截至2010年12月，电子图书在线浏览22856次，下载5193次，资源检索72456次。新增北大方正电子图书30000册，继续购买清华同方CKNI电子期刊数据库6个。目前，市图书馆与市少儿图书馆、六城区图书馆的电子图书共有34万册接入南宁政务网、南宁文化信息网和

南宁市图书馆网，供市民在线阅读。

【全国文化信息资源共享工程建设工作】 3月，协助共享工程广西分中心完成5个县级支中心，24个乡镇级基层服务点，1642个村级基层服务点的各项数据统计，用于全国文化信息资源共享工程设备发放。5月，对2010年以前建成的2个市级支中心，7个县级支中心和60个乡镇级基层服务点的运行经费进行调查、统计，上报“共享工程”国家中心。8月和11月，协助共享工程广西分中心工作组，深入各县区开展“2010年全国文化信息资源共享工程督查工作”和“2009年度共享工程建设点验收工作”。截至2010年，全市共建成12个共享工程县级支中心，102个共享工程乡镇基层服务点，1317个共享工程村级基层服务点。年度内协助邕宁区、青秀区等县级支中心开办“共享工程(乡镇、村级)基层服务点管理员的培训班”两期。在寒暑假及节假日期间利用共享工程设备播发优秀视频影视作品40场，观众达5285人次。

【绿城讲坛】 全年共举办讲座56场，17515人次参加，其中馆内讲座38场，听众11471人次，馆外讲座18场，听众6044人次。本年度重点推出“‘感恩·励志’暑假公益演讲会”和“走进县区学校，关注未成年人，开展思想道德”系列讲座，引起社会各界的广泛关注。其中，“感恩·励志”系列讲座是市图书馆首次与自治区主流媒体《当代生活报》联合主办，并由光亮残疾人演讲团承办，主讲人有盲人按摩师、画师陶进，独臂企业家黄友，脚残作家宋多河和特教专家曾柏良，以及双上肢残疾的心理咨询师张卫方、聋哑少女画家曾毓珺等。连续举办十五场，听众近4000人。

【专题展览】 全年共推出专题展览29期，制作专题板报98个共994条，内容有“第四届南宁人著作展”“吴忠才捐赠地方党史文献资料展”等图书展，“新书讯”“书里书外”“暑期图书情报”等图书宣传专栏，“阅读、传播、文化”“今天你读了吗?”等专题书摘，《看两会·观世博》《祝福你，伟大的祖国》《推动全民科学阅读共建学习型社会》等图片展览。举办的大型专题展览有“纪念抗日战争胜利65周年书画作品展”“南宁市首届青年美术作品”“南宁·长沙书法篆刻精品交流展”等。

【科普基地工作】 5月，与南宁民航、南宁青岛啤酒有限公司等科普基地合作，组织读者参观学习有关“航空航天”“啤酒生产”知识；与南宁市科协、江南区科协合作，举办“青少年科技创新大赛作品展”，暑期重点推出《创卫科普环境》《暑期低碳科普生活》《暑期科普》《暑期阅读》《暑期图书情报》《未成年人法律探秘问答》等专题板报。

【南宁图书馆学会】 全年编辑《邕图通讯》4期。从2010年第2期(总60期)进行改版，改版后的《邕图通讯》采用彩色铜版纸印刷，增加许多图片，主办单位明确为南宁市图书馆和南宁市图书馆学会，栏目重新设置，新增“党建要闻”“媒体聚焦”“邕图笔记”等栏目。11月11日至12日，组织召开南宁市图书馆学会第六次会员大会暨第22次科学研讨会，大会选举新一届学会理事，完成学会章程的修改；全年共组织三期图书馆管理员培训班。协助广西图书馆学会完成“南宁市公共图书馆2010年业务数据”的统计，“广西地市级、县级公共图书馆‘十二五’期间开展免费服务运行经费测算”的调查等工作。

【南宁市少年儿童图书馆概况】 年内，南宁市少年儿童图书馆在职职工23人(中级职称13人，初级职称10人)，96%具有中专以上水平。馆内设有外借处、中学阅览室、教学参考室、儿童求知乐园、电子阅览室和声像服务室等多个服务窗口，有多功能活动室、自学阅览室等读者活动场所,阅览座位 660 个。今年新办读者借书证 1400 个,有效借书证累计达 9600 个。接待到馆借阅读者 63.8 万人次,借阅书刊 39.8 万册(次);分编入藏各种载体文献 6075 种 1.9 万册(件),其中连环画 636 种 2913 册。馆藏累计总量 30.3 万册(件),电子期刊 1400 种。

【少儿图书馆读者活动与服务】 年内,组织阅读指导、读者培训、竞赛等各种主题的读者活动、图书馆活动日 56 次,参加活动的读者 2.2 万人次。主要活动有:南宁市第三届“我阅读,我快乐”少儿故事大王选拔邀请赛;“2010 年全国科技活动周”南宁市科普进社区、进农村活动;“低碳生活,从我做起”读者问卷调查;“共享世博盛会,创造美好未来”专题图片展;暑期“世博知识”有奖问答;“蒲公英阅读行动”图书捐赠活动;与广西庭艺外国语培训学校共同开展的“儿童双语跳蚤市场”“圣诞迎新双语乐游园”活动以及与广西金太阳教育培训学校合作举办的“童心看南宁”大型户外写作活动等。开办英语、作文、数学、书画等兴趣班,培训少儿读者 15000 人次。在南宁市“文化、科技、卫生”三下乡、全国图书馆服务宣传周以及全国科技活动周等活动中,组织工作人员开展送书阅览宣传服务活动;为馆外 45 个图书流通站送书 23 次,各流通站全年接待读者 13.5 万人次。

【少年图书馆业务建设】 年内,组织开展各类业务培训 15 次;举办南宁市第 17 届少儿图书馆工作研讨会,以“少儿图书馆阅读指导工作研究”为主题开展学术研讨活动;馆办内刊《南宁少图简讯》全新改版。

文化产业

进一步研究南宁国际民歌艺术节节庆品牌的产业价值,配合市政协、区社科院等单位对民歌节的产业发展进行了专题研究;加大力度促进我市文化娱乐业、网络文化业等传统文化行业更新换代;扶持一批以创造文化价值为核心的文化创意产业和以交易文化商品为平台的大型文化市场新型业态;进一步加大招商引资和文化产业项目引进力度,使首府南宁的文化产业逐步形成自己的特色。

文化市场

【南宁市文化市场综合执法支队】 经南宁市机构编制委员会南编[2010]56 号文同意,南宁市文化市场稽查支队于 5 月 19 日更名为南宁市文化市场综合执法支队,内设稽查一科、稽查二科、综合科,有职工 15 人。年内,先后开展了元旦、春节期间文化市场专项整治行动,农村网吧集中整治行动,文化市场护苗专项整治行动,“平安世博”文化市场专项保障行动,暑假、中国—东盟博览会、国庆节、广州亚运会和亚残会期间文化市场集中整治等专项行动,为世博会和广州亚运会的成功举办创造和谐的社会文化环境。2010 年南宁市共出动检查人员 31469 人次,检查网吧 11219 家次,警告 250 家次,立案调查 243 件,罚款 583800 元,依法责令停业整顿 31 家,吊销“网络文化经营许可证”3 家;检查歌舞娱乐场所 2059 家次,警告 51 家次;检查游艺娱乐场所 1681 家次,收缴违禁电子游戏机电脑板 218 块,取缔无证经营电子游戏机室 18 家;检查音像制品经营单位 2702 家次,警告 71 家次,没收非法音像制品 151295 张;检查书报

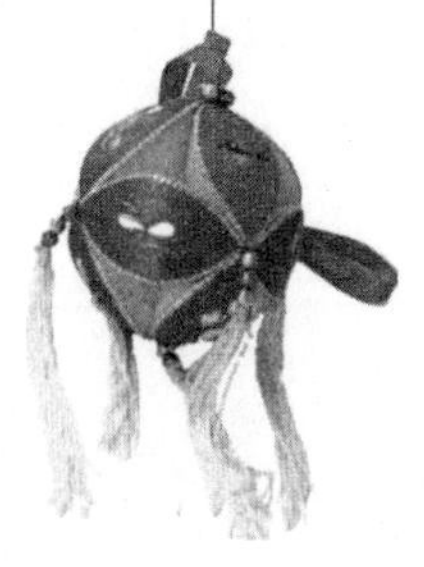

刊经营单位3427家次，收缴非法出版物158479册，检查印刷经营单位1860家次，警告20家次。

【“扫黄打非”工作】 年内，南宁市“扫黄打非”各级各部门在市委、市政府的正确领导下，在自治区“扫黄打非”办的具体指导下，以科学发展观为统领，认真贯彻落实中央、自治区“扫黄打非”工作部署，紧紧围绕南宁市创建全国文明城市、“发展环境建设年”主题活动、净化社会文化环境等中心工作，认真抓好全市2010年“扫黄打非”工作的部署和实施，进一步强化对出版物市场、印刷市场、互联网和手机媒体的日常监管，积极组织开展“扫黄打非”集中行动和专项治理，严密封堵政治性非法出版物，严厉查缴淫秽色情、侵权盗版等非法出版物。2010年全市“扫黄打非”各级各部门共出动执法人员7596人次，检查音像经营单位2150家次，没收非法音像制品123705张(盒)；检查书报刊和印刷经营单位4271家次，没收非法出版物150755册、“六合彩”非法资料129647册(份)、传销类非法资料8234册(盘)；开展网上“扫黄打非”活动，删除互联网和手机媒体淫秽色情及低俗信息935条，清理关闭淫秽色情及低俗内容网站59个，关闭存在大量淫秽色情及低俗信息的论坛栏目63个。办理刑事案件2起，刑事拘留4人。

【出版物市场管理】 2月5日，以封堵和查缴政治性非法出版物和打击侵权盗版活动为重点，南宁市文化新闻出版局和南宁市文化市场综合执法支队对南宁市通银商场、银兴商场、民族商场部分经营户经营盗版音像制品的违法行动进行了集中整治，收缴非法音像制品5800张(盒)；3月31日，在民族商场三楼的音像制品经营点，收缴盗版音像制品9140张；6月13日，在大沙田三叠石路东二巷14号1楼仓库查获《北部湾集结号》《优化资本运作》等60个品种共8234册涉嫌传销类的非法出版、盗版书刊。全年检查音像制品经营单位2702家次，警告71家次，没收非法音像制品151295张；检查书报刊经营单位3427家次，收缴非法出版物158479册，检查印刷经营单位1860家次，警告20家次。

【网吧管理】 加强对网吧的巡查监管，突出重点时段、重点场所，严格规范经营者的行为，根据《互联网上网服务营业场所管理条例》规定，严厉查处网吧接纳未成年人进入和不按规定核对、登记上网消费者的有效身份证件的违规经营行为。对无证经营的黑网吧，函告工商行政管理部门查处取缔。全年检查网吧11219家次，警告250家次，立案调查243件，罚款583800元，依法责令停业整顿31家，吊销“网络文化经营许可证”3家。

【娱乐市场管理】 加大对超时经营、噪音扰民等问题的查处力度，开展游艺娱乐场所专项整治工作，重点打击游艺娱乐场所在国家法定的时间之外接纳未成年人的经营行为，清理游艺娱乐场所设置具有赌博功能和含有《娱乐场所管理条例》第十三条禁止内容的游戏、游艺机，取缔“黑电子游戏机室”等无证经营的游艺娱乐场所；全年检查歌舞娱乐场所2059家次，警告51家次。检查游艺娱乐场所1681家次，收缴违禁电子游戏机电脑板218块，取证无证经营电子游戏机室18家。

【安全生产】 先后组织开展了春节和“两会”期间安全生产大检查、清明期间安全生产大检查、公共文化经营场所安全大检查、安全生产大检查“回头看”、严厉打击违法生产经营建设行为专项行动等，在组织文化新闻出版经营单位开展自查自纠的同时，加强督促检查，检查的重点为：安全生产责任制度建立及落实情况，消防安全工作规章制度贯彻落实情况。

【网络文化市场计算机监管平台建设】 3月，根据文化厅关于加快推进全区网络文化市场计算机监管平台建设的工作部署和要求，全面启动全市网吧安装监管软件工作。4月底，建设完成市、县区两级监管平台，监管网络覆盖全市网吧，实现了与自治区省级监管平台、文化部中央监管平台互联互通。4月至12月份，全市两级执法部门通过监管平台在网上巡查网吧2万多家次，告警、记录和禁止不良信息约10万多条，对擅自不安装、卸载监管软件的网吧警告、处罚1000多家次。目前，全市监管平台运行平稳，正常上传网吧信息数据，形成了24小时技术监管状态。

【南宁市演出公司】 南宁市演出公司位于南宁市上海路59号，设有党支部、办公室、财务室、演出部、舞美工程部，在职人员25人，中级职称4人，初级职称17人。2010年组织的演出经营活动：1月，完成哈萨克斯坦国立马戏团在贺州市商业性演出8场；2月，完成内地"黑鸭子演唱组合"南宁站商业演出申报工作；5月，完成"羽·泉演唱组合"南宁站演出报批工作；8月，完成"蔡琴南宁演唱会"申报工作；9月，完成周杰伦、卓依婷、周笔畅南宁演出的紧急申报工作；12月，完成"周华健南宁演唱会"申报工作；10月，南宁市演出公司参加南宁国际民歌艺术节开幕式晚会的制作工作并且承担和完成了民歌节18个国家艺术团的后勤保障、排练、演出工作。同期，还完成了民歌节"八桂绿城歌台"舞台、舞美、中外艺术家的节目选编演出工作；全年完成了国家下达的农村电影放映、电影下社区放映及公益性电影放映357场；12月，完成了"世界艾滋病日"宣传活动的舞台、舞美及整套活动流程工作。

文化遗产

【南宁市博物馆】 10月18日，南宁博物馆项目开工典礼暨奠基仪式在五象新区隆重举行，博物馆的基本陈列、文物征集等相关方案也在筹备当中。南宁博物馆总建筑面积29975平方米，总投资27368万元。

【邓颖超纪念馆免费开放】 邓颖超纪念馆实行免费开放，全年共接待观众128550人，其中，接待中小学校28所，师生20182人；接待机关、企事业单位、部队、大中专院校、旅游团队等团体300多个，观众45280人；与南宁市公安局交警支队团委合作，组织交警支队队员在邓颖超纪念馆开展了为期一个月的主题为"一教育三整顿"的学习参观活动；完成廉政教育、爱国主义教育、旅游宣传以及未成年人教育等版本的讲解词的编写与校对工作；完成了自治区第一批党史教育基地以及自治区第五批爱国主义教育基地的申报工作。

【文化遗产保护和宣传】 5月18日的全区文化遗产保护宣传月活动启动仪式上，南宁市博物馆在区博物馆展出了2块展板，以图文并茂的形式，介绍了前言、领导重视文博工作、不可移动文物、馆藏文物精品和非物质文化遗产五个部分的内容，宣传了南宁本地的历史与文化，让市民直观地了解南宁市的历史文化。结合5·18国际博物馆日"博物馆促进社会和谐"和6·12文化遗产日"文化遗产就在我身边"的主题，南宁市博物馆和上林县文管所在上林明亮镇九龙小学开展宣传活动。活动展出27块展板，图文并茂地展示了南宁市全国第三次普查成果及南宁市文物保护单位，同时带领中小学生参观考古发掘现场等。分发文物法、保护文化遗产宣传资料

1000多份。宣传月中，邓颖超纪念馆讲解员在参加自治区组织的“全区文化遗产保护宣传讲解大赛”中获得特邀组二等奖，专业组和志愿者组三等奖等。

【举办各类宣传活动】 举办“4·26世界知识产权日”系列宣传活动，倡导保护知识产权的良好意识。为迎接“4·26世界知识产权日”，4月20日至26日期间，组织开展了“绿书签行动2010”系列宣传推广活动。一是在全市各大出版物集中交易场所、书城、音像店内组织开展著作权法宣传活动，并向社会公众免费派发寓意为“有生命力的、纯净的、充满希望的绿色文化环境”的绿书签2000余张；二是与教育等部门联合举办“加入绿书签”签名活动，在我市中小学生中广泛宣传著作权法，积极倡导广大青少年“加入绿书签，享受正版生活”；活动中，还向南宁市第二十九中赠送了正版优秀图书300余册。

【文物调查、挖掘、保护和研究】 今年，开展了南宁市第三次文物普查工作，南宁市第三次文物普查田野调查通过国家验收组整体验收，南宁市博物馆被文化厅评为第三次文物普查实地调查阶段先进集体，蒲晓东、卢敏生、夏丽娜3位同志被评为第三次文物普查实地调查阶段先进个人。3月，南宁市博物馆主持了“忻城周安—上林—宾阳新桥”二级公路扩建施工“九龙窑址”的抢救性考古发掘工作。前后历时68天，实际发掘面积483平方米，发掘出土的遗物主要有碗、盘、碟、盏、瓶、罐、钵等共20多种器型，共采集标本近千件，对研究宋代广西青瓷窑的分布和汉壮地区青瓷窑的相互关系提供了实物资料。9月至12月，参加了由文化厅左江岩画申遗办牵头组织的左江岩画考古调查工作，开展与左江岩画有关的专项文物调查，寻找岩画所在地域内可证实这项文化遗产历史与演变的重要依据，提高申遗成功率。今年以来，先后对南宁港中心城港区牛湾作业区和南宁港六景港区一期工程、北际二轻片区、大学路片区、五里亭片区、雅际片区二期、南宁木材厂片区、南宁市金钢水泥厂片区、中华路三华片区、北大路区机电南宁分公司片区、南宁市饮食公司片区、南宁市广东商业街片区、东沟岭组团片区、南钢片区、南宁市味精厂片区、华电南宁华南城项目、轨道一号线项目、区外办生活区片区等近20处旧城改造片区进行了地面文物调查，对涉及的有关文物的保护措施提出了意见和建议。同时，还协助广西文物考古研究所，先后对平果到马山高速公路项目，马山到来宾高速公路项目以及昆明到南宁高速铁路项目南宁段等进行了文物调查。为全面了解南宁市工业遗产情况，南宁市博物馆编制了《关于开展南宁市工业遗产调查工作方案》并组织专业技术人员开展南宁市工业遗产调查工作，已取得初步成效。期间，还组织调查组成员到柳州开展工业遗产调查学习观摩和交流工作。

【市博物馆文物征集】 今年以来，南宁市博物馆共征集到80件陶瓷类文物，器型包括印模、执壶、罐、碗、盏、盘、碟、钵、轴座、器座等，并邀请自治区专家对此批文物进行鉴定，与会专家一致认为此批器物对研究广西的陶瓷业发展历史具有重要的学术价值和收藏价值。

【馆藏文物信息化管理】 年内，南宁市博物馆完成了全市馆藏珍贵文物的数据采集工作，核对了本市辖区内珍贵文物情况，并按广西文物局的要求对后续工作进行补充和完善。完成市级文物保护单位的公布工作，经过专家论证，市政府公布了宗圣源祠、莫文骅故居等17处不可移动文物为市级文物保护单位。开展了粤东会馆文物整理工作，完成了馆内书画作品、书籍、民俗文物400多件(套)的整理、清洁、拍照、登记造册工作。完成南宁历史文化遗产丛书之《南宁文物》一书的编辑、审核、校对及出版工作。根据文物普查第三阶段工作进度要求，南宁市博物馆与广西师范学院信息中心、广西测绘中心共同开展《南宁市不可移动文物地理信息系统》软件课题开发工作。目前，南宁市不可移动文物地理信息系统已基本建立起来。

【南宁市孔庙管理所】 南宁孔庙迁建工程10月开始复工，截至年底已完成碑亭、棂星门、大成门、大成殿、崇圣祠等主体工程和两侧厢房等瓦面工程建设。同时，陈列布展工作相继展开，确定南宁孔庙大成殿保留传统祭拜功能，陈列孔子四配像等。大成殿孔子像为黄铜塑身的坐像，像高3.8m、纵横2.4m×2.3m，立于高1.5m、纵横3.5m×3m的底座之上，由著名雕塑家石向东铸造完成；礼乐器、香炉等由苏州市平江区儒雅礼乐器制作工坊金海鸥创作完成，编钟、编磬、古琴、瑟、埙等乐器都可定音演奏；崇圣祠陈列的红陶孔子圣迹图，是从原北平民社1934年3月影印的明万历年间版104幅圣迹图中精选出50幅，由著名的红陶艺术家卢权智加工创作而成，每幅80cm×60cm；匾额、案台等依山东曲阜孔庙规制在曲阜定做。

【市孔庙管理所文物征集及鉴定工作】 征集到的主要文物有汉代陶器、拓片、樟木楹联、牌匾、字画、石柱础等200余件。文物鉴定：1月19日—29日，对1300余件文物进行鉴定，鉴定结果确认二级文物17件(套)，实际件数17件；确认三级文物119件(套)，实际件数190件；确认一般文物854件(套)，实际件数1166件。

【《广西孔庙》一书的编写】 3月开始《广西孔庙》一书的编写工作，文字、照片、古地图的整理工作在不断修改完善中，此书以广西孔庙专项普查为基础，预计2011年正式出版发行。

【文物维修工作】 7月，对南宁古城墙涂鸦进行考察和清洗维护，此清洗工作已经完工并经专家验收合格。10月，开始编写新会书院、粤东会馆、新华路水塔、双孖井、洋关码头等南宁市文物保护单位及文物点的维护方案及预算。

【非物质文化遗产保护及传承工作】 组织人员专门拍摄了部分有较高保存及研究价值的原创经典剧目《此恨绵绵》《风雨泣萍姬》《龙象塔奇缘》等。在横县四所学校成立非物质文化传承基地，做好粤剧、邕剧传承教育工作，定期到各个传承基地授课，通过学习粤剧、邕剧的唱腔、身段等有关知识，使学生们能初步了解粤剧、邕剧，并产生浓厚的兴趣。充分利用新会书院这一平台，做好邕剧展等相关工作。

县域文化

【兴宁区】 4月，根据《中共南宁市兴宁区委南宁市兴宁区人民政府关于南宁市兴宁区人民政府机构改革的实施意见》(南兴发[2010]1号)文件精神，组建城区文化新闻出版体育局，并和城区旅游局为两块牌子，一套人马。局机关编制4人，在编5人，下辖兴宁区文化市场综合稽查队(编制10人，在编10人)、兴宁区图书馆(编制5人，在编5人，在岗4人)。全年政府财政投入文化体育事业经费290万元，投入文化惠民工程150多万元。以打造“老城区新文化”文化品牌、推进体育惠民工程建设、促进文化旅游协调发展为工作目标。2010年获得南宁市全民健身活动先进

单位、南宁市旅游工作先进县区、文化市场管理工作先进单位、文化遗产保护工作先进单位等荣誉。

文化惠民工程 完成2个镇综合文化站、4个村级公共服务中心、14个农家书屋建设；完成298个自然村8950套卫星电视“村村通”设备的发放和安装任务，完成率100%；巡回37个行政村放映公益电影444场；新扶持组建社区、村业余文艺团队9支，全年开展文艺演出270场。

群众文化活动 以“服务群众，繁荣乡村社区居民文化生活”为目的，率先在万达商业广场挂牌成立南宁市首个文化产业链基地，并配套完善了万达广场群众文体活动基地、朝阳广场群众文化活动中心、新会书院文艺创作室、万达图书流通服务点等群众文化活动阵地，极大地盘活了“朝阳商圈”的文化产业资源。年内，共开展各类群众文化及宣传活动80场次，主要有：兴宁区“K歌迷寻找K歌王”社区K歌大赛、第二届街舞大赛“桂战”总决赛、第二届“快闪”现代舞环境表演活动、兴宁区“老城区新文化”新锐文化摄影作品展暨现代舞环境表演街拍活动等活动。其中，兴宁区第二届街舞大赛“桂战”总决赛是2010年同期广西最大规模的街舞比赛。1月25日开赛，历时3个月，依次在北海、桂林、南宁三个城市开设分赛区，吸引了来自南宁、柳州、桂林、北海、河池、百色等6个地区768人参赛。在兴宁区“老城区新文化”新锐文化摄影作品展暨现代舞环境表演街拍活动上，展出了200多幅以舞蹈与环境为主题的作品，在南宁影展历史中尚属首次，同时，兴宁区谷舞社表演合作中心、点典走廊现代舞团进行环境舞蹈表演，南宁市、兴宁区的摄影家及市民摄影爱好者进行自由街头拍摄，将影展和文艺表演有机结合在一起，创新了乡村社区和谐文艺大展演“展与演结合”的方式。

文艺创作活动 现代舞剧目《稻草人》节目获第七届全国“四进社区”文艺展演优秀节目，《老城新貌》在南宁市首届乡村社区和谐文艺大展演决赛中荣获一等奖，虎邱村文艺队舞蹈《洗衣舞》、望州南社区杂技《壮仔乐》获优秀奖；舞蹈《丰收嘿嘿嘿》获得首届南宁市少数民族文艺汇演二等奖；音乐快板《安定和谐谱新篇》获得年度南宁市“信访风采”文艺汇演三等奖。

非物质文化遗产保护与传承工作 2008年兴宁区已将三塘镇中心小学定为南宁市非物质文化遗产松柏汉族二声部平话山歌传承基地，经申请，今年升级为自治区级非物质文化遗产松柏汉族二声部平话山歌传承基地。11月1日，传承基地揭牌仪式在三塘镇中心小学隆重举行。年内，以二声部平话山歌五塘镇《哭嫁歌》为蓝本创编的舞蹈《泣声喜嫁》，获南宁市统战系统文艺汇演二等奖。

文化市场管理 年内出动文化稽查人员4969人次，车辆1225台(次)，检查书店、音像店、网吧、电子游戏、歌舞厅、三印企业等经营场所4851家次。开展了“扫黄打非”专项行动、安全生产检查、农村网吧专项整治、游艺娱乐场所专项整治行动、校园周边整治行动、“六合彩”专项整治行动、社会治安混乱地区(场所)挂牌整治专项行动等多项整治行动。

图书馆事业 2010年借阅量较上年同期有较大幅度增加，接待读者7万多人次，借阅图书近2万册。通过积极开展网上读者服务，坚持网上资源共享服务，真正做到了以人为本，受到了广大群众的好评。城区图书馆通过在万达广场设立图书流通服务点，扩大了图书馆的利用率，开展了南宁市兴宁区农家书屋“我的书屋、我的家”主题演讲比赛。新完成城区14个农家书屋的建设任务，目前城区共有农家书屋50个。

打造旅游品牌 依托昆仑大道旅游经济

带，开展广西药用植物园第二届养生保健旅游节、广西药膳美食节、首届九曲湾温泉水上乐园玩水旅游节等，营造良好的旅游节庆氛围。全年旅游景区总投资1.85亿元，完成申报国家4A级景区1个，新增国家3A级景区1个，新增广西农业旅游示范点2个。目前，全城区有旅游景区景点11个，其中，国家4A级旅游景区3个，3A级旅游景区4个，广西自治区级农业旅游示范点3个。共接待游客126万人次，同比增长17%，旅游总收入2.8亿元，同比增长19%。获得“2010年度南宁市‘旅游工作先进县区’”荣誉称号，实现兴宁区旅游工作零的突破。

【江南区】 江南区文化新闻出版体育局前身为江南区文化局，成立于1988年10月，1989年10月与体育局合并，称为江南区文化体育局；1996年11月改为江南区文化与体育局；2002年改为江南区文化和体育局，编制3人；3月与江南区旅游局合并，更名为江南区文化新闻出版体育局，编制5人，为财政全额拨款单位。下辖机构：江南区文化综合稽查队（挂江南区文化广播电视站、江南区文化馆牌子），编制10人，是财政全额拨款的参公事业单位；江南区图书馆，编制5人；江南区旅游服务中心，编制15人。

文化惠民工程 申请建设了4个公共服务中心（吴圩镇平垌村、苏圩镇佳棉村、江西镇扬美村、延安镇那齐村），年内4个村级公共服务中心的篮球场、乒乓球场建设工作及文艺队组建、篮球队组建、戏台及公共综合楼建设和维修改造工作已全面完成。另外，不断加快完善基层文化队伍的建设，年内共有15个社区、农村文艺队纳入备案管理，由江南区文体局不定期对其进行辅导、培训。

群众文化活动 全年共组织600场群众文化活动，观众达到24万多人次，投入资金约100多万元。结合“百姓小舞台·和谐大社会”主题积极组织开展了一系列基层群众文化活动，取得较好的效果，群众反映热烈，辖区内涌现出白沙村、淡东社区、五一中路社区、二桥南社区等一批先进活动典型。8月份组织南宁市粤剧团分别在吴圩镇、苏圩镇、延安镇、江西镇开展“送戏进乡村”活动，共演出4场；完成扶持7支农村文艺队的任务，指导和安排7个文艺队演出200多场次。10月22日，在江南区江滨休闲公园成功举办2010南宁国际民歌艺术节“绿城·江南歌台”广场文化活动，展示中国传统民俗文化，与外国友人进行文化交流，活动得到了广大观众及各大新闻媒体的高度评价。

文化遗产发掘整理 年内多次利用重大节庆宣传活动为载体，开展对非物质文化遗产保护的宣传，通过举办展览、开展专题演出等形式，增强全民抢救保护文化遗产的意识。严抓城区文物的重头戏——麻子畲“土改工作二团旧址”的维修工作，10月，田汉旧居（三间）的恢复建设已全部完成，土改工作二团团部旧址和艾青等旧居已全部完成维修，总维修投资近60万元。积极推进第三批自治区非物质文化遗产名录的申报工作，3月顺利完成《南宁壮族春牛舞》《扬美豆豉》的申报工作，并通过审批列入第三批自治区非物质文化遗产名录。

文化市场管理 完成业务办理234件，其中，网吧年审73件，网吧变更16件；游艺娱乐场所年审4件，变更4件；电子游戏娱乐场所年审2件；KTV娱乐场所年审12件，新办1件；出版物年审47件，新办9件，出版物注销2件；“三印”年审27件，新办4件，“三印”注销2件；音像制品年审19件，音像制品注销12件。城区共有文化市场和出版物市场经营单位203家，其中网吧90家，歌舞娱乐场所13家，电子游戏场所2家，游艺娱乐

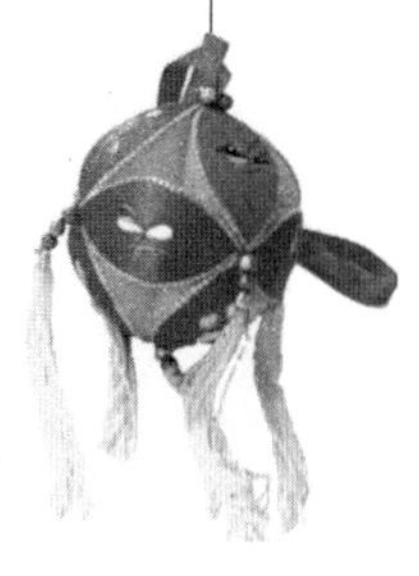

场所 5 家，音像制品经营场所 19 家，出版物经营户 47 家，“三印”经营户 27 家。1～10 月份，出动执法人员 1521 人次，检查经营单位 1044 家次，收缴非法音像制品及盗版计算机软件 3500 盒，收缴非法书刊及出版物（含六合彩资料）81686 份（册、张），立案查处违规经营单位 17 家次。出版物市场和“扫黄打非”工作见成效。1～10 月份，针对“扫黄打非”出版物市场工作，共组织出动执法人员 737 人次，检查经营户 326 家次，收缴非法书刊及出版物（含六合彩资料）81686 份（册、张）。

【青秀区】 青秀区文化和体育局有编制 5 名；下属文化市场综合稽查队（文化馆）1 个，参照公务员管理编制人员 13 名；图书馆 1 个，人员 5 名，2010 年财政拨款 601.4 万元。2010 年度青秀区文体局深入开展“项目建设年”“服务企业年”“发展环境建设年”“党组织建设年”四个主题活动，以发展都市文化为重点，统筹城乡文化和谐发展。

文化惠民工程 年内完成 5 个村级公共服务中心，6 个村级篮球场（投资 48 万）、6 条健身路径等文体基础设施建设，并对长塘镇、刘圩镇、南阳镇三个乡镇文化站进行维修，配备了一批文体设施。

群众文化 年内主要活动有：3 月 14 日至 5 月 14 日，开展“创建国家卫生城市”宣传大篷车巡回演出活动。宣传大篷车深入辖区开发区、各社区、村屯巡回演出展开宣传，通过丰富多彩的“创卫宣传大篷车”活动，提高辖区市民的“创卫”意识，掀起创建国家卫生城市活动的新高潮。5 月 12、13 日在津头街道凤岭南社区的“凯悦国际”建设工地和琅西社区的“富贵华庭”建设工地举办了 2 场“2010 年南宁市农民工文化艺术节”青秀区专场文艺演出。6 月 18 日首届乡村社区和谐文艺大展演青秀区复赛在广西区幼师礼堂举行，经过各镇、街道、开发区初赛选出了 49 个节目参加复赛，分成声乐、舞蹈、曲艺、戏剧 4 个专场进行比赛，经过紧张角逐，新竹街道选送的女声独唱《红旗颂》获声乐第一名，文体局选送的《壮乡欢歌》获舞蹈第一名，新竹街道选送的拉丁魔术《梦幻魔术》获曲艺第一名，新竹街道选送的京剧《沙家滨》选段《智斗》获戏剧第一名。6 月 28 日晚，青秀区党委、政府在南宁市人大会堂举办青秀区庆祝中国共产党成立八十九周年暨颁奖晚会。9 月 30 日下午，青秀区健康娱乐文艺汇演在皇嘉凯歌夜总会举行。此次演出节目内容形式多样，既有欢快、优美的舞蹈，又有极具时代特色的摇滚组合，还有颇具专业技能的杂技小品表演。通过演出，倡导辖区娱乐场所文明经营，健康娱乐，自觉抵制“黄、赌、毒”等不健康的经营方式，使青秀辖区的娱乐场所都能规范经营，繁荣发展。10 月 21 日上午，2010 年南宁国际民歌艺术节绿城歌台——青秀区歌台活动在南宁市五象广场隆重举行，历时 1 小时 30 分钟的节目，中外演员各展其艺，尽显风采，为今年的南宁国际民歌艺术节增添了一道亮丽的风景。11 月 19 日，青秀区 2010 年“十月科普大行动”“科技、文化、卫生”三下乡活动科普文艺演出在刘圩镇刘圩村文化活动中心举行。青秀区文化新闻出版体育局组织的文化下乡演出队为当地群众进行宣传科普知识慰问演出，受到了当地群众的热烈欢迎与一致好评，取得了非常好的效果，达到了预期的目的。11 月 29 日，“共享城乡文化 携手同促和谐”和谐文化服务行活动启动仪式在青秀区长塘镇举行。启动仪式上，由文化厅所属各艺术院团与青秀区各镇的业余艺术团队签订长期帮扶协议书；广西图书馆向青秀区四个镇赠送农民喜爱的书籍；广西彩调剧团还特地编排了一台精彩的文艺演出送到青秀区四个镇巡演。12 月 17 日上午，青

秀区隆重举行共享好书、同促发展图书漂流活动启动仪式。青秀区图书漂流活动，是青秀区在制定十二五规划和打造更高水平广西第一强区发展战略重要机遇期举行的一次活动，也是深入推进学习型党组织建设系列重大学习活动的继续，是青秀区学习贯彻党的十七届五中全会精神的又一重大举措。

文化市场管理 年内开展“扫黄打非”专项整治行动，全年出动执法人员2万多人次，对辖区内980多家次文化经营单位(摊点)进行检查，其中，对85家次网吧下达整改通知书，立案35起(含当场处罚)；共收缴各类盗版音像制品近2万张(其中淫秽音像制品1500张)、电子出版物5000张(盒)，非法报纸、书刊1.2万份(本)。9月28日下午，青秀区组织城区环保、税务、工商、公安等有关职能部门，邀请辖区40家网吧、娱乐场所代表的负责人，在竹溪路帝豪酒店召开了“发展环境建设年”“服务企业年”服务文化企业业主座谈会。本次座谈会是青秀区“发展环境建设年”系列活动之一，目的是通过创新服务企业方式，带动企业提高服务质量，提升文化消费水平，营造健康阳光的文化环境，引导娱乐场所文明经营，健康娱乐，促进城区各项事业快速发展。10月15日晚开展2010年度青秀区游艺娱乐场所整治行动，执法人员分两组对场所密集及人流聚集的区域路段进行了大检查，共检查歌舞娱乐场所歌舞厅14家，对未按规定进行亮证经营、存在有安全隐患和证照不全的4家娱乐场所进行了整改。确保了辖区歌舞娱乐场所的安全运行。

【西乡塘区】 西乡塘区文化新闻出版体育局有编制5人，下属单位有文化市场综合稽查队(文化馆、文化广播电视站)、图书馆、电影公司。

文化惠民工程 年内完成1000多套“村村通”设备的发放工作，建设完成自治区下达的4个村级公共服务中心建设项目任务。

群文活动 首届南宁市乡村社区和谐文艺大展演圆满完成，活动覆盖69个村、76个社区和辖区单位，共有40多个群众艺术团体积极参加展演活动，共完成20台不同内容、不同形式的文艺演出和12场专场演出，演出场次全年达200多场次。其中，城区坛洛镇“希香堂”艺术团创作的歌曲《我爱家乡坛洛镇》获得全市大展演二等奖。4月份开始在全市开展“千团万场”系列群众文化活动，4月底，在桂林理工大学南宁校区举行第一场专场演出和启动仪式，年内共在10个定点单位和各活动点开展演出活动，全年共完成各种文体活动500多场次，其中主题活动的演出有42场次。4月25日至29日，由南宁市文化新闻出版局、南宁市旅游局和城区人民政府联合举办的唐人文化艺术节在唐人文化园内举行，文化节期间举办了“蕉香天下”美术、摄影比赛和中学生演唱、乐队组合比赛。同时，开展非物质文化遗产项目展演，美食品尝，古董、奇石鉴赏等一系列活动，吸引了几万名观众参加。6月26日，举行庆七一和谐统战进社区文艺晚会和“侨法进万家、和谐促发展”暨侨法颁布20周年文艺晚会。晚会由南宁市委、市政府主办，城区党委、政府承办，演出地点在友爱广场。晚会活动上，市委、市政府和城区领导对困难华侨及侨眷进行慰问。9月20日，举办了由自治区民委和南宁市市委、市政府联合举办的“侨法进万家、和谐促发展”暨侨法颁布20周年文艺晚会，晚会上进行了侨法颁布20周年有奖知识问答。10月23日上午，南宁国际民歌艺术节“绿城歌台”西乡塘区歌台在友爱广场隆重举行，气势恢宏的舞台，精彩的文艺节目，迎风飘扬的彩旗，以及瑞典、奥地利、泰国等国艺术家的精彩表演，吸引了上千名观众观看。年内由

广西艺术学校培训部和城区文化馆组建成立的国际标准舞团2010年获得第15届广西国际标准舞比赛集体舞第二名，全国体育舞蹈（桂林）公开赛3个项目第一名，3个第二名，全国国际标准舞公开赛7个项目第一名，6个项目第二名的好成绩。5月份，该团进辖区高校进行国标舞专场演出，受到师生们的欢迎。

非遗和文物工作 从2006年下半年开始至2010年底，城区文物普查共发现14个新的文物点，是南宁市在第三次全国文物普查中发现新文物点最多的城区，其中5个文物点经过有关专家评估、整理，申报市级文物单位。目前，城区有包括粤东会馆、黄氏家族民居等12个市级文物保护单位。

【邕宁区】 邕宁区文化新闻出版体育局有编制5人，在编干部5人，其中局长1人，副局长3人，副主任科员1人。下辖邕宁区文化馆、邕宁区图书馆、邕宁区文物管理所、邕宁区广播电视站（文化市场综合稽查队）、邕宁区电影公司、邕宁区文工团（2010年11月已分流）6个事业单位。全系统在编职工27人。年内，获得南宁市非物质文化遗产普查工作先进集体、南宁市新闻出版管理工作先进单位、首届南宁市乡村社区和谐文艺大展演决赛二等奖、南宁市首届少数民族展演三等奖等10多个奖项。

文化惠民工程 年内完成那莲古戏台、北帝庙主体工程建设，新江镇文化站综合大楼建设，51个“农家书屋”配套设施配送等工作；建立、扶持村屯社区业余文艺队9个；完成3个村级公共服务中心建设。

群众文化 全年举办群众文化活动共306次，投入经费共771000万元，参加活动人数9085人次，观众137850人次。开展送影下乡活动，全年共放映3606场次（其中校园电影放映1008场，农村公益电影2598场），放映收入58.7万元，观众达76.7万人次。2月，邕宁区文体局在春节期间组织举办了以“科学发展惠民生，共建和谐新绿城”为主题的新春系列群众文化体育活动。内容有：“工行千副春联送祝福”活动，邕宁区2010年新春文艺演出活动，“工行杯”迎春美术、书法、摄影作品展，邕宁区2010年迎新春广场文艺演出活动，邕宁区2010年迎新春晚会，2010年邕宁区迎春篮球邀请赛，“送电影下乡进社区”活动等7大项，投入经费4.8多万元，各乡镇也在春节期间举办迎春文艺晚会，粤剧、山歌演唱等10项文体活动，投入经费10.9万元。3月25日，在新兴广场举办庆祝邕宁区成立5周年系列文化活动，活动内容有百米书画长卷即席表演、邕宁区成立5周年建设成就图片展、书画摄影作品展、奇石根雕盆景展、非物质文化遗产精品文艺节目展等。5月11日至13日，2010年邕宁区农民工艺术节分别于新兴广场和南百超市举行。文化艺术节大部分演出节目专门为农工而创作、编排，有歌舞、小品、快板、诗歌朗诵等，其中舞蹈《平凡》、小品《回家》等节目，贴近农民工生活，充分反映农民工的新精神新风貌，受到农民工的热烈欢迎，共有3000多名农民工观看了文艺演出。从6月起，根据南宁市文化新闻出版局的工作部署，在5个乡镇开展乡村社区和谐文艺大展演活动。11月选出优秀节目参加南宁市大展演，并获二等奖。9月28日至30日，邕宁区党委、政府和南宁市民委共同举办2010年邕宁区壮族八音文化艺术节。9月28日上午壮族八音文化艺术节在新兴广场隆重开幕。开幕式结束后，壮族八间、舞春牛等10个不同主题各具特色的方队沿着彩虹南路、新兴街等主要街道进行大巡游，壮族八间文化艺术节期间举办了艺术节文艺晚会、八间演奏比赛、山歌比赛、花灯一条街、美术书法摄影作品展、粤剧晚会、焰火晚会等多项活动。10月21日，由邕宁区文联创办的文艺季刊《清水泉》第一期出版，邕宁区党委书记容康社、区长蓝建东分别为期刊题词。全年共有200多件作品在市级以上刊物发表、展出或获奖，其中12件获一等奖，20件获二等奖，52件获三等奖。10月22日，在邕宁新兴广场举行南宁市国际民歌节邕宁歌台文艺演出活动。邕宁区文工团、红叶艺术团、城关一小、南宁市第二师范学校、蒲庙镇那路村女子八音队编排6个民族舞蹈与埃及、法国、斯洛文尼亚、越南等4国艺术家同台献艺，节目精彩纷呈，观众达2000多人。12月30日上午，由邕宁区委宣传部、区文体局主办的邕宁区庆祝2011年元旦广场文艺演出在新兴广场举行，由此拉开了邕宁区2011年"展望十二五新蓝图，建设基层和谐文化"新春文化活动的序幕。1000多名观众观看了当天演出。

图书馆事业　全年读者流通总量达82466人次。其中，外借14623人次，内阅64972人次，到馆读者2358人次，接受读者咨询513条。图书总流量为115409册次，其中外借书刊21998册次，内阅书刊93411册次。全年分编、装订、加工报纸155册，杂志915册，丰富了馆藏量。

非物质遗产工作　年内成功申报中和乡中和社区孙头坡孙子奇为壮族抢花炮市级传承人，壮族采茶戏入选自治区级非物质文化遗产名录；完成第二批共10个城区级非物质文化遗产名录公布工作，普查非物质文化遗产项目20多个，收集光盘3张，整理升级非物质文化遗产数据库1次。5月13日，邕宁区新江镇团阳村壮族嘹啰山歌传承人刘正城代表南宁市参加第三届广西歌王大奖赛，成绩优异，被文化厅授予"广西十大歌手"称号。

文化市场管理　全年出动稽查人员2560人次，检查经营单位873家次，受理举报5件，立案4件，办结4件，警告25家次，作出行政处罚3家，罚款10000元，收缴盗版录音带盒、光盘5491张，非法书报刊300余本张。

【良庆区】　良庆区文化和体育局行政公务员编制5人，下设有文化馆、图书馆、广播电视站（文化市场综合稽查队）、新闻出版管理办公室以及5个乡镇文化广播电视站等9个职能部门，

文化惠民工程　年内扶持建设了7个村屯文艺队，包括那马社区新华坡粤剧团、那马社区那扭坡采茶剧团、那马镇共和村那计坡歌舞队、大塘镇大塘业余粤剧团、大唐镇新时代艺术团、良庆镇新兰村青年艺术团、良庆社区街舞团；7个文艺队全年完成演出150场。

群文活动　年内文化馆辅导员深入基层（社区、企业、学校、农村），全年辅导达362人次，平均人均辅导达70次以上。全年共组织开展17次177场大型群众文化活动。主要有：3月31日举办良庆区"我的书屋我的家"农家书屋演讲比赛；4至6月在全区开展乡村社区和谐文艺大展演初赛活动10场；5月12日、21日在大沙田客运站举办"千团万场"群众文化活动暨农民工艺术节文艺演出2场。5月21日晚在那马镇那劳坡举办农历四月初八嘹罗山歌擂台赛；5月25日，在平乐村举办"文化三下乡"文艺演出活动；"六一"节期间，联合区妇联、教育局举办庆祝"六一"文艺演出活动；6月12日"中国文化遗产日"在大沙田客运站举办主题为"文化遗产在我身边"活动，展示良庆区文化遗产情况内容宣传板报，发放宣传资料；7月15日在大沙田客运站举办"法制宣传"文艺演出；9月14日在大沙田客运站举办"重阳节"文艺演出活动。9月26日，在阳光新城举办良庆区乡村社区文艺展演复赛；9月29日在大沙田客运站举办良庆区第二届盛大的"香火龙"民俗文化旅游

艺术节；9月30日和10月1日，在大沙田客运站举办庆国庆文艺演出2场；10月5日，在大沙田客运站举办良庆区少数民族展演文艺演出活动；10月20日，在那马镇那务村举办“采茶戏”“嘹啰山歌”擂台等民俗文化展演活动；10月22日，在阳光新城举办民歌节良庆歌台演出活动；年内还完成了950场电影进乡村放映任务。获奖情况为：组织参加南宁市各种赛事5次，节目《壮族歌舞——斑鸠调》代表良庆区参加南宁市首届少数民族文艺展演比赛中荣获二等奖，节目《念奴娇·赤壁怀古》参加南宁市宣传部举办的中华经典诗歌朗诵主题为“我邀明月颂中华“比赛获优秀奖，《小乐队弹唱——新农村》《变脸》参加南宁市首届乡村社区文艺大展演总决赛获三等奖。

非遗工作 良庆区的非遗项目“香火龙”年内列入自治区级保护名录，良庆区于本年度举办了第二届“香火龙”俗文化旅游艺术节，并于中秋节期间，在“香火龙”的发源地良庆缸瓦村举办为期3天的“香火龙”培训并举行了两场盛大的香火龙舞表演。

【武鸣县】 武鸣县文化广播影视和体育局下设县文化广播影视和体育局、县文化馆、县图书馆、县歌舞剧团、县文化市场稽查大队、县文物管理所、县新闻出版管理办公室，以及13个镇文化广播电视站。在编人员101人，财政拨款650万元，比上年增加20万元。

文化惠民工程 重点扶持城厢镇和平社区木棉红艺术团、灵水社区艺术团、建设社区爱好者艺术团、五海村赖贰文艺队、双桥镇双桥社区文艺队、腾翔村文艺队、宁武镇培桂村文艺队、陆斡社区艺术团、太平镇庆乐文艺队共9个队，每个艺术团队配送价值5000元的服装及活动设备。全年9个文艺团队共完成演出275场；配合南宁市艺术剧院完成送戏下乡演出13场。年内完成了双桥镇综合文化站建设，建筑面积360平方米，总投资40万元。完成了太平镇文坛村、文溪社区，宁武镇培桂村、两江镇培群村、仙湖镇那溪村5个村级公共服务中心建设，每个公共服务中心都建有综合楼、篮球场、乒乓球场、戏台、宣传栏等项目，总投资达160万元。其中国家投资115万元，企业赞助、群众集资35万元。

群众文化 年内，组织开展了2010年全县领导干部团拜会文艺演出、军警民迎春文艺晚会、“泥土芳香”文艺汇演、首届乡村文艺大展演、“九九”重阳节文艺晚会等群众文化活动。年内，县文化馆共辅导各类业余团队60多个，骨干800多人，编排和指导文艺节目400多个，创作文艺作品8件，配合部门开展文化艺术活动76场次。2010年武鸣“三月三”歌圩民族体育竞技展演由广西阳狮东方公司进行策划包装。主要文体活动有13项：歌圩30周年庆典仪式、千人竹杆舞表演及竞赛、歌圩活动开幕式、中国壮乡文化研究保护基地授牌仪式暨“壮乡欢歌”文艺晚会、首届中国壮乡歌王邀请赛、民族体育竞技展演、“骆越寻根——壮乡精神”大型书画摄影展、“印象·三月三”夜歌圩、中国非物质文化遗产保护论坛、中国民族民间文化传承和保护论坛等。文化部民族民间文艺发展中心授予武鸣县“中国壮乡文化研究保护基地”的称号，并在歌圩开幕式上举行隆重的授牌仪式。活动历时8天，观众达20多万人次。县尼达妮合唱团活动丰富多彩，三月份应邀赴京参加华彬低碳音乐会，五月份参加南宁首届青少年儿童才艺大赛武鸣“欧凯饭店”杯分赛区决赛，演唱的曲目《爷爷的山歌还在唱》荣获一等奖，并代表武鸣赴南宁参加总决赛；七月份赴上海参加世博会罗马尼亚馆、阿根廷馆、广西馆演出活动；八月份赴北京参加“情耀中华”——第五届中国青少年艺术文艺晚会。

县歌舞剧团精品演出又结新硕果：年内参加首届南宁市少数民族文艺比赛，表演舞蹈节目《古岳铿锵》荣获一等奖；代表广西到江西婺源参加首届中国农民艺术节非物质文化遗产展演，荣获金奖。全县13个乡镇文化站全年组织群众文化活动85次，观众达30多万人次。春节期间组织双桥镇下渌村开展春节专题文体活动，期间，中共中央政治局常委、全国政协主席贾庆林来到下渌村看望群众并共度新春佳节，村民表演的活动项目有舞狮、文艺演出、跳竹竿、抛绣球、山歌对唱。组织举办了武鸣新创民歌大赛，共征集县内外新歌181首，举行演唱比赛3场，观众达6000多人次，2003～2010年新创民歌征集累计达2302首；组织承办2010年南宁国际民歌艺术节"欢乐南宁"中外嘉宾大联欢活动及"武鸣歌台"活动，来自韩国、意大利等国的艺术家与武鸣壮族群众进行了联欢演出，观众达8000多人次。马头镇敬三村雅佳屯举办第一届骆越民俗"四月四"山歌狂欢节活动，利用本地骆越古代资源，举办民俗旅游节日，吸引了数千中外游客与村民共祭施雨神，同跳民俗舞，共赏民艺展演，共唱山水情歌，同品长龙"多锅宴"，轰动了区内外，给骆越古村民俗民间文化增添了浓墨重彩的一笔，使该村逐渐成为乡村文化旅游新景区。锣圩镇英江村和英圩村共同集资举办了第一届"两英庙会"活动，活动项目有舞狮、文艺演出、山歌对唱、斗鸡斗鸟、篮球比赛、套鸡鸭、祭祖等，参与活动近2万人。

文化下乡活动 年内，县歌舞剧团创作排练《反腐倡廉》《计划生育进万家》《金融知识进万家》等专题节目，开展送戏下乡演出80多场，观众20多万人次；县图书馆组织科技图书下乡2次，共为农民群众发放科技资料2000多份；为县纪委、县委组织部、武警中队等单位进行流通图书借阅1000多册。

图书馆事业 县图书馆新增藏书3000册，藏书量达13.8万册，年接待读者近13万人次，其中电子阅览室接待读者2.5万人次。

文物事业 完成第三次全国文物普查第二阶段(野外文物普查)工作，三普材料顺利通过市三普专家的检查验收。加快对区级文保单位明秀园和县级文保单位陆荣廷墓的维修工作，其中明秀园的维修工程已竣工，陆荣廷墓维修工程已进入扫尾阶段。另外，组织人员配合县革命老区建设促进会对城厢镇的夏黄村、锣圩镇的罗伏村和灵马镇的三民村三处重要革命活动遗址进行调查，经论证形成报告报县人民政府，提出这三处重要革命遗址的保护意见。

非物质文化保护工作 充分利用上一年非物质文化遗产资源普查成果加以整理，做好项目名录的申报工作。五月份，《壮族五色糯米饭制作技艺》公布为第三批自治区非物质文化遗产名录，黄硕英被公布为五色糯米饭制作技艺代表性传承人；《壮族骆垌舞》公布为自治区非物质文化遗产扩展项目，老艺人潘腾宗被公布为壮族骆垌舞代表性传承人。老歌师李超元被公布为自治区级非物质文化遗产名录"三月三"歌圩项目代表性传承人。

文化市场管理 全年共出动1000多人次，检查经营单位510家次，立案12件，受理群众举报10件，收缴电子游戏机集成板35块、非法盗版音像制品3200张、非法盗版书刊1600册。在网吧管理方面，对全县30多家网吧进行强制性免费安装文化市场网络监管软件，负责视频监控的工作人员每天在线进行网络监控，有效控制未成年人进入网吧及上网人员上不良网站等现象。6月至9月在全县范围内开展为期3个月的"网吧集中整治执法行动"，共出动964人次，检查经营单位318家次，责令停业整顿网吧4家，吊销

网络文化经营许可证2家，联合工商、公安部门结合“扫黄打非”工作和娱乐场所集中整治活动，对各类文化经营单位多次进行排查，对无证经营的黑网吧和其他违法违规经营行为进行全面治理整顿。2月中旬开始，组织开展了“安全生产百日督查专项行动”，对网吧、文化娱乐场所等公共文化场所的安全防范措施、安全生产责任制度落实、消防器材操作、安全应急预案制定、安全标志设置、安全责任书签订等情况进行了认真检查。同时与消防部门对全县文化娱乐场所进行了消防安全督察，确保文化娱乐经营场所安全运行和社会和谐稳定。

【横县】 横县文化广播影视和体育局属财政全额拨款单位，在编人员11人。设办公室、社会文化和艺术股、文化市场股、体育股4个职能股室。下辖县广播电视台、县图书馆、县文化馆、县文工团、县文化演出服务公司、县电影公司、县文化市场稽查大队、县文物管理所(县博物馆)、县新华书店、县体育馆、县少年体育运动学校。

文化惠民工程 重点扶持包括横州镇石村刘屋歌舞团、横州镇舞逸艺术团、校椅青桐金花艺术团、南乡社区业余文艺队、石塘街群兴文艺队、百合罗凤文艺队、横州镇金晚霞歌舞团、横州镇花都艺术团、社头圭壁村文艺队等9个村屯、社区文艺队，每个艺队配送5000元的文化活动设备，全年9个文艺队演出358场。县文工团组织送戏下乡宣传演出活动24场，观众超过3万人次。县电影公司组织下乡放映3312场，观众82万人次。配合南宁市艺术剧院、南宁市粤剧团等到六景镇中心校、平马镇荷叶江屯、南乡镇南乡街等演出17场。建成固定农家书屋46个，4～5月，与南宁市新闻出版局、南宁市新华书店一起为46个国定农家书屋建设点配送图书55200册(1200册/点)，书架138个(3个/点)，椅460(10张/点)，电视机46台(1台/点)，DVD机46台(1台/点)，总投入92万元。年内完成百合镇平福村委上岭坪、平马镇五权村委石楠村杨家屯、校椅镇青垌村委、新福镇潘村村委潘村、马岭镇振兴村委石叶村、峦城镇高村村委高村、平马镇丁村村委旱度村等7个村级公共服务中心建设点建设。完成新一轮20户以上自然村村村通广播电视直播卫星覆盖工程，512个边远山区自然村共12794个农户直播卫星工程建设工作。

群众文化 春节期间，举办了迎春文艺晚会、春节“和谐社会 建设新农村”广场大型群众文艺演出、新春读书活动、气排球赛、围棋赛、中国象棋赛、羽毛球赛、春节六人制足球赛、乒乓球团体赛、“贵源杯”横县乡镇篮球赛、中老年麻将比赛等群众文化和体育活动。3月份举办了“3·15”专题文艺晚会。9月份举办了首届中国国际茉莉花文化节，内容包括中国国际人体花艺花绘魔幻秀、中国国际茉莉花文化节音乐节、茉莉花工艺作品暨摄影书画艺术作品展、“花海·音乐之旅”、横县美食节、2010年全国茉莉花茶市形势分析会等活动。

文化艺术创作 全年共创编文艺作品30多个，其中原创舞蹈作品《舞茶》、小品《下辈子我还嫁给你》、乐队演奏《花都，我可爱的家乡》在参加2010首届南宁市乡村和谐文艺大展演比赛中获得舞蹈一等奖、小品二等奖、乐队三等奖。

文化遗产普查保护工作 年内完成县级名录筛选42个、2010年项目申报书5个、简介30个。3月，通过自治区文物局对横县第三次全国文物普查实地调查阶段工作的验收，共验收不可移动文物81处。6月，横县第三次全国文物普查队荣获“第三次全区文物普查实地调查阶段先进集体奖”称号。

文化市场管理 年内,文化市场稽查大队共出动552车次,2766人次,检查经营场所1898家次(网吧643家次,娱乐场所343家次,出版物经营场所380家次,音像经营场所285家次,印刷企业81家次,地面卫星接收设施166家次),收缴非法出版物11896册,非法音像制品5910册,取缔黑网吧7家,取缔无证电子游戏室6家;收缴电脑23套,赌博电子游戏机57台,电路板90块,立案调查违规经营网吧及电子游戏经营场所32家次,下达书面整改通知书66份,警告违规经营场所54家次。

【宾阳县】 宾阳县文化广播影视和体育局属财政全额拨款单位,在编人员16人;共有16个乡镇文化站,在编人员59人。2010年获得南宁市非物质文化遗产保护工作先进单位、南宁市新闻出版管理先进单位、南宁市文化市场管理工作先进单位、南宁市全民健身活动先进单位、宾阳县宣传文化工作先进单位、宾阳县政协提案承办先进单位、宾阳县县直单位目标管理工作二等奖等荣誉称号,宾州镇中靖太社区文艺队、露圩镇露圩社区文艺队、大桥镇陈撰村文艺队荣获自治区、南宁市优秀村屯文艺队称号。

文化惠民工程 完成了中华、露圩、甘棠、黎塘、和吉、陈平、邹圩等7个乡镇综合文化站建设,总投资224万元;完成宾州镇武岭村、王灵镇中灵村、露圩镇百合村、大桥镇陈撰村、和吉镇北罗村等5个村级公共服务中心建设,总投资150多万元;建设了4个建身路径和2个国家级农民体育健身工程示范点,90个村获区、市配送400多万元演出设备;完成25个农家书屋和12个村级篮球场建设项目。全年放映故事片2341场、科教片174场,观众达217万人次。

群众文化 年内举办了庆新春文艺演出、游园、师公剧演出、炮龙晚会、"绿城歌台"宾阳歌台活动等,举办"千团万场"系列群众文化活动1250场次,开展"送戏下乡"100多场次、文艺专场演出80个,受益群众达60多万;举办文化学习班、理论研讨会10期,培训人员700多人次;开展宾阳县首届乡村社区和谐文艺大展演活动,蓝衣壮民歌表演唱《情歌选段·敬茶歌》、小品《老窍》、舞蹈《山那边的女人》三个优秀节目参加全市的决赛分别获得二等奖、三等奖;2月22日至24日在宾阳县城宾州镇举办宾阳炮龙节活动,有105条炮龙参加舞炮龙活动,参与群众、游客多达50多万人,旅游收入达8000万元,60多家国内主流媒体与10多家国外知名媒体参与采访报道。

文艺创作 创作了《老窍》《党为农家架金桥》等10个小品,编导了《苗族跳花》《雨吻花》12个民族舞蹈作品;创作美术、书法作品55件(幅),《依山伴水好人家》《青山寨》获得书画美术展二等奖;打造了蓝衣壮族山歌《情歌选段·敬茶歌》,创作音乐作品《伝队宾阳人》《吉祥宾州》等参加炮龙节晚会演出;创编了《我有一个梦》《盛世欢歌》《龙凤呈祥》等文艺节目。

非物质文化遗产工作 入选各级非物质文化遗产名录的有:自治区级4个、市级3个、县级11个,共有6人列为自治区级代表性传承人。炮龙节期间举办了全县非物质文化遗产大巡(展)演和"炮龙"比赛;2月组织一支炮龙队参加新加坡新年"妆艺大游行",6月份组织3台彩架参加恭城县关帝民俗文化艺术节,8月份组织3台彩架参加上海世博会广西活动周,10月份组织3台彩架赴韩国果川市进行表演。通过区自治区第三次文物普查实地文物调查验收,树立了"陈良佐旧居""施氏家庙""陈氏宗堂"文物保护标志牌,对"施氏家庙""陈氏宗堂"进行了蚂蚁防治处理;对

县级文物保护单位“施氏家庙”“谭屋小洋楼”进行维修，启动宾州古城“南桥”“思恩府试院”维修前期工作，完成“南桥”“思恩府试院”修复总体设计；在第四个文化遗产日发放宣传品3000份；投入经费20万元对太守“抗日万人墓”进行维修；宾阳手工艺品展馆接待海外和区内外旅客3万人次。

图书馆事业 年内新增藏书2449册(新购图书)，入藏电子文献150张(光盘)，累计发放借书证共2499个，借阅总量116157人次260235册次，其中图书外借70360册次，推荐新书310种，接待读者咨询750条(次)；年内接待上网读者21600人次，下乡开展业务辅导工作43人天，接受辅导人员212人次；开展读者活动10次，参加活动读者17679人次，编印文献3期11000份，免费送发科技资料10007份，送科技书下乡共计900册；年内共组织了9人参加区内外图书馆学术交流活动，县图书馆被评为“南宁市图书馆学会先进集体”，1人被评为“南宁市图书馆学会先进个人”和“南宁市图书馆学会会刊《邕图通讯》优秀通讯员”，2篇论文分别获“中南五省区图书馆学会年会”和“南宁市图书馆学会年会”学术交流活动二等奖。年内实现教材发行1800多万码洋，实现一般图书销售量22.6万册，销售收入165万元，同比增长7.3%，获广西“十佳门市部”称号；发行“辉煌共和国”读书教育活动用书9万多册，获第十七届青少年“辉煌共和国”读书教育活动“全国特别组织奖”和“全区发行先进奖”；向全县41个“农家书屋”建设点配送了图书，向老龄委、各乡镇文化站、学校等捐赠图书和书柜等物品价值22500元。

文化市场管理 年内开展文化市场大型检查活动3次，出动执法人员860人次，检查文化经营场所3020家次，收缴各类违法出版物16054册(盒)，共处罚违规经营单位33家，已结案件33家，停业整顿网吧3家；全年共受理和办结行政许可事项100多件，完成出版物、网吧等项目年检年审400多家。

【上林县】 上林县文化广播影视和体育局于2010年3月与原广播电视局合并，在职人员107名，其中中级职称15人、初级职称23人。年财政拨款560万元。内设办公室、社会文化和非物质文化遗产股、体育股、文化市场新闻出版管理股、广播影视股5个股室。下属有文化馆、图书馆、县民族歌舞剧团、文物管理所、县文化稽查大队(文化市场管理办公室)、电影公司、新华书店、业余体育学校、县广播电视台9个单位，11个乡镇综合文化站。

文化惠民工程 年内继续实施文化惠民工程，共扶持了7个文艺队开展活动，文艺演出共760场次，送电影进村1450场次；建立30家农家书屋并配套一批图书；完成镇圩佛子和塘红弄周2个村级公共服务中心建设，并为大丰、明亮、巷贤、塘红4个文化站配备一批办公设备。

群众文化 年内送戏下乡11场次，观众3万多人次；举办首届乡村社区和谐文艺大展演，选出3个节目参加南宁市区比赛，其中《瑶山歌》获市乡村社区和谐文艺大展演一等奖，《渡河公》《春风吹进咱农庄》获三等奖。《瑶山歌》节目还参加了南宁市委宣传部、市电视台拍摄跨国联欢晚会——瑶乡人民过年风俗晚会演出，并在马来西亚、泰国电视台播出。承办南宁国际民歌艺术节上林分歌台，演出了自主编导的原生态歌舞《瑶山歌》《美在上林》《贝农昂来罗》，乐队弹唱《壮乡瑶寨》等节目，并得到《南宁日报》《南国早报》等媒体报道。11月，举办“南宁后花园·上林生态旅游养生节”，围绕上林生态文化主题，以展示非物质文化为核心，组织了“千龙探母、千莲献寿、千渡河公和千猴戏鼓”4支非物质文化遗产为内容的9个大巡游方队参加开幕式表演，同时举办原生态晚会、千名霞客登山活动，市电视台对活动进行了全程录播。

文化遗产保护 上林巷贤石寨村灯酒节公布为区级非遗名录。配合文物专家做好明亮九龙窑抢救性发掘，完成第三次全国文物普查上林野外调查工作任务，通过自治区验收。抓好全国文化信息资源共享工程上林支中心建设，年内图书馆共接待读者54283人次，借阅图书59936册次。县图书发行销售总额856万元。

文化市场管理 围绕“发展环境建设年”主题，开展“护苗”行动，集中抓好整治城乡结合部及农村网吧专项行动。加强对文化市场日常监管，开展“扫黄打非”推进文化网络监控平台建设。年内举办法规培训班2期167人次；配合查处“黑吧”和网吧监控，出动52车次672人次，监管46家网吧，处罚15家次。

【马山县】 按照县委县政府的机构改革要求，文化和体育局、广播电视局和原马山县信息化管理办公室(部分)合并成立了马山县文化广播影视和体育局，将原文体局、原广电局的整体职能和信息化管理办公室的部分职能并入马山县文化广播影视和体育局，于3月16日正式挂牌。6月马山县文化馆、马山县图书馆办公大楼全面竣工，马山县体育馆完成围墙和首层的装修工作，7月9日“三馆”人员入驻新办公楼办公。

群众文化 一是抓好节庆文化活动工作，组织策划元旦、春节大型的广场文艺活动、迎春晚会，大年初一、初二我局在县人民广场举行传统的活动项目，有斗鸡比赛、书画现场比赛、猜谜、套圈、蒙眼插花、吊香点炮等游园活动。二是积极组织开展参加南宁市首届南宁市乡村社区和谐文艺大展演活动。三是各乡镇基层单位，村屯、社区各业余文艺团队成绩裴然，组织进乡村社区演出活动频繁，扶持的7支业余文艺队全年演出230场次，其他业余文艺队全年演出356场。5月15日在古零镇举行以“欢乐乡村，和谐马山”为主题的马山县乡村社区文艺展演，得到区市媒体的充分肯定；8月7日，古零镇古零村文艺队表演的舞蹈《猪欢羊叫庆丰年》，代表广西上京参加第六届全国校园才艺选拔活动全国总决赛获创作表演一等奖；扁担舞《哥妹喊歌庆丰年》，8月17日参加马山县举行的南宁市首届乡村社区和谐文艺大展演节目选拔赛活动中获得一等奖，并代表马山参加11月18日举行的南宁市六县六城区文艺大展演的总决赛。四是办好文化馆业余艺术学校，利用寒假、暑假期间举办少儿书画、舞蹈、电子琴等培训班，2010年文化馆共举办艺术培训班3期，培训人员100多人次。五是积极开展送艺下乡活动，共送艺下乡68场。六是成功举办南宁国际民歌节马山分歌台活动。

非物质文化遗产工作 5月份，民间舞蹈“壮族打扁担”和“壮族打榔”两个项目被自治确定为自治区级名录保护项目；马山壮族会鼓、壮族打扁担参加了2010年上海世博会广西活动周演出，向全国全世界人民展示了马山县非物质文化遗产的风采；2010年马山县三声部民歌代表南宁市参加中央电视台全国原生态民歌大赛获得二等奖。

完成第三次全国文物普查第三阶段工作 马山县文化广播影视和体育局严格按照《马山县第三次全国文物普查第三阶段工作实施方案》，认真做好普查资料的整理、汇总、数据库建设并公布普查成果。对马山县二、三级文物藏品共40件进行拍照、形状描述等各项工作，建立了马山县文物数据库系统，马山县第三次全国文物普查实地调查阶段顺利通过南宁市、自治区验收。

图书事业 以实施农家书屋工程为龙头，推进农村阅读服务阵地建设，年内完成了25

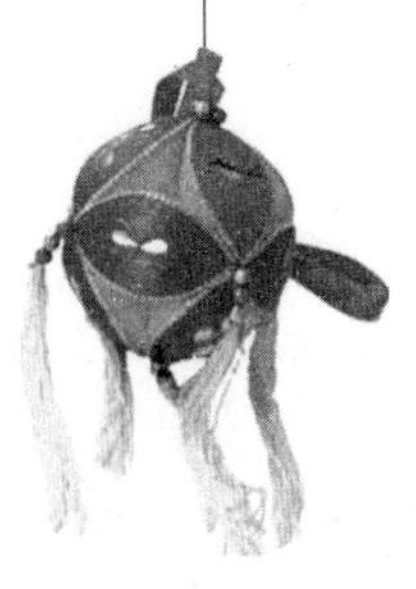

个农家书屋建设任务。每个书屋配备2个铁书架,2张阅览桌,7张阅览坐椅,1500册价值2万的各类图书。利用图书馆资源条件和技术力量资源,开设儿童读者读书服务专栏,到学校图书馆(室)等开展业务辅导活动,发挥了知识工程主阵地应有的作用。9月建成了包含中枢管理区、服务区(电子阅览室、多媒体厅)等功能完善的文化信息资源共享工程马山县支中心,11月如期向读者开放服务,充分发挥了文化信息资源共建共享的作用。

文化市场管理 年内出动检查人员816人次,检查各类文化经营单位289家次。查处违规经营网吧、游戏室7家,取缔黑网吧5家,收缴各种违禁机种130台;查处违规音乐茶楼1家;查处违规音像摊点4家;收缴非法音像制品1408张,盗版盗印和"六合彩"等非法出版物品5000多册(张)。全县文化市场和出版物市场保持稳定有序局面。开展文物安全检查,会同公安、安监、国土资源、消防等部门认真落实各项安全措施,对辖区内的文物保护单位和不可移动文物点的安全工作进行检查,杜绝安全隐患,确保文物安全。

【隆安县】 隆安县文化广播影视和体育局下设县文化馆、县图书馆、县文工团、县文物管理所、县文化市场管理办公室、县文化市场稽查大队、县新闻出版管理办公室和10个乡镇文化站以及县电影公司、县新华书店等机构。其中电影公司和新华书店属企业管理自负盈亏的事业单位,其他为财政拨款单位。全文化系统在编人员77人,年财政拨款为517.2万元。其中乡镇文化站为59.7万元,公益电影拨款为29.7万元。年内,县财政另外追拨80万元开展各项群众文化活动;自治区、南宁市文化部门拨给106万元经费和价值114万元的物资扶持县文化事业建设。

文化惠民工程 年内兴建了都结乡林利村、乔建镇慕恭村、那桐社区3个村级文化公共服务中心,共投入150万元,其中区、市拨款69万元,群众自筹81万元。年内,全县新建20个农家书屋,发放128部价值约114万元的投影仪给各自然行政村。

群众文化 年内共扶持7个村级业余文艺队,举行了430场群众性文艺演出,(其中"千团万场"主题演出250场),1343场公益性电影放映,观众达113.4万人次。在打造隆安"那文化"品牌方面,分别举行了那桐"四月八"农具节和城厢"5·13"稻神祭庆典活动。两个活动共投入40万元,参与人数达10万人次,期间经贸交易额达5000多万元。在挖掘非物质文化遗产方面,共有"那桐农具节"、壮族"芒那节"(又名隆安稻神祭)、"红良打铁技艺""壮族九莲灯""壮族亥日"等5个项目被列为南宁市和自治区非物质文化遗产名录。在艺术创作方面,由县文工团创作的舞蹈《石铲记》获"南宁市首届乡村和谐文艺大展演"二等奖;由何生德创作的《我们的村长》获得"广西第二届壮语演讲比赛"二等奖。

文化市场管理 共办理行政处罚案件9件,责令停业整顿3家,收缴电子游戏机主板21张,各类非法出版物4402余册,盗版音像制品6000余盘。

文物管理 年内收集到文物线索近500条,新增文物点27处。

图书管理和发行 县图书馆年订报刊50种,期刊200种,购新书1000多册,购钢制书架、桌椅34万元。县新华书店全年销售额829万元,其中课本发行500万元,图书零售64万元,超市销售265万元。图书零售比上年同期增长201%,超市销售比上年同期增长164%。

柳 州 市

全市文化工作综述

2010年，柳州市文化局下辖市艺术剧院(2010年8月正式挂牌成立，由市歌舞团、桂剧团、彩调剧团、粤剧团和市艺术中心整合而成)、市文化稽查支队、市艺术研究所、市群众艺术馆、市图书馆、市博物馆、市演出公司、市白莲洞洞穴科学博物馆、柳州画院、市考古队、柳北剧场、文物商店、红星剧场、文化系统幼儿园、美术广告公司15个单位，全系统在编职工471人。

柳州市文化局以文化建设十大工程为载体，以文化体制改革为动力，以重大文化项目建设为重点，以完善公共文化服务体系为基础，开展"文化发展繁荣提升年"和"工作落实年"活动，统筹城乡文化发展。年内，市文化局被评为"2010年全国文化市场综合执法先进单位"和"全区执法工作先进单位"，"柳江之夏"群众文化活动获全国第十五届"群星奖"，文物普查也获得国家、自治区级的多项奖励。

柳州市文化局在柳州市文化建设十大工程中重点负责"柳江明珠"水上大舞台、柳州工业博物馆、白莲洞古人类遗址博物馆、刘三姐文化娱乐中心、重建文庙工程和工业题材大剧等6个项目。年内，上述工程全部启动，完成3个项目。"柳江明珠"水上大舞台3月动工，7月落成；柳州文庙主体工程9月完成，国庆节期间接待游客100万人次；刘三姐文化娱乐中心10月开工；市"文化建设十大工程"指挥部8月召开会议，确定工业题材大剧《红瑶梦》已经完成；柳州工业博物馆、白莲洞古人类遗址博物馆项目均按计划推进。

柳州市文化局进行文化体制改革，整合成立柳州市艺术剧院。建成19个乡镇综合文化站和33个村级公共服务中心等一批文化基础设施。完成第三次文物普查，传统戏剧侗戏被国务院列入第三批国家级非物质文化遗产名录。完成网吧远程视频监控平台的建设，文化市场监管健康有序安全。蓝海动漫游戏产业基地等重大文化产业项目顺利推进，共引进市内外资金6.46亿元，完成年度任务的129.2%。

专业艺术

【概况】 市级艺术院团组织创作工业大剧1个、舞蹈节目12个、情景歌舞5个、诗乐舞2个、戏剧荟萃2个、小品7个、大型晚会8台。融水苗族自治县创排苗族民俗风情歌舞展演《风从苗山来》并晋京演出。引进辽宁歌舞剧院大型乐舞秀《女儿风流》、张继钢作品——山西说唱剧《解放》、广西木偶剧团的儿童人偶剧《白雪公主》等5台优秀剧目和演出，累计演出14场，观众1.6万余人次。

【国有专业剧院改革】 年内，柳州市艺术剧院挂牌成立，将原有的市歌舞团、桂剧团、彩调剧团、粤剧团4个国有文艺院团与柳州文化艺术中心整合，组建成立集创作生产、演出、剧场管理、电影放映等多种功能为一体的柳州市艺术剧院，属差额事业单位，内设机构9个，人员编制272人。通过改革，整合资源，

搭建平台，建立有利于推动文化创新，多出精品、多出人才的管理体制和运行机制，最大限度地解放和发展文化艺术生产力，提高文化工作者工作和生活水平，为推动文化事业和文化产业的大发展大繁荣提供强有力的组织保证和人才支持，为中远期艺术院团市场化打下基础。

【大型文艺活动与演出】 年内，柳州市艺术剧院安排公益性演出200多场。其中，宣传党的十七届五中全会、自治区党委九届十三次全会精神及柳州科学发展“三十字方针”主题演出60余场，包括“大干五十天，再创新辉煌”和“辉煌柳钢千万吨——宣传市委十届十四次全会精神”大型文艺晚会等。开展“送戏下乡”，派出演职员200多人次，到县乡村屯的公益演出40多场，观众10万多人次。在第四届广西青年演员（戏曲、曲艺）大奖赛中，柳州市代表队获一等奖2个、二等奖1个、三等奖3个，柳州市文化局获优秀组织奖。在第四届广西青年演员（舞蹈、杂技）大奖赛中，柳州市代表队获一等奖2个、二等奖5个，柳州市文化局获优秀组织奖。在第三届广西粤曲大赛中，柳州市文化局获优秀组织奖。

【第二届广西彩调艺术节】 由自治区文化厅、自治区文联和柳州市人民政府联合主办，于1月12日至18日在柳州举行。共有区直、桂林、河池、来宾、柳州等25支演出队伍参加，其中专业组10支，业余组15支，共演出大戏2个，小戏33个，参演人数为396人。举办演出16场，其中市区10场，柳城、鹿寨、融安3县各2场，观众5万余人次；举办“彩调论坛”，对彩调剧种的传承与发展进行了深入探讨。柳州市创排的《红瑶梦》在本次彩调艺术节上获最高奖——“优秀剧目奖”，该剧还同时荣获了“优秀编剧奖”等23个单项奖。

【“柳江明珠”水上大舞台演出】 由市委、市政府主办，市委宣传部、市文化局承办的“山水欢歌——‘柳江明珠’水上大舞台落成首演暨拥军晚会”于7月30日在水上大舞台举行，现场观众近3万人，通过电视收看近10万人。之后，以“柳江明珠”水上大舞台为阵地，先后举办“飞瀑彩泉不夜天”“瀑布群”“音乐喷泉”获“基尼斯世界之最”文艺晚会、柳州文明形象大使总决赛暨颁奖晚会、庆祝柳州市荣获“国家园林城市”文艺晚会和柳州市创建国家森林城市暨新年戏曲晚会等重大演出。年内，水上大舞台举办各种晚会33台、放映电影116场，观众76万余人次。

【“2010中国著名画家走进柳州”画展】 由市委宣传部、市文化局主办，市中房公司、上汽通用五菱公司承办，柳州画院、柳州市博物馆协办，于10月13日至18日在市博物馆举行。共展出中国美术家协会主席刘大为等当代50多位著名画家的国画作品100多幅，展出6天共接待参观者近2万人次。

【“我爱侗乡”——三江农民画展】 由市委宣传部、市文化局、三江县委县政府主办，三江侗族自治县宣传部、三江县文体局、柳州画院承办，于12月30日至次年1月6日在市博物馆展出。共展出三江农民画佳作90余幅，出版《三江农民画》画册，展出7天共接待参观者近1万人次。

【精品剧目送百姓】 广西民族音画《八桂大歌》公益演出周活动于6月1日至6日连演10场，免费向广大市民发放门票，观众达1.5万人次，在文化惠民方面取得了很好的效益。

群众文化

【概况】 年内,全市有文化馆(群众艺术馆)7个。2010年新建17个社区文化活动中心,目前全市已建成社区文化活动中心(社区艺术培训中心)89个、71个社区图书馆、30个报刊阅览室、15个外来务工人员文化活动中心、22个外来务工人员电影流动俱乐部、25个流动图书点。柳南区五菱社区、宏都社区、柳北区建园社区荣获“全国文化先进社区”称号。通过打造“龙城金秋”“柳江之夏”“农村文艺会演”、元宵花灯展,城中区“欢乐城中”、柳南区“欢乐柳南”、柳北区“北雀欢歌”广场文化活动、鱼峰区“鱼峰之声”、柳城县“柳城太平壮欢”“百村百戏”、融水县“情系苗山”农村文艺会演、融安县“激情融江艺术节”、三江县“多耶程阳桥文化旅游节”等一批文化品牌活动,各类业余文艺团队由原来的876支发展到1026支,成为基层文化的主力军,扩大群众文化的社会效益,让老百姓在享受公共文化服务的同时,也能积极的参与其中。

【元宵花灯】 年内,柳州市“和谐柳州”花灯展示比赛活动在市人民广场、胜利路、箭盘路、潭中西路、柳东雒容文化广场、阳和香港新城广场举办,参展花灯13000多盏,观灯群众超过35万人次;活动评选出组织奖51名,特别奖、制作奖、设计创意奖等单项奖84名,学生制作奖200名。

【和谐文化服务行】 年内,柳州市启动“和谐文化服务行”活动。市区以刘三姐大舞台为主阵地开展“周周演”活动,各城区参演文艺队250多支,参演人员1500人次,演出29场,观众8万余人。各县利用广场等活动场地开展“周周演、月月比、季季赛、年年奖”活动,参演文艺队416支,演出2861余场,观众170.8万人次。其中,融安县为自治区“月月比”活动的县级试点,共演出1065场,观众近42.6万人次。12月,文化厅在柳州市召开全区“和谐文化在基层——千团万场”群众文化活动现场会暨总结表彰会,融安县、柳城县在会上介绍经验,与会代表观摩了融安县5个村屯开展群众文化活动的情况,全市有34支村屯文艺队、27名文艺骨干和13名辅导员受到表彰。

【第十一届“柳江之夏”文艺展演】 年内,柳州市第十一届“柳江之夏”文艺展演完成演出20场,举办4场“每月一星”歌手比赛,进社区、学校、军营开展“柳江之夏·文惠讲坛”系列讲座8场,为5万余群众提供公共文化服务。“柳江之夏”群众文化活动获全国第十五届“群星奖”项目类奖。

【第七届龙城金秋群众文艺汇演】 年内,柳州市第七届龙城金秋群众文艺汇演有参演节目200多个,群众演员2000多名,新增阳和工业新区和柳东新区2个单位参赛队,参赛节目多为生活小事改编,更加贴近群众。活动评选出表演一等奖7名、二等奖10名、三等奖13名、优秀奖25名,创作奖10名,优秀演员奖10名,组织奖评出优秀组织奖4名、组织奖9名。

【基层文化建设】 年内,柳州市兴建柳北、柳南两个城区图书馆。投入760万元新建19个乡镇综合文化站,投入774万元新建33个村级公共服务中心。年内,共建成77个乡镇综合文化站,完成总建设任务的90%。市文化局投入27万多元,由柳州市艺术研究所、市群众艺术馆举办各类公益性的艺术培训班12期,培训1241人次。其中,举办市村“两委”干部“文化致富工程”培训班1期,参加培训262人次。年内,市群众艺术馆被文化厅

评为“公共文化服务先进集体”。

公共图书馆

【概况】 年内，柳州市有县级以上图书馆11个，图书藏书总量为1628395册，总面积为27156.4平方米，全年接待读者982773人次。2010年鱼峰区、柳北区、城中区、柳南区四城区图书馆获得68万元财政拨款，其中国家财政54.4万元；区财政13.6万元，用于配置服务器、计算机、卫星接收系统、图书馆自动化管理等现代化设备。

柳州市六县、四城区图书馆2010年基本情况

单位名称	馆址	开馆时间	馆舍面积（平方米）	馆藏		接待读者（人次）	外借书刊	
				（种）	（册）		（种）	（册）
柳江县图书馆	柳江县南大街145号	2007年12月	2620	72265	102728	80000	52352	72728
柳城县图书馆	柳城县白阳广场东侧	2007年5月	1703	40000	78000	105000	7300	219000
鹿寨县图书馆	鹿寨镇广场路1号	1977年5月	2895	28273	129449	59020	36250	59770
融安县图书馆	长安镇和平街331号	2010年3月搬新馆	2322.	因采用手工操作，故无法统计	58218	5508	暂不外借	暂不外借
融水县图书馆	融水县寿星中路14号	1976年租用68平方米（新馆建设中）	50000	60000	40000	10000	10000	
三江县图书馆	三江县古宜镇江峰街9号	1987年5月	1138	46000	73000	36000	9700	14600

单位名称	馆址	开馆时间	馆舍面积（平方米）	馆藏		接待读者（人次）	外借书刊	
				（种）	（册）		（种）	（册）
柳北区图书馆	北雀路119号	2004年与柳钢图书馆共同挂牌共建	1000		118000（其中电子图书8000册）	90300		205030
城中区图书馆	东台路44号	2010年12月	3000	90000（其中电子图书8000）	120000（其中电子图书80000）	1340	暂不外借	暂不外借
鱼峰区图书馆	柳石路322号	2010年4月	1043	8000	9000	3308	1160	1288
柳南区图书馆	2010年筹建中，完成选址。（定在原谷埠小学4层教学楼中的一、二层内）							

【柳州市图书馆概况】 年内，柳州市图书馆建筑面积11367平方米，藏书88万余册，接待读者562297人次，图书流通528685册(次)，外借图书23314册(次)，办验借阅证16104本，办理自修证422本，解答一般咨询1531条；通过图书馆网页、柳州书友QQ群公告栏、中小学校邮箱等各种渠道发布图书馆信息和活动通告90余次，制作各类宣传海报75幅，悬挂宣传横额7幅。举办“柳州市2010年共享工程培训班”等业务培训班3期，培训170人，深入26个社区图书馆开展图书馆建设调研，下到基层56个点进行业务辅导，接待基层来访62人。年内，市图书馆获文化部第三批“全国古籍重点保护单位”，自治区文化厅“全区公共图书馆先进集体”称号。

【图书馆馆藏建设】 年内，柳州市图书馆购入中文纸质图书1.7万册，电子图书40337册。其中分编加工入库纸质图书共8707种16590册；分编加工随书光盘430种753碟；征订报刊1013种，其中少儿中文期刊154种，报纸1种，成人中文期刊740种，报纸110种，境外期刊7种，报纸1种，共1188份；征集地方文献276种450册，光盘38种40碟。推进数字化建设，丰富数字馆藏资源，将包括《柳南文史》《城中文史》《鱼峰文史》等在内的柳州文化史料进行扫描、认别，采集数据857条。

【读者活动】 年内，柳州市图书馆开展“迎春杯”征文大赛活动、“我与孩子同成长”读书交流分享会、服务宣传周、“传诵书香，共享文化”主题系列活动等读者活动180多次，参与活动人数约1.7万人次。其中，举办“文惠讲坛”公益讲座16场，听众3120人次；举办“书

韵·图书文化展”，展出精品图书517册(件)，接待参观者600多人；开展“图书爱心车”基层服务活动，带去图书3000多册，服务群众6000余人次；举办柳宗元诗文诵读比赛，参赛儿童500多人，观众2000多人；以世博会为契机，开展世博会精彩展播、免费“爱心上网”冲浪等系列服务宣传周活动，参加人数985人。年内，市图书馆开展的“好书重引领，传承宗元情”主题活动、“穿越城乡惠民知识，服务花样尽显图书馆风采——柳州市图书馆服务车案例”分别获“全区图书馆服务效果案例评选”活动二、三等奖。

【基层服务】 年内，柳州市图书馆加强基层服务建设，新设立馆外服务点4个：鱼峰区图书馆、柳州市图书馆(柳州明德英文图书馆)机关幼儿园阅览分室、市直机关工委和沙塘镇杨柳村图书室。开展“柳州之夏”“禁毒宣传”“市科技流动文化服务”文化服务进新农村等文化下基层活动。年内，市图书馆下基层开展文化服务活动37次，送书下基层88次，送书20925册，展示报纸100种、期刊1900册合订本，赠送期刊1771册(合订本)。

【政务信息查询服务】 为了进一步推进柳州市政务服务、政务公开、政府信息公开工作，柳州市图书馆被指定为政府信息公开查阅的场所之一。2011年11月开始筹备建设，先后制定了《政务信息公开查阅中心管理暂行办法》管理办法等，12月底已完成场地布置、设备采购等工作，并通过柳州市政务公开工作办公室的验收。已有56个政府部门及社会团体的政务信息公开文件到位。

文化市场

【概况】 年内，柳州市(包含县区)有网吧530个，KTV娱乐场所240个，其中，年内新注册成立的文化娱乐场所63个，娱乐行业协会2个(即网吧协会和娱乐行业协会)。根据中宣部等五部委和自治区有关部门的要求，市文化局于年底完成了综合执法改革方案的制定及上报工作。

【文化市场专项整治】 年内，柳州市文化局开展了元旦、春节、“护苗”(特指为未成年人成长创造良好环境的工作)、“创全国文明城”、“哀悼日”(为玉树地震灾区罹难者致哀)、国庆节安全生产等多项专项整治行动。把日常巡查与“平安世博”“平安亚运”“创文明城”“扫黄打非”、县乡文化市场指导工作有机结合，加大检查力度和频度。年内，市文化局出动检查23359人次，同比增加20%，检查场所25769家次，同比增加16%；共查处不实行上网登记、接纳未成年人的违规网吧21家，销售盗版淫秽音像制品经营部1家；下达网吧整改通知154家，音像制品出租、零售店整改通知36家，娱乐场所整改通知34家；罚款10万多元，收缴非法音像制品13336张，涉黄1804张，销毁非法音像制品3万余碟。

【网吧远程视频监控平台的建设】 年内，柳州市文化局协调电信公司等部门，完成网吧远程视频监控平台中心机房的基础装修、设备安装、办公用品采购、网吧监管软件客户端安装、设备对接和软件调试等工作。整个项目建设总投资14500多万元，项目建设于10月份完成并通过文化厅检查验收，12月28日正式启动使用。

文化产业

【概况】 年内，柳州市提出集中力量建设十大产业基地、积极培育组建八大文化产业公司、高水平规划建设一批标志性文化设施、开发形成特色文化旅游产品等基本思路，策划柳州市“十二五”期间文化产业发展规划重点项目表，已收录项目30余个。提升重大产业项目文化功能，策划水上大舞台、柳州文庙等以文兴城、以文扶柳的产业方案，提出“柳江明珠”水上大舞台常态活动安排及长效运营方案和柳州文庙管理运营方案。服务民间资本投资“刘三姐文化娱乐中心”项目，扶持蓝海动漫产业园一期建设和申报国家文化科技提升计划项目。由柳州市文化局牵头的文教体组共引进市外资金6.46亿元，建立招商项目库，收录文化产业项目20多个。“刘三姐文化娱乐中心”是招商引资成功的典型项目，总投资2亿元。

【文化经营单位】 年内，柳州市文化艺术中心完善消防系统、配备货运升降平台系统，投资92.36万元改造音乐厅，建成双机3D影厅，全年电影(其他出租等经营项目按照市领导的意思已于2010年全部清除，故仅有票房收入)票房总收入645万元，同比增长6.25%。柳北剧场筹措资金加大对电影放映设备升级改造，建成3D影厅，全年电影票房收入250万元，同比增长27.55%。文物商店完成销售和其他收入18.55万元。

文化遗产

【概况】 年内，柳州市文物管理机构有10个(市级4个，县级6个)，市属文物管理机构有市博物馆、市考古队、市白莲洞洞穴科学博物馆、市文物商店。全市共有国家、自治区级、市(县、区)级文物保护单位124处，其中国家级8处、自治区级24处、市级92处。

【第三次全国文物普查】 年内，柳州市完成第三次全国文物普查第二阶段工作，2007年至2010年，共复查文物点683处、登记消失文物点271处、新发现文物点730处，4月通过自治区组织的专家组的验收。年内，市文物普查队获第三次全国文物普查实地调查阶段突出贡献集体奖，市第三次文物普查领导小组办公室获第三次全区文物普查实地调查阶段组织奖一等奖，获第三次全区文物普查实地调查阶段先进个人奖6个。

【文物管理和数据库建设】 年内，柳州市文化局组织完成5896件(含县区)馆藏文物的数据采集、填报和录入工作，为全市馆藏文物的管理和保护奠定了基础。同时，按照文化厅和文物局的工作部署，市文化局还组织协助来宾市、河池市和百色市等共25县区完成珍贵文物影像数据资料采集工作，为推进全区文物管理和数据库建设工作做出了贡献，加强了我市和其他地市的工作与业务交流。

【文化遗产保护】 年内，柳州市新建侗族器乐传承基地、侗族农民画传承点、苗族刺绣传承点，集展示与研发、生产于一体。促进非物质文化遗产的保护开发和利用工作；为配合城市基础建设，依法完成了“中共柳州县委旧址”整体、“柳州机场旧址”局部营房建筑的拆迁和异地重建等异地保护工作。完成刘家大院、明乐旧居、联华印刷厂和廖磊公馆等遗址的保护维修。《白莲洞遗址文物保护规划》获国家文物局批复。柳州市文化局利用“5·18国际博物馆日”和“6·12文化遗产日”，围绕“博物馆致力于社会和谐”及“文化遗产，在我身边”的主题，大力加强文化遗产保护宣传工作，举行了苗族狮舞、罗汉舞、和谐鼓韵等传统舞蹈、器乐展演，展示了碑刻拓片技艺，举办了“我心中的白莲洞博物馆陈列楼”及柳州文物考古工作宣传展、书画家免费为市民题字、绘画、免费文物鉴定、学术专著《白莲洞遗

址》推介及《文物法》专家现场咨询等活动；文化遗产日当天，举办了文化遗产日专场宣传演出，并结合端午节主题、围绕端午节民俗，开展了“懂民俗、爱民俗”活动，宣传我国传统的端午节文化。当年，我市1人获国家文物局“文化遗产日活动组织奖先进个人”。

【文物征集和捐赠】 年内，柳州市博物馆征集、接受捐赠入藏文物195件，其中包括一些汉代滑石器、战国玉器、战国青铜器等具有鲜明的岭南地区文化特色非常珍贵的文物。柳州工业博物馆征集到工业文物、文献资料等6883份(件)，其中，文字资料类2278份(件)，实物1142件，实物照片1439张，扫描图片资料2024张。其中比较珍贵的文物包括：20世纪60年代柳州拖拉机厂产红河一35型拖拉机一辆，20世纪80年代柳产柴油东风第一代LZ141型货车一辆，柳工第一代Z435装载机一辆，国内第一台“两头忙”挖掘机一辆，20世纪70年代广西唯一的ZD2型对开吊式大型照相机，市钟厂生产的金声牌巨型大钟等重要工业文物。

【非物质文化遗产保护】 年内，柳州市三江侗族自治县传统戏剧侗戏被国务院列入第三批国家级非物质文化遗产名录公示名单，民间舞蹈壮族师公舞被自治区政府列入第三批自治区级非物质文化遗产名录。市文化局组织开展全市非物质文化遗产普查先进集体和先进个人评选表彰活动，评选出先进集体7家，先进个人25人；组织开展第五届柳州市“十佳民间艺人”评选活动(名单附后)；印发《柳州市已获国家级、自治区级非物质文化遗产项目代表性传承人传习活动经费管理暂行办法》，鼓励和督导支持代表性传承人开展传习活动，提高传承人专项经费使用效益。12月，全区非物质文化遗产培训会议在三江县召开，文化厅副厅长覃溥对我市非遗保护工作给予了高度肯定，市文化局、三江县文体局、融水苗族自治县文体局被文化厅授予“全区非物质文化遗产普查先进集体”，柳州市11人获“全区非物质文化遗产普查先进个人”称号。

附：柳州市第五届“十佳民间艺人”名单：

三江县：覃奶时清(剪纸、刺绣)

吴送军(侗族木构建筑模型技艺)

融水县：何世荣(木建筑技艺)

云正忠(苗族医药)

银继行(龙制作与表演)

融安县：叶柄南(彩调)

柳城县：翁庆玲(桂剧、文场)

鹿寨县：伍时仁(竹编)

鱼峰区：黄山(竹刻)

柳南区：何志云(烙画技艺)

【博物馆事业】 年内，柳州市共有博物馆、纪念馆8个(其中，市级6个，县级2个，不含私人博物馆)。市博物馆、市胡志明旧居、市韩国临时政府抗日斗争活动陈列馆免费向市民开放，接待参观群众70.3万人次，同比增长12.5%。5月，组织召开“岭南地区考古与文化遗产保护暨广西文博学术研讨会”，由广东岭南考古研究专业委员会、广西博物馆、广西文物考古研究所、柳州博物馆四家单位联合举办，来自广东、浙江、四川、湖南、香港等11个省、市、地区的考古与文化遗产保护专家代表119人参会。组织市博物馆等文博单位参加史前遗址博物馆专业委员会第八届学术研讨会、韩国临时政府中国国内旧址联席会等国内重要会议、展陈。引进《徐霞客游踪书画创作作品展》《俄罗斯列宾美术学院作品展》等22个展览。

县域文化

【柳江县】 2002年2月，柳江县文化局和柳江县体育局合并为柳江县文化和体育局，下属7个单位，即文化馆、图书馆、文工团、文物管理所、文化市场稽查队、业余体校、新华书店，在编153人。2010年，上级拨款910万元，支出889万元，其中文化业务活动经费47万元，基础设施建设经费346万元，设备购置费54.5万元，其余为人员工资及办公支出。

年内，柳江县举办大型文艺演出7次，开展文艺业务培训10期，投入346万元建设村级公共服务中心7个、室内活动馆1个、购置文化馆和图书馆业务设备一批；开始文物保护单位“九厅十八井”修复效果图的设计工作；收集50条非物条目；报送优秀讲演节目参加自治区“我的书屋，我的家”读书讲演比赛，荣获一个二等奖、一个三等奖；辅导的4个节目参加柳州市第七届“龙城金秋”比赛，分别获得了优秀组织奖1个、舞蹈表演一等奖1个、声乐表演二等奖2个、舞蹈创作奖1个、优秀演员奖2个、小彩调表演优秀奖1个。2010年共创作了舞蹈作品9个，戏剧小品2个、美术作品7个、摄影作品10幅。

2月9日举办了“大地春风情暖柳江——柳江县2010年春节军民联欢晚会”；2月17日、18日在县文化宫广场举行柳江县2010年“和谐文化服务行”春节群众文艺展演；承办了由广西电视台资讯频道组织的“欢乐乡村行”文艺演出活动，演出活动围绕柳江县的县域经济特色、城乡建设、惠农政策、旅游资源、民族特色、民俗文化、名优企业、土特产品、种养项目、科学技术等优势资源和宣传重点开展主题宣传；组织开展“和谐文化服务行”文艺演出活动和庆“七一”党的生日文艺演出。

举办少儿音乐长期班、舞蹈培训班3期，美术培训班3期，器乐培训长期班，化装培训班1期，彩调班1期，中老年声乐培训班1期。派出辅导老师9人深入企业、社区、学校、部队等辅导共450天，辅导近65000人次。

完成图书馆数字化设施建设，组织业务骨干专门进行图书信息的录入工作。儿童读物库所有的图书信息全部完成录入工作，外借室3万多册图书的信息录入已完成50%。年内图书馆共接待读者103796人次，查抄8836人次。其中综合阅览室接待读者52454人次，查抄7861人次；儿童阅览室接待读者17329人次，查抄975人次；电子阅览室接待读者17198人次；外借室接待读者14829人次，外借图书19437册(次)；报刊查阅室接待读者1986人次。同时，积极开展“知识工程”活动和信息共享工程活动，五一、国庆节期间，图书馆利用晚上时间在馆大门口播放视频三场次，每场次均吸引观众300多名，六一儿童节当天，还在儿童阅览室播放励志儿童故事片，举办了一期免费的“老年读者电脑基本应用”知识培训。

全年共出动检查人员2533人次，检查文化场所1672家次。其中游戏娱乐场所579人次，421家次；歌舞娱乐场所588人次，324家次；音像制品206人次，125家次；网吧1150人次，802家次。立案调查15起，办结15起，处罚15家；其中游戏娱乐场所8起，网吧7起。罚款23000元人民币。区总队督办案件2起。新闻出版市场等其他场所289家次，查处违规经营71家次，收缴六合彩资料540份(本)、书报刊92份。

图书馆维修改造、设备购置项目资金30万元，对县图书馆进行维修改造。文化馆设备购置项目资金10万元，完善文化馆开展培训、辅导活动设备。新建设洛满露南村、土博北隆村、里雍广石岩冲屯、穿山竹山村、进德琼林村、百朋根林村、拉堡黄岭村等7个村(屯)级服务中心，逐步打造农村公共文化服务体系，推进农村基础设施建设，为广大群众提供文化活动场所。完成51家农家书屋建

设工作，完成图书、书柜、牌匾、制度、借阅证、登记表等设备的发放工作。同时加强对农家书屋管理员的培训，辅导农家书屋图书分类上架工作。

文物“三普”工作顺利通过了上级的验收；对在“三普”中遗漏的文物点进行补充登记和填报，对已登记的文物点进行复核，完善相关数据资料。配合有关部门做好五眼桥被毁一事的调查及善后补救工作：(1)收集保护好五眼桥原构件，为异地修复保护做准备；(2)到五眼桥旧址张贴告示，告知五眼桥的善后补救工作计划，做好群众的安抚工作；(3)配合相关部门制定五眼桥异地修复保护方案报上级文物行政部门审批。

【柳城县】 柳城县文化和体育局主管全县文化、新闻出版、体育工作，设局机关和7个二层机构。局机关设办公室、社会文化艺术股、群众体育股，二层机构包括文化馆、图书馆、文工团、文物管理所、文化稽查队、新华书店及少年儿童体育学校，其中文化稽查队为参公事业单位，新华书店为企业单位，其余为财政全额拨款事业单位。全系统在职在编80人，其中行政编9人，事业编70人，工勤人员1人。创建“农家书屋”59个；建设文化信息共享工程乡镇服务点7个、村级服务点104个；建成村级公共服务中心8个；成功举办和承办7次大型文艺活动；柳城县图书馆被评为“全区先进图书馆”称号，被文化部授予“三级图书馆”称号；东泉、沙埔、古砦三个文化站获自治区级乡镇试点文化站；中国文化部授予大埔镇“中国民间艺术之乡”称号，广西民间山歌协会授予柳城“广西壮欢之乡”称号；柳城县文化和体育局获柳州市2010年文化工作考核一等奖。

年内，柳城县文化和体育局以“阅读、进步、文明、和谐”为主题，依托文化信息共享工程、知识工程、文化致富工程、基层文艺骨干培训等文化项目开展基层文化建设和服务活动，不断提升“百村百戏”“知识工程”等文化品牌亮点，发展繁荣群众文化。年内成功举办和承办了柳城县2010年春节文艺晚会、“百村百戏”文艺调演、“千团万场”百村百戏“周周演”启动仪式、首届体育运动会开幕式文体演出、第四届蜜桔节开幕式文艺演出、县人大成立30周年专题文艺晚会等7次大型文艺活动，提升了“百村百戏”、广场文化、甜蜜文化、山歌文化、壮欢文化、仫佬族文化等文化品牌的影响力和知名度。开展送戏下乡进社区和“百村百戏”文化活动，组织全县165支业余文艺队开展“百村百戏”文艺演出1500多场，观众达40多万人次。以社冲乡仓贝村为试点，开展“百村百戏”村级广场“仓贝周周演”文化活动，吸引了上千群众积极参与，群众自办文化活动丰富多彩，形成了具有仓贝村特色的新时代广场文化。自6月9日活动启动以来，已举行“百村百戏”文艺展演30场、壮欢·山歌会3场、激情广场大家唱3场、广场电影大放送5场、健身篮球赛28场，观众达2万多人次。12月28日，仓贝村在融安县举行的全区“和谐文化在基层——千团万场”群众文化活动现场会暨2010年总结表彰会上作典型发言。配合县委宣传部抓好“职工图书室”的创建，为学校、机关单位送去新书2万多册；举办柳城县“书香飘柳城”全民读书征文比赛颁奖仪式暨文化讲座，与柳城县武警中队共建“警民图书室”，赠送武警中队800多册优秀图书及一批书架，价值约1万元。举办剧本创作论坛、基层文艺骨干培训班，培养“百村百戏”农村文艺骨干；派出业务骨干参加柳州市文化局在柳城县举办的市级文艺创作提高班学习，提高文艺骨干的业务水平。

精心打造壮欢文化品牌。柳城壮欢被专

家誉为“柳州四绝”（壮欢、苗节、瑶舞、侗楼）之一，有延绵千年的历史文化底蕴，有幽默风趣的民间生机，还有精彩和声的艺术含量，是壮文化宝藏中一颗璀璨的明珠。柳城壮欢是典型的口传心授的民间口头文学，所唱内容丰富多彩，上至天文，下至地理，从远古到现代，包罗万象，主要有拦门歌、故事歌、劝世歌、四季歌、时政歌、情歌、数落歌等。2006年，柳城壮欢作为传统民间山歌入选自治区级第一批非物质文化遗产名录；2007年2月柳城壮欢走进中央电视台《金土地》栏目；2008年6月柳城壮欢参加广西原生态民歌展示活动；壮欢情景剧《壮家喜盈门》，在2008年12月参加柳州市“庆祝广西壮族自治区成立50周年”文艺比赛中获一等奖，2009年应邀参加柳州市春晚活动获二等奖；2009年6月壮欢歌王周德康荣获自治区“非物质文化遗产项目（柳州山歌）代表性传承人”称号。自2007年以来，柳城县成功举办了四届壮欢大赛。《人民日报》《科技日报》《光明日报》《中国民族报》和广西电视台、柳州电视台等各级媒体对柳城壮欢做了相关报道。2010年，为扩张壮欢的生命力，切实打造壮欢文化品牌，柳城县开展“广西壮欢之乡”申报工作，成立工作领导小组和工作组；下乡走访老艺人，收集整理壮欢材料；成立县、乡镇级壮欢协会6个；在冲脉镇、太平镇举办壮欢培训班，培训老中青少儿学员100人；全县壮欢歌手发展到7000人，分布在全县12个乡镇村屯。当年，广西工学院艺术系在太平镇设立壮欢教育基地，广西民间山歌协会授予柳城“广西壮欢之乡”称号。

注重发展民族民俗文化品牌。柳城县民族民俗文化品牌得到进一步发展。一是文艺创作成果丰厚。如创作柳城县首届运动会主题曲《我们来比赛》，为蜜桔节创作系列体现民族民俗特色文化的节目，如歌曲《我们来相会》、民俗情景歌舞表演《谢秋》等。为县人大成立30周年专题创作快板《三老顽童包车游》，为冲刺柳州市第七届龙城金秋文艺大赛创作小品《今宵冷月》《竹林天籁》。二是民间特色文化出彩获奖。配合拍摄电视剧《刘三姐》剧组，挖掘刘三姐与柳城民间文化的渊源。组织小戏《岭上风流》参加广西第二届彩调艺术节获专业组演出二等奖，2人获舞美设计奖。组织小品《后花园情趣》参加柳州市第七届“龙城金秋”文艺汇演获二等奖，1人获优秀演员奖。

柳城县自2008年10月开始实施全国文化信息资源共享工程（以下简称共享工程）以来，通过现代通信网络和图书馆（室）、文化站（室）等服务体系，让广大群众共享优秀文化信息资源。年内，柳城县建设共享工程县级支中心1个、乡镇服务点12个、村级服务点116个，全县覆盖率达到96%，初步形成了覆盖城乡的数字文化服务体系。县级支中心工作稳步推进，乡镇、村级服务点的各项建设扎实有序地顺利进行。年内县级支中心充分利用共享工程资源，在县图书馆、乡镇播放电影和各种优秀视频；把电子资源刻成光盘分发到各乡镇点和相关单位，并组织观看、借阅；举办免费电脑培训班4期，培训学员100多名，学员参加广西第三届中小学生网页制作比赛，荣获小学组二等奖4名、三等奖6名及园丁奖的优异成绩；参加全国文化信息资源共享工程少年网页设计竞赛有两幅作品获三等奖，是广西桂北地区唯一的获奖作品。电子阅览室每周开放60小时以上，全年共接待读者约2万人次。通过派遣业务骨干参加广西桂北地区、柳州市共享工程培训班，组织各服务点管理员学习共享工程知识，自行编印《服务手册》《操作手册》并分发到管理员手中，进一步提高了柳城县共享工程的服务能力。完成7个乡镇服务点和104个村级服务

点的建设工作，其中7个乡镇服务点面积均在150m^{2}以上，每个点计算机、投影机、服务器、播放器、打印机、电视机等价值5万元的设备；104个村级节点面积均在20m^{2}以上，每个点分别配备投影机、幕布、音箱等价值5000元的设备。目前，各乡镇基层服务点和村级节点已顺利通过自治区的检查验收，发挥着资源共建共享的作用。

【鹿寨县】 鹿寨县文化和体育局行政编制10名；领导职数5名，股长5名。局属二层单位6个：鹿寨县文化稽查队（参公单位），财政全额拨款，在编人数5人；县文工团，财政全额拨款，在编人数21人；县文化馆，财政全额拨款，在编人数11人；县图书馆，财政全额拨款，在编人数5人；县文物保管所，财政全额拨款，在编人数3人。

全年组织策划多项演出活动。包括“鹿寨县2010年春节联欢晚会”和“广西农垦国有沙塘农场建场五十周年庆典文艺晚会”等，并深入开展“三下乡”活动，春节期间文工团的演职人员先后到寨沙、四排、导江、鹿寨、黄冕等乡镇村屯进行送文艺下乡活动，共演出8场，并成功承办了“全国部分县、市、区人大联席会联欢晚会”和“柳州市反腐倡廉文艺巡回演出”的任务，到六县四区的10场巡演均获得巨大成功。协办文化厅文化惠民鹿寨站的演出活动，承办了广西彩调大赛鹿寨赛区的演出工作；完成了2010年春节山歌、彩调、美术书画、摄影展、大型焰火晚会、民俗文化表演等系列春节活动；组织开展了“激情广场·周周唱大戏”群众文艺演出活动，自8月份以来，共开展广场群众文艺演出20多场次，参与社团18个、观众上万人；组织开展了鹿寨县首届“洛清江之秋”农村文艺汇演并取得成功，参演乡镇9个、村屯18个、节目19个，观众人数超万人；配合县纪委举办了国庆“清风送廉”文艺演出，联合县总工会、团县委先后举办了庆“五一”文艺活动、庆“五四”大型广场演出，支持和帮助平山镇举办“三月三”山歌节、县妇联举办了“庆三八”秧歌大赛、县幼儿园举办庆“六一”文艺演出活动。

投入5万元安装了自动化管理系统和藏书的回溯建库，实现了图书馆管理的自动化；“农家书屋”建设获得成效，一年来，对已建成的105个、在建的59个农家书屋进行局部或个别指导、培训，使其管理更规范。积极做好全国文化信息共享工程乡镇基层分中心的建设工作，今年以来，在选派技术人员参加桂林分中心业务培训的同时，组织全县乡镇负责的管理和技术人员参加了柳州市组织的文化共享工程培训，并投入近5万元对县级支中心和乡镇基层支站进行了全面的修缮，确保各项工作要求得以落实。

全年共开展各种联合执法行动3次，不定期检查342次，开展各项专项整治工作10余次，开展业主培训4次：一是针对网吧接纳未成年人和违规超时经营现象，开展了网吧专项整治和护苗专项行动，共出动车辆151台次，人员473人次，检查场所700多场次，查处违法违规经营业主4人次，立案调查2起，结案2起，处罚业主2人次，取缔黑网吧1家，暂扣游戏机及主板一批。二是积极参与由文化、公安、工商等“扫黄打非”成员单位参与的联合执法行动，严厉打击销售“六合彩”宣传资料和从事“六合彩”赌博行为，共收缴非法音像制品3881张、非法图书412本、盗版教材11本、盗版及色情淫秽光盘301张，收缴“六合彩”宣传资料3783份，开展集中销毁行动1次，查处游商10人、处罚了一批违法人员，使得该现象得到了有效的遏制。三是召开了文化市场经营业主法律法规知识培训班4次，培训业主426人次，发放宣传资料1600多份，重点学习了相关法律法规知识以

及消防安全、预防爱滋病知识，确保保证鹿寨县文化市场的健康有序发展。

开展“5·18”世界博物馆日宣传活动，共发放文物保护法知识问答和第三次全国文物普查宣传资料各1000余份，展出“人之由来”大型科普图片约60张；开展“6·13”文化遗产日活动，在县电视台播放保护文化遗产宣传标语3条；稳步推进第三次文物普查工作，本阶段共普查文物点109处，其中复查不可移动文物36处、新发现不可移动文物61处、消失文物12处。

【融安县】 融安县文化和体育局前身是融安县文化局和融安县体育局，2001年12月县机构改革合并为融安县文化和体育局。下辖6个二层机构，即县文化馆、县图书馆、县文工团、县文物所、县文化市场管理办公室和县业余体育运动学校。现全文体系统在编人员57人，2010年财政拨款877万元。

丰富城乡文化活动。融安县作为“和谐文化在基层”——“月月比”试点县，开展了丰富多彩的群众文化活动，12月承办了广西“和谐文化在基层”“月月比”现场会。文艺队演出活跃，村屯社区文化活动丰富多彩。自“和谐文化在基层”“月月比”试点工作开展以来，各文艺队的演出场次大幅度增加，共演出1065场，比去年的321场增加了744场，观众近20万人。各类文艺表演、自娱自乐节目遍及全县城乡村屯，基层业余文艺队由原来47支增加到112支，实现了文艺队的数量明显增多、演出质量明显提高、演出场次明显增加的目标，丰富了城乡群众文化生活。

加强对文艺队的培训辅导，提高编、表、导、演水平。3次选派17名文艺骨干参加柳州市举办的戏剧、小品、声乐、舞蹈培训班学习；举办了“融安县2010年第一期村（屯）社区文艺骨干培训班”和“融安县2010年业余文艺创作培训班”，共有113人参加培训学习；组织文化馆、文工团638人次下乡进村进行文艺辅导，提高了业余文艺队的表演水平。

以文化项目建设为依托改善乡村文化设施，抓好8个村级服务中心建设，加强文化体育中心管理，自2009年12月县文体中心交付文体局管理以来，完成保安、保洁人员的聘请、电话网络的安装、室内外两套监控系统、防盗设备的安装，完善了收费和管理制度，进行室外绿化和室外球场的灯光安装，并做好文体中心日常的维护和管理工作；投资200万元的塑胶跑道已建成，县文体中心成为融安县广大人民群众的锻炼场所和县委、政府、各局开展体育赛事和对外交流的重要场所。

【融水县】 融水苗族自治县文化和体育局是自治县人民政府为管理全县文体事业而设立的行政管理机构，下辖文化馆、图书馆、博物馆、民族文工团、文化稽查大队、业余体校6个文体单位。现有在编人员63人。自治县以争创自治区级文化先进县为契机，坚持科学发展观，致力于民族文化发展繁荣，文体事业快速发展，硬件和软件建设突飞猛进。组织开展各项文体活动160多次，专业和群众文艺团体共演出450余场。创作文艺作品85件，其中35件在县、市级获奖。举办文艺培训班15期，培训学员285人次。完成白云等11个乡镇综合文化站建设和杆洞乡杆洞村等5个村级公共服务中心项目建设，博物馆、图书馆置换工程完工开馆，完成融水镇等9个乡镇综合文化站室内设备配置任务，文化知识共享工程县城支中心，和睦镇等5个文化站和111个村级服务点设备安装完毕，与县委组织部远程教育办实现了资源整合，形成三级网络。新创建“农家书屋”点86个，总创建点235个，205个行政村全部覆盖，建成村级篮球场39个，占地面积17.36万平方米的

民族体育公园正式开放。全年县政府财政下拨文体活动及添置设备等经费达1276.9万元；获上级财政下拨的文体活动经费及指标性经费达209.7万元。自治县文化和体育局获省部级和文化厅以上授予先进或优秀称号（含个人）共9项，在本年度柳州市文化局重点工作目标管理考评中获特等奖。

大力实施文化“六个一”工程。自治县结合创建区级文化先进县工作，大力实施文化“六个一”工程，取得丰硕成果（“六个一”即一组文化公益大型广告牌、一本书、一本摄影册、一组歌、一台精品节目、一个画展）。年初完成了“一组文化公益大型广告牌”的张挂，广告牌以言简意赅的词组向外推介融水的旅游文化资源和区域经济发展战略。“一组歌”“唱支苗歌给你听”“我跟阿咪去踩堂”“斗马节节歌”原创音乐专辑首次向区内及全国征集词曲，4000多张光碟走进机关、社区、农村、校园，广为传唱。“一台文艺精品节目”“风从苗山来”民俗风情歌舞，经过两个多月的艰辛创作排练，终将出炉。出版摄影册《美丽融水——神奇苗乡》，于3月至4月分别在融水、北京、柳州市展演。多姿多彩的桂北苗族文化艺术给观众以震撼和陶醉。演出和摄影展得到专家学者及广大观众的普遍赞誉，各新闻媒体竞相报道。10月21日至27日，“一组画展”《美丽融水——画家眼里的大苗山》美术作品展在北京文化宫展览馆向首都观众呈现。全国政协副主席李兆卓出席了开幕式并宣布展览开幕。国家发改委、中组部、中国文联、中国美术家协会的领导也前往祝贺。展览期间，首都专家学者、群众络绎不绝前往参观。

积极开展文化品牌活动。11月6日至12日，在县城隆重举行了“中国·柳州融水芦笙斗马节”活动。内容丰富多彩，有芦笙、斗马比赛、美丽“达配”（姑娘）评选、农副产品展销、投资项目推介会、中国苗族文化论坛等14项活动。在苗族文化论坛上，自治县被中国民间文艺家协会授予“中国·芦笙斗马文化之乡”荣誉称号。“神奇苗山”开幕式大型文艺晚会演出，首次采用市场运作模式，央视主持人朱军，著名歌唱家阎维文、韦唯，知名歌手陈思思、阿幼朵等明星应邀联袂演出。12月16日，举办了第六届“情系苗山”农村文艺调演暨第四届“十佳民间艺人”命名大会，参加演出乡镇代表队13个，演出节目24个；吴茜萍等14人被评为县级“十佳民间艺人”称号。12月17日，举办了第五届“苗岭歌台”广西歌王擂台赛，来自桂林、河池、鹿寨等10个县市、26名歌王参加角逐。

完成全县20个乡镇文物普查野外调查任务，普查到达率90%。调查登记不可移动文物112处（其中新发现67处，复查点45处）。普查结果全部整理归档，已通过自治区“三普领导小组”验收，荣获第三次全国文物普查实地调查阶段先进集体称号。安太生态博物馆自开馆以来，共接待国内外嘉宾、专家学者、学生、游客共4800多人次，被自治区党委宣传部、统战部、民委命名为首批“自治区民族团结进步教育示范基地”。在第二阶段非物质文化遗产普查工作中，共完成15个门类，1532个项目资源汇编工作。10月，出版了《融水苗族自治县非物质文化遗产普查资料集》；完成“苗族系列坡会群”14个点各竖碑一块、立芦笙柱一根的工作任务。被文化厅评为“广西非物质文化遗产普查工作先进集体”。

【三江县】 三江侗族自治县人民政府文化和体育局设有：局机关办公室、社会群众文化管理办公室、文化产业办公室、财务室、正副局长办公室。下辖二层机构有：乡（镇）文化站，文化馆，侗族艺术团，图书馆，文物管理所、侗族博物馆，文化市场管理办公室、新闻出版版权管理办公室、文物文化稽查队，业余体校，三江县福桥侗族文化传播有限公司等7个职能业务部门，其中：文物管理所、博物馆两块牌子一套人马，文化市场管理办公室、新闻出版版权管理办公室、文物文化稽查队三块牌子一套人马。现有人员编制80人，正式在编人员61人，临时工12人，乡镇文化站占编4人。全年财政总投入693万元，用于各种文体活动开展，软件和硬件建设，据统计，2010年共承办、协办组织开展各项大型文娱活动17次；开展“周周演、月月比、季季赛”“千团万场”演出活动1105场次，送戏下乡30场；送书下乡活动8次。组织、指导区级以上非物质文化遗产项目传承人开展传习活动一期，参与人数70多人，举办基层文化骨干培训班3期，培训人数76人；举办书画摄影展3次，展出作品900多件。举办文化市场法律法规宣传培训班(会)8期(次)，培训200多人次；截止12月30日，完成7个乡镇综合文化站建设任务，实现三江县15个乡镇文化站全面覆盖。

亮点活动层出不穷。正月初八，在县民族广场举办首届三江县非物质文化遗产“侗族百家宴”大型迎春活动，有6支民间表演队近300名演员参加演出，摆设了200多桌宴席，数千宾朋参加了宴会，进一步增进了外界对三江的了解。3月8日，配合县妇联在民族广场举办了“三八”国际妇女节“侗族大歌”演唱大赛活动，参赛歌队有23个队，歌手460多人，观众达4500多人次。富禄乡举办一年一度民间传统节日三月三“花炮节”广场文艺表演活动，参加表演队27个队，参演人数1000多人次，观众达3万多人次。8月30日至31日主办三江县第四届“农村文艺会演”活动。从各乡镇“月月比季季赛”中选出17个业余文艺队参加，参赛文艺节目39个，其中舞蹈类9个，声乐类8个，曲艺类13个，小品小戏类9个，参赛演员368人。以纪念抗日战争胜利65周年为主题，于9月6日晚，举办了纪念抗日战争暨世界反法西斯战争胜利65周年“铭记历史、开创未来”文艺晚会。国庆期间，承办第七届中国(柳州·三江)侗族多耶节开、闭幕式文艺晚会及大型百家宴等系列活动，经多家媒体报道，收到良好的宣传效果。侗族多耶节被授予“全国十大节庆奖”和“少数民族特别奖”荣誉称号。经中央人民政府驻香港特区政府联络办公室推荐、应香港各界庆典筹备委员会邀请，6月29日至7月3日，组织25人的侗族芦笙表演队参加庆祝香港回归祖国13周年巡游活动。组织农民画作品共280多幅参加文化厅社文处、区艺术馆，在南宁举办的“和谐文化服务行”群众文化建设年活动，农业部于6月下旬举办的“中国农民艺术节”中国农民画精品展览活动，浙江杭州“全国首届农民绘画作品展览”活动，由文化部、农业部、中国文联、云南省政府共同主办的第二届中国福保乡村文化艺术节中国农民画展活动等。出色完成上海世博会参展作品程阳永济桥模型制作任务。模型以程阳永济桥为原型，按1∶40比例精心设计，长2.5米，高0.8米，宽0.55米，桥身雕龙画栋、吊角飞檐，是目前侗族地区规模最大、档次最高的风雨桥模型。组织三江县非遗项目参加上海世博会广西活动周和首届全国非物质文化遗产博览会。具有三江元素的风雨桥模型、鼓楼模型、侗乡鸟巢模型、侗族刺绣、侗族织锦、侗族打油茶和捶糍粑于8月2日至6日上海世博会广西活动周期间登台亮相演示，吸引了大量国内外游客的目光。在10月15日至18日由文化部、山东省政府主办的首届全国非物质文化遗产博览会(山东省济南市)上，三江县现场展示了侗族织锦、侗族刺绣的制作技艺，精美无比的织绣工

艺吸引了数万观众到广西展区参观，石侗娟、石汉群获得了“传承人展示奖”。

年内，三江县文化事业大事记包括：1月，三江县文体局被区文化厅评为“广西非物质文化遗产普查工作先进集体”；6月，三江县博物馆馆长赵东莲被区人民政府、第三次全区文物普查领导小组办公室授予“第三次全区文物普查实地调查阶段先进个人”称号；杨清利的作品《唱酒歌》获第四届秀洲·中国农民画艺术节“中国现代民间绘画新作展”铜奖；7月，杨清利的农民画作品《侗家农忙曲》入选由中国文联、中国美术家协会、浙江省委宣传部联合举办的全国农民绘画展；8月，县文化馆馆长吴新华被区文化厅评为“全区公共文化馆(艺术馆)先进工作者”；11月，县文体局被柳州市文化局评为“柳州市非物质文化遗产普查先进集体”；杨永和、刘德雄、黄惠鸣、杨平义被评为“柳州市非物质文化遗产普查先进工作者”；三江县非物质文化遗产保护《风情三江》出版；12月8日至11日，全区非物质文化遗产保护工作培训班在三江县召开。

【柳北区】 年内，柳北区文化和体育局行政人员编制3人，下辖文化馆、图书馆和3个镇文化及广播电视站等5个职能部门，事业人员编制共15人。年内，上级财政拨款66万元，在市文化系统2010年重点工作目标管理考评中获一等奖，获得“2010年柳州市农村和社区电影公益放映工作先进城区一等奖”。

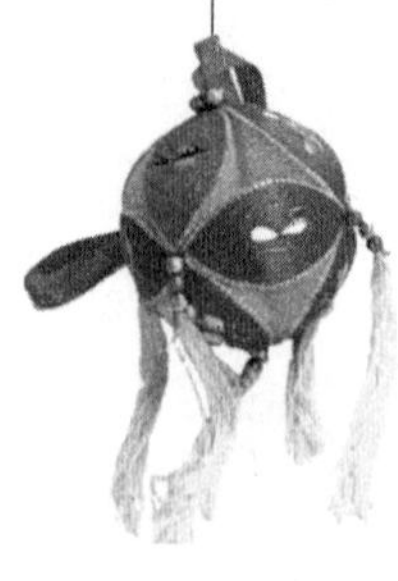

全年以文化“六进”、欢乐广场“周周演”为重点，组织文艺演出队分别到村屯、社区、学校开展各种专场文艺演出20场。支持、指导钢城街道办事处和长塘镇举办首届“舞动青春”文化体育活动周、“欢乐长塘”文体活动周，开展“千人品百家宴”、“雀山宝贝”亲子时装秀、文艺汇演等文化活动，参与人数近万人。

完成多项文化基础设施改造工作。石碑坪镇下陶村委、古木村委公共服务中心建成；下陶村公共服务中心新建篮球场、戏台、乒乓球台、宣传橱窗及综合楼加层；古木村公共服务中心新建室外展廊、综合楼、戏台、乒乓球台。8月，“全国文化信息资源共享工程”建设项目在柳钢图书馆建成，安装幕布、音箱、投影机、DVD、电脑等设备价值54.4万元。12月，国家“十一五”重大文化建设工程柳北区长塘镇综合文化站建成，建筑面积350平方米，共投资约50万元。

开展以“我的书屋，我的家”为主题的农家书屋阅读讲演比赛活动。沙塘镇的谭群凤代表柳州市参加自治区讲演比赛，并在全国比赛中获得“最佳风采”奖。

【柳南区】 柳南区文化和体育局是柳南区主管文化事业的行政主管部门，负责组织和发展辖区文化工作，简称柳南区文体局，设有两个二层机构——柳南区文化馆、柳南区图书馆，以及一个挂牌机构——柳南区新闻出版局；今年柳南区文体局共有编制3人，编制外聘用人员1人，年度财政拨款101.84万元。柳南区文化馆为柳南区文体局的二层机构，现有编制2人。柳南区图书馆为柳南区文体局的二层机构，现有编制1人。

年内，柳南区大力实施文化“二次创业”，开展“和谐文化服务行”活动，参与“和谐柳州”元宵花灯展示活动、刘三姐大舞台—“欢乐广场——周周演”柳南专场文艺演出、第七届龙城金秋群众文艺会演、第十一届“柳江之夏”文化展演活动、柳州市冬季征兵等各类文化活动和比赛10余项，柳南区的60余支文艺队伍共约1000多名演员参与了近30场次演出或比赛，动员干部群众近万人，获得各类一等奖6个、二等奖9个、三等奖13个、优秀奖5个、创作奖1个；举办城区各类文化活动和比赛7次14场，服务覆盖全区所有乡镇、街道、社区，指导辖区街道（乡镇）、社区（村屯）开展各具特色的各类群众性文化活动300余次，参与群众涉及全区各街道乡镇、社区和村屯；深入打造辖区群众文化品牌“欢乐柳江南”，继续推进文化惠民工程，构建基层公共文化服务体系，为民办实事；加强协调，密切合作，推进文化“六进工程”；切实开展工业文物征集和非物质文化遗产保护工作等。今年柳南区荣获2010“和谐柳州”元宵花灯展示活动特别组织奖（十一冶公司花灯《龙腾虎跃》斩获“灯王”称号）、柳州市第七届“龙城金秋”群众文艺会演优秀组织奖、第十一届“柳江之夏”文化展演活动组织奖、2010年度柳州市文化系统重点工作目标管理考核一等奖，由区文体局指导的南环街道门头村农家书屋荣获由文化部等四部委颁发的“全国‘服务农民、服务基层’文化建设先进集体”称号。

在响应柳州市开展“和谐文化服务行——千团万场”群众文化建设年活动的工作实践中，柳南区根据上级要求并紧密结合实际情况，采取积极和灵活的群众文化活动策略。在有条件的村屯、社区，每周增加居民业已习惯并保持较高热情的活动数量，并通过“欢乐柳江南”“刘三姐大舞台”等各种活动机会进一步鼓励业余文艺团队积极参与活动，保证周周都有小型演出；在条件还不成熟、群众文化活动氛围长期较为薄弱的村屯、社区，我们采取要求为辅、鼓励为主的策略，利用先进社区的带动作用，通过业余文艺团队交流、沟通、共同参与活动、先进带动后进、演出机会向部分后进社区倾斜等方式，将部分村屯、社区居民的活动热情提升和刺激起来，达到了较好的效果。据初步统计，仅在柳南区承办的四场“刘三姐大舞台”周周演活动中就有来自社区、村屯或学校的累计30余支文艺队伍的共约400多名演员参与了演出，其中不乏原先在群众文化活动中较为后进的基层单位，而在今年柳南区群众品牌“欢乐柳江南”文艺演出中，参演队伍和参演人员相对去年也呈现增长趋势。

柳南区积极组织参加柳州市文化系统举办的各类文化活动，包括“元宵花灯展”“龙城金秋”“柳江之夏”刘三姐大舞台“欢乐广场——周周演”“大干五十天，再创新辉煌——宣传贯彻党的十七届五中全会精神县区公益巡演”等。这些活动大多荣获奖项，包括“和谐柳州”元宵花灯展示活动特别组织奖、第七届“龙城金秋”群众文艺会演优秀组织奖、第十一届“柳江之夏”文化展演活动组织奖等。

年内，柳南区采取投入专项经费的方式直接补助辖区街道、乡镇、社区、村屯开展群众文体活动、采购文体活动设施。这是我们落实“大发展大繁荣”政策，完善基层文体设施网络建设加强基层公共文化服务体系建设的创新举措、重要举措、实际举措，缓解了长期以来制约基层文体事业进一步发展的瓶颈问题。柳南区分别划拨了12万元和50万元用于补助基层开展群众文体活动和采购文体活动设施，是柳南区首次以下拨专项经费的方式开展公共文化服务体系建设，有力推动了城区文化惠民工程建设。

柳南区民间烙画艺术家何志云荣获柳州市第五届“十佳民间艺人”称号，区文化馆工作人员张玉琼荣获柳州市非物质文化遗产普查“先进工作者”称号。

【鱼峰区】 柳州市鱼峰区文化和体育局，下设二层机构两个，即：区文化馆、区图书馆。现在职人员6人，其中行政编制2人，其余属财政全额拨款事业单位，财政拨款用于文化事业达100多万元。

年内,鱼峰区以全国特色文化广场——江滨社区文化广场为龙头,成功举办了以首届“立鱼欢歌”广场文化节为主体的“鱼峰之声”“每月一星”“廉政山歌”赛等广场文艺活动,累计演出达60多场,观众10万多人。组织参加“和谐柳州”元宵花灯展,展示花灯2150盏,荣获柳州市优秀组织奖。结合安全生产活动月、纪念中国人民抗日战争胜利65周年宣传等活动,开展送电影进社区(村)活动,全年放电影共80场,完成率达113%。柳州市首家城区级图书馆——鱼峰区图书馆于4月22日正式运行,馆藏图书达6989种9187册,办理借阅证175本,成为我市首家实现与市图书馆“通借通还”的城区图书馆。今年大桥、狮山等2个社区被批准为新增的社区文化活动中心,目前,鱼峰区已建有1家城区图书馆、22个社区文化活动中心(其中有19个社区文化活动中心、3个村级文化活动室)、24个社区图书馆(其中4家“农家书屋”)、10个社区报刊阅览室等多项基层文化基础设施。积极参与柳州市举办的“柳江之夏”群众文化系列活动和刘三姐大舞台“欢乐广场”周周演等各项活动,精选了6个优秀文艺节目参加柳州市举办的第七届“龙城金秋”文艺会演,其中舞蹈《红梅·红旗·红色的交响》获表演一等奖、舞蹈《江南荷莲莲》《姥姥的布老虎》获表演三等奖。鱼峰区文化馆馆长徐文初创作的小品《我家那个今天回》获得了全国小戏小品艺术作品小品二等奖。广泛开展工业遗产文物征集,共收集工业文物达450余件。2010年,鱼峰区文化和体育局获柳州市文化系统重点工作目标管理考评一等奖。

“立鱼欢歌”广场文化节是鱼峰区一项重要文化创新工作,它主要以江滨社区文化广场为主会场,演出大型高水平的文艺节目;以各街道办事处辖区休闲广场为分会场,开展各街道艺术团队交叉相互展演为内容,打造鱼峰广场文化阵地群,形成多层次、多方位的立体的文化品牌。新华网、柳州日报、柳州晚报、新播报、柳州广播电台、柳州电视台等新闻媒体刊发(播出)相关报道达10条(次)。11月30日,《柳州日报》还以头版头条的形式刊发了题为《群众首创唱不尽美好柳州——鱼峰区繁荣基层文艺事业推动和谐社会建设有一套》进行报道。

“鱼峰之声”群众文艺会演始创于1990年,至今年已举办十九届,是鱼峰区历时最长的精品特色文化品牌活动。

鱼峰区充分发挥社区文化活动中心的作用,开展主题为“我歌唱,我快乐”活动。采取海选的方式,以声乐比赛为主,重在娱乐参与,成功举办鱼峰区“每月一星”歌手PK赛活动。本次活动展现出两个特点:一是群众参与热情高。据不完全统计,参加活动的群众达1000多人次。其中参赛者中还不乏一些70、80岁的老人。二是参与水平较高。在参赛的选手中有些是曾获得各类歌唱比赛奖项的优秀歌手,也有的是对歌唱有浓厚兴趣的业余爱好者。通过举办“每月一星”歌手PK赛活动,繁荣了鱼峰区群众文化,促进社区文化建设,提高群众文化素质,不断推进鱼峰区群众文化事业向前发展。

【城中区】 城中区文化和体育局,前身是城中区文教科,2001年12月机构改革后更名为城中区文化和体育局。现下辖2个二层机构,即城中区文化馆、城中区图书馆。目前全文体系统在编人员10人(其中区文体局2人、化馆4人、区图书馆3人)。2个二层单位属财政全额拨款单位。全年我区以建设“三个城区”的目标,进一步打造提升“欢乐城中”文化活动品牌,文体事业快速发展,全年组织开展各项文体活动125次,公益电影放映队到社区和村屯放映公益电影128场，组织参加各类比赛共获各种奖项265个，其中市级135个，城区级130个。全年我区用于文化方面的投入达到120多万元，有力的保障了全区文化工作的顺利开展。城中区文化和体育局在2010年文化局重点工作目标管理考评获特等奖，在市体育局年度考评中获一等奖。

亮点活动多。2010年城中区大型灯展活动在人民广场举行，共组织了4100多盏花灯在市人民广场进行了4天的展示，前来观赏的市民超过30万人次，仅元宵节当晚就达到10多万人次，我区获市级优秀组织奖；由城中区文体局负责策划组织、与市委宣传部、市文化局、市妇联等单位联合在市文化艺术中心成功举办“百年放歌”——柳州市各族各界妇女庆祝“三八”国际劳动妇女节100周年“金嗓子”音乐晚会；3月13日，协助区社会治安综合治理委员会在市文化艺术中心露天舞台成功举办城中区综治集中宣传日演出活动；计生局举办城中区人口文化进校园活动启动仪式暨“活力青春 你我同行”主题文艺晚会；5月份开始，利用每个周末的时间，由每个城区轮流在艺术中心“刘三姐”露天大舞台组织群众文艺展演；举办以广场文化活动为载体的系列群众文化活动——柳州市第十一届“柳江之夏”暨第七届“龙城金秋”文艺会演活动。

积极开展送电影下村屯、下社区、进军营、进工地，进一步拓展“文化惠民”工程的受益面，让人民群众共享先进文化的发展成果。

抓好“农家书屋”建设。全年城中区文体局新建了2家农家书屋，河东村新村屯被自治区文化厅授予的小康文化示范户，环江村龙村屯荣获柳州市“农家书屋”优秀示范点。

为加快全国文化信息资源共享工程城区级支中心——城中区图书馆建设，我区先后对图书馆硬件、设备、图书馆管理员配备经费投入达120多万元。通过将网络技术引入图书馆，建立“天网（卫星）、地网（互联网）、内网（馆内局域网）”三合一的多媒体网络数字体系，电子阅览室还可通过卫星远程信息交换，改变了过去传统单一的阅览方式，实现了全国各个地区文化信息节点联网共享的目标。2010年图书馆通过全面升级改造已正式对外开放。

桂　林　市

全市文化工作综述

2010年，桂林市文化工作围绕大局，服务社会，成效显著。公共文化服务设施建设步伐加快，“一院两馆”项目开工建设，58个村级公共服务中心和32个乡镇综合文化站建设任务全部完成；社会文化活动亮点纷呈，“漓江之声”再获全国大奖；文化遗产保护取得突破性进展，靖江王陵、甑皮岩两处遗址入选第一批国家考古遗址公园立项名单；非物质文化遗产保护不断深入，第三批自治区级非物质文化遗产名录中，我市项目数居全区之首；艺术生产捷报频传，喜获多项国家、自治区大奖；文化市场健康有序，市文化局荣获全国文化市场综合执法先进单位；文化产业初具规模，产业结构不断优化，重点项目进展顺利。全市文化工作呈现稳步推进、健康发展的良好态势。

专业艺术

【市曲艺作品实现全国少数民族曲艺展演“三连冠”】 7月15日晚，第四届全国少数民族曲艺展演在贵州省贵阳市落幕。全国15个省、自治区、直辖市选送的36个节目参加了这一历时3天的展演。桂林市选送的苗族呢呐哩《偷秋》获得一等奖，瑶族乐春鼓《诺言》获得三等奖。代表桂林参赛的桂林曲艺团连续参加了第二、三、四届全国少数民族曲艺大赛，每届都有节目荣获最高奖，是名副其实的“三连冠”。

【市直五大专业剧团综合业务考评活动】 8月6日上午，市直专业剧团综合业务考评活动在广西省立艺术馆旧址开始举行。本次活动持续两天，市直5大剧团全体演职人员悉数上台亮相，接受自治区艺术专家评委的考评。经过专家认真评选，市桂剧团、市歌舞团获得团体一等奖，市曲艺团、市彩调团获团体二等奖，市杂技团获团体三等奖。赵娜等100多名演员获得个人表演奖。

【市代表队参加第四届广西青年演员戏曲、曲艺、话剧大奖赛】 9月3日至7日，第四届广西青年演员大奖赛（戏曲、曲艺、话剧）决赛在南宁举行。15个艺术院团的91个节目、131名演员参加决赛，参演剧目涵盖了桂剧、彩调剧、壮剧、粤剧、邕剧等广西主要地方戏曲剧种，还有京剧、话剧、曲艺，是广西戏曲、曲艺、话剧界的一次盛会。由我市桂剧团、彩调团、曲艺团22名优秀青年演员组成的桂林市代表队凯歌高奏，共获得一等奖2名、二等奖4名、三等奖6名。此外，桂林市文化局还获得本次大赛优秀组织奖。

【参加第一届广西舞蹈青年演员大奖赛】 为期5天的首届广西舞蹈青年演员大奖赛决赛10月29日晚在南宁落下帷幕，来自全区32个参赛单位的192名演员共表演了105个节目。市歌舞团代表桂林在本届比赛中共获7个表演一等奖、4个表演二等奖和1个表演三等奖，2人获优秀编导奖，4人获编导奖。市文化局获优秀组织奖。

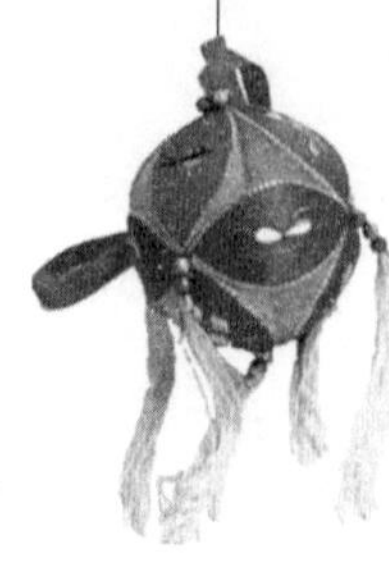

【第一届广西杂技(魔术)比赛决赛桂林市参赛节目全部获奖】 11月,由文化厅、自治区文学艺术界联合会和广西电视台联合主办的第一届广西杂技(魔术)比赛决赛在南宁落幕,本届比赛以繁荣全区艺术门类,提高全区的杂技(魔术)水平,发现和培养青年艺术人才为目的。桂林市杂技团参赛节目《排练正在进行中》获得本次决赛魔术类唯一一个一等奖。《心动时刻》和《花式跳绳》获得节目二等奖,手技《炫》获得三等奖。谢俊芸、龙克硬获得优秀表演奖,吴俊生、刘俊获得优秀编导老师奖。此外,市杂技团和桂剧团均获得优秀组织奖。

【《灵渠长歌》启动百场巡演】 10月16日晚,大型新编历史桂剧《灵渠长歌》在兴安县举行全市范围百场巡演的首场演出,唱响了一首歌颂"灵渠精神"的史诗。2011年,该剧将参加在重庆举办的第十届中国艺术节。

【"情系八桂——两岸文化联谊行"在桂林落幕】 8月23日,由文化部和国务院台办担任指导单位,中华文化联谊会与广西壮族自治区人民政府共同主办,自治区文化厅与自治区人民政府台湾事务办公室承办的"情系八桂——两岸文化联谊行"大型文化交流活动在桂林市落下帷幕。广西壮族自治区副主席李康,桂林市委书记刘君,文化部港澳台办副主任、中华文化联谊会副会长侯湘华,台湾嘉宾代表、访问团团长张京育出席了当晚举行的闭幕式并致词。该活动历时10天,先后参访南宁、柳州、桂林等地,分为"文化交流""文化参访"及"文化联谊"三大板块,包括开幕式暨欢迎晚宴、广西文化报告会、两岸文化交流笔会和闭幕式暨联欢晚会等多项重要活动,还安排嘉宾观摩了大型民族音画《八桂大歌》、山水实景演出《印象·刘三姐》等艺术精品及广西非物质文化遗产优秀项目。

群众文化

【新春文化活动月及春节群文活动精彩纷呈】

新春文化活动月及春节群文活动是我市节庆群众文化的龙头,今年的农村新春文化活动月红红火火,春节群文活动精彩纷呈,城乡处处呈现出喜庆祥和的节日气氛。2月5日,群众艺术馆组织第23届迎春漫画展和桂林民俗风情摄影展与市其他相关单位到灵川县大圩镇参加桂林市2010年科技、文化、卫生三下乡启动仪式,200多幅漫画作品和摄影作品给群众带来了欢乐,近万人观看了展览。此外,还在元宵节期间把漫画和摄影作品带到阳朔、平乐等县乡进行展览,受到了农民朋友的欢迎。2月14日大年初一在中心广场举行春节文艺演出,演出以舞蹈《春节祝福》开始,演员伴着欢快的曲子提着红灯笼翩翩起舞,立刻吸引了四面八方的市民和游客的注意,中心广场人群聚拢来津津有味地欣赏。杂技、舞蹈、小品、快板等节目陆续登场,赢得了观众的阵阵掌声。在广场左侧,8头来自南药股份有限公司的舞狮伴着铿锵的锣鼓声上下翻腾跳跃,给广大市民拜年,观众把他们围得里三层外三层,精彩的表演不时赢得阵阵掌声;由市老年文化艺术团组成的腰鼓队身着鲜艳的少数民族服装,舞动着火红的彩绸,敲起腰鼓贺新春;富有桂林本地民俗特色的牌灯队踏着清脆的鼓点不时地变换队形,最后拼出了"和谐的桂林欢迎你"等语句,引得游客不停合影。在广场花坛另一侧,第23届迎春漫画展和民俗风情摄影展吸引了数千观众驻足观看,细细品味这一精致的文化盛宴。

【"周末大家乐"广场文艺演出精彩纷呈】 桂林市大型公益性文化活动——中心广场文艺演出活动已举办10个年头,产生了良好的社

会效益，今年的主题是“周末大家乐”，旨在提升广场文化活动档次，带动全市、各县(区)广场文化活动开展，达到“周周有演出，人人同欢乐”的效果。4月10日，由叠彩区的文艺专场演出拉开了活动大幕，截止6月19日，秀峰区、市总工会等单位共上演12场精彩演出，演出节目134个，观众达5万余人。

【“和谐文化服务行”群众文化建设年活动掀起培训新高潮】 按照自治区主席马飚关于建设“和谐文化”的指示精神和市委提出的“文化立市”的要求，根据《桂林市文化局“和谐文化服务行”群众文化建设年实施方案》的要求，市群众艺术馆于4月13日至16日举办了12县、5城区文化馆师资培训班，培训内容包括小品、小戏表演与编导；音乐演唱与编导；舞蹈表演与编导；美术理论与创作四个门类。参加培训学员65人。4月23日至24日，举办了社区文艺骨干培训班，开设了舞蹈、合唱指挥、模特秀以及声乐讲座。有122名社区文艺骨干参加了培训。1月至5月间，市群众艺术馆还派出声乐、舞蹈、戏曲专业辅导老师深入县乡村寨了解情况，制定辅导、培训计划，与当地文化馆一起开展一系列农村(社区)文艺骨干培训工作。其中5月11日至15日，在资源县举办了村屯、社区文艺骨干舞蹈培训班，学员90余人；5月17日至19日在全州县举办了戏曲舞蹈类培训班，有20多名业余文化骨干参加了培训。

【美术写生班】 为全面贯彻落实文化厅关于开展“和谐文化服务行”群众文化建设年文件的精神和市委“文化立市”的发展战略，配合我市“写生作品精品展”作品征集活动的开展，市群众艺术馆于5月24日至6月6日举办了一期“走进金秀”美术写生活动，来自各县区文化馆美术辅导老师和业余爱好者25人到金秀创作、写生。写生期间，学员互相交流，共同探讨，老师实地指导，取得了良好的效果。

【第三十一届“漓江之声”】 今年9月份我市举办了第三十一届“漓江之声”大型群众文化活动，本届“漓江之声”活动由“漓江之声”——“共建和谐家园”文艺创作节目比赛、“漓江之声”——少儿才艺比赛、“大地深情”——村屯文艺队优秀节目展演、“唱桂林，爱家乡”优秀歌曲比赛四个项目组成。经过40多场预赛的选拔，有188个节目参加了9月20日至29日举行的4大项共9场决赛，评选出优秀组织奖9名，组织奖8名，一等奖28个，二等奖59个，三等奖42个，创作奖16个，编导奖11个。百姓大舞台·第三十一届“漓江之声”颁奖晚会暨优秀节目汇报演出于10月11日在漓江剧院精彩上演，有关市领导观看了演出，并对本届“漓江之声”给予了充分地肯定。

【“桂林写生作品展”】 为了响应桂林市委、市政府“文化立市”的号召，进一步营造桂林市美术创作氛围，更好地推动我市的美术普及与创作，同时展示出文化局、群众艺术馆坚持十年组织基层美术爱好者，开展写生活动的成果，10月29日至31日，市群众艺术馆共组织江苏、桂林中青名家及参与历届美术活动的部分画家作品100件在桂林市展览馆进行了展出，展览取得了很好的社会效果。

【“漓江之声”获殊荣】 5月24日晚，第九届中国艺术节第十五届全国群星奖颁奖晚会在广州举行。群星奖是文化部为繁荣群众文艺创作，促进社会文化事业的繁荣与发展而设立的全国社会文化艺术政府奖，作为文化部设立的政府社会文化最高奖，其权威性、艺术性和广泛性得到各级政府、文化部门、专家评委和广大群众的充分肯定和认可。群星奖的设立对于推动社会文化建设健康发展，推出优秀作品，培养优秀人才，具有重要的意义和作用。我市大型群众文化活动“漓江之声”喜获项目奖。群众艺术馆馆长苏韶芬被评为全国“群文之星”。

【公共文化单位免费开放课题调研】 11月，由文化厅牵头的公共文化单位免费开放调研组深入来宾市进行调研，苏韶芬任文化馆、站免费开放子课题的调研组长，带领有关调研组成员一起深入来宾、象州、武宣、金秀等县、乡、村文化馆、站了解馆站现状，与农民亲切交谈，了解他们对文化的需求，完成了近万字的调研报告。

【广西第二届文场保护发展(荔浦)论坛】 12月3日，广西第二届文场保护发展论坛在荔浦举行，我馆协助荔浦县做了大量的前期准备工作，并有4篇论文入选此次论坛的论文集。由马尔曼老师编排的少儿文场表演《陈姑追舟》在论坛展演中进行了演出，他们是此次参演演员中年龄最小的，同时也是获得掌声最多的。

【2010年十二县、五城区及各大高校巡展】 5月11日，由市委宣传部、市文化局主办、展览馆承办的“桂林市2010年十二县、五城区及各大高校巡展”在桂林师范高等专科学校拉开帷幕。本年度的巡回展览包括艺术摄影展、廉政文化图片展、非物质遗产图片展三个部分。巡展在桂林师专、广西艺术学院雁山中国画院、广西师大漓江学院、桂林旅专、临桂会仙镇、羊角山社区、五通社区、七星区等高校、乡镇展出100场次，观众近3万人次。巡展充分发挥了展览活动的政策宣传、思想教育、艺术熏陶等功能。

【伍门三代书法作品展】 1月13日至15日，由桂林市书协、广西师范大学美术学院、广西师范大学书法艺术研究所等单位联合主办的“伍门三代书法作品展”在桂林市展览馆举办，桂林市领导李文杰、汤杰、周卫、王德明出席了开展仪式。这一展览是广西师范大学美术学院建院二十年之际为纪念广西师大美术学院创始人伍纯道而举办，展览共展出伍纯道及其弟子、再传弟子创作的书法作品150幅，大多以草书、隶书为主，彰显了伍纯道教授在书法创作与教学等方面的成就。

【2010年桂林市新春摄影艺术展】 为丰富桂林市人民春节文化生活，1月至2月，市委宣传部、市文化局、市展览馆、市五大摄影协(学)会联合举办了第三届“2010年桂林市新春摄影艺术展”。展览共征得海内外2000多幅投稿作品，最终评选出优秀作品124幅，于2月3日至8日共展出7天，3000多名群众观看了展览。展出作品题材丰富，不仅有美轮美奂的风光美景，活泼生动的花鸟虫鱼，还有百姓生活的千姿百态，展览丰富了市民和游客的节日生活，受到市民的欢迎和喜爱，很多观展后的市民、游客在留言簿上留言，表达了对展览的喜爱和支持。

【中·日桂林书画联展】 11月19日至21日，桂林市文化局主办的“中·日桂林书画联展”开幕，中日书画家及各界人士共计400多人参加了本次展览开幕式，约5000观众参观了展览。展览展出作品200多幅，其中日方选送作品100多幅，包括日本画、油画、水墨画、书法、摄影艺术等作品，品种繁多，风格多样，展示了日本民族丰富多彩的文化内涵，参展的桂林本土50多位艺术家也展示了富有个性的艺术佳作，使联展呈现出两国文化艺术上的异曲同工又异彩纷呈。“中·日桂林书画联展”已经成功举办13届，成为一个推动两国文化艺术交流的有效载体。

【桂林市·衡阳市美术书法精品展】 10月17日至18日，由桂林、衡阳市委宣传部共同举办的“桂林市·衡阳市美术书法精品展”开

幕，展出两地作者作品160件，作品中各画种、各书体形式多样，题材广泛，创作水平较高，既反映了两市厚重的历史文化，又表现出两市绚丽的时代风彩；既描绘了两市秀丽的山水风光，又抒发了两市人民的深情厚谊。本次展览对加深桂林、衡阳两市的传统友谊，促进两市的艺术交流具有重要的意义。

【印象草原·内蒙古草原油画院油画作品展】 5月4日至7日，由内蒙古文化厅、桂林市文化局主办的“印象草原·内蒙古草原油画院油画作品展”在桂林市展览馆展出，展览展出的70余幅作品为“草原画派”的画家们近年来精心创作的代表性作品，主要由人物画创作、风景画创作、静物画创作及草原写生等四部分组成，作品充满浓郁草原气息、别具风格的艺术作品。本次展览对宣传草原文化，加强桂蒙两地人民的交流起到积极的作用。

【传承之旅——林浩湖书画展】 6月26日至28日，“传承之旅——林浩湖书画展”在桂林市展览馆开幕，文化部原常务副部长常克仁和桂林市领导李佑民、鲁圣发出席了开幕式。著名青年书画家林浩湖是福建绍安人，17岁加入了中国书法家协会，现为福建美协会员，任职于文化部中国艺术研究院，是当代山水画坛中颇具实力、行走于古典与现代之间的代表性画家。此次画展中，林浩湖用60幅书画精品，抒发了对桂林山水的热爱。

【周嘉福中国画回乡展】 11月27日至29日，桂林籍画家周嘉福举办的全国巡回画展在桂林展览馆开展。此次展出的是周嘉福多年来精心创作的百余幅山水、花鸟、人物系列作品。作品展现了西北粗犷、浑厚的自然山川，让家乡人们了解了西北山川的特有风貌。

【喜迎国庆——桂林高校教师六人美术作品交流展】 10月1日至5日，桂林市委宣传部、桂林市文化局举办了“喜迎国庆——桂林高校教师六人美术作品交流展”，这是我市在2010年国庆期间献给广大市民的一次精神艺术大餐。本次展览对宣传桂林文化立市战略、推动高校之间的文化学术交流活动、提升桂林市民的艺术鉴赏能力起到积极的作用。展览展出了分别来自桂林五大高校的王可大、罗克中、柴刚、吴筱荣、王善明、尹建华等教授的作品，他们既是教学上的骨干，又是专业上的行家里手，在各自工作的领域内业绩颇多，可圈可点。有的美术作品分别荣获国家级、省级的金奖、银奖、铜奖、以及优秀奖。这次展出的作品从种类上分有：中国画、油画、水彩画、钢笔画、雕塑等五大类。作品内容丰富，形式多样，色彩纷呈。

公共图书馆

【广西桂林图书馆开展古籍保护工作】 广西桂林图书馆于2008年7月正式成立广西壮族自治区古籍保护中心桂林分中心，古籍保护工作走向正轨。年内，新增一台古籍普查平台服务器，并完成了全部安装，至此，将普查登记工作转移到了普查平台上，不再展开纸本的普查登记；增加了缩微阅读还原机、缩微阅读机、古籍修复压平机，纸浆修复机等专用工具。年内，该馆先后派出了14人次参加了由国家古籍中心主办的古籍普查、古籍修复、古籍鉴定与保护、平台审核、碑帖鉴定与保护等相关的培训班，还承办了“第三期全国碑帖鉴定与保护研修班”。年内该馆被评为国务院第三批“全国古籍重点保护单位”、自治区第一批“广西壮族自治区古籍修复中心”，并有26部古籍文献入选“广西自治区珍贵古籍名录”。

【第三期全国碑帖鉴定与保护研修班】 10月

13日至27日,由国家古籍保护中心主办、广西桂林图书馆承办的第三期全国碑帖鉴定与保护研修班在桂林举办。此次培训是国家古籍保护中心首次在广西开设碑帖研修班。国家古籍保护中心副主任李翠薇、广西文化厅社会文化处副处长罗征、广西桂林图书馆馆长丰雨滋等出席了开班仪式并先后作专题发言。来自全国各地古籍收藏保护单位的95名学员参加了培训。培训班历时14天,中国科学院的罗琳教授、上海图书馆的仲威先生、全国古籍善本专家孟宪钧先生、山东大学刘心明教授、国家图书馆的冀亚平先生、国家图书馆的卢芳玉女士等专家,分别为学员讲授上海图书馆藏拓简介、碑帖整理、碑刻的起源与分类、中国传拓技术、碑帖著录、汉文古籍(拓片)普查平台登记系统等内容。培训班采用课堂教学与实地练习相结合的方式,老师现场讲解并演示拓碑方法,学员到桂海碑林博物馆实地练习。

【广西桂林图书馆文化共享工程建设】 年内,广西桂林图书馆在桂北地区新建县级支中心7个,乡镇基层服务点147个,村级基层服务3889个;自建数字资源430G;开展文化共享工程服务活动20余次,受益群众达6千余人次;组织桂北地区各支中心开展服务活动169次,受益群众达62万余人次;组织对桂北地区各市县支中心和基层服务点进行集中面授培训5期,培训人员370人次。该馆演讲的《小城故事》在文化共享工程“感人故事”演讲比赛中获评委会奖,拍摄的《文化共享到侗寨》获文化共享工程“摄影作品”一等奖。广西桂林图书馆通过文字、图片、图表、多媒体展示等形式,在“全国文化信息资源共享工程‘十一五’成果展览”上系统介绍了桂北地区“十一五”期间文化共享工程取得的成果。

【桂北地区文化共享工程培训】 年内,桂北地区文化共享工程共举办培训538次,培训人员1758人次。广西桂林图书馆组织对桂北地区各市县支中心和基层服务点进行集中面授培训5期,培训人员370人次;除举办集中培训外,还积极组织桂北地区各市县支中心收看国家中心举办的网络直播培训。培训主要采取集中面授培训、现场培训、远程培训、远程协助指导等多种模式,内容包括文化共享工程基础知识、文件资料学习、软硬件设备的操作与维护、图书馆自动化系统的使用与维护、资源加工管理系统的使用与维护、摄影摄像技术实用知识等。

【广西桂林图书馆开展科普工作】 广西桂林图书馆是广西青少年科技教育基地、桂林市青少年科技教育基地、桂林市科普工作联席会议成员单位。年内,该馆分别到灵川县大圩镇、灌阳县、荔浦县青山镇开展科技下乡服务活动,每次均根据当地种养殖情况精心编制农业科技种养资料50余种,接待群众3000余人,发放资料5500余份。该馆组织开展形式多样的科普服务活动,代表性的有“走进科学”科技实践活动、“悦动·科学”青少年科普大挑战系列活动等。“走进科学”科技实践活动内容包括:举办“好书分享”优秀书目推荐展览;举办“汉字的发展演变”公益展览;举办“桂海讲坛”科普知识视频讲座,同时邀请摄影专家到“桂海讲坛”讲授摄影知识;举办“情系农民工服务日”。经全国科技活动周广西活动领导小组的评审,“走进科学”科技实践系列活动获得全国科技活动周广西活动优秀项目奖。活动中,该馆开展了科技书刊阅览、发放免费阅览证、散发科普宣传资料及优秀书目推荐板报展等项目。

【广西桂林图书馆开展“图书馆服务宣传周”活动】 5月22日至6月1日,广西桂林图书

馆组织开展了以“充分发挥公益性电子阅览室作用，积极推进学习型社会建设”为主题的“图书馆服务宣传周”活动。活动周期间，该馆开展了广场服务宣传活动，通过发放免费阅览证、电子资源宣传资料、“好书分享”优秀书目推荐板报展、书刊展示等形式，向读者宣传电子阅览室的公益服务性质，介绍其电子资源、上网环境等；新建“旅游文献阅览室”，免费向市民开放；到桂林市培智学校开展“在同一片蓝天下”爱心助残捐赠活动，向智障儿童捐赠了一批科普影视光盘、智力玩具、体育用品等；到建筑工地开展“文化上门”服务农民工活动，把图书、期刊、光盘等文化资源送到工地，并为农民工播放优秀视频；利用电子阅览室举办农民工子女计算机网络知识专场讲座、举办“声光传播”电影联播活动、开展“绿色网络导航”，引导未成年人健康上网，对中老年人进行计算机网络知识培训等系列活动。

【“桂海讲坛”“桂林百姓文化大讲坛”“桂图展览”】 “桂海讲坛”是由桂林市知识工程办公室、桂林图书馆共同主办的面向社会、面向大众开展的周末文化公益讲座；“桂林百姓文化大讲坛”由桂林市委宣传部主办，广西桂林图书馆、桂林市社科联、桂林市文联共同承办，是桂林市政府着力打造的公益性文化品牌之一。在定位上，“桂海讲坛”主要以播放文化共享工程视频讲座为主，兼顾邀请专家现场讲座；桂林百姓文化大讲坛则主要是邀请嘉宾到现场讲座。“桂海讲坛”和“桂林百姓文化大讲坛”作为广西桂林图书馆公共文化服务的两个重要阵地，向来自各行各业的读者讲授科学文化知识，传播先进文化与科技信息，广泛引起了百姓的关注，成为桂林市民不可或缺的“城市教室”。2009 年，该馆与国家图书馆签定了《全国公共图书馆讲座联盟合作意向书》，至此，该馆成为全国公共图书馆讲座联盟成员之一。年内，两个讲坛共举办讲座 85 场，其中，专家现场讲座 35 场，视频讲座 50 场，现场听众达 10000 多人次，通过报纸、电台、电视台、视频网络等其他信息载体受益的市民难以统计。“桂图展览”是广西桂林图书馆面向社会，面向大众推出的展览服务，是桂林图书馆发挥社会教育和文化传播职能的特色服务之一。展览以普及化、生活化、信息化为宗旨，为广大读者奉献一系列主题鲜明、图文并茂、信息丰富、艺术性强、观众喜闻乐见的文化大餐。年内，精心组织各类展览 5 场，参观达 5000 多人次，其中的“山水澄怀——刘益之、郑发生画展”，刘益之作品全部来自实地写生，对景创作，造型精确生动、笔墨苍润老辣、构图饱满多变、格调超迈飘逸；而郑发生的作品则画风清疏秀逸，意象高远深幽，颇有古韵。画展受到桂林市社会各界的广泛关注。

【广西桂林图书馆在乡镇小学开设馆外流通站】 1月 5 日，广西桂林图书馆在临桂县临桂镇兰塘小学开设馆外图书流通站，这是该馆设立的首个乡镇小学馆外流通站。广西桂林图书馆向兰塘小学赠送了一批优秀少儿读物和各类书刊，并定期根据学校需要更换新书，帮助学校进行图书管理。截至 2010 年底，该馆共设立馆外流通点 21 个，涵盖幼儿园、学校、部队、社区及弱势群体，图书馆服务延伸到了幼儿、残疾儿童、部队官兵、社区居民、学校师生以及农民工朋友，初步形成了一个馆外流通网。

【广西桂林图书馆召开“(民国)《广西一览》影印再版、《广西桂林图书馆馆藏精粹》系列出版”新闻发布会】 12 月 5 日上午，我馆与广西壮族自治区地方志编纂委员会办公室在榕湖分部联合召开“(民国)《广西一览》影印再

版、《广西桂林图书馆馆藏精粹》系列出版”新闻发布会。桂林市政协、广西地方志编纂委员会办公室、桂林市委宣传部、桂林市文化局、桂林市地方志编纂委员会办公室、桂林市文联，来自桂林图书馆、商务印书馆的工作人员，各有关单位的代表及新华社、广西日报社、广西电视台、桂林日报社、桂林电视台等媒体，读者等近300人参加了发布会。(民国)《广西一览》影印再版是广西地方志编纂委员会办公室与广西桂林图书馆开展合作的成果，是广西古籍丛书民国典籍系列正式出版的第一部书，抢救性整理了广西濒危民国典籍。广西桂林图书馆作为广西古籍、地方文献收藏的主要单位之一，收藏有十多万册古籍和大量的广西地方历史文献资料，一直遵循着古籍工作“保护为主、抢救第一、合理利用、加强管理”的原则，大力开展保护古籍文化遗产工作。经过长期努力编纂的《广西桂林图书馆馆藏精粹》丛书已由商务印书馆正式出版，与广西地方志编纂委员会办公室合作的(民国)《广西一览》影印再版已由广西人民出版社出版。

【广西桂林图书馆与桂林社科联联合开展科普系列活动】 广西桂林图书馆常年与桂林市社会科学界联合会联合开展科普活动。10月30日，该馆开展了“乘势而上、科学发展”为主题的科普知识进社区活动，进行了板报展示、科普知识有奖问答、科技期刊展览、播放科普知识讲座等活动；发放了“共享工程”宣传册、科普小常识等宣传资料。活动期间发放宣传资料1000余份，吸引了社区居民、学生以及各界人士数千人参与。10月31日，该馆又在永福县永福镇湾里村举行了“社科知识进十村”暨图书捐赠活动仪式，向该村捐赠了一批科技图书。这些系列活动对推进科技知识的普及、建设社会主义新农村等起到了一定的作用。

【桂林市图书读者协会开展读者活动】 桂林市图书读者协会成立于1988年，是挂靠桂林图书馆成立的法人社团，宗旨是“读书、交流、成才”。协会配合桂林图书馆开展各项工作，参与了“第四届桂林读书月”以及“4·23世界读书日”等大型活动，举办读书讲座、讨论会、座谈会、书评、走读、成果展览等活动。年内，举办例会20次、组织走读活动共2次、讲座9次、出版内部刊物《书友》，开展“双百”人物有奖征文、征集协会会徽等。读者协会工作的各项工作得到了桂林市社会科学界联合会的肯定，被评为2010年先进单位。协会开展的“桂林山水甲天下 历史文化铸辉煌”走读桂林文化活动被评为最有创意活动。

【广西桂林图书馆开展读者活动】 年内，广西桂林图书馆组织各类读者活动200次，参加人数5万余人次。活动内容包括：图书馆服务宣传周、“4·23世界读书日”系列活动、知识竞赛、优秀视频展播、送书下基层、“走进科学”科技实践活动、少儿计算机技能竞赛、“FLASH”科普作品创作大赛和“快乐探索”成果大赛、“悦动·科学”青少年科普活动、共享工程服务活动等；参加桂林市第四届读书月、桂林市科技活动月、广西科技活动周、广西社会科学普及十月大行动、“社科知识进十村”“科普知识进社区”、图书漂流、走读桂林文化；组织桂林市图书读者协会举办例会20次，开展大型活动11次；举办周末公益性讲座“桂林百姓文化大讲坛”和“桂海讲坛”，其中，“桂林百姓文化大讲坛”举办讲座24场，“桂海讲坛”举办讲座61场；举办图片、板报展览5次。“走进科学”科技实践系列活动获得全国科技活动周广西活动优秀项目奖；“桂林山水甲天下 历史文化铸辉煌”走读桂林文化活动被评为“桂林市社会科学界最有创意

学会活动”。

【广西壮族自治区副主席李康视察广西桂林图书馆】 4月21日，广西壮族自治区副主席李康在文化厅副厅长陈映红陪同下来到广西桂林图书馆，视察该馆基础业务工作、少儿读者活动、文化共享工程、公共文化服务的开展以及新馆建设等工作。李康走访了该馆榕湖分部的各个阅览室，了解各阅览室的功能以及接待读者的详细情况，与工作人员亲切交谈并表示慰问。李康副主席详细询问了少儿阅览室书刊的借阅情况、小读者来馆情况，还专门到电子阅览室查看“绿色上网”服务工作。李康副主席对该馆开展的读者服务工作表示满意，并指出图书馆是面向未成年人的公益性上网场所和活动场所，应该为未成年人健康成长营造良好的社会文化环境。李康副主席一直以来都关心广西桂林图书馆的建设和发展，曾在广西桂林图书馆百年馆庆之际发来了贺信，并捐赠其藏书。

【中国残联理事长王新宪视察广西桂林图书馆盲文有声读物图书室】 12月27日，以中国残疾人联合会党组书记、理事长王新宪为组长的全国创建无障碍建设城市国家检查验收组在自治区残疾人联合会理事长谭和平、桂林市副市长周卫、桂林市残疾人联合会理事长李何的陪同下，到广西桂林图书馆盲文有声读物图书室视察工作。王新宪理事长一行听取了该馆工作人员关于盲文有声读物图书室的发展情况介绍，对“盲文有声读物图书室”的创办过程，馆藏书籍，有声读物，盲人有声设备和向盲人读者提供各种服务的具体情况进行了详细的了解。该馆盲文有声读物图书室成立于2003年10月15日第20届国际盲人节之际，是广西第一个盲文有声读物阅览室。配有手提式MP3\CD收录机、VCD、DVD机、盲人应用软件电脑等设备供盲人读者免费使用。目前阅览室藏有推拿、按摩、小说、电影录音、诗歌、乐曲、教育等有声读物1422种4380件(册)，盲文书籍149种730册，以及中国盲文图书出版社出版的《盲文月刊》《读者》《医学荟萃》《文化世界》杂志4种。自盲文有声读物图书室成立以来，工作人员通过编制宣传资料，走访桂林市各城区残联、街道办事处、各个社区，联系和了解盲人读者基本情况，上门为盲人读者办理盲文有声读物图书室借书证等方式进行服务宣传，以便让更多的盲人了解、利用盲人有声读物图书室。在服务方式上采取电话预约，上门服务，到馆借阅，建立志愿者服务队伍开展服务等方式。志愿者队伍主要担当送书上门、学习辅导、培训等工作。建成至今，盲文有声读物图书室已接待盲人读者3000人次，外借书刊5000多册(件)，上门服务200多人次，培训盲人读者学习使用计算机1000多人次。

文化市场

【知识产权保护专项执法行动】 为落实《文化部关于印发全国文化市场知识产权保护专项执法行动方案的通知》，贯彻全区知识产权保护与执法工作电视电话会议和马飚主席重要讲话精神，市文化局自11月起在全市范围内开展了文化市场知识产权保护专项执法行动。专项行动整合文化市场执法资源，坚决遏制在文化娱乐、网络文化等领域存在的侵权盗版行为，下大力提高公众知识产权保护意识和能力，规范文化市场秩序，建立和完善知识产权保护长效机制，为桂林市文化大发展大繁荣创造公平竞争的市场环境。整个行动分动员部署、组织实施、总结检查三个阶段实施，主要有打击网络游戏“私服”“外挂”；清理歌舞娱乐场所歌曲点播系统；严查侵权盗版网络音乐；清查违法动漫游戏产品；查处假冒伪劣美术品；严打假唱假演奏；排查网吧影视服务器等七项内容。至2011年3月，全市共出动执法人员367人次，检查网吧经营场所551家次，游戏室97家次，歌舞娱乐场所110家次，受理举报案件33起，立案查处73起，处罚金额6万余元，收到良好成效。

【调整网吧监督员，加强社会监督】 为拓宽网吧监管渠道，净化青少年成长环境，深入贯彻有关法律法规，切实把市委、市政府领导指示精神落到实处，形成全社会齐抓共管的良好局面，2008年，由市教育局和文化局联合发文在社会上选聘了108名网吧义务监督员，对我市强化社会监管，严格禁止未成年人进入网吧，推进文明绿色上网，规范网吧守法经营发挥了重要作用。两年过后，部分监督员岗位、职务发生了变动，不能再继续履行有关义务，为确保工作的延续性，今年我们重新进行了核查选聘，人数调整为86名。

【组织开展文化市场法制宣传教育活动】 为落实《文化部办公厅关于开展文化市场执法宣传教育活动的通知》的精神，深入宣传文化市场法律法规，进一步增强依法行政、守法经营的意识，3月18日市文化局在全市范围内开展了以“12318”文化市场举报监督体系为重点的文化市场法制宣传教育活动。集中宣传文化市场、新闻出版、广播影视等综合执法领域，特别是涉及保护知识产权、维护未成年人权益以及规范市场经营秩序等方面的政策法规；“12318”文化市场举报电话、网站及中心，特别是受理投诉和举报的范围和内容；“打击侵犯知识产权和假冒伪劣商品专项行动”和“文化市场知识产权保护专项执法行动”期间查处的重大案件，特别是涉及新领域、追究刑事责任或具有典型意义的案例。通过在报刊、广播、电视和网络等新闻媒体发布消息，制作宣传栏、宣传板，散发宣传册、宣传卡以及专题片等，在人员密集处设立咨询台、公布12318举报电话、公开受理举报投诉、组织培训班或集中销毁活动等形式，广泛进行了的宣传，取得了良好成效。

【排查整治中小学、幼儿园周边200米网吧和游戏机室】 为认真落实全市“平安校园”创建工作会议精神，加强对中小学校、幼儿园周边文化经营场所管理，文化局召开专题办公会，研究部署中小学校、幼儿园周边文化市场排查整治工作。会议就如何贯彻落实有关文件精神，建立“创建平安”文化市场的长效管理机制，提出了组织保障规范化，联合整治程序化，责任落实全程化，督导检查常态化的总要求，并组织全体执法人员重温有关文件和政策法规，确保高标准抓好工作落实。至4月11日全市共出动执法人员134人次，检查文化经营场所243家次，受理举报5件，责令改正14件，警告11家次，有效震慑了一些不法经营者，营造了有利于未成年人健康成长的良好社会文化环境。

【开展打击网络侵权盗版“剑网行动”】 为加强网络环境下的版权行政执法和监管工作，保护权利人的合法权益，打击网络环境下的各类侵权盗版行为，净化网络版权环境，促进互联网产业的健康发展，根据自治区版权局、公安厅、通信管理局下发的《广西2010年打击网络侵权盗版专项治理“剑网行动”实施方案》，我市成立了整治互联网及手机媒体专项维权行动领导小组，迅速展开各项行动，以对网络游戏服务（含手机游戏）及网络动漫（含手机动漫）的监管为重点，认真清理网吧、网络游戏服务（含手机游戏）及网络动漫（含手机动漫）领域内的盗版和侵权行为。为确保各项措施落实到位，我们积极与公安、工商、消防、电信、教育和环保等职能部门协作，充

分借助社会力量,形成对网吧等文化市场不法行为的高压态势,并建立长效管理机制,实行常态化管理。7月下旬至10月底,全市共出动文化执法人员437人次,检查文化经营场所1380家次,受理举报37件,责令改正30件,立案调查31件,警告261家次,达到了预期目的。

【进一步规范文化市场经营秩序】 为加强文化经营市场管理,净化社会文化环境,规范文化市场经营管理秩序,加强校园周边环境治理和歌舞及游艺娱乐场所管理,强化对网络文化活动日常监管,特别是严查关于网吧接纳未成年人、非节假日青少年进入游戏游艺室等现象,营造良好社会文化环境和氛围,市文化局于11月20日至2011年2月28日,在全市范围内开展了以规范文化市场经营秩序为主题的专项整治行动。活动分宣传动员、专项整治、督导检查三个阶段,各区县同步进行。为掌握第一手资料,促进工作落实,加强对重大案件的督查督办,市文化局成立了三个检查组分片进行督导检查。

【研究制定文化市场“十二五”发展规划】 “十二五”期间,我市文化市场继续调整文化市场准入制度,完善投融资体制,引导社会资本投入重点文化项目和直接为群众服务的文化设施建设;发挥文化市场在资源配置中的基础性作用,取消一切不利于文化市场健康发展的政策限制,广泛利用社会力量开发文化市场,形成多种经济成分共同发展的文化企业格局;积极发展现代流通形式,加快市场整合步伐,形成结构优化、布局合理、统一开放、竞争有序的文化市场体系;认真执行文化市场法律、法规,严格执法,不断完善我市的文化市场监督工作,确保文化市场综合执法工作落实到实处;进一步促进政府管理与社会监督的有机结合,切实履行主管责任,形成党委领导、政府管理、行业自律、社会监督的文化市场监管体系,建立整顿和规范文化市场秩序的长效管理机制,确保文化市场的长治久安;强化文化市场技术监管力量和手段,建成统一、高效、便捷的全市文化市场信息监督管理平台,实现全市文化市场的网上监管;切实加强文化市场综合执法队伍建设,不断加强队伍组织建设、政治建设、思想建设,严格遵守和正确掌握、运用国家法律法规,提高执法队伍政治素质、业务水平和执法能力,建立一支廉正勤政,执法严明、素质过硬的文化市场综合执法队伍。

【桂林市网吧行业协会正式成立】 11月24日,桂林市网吧行业协会得到市民政局的批准,在滨江路正式成立,第一批共有93个会员单位申请入会,市委宣传部、市政府有关部门领导出席了挂牌仪式并作了指示,标志着我市网吧行业开始步入制度化、规范化发展阶段。经过近10年的发展,我市现有注册网吧180多家,提供的互联网经营服务已成为我市文化市场的重要组成部分,为丰富广大市民的文化生活和提供网络信息服务发挥了重要作用。网吧协会会员以签署行业自律公约为标志,承诺依法守法经营,严格行业自律,为上网消费者提供优质服务,不得以任何手段排挤竞争对手或者独占市场,不得以低于成本的价格倾销,扰乱正常的生产经营秩序,不得损害其他经营者的合法权力,各网吧经营单位要积极营造良好的经营环境,维护开放统一、竞争有序,和谐发展的市场环境。协会还定期组织会员学习相关网络法律法规,监督其履行义务,协助政府部门加强行业管理和沟通。

【向新闻出版局转移音像制品管理职责】 《广西壮族自治区人民政府办公厅关于印发〈广西壮族自治区文化厅主要职责内设机构

和人员编制规定〉的通知》(桂政办发〔2010〕24号)文件精神,经市政府市机构编制委员会办公室同意,5月,文化局正式将音像制品管理职责转移给市新闻出版局。

【组织实施文化市场综合执法改革】 为落实中央、自治区有关文件精神,整合现有文化(文物)、广播影视、新闻出版(版权)等行政执法队伍,加快推进文化市场综合执法改革,由文化局牵头经报请市政府、市委宣传部同意,正式组建市(县)文化市场综合执法机构,实行统一执法。新的综合执法机构职能范围主要包括:查处演出娱乐、网吧及互联网上网服务、网络动漫、手机音乐、电子游戏、美术品销售、文物经营等活动中的违法行为;查处违法安装和设置卫星电视广播地面接收设施、违法接收和传送境外卫星电视节目、破坏广播电视设施、播映走私盗版电影电视节目和未取得发行许可证的影视剧(片)等行为;承担图书、报纸、期刊、音像制品等各类出版物在市场流通环节的执法工作和"扫黄打非"有关任务。按照中宣发〔2009〕25号文件和自治区要求,市(县)委同步成立文化市场管理工作领导小组,统一领导文化市场管理和综合执法工作。领导小组由党委常委、宣传部部长担任组长,有关职能部门负责人担任副组长和成员,文化市场管理工作领导小组办公室设在市(县)文化行政主管部门。文化市场综合执法机构落实行政执法责任制和执法过错追究制,建立协调配合机制和信息通报制度,定期向相关部门通报执法情况和市场动态,及时报告重大案件查处情况并听取相关部门的处理意见。市文化市场综合执法支队定为副处级单位,县级文化市场综合执法大队定为副科级单位,为参公事业单位。

【组织元旦、春节专项整治行动】 为加强文化市场监管,全面排查消除事故苗头和隐患,确保节日期间繁荣稳定,根据自治区和市政府统一要求,文化局出动检查人员282人次分线分片对全市文化经营场所进行了全面清查,针对检查情况于2月1日召开了全市文化市场经营业主会议,组织学习上级的文件和市领导指示,针对有关问题进行座谈,对安全工作提出具体要求。

【规范行政审批,进一步提高行政效能和质量】 为落实《娱乐场所管理条例》《互联网上网服务营业场所管理条例》《营业性演出管理条例》《营业性演出管理条例实施细则》《文化部关于贯彻＜娱乐场所管理条例＞通知》《文化部关于＜娱乐场所管理条例＞贯彻执行中若干问题的意见》等一系列法规和规范性文件,市文化局严格挑选责任心强、业务精通、有资质的同志负责政务窗口工作,通过科学设置审批流程,健全完善各项审批制度,坚持依法审批,公开、公平、公正原则,广泛接受社会监督,保证了文化类行政审批项目的连续性和有效性,提高了审批效率。全年187项文化市场行政审批项目,无一项行政审批超时,无一项业主投诉,审批项目做到即时录入、实时评价、评价满意,工作质量和成效受到市政务中心的肯定。

【完成全市文化经营许可证年检和文化经营场所普查登记】 为落实文化厅办公室《关于开展全区文化市场经营许可证照年检工作的通知》,进一步规范全区文化市场经营秩序,准确掌握全市文化市场经营场所有关数据,结合文化市场经营许可证年检,组织召开了娱乐场所、网吧业主会议,认真对各经营场所运行数据进行核查登记。对没有参加会议的业主,逐一电话通知,电话通知不到的,执法人员亲自送年检单到各场所,确保做到人人知晓、不漏一家,共年检歌舞娱乐场所55家、电子游艺娱乐场所51家、互联网上网营业场

所144家。

【组织文化市场交叉执法检查】 为落实上级有关文件精神,促使执法队伍切实了解文化市场监管工作动态,加强纵向联系和工作借鉴,互相学习提高执法工作水平,市文化局组织市场科、稽查支队及县区文化市场管理办公室主任和稽查队长等23人组成三个检查组,利用半个月时间对全市文化市场进行了交叉大检查,检查采取听汇报、看原始资料和市场检查相结合的方式进行,共抽查全市19个乡镇共89个网吧、歌舞娱乐场所和电子游戏机等经营场所。

【开展净化社会文化环境促进未成年人健康成长行动】 为深入贯彻《广西壮族自治区文化厅贯彻落实〈中央办公厅、国务院办公厅关于进一步净化社会文化环境,促进未成年人健康成长的若干意见〉的实施方案》和市政府要求,市文化局积极行动,认真研究部署和开展了“净化社会文化环境专项治理行动”,6、7两个月我市(含12县5城市区)共出动3566人次,检查文化经营场所3126家次,受理举报23件,责令改正180件,警告13家次,停业整顿8家,其中检查互联网上网营业场所出动检查人员1306人次,检查1303家次,责令改正47家次,受理举服23件,立案调查7件,警告35家次,罚款21006元,责令停业整顿8家次,行动收到良好社会效果,得到市民好评。

文化产业

【桂林市获“经典城市名片”榜首】 1月10日晚,由北京大学主办,北京大学文化产业研究院、国家文化产业创新与发展研究基地承办的2010年第七届中国文化产业国际新年论坛在北京大学百年讲堂闭幕。闭幕式上举行了“中国城市名片荣誉盛典”颁奖典礼,评出中国9个“经典城市名片”,分别是:电影—《刘三姐》—桂林市,电视剧—《夜幕下的哈尔滨》—哈尔滨市,演艺—《云南映象》—昆明市,节庆—上海国际电影节—上海市,会展—中国(深圳)国际文化产业博览交易会—深圳市,曲艺—昆曲—苏州市,民俗—杨柳青年画—天津市,园区—789艺术区—北京市,地标—国家体育场(鸟巢)—北京市。此外,还评出了6个“新锐城市名片”。本次评选活动自2009年8月22日起启动,面向全国范围内的城市,通过“经典城市名片”和“新锐城市名片”两个评选视角,公开征集城市名片。经过网络投票和专家评委会评审,最终桂林等15个城市获得殊荣。

【“一院两馆”项目进展顺利】 年内,桂林市文化局完成了桂林大剧院、桂林图书馆、桂林博物馆项目的前期行政报批报审工作,签订了建设项目设计等相关合同,10月20日在南宁东盟博览会上与中国建筑总公司签订了的BT投资合同等主要建设合同,合同款额达7.5亿余元。组织项目采购工作厂商推介会1次,项目设备采购外地考察1次。7月6日举行了动土开挖仪式,“一院两馆”的基础施工工作进展顺利,全年完成投资1.3亿元。

【两文化产业单位获第三批自治区级文化产业示范基地】 年内,按照《广西壮族自治区文化厅办公室关于开展自治区级文化产业示范基地申报工作的通知》要求,积极组织市区、县文化产业单位参加第三批自治区文化产业示范基地评选。桂林佳辉王城旅游发展有限责任公司、龙胜各族自治县和平乡金江村黄洛长发瑶寨2家获得自治区文化产业示范基地。

【桂林市文化产业发展规划(2011—2015)编制完成】 为落实市委、市政府提出的“文化立市”发展战略，全面提升桂林市的文化软实力，满足人民群众不断增长的精神文化需求，推动文化产业成为国民经济支柱性产业，市文化局邀请上海社会科学院文化产业研究中心主任花建带领的课题组，立足桂林市的区位和资源，制定了推动桂林市文化产业短期有利、长期有效、滚动发展、稳定产出的可行性计划——《桂林市文化产业发展规划(2011—2015)》全面分析了桂林市文化产业的总体规模、优良品牌、新兴领域、优势条件和薄弱环节，在此基础上提出了“把桂林市建设成为以旅游演艺为优势，以科技创意为亮点，以工艺美术为特色，以印刷出版为辐射，效益优良、特色鲜明、持续发展、辐射大西南和东南亚的文化产业先进城市”的总体目标，和“演艺之都，创意福地，富集市场，智慧新城”的基本定位，提出了具体要求和阶段任务。

【《印象·刘三姐》《梦幻漓江》入选全国文化旅游重点项目支持名录】 按照文化部、国家旅游局《关于开展国家文化旅游重点项目名录旅游演出类申报评选工作的通知》要求，桂林市组织《印象·刘三姐》《梦幻漓江》、乐满地参选。此次评选旨在促进我国旅游演出市场的健康繁荣发展，鼓励各地打造优质的文化旅游演出品牌，全国共有199家旅游演出单位申报，经过专家评审和公示，最终35个项目入选，桂林市的《印象·刘三姐》《梦幻漓江》榜上有名，为广西仅有的2家。文化部、国家旅游局将对上榜项目在简化审批程序、加大金融支持力度、进入国际市场、加强宣传推广和培育旅游演出复合型人才等方面予以政策支持。

文化遗产

【概况】 年内，在文化厅和市委、市政府的正确领导下，围绕“保护为主、抢救第一、合理利用、加强管理”的文物工作方针，文化遗产保护事业取得显著成绩。配合广西文物考古研究所对湘桂铁路扩建经过的永福县窑田岭遗址进行了抢救性发掘，对全州永岁洮阳城址进行了发掘，并取得重大成果。文化遗产保护取得突破性进展，靖江王陵与王府、甑皮岩两处遗址入选国家文物局第一批公布的23个国家考古遗址公园立项名单，为广西仅有的两个上榜项目。全市第三次全国文物普查田野调查阶段的工作任务全面完成，成绩突出，得到国家文物局和自治区文物局的表彰。“中国桂林·史前文化遗产国际高峰论坛”成功举办，会议形成了对史前文化遗址保护和考古遗址公园建设具有里程碑意义的《桂林共识》。龙胜龙脊壮族生态博物馆正式对外开放。桂海碑林博物馆“山水有清音”主题陈列开展。“八路军桂林办事处”旧址综合楼改扩建工程开工建设。桂海碑林博物馆开展对虞山的57件石刻的拓片采集工作，共拓制265份拓片。桂林博物馆以新馆建设为契机，遵循“藏品立馆”的规律，共入藏中外书画作品、访桂国际友人礼品、少数民族民俗文物、当地历史文化名人墨宝和其他文物资料近800件。经广西文博专家鉴定，这批征集文物品级高，品相好，不乏精美之作。其中有10件(套)拟推荐为国家一级文物，二级83件(套)，三级399件(套)。在2010全区文化遗产保护宣传讲解大赛中，我市13名参赛选手，均获得好成绩，分别荣获一、二、三等奖。桂林甑皮岩遗址博物馆入选为第五批自治区爱国主义教育基地。继八路军桂林办事处旧址纪念馆之后，桂林博物馆、李宗仁文物管理处、桂北民俗博物馆正式向社会免费开放，市直各博物馆全年免费接待观众近100万人次。

【全面完成第三次全国文物普查田野调查阶段工作任务】 至年底，桂林市全面完成了第三次全国文物普查田野调查阶段的工作任务。全市五城区、12县共计登记调查不可移动文物2015处，占全自治区所有已登记文物点1/5。其中市区432处(其中秀峰区84处、叠彩区97处、象山区62处、七星区64处、雁山区125处)，并报送国家文物局三普数据中心；新发现、登记了一批重要的史前洞穴遗址、涉及东盟文物、商业老字号和桂林抗战遗迹；同时，推荐桂林史前洞穴遗址群、全州贡陂堰、恭城乐湾大屋等七处参加“三普百处新发现”评选活动，为桂林历史文化名城增添了新的光彩。我市三普队的韦军荣获国家文物局第三次全国文物普查田野调查阶段先进个人，贺战武、邓志强获得全区第三次全国文物普查田野调查阶段先进个人，桂林市第三次全国文物普查队获得全区第三次全国文物普查田野调查阶段先进集体奖，桂林市“三普办”获得文化厅表彰。

【靖江王陵与王府、甑皮岩遗址入选第一批国家考古遗址公园立项名单】 10月9日，国家文物局公布第一批国家考古遗址公园名单和第一批国家考古遗址公园立项名单。靖江王陵与王府、甑皮岩考古遗址公园成为23家立项的国家考古遗址公园之一。公园的建设将以靖江王陵与王府、甑皮岩洞穴遗址为依托，全面开展靖江王陵与王府、桂林史前洞穴遗址的保护与研究，探讨遗址保护与城市建设的关系，努力将靖江王陵与王府、甑皮岩考古遗址公园建成以遗址保护和研究为主、提高城市文化品位、为广大市民游客提供文化学习与休闲之地的考古遗址公园。其中甑皮岩考古遗址公园是目前全国唯一一个以新石器时代洞穴遗址为主题的考古遗址公园。

【“中国桂林·史前文化遗产国际高峰论坛暨中国博物馆协会史前遗址博物馆专业委员会第八届学术研讨会”在桂林召开】 11月13日至15日，由中国博物馆协会等单位主办，中国博物馆协会史前遗址博物馆专业委员会等单位承办，桂林甑皮岩遗址博物馆等单位协办的“中国桂林·史前文化遗产国际高峰论坛暨中国博物馆协会史前遗址博物馆专业委员会第八届学术研讨会”在桂林召开。中国考古学会理事长张忠培、中国科学院院士袁道先、联合国教科文组织驻北京办事处文化遗产保护专员杜晓帆、国际博物馆协会副主席马丁·施尔等专家以及来自中国、瑞士、澳大利亚、日本等国家与台湾地区的文化遗产管理部门和专业机构代表100余人出席论坛。张忠培、袁道先、杜晓帆、马丁·施尔、童春发等20多位专家、学者在大会上发言。与会专家围绕史前文化遗产保护与考古遗址公园建设等相关问题进行了广泛讨论，并发布了包括确保史前遗址安全、充分运用史前考古遗址公园文化、科普资源等内容的“桂林共识”。

【桂林甑皮岩遗址博物馆入选第五批自治区爱国主义教育基地】 12月28日，中共广西区委宣传部、区教育厅、区民政厅、区文化厅联合发文(桂宣发〔2010〕70号)，将桂林甑皮岩遗址博物馆等16处宣布为第五批自治区爱国主义教育基地。桂林甑皮岩遗址博物馆以广大中、小学生为主要服务对象，编写《寻访万年前的桂林人》等科普读物向全市各中学赠送，开创性地举办模拟考古乐园以共同动手寓教于乐方式互动性地展示桂林史前文化，在全市通过知识问答等形式选取学生参加考古夏令营，开展“我心目中的甑皮岩”作文和绘画比赛，培训大学生志愿者服务队伍等，以实实在在的行动，成为桂林市乃至香港部分中小学生的快乐基地。

【龙胜龙脊壮族生态博物馆开馆】 11月15日上午，龙胜龙脊壮族生态博物馆举行开馆揭牌仪式，参加开馆揭牌仪式的有来自自治区、桂林市及各兄弟县文化、文博系统的领导、嘉宾，县委、县政府、县人大、县政协和县直相关部门领导200多人。龙胜龙脊壮族生态博物馆位于龙胜各族自治县和平乡龙脊村的龙脊古壮寨，是有“天下一绝”美称的龙脊梯田景区内历史最为悠久的一个古村落，这里的壮族民居古建筑保存完好，有多座百年古屋，寨上石桥、石板路、古亭、古树、石刻碑碣等年代久远，遗存的壮族文化内容丰富，在这里居住的壮族群众，保存着以梯田景观为代表的山地农业稻作文化、以“白衣”为代表的服饰文化、以干栏式民居为代表的建筑文化、以碑刻和石板路为代表的石制文化、以铜鼓舞和弯歌为代表的歌舞文化、以寨老制度为代表的民族自治制度文化和以“龙脊四宝”(龙脊水酒、龙脊辣椒、龙脊香糯、龙脊茶)为代表的饮食文化，这些都是广西北部壮族文化的典型代表，为村落四周美丽壮观的梯田景色增添了丰厚的文化内涵，成为龙脊梯田景区内宝贵的文化资源和旅游资源。龙胜龙脊壮族生态博物馆占地面积289平方米，建筑面积601平方米，馆内常设《龙脊神韵、壮家风情》基本陈列，生态保护范围主要包括廖家寨、侯家寨、潘家寨(含平寨、平段)等村寨。龙胜龙脊壮族生态博物馆建设项目，是广西民族生态博物馆“1+10”工程建设项目之一，它以广西民族博物馆为龙头，共同承担政府实施民族传统文化和其他文化遗产的保护、研究、传承与发展任务，是广西“十一五”期间重点文化建设项目之一。

【全州永岁洮阳城遗址发掘】 10月至12月，广西文物考古研究所与桂林市文物工作队、全州文物管理所对全州永岁洮阳城址进行了发掘。除了在城内发现了面积超过200平方米的大片房屋建筑遗址外，还在城外发现了两个不同时期的房屋建筑遗址，出土了一批绳文瓦、绳文砖。这次发掘对于确定洮阳城的性质，进一步了解城址的布局具有重要意义。

【永福窑田岭遗址发掘】 2009年12月至2010年11月广西文物考古研究所、桂林市文物工作队及永福县文馆所对湘桂铁路扩建经过的窑田岭遗址进行了抢救性发掘，并获得重大成果，发掘出一批具有重要研究价值的瓷器和窑场。这次发掘的宋代窑址包含有9座宋代龙窑、4座明清时期的葫芦形窑、一处宋代窑场作坊遗址，以及大量的灰坑、柱洞。共进行发掘面积近8000平方米，出土宋代瓷器近60吨。本次发掘面积之大，为历年广西瓷器考古之最。所清理出的宋代龙窑、青瓷器及制瓷作坊遗迹，使考古专家掌握了窑田岭窑场的布局、龙窑结构、装烧技术、作坊区各类遗迹及产品特征，而保存较好的龙窑和作坊遗迹，对研究广西宋代窑址具有重要参考价值。根据出土的瓷器分析，该窑场产品主要仿制宋代六大窑系之一的陕西耀州窑系瓷器，其最早烧制时间大致始于北宋中期，在北宋晚期达到鼎盛期。本次发掘出土瓷器数十万件，类型多样，制作精致，其中出土大量可复原的腰鼓残件是本次发掘的重大发现之一，在国内也是首次发现如此众多的腰鼓。此外出土数量较多的，还有代表宋代瓷器烧制技术最高水平的高温铜红釉瓷器。

【获全区文化遗产保护宣传讲解大赛最好成绩】 我市为进一步提高讲解员的讲解水平和接待技能，以参加全区讲解大赛为契机，通过成立培训领导小组，举办以全区文化遗产保护宣传讲解大赛的相关要求为主要培训内容的培训班。组织老师采取集中授课和分别

指导的形式,对参赛选手的语言技巧、讲解形体等进行具体指导。在2010全区文化遗产保护宣传讲解大赛上,我市选派的13名参赛选手,均获得好成绩。获得专业组一等奖1名,二等奖5名,三等奖1名;志愿者组一等奖2名,二等奖2名;特邀组一等奖2名;讲解稿一等奖1名,二等奖4名,三等奖1名,特别奖2名。

【桂林博物馆遵循“藏品立馆”规律成果斐然】

年内,桂林博物馆根据市委“文化立市”的发展战略,在上级领导和社会各界的鼎力支持下,以支持临桂新区建设,共建桂林博物馆新馆为契机,遵循“藏品立馆”的规律,克服没有经费等困难,千方百计增加各类藏品,共人藏中外书画作品、访桂国际友人礼品、少数民族民俗文物、当地历史文化名人墨宝和其他文物资料近800件。经广西文博专家鉴定,这批征集文物品级高,品相好,不乏精美之作。其中有10件(套)拟推荐为国家一级文物,二级83件(套),三级399件(套)。这批文物的征集对于办好桂林博物馆和增加桂林城市的文化积淀都具有十分重大的意义,它为桂林增添了一批巨大的文化资源。这是落实市委文化立市所取得的一项引人注目的巨大成就,也是桂林文化建设史上的一大盛事。

县域文化

【叠彩区】 叠彩区位于桂林市北部,辖区面积52平方公里,下辖2个街道办事处,1个乡,15个居民委员会,15个村民委员会,总人口约13万。2010年,地区生产总值累计完成44.80亿元,比上年增长12.1%;全社会固定资产投资36.08亿元,比上年增长32.1%;组织财政收入2.51亿元,比上年增长10.5%;农民人均纯收入5717元,比上年增长10.3%。设有文化机构2个,即桂林市叠彩区文化和体育局、叠彩区文化馆,现有工作人员9人,其中区文体局3人,正副局长各1人,工作人员1人。区文化馆为叠彩区人民政府直属正科级全额拨款事业单位,编制6人,现有副馆长2人,工作人员4人。根据《叠彩区文化体育事业与产业发展五年规划》,组织实施了2010年“十百千万”文化体育惠民工程。实现辖区文化设施全覆盖,提高了公共文化体育服务水平。完成了文化信息资源共享工程叠彩区支中心建设工作,通过了文化厅的验收并获得高度评价。完成十四条健身路径的建设工作,实现了我区城市农村健身路径100%全覆盖。创造条件发挥农家书屋的作用,免费向村民开放,满足农民群众日益增长的文化需求。推进铁路片区群众文化体育设施示范片区建设,实现铁路片区文体设施全面开放,推动辖区单位文体设施逐步向社会有序开放。

举办“缤纷叠彩”民俗、民间文化展示,“叠彩的脚印”首届摄影大赛,“叠彩书画展”,以及春节、国庆等重大节庆活动,大力开展“田园欢歌”“金凤飞扬”“快乐歌会”“家庭才艺大赛”等农村、社区文化体育活动,支持鼓励企业、学校开展文化活动。为期2个多月的新春文化活动月活动,共举办各种群众性文艺演出、游园等活动10余场,同时开展了文化下乡活动,丰富了城乡居民的文体生活,营造了喜庆祥和的节日气氛。顺利完成280名3~6岁幼儿体质监测任务,得到了上级部门的表彰。

发挥文化馆在群众文化体育活动中的核心作用。文化馆以“和谐文化服务行”为主题开展了一系列群众文化活动。全年共组织开展活动53场,无论是科技文化卫生“三下乡”活动,以及“周末大家乐”—— 叠彩区2010年中心广场文艺演出,还是一年一度的新春文

化月活动，场面都喜庆热闹，深受辖区群众的欢迎。9月，举办了叠彩区第25届“叠彩桂花香”文艺汇演，共组织发动辖区59个单位(街道)，共63个节目697名演员参加演出比赛，观众达10000余人次。组织了16个优秀节目参加桂林市第31届“漓江之声”文艺汇演，其中，4个获三等奖，4个获二等奖，1个获一等奖。歌舞剧《泥巴新娘》获自治区“八桂群星”奖银奖第一名。另组织叠彩区文化馆干部进农村、进社区开展培训辅导共计200余次。其中，所辅导的拱极小学陈珊老师参加广西中小学音乐教师五项技能比赛荣获一等奖；所辅导的女声小组唱《江韵》参加桂林市第31届“漓江之声”文艺汇演荣获一等奖；辅导的空军场站队参加空军系统“唱红歌迎八一”歌咏比赛荣获一等奖；辅导的桂林市国保支队参加自治区公安国保“忠诚奉献”专题文艺汇演荣获三等奖。叠彩区文化馆因工作成绩突出，4月荣获叠彩区工会委员会先进工会工作单位荣誉称号；8月荣获叠彩区群众文化工作委员会叠彩区第二十五届“叠彩桂花香”文艺演出活动组织奖，9月荣获桂林市群众文化工作委员会桂林市第31届“漓江之声”活动优秀组织奖；叠彩区文化馆此外还荣获全区公共文化馆(群艺馆)先进集体荣誉称号。

充分发挥桂林彩调团等专业文艺团体的作用，把具有深厚群众基础的彩调、傩戏等地方戏曲，结合时尚元素进行深度挖掘、创新提升，形成融合古老形式和新时代特点、能被更广泛接受的群众艺术。各街道办事处、社区因地制宜，广泛开展群众文化体育活动，农村举行的彩调、排灯专场演出，全年共演出56场，保持“天天有歌声，周周有活动，月月有比赛”的浓郁文化氛围。组织开展了广西城乡万人气排球大赛叠彩赛区的比赛，选拔队伍参加桂林市复赛，荣获不同组别的2个亚军、3个季军的好成绩，提升了叠彩区的知名度。继续开展第十届“叠彩杯”篮球赛及为期3个月的首届“叠彩区气排球联赛”，均获得圆满成功。

利用叠音艺术学校成立30周年的契机，重点扶持叠音艺术学校做大做强，多渠道开发文化体育培训项目，迅速提升其质量、规模、档次，并不断拓展培训内容，形成品牌优势，引领我区培训教育业发展壮大。叠音艺术学校全年招生1025人次。选送学员参加全国中小学生才艺比赛小学组荣获广西区金奖一个，银奖两个，并录制DVD代表广西区参加全国比赛。

加强法制教育，治理整顿文化市场，不断完善长效管理机制。对辖区所有网吧、娱乐场所进行拉网式检查和闪电式抽查，共出动稽查人员120多人次，检查网吧200多家次，娱乐场所100多家次，警告12家次。

年内，叠彩区投资100多万元，完成了上阳家村级公共服务中心和文化信息资源共享工程支中心建设。投资42万元的上阳家村级公共服务中心基本完工，建筑面积520平方米。综合楼设有多功能活动室、培训室、图书阅览室、人口和计划生育服务室、卫生室等符合要求的活动场地，室外建有标准的篮球场和戏台。组建了村文艺队、篮球队、腰鼓队、彩调队等业余队伍，每周有固定排练时间，较好地带动了农村群众文化体育活动的开展。

【七星区】 七星区文化、体育、旅游局按照早计划、早安排、早实施的原则，采取积极有效措施，充分调动有关力量，始终围绕“依托城区文化资源，提炼城区文化主题，彰显城区文化特色，塑造独具特色和影响力的主题文化形象和文化品牌”为目标，加快文化体育事业发展速度，创新文化体育事业融入区域经济发展的思路和办法，大胆尝试文化体育产业

的发展，取得了可喜的成绩。全年共投资173.5万元，完成了朝阳乡广播文化站综合楼主体工程建设、完成了为民办实事项目中新建3个村级篮球场和3个体育健身点的建设、基本完成了文化馆文化信息资源共享工程支中心建设；共开展群众文体活动64次，其中，大型活动8次，参与群众89620人次；开展了文化市场专项整治3次，共检查文化经营场所234家次，限期整改22家次，查处无证照经营的娱乐场所6家。

七星区多次组织各类群众文化活动。2月5日至14日，组织了文化、卫生、科技、计生、政法委等部门为民三下乡服务，分别在华侨农场、朝阳乡岩前村等开展为民服务下乡，进行了文艺演出2场，观众达850人；书画献送对联460幅；为村民义诊376人次，免费医疗药品价值300多元，解答村民咨询228人次，收到了良好的社会效果。以甲天下广场、三金激情广场、施家园广场、文化步行街广场等公共活动场所为主，以文艺演出、红歌联唱、欢游园等形式，全年开展文化活动121场次，群众演员达916人，观众达113600人次。完成了市下达的"欢乐周末行"演出任务。4月24日，在市中心广场组织了文艺演出，观众达2600多人。8月23日在甲天下广场成功举办"美丽的山水，文明的海洋"专场文艺演出，组织演员360人，高新区工委、七星区委书记赵德明，高新区管委会主任、区政府区长何运保，七星区政协主席陆新元，桂林市宣传部李继荣副部长、市群众艺术馆苏韶芬馆长等领导莅临指导，观众达3600多人。9月25日组织一支山歌队参加在恭城举行的庆祝恭城瑶族自治县成立20周年山歌邀请赛，获得第一名，桂林理工大杨进禄获歌王称号。

七星区第14届"漓东之光"暨桂林市第31届"漓江之声"活动。9月15日，在甲天下广场露天舞台，组织了147名演员，进行七星区第14届"漓东之光"预选赛，观众4150多人；9月20日至28日，选送14个优秀文艺节目参加市第31届"漓江之声"决赛，获一等奖2个（女声独唱《漓江飘着桂花香》、现代舞《学军》），二等奖4个，三等奖3个。

七星区"第二届中国·桂林创新创意文化节暨桂林动漫节"。10月17日至20日，以桂林国际会展中心为主会场，以专利、发明、创意展、中国（桂林）旅游创意营销论坛暨旅游创意展、动漫公益广告大赛、机器人大赛（中小学生组）、风筝创意大赛、创意人才招聘、专利和发明项目交流、创意产业论坛、动漫论坛等22项活动内容。参加活动的嘉宾有自治区政协副主席黄日波，中国出版集团公司党组书记、副总裁王涛，科技部火炬中心副主任张卫星，自治区新闻出版局局长邓纯东、自治区旅游局局长陈建军、自治区科技厅副厅长李昌华，自治区投资促进局副局长杨春庭；加拿大迪斯尼首席制作人 Jamie Toghill；中国旅游电子商务大会主席鹿晓龙及携程网、同程网、酷讯网、去哪儿网、中国票务在线等20多家全国知名网站总裁和副总裁；全国高校近百名动画专家和教授；各地投资商、证券商、客商近百人；参与活动的境内外媒体记者70人（其中境外媒体3家，中央级媒体15家）；参加活动的还有加拿大和韩国的动漫讲座主讲嘉宾，来自加拿大、日本、法国、韩国、美国、孟加拉、印度、英国、墨西哥、马达加斯加、比利时、西班牙、挪威、哈萨克斯坦、塔吉克斯坦、肯尼亚、越南、泰国、缅甸、老挝、柬埔寨、俄罗斯、菲律宾等各国的留学生。

加大投入积极推进基层文化室建设。全年投入70万元，完成了朝阳乡综合文化站楼的建设和室内外的装修，改变了朝阳乡文广站没有综合楼的历史。投资33万元（其中本级财政投入27万元，社会集资6万元）新建3

个村级标准篮球场(朝阳乡冷家村、毛家村、华侨农场鸡冠山村)和3个体育健身点(穿山街道光辉村纸马铺、育才路和东城小区)总投资68.38万元(其中54.38万元,由自治区下拨设备物资折价为主,本级配套资金14万元),建成使用面积96平方米的县级文化信息资源共享支中心。11月27日,自治区共享工程建设验收组,文化厅社文处副处长罗征、桂林图书馆馆长丰雨滋等一行6人,对我区文化信息资源共享工程支中心进行了检查验收,于12月底投入使用。投资36万元(其中,自治区下拨16万元,桂林市财政下拨10万元,本级配套资金10万元)于12月底完成了朝阳乡毛家村村级公共服务中心主体工程建设,预计2011年3月投入使用。

年内分三次组织和联合工商、公安、消防等部门对文化经营市场进行统一行动,共出动78人次,车辆26台次,检查网吧146家次,卡拉OK歌舞厅18家次,游戏机室23家次,责令立即整改16家次,处罚违规经营网吧3家;取缔无证照经营娱乐场所6家、无证照文化经营摊点26个、电子游戏机室2家,罚款2000元。共完成换证82家,其中网吧59家,卡拉OK歌舞厅4家,电子游戏机室9家、音像制品零售店10家。

举办以文化经营管理和法律法规为主要内容的业主培训班3期,参加培训172人次,其中网吧业主135人次、游戏机室业主17人次、卡拉OK音乐茶庄业主4人次,进一步规范了文化市场经营秩序,提高了业主守法经营的自觉性。

【象山区】 象山区文化体育局贯彻执行区委区政府关于群众文化和体育工作的一系列指示精神,研究制定发展全区群众文化和体育工作的管理办法,负责全区文化市场管理及"扫黄打非"工作。

全年完成多场文艺演出。1月16日组织桂林百姓大舞台象山专场演出;2月组织了象山区迎新春联欢会;6月12日组织了全市性的青年歌手大奖赛;8月组织了第31届漓江之声暨第22届象山水月文艺演出;9月组织参加了桂林市各类体育竞赛活动;11月圆满完成了额头村村级公共服务中心建设;11月启动二塘乡文化站建设项目;11月14日举办了甑皮岩国家考古遗址公园国际考古高峰论谈。

【恭城瑶族自治县】 恭城瑶族自治县文化旅游局是主管全县文化艺术、旅游及新闻出版工作的职能部门,同时挂恭城瑶族自治县新闻出版局牌子,下设人秘股、社会文化新闻出版市场管理股和旅游业务股等3个职能部门。所属二层机构有文化市场管理办公室、文化稽查队、文化馆、文物管理所、图书馆、文工团、文化旅游开发中心。

全年共演出192场。积极配合做好第八届桂林恭城桃花节、县庆20周年等大型节庆活动演出,协助县直单位做好文艺演出,为加强与兄弟县的文化交流,应邀参加了荔浦·恭城两地联谊暨百姓大舞台文艺晚会。年初精心编排一台文艺节目在全县9个乡(镇)开展送戏下乡活动,节目内容丰富多彩,为群众喜闻乐见,受到了广大观众的热烈欢迎。参加桂林市武警系统文艺比赛获优秀组织奖。

注重县区文化品牌的打造。1月26日至3月28日举办第八届桂林恭城桃花节。活动内容有开园仪式、"在那桃花盛开的地方"大型歌舞演唱会、瑶族舞曲篝火晚会、春天美食——风味食街(桃花园内)、品味桃花休闲街、恭城生态农业风光摄影展、一世桃花缘——桃花认领活动、广西乡村旅游论坛等。积极协助做好20周年县庆活动工作。我局负责的《瑶风和韵 盛典恭城》大型文艺演出、

《金色瑶乡》文艺晚会,《回家过节》歌集、《梦里瑶乡——细说恭城》一书以及“桂林市山歌邀请赛”“桂林市民间舞狮大赛”“瑶族传统民间特色表演”等七个活动取得了圆满成功。

群众文化活动丰富多彩。开展广场文艺活动,共演出24场,观众约30000多人次。抓好新春文娱活动:组织干部职工15人参加在中心广场举办的拔河比赛;积极开展“你唱我唱大家唱”新春演唱会,观众约2000多人次;积极开展游园活动,观众参与人次约3000多人次;组织开展新春书画展活动,展出作品120幅,观众约1500多人次;举办舞蹈、跆拳道班汇报演出,参加汇报演出的学员有60多人,观众约600多人次;举办元旦、春节、六一儿童节大型游园活动。全年共计辅导农村业余文艺队10多个,辅导人数300多人次,辅导天数200多天。全年举办舞蹈培训班20期,培训学员400人次;举办和谐文化服务启动仪式暨全县文艺骨干培训班,培训学员183人次;举办美术培训班20期,培训学员200人次。音乐班2期,培训学员18人次。书法班2期,培训学员10人次。参加桂林市第31届“漓江之声”比赛成绩显著,共获得3个一等奖,4个二等奖,2个音乐创作奖,1个编导奖。

县图书馆全年借阅图书为8000多册,期刊借阅6500多册,接待读者4000多人次;少儿阅览室接待读者200多人次。装订报刊杂志820多册。积极抓好电子阅览室工作。一是制定完善了《电子阅览室管理制度》等一系列制度。二是严格执行电子阅览室管理制度。三是选派工作人员到自治区、桂林市举办的培训班进行学习培训,培训人员共计5人次。

配合县“扫黄办”,协同公安、工商等部门加大了对社会文化出版市场的整治,重点对音像制品、出版物市场、互联网场所进行了重点拉网式检查。全年共联合检查5次,出动车辆30辆次,出动人员120人次,打击无证书贩及流动书商12家,共查处无证经营音像制品1家,收缴盗版碟1200多张,查缴非法出版物400多册。严厉查处违法违规行为,停业整顿违规网吧2家,严重警告网吧1家。取缔非法经营电子游戏机室4家、收缴非法电子游戏机84台、销毁84台。

抓好消防安全工作。在春节、清明节、五一节等节日期间联合县相关部门对恭城古建筑群、朗山古民居及豸游周家祠堂进行消防安全大检查,对存在的问题进行了全面整改。文物普查数据录入工作已通过验收。全面完成了调查登记的178个文物点的图纸绘制工作。各文物点的文字编写达10.2万字。经自治区文物局批准,文物保护研究设计中心专业维修工程队对文庙后殿进行的抢救维修,工程已全面完工。组织民间理事会制定了关帝庙庙会活动实施方案。庙会活动时间历时4天,圆满成功。

抓紧抓好文化项目工作,增强全县文化基础设施建设。一是抓好文化站项目建设。全年共新建5个乡镇综合文化站,分别是三江乡综合文化站、恭城镇综合文化站、嘉会乡综合文化站、龙虎乡综合文化站、平安乡综合文化站。每个乡镇综合文化站投资32万元,其中国家投资16万元,区财政投资12万元,县财政配套4万元。二是抓好村级公共服务中心建设工作。建成莲花镇竹山村、平安乡北洞源村、嘉会乡嘉会街委、观音乡水滨村等4个村的公共服务中心,每个村级公共服务中心投资32万元,其中自治区补贴16万元,桂林市配套10万元,县财政配套6万元。

抓好农家书屋工作。今年27个农家书屋建设任务点都落实了场地以及书屋管理人员,上级配送书籍已到位,县财政配套资金14万元已落实。按照农家书屋规范管理的要求，对已建成的62家书屋落实专人逐户进行信息采集。

申报并获得自治区级非物质文化遗产5个项目(《恭城关帝庙会》《还盘王愿》《瑶族羊角舞》《瑶族婚礼》《瑶族婆王节》)。观音乡水滨村艺人蒋礼发、杨才明分别获得自治区级非物质文化遗产《瑶族吹笙挞鼓舞》民间代表性传承人。

【灌阳县】 县文化局内设办公室、社会文化市场管理办公室，下设文化馆、图书馆、文物管理所、文艺工作团4个事业单位，联系指导全县9个乡(镇)文化站。

年内组建业余文艺队48个，送文艺下乡68场次，举办山歌培训班16期。举办美术、书法、摄影展4次，展出作品350余幅。创作、改编、移植融思想性、艺术性、时代性为一体，贴近生活、贴近实际、贴近群众的声乐、舞蹈、戏曲、小品、曲艺等艺术作品90个。收集整理《灌阳民间孝歌集锦》一册。

全年共外借书刊5000册，总借阅量12530人次，增加藏书量4000册，办借书证800个，发放科技资料1300多份，科技光碟420多张。

年内共有文化市场经营点118个，从业人员500多人，文化市场有了初步发展；全年共出动行政执法人员1050人次，检查文化市场经营点608家次，取缔黑网吧2家。办理外来演出团体相关事宜12次。收缴非法出版、盗版、劣质音像制品1650盘、书刊1290册，查处违规经营网吧10家，受理举报5次。开展了“反盗版百日行动”“文化市场集中执法季行动”，贯彻落实《娱乐场所管理条例》专项治理行动、“整治校园周边环境”“防艾、禁毒”“消防安全、安全生产”等多项专项治理行动。在专项整治活动中，换发文化经营许可证48个。文化市场管理进一步走向规范化，“扫黄打非”工作取得明显成效，为广大消费者提供了健康向上的精神产品和文化消费，全县文化市场持续健康繁荣发展。

收集整理了1000多条信息，确认了如“二月八”农具节、唐景崧文化、千家洞传说等一批具有代表性和保护价值的非物质遗产。

【荔浦县】 荔浦县文化体育局设办公室、群文群体股、训练竞赛股、文体市场管理股等机构。管辖的下属单位有：文化馆、图书馆、文物管理所、业余体校、桂剧团。联系指导全县13个乡(镇)综合文化站业务。

全年举办了多场大型文艺演出活动。组织“2010年春节文化周”，春节假日内，每日一场内容丰富，形式多样的由各乡镇、社区业余群众文艺团体及个人文艺爱好者参加的文艺表演，极大的渲染了节日气氛，提高了群众节日文化生活的质量。成功举办了为期一周的“第十四届移动通信杯·荔江之夏”广场文化周，包括业余文艺汇演及舞蹈大赛两个板块。举办了元旦百姓大舞台广场文艺演出活动、元宵节山歌演唱会、“六一”文艺演出、庆国庆中秋双节文艺演出活动。图书馆充分发挥职能作用，分别于春节和“六一”成功开展新春灯谜游园和少儿六一“书法、绘画”竞赛活动。文化馆于2月和3月分别成功举办了非公企业颁奖晚会和县人大会议专题文艺晚会。12月份开展了“科技、文化、卫生”三下乡、“科技宣传服务周”和“全民读书月活动”。五月份，隆重举行以“百姓大舞台”为平台，开展“千团万场”群众文化活动、“村屯文艺骨干培训大行动”和建设一批优秀的“三求”工程试点为主要内容的荔浦县“和谐文化服务行”群众文化建设年启动仪式，分别给马岭小青山文艺队、东昌叶家文艺队和新坪彩调队赠送了价值1.5万元的演出设备，进一步推动了我县文化事业的发展，丰富城乡群众文化生活。

同月，成功举办第二届广西文场展演暨广西文场保护发展研讨会及“第四届中国桂林荔浦芋头美食文化节暨2010全国汽车短道拉力赛”大型文艺演出活动。全年公益性演出55场，商业性演出20场。

成功召开《荔浦文艺》2010年度创作座谈会，完成《荔浦文艺》全年四期出版任务。全年收到稿件364篇，发表作品100篇。积极组织节目参加区市举办的比赛活动并取得好成绩。在参加桂林市第31届“漓江之声”比赛活动中我县荣获优秀组织奖，小彩调《埋猪》、广西文场《紫臣辞官》、舞蹈《凳凳龙》获一等奖；女声独唱《壮家妹》、广西文场《荔草飘香荔水长》《天上人间福共享》、舞蹈《飞蹄声声》获二等奖。图书馆、文化馆及桂剧团合创的参赛作品《桂林渔鼓》获桂林市农家书屋讲演比赛二等奖。

充分发挥体育场、公园、老协活动中心文化阵地作用，常年开办舞蹈、音乐培训班，年培训约1000人次。长期开办少儿书法、绘画培训班，培训少儿100余人，为我县培训了不少书画后备人才。

图书馆切实发挥精神文明窗口和知识宝库作用，为地方社会主义精神文明建设和提高全民素质提供了良好保障。全年共接待到馆阅览读者26982人次，图书外借4137册次，办借书证77个，装订报刊100册。采购新书2000册，参考咨询室新增2000册工具书供读者查阅。

严格执法，促进文化市场稳步发展。年内共出动文化稽查人员148人次，检查网吧451家次，发现违规网吧45家次，其中警告35家次，罚款2家，停业整顿1家。同时建立网吧长效管理机制，接待举报2次，查处违法事件2起；在新闻媒体、网吧场所、中小学等地公布举报电话12318和举报信箱。检查音像制品经营点378家次，共收缴非法音像制品12250件，其中黄色淫秽非法音像制品57件，非法刻录光盘3882件，其他非法音像制品8411件，同时给予2家音像制品零售店以罚款的处罚。检查书报刊出租、零售经营点166家次，共收缴非法出版物4539件，其中黄色淫秽书籍97件，迷信类非法出版物824件，六合彩赌博类非法出版物535件，盗版教材和教辅读物108件，其他非法出版物2975件。对违规严重的2家出版物零售店进行罚款，1家进行停业整顿。检查文化娱乐场所131家次，发现违规经营歌舞娱乐场所6家次，发现电子游戏机室违规经营行为31家次，检查印刷企业68家次，发现违规经营6家次，全部予以警告处罚。为我县政治安定、社会稳定和净化社会风气作出了新的贡献。

文物保护与管理工作实现新突破。一月份，文物管理所在平乐镇南州村上南州自然村路旁发现了一块荔浦界碑，为研究荔浦地界提供了极为珍贵的实物依据。二月份，双江镇永吉村大塘自然村村民韦达礼在挖沼气池时出土了53件战国青铜兵器。文物管理所得知这消息后，立即赶往出土地点将器物全部封存。后经多方努力工作，终将这批非常有价值的出土文物全部收回。文物工作始终坚持“有效保护、合理利用”的原则。第一，继续完善第三次全国文物普查工作。按普查标准和规范采集信息，共登记文物点75处，其中古遗址6处，古墓葬12处，古建筑40处，石窟寺及石刻4处，近现代主要史迹7处，其他重要文物点6处。已登记的文物点内容齐全完整，专业术语准确。有记录照片、有图纸、有标本，75处文物点全部登录完毕。做到图纸完整规范，照片准确反映文物的位置、环境、本体及结构特征，其信息收集整理、录入工作、电本录入率达100%。4月15日，经广西第三次全国文物普查实地调查阶段验收专家组讨论认定，我县第三次全国文物普

查实地文物调查阶段验收合格。第二，开展国际博物馆日和第五个文化遗产日宣传活动，增强全县文化遗产保护意识。文物管理所在中山公园悬挂“博物馆致力于社会和谐”和“文化遗产，在我身边”宣传横幅，在原固定橱窗制作以5·18国际博物馆日与6·12我国第五个文化遗产日为中心主题的板报两期。第三，文物管理所在经费非常紧张的情况下，仍挤出资金3500元，于6月征集了宋代黄釉小瓷碗223个，增加了馆藏文物。第四，配合自治区考古所完成了汕头至昆明高速公路途经我县马岭凤凰坪至蒲芦下龙47公里古墓葬的调查和登记工作，使工程顺利开工。第五，5月份，投入500元对荔浦塔的楼板和楼梯进行了白蚁治疗，确保文物的安全。第六，10月份，县财政拨款3万元，县公安局出资2万元，对已崩塌的县级文物保护迎薰门城墙上的六角亭进行了全面维修。对全县原公布为县级和市级的民族民间传统文化项目名录进行了再次整理，为申报第二批省级和国家级保护名录作好了准备。

文化基础设施建设再上新台阶。一是在开展好对已经建好的5个乡镇综合文化站的监督管理的同时，做好东昌、新坪、杜莫、荔城、龙怀、大塘、花篢和双江8个乡镇综合文化站的建设工作，截止12月底，总的工程进度完成情况为70％。进度较快的为双江镇，已经完成100％。二是在完成2009年覆盖全县13个乡镇35个“农家书屋”验收工作的同时，完成了新建34个农家书屋的前期筹备工作。三是完成了新坪八鲁村龙磨屯、荔城安疆村、青山镇拱秀村大树厂屯、修仁镇大榕村委柘村屯和东昌东阳村5个村级公共服务中心建设申报、选址及主体工程建设工作。截止12月底，主体工程已全部竣工。同时为这5个村级公共服务中心配备文化体育活动设备经费各2.5万元。四是为覆盖全县13个乡镇102个全国信息资源共享工程村级服务点配送投影仪设备各1套。五是为已经建成的5个乡镇综合文化站配备演出设备经费，各1.5万元。

12月份，荔浦县被广西曲艺家协会授予“广西文场之乡”荣誉称号，将荔浦本土文化、民族文化的发展推进到了更新的层次。荔浦县文化体育局荣获2010年“荔浦县科学发展先进集体”和“荔浦县新农村建设先进单位”光荣称号。

【临桂县】 临桂县文体局设办公室、计划财务股、市场管理办公室、竞赛训练艺术股。挂牌机构2个，即：临桂县新闻出版（版权）局。二层单位7个：文化馆、文工团、文化稽查队、文物管理所、图书馆、影剧院、业余体校。在县委、县政府和上级部门的正确领导下，在宣传部门的大力支持下，我局文化工作亮点纷呈，工作实现新突破。

文化精品工程。精心组织，积极创作优秀文艺作品。今年有8个优秀节目参加了桂林市第31届“漓江之声”系列大赛，获2个一等奖，6个二等奖。其中，小品《无人卖果摊》获得文艺创作节目演出一等奖、文艺节目作品创作奖和编导奖；少儿舞蹈《剪纸妞妞》除获得少儿才艺比赛一等奖外，还成为颁奖晚会上8个优秀演出节目之一。

文艺演出丰富多彩。组织开展了2010年广场新春文艺“七天乐”展演，“千团万场”群众文化下乡活动、“迎新春文艺晚会”；与县纪委共同组织、策划、编排了《廉政准则》专场文艺晚会，承办了“唱红歌迎国庆”纪念国庆61周年歌咏比赛等多场文艺晚会。在全市开展“我为新区做什么”大讨论活动期间，精心为“服务建设临桂新区文艺宣传演出”编排了形式多样的文艺节目，对新区建设被征土地的七个自然村进行了巡回演出，作品深受老

百姓喜爱。全面铺开送戏下乡工作，积极配合县综治、安全、计生、禁毒、科技等有关部门的中心工作，全年下乡演出达到60多场次。较好的完成了本年度县政府为民办实事项目，建设了四塘乡岩口老村、六塘镇安门山等六个"村级公共服务中心"和50多个村级篮球场。在农村掀起了篮球运动及篮球场建设的新一轮高潮，推动了农村体育健身活动的开展。进一步完善了乡(镇)村公共文化设施，争取自治区文化厅、财政厅为临桂镇、茶洞乡等七个乡镇文化站解决了70万元设备，使全县11个乡镇都有标准的文化活动场所及良好的设施。为100多个村解决了远程教育设备。极大的满足了农民群众对公共文化服务的需求。

图书馆建立了全国文化信息资源共享工程临桂县支中心点，共享工程的建成开放并投入使用，为我县图书馆事业的发展创造了新的历史机遇，极大的方便了读者上网学习、查阅信息，开创了文化信息服务的新局面。继续抓好"农家书屋"建设。到今年底，全县建成"农家书屋"126家，并为"农家书屋"配套了阅览桌、椅、书柜等设施，获上级部门为我县解决图书及有关设施价值达300多万元。农民通过在"农家书屋"中的学习，不但活跃和丰富了农村文化生活，开阔了视野，拓宽了思路，增长了知识，为广大农民朋友科学种养、创业致富提供了求知平台，成为广大农民朋友的"精神乐园"和"致富加油站"。举办了"临桂县2010年文化致富工程培训班"，参加培训班的人员为全县所有村委的党支部书记、乡镇宣传委员和文广站长，在农村形成了科技致富的良好氛围。

文化市场的管理模式实现新突破。今年，加大了网吧监管力度，召开了网吧业主学习和培训会，签订了守法经营承诺书，试行了身份证与实名卡捆绑上网方式，网吧守法经营逐步趋向良好，联合工商、公安等部门多次开展了网吧专项整治行动和打击黑网吧行动，对存在违规经营行为的网吧进行了查处，取缔黑网吧11家，遏制了黑网吧、网吧接纳未成年人现象。积极开展"扫黄打非"工作。加强音像、图书市场检查，对传销书刊进行多次大规模收缴行动，共收缴淫秽色情、传销书刊和光碟共2500多册(碟)。联合教育、工商等部门对校园及周边环境进行了联合检查整治，确保了校园及周边安全。有效的净化了市场环境，使文化市场安全、平稳、有序、繁荣发展。

文化遗产保护工作实现新突破。非物质文化遗产普查工作获新进展，"临桂草龙"被自治区人民政府列入第三批区级非物质文化遗产名录，使我县区级非物质文化遗产名录增至5项，目前普查后共搜集我县非物质文化遗产线索2501条，制作成册1100多条上报，成为自治区中信息上报最多的县。做好第三次文物普查实地调查阶段性工作，共调查登记文物点189处，其中新发现61处，登记表及相关数据填报等均符合国家、区、市"三普"办的要求，顺利通过自治区专家组验收。通过第三次全国文物普查桂林新发现洞穴遗址23处，其中在我县新发现的达10处，使桂林成为中国目前洞穴遗址最多的城市，这些新发现的洞穴遗址地对华南及东南史前文化序列构建、史前文化的传播及其他学科研究都将起到推动作用。桂林洞穴聚落群向国家文物局申报了第三次全国文物普查百大新发现。

【灵川县】 灵川县文化局下设7个二层单位，即：县文化市场稽查大队、县图书馆、县文化馆、县文工团、县文物管理所、桂北民俗博物馆、灵川县长岗岭商道古村生态博物馆。

在县委、县政府的正确领导下，我局深入

贯彻落实科学发展观，认真学习党的十七届五中全会精神，紧紧围绕“文化立市”的战略目标，以文化市场、文艺活动、文化遗产保护、公共文化服务体系建设等为抓手，大力推进文化建设，各项工作取得了较好的成绩。获得桂林市“村级公共服务中心先进县”的荣誉、桂林市城乡风貌改造先进单位；图书馆顺利通过了第四次全国公共图书馆评估，被自治区“知识工程”办公室评为2010年“全区图书馆服务效果评选”三等奖，图书馆被自治区文明办评为2008—2010年度全区未成年人思想道德建设工作先进单位、全区公共图书馆先进集体。精心组织节目参加桂林市第31届“漓江之声”比赛，创作歌曲《爱桂林，爱家乡》、竹笛独奏《鄂尔多斯的春天》等三个节目分别获得了二等奖，县文化局获得优秀组织奖。

社会文化建设扎实推进，公共文化服务体系日益完善。全年我县村级公共服务中心示范工程建设任务有5个，分别为：灵川镇东家山、定江镇莲花村、青狮潭镇下青龙村、大圩镇上圩村、大境瑶族乡铁坑村。目前，各点已完成建设任务并投入使用。认真落实上级为民办实事项目，抓好了我县8个乡镇综合文化站项目的建设，目前各文化站都已竣工完工。“文化共享工程”进展顺利，全年我县为完成3个乡镇基层服务点、91个村级服务点配发了计算机、电视、投影机等设备。新建农家书屋43个，书架和桌椅等设备已完成采购并分发到位，截止年底我县已建成农家书屋114个。

群众文化活动丰富多彩。开展了春节游园、农村文艺调演等活动。为丰富和活跃县城、厂矿和农村群众的文化生活，县文工团分别在县城和各乡镇进行文艺演出，全年共演出84场。春节期间在县滨江广场举办了“欢乐袭汇夜”元宵大型焰火晚会演出。大型情景音乐剧“莲舞 · 经典灵川”参加桂林市“百姓大舞台”演出获得圆满成功，得到了市县领导和观众的高度好评。协助举办了我县首届“红会药业之邀”中国南北画派写桂林暨学术交流活动启动仪式、青狮潭镇新寨村写生活动的有关工作。为纪念《中共中央关于控制我国人口增长问题致全体共产党员、共青团员的公开信》发表30周年暨诚信计生“宣传千里行”演出活动，文工团精心排练了一台专题节目。小品《帮忙》、课子《诚信计生成效大》、彩调《回心转意》等，在县滨江广场演出得到广大群众的好评。举办了为期5天的面向全县乡镇文化站干部及农村业余文艺队骨干的彩调、器乐培训班，共有30多支文艺队伍，120余人参加了培训。此外，积极组织定江村文艺队与雁山区龙门村文艺队进行交流演出。这种“走出去，请进来”的形式在桂林市尚属首次，受到了市文化局领导的肯定，桂林电视台还对此进行了专题报道。县文工团代表我县司法局参加桂林市司法系统举办的文艺比赛，小品《老精怪失算》荣获一等奖。积极开展农村群众文化活动，繁荣文化农村文化生活。贯彻落实自治区“和谐文化服务行”“千团万场”文化工作计划和要求，工作重点放在全县30多个文艺队发展、辅导、排练和演出节目上，在青狮潭镇新寨村组织开展的“六月六”文化活动以及在兰田瑶族乡开展的民族文化活动，受到群众的喜爱和好评。

图书馆开展特色服务，最大限度为读者服务。全年接待读者87120人次，外借书刊66500(册)次。数字图书馆建设暨资源综合管理系统正式对外开放，开创了桂林市县级图书馆数字资源建设与对外服务的先河，是对文化信息资源共享工程的进一步提升。数字图书馆的建成开放，极大地丰富了县图书馆的资源，提升了服务手段，拓宽了服务面。为了优化、改善读书环境，图书馆对图书馆大

楼进行了维修、装修，更换了报刊阅览室、儿童阅览室、外借室、报刊资料库的书架、阅览桌椅等设施，使得图书馆整体面貌焕然一新。积极举办世界读书日专题知识、上海世博会、低碳经济展览等；送书1000册到驻我县某部队，为其打造学习型军营创造了一个良好的条件；同时，利用六一儿童节和暑假开展学生安全教育宣传、免费上网等活动。图书馆工作人员利用文化共享工程资源到灵川镇木马村委铁炉村开展送电影下乡活动，受到群众的称赞。

文化市场健康、繁荣、有序发展。为了提高业主的守法经营意识，开展了各种形式的宣传活动。针对网吧、娱乐场所和音像制品经营场所的业主和从业人员进行了4期的培训，培训人数达230人；同时邀请县委宣传部、政法委和教育局的领导给业主讲解法律法规知识。通过培训，大大的提高了业主的守法经营意识，减少了违规经营的行为。此外，还根据“安全生产月”、综治和6.26禁毒日等宣传日上街宣传文化市场法律法规知识，向市民发放宣传资料和解答咨询问题，共制发横幅3条，印发文化法规宣传资料3000余份，编写板报3块。开展元旦、春节文化市场专项整治行动，重点对全县网吧和娱乐场所进行了安全、消防、违法违规的监督检查。共出动人员87人次，检查场所102家次，联合执法2次，发现安全隐患2处，查处黑网吧1家。开展学校及周边综合治理工作，共出动执法人员35人次，检查各类经营场所125家次，处罚违规经营网吧1家。由于措施得力，有效地遏制了未成年人进入网吧的现象，受到学校、家长和社会的好评。认真抓好全县的“扫黄打非”工作。按照市“扫黄打非”工作领导小组办公室的通知要求，我局与工商、公安、电信、广电、宣传、综治办等单位密切配合，在全县范围内开展了两项大的活动：一是开展整治互联网和手机媒体传播淫秽色情的活动；二是开展对全县手机电脑市场专项整治工作。由于领导重视，措施得力，这两项工作都取得了很大的成效。

文物文博和文化遗产保护力度不断加大。江头村和长岗岭村古建筑群的文物总体保护规划的编制工作顺利开展。经过政府采购招标，由具备国保单位规划编制资质的北京建工建筑设计研究院的专家及编制组工作人员进行了资料收集及现场测绘和调查，获得了保护规划的基础数据和资料。目前，江头村和长岗岭村古建筑群的文物总体保护规划的编制初稿已成形。长岗岭商道古村生态博物馆建设进入新的发展阶段。灵川县机构编制委员会下发了灵编[2010]13号文件，同意成立灵川县长岗岭商道古村生态博物馆专职机构，为县文化局的二层机构，财政全额拨款事业单位，核定财政全额拨款事业编制2名。生态博物馆结构和人员的落实，为今后工作持续深入的开展打下了良好的基础。圆满完成了第三次全县文物普查实地文物调查阶段的工作，通过了自治区“三普办”专家验收。此次共发现新的文物点33处，复查原有文物点55处。重要发现有：上桥村两座清代大型石拱桥、大圩康熙年间“圣母宫”、潮田乾隆年间的古戏台等。积极组织参加全区文化遗产保护宣传讲解大赛，获2个一等奖，分别是《江头古村秀，爱莲文化深》《悠悠古商道，繁华传千年》。桂北民俗博物馆新的陈列工作已启动。目前，已做出“陈列内容脚本”，并已组织区内专家学者进行了评审。同时，我县“桂北民俗博物馆”网站已于八月初开通，网站围绕灵川的文物点和文保项目设置了众多栏目，仅一个月就获得了近五千次的点击率。设立灵川路莫村八路军军需物资转运站旧址参观接待处，

【龙胜各族自治县】 龙胜各族自治县文化局内设办公室、文化市场管理办公室、新闻出版版权管理办公室、文学艺术界联合会、文化稽查大队、文化馆、图书馆、文物管理所、民族艺术团等9个事业单位。辖管10个乡镇文化站。在职国家公务员11人,事业单位专技人员40人,机关工勤人员1人。局长1人,党组书记1人,副局长2人。全年县财政对文化的拨款金额221.8万元。

积极组织作品参加各种展览和比赛,取得较好成绩。李庆崇行书《千古江山》《山高月小》在三江县首届"相约金秋艺术作品展"暨湘黔桂三省(区)交界九县书法、美术、摄影作品展中,分别荣获三等奖。石农兵中国画作品《溪岭清晓》入选第二届中国山水画艺术双年展,在桂林市美术馆展出;作品《青山耸翠图》获桂林市12县美术作品展银奖,在桂林市美术馆展出;作品《溪岭清晓》入选全国中国画作品展,在苏州美术馆展出;陆安顺版画《侗乡闹春图》在三江县首届"相约金秋艺术作品展"暨湘黔桂三省(区)交界九县书法、美术、摄影作品联展荣获二等奖,版画《人物》在首届桂林市12县美术作品联展中,荣获铜奖。王成林的散文集《唇边风景》于8月由中国文联出版社出版、杨进恒的小说集《多梦时节》于1月由广西人民出版社出版。

群众文化活动丰富多彩。全年共组织大型文艺演出4次,开展"文化下乡"演出10场次,专业团队演出16场次,全县197支群众文艺队自娱自乐演出282场次。民族传统节庆的文化活动异常活跃,并逐步规范化。农历三月份乐江乡宝赠"祭萨节"、五月十五马堤乡芙蓉村苗歌节、六月初六和平乡大寨红瑶晒衣节、六月十五平等乡龙坪村侗族"祭萨"、六月二十四乐江乡地灵村"侗族百家宴"、八月十五龙脊金秋文化活动等颇具影响力。成功举办了第30届农村文艺汇演和本土作者所创作歌曲的2011年春节文艺晚会。

图书馆以优质的服务做好公共图书的借阅工作,每周开馆40小时。全年借书10060册,解答咨询500条,提供资料2010份,新办读者借书证30个。同时,利用传统会期在龙胜县城、泗水、马堤、瓢里、三门等乡镇开展科技图书展。建立了农家书屋电脑平台,对全县农家书屋实行电脑化管理。

文化市场不断净化。加强网吧等文化市场监管和"扫黄打非"工作,营造良好文化市场环境。全县共有文化市场经营点26个,从业人员500多人。全年共出动检查人员164人次,专项行动5次,其中检查网吧62家次,音像制品出租(零售)31家次、书报出租(零售)26家次、歌舞娱乐场所48家/次,受理案件8件,立案8件,接待来人来电举报2起。收缴盗版、非法出版物770本(册)、盗版音像制品412张。有效净化了文化市场。

文化遗产保护工作进一步深入。坚持"有效保护、合理利用"的原则,制定计划,对损坏文物进行维修。加大对非遗项目的挖掘和保护力度。所申报的《草龙、草狮制作技艺》《侗族祭萨》两个项目进入了自治区级保护名录。完成全县第三次全国文物普查实地调查阶段工作,已进入文物普查资料录入整理阶段。新普查文物39处,复查文物31处,通过区、市"三普"文物专家组的验收。

加强文化阵地建设,大力实施"文化惠民工程。投资656万元,完成龙脊北壮生态博物馆建设工程,并于11月15日顺利开馆;建成瓢里、江底、马堤、伟江等四个乡镇综合文化站;开工建设县文化馆和龙胜镇文化站建设项目;完成28个"农家书屋"建设工程;为54个村配送了文化信息共享工程和农村党员远程教育设备;完成5个市级点村级公共服务中心建设,5个县级点的各项建设正抓紧进行。

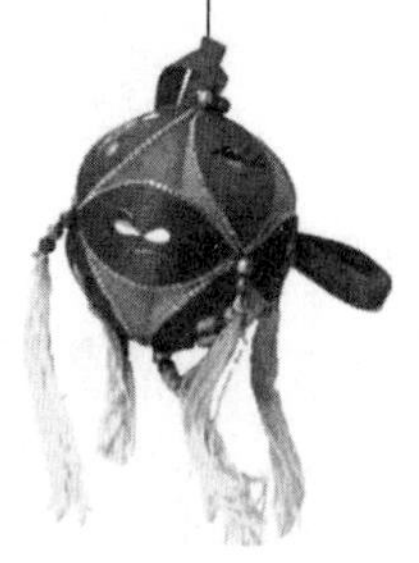

【平乐县】 平乐县文化旅游局设有：文秘股、旅游质量管理股、新闻出版办公室等机构，下属单位有：文化稽查大队、文化馆、图书馆、文物管理所、桂剧团等。联系指导全县10个乡(镇)社会群众文化工作。我县现有业余文艺团体85个，其中民间艺术团体54个，秧歌队87个，彩调队8个，腰鼓队5个，鼓号队5个，排灯队4个，其他2个。年内举办农村业余鼓号培训班1期，舞蹈培训班14期，肚皮舞培训班7期，交际舞培训班17期，共计39期，培训学员1000多人次。县剧团全年共参加演出98场，其中下乡演出65场，县城演出33场。组织系列社会群众文化活动，演出48场，演出节目228个，演员2605人，观众达90000余人次。

年内，编排组织了一台以宣传工业集中区建设、县城新区建设、老城风貌改造、桂江旅游开发、农业产业化五大工程宏伟蓝图为主题的“桂江第一城——山情水韵新平乐”的节目，于3月参加桂林市“百姓大舞台”的演出。4月12日，桂林市文化局“和谐文化服务行”群众文化活动启动仪式在二塘镇太平村隆重举行。参加仪式的有市文化局、市委宣传部等有关部门领导及十二县五城区文化局领导。今年全县乡镇组织文艺、舞龙狮等演出130场次，村级组织演出230场次。广场文艺活动每月演出一场，由县直各口单位及各乡镇组织演出。在开展“和谐文化服务行——千团万场”群众文化活动中，获得了全区“和谐文化服务行——千团万场”群众文化活动优秀文艺队5个、优秀文艺骨干5名、优秀辅导员1名。6月27日，在桂林市十二县农村业余文艺队彩调邀请赛中，阳安乡业余文艺队获得了二等奖；9月份，在参加桂林市第31届“漓江之声”活动中，在创作节目类中小彩调《招贤榜》获得一等奖，在小品类中《擦鞋》获得二等奖，在村屯文艺队展演类中独唱《走上高高的兴安岭》获得二等奖，小彩调《接力棒》获得三等奖，在优秀歌曲演唱类中《百里漓江百里画廊》获得二等奖，同时，还获得了第31届“漓江之声”活动组织奖，为我县争得了荣誉。

全年出版了宣传党的方针政策、时事新闻、集寓教娱乐为主的板报2期。春节和国庆期间分别举办了大型书法、美术、摄影展，参展书法、美术作品200多幅，摄影作品100多件。同时，在我县举办的首届桂江文化旅游节暨第二届柚子节活动中，征集了近200多幅照片在中山公园展出。县图书馆结合我县开展的“四下乡”活动，积极做好文化下乡工作，发送果树栽培、家禽畜饲养、农产品加工、水产养殖等系列资料800多份。2010年，图书馆共接待各类读者83600人次，借出图书50900册，解答读者咨询590条。

加快乡镇综合文化站建设、村级基层服务点建设和村级公共服务中心建设工作步伐。阳安乡文化站获得了2009年度全国文化信息共享工程5万元的设备配置；93个行政村获得了由文化厅下发的43万元的村级基层服务点设备配置，每个点配置1台投影机、一套投影幕布、一套音箱。圆满完成了5个村级公共服务中心建设任务。加强完善县文化综合楼的软硬件建设。完成了县剧场舞台建设，添置了专业舞台灯光、音响。11月，为配合我县承办的首届桂江文化旅游节暨第二届柚子节活动，在县文化大楼剧场开展了传统桂剧展演。完成了30家农家书屋的建设任务，每个点2000册图书和阅览桌椅、书柜已配送至30个农家书屋。

采取有效措施，切实抓好网吧等互联网上网服务营业场所的长效管理工作。共出动文化稽查人员120人次，检查网吧324家次，其中处罚7家次。

县文物管理所认真开展第三次全国文物

普查工作，并在4月份通过了自治区文物普查检查验收。同时建立了各文物点的档案。实地调查文物134处，其中复查73处，新发现61处，消失文物15处。整理文物资料、建立档案134份，并对文物资料作进一步的完善。对非物质文化遗产再次进行了遗产项目的申报。我县的《船家婚礼》《平乐油茶》《香龙舞》三个项目，完成并整理申报了区级项目。

【全州县】 全州县文化局下设文化馆、图书馆、文物管理所桂剧团等。有县级重点文物保护单位30处，区级重点文物保护单位15处，国家重点文物保护单位2处，列入自治区文物志达84处之多，系桂北文物大县，库藏现有文物810件，古钱币数万余枚，其中二级文物11件，三级文物187件。全县自2002年以来已有12个乡镇建有文化站综合楼，5个文化站综合楼正在建设中。

打造“湘山文化节”文化品牌。10月25日至27日中国·桂林全州县首届湘山文化节成功举行。文化节期间举办了大型文艺演出、书画摄影展览、水上摩托艇表演赛、湘山酒文化研讨及展示会、旅游商贸美食展销等活动，吸引群众10多万人。湘山文化节以节庆为媒介，以各种活动为载体，将浓郁的湘山文化、民俗文化与现代文化有机地结合起来，深刻诠释了全州的优秀历史文化和光明的发展前景。这是一届规格高、亮点多、主题新的空前盛会，为桂林“文化立市”添上厚重一笔。“漓江之声”活动是桂林市每年一次的大型群众文化活动，我县精心组织少儿器乐演奏《扬鞭催马运粮忙》（笛子独奏）；少儿表演唱《共创文明卫生村》；文艺创作节目《我的徒弟叫“老外”》（小品）；女声独唱《漓江情》等节目积极参与，获得一等奖一个，二等奖一个，三等奖三个。根据市委宣传部和“市百姓大舞台”组委会的统一安排部署，我县组织百姓大舞台全州专场“全州笔墨 湘山红”（戏舞音画）文艺节目的排练演出。百姓大舞台全州专场组委会克服各种困难、群策群力、积极筹划、紧张排练，一台规模宏大、充满浓郁全州地域特色的大型文艺演出于7月25日闪亮登场，大获成功。这是我县历年来组织的规模最大，演员最多，集戏曲、歌舞等元素为一体的一台节目。该台节目还作为全州首届湘山文化节闭幕式演出节目，供广大群众观赏。

群众文化活动丰富多彩。新春佳节来临之际，县文化局协助县委、政府成功组织以构建“和谐全州、人文全州”为宗旨，以提升全州文化品位，激发全县人民“热爱全州、建设全州、重振大县雄风”为目的的“新春茶话会”，营造了“金虎闹新春迎新年”的浓烈节日氛围。大年初一至初七，文化馆、业余剧团、桂剧团开展了春节趣味游园活动，业余团队共庆新春文艺演出，新春广场文艺演出等活动，丰富了广大人民群众春节期间的文化生活。邀请市群众艺术馆老师深入我县基层文艺队进行调研、采风、辅导，先后到庙头镇、绍水镇的文艺队指导，进一步提高了村屯文艺队的演出水平。6月26日，组织庙头镇老年文艺队排练传统彩调剧《蠢女上轿》，参加桂林市十二县农村业余文艺队彩调邀请赛，并获优秀奖。9月24日至25日，组织山歌队、舞狮队应邀参加恭城瑶族自治县山歌赛、舞狮赛，分获优秀奖、一等奖。

民间文化人才工作。为贯彻落实《关于加强地方县级和城乡基层宣传文化队伍建设的若干意见》（中宣发〔2010〕14号），积极支持民间文化人才队伍发展，做好民间文化艺术资源保护工作，文化馆对全县范围内民间的文学、工艺、美术、音乐、舞蹈、戏剧、曲艺、杂技、研究等方面有所造诣，在当地有较大影响且对民族民间文化的保护、传承与弘扬做出

突出贡献的文化人才进行了一次全面、细致的调查。积极申报唐爱春、唐技润、伍井明等13名优秀民间文化人才的材料。

图书馆工作。图书馆优化基础服务，强化管理软环境，狠抓图书馆信息化建设，接收国家配发的价值68万元的信息资源共享设备，县政府的配套经费均已到位，电子阅览室正进行设备调试、安装，验收后就可以面向社会开放。一年来，借书处共接待读者36796人次，外借图书46518册，整理图书3万多册。采编室采编图书968册，订购报刊杂志136种。阅览室接待读者49768人次，外借47769册次，装订报刊杂志719册，全年读者咨询390人次。全年出版六期专题墙报，通过宣传，充分的发挥了图书馆的宣传优势，得到了读者一致好评。

公共文化服务体系建设扎实推进。经一年来的扎实工作，公共服务体系县、乡、村三级网络基本形成：文化馆、图书馆修缮一新、重展新姿；全州镇等五个乡镇综合文化站已建成投入使用，最后一批安和乡等五个乡镇综合文化站已开工建设；新建97家农家书屋，6个村级公共服务中心；文化信息资源共享工程已建成县级支中心一个（图书馆内）、基层支中心4个，村级服务点131个；为4个乡镇配备了价值40万元的文化信息资源共享及文化活动设备。

加强文化市场管理。根据文化厅统一部署和要求，我局文化市场办完成了对全县文化市场企事业单位和经营场所的普查统计工作，普查统计网吧经营52家、歌舞娱乐场所22家、电子游戏室7家，共计81家经营场所及经营设备、从业人员等数据信息统计，为文化市场稽查管理提供了依据。今年以来，根据县委的统一部署，县文化稽查大队先后开展了"两大节日"文化市场专项整治行动，"网吧"互联网上网服务营业场所专项整治行动，中小学校周边文化市场专项整治行动，互联网淫秽色情及低俗信息专项整治行动，歌舞娱乐场所网吧等人员密集场所安全隐患排查行动。一年来，县文化稽查大队共出动执法人员420人次，检查各类文化经营180家次，受理举报10件，办结案件38件，责令改正15家次，警告18家次，责令停业整顿5家次，收缴非法出版物3600余件册，其中淫秽色情出版物1100余件，盗版音像制品2500余张。加强宣传引导。召开业主会议，传达有关文化市场和"扫黄打非"的政策、法规和有关文件精神，共召开网吧业主培训会、印刷行业业主培训会，文化市场专项整治会共三次。利用新闻媒体宣传。在今年的文化市场专项整治行动和"扫黄打非"集中行动等重大行动中，我们都邀请了县广播电视局、全州资讯社的记者，给予了跟踪报道。通过宣传引导，让业主提高认识，增强法律意识，自觉规范经营行为，同时让全社会的公众理解和支持我们的工作，共同监督，关注文化市场管理，提高服务水平。注重安全生产，警钟长鸣，勤查勤管。对存在安全隐患的两家经营场所给予了限期整改处理。同时还经常组织业主学习安全生产的有关政策和法规，提高认识，并不定期对一些场所进行突出检查。由于工作抓得紧，做得细，全县文化市场没有出现任何安全事故。

文化遗产保护工作卓有成效。6月份，在没有经费的情况下，想方设法，克服困难，采取"取之于项目、用之于项目"的方法，向申报非遗项目的单位、企业募捐到资金1万余元专项经费。我县申报的5个非遗保护项目获批3个（湘山酒传统酿造技艺、醋血鸭制作技艺、剪纸技艺），开创我县开展非物质文化遗产普查工作以来的新纪录。6月12日我国的第五个"文化遗产日"，在文物管理所门前小广场举行宣传活动，展出了17块展板，一个

实物展示点，发放宣传资料数千份，通过文字、图片、漫画、实物、发放宣传资料等多种方式展现我县丰富的文化遗产和非物质文化遗产。“文化遗产日”活动大大提高了民众对文化遗产保护的意识。经过多年的努力争取，在区、县领导的重视下，国家重点文物保护单位燕窝楼争取到维修专项资金 65 万元，于今年 5 月正式启动维修。维修内容主要包括：牌楼、门楼、南北侧廊、中殿、过廊、横廊的落架维修和天井、山墙两侧排水沟及路面的清理修整。在文物管理所的工程质量监督下，通过广西文物保护研究设计中心精心施工，该项目已于 9 月底顺利完成。充分利用革命老区转移支付专项资金（分三年投资 300 万元），配合我县“湘山文化节”，合理规划我县革命遗址的维修、保护和建设，少花钱办大事，重点建好觉山铺革命烈士纪念园。9 月初，向公众征集纪念碑设计方案，征得设计方案 9 个，下一步将会示方案，选择适合的建设方案，启动革命烈士纪念碑建设，做大做强红色文化旅游项目。自前年 7 月初以来，经过近两年多的野外文物调查，我县文物普查队已调查乡镇 18 个，行政村 278 个，自然村 2940 个，行政村覆盖面为 97.8%。到目前为止，共调查的不可移动文物共 298 处，其中复查 187 处（已消失的不可移动文物 46 处）、新发现文物 111 处，覆盖率达 100%，涉及从新石器时代到近现代时期的古遗址、古墓葬、古建筑等。全面完成了第三次全国文物普查工作数据库的录入工作。文物管理所被评为全区“三普”工作先进集体。

【兴安县】 兴安县文化旅游局下设文化馆、图书馆、博物馆、文工团等机构。联系指导全县 10 个乡镇文化站的活动。农村业余文艺队 186 支，主要活跃在华江、溶江、严关、兴安镇、湘漓、界首等乡镇。按照文化厅《关于开展“和谐文化服务行”群众文化建设年的通知》及桂林市文字[2010]72 号文件要求，兴安县成立了活动领导小组，认真制定“和谐文化服务行”群众文化建设年工作实施方案，扎实开展各项活动，改善了文化活动基础条件，加大了文艺队伍建设和资金投入力度，进一步丰富了我县城乡文化生活，繁荣了城乡文化，促进了我县经济社会文化的协调快速发展，“和谐文化”异彩纷呈，成效明显。由于重视文化活动宣传，形成了良好的宣传氛围和宣传渠道，我县的文化活动得到了各级报刊、电视台、电台、网站等多渠道的大力宣传和推介，特别是县内媒体的及时报道，形成了浓厚的文化活动宣传氛围。据不完全统计，全年在县内外各级媒体刊登的文化活动报道在 200 篇以上。

大型音乐歌舞剧《灵渠魂》在“桂林百姓大舞台”精彩亮相。5 月 13 日晚大型歌舞晚会《灵渠魂》兴安专场在市少年宫春天剧场成功演出，市领导陈丽华、熊显元、袁绪祥、刘明昱，兴安县领导王建毅、盘祥书、阳明、唐卫平等与数百名热情的观众观看了这场精彩的演出。全剧舞美、动作、布景、音乐等有机结合，给观众带来了视觉上的极大冲击和美好享受，赢得了全场观众的阵阵掌声。《灵渠魂》还在 5 月 14 日晚桂林电视台综合频道播出。由中国葡萄协会、自治区农业厅和桂林市人民政府共同主办，中共兴安县委和县人民政府承办的葡萄节以“牵手葡萄盛会，相约魅力兴安”为主题，文化旅游、农业旅游相结合，展示“南方吐鲁番”的迷人风采。葡萄节 8 月 18 日开幕，历时 13 天，共安排了 16 项主题活动。包括开幕、闭幕式大型文艺晚会，葡萄仙子选拔赛、广西电视台“欢乐乡村行”大型公益活动、广场文艺晚会等，观众超过 10 万人次。由自治区旅游局、桂林市人民政府和广西烹饪协会主办，桂林市旅游局、兴安县委、

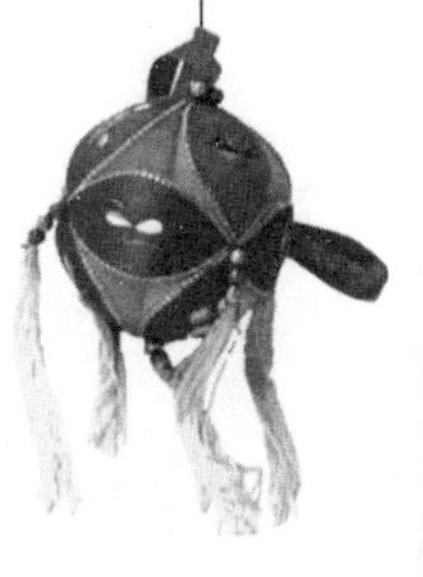

兴安县政府承办的广西兴安桂林米粉节，已成为兴安乃至桂林和广西最具特色的节庆活动。米粉节4月28日在银杏广场隆重开幕，5月2日举行闭幕式暨颁奖晚会，历时5天，22项文化活动，期间游客和观众达20多万人次。“健评节能杯”百姓才艺大展台文艺周活动由县委、县政府主办，县文化旅游局承办，在兴龙购物城广场隆重举行。活动历时10天，近200多人参加才艺表演。百姓才艺大展台文艺周活动可以说是兴安的星光大道和百姓舞台。县长阳明等领导与6000多名热情的游客和群众观看了精彩的才艺展示。县文化旅游局从2008年开始举办的彩调大赛共有来自全县各乡镇的21支业余文艺队参加，演出的节目大多都是在传承传统民间艺术的基础上结合了现代浓郁的生活气息，表演生动活泼、明快幽默，富有激情和戏剧性，为广大群众喜闻乐见。

以广场文化、农村文化、社区文化、企业文化、校园文化、节庆文化等多种形式为载体，组织、引导、鼓励各乡村、各社区、各学校、企业文化活动队伍利用自己的场地及文化广场进行各种活动项目的“周周练”“周周演”活动。活动多次引起县电视台、报社的关注和报道。华江瑶族乡组织开展了两次广场舞比赛，17支文艺队参加，数千群众观看；兴安镇道冠村峡田大王庙会有6支文艺队参加演出，历时10多天，共演出30多场，观众1万多人次；湘漓镇普头村黑帝天公庙会邀请12支文艺队参加，历时26天，共演出52场，9万人次到村看戏或逛庙会，创历史之最。据不完全统计，全县各专业和业余文艺队、健身舞蹈队、腰鼓队、秧歌队等开展各种文艺演出4600多场次，观众达40万人次以上。4个乡村文艺队获全区优秀文艺队、4人获全区优秀文艺骨干、1人获全区优秀文艺辅导员称号。

县文化活动因上档次从而有了较大影响和声望，并提高了我县知名度，不少文艺节目在桂林市和广西获奖。如漓江之声比赛，我县组织8个节目参加，获一等奖1个，二等奖5个，三等奖2个，同时获得歌曲创作奖和优秀组织奖。舞蹈《米粉娃》获得中港青少年文艺汇演优秀节目奖。

大力实施村级公共服务中心建设工程。在兴安镇塘市村胡家洞、护城村狮子岭、严关镇马头山、溶江镇莲塘村4个行政村实施村级公共服务中心建设工程，总投资128万元，实现一个篮球场、一个文艺舞台、一栋综合楼（活动室）、组建一支农民文艺队、一支农民篮球队的目标。中心综合楼为二层以上砖混结构，面积在218～234平方米间；篮球场为标准规格，文艺舞台面积在80～100多平方米。建筑结合我县城乡风貌改造工程整体规划要求，体现了桂北地方风格。我县被市政府评为此项工作先进单位，并在2011年全市文化工作会议暨村级公共服务中心建设会议上作典型发言。

加大基层文化基础设施建设力度，巩固农村文化阵地，改善文化工作环境和氛围。积极争取资金和领导支持，不断加强10个乡镇综合文化站建设与管理，充分发挥乡镇综合文化站的作用。年内我县共投入近120万元，给各乡镇文化站和村文艺队配置文化设备和文艺器材，给74个村配备文化信息工程投影机，极大地调动了文艺队伍的工作积极性，改善文化工作环境，形成了社会大力关心和支持文化活动的良好氛围，从而促成了文化活动的新高潮。除四个村级公共服务中心以外，群众还自筹资金建起了不少村屯文化活动室，如阳安村、邓家村、新会村、石山脚村、打渔村、五架车村文化活动室等。

【阳朔县】 阳朔县文化体育局作为阳朔县文化事业主管部门，下设县群众文化艺术馆、县文工团、县图书馆、县文物管理所四个二层文化机构单位，全县文化机构单位在编干部职工共 55 人，全年财政拨款 1021 万元。2010 年阳朔县文化系统认真深入学习实践科学发展观活动，认真抓好全县各项文化体育事业建设工作，重点突出，成效明显，各项文化事业稳步健康地向前发展。

年内，县文体局精心组织开展各类文化活动，如漓江渔火节、“万盏花灯、万条谜语、万束焰火、万碗汤圆”闹元宵及民间艺术游行活动、“福利五月八”传统民俗文化旅游节、全县文艺汇演等大型文化活动，彰显阳朔文化魅力。组织和排练优秀节目参加各级比赛，在桂林市第 31 届“漓江之声”文艺比赛中，荣获组织奖，取得一等奖两名、二等奖一名的好成绩；我县文化业务骨干参加全区群文辅导骨干业务大赛，获摄影类市级一等奖和区级三等奖。由我县文艺工作者历时半年编导的大型歌舞剧桂林百姓大舞台阳朔专场——《碧莲峰里住人家》在桂林市少年宫春天剧场成功演出，《碧莲峰里住人家》专场演出创意新颖、赏心悦目、非同凡响，得到了市、县领导和文艺界的专业人士的高度评价。

举办各类文艺培训班，培训文艺骨干 400 多人次；组织下乡演出 65 场，观看群众达到 60000 人次。文化工作者通过下乡镇、走农村、进学校、入社区的方式，用先进文化占领农村文化阵地，充分发挥了文艺宣传的优势和作用。12 月阳朔县文化馆在全国服务农民服务基层文化建设先进集体表彰活动中荣获基层文化馆先进集体称号。

重视文化基础设施建设。投资 242 万元建成白沙镇蕉芭林村、普益乡留公村、葡萄镇福旺村、福利镇渡头村、福利镇居委五个村级公共服务中心。投入资金 10 万元在全县 9 个乡镇建设 22 个农村文化图书室，全面完成了我县农村图书室建设工作。

文化市场得到进一步净化。以网吧专项治理为重点，通过加大市场稽查力度、加重处罚力度、召开业主培训大会、与各行业主签定责任状、发放宣传资料等措施，强化管理措施的落实，对全县文化市场经营场所进行持续整顿。全年出动 500 人次检查文化经营场所 980 家次，收缴盗版书籍 762 册，非法音像制品 1580 张。

组织开展第三次文物普查工作，我县文物工作者逐乡逐镇地进行疏理，查缺补漏，根据国家文物局和区文物局及市文化局的安排，对普查获取的资料、数据、照片及各文物点地理位置图进行编辑、整理、绘制和录入，现已完成录入文物点资料 170 余份，达 2000 余页。今年我县文物管理所荣获自治区第三次全国文物普查先进调查队。

图书馆进一步强化服务意识，做好外借、阅览等读者接待工作，全年接待读者近 7000 人次，积极开展送书下乡活动，为 9 个乡镇的村级图书室图书发放近 10 万册图书。4 月，县图书馆荣获了国家文化部颁发给我县的三级图书馆荣誉称号。

【永福县】 永福县文化体育局下设县文化馆、县图书馆、县彩调团（县文艺工作团）、县文物管理所（博物馆）；指导 9 个乡镇文化站的工作。1 月 13 日永福县文学艺术界联合会在永福县宣传文化中心挂牌成立。2010 年永福县文化事业在基础设施建设、群众文化和专业艺术、文物保护和发掘取得了一定的成绩，参加上级各种文艺比赛获得区级三等奖 1 个、市级一等奖 1 个、二等奖 4 个、三等奖 5 个。“永福阴笛乐”“永福彩调”列入自治区级非物质文化遗产名录。配合广西文物考古研究所对自治区文物保护单位宋代窑田岭窑址进行了保护性的发掘。举办了“第五届养生旅游福寿节”。8 月永福县被自治区人民政府

授予“广西社会文化先进县”荣誉称号。

积极开展形式多样的文化活动。春节开展以“凤山之春”文艺展演为主的各项春节活动，组织了新春书画展，永福历史文物民族风情展，新春电影放映活动，彩调演出活动和新春体育活动；6月21至24日举办的“茅江之夏”农村彩调大赛活动，全县23支业余彩调队参加了大赛。6月26日至28日举办了桂林市业余文艺队彩调邀请赛，全市11个县共13个节目参加，永福县代表队的小彩调《张胡子醉酒》获演出一等奖。县文化馆全年辅导业余彩调队（文艺队）30支，举办彩调培训班16期，舞蹈培训班4期，音乐、书画、戏剧创作培训班各1期，共培训人员300多人次；全县45个农村业余彩调队全年共演出1050场次；县文工团下乡演出105场；县图书馆2010年接待读者22536人次，流通图书18662册，组织开展科技图书下乡活动，免费发送科技图书1200多册。10月14日至10月16日，永福县举办了“第五届养生旅游福寿节”。福寿节期间举办了大型的歌舞晚会以及彩调展演、凤山祈福、百寿岩祝寿、山歌擂台赛、书画摄影展、大型焰火晚会等文化活动，区内外5万多人参加节庆活动。

完成了4个村级服务中心的建设，每个点投资32万元，建成有200平方米的综合楼，一个灯光球场，一个60～100平方米的露天舞台，100平方米乒乓球场；完成了32个村级农家书屋的建设，使我县农家书屋超过80家。

文化市场综合管理与专项治理相结合。文化市场管理以促进市场健康繁荣发展为目的，建立和完善长效管理机制，日常巡查与专项治理相结合，严厉打击各种违法违规经营活动。县委、县人民政府把“开展未成年人进入网吧专项治理，切实保护未成年人健康成长”作为为民办实事之一，把杜绝未成年人进入网吧作为年内文化市场管理的工作重点。按照县人民政府的决定，制定实施方案，形成多部门联动的管理机制，出动检查人员210人次，检查场所55家，查处违法接纳未成年人网吧9家，停业整顿2家，收缴电脑50台，取缔“黑网吧”18家，收缴电脑88台，网吧接纳未成年人的现象得到有效遏制。根据市“扫黄打非办”的要求，积极开展稽查活动，共收缴非法书报刊860多册（张），非法音像制品680张（碟）。12月28日自治区净化农村文化市场启动仪式在永福镇银洞村举行。

积极组织开展非物质文化遗产的普查与保护、申报工作。2010年“永福阴笛乐”“永福彩调”入选自治区级非物质文化遗产名录，另有7项入选市级非物质文化遗产名录。由于湘桂高速铁路改造路段经过区文物保护单位宋代窑田岭窑址，县文物工作者协助自治区考古队进行了保护发掘，出土了一批宋代文物。加大对区文物保护单位永宁州城和百寿岩的保护力度，向上级争取到区级保护资金20万元对永州城进行维修。县博物馆全年免费开放，共接待游客观众4500人次。

【资源县】 资源县文化体育局下辖县文联、县文化馆、县图书馆、县民族艺术团（原文艺队，1996年3月更名）、县文物管理所（县博物馆）和一个县文化市场管理办公室（县文化市场稽查大队）等机构。联系指导7个乡镇文化站的工作。有业余文艺队伍25支。在县委、县政府的正确领导下，在上级业务主管部门的指导下，县文体局认真贯彻落实区、市文化体育工作会议精神，从“文化立市”的战略全局出发，从建设和谐文化，推进我县文化大发展、大繁荣的总体要求出发，以推进农村文化建设为突破口，以繁荣和丰富全县人民文体生活为己任，大力发展文化产业，实施艺术精品战略，规范文化市场秩序，加强文化遗产保护。按照年初制定的工作计划，认真抓贯彻落实，实行分工合作，自主创新，团结拼搏，大力繁荣文化艺术，积极进行文化体育建设，求真务实，扎实工作，为全面建设小康社会、构建和谐资源提供了坚强有力的文化保障。

注重队伍建设，狠抓文艺精品，文化创作硕果累累。在县领导的关心、指导、支持、鼓励下我县文艺创作进入丰收期。一是戏剧精品多：我县作者唐建华创作的大型歌剧《哥哥鸟》荣获桂林市政府颁发的“金桂奖”；彩调剧《留守妻子》《蓝盒子》在广西第二届彩调艺术节上分获一等奖、三等奖；由唐建华创作，唐淳晶作曲的苗族呢呐哩《偷秋》获得 7 月份在贵阳举行的“全国第四届少数民族曲艺展演”一等奖；大型戏剧《雪里红》被云南省采用；大型戏剧作品《皇上英明》列入了广西第八届剧展备选剧目；民间文艺家协会副主席罗友军代表桂林山歌队参加广西歌王大赛，荣获“广西歌王”称号，并加入了广西民间艺术家协会。二是小说散文精品多：文艺工作者全年在全国各地知名报刊发表散文、杂文、小说作品 100 余篇（部）。其中，蒋开华的短篇小说《色爷》在山东《当代小说》发表并获一等奖，《奉母记》获中国散文学会颁发的全国散文二等奖；在中国作家协会主办的国家一级刊物《小说选刊》首届全国小说笔会征文活动中，易玉林的中篇小说《大水岭》、蒋开华的《瓦匠马亮》、钱开胜的《梁山会议》分获三等奖，《街长唐四》获《中国作家》小说征文一等奖，易玉林创作的散文《家事三题》获中国散文学会颁发的全国散文一等奖；中、长篇小说《爱门界的鱼》《红墨斗黑棺材》《黑颜》《大水岭》《觉山铺》《砒霜》《风正乱》《白芷花》和《看过去很美丽》先后在《芳草》《小说界》《广西文学》《南方文学》《雨花》等知名刊物上发表或进入出版阶段。唐建华以凡夫唐笔名在《杂文月刊》《杂文选刊》《杂文报》《羊城晚报》《广西日报》等全国各地报刊发表散文、杂文作品 50 余篇，跻身全国知名杂文作家行列。唐建华、易玉林、钱开胜三位作者于今年加入了广西作家协会。三是赢得的赞誉多：全年共在区市级、全国级报刊发表作品、获奖 100 余件（次），在整个桂林市稳居前列，被广西文艺界称之为“地域最小，人口最少的创作强县”，形成了一个具备冲击全国文坛实力的文艺创作团队。四是文化工作的突出表现得到的关注多：文艺成果的丰硕，引起了自治区、桂林市领导的高度关注。11 月份在我县召开的桂林市文学艺术创作座谈会上，市领导对我县取得的文艺成绩给予了高度肯定和赞赏。文化厅艺术创作中心计划把资源县当成广西戏剧创作基地，与资源文化部门协作，组织全区各地作者和我县作者进行互动交流，开展文艺创作活动，争取创作出更多的文艺精品。

群众文化活动蓬勃开展。积极开展重大节庆文化体育活动，元旦期间，举办书画联展及大型有奖游园活动；春节期间在县文化中心广场组织开展了新春大型游园活动，参与人数达 3000 余人次；一年一度的七月半河灯歌节作为我县的传统文化节日，与广西电视台“欢乐乡村行”栏目组共同开展了名为“情系山水资源，共享丹霞之魂—豪爵 · 欢乐乡村行”的大型公益活动及文艺演出；协助桂林电视台《板路》和《身边》栏目拍摄了 30 余集系统介绍资源风光风情的电视专题片；开展国庆 61 周年系列文化体育活动等。此外还积极开展送戏、送电影、送文化三下乡活动等。由县民族艺术团到各乡（镇）进行春节慰问演出 7 场，观众达 25000 余人次。

文化基础设施建设不断完善。完成了河口瑶族乡、车田苗族乡及资源镇三个乡镇综合文化站项目建设；完成了资源镇浦田村、梅溪乡梅溪村两个村级公共服务中心项目建设；完成了 25 个农家书屋建设。

文化市场繁荣有序。文化市场管理工作坚持一手抓管理,一手抓繁荣的方针,认真贯彻政策法规和上级精神,不断完善执法程序,努力提高执法水平,采取了一系列执法行动。坚持日常巡查与突击检查、联合执法与独立执法相结合的方式,着重抓好了校园周边、城乡结合部和广大农村、城市居民楼院等重点部位的整治。据统计,2010年度先后共出动执法车辆35辆(次),执法人员50人次,检查网吧、娱乐场所、音像经营户290户次,行政处罚8户次,收缴非法出版物300册(本),非法光碟920盘(片)。

文物普查、非物质文化遗产保护成效显著。继续重点开展我县第三次文物普查的资料整理工作。到2010年12月31日止,我们已完成了全县七个乡田野普查工作,共普查了文物点65处,其中复查38处,新发现27处,消失文物11处。继续做好我县民族民间文物、特别是少数民族民俗文物的征集征收工作。全年共征集征收到各类民俗文物近30件(套)。出版了《资源县民间歌谣词曲集成》《魅力资源》两本书。苗族、瑶族山歌调分获区级非物保护项目,使我县河灯节、山歌文化都成为区级非物保护项目。

梧　州　市

全市文化工作综述

2010年梧州市的文化工作坚持“和谐团结创新篇，凝心聚力谋发展”的总基调和“加强文化、发展文化”的工作理念，狠抓各项工作的落实，以创新的精神、务实的态度、扎实的作风，努力完成全年各项工作任务，取得了积极成效。梧州市的文化工作着重抓好重大文化项目建设，大力抓好文化艺术创作生产，广泛组织开展城乡群众文化活动，加大公共文化基础设施建设投入，完善城乡公共文化服务体系，规范文化市场管理，推动文化产业发展，努力促进梧州文化大发展大繁荣，推动梧州经济社会又好又快发展。

截至年底，梧州市有专业艺术表演团体2个，县(市)专业艺术表演团体4个；梧州市图书馆1个，县(市)图书馆4个；梧州市群众艺术馆1个，城区文化馆3个；县(市)文化馆4个，乡镇文化站57个；梧州市文博单位1个，县(市)文博单位4个；书画艺术创作单位2个；梧州市文化市场管理机构1个，县(市)文化市场管理单位4个。全市文化系统在职干部职工265人。专业技术人员217人，其中高级职称22人，中级职称89人，初级职称106人。全市有业余文艺团队300余个，人数约5000人。

艺术创作生产成绩斐然　多种措施狠抓文化创作，抓住地方特色文化，以文化交流带动文化创新，以文化创新带动文化发展。一是加强创作交流，以参加全区比赛、外出交流等形式，如组织人员到广东参加全国典艺节学习观摩活动，促进创作作品大发展。二是组织创作采风活动，如组织艺研所、群艺馆等的创作人员在年初进行艺术创作采风活动，创作更多贴近社会实际的作品。三是出台激励机制，激励多出新人、新品。四是加强多种人才培训，采取“送出去，引进来”的方法，如拨出专款组织专业人才去高等院校学习，选送群艺馆干部梁继民到上海戏剧学院学习舞台设计；邀请了中央音乐学院附中南校区校长卢伯楠教授到梧进行为期五天的声乐演唱讲座，进行培训等。全年我市艺术创作涌现出了一批区级以上获奖作品，如：全区第四届戏曲、曲艺青年演员大奖赛获一金、一银、二铜奖；组织参加广西第四届少年儿童艺术比赛，共获得五金九银五铜的好成绩等。据统计，我市参加全区各类文化比赛共获得一等奖(金奖)8个、二等奖(银奖)14个、三等奖(铜奖)16个。

群众文化活动蓬勃开展　实施群众文化精品战略，创新作品，锻炼人才。2010年全市群众文艺汇演共举办专场演出7场，演出节目89个，其中创作节目44个，参演演员1000多人，参演单位60多个，观众达3万人，推出了一批优秀节目，涌现出了一批群众艺术创作人才和表演人才。为丰富广大群众的文化生活，梧州市开展了各种文化服务活动。一是为营造良好的节日气氛，春节期间组织9场广场文艺、4场电影晚会，协助主办元宵花灯展。二是以“璀璨广场”群众文化为龙头，带动农村文化、企业文化等的发展。目前已举办活动135场次，参演的单位达50多个，演职人员5000多人次，现场观众达28多万

人次，演出节目800多个。三是组织开展以群众为主体的广场健身舞，荣获广西“百利杯”首届全区广场健身舞比赛一等奖。加强群文骨干业务培训，组织参加全区群文系统职工技能大赛，荣获金奖1个、银奖1个、铜奖2个。四是成功举办“安利杯”少儿才艺比赛，共有500多名小选手参加，收到了良好的社会效果。五是组织文化下乡、公益性演出以及“和谐文化服务行—百团千场”主题活动1080场，观看群众达100万人次。六是举办梧州市粤剧文化周活动，深受广大粤剧爱好者的好评。七是开设舞蹈、声乐等培训班5个班，下基层辅导人均30次。开展文化进军营、参与“爱心飞扬”——梧州市赈灾晚会等专场演出。八是开展“凸显‘二为’方向 文化联动城区行”活动，分别到万秀区的桂江社区、长洲区的丰业社区、蝶山区的新兴社区开展活动，服务群众5000多人。

文化市场管理规范有序 一是积极开展常规工作。开展整治互联网和手机媒体淫秽色情及有害信息专项行动，删除各种有害信息447条；封堵无备案网站23个；关闭论坛图片、相册、用户互动频道等9个。开展对春季全市中小学进校书刊专项检查行动，开展打击盗版音像制品专项行动。组织全面清理无证音像制品经营游商，全年共收缴各种盗版光盘39281张。二是结合实际，抓好三项特色行动。开展整治网吧接纳未成年人“春风行动”，共出动检查人员2653人次，检查网吧5329家次，查处违规网吧25家，停业整顿违规网吧1家，罚款9万多元。开展整治电子游戏经营场所的“阳光”行动，出动检查人员1271人次，收缴有赌博功能的电子游戏机179台、电脑主板258块，对8家违规经营机室进行停业整顿，取缔无证照经营的电子游戏经营场所5家，罚款8万多元，公安机关处理违法人员243多人。开展打击网络侵权盗版“剑网行动”，关闭网站接口、旧链接9个；查封2个无法提供版权证明文件的在线视频网站。

文化遗产保护力度加强 完成了《梧州市文物保护及经费需求“十二五”规划方案》编制工作，内容涵盖全国重点文物保护单位、拟申报第七批全国重点文物保护单位及部分自治区级文物保护单位、博物馆、纪念馆等方面。抓紧推进西江文化博物馆、梧州市新博物馆以及“百家行业博物馆”等重要文博基础设施规划和建设。目前，西江文化博物馆已完成了项目建议书的编制、审批立项等工作，市博物馆新馆主体工程预计在明年春节前竣工，目前正进行陈列展示设计招标等工作。初步形成了以西江文化博物馆为龙头，包括市级、县级、行业博物馆等在内的博物馆（纪念馆）群规划格局。藤县文物普查队获得了“第三次全国文物普查实地调查阶段先进集体”荣誉称号，岑溪市文物普查队、苍梧县文物普查队荣获“全区第三次文物普查实地调查阶段先进集体”，有4人获得了全区先进个人的荣誉称号，市三普办荣获“第三次全区文物普查实地调查阶段先进组织奖”。全市免费开放的博物馆、纪念馆接待的游客超过20万人次。

文化基础设施建设不断加强 一是抓好自治区级重点项目建设。加强30个村级公共服务中心建设，全部工程预计到12月底全部竣工。做好211家农家书屋的建设，在长洲镇正阳村举行“农家书屋”启动仪式。在“我的书屋我的家”全国农家书屋阅读讲演活动中，我市选送的牛娘表演唱《农家书屋，我的书屋，也是我的家》《农家书屋是我家》分获一等奖和二等奖，我局被评上“特别优秀组织”奖。按要求进行中央扩大内需第四批重点项目16个乡镇文化站建设，目前已全部建成并投入使用。二是抓好市级重点项目新博物馆、新图书馆、文化大厦等建设。新博物馆于去年12月动工建设，现新馆桩基工程和地下一层(文物中心库房)工程已完成，目前正在进行地上一层的建设，土建工程预计2011年1月完工。新图书馆建设按进度正常推进，文化大厦项目也于10月举行了开工庆典。

专业艺术

【专业剧团作品演出】 全市年内共有专业艺术表演团体6个，其中市直属2个，县属4个，从业人数210人。全年各专业艺术表演团体、艺术创作人员创作生产剧(节)目30多个。梧州粤剧团8个节目参加了全区戏曲曲艺青年演员大奖赛决赛，获得了1金、1银、3铜的成绩，市歌舞团演员参加广西首届青年舞蹈演员大奖赛获得1个银奖、2个铜奖。全市剧团演出806场，观众约80万人次，年收入约为115万元，其中文化下乡180多场。

【办好系列节庆演出活动】 2010年“春满征程飞越西江”迎春文艺晚会为广大市民献上了新的祝福，营造了喜庆祥和的节日气氛，得到了认可。市歌舞团、梧州粤剧团、市群艺馆分别进行了3场“2010年广西(梧州)春茶节暨六堡茶博览交易会”文艺演出，重点宣传了梧州特产六堡茶，提高了影响力。市歌舞团参加了市政协主办，苍梧、藤县两地举办的“慰问南广高速铁路施工队”专题演出；2010年梧州市创建全国双拥模范城广场文艺演出；协助自治区政协巡回演出(梧州专场)演出活动；2010年庆七一文艺晚会等活动。

【2010年赈灾晚会】 7月8日晚，梧州市“爱心飞扬”赈灾晚会在梧州学院体育馆举行。晚会节目真切感人，演员情深意切为灾区民众献上了祝福，企业家和市民们纷纷慷慨解囊，为因暴雨受灾的苍梧、岑溪等地筹集了3000多万元重建资金。

【文化下乡】 积极组织市、县(市)专业艺术团体编排贴近群众的歌舞小品等节目，开展文化下乡、到基层活动，进社区、企业、学校和军营等进行公益性宣传演出，收到了良好的社会效益，满足了广大群众的精神文化需求。

【举办梧州粤剧文化周活动】 11月份组织了“粤剧文化周”活动，内容主要有：梧州粤剧团与广东、澳门三地联袂演出，梧州市粤剧曲艺大赛，梧州粤剧发展史图片展，三地粤剧艺术交流座谈会等。活动展示了梧州粤剧艺术的发展，扩大了其知名度，提升了品位，让传统粤剧文化得到更好的普及，对粤剧的传承及发展起到一定的推动作用。

【艺术创作工作】 梧州艺研所创作了大型话剧《看解放》，中型话剧《四知廉》和5个小型剧本，其中《邻居餐桌的谜底》入选《小学生学会自立100个故事》一书；论文《梧州原生态水上民歌在新时代的保护与传承》在《广西文化》第3期发表；歌曲《有你 就有平安》在广西《歌海》2010年第4期发表；戏剧论文《构建地方戏剧网络的设想》荣获“首届全国戏剧文化奖”论文三等奖；戏剧小品《妈妈的生日宴》获“首届全国戏剧文化奖”三等奖；创作歌曲《我们在一起》荣获“全国民族音乐学会歌曲评奖”二等奖；《山花一枝带春雨》入选“百名中国画家邀请展”；《荷塘素影》入选“纪念妇女劳动节一百周年广西美展”并获二等奖。

群众文化

【“和谐文化在基层——百团千场”群众文化活动】 调动、整合全市力量，与文化下乡、下基层百场演出活动，“璀璨广场”群众文化活动，全市群众文艺汇演，“梦想飞翔”才艺大赛活动，文化联动服务行活动相结合，配合我市30个村级公共服务中心建设工作，组建了30支村级文艺演出队，对村级文艺队进行培训和组织演出。2010年，我市共组织群众文艺活动1400多场(含业余团队演出)，参与演出的文艺队120多支，经费投入40多万元，演职员3万多人次，观众70多万人次。

【“璀璨广场”群众文化活动】 “璀璨广场”群众文化活动作为市群众文化的重头戏，是众多优秀文艺节目的发源地。活动分“缤纷舞台”和“百姓娱乐”两大板块开展，以广场作为城市“会客厅”，进一步推动我市企业文化、校园文化、军营文化、社区文化、农村文化繁荣发展。据统计，全年举办活动150多场次，现场观众数十万人次，创作节目200多个。

【“凸显‘二为’方向 文化联动服务行”活动】 利用周末时间，开展“凸显‘二为’方向 文化联动服务行”活动，分别到万秀区的桂江社区、长洲区的丰业社区、蝶山区的新兴社区开展活动，主要内容有文艺演出、书画现场挥毫、图书、文物保护知识图片展、卫生、行政执法知识咨询、宣传等，服务群众5000多人。在发放的100份群众满意度测评中，“很满意”票18份，“满意”票82份。

【“安利杯”少儿独唱独奏独舞比赛】 在“六一”国际儿童节期间，举办全市“安利杯”第八届少儿独唱独奏比赛暨第八届独舞才艺比赛，参加比赛的少儿艺术人才400多人，历时7天，共举办了11场比赛，现场观众达3万人，对加强和促进少年儿童的综合素质教育，丰富少年儿童的文化生活起到了积极的作用。

【全市群众文艺汇演】 四年一届的全市群众文艺汇演，以三城区及三县一市分区域进行比赛，共演出7场，演出节目89个，其中新创作节目44个，参演人员1000多人，参演单位60多个，观众达3万人。本次群众文艺汇演评选出一、二、三等奖及优秀创作奖、优秀演员奖若干个，并从中选取优秀节目参加全市国庆晚会演出，发掘、培养了一批群众艺术创作人才和表演人才。

【全市“唱响金秋”粤曲大赛】 “唱响金秋”粤曲大赛作为全市首届粤剧文化周系列活动之一，以传承和发扬粤剧文化为宗旨，吸引了数十名粤曲爱好者参加。

公共图书馆

【藏书建设】 全年分编入藏文献3510种，7261册；购进《中文科技期刊数据库》(2010年)5大专辑全文版文献量200万篇，《中国精品科普期刊文献库》(2010年)镜像9个专题文献量97.2万篇；征集入藏地方文献162种369册(份)。截至12月，馆藏文献总藏量为520721万册(件)。

【读者活动与服务】 年内接待借阅读者86814人次，外借文献77993册(件)；办理借书证1149个，受理咨询服务10项，馆外服务网点送书18次；定期网上新书推介4347种，出版《决策参考》6期，为党政领导部门提供可参考信息82条。为加强对专业技术人员职称申报的指导，3月26日，市图书馆与市图书情报学会联合举办论文写作培训班，邀请文化厅专家授课，全市各单位图书馆(室)120多人参加培训。4月23日是“世界读书日”，市图书馆分别在成人阅览室、少儿阅览室、电子阅览室开展“倡导阅读，提升素质”主题活动，举办了“阅读快乐”“视频读书讲座”“动漫展

播”等活动，吸引了众多的成年人读者和青少年读者走进图书馆。年内，开展强化为未成年人服务工作，组织未成年人教育服务系列活动，先后组织阅读指导、少儿读书知识讲座、读书征文等各种主题活动，图书馆日活动12次，参加活动的少儿读者6244人次；主要活动有：语文乐园班“快乐阅读”主题活动、少儿书法讲座、少儿科普知识讲座、全区少年儿童网页制作大赛、闻一多杯第二届全国少儿书法绘画大赛、十月科普大行动、“地震无情，人间有爱”“今天你低碳了吗”读书征文等活动，取得了很好的社会效果，多篇读书征文被当地报纸登载，有9人获闻一多杯第二届全国少儿书法、绘画赛（广西赛区）的优秀奖。市图书馆荣获梧州市2009～2010年度实施全民科学素质工程先进集体荣誉称号。

【鸳江讲坛】 为架起先进文化与广大市民共享的桥梁，努力以学术性、知识性、互动性为广大读者提供优质服务，“鸳江讲坛”这一公益性讲座活动，在市委市政府的重视和支持下，先后聘请了国内知名家庭教育专家姚鸿昌、广西知名亚健康专家古秋娥、广西知名礼仪培训师卢妍冰等，开展了“家文化与人生成功”“亚健康——生命的隐形杀手”“礼仪学堂——微笑的温度”等主题讲座四十多场，听众达3万多人。讲座主题时尚新颖，时代性强，例子生动，贴近生活，深受市民的欢迎，受到社会各界的广泛好评，有《梧州日报》、梧州电视台等多家宣传媒体现场采访报道。讲座的举办在社会上产生了较大的反响。“鸳江讲坛”是梧州市图书馆以满足市民文化需求为出发点，以弘扬、传播中华民族传统文化和先进文化为宗旨精心打造的系列公益性讲座。讲座的举办不仅成为图书馆一个服务品牌和服务亮点，而且成为新时期广大群众学习的新方式，发挥了公共图书馆的教育作用，扩大了公共图书馆的社会影响。2010年“全区图书馆服务效果评选”活动中，梧州市图书馆承办的“鸳江讲坛”系列讲座获优秀奖。

【文化共享工程】 “文化共享工程”梧州市支中心2011年1月开始对外开放，该中心利用共享工程丰富的文化资源，开展定时定点播放、计算机基础知识培训、公益性知识讲座、信息查询、网上读书等服务，使广大读者能经常性地、方便快捷地享受丰富精美的“文化大餐”。该中心从对外开放以来，先后开展和举办“少儿计算机基础知识”“成人计算机基础知识”培训班；开展“县级数字图书馆”资源推广活动；深入到市辖的旺甫镇、京南镇、夏郢镇、糯垌镇等乡镇，开展视频播放、农业科技资料（光盘、纸质文献）发放、农业知识谜语竞猜、挂图展示等服务项目的“文化共享助春耕”活动；在4月23日世界读书日期间，利用国家管理中心下发的“共享书香 快乐阅读”光盘资源，开展动漫视频读书讲座活动；利用全国“文化共享工程”管理中心下发的“文化共享工程夏日电影展播”光盘资源，7月至12月，先后到步阜社区、京梧社区、西环武警中队、茂圣六堡茶加工区免费为进城务工人员和广大基层群众播放。据统计：年内举办各类宣传服务活动40场次，接待各类读者6000多人次，发放宣传资料3000多份，受到广大市民的热烈欢迎和好评。梧州电视台“梧州好生活”栏目、“830新闻”、梧州日报、西江报等媒体对我馆开展“文化共享工程”活动分别进行了相关介绍和报道。

文化市场

【网吧专项整治行动】 4月1日至10月30日，全书开展整治网吧“春风”行动，对全市网吧违规接纳未成年人进行专项整治，出动检查人员 1732 人次，检查网吧 3350 家次，受理举报 42 件，查处违规网吧 65 家，停业整顿违规网吧 9 家，罚款 139200 元，取缔无证经营网吧 1 家。经过执法检查、监管整治，网吧违规经营现象得到遏制，网吧违规接纳未成人的现象大幅减少，规范经营得到社会认可。

【电子游戏经营场所专项整治】 7 月 1 日至 9 月 30 日，全市开展了电子游戏经营场所专项整治“阳光”行动，严厉打击电子游戏违规经营行为。全市对电子游戏市场出动检查人员 2271 人次，检查电子游戏经营场所 2991 家次，查处违规电子游戏经营场所 94 家次，收缴违禁电子游戏机 179 台，违禁电子游戏机型、机种的电脑板 258 块，停业整顿 8 家，取缔无证照经营的电子游戏经营场所 7 家，罚款 107400 元，公安机关处理违法人员 243 人。经过突击整治、法规教育和巩固检查等阶段的专项整治工作后，我市较好地遏制了电子游戏经营场所违法违规经营行为的势头，电子游戏市场经营秩序逐步走上正轨。

【“4·26”世界知识产权日宣传】 在今年的“知识产权宣传周”期间，全市开展了一系列的宣传活动。4 月 16 日，组织人员到乡镇宣传版权法律知识，赠送版权法律图书及宣传品等。4 月 20 日，参加在潘塘公园举办的“知识产权宣传周”广场宣传活动。内容有法规咨询、板报宣传、有奖问答及“拒绝盗版，从我做起”签名活动。市委副书记、常务副市长全桂秀参加了签名活动。4 月 21 日，在《梧州日报》出版以“共建绿色文化家园”为主题的专版。4 月 22 日，举行侵权盗版非法出版物集中销毁活动，销毁去年收缴的非法音像制品 21500 盒(张)、非法电子出版物 3500 张、非法出版物 25500 本(份)。市委宣传部部长、副市长刘咏梅参加了销毁活动。

【打击网络侵权盗版专项行动】 7 月下旬至 10 月底，全市开展打击网络侵权盗版专项治理“剑网行动”，制定下发了《梧州市 2010 年打击网络侵权盗版专项治理“剑网行动”实施方案》。市文新局与梧州市公安局联合成立“梧州市打击网络侵权盗版专项治理工作领导小组”，统一部署，协调解决专项治理行动中的重大问题。组织引导各网络运营企业和重点网站开展“先授权、后传播”自查自纠活动，查找侵权盗版隐患。从 8 月下旬开始，对各网络运营企业进行了现场检查，责令确定为主动监管的网络运营企业和网站对自查出来的问题进行限期整改，对未按期完成整改的依法查处。关闭鸳江热线网站老、旧链接 9 个，对涉及友情链接、无法审核监控及具有站外搜索、下载软件、视频音频功能的相关频道及业务进行了全面关闭；查封涉及侵权盗版的网站 2 个。

【“扫黄打非”工作】 “扫黄打非”工作以为迎接上海世博会和广州亚运会、亚残运会的召开营造良好的文化环境为主线，紧紧围绕贯彻落实《国务院关于进一步促进广西经济社会发展若干意见》、促进未成年人身心健康、保护知识产权，按照自治区《2010 年“扫黄打非”活动方案》，结合本地实际，采取多种形式，打防结合，加强市场监管，认真组织开展“扫黄打非”各项工作。全年共组织收缴各种非法出版物 24097 册(份)，盗版音像制品 32287 张(盒)，其中淫秽色情音像光盘 3560 张，非法报刊 10862 份。收缴违禁电子游戏机 179 台，收缴违禁电子游戏机电脑板 258 块，行政处罚案件 28 起，依法判刑 1 人。关闭查堵涉嫌淫秽色情和涉嫌侵权盗版网站各 2 家，删除网络淫秽色情信息 769 条，关停网站栏目 6 个，取得了较好的成绩。市“扫黄打非”工作小组办公室被评为自治区“扫黄打非”工作先进集体。

【演出市场专项检查】 3月至8月，全市分别开展了歌舞娱乐场所演出市场专项检查行动。共检查了52家次歌舞娱乐场所，向各家歌舞娱乐场所宣传《营业性演出管理条例》，派送营业性演出审批所需材料告知书，明确申报演出的审批程序和提交演出材料的要求，申明未通过文化部门审批，一律不许举办演出活动。对发现有违规演出的3家经营场所，责令其立即停止表演，并对场所负责人进行法规教育。另外，配合自治区文化稽查总队，对岑溪市演出市场进行暗访调查，并就如何加强当地演出市场，向岑溪市文体局提出意见和建议。

【全市文化市场行政管理执法培训班】 12月3日，举办全市文化市场行政管理执法培训班。培训内容有书报刊相关的政策、法规详解、侵权盗版的鉴别及相关处罚法规、游艺机内容审核和机型标准的规范要求、文化市场行政执法文书的现状、问题及规范以及网络监控平台的应用等。全市文化市场行政管理、稽查人员参加培训学习。

【文化行业消防安全专项整治行动】 春节前后，国庆和两会期间，全市多次组织开展文化行业消防安全专项整治。采取重点检查与全面检查相结合，节假日检查与平日检查相结合，专项检查与例行检查相结合的办法，对全市的文化市场经营场所进行安全生产监管。先后举办两期文化经营场所安全生产培训班。6月27日，在英皇娱乐城组织开展文化市场消防安全培训和消防安全演练活动。全年共出动检查人员1720人次，检查文化经营场所共1526家次，对发现存在安全隐患的11家文化经营场所及时提出整改要求，下达整改通知书6份，完成整改6家，确保了场所安全。

【建设网络文化市场监管平台】 开展网络文化市场计算机监管平台建设和监管软件安装工作。6月24日，请文化厅技术员对文化市场监管人员及全市网吧技术人员的监管软件安装进行培训。7月，市区网吧安装监管软件工作进入组织实施阶段。8月初，我市市区65家网吧的网络文化市场计算机监管软件安装工作完成。8月底，结合我市实际，市财政投入建设经费13万元，由政府采购网络文化市场计算机监管平台的设备设施，年底完成网络文化市场计算机监管平台建设，实现计算机监管平台与文化厅监管平台互联互通。

文化产业

【文化娱乐业】 年底，全市（市本级和市辖县）共有各类文化经营单位755家，其中歌舞娱乐场所125家，网吧277家，电子游戏机室233家，音像制品经营场所120家，文艺表演团体6家，艺术表演场所5个，从业人员5186人，据统计，2010年全市文化经营单位交纳税金1377万元，营业收入为26631万元。

【特色文化产业】 人造宝石是梧州市特有的产业之一。自2004年开始，梧州已成功举办了七届梧州国际宝石节，以宝石为媒，延长了宝石产业链的发展。六堡茶是我市特有的茶叶品牌，每年定期举办的春茶节，推动了六堡茶产业的发展。

【文化产业规划】 市政府投入30多万资金，由梧州市文化新闻出版局牵头负责，清华大学人文社会科学学院编制《梧州市文化产业“十二五”发展规划》，从2010年9月开始评估直到2011年6月通过专家评审。文本中对梧州市文化产业的总体要求，规划范围、规划期限、规划依据进行了论述，对梧州文化产业的发展现状，总体思路、发展目标和工作重

点、工作保障机制进行了切合梧州发展形势的分析，极具前瞻性和创新性，是梧州市认真落实科学发展观，提升梧州市文化软实力，坚持社会主义先进文化前进方向，提高文明素质，推进文化创新的重要体现，是推动梧州市文化产业发展的纲领性文件。

【文化产业示范基地】 自治区级文化产业基地有梧州市石表山休闲旅游风景区发展有限公司（藤县石表山旅游AAAA景区）和广西梧州桂海旅游投资发展有限公司（梧州龙母庙一骑楼城AAAA景区），并计划在2011年度命名一批市级文化产业示范基地。

文化遗产

【第三次全国文物普查实地调查成果丰硕】 4月，我市文物普查实地调查顺利通过了自治区的普查验收，并取得了丰硕的成果。据不完全统计，在实地调查阶段，全市共登记文物点（处）605处，其中，新发现355处，复查250处。新发现了梧州近代军事设施遗址、广西大学梧州旧址、广西银行旧址、广西自来水厂、红泥嘴遗址、苍梧长山旧石器遗址、苍梧大坡古窑址、岑溪牛背岭汉墓群、岑溪云龙得中堂、藤县那兰围屋、藤县洲地窑址等一批具有较高历史文化价值的文物点。藤县文物普查队获得了"第三次全国文物普查实地调查阶段先进集体"荣誉称号，岑溪市文物普查队、苍梧县文物普查队荣获"全区第三次文物普查实地调查阶段先进集体"，有4人次获得了全区先进个人的荣誉称号，市三普办荣获"第三次全区文物普查实地调查阶段先进组织奖"。

【博物馆社会效益显著提升】 积极推进博物馆（纪念馆）免费开放工作。据统计，年内，全市免费开放的博物馆、纪念馆接待观众超过20万人次，是未实行免费开放前的3倍。博物馆（纪念馆）的社会效益显著提升。

【第五批市级文物保护单位】 梧州市人民政府将广西大学梧州旧址、广西银行梧州旧址、梧州北山自来水厂以及梧州近代军事设施遗址公布为第五批市级文物保护单位。

【第二批市级非物质文化遗产名录】 梧州市人民政府公布将竹芒编手工技艺、八音盘王、舞香龙舞、采茶歌、乞巧节、同心米粉制作工艺、瑶族婚嫁、青山庙会等九项公布为梧州市第二批市级非物质文化遗产名录。

【积极开展文化遗产主题宣传活动】 以"5·18国际博物馆日""文化遗产日"为契机，围绕活动主题，举办丰富多彩的宣传活动。通过举办"文化遗产日"专题宣传晚会，以文艺演出、有奖竞答、图片展览、知识咨询、发放宣传资料等形式，宣传文化遗产保护知识与法律法规；与报社、电台、电信等部门合作，以出版文化遗产保护专刊、拍摄文化遗产保护宣传专题片、在网络开展文化遗产知识竞猜活动、发送文化遗产保护宣传公益短信等方式，扩大宣传面，向社会公众普及文化遗产保护知识；以龙母庙、白鹤观等文物文化旅游景点为载体，通过举办系列文化旅游节庆活动，向社会公众宣传、展示文化遗产保护、传承的重要成果。

【服务中心，扎实开展文物调查勘探工作】 从文物工作服务中心工作出发，积极配合重点建设项目的文物考古工作，年内完成了市南岸开发工程，贵梧高速公路、梧州核电站选址，红岭变电站选址等重点建设工程的文物调查、勘探工作。

县域文化

【苍梧县】 苍梧县文化和体育局（新闻出版

管理局)内设有办公室、财务室、文化股、体育股。苍梧县文化和体育局下辖8个全额事业单位,分别是县文化市场稽查大队、县文化馆、县图书馆、县鹿儿戏艺术团、县文物管理所、县影剧院、县城区文化站、县青少年业余体校。联系指导12个镇文化广播电视站工作。重视村级公共服务中心建设。2010年苍梧县完成新地镇都梅村、沙头镇永乐村、石桥镇永安村、六堡镇四柳村、岭脚镇福传村、梨埠镇梨埠村6个村级公共服务中心的设施建设。村级公共服务中心的设施建设内容包括建造一幢综合性办公楼、长廊、舞台、篮球场等设施,6个村级公共服务中心投资总额192万元。2010年村级"信息共享知识工程"建设完成169个村农村党员远程教育基层文化共享设备发放工作。同年还完成苍梧县26个行政村"农家书屋"建设。耗资58.76万元,其中自治区52万元,市1.56万元,县5.2万元。完成县城世纪广场篮球场改造。世纪广场球场改造主体看台总投资420万元,2009年7月开工,到2011年2月建成并投入使用。该项目获自治区专项经费91万元,其余部分由苍梧县财政支付。村级篮球场二类工程项目3个,分别为梨埠镇梨埠村(大塘石岛组)、大坡松柏村、沙头镇大寨村,获补助金额共9万元;村级篮球场三类工程项目6个,分别为龙圩镇社区、沙头镇沙岐村(莲塘组)、沙头镇龙科村(大圳组)、京南纯冲村、六堡镇大中村、六堡镇普旺村获补助金额共12万元;四类工程项目6个,分别为六堡镇合口村、沙头镇横江村(水口组)、狮寨镇社区、大坡镇新龙村、大坡镇马王村、石桥镇永安村(塘楼组),每个项目配置篮球架一副,获补助金额总共2.88万元。完成沙头镇永乐村、沙头镇横江村(水口组)、大坡镇育民村、大坡镇新龙村(富元组)、新地镇都梅村、石桥镇永安村、石桥镇培中村、六堡镇合口村、岭脚镇福传村、梨埠镇梨埠村、狮寨镇政府、龙圩中心校、世纪广场(两套)健身路径建设。

群众文化活动蓬勃开展,举办节日文艺演出26场;文化下乡演出42场;协助企事业、学校和工业园区开展文化活动22场。9月15日在县城举办的国庆文艺演出"2010年梧州市群众文艺汇演苍梧专场",获得文艺汇演二等奖,小品《开工路上》、舞蹈《茶·韵》获得优秀创作奖,舞蹈《生命之光》获得创作奖,舞蹈《工业节奏》、舞蹈《狼图腾》获得优秀节目奖。参加第七届广西剧展小戏小品展演的《阴湿鬼与巴渣婆》鹿儿剧获作曲奖,邓小强获该作品表演奖。6月23日晚上8时,在县城世纪广场体育馆举行《情系灾区,共建家园》县"6·15"特大自然灾害捐款晚会,党政机关领导和各界群众达4000多人参加了捐款晚会活动,当晚募捐活动共收到善款350多万元。

第四届两广诗人联谊雅集活动暨苍梧县创建"全国诗词之县"验收活动于12月8日至10日在苍梧举行,来自中华诗词学会以及广东、广西的150名诗坛名家、诗人参加了这次盛会。中华诗词学会副会长、诗教委员会常务副主任宣奉华,中华诗词学会顾问林从龙、王德虎,中华诗词学会办公室副主任邵惠兰,中华诗词学会顾问、广西诗词学会会长钟家佐,广西诗词学会副会长黄小甜、李汉荣,副秘书长林诚安,广东岭南诗社副社长廖开鉴,广东诗词学会副会长钟鸣等名家参加了活动。活动期间,中华诗词学会顾问梁东生先生到苍梧县实验中学为学生作"和圣贤为友,与经典同行"专题演讲。12月8日晚,由县委县政府主办,县文化和体育局承办,在县城世纪广场体育馆举办了苍梧县创建全国诗词之县文艺晚会,来自中华诗词学会以及广东、广西的150名诗坛名家、诗人观看了演出;12月9日在苍梧县实验中学举办了苍梧

县创建全国诗词之县文艺晚会学生专场。

全年县图书馆共接待读者 21440 人，外借图书 38319 册，知识共享工程电子阅览接待 19150 人，举办小学生电脑培训班两期，共 288 人。9 月 17 日，梧州市、苍梧县联合举办的“十大科普大行动”活动，展览了《上海世博会》《科技之光》图片，参观人数约 600 人。苍梧县文化馆主办的《文化苍梧》季刊，于 2008 年 9 月创刊，到 2010 年 12 月共发行 10 期，每期发行 1500 本。此杂志属内部学习交流刊物，创意新颖，与时俱进，可读可藏，内容丰富，免费对外发行，面向苍梧县各机关单位，对外服务行业窗口，苍梧县周边县、市、自治区文化部门，深受读者喜爱。

元旦、春节是文化市场重点管理时期，县文化和体育局组织召开了全县网吧、娱乐场所业主会议共 5 期。2010 年共组织检查人员 1083 人次，检查网吧 376 家次、歌舞厅 170 家次、游戏机室 274 家次、音像制品店 105 家次。对违规经营场所处以警告、责令改正 29 家次，取缔 4 家，收缴非法出版物 342 册、非法音像制品 7829 张。在对苍梧县印刷业检查方面，全年检查印刷复制业 96 家次，没有发现违法违规行为。检查书报刊店(摊)119 家次，共收缴非法音像制品 7829 张、非法出版书报 342 本(份)、非法六合彩资料 3250 张。为了打击兜售非法六合彩资料游商地摊，由县“扫黄打非”领导小组牵头组织县文明办、文体局、综治办等单位组成的联合执法队，对县城兜售非法六合彩资料游商地摊进行执法整治活动，有效打击了非法六合彩出版物的销售。

年内，苍梧县已完成 92 处文物点的“三普”工作，完善了简介汇编和照片整理工作。苍梧县文化和体育局申报的我县非物质文化遗产“鹿儿剧”，已入选梧州市、自治区级文化遗产保护名录。

【岑溪市】 2002 年 5 月，由市文化局、市体育局合并为岑溪市文化和体育局。2004 年市新闻出版局挂牌岑溪市文化和体育局，内设 7 个职能部门：秘书股、财务产业股、群众文化股、艺术股、文化市场股、体育股、新闻出版股(新闻出版管理局)。下辖文化市场稽查大队、文化馆、图书馆、粤剧团、文物管理所、演出管理站、业余体校、文化公园管理所等二层单位。2010 年，岑溪市文化工作认真贯彻落实党的十七大精神、“三个代表”重要思想，与时俱进，紧紧围绕市委、市政府中心工作思路做好群众文化活动，促进“知识工程”发展，有序推进文化市场管理，做好文物点勘探工作和文物法律法规宣传工作，专业剧团及演出管理站的稳定与发展工作，使我市的文化事业得到巩固、发展、提高，为建设健康文明的和谐岑溪作出积极贡献。

艺术创作生产成绩良好。在发动业余作者进行创作的同时，专业创作人员积极创作作品参加各种文艺表演及展览、作品评比活动。全市共组织创作了小戏 1 个，小品 2 个，相声 1 个，歌曲 2 首，其中由市文化馆创作部主任赖沛东、演员侯建一共同创作的现代牛娘小戏《情满人间》获汇演优秀创作奖；市文化馆副馆长杨锦超创作了小品《紧急转移》，侯建一创作了小品《借款》，文化馆长黄绍伟创作了相声《撞彩》等具有岑溪特色的作品，同时黄飞副局长还创作了歌曲《走进岑溪古村落》，创作的歌曲《梧州月夜》获汇演创作奖。

群众文化活动蓬勃开展，丰富多彩。在市区共组织了岑溪市 2010 年春节文化系列活动等 30 多场次。组织送戏下乡进社区演出 33 场。展览、办班工作有条不紊地开展，全年举办书画艺术班 18 期，培训书画苗子 400 多人次，为书画艺术的持续发展打下了良好基础。2010 年，我市撤县设市 15 周年。为

了配合设市15周年活动，丰富市民的文化生活，全市举办了设市15周年广场系列文艺演出，举办了大型书画展、摄影展，大型成就展，大型庆典文艺晚会等一系列文化活动。各种活动格局高，规模大，大大丰富了市民的文化生活，给设市15周年增添了喜庆气氛。在文体工作者及各种文化协会的组织、带领下，广场、社区群众文化活动非常活跃。9月举办"公汽杯"十大歌手歌唱比赛共3场，10月组织了"国庆晚会""红歌赛"；举办第二届"星光杯"卡拉OK歌手大赛，报名参赛者达147人，从预赛到决赛共组织了20多场；展览、办班工作有条不紊地开展，全年举办书画艺术班18期，培训书画苗子400多人次，为书画艺术的持续发展打下了良好基础。市粤剧团坚持"两为"方向和"双百"方针，组织全体工作人员深入农村基层演出，努力开拓演出市场，不断提高社会效益和经济效益，确保演出工作顺利进行。据统计，1至11月共演出132场，观众人数达13万多人。在抓好演出的同时，狠抓艺术生产，不断提高艺术水平。剧团共演出七个大型传统粤剧，新排了一台古装粤剧《花江恩情未了缘》，所到之外，均得到广大观众的一致好评，为宣传岑溪，提高岑溪的知名度作出了积极的贡献。

公共图书馆以"读者至上"为宗旨，以优质文明的服务态度接待每一位读者，设立读者服务监督岗和投诉电话。把过去单纯的馆内借阅工作引向馆外，探索一条行之有效的图书流通方式，把闭架式借阅改为全开架式借阅，大大方便读者，并与学校、武警中队建立图书流通站点，开展馆际互借活动，让图书馆服务走向社区、学校、军营，在社会上营造一个良好读书氛围。图书馆基础设施得到全面改善。2011年春节在广场举办大型读书知识竞赛、猜谜等娱乐活动，发放宣传资料和《读者阅读指导卡》，引导读者到图书馆来阅读，使读者与图书馆得到沟通。各种读书活动有声有色。市图书馆职工充分利用图书知识组织各种读书活动，完成全区"知识工程"宣传活动的各项任务，全年开展各种大型读书活动7次，如迎春游园活动、校园读书节、军民共建图书流通站、农民工读书征文、广西第二届中小学生网页制作大赛、"图书馆服务宣传周"等活动，丰富了市民文化生活。

文化信息资源共享工程。全年下载各种科技信息条目500条，每月出版一期《农村新技术》专刊，全年免费发放给群众科技资料5000份，赠送《文化共享助春耕》科技光盘100多张，接待群众咨询200多人次，流通科技图书2000多册，为农民致富创造条件，提供优质文化资源服务，让文化共享工程在我市农村开花结果，让群众获得实惠，提升农村文明程度。同时开展图书下乡活动。市图书馆充分利用文化资源共享工程平台，积极开展送书、送科技下乡等文化活动，制定了活动方案，对浏览全国文化资源共享工程网站实行免费，每逢周六在电子阅览室播放爱国教育影片。在全市建立了7个乡镇基层中心和255个村级服务点，形成文化资源共享工程网络，扩大服务区域，配合开展"科技宣传月"活动，在市区和水汶、南渡等乡镇开展科普一条街宣传活动，现场发放科技资料和科技光盘2000多份，参加活动人数5000多人。对重点科技联系户和科技联系村，免费为他们提供科技信息，并实行跟踪服务。保护图书资源文化遗产。我市有着悠久历史文化，是全国"牛娘戏"之乡，注重馆藏特色，设立了古籍地方文献专藏室，收集一大批牛娘民间艺术文化资源书籍，如《中国戏剧志》(广西卷)、《岑溪牛娘剧志》《岑溪风俗集成》等。在社会广泛开展捐书活动，该活动得到市志办和党史办的大力支持，共收集了我市各种姓氏族谱50多部，晚清古籍图书250多册，并与周边

20多个县市图书馆开展互赠图书活动，丰富了我馆地方文献馆藏。

年内，在市委、市政府的正确领导及上级主管部门的关心、支持下，经市文体工作者及项目建设单位的共同努力，全面、超额完成年初提出的“文化设施建设工程”项目建设任务。完成岑城、诚谏、糯垌、归义、大隆、大业、波塘7个乡镇文化站综合楼建设项目，每个投资32万元，总投资224万元，设备到位后可投入使用。同年共完成16个村级标准水泥篮球场建设，即水汶镇南六村、良乃村，南渡镇西竹村、西兰村，三堡镇三堡社区、木平村、平山村，岑城镇古塘村、山心村，诚谏大良村、乾厢村，梨木镇塘坎村、平田村，归义镇思塘村、荔枝村，马路镇马路社区等，目前已全部投入使用。积极推进其他文体设施建设。在市区、村、小学等地方安装全民健身路径14套（每套2.5万元）；完成投资25万元的国家级体育健身工程项目一个（即马路镇文体广场）；建成各投资30万元的岑城镇山心村、诚谏镇大良村、糯垌镇叶伦村、安平镇富宁村、筋竹镇黄陵村、马路镇马路社区等6个村级公共服务中心（包括一栋文化综合服务楼、一个标准水泥篮球场、一个舞台）等文体设施；投资1.2亿元的市文体中心项目前期工作顺利进行，其中的体育馆建设项目已在11月举行了开工仪式。

文化市场管理有序推进。我市的文化市场管理坚持一手抓管理、一手抓繁荣，使我市的文化市场保持健康、繁荣的态势。到年底，全市文化市场各项文化经营单位共167家，其中网吧56家，音像制品零售45家，歌舞娱乐场所27家，电子游艺娱乐场所36家，演出团体2家，与去年同期相比，除音像市场经营单位明显减少外，其余经营项目呈平稳发展之势。加强对音像制品经营单位的管理、整治工作，确保健康有序。年初，对年审合格的44家音像制品零售单位重新发给由新闻出版部门印制的《音像制品经营许可证》，按时完成了这次重新审核登记的工作任务。按照自治区新闻出版局《关于近期开展打击盗版音像制品专项行动的通知》及整治方案，打击整治、规范音像零售出租经营单位和一些“游商”销售非法、盗版的音像制品，保护合法的经营行为，在“开展打击盗版音像制品专项行动”活动中，组织执法人员到市区、乡镇设立的音像制品零售、出租店进行检查，出动检查人员196人次，检查音像制品经营单位266家次，依法查处无证经营音像制品店7家，收缴违法音像制品4147多盒（张），并于10月26日把违法的音像制品、非法出版物和平时收缴的违法电子游戏机型、机种的电路板拉到糯垌六云界顶公开销毁。切实加强网吧监管。坚持从严管理，从重处罚，自专项整治以来，共出动执法人员291人次，检查网吧经营场所546家次，处罚违规接纳未成年人进入营业场所的网吧19家。对违规较轻的网吧业主责令改正，给予警告。规范电子游戏经营活动。组织开展电子游戏经营场所专项整治行动，按照开展全市电子游戏经营场所专项整治“阳光”行动的方案，坚决查处无证照经营的非法电子游戏场所，加强对电子游戏经营单位经营活动的日常监督管理，加大执法力度，严厉查处在国家法定节假日以外接纳未成年人的违法行为，全年共出动执法人员279人次，检查游艺场所357家次，依法查处取缔无证照经营的电子游戏机室16家，收缴游戏机电路板56块。加强歌舞娱乐场所管理。2010年，按照《开展平安文化市场创建工作方案》，对歌舞娱乐场所进行整治，认真履行职责，认真做好调查摸底，逐家排查，共检查歌舞娱乐场所（含兼营卡拉OK的酒吧）215家，出动检查人员184人次，对金凤凰KTV及广南路一带个别歌厅噪声扰民的场

所，进行了认真的治理，提出了整改意见，限期整改，取得了比较好的成效，得到了广大市民的一致好评。加强对演出市场的管理工作。全年审批 43 个文艺表演团体到我市演出 80 多场次，在演出过程中，派出稽查队员对其演出情况进行监督管理，并做了《营业性演出现场监督检查记录》，发现有违规演出行为及时查处或整改，通过平时巡查、监督，确保了演出节目内容健康、文明、合法、规范、没有色情演出，为群众提供了健康的文化生活。整顿和规范书报刊市场经营秩序。对全市的书报刊市场和印刷、复印企业进行全面的检查整顿，共下乡检查 30 次，基本上走遍了农村的每一个书报摊(店)。另外在今年的春季学校开学期间，与教育行政部门一道，召开全市的教育组长和中小学校长会议，加强对进校书刊的管理，深入开展治理教育乱收费行动，加大检查力度。采取切实有效的措施，联合公安、工商等部门，对书报市场、音像制品、电子出版物等非法出版物和盗版软件进行反复清查和全面收缴，重点查缴了政治性非法出版物。全年出动执法人员 172 人次，检查书报刊经营点 260 家次，收缴非法出版物 5358 多册(份)。开展校园周边文化市场的清理整治活动。全年开展 2 次清理整治校园周边文化市场的专项整治行动，对我市中小学校周边的音像、电子游戏室、书报刊摊点进行全面的清理，共取缔无证音像、电子游戏摊点 8 家，无证书刊租赁零售摊点 12 家，收缴非法音像制品 1214 张(盒)、非法书报刊 1335 册(本)，有效净化了校园周边文化市场，为广大师生营造了一个良好的文化教育环境。加强社会监督体系建设。继续向社会聘请关心未成年人健康成长的老干部、老教师、热心人士担任“义务监督员”，对我市网吧、娱乐场所等进行监督。全市聘用了 30 名离退休干部、中小学退休老师作为文化市场义务监督管理员。

继续做好第三次全国文物普查工作。1 月 5 日对“高贤公合葬墓”进行实地普查登记后，完成了我市的 128 处文保单位及文物点的实地普查任务，在上级规定的时间内完成了我市第三次文物普查的实地调查工作，并获“梧州市第三次全市文物普查实地调查阶段先进集体奖”和“第三次全区文物普查实地调查阶段先进集体奖”。狠抓“三普”资料整理及录入工作。抓紧时间绘制“三普”中各处文保单位及文物点的平面图，按时完成“三普”资料整理及录入工作。2 至 3 月，从实地普查得到各处丈量数据，绘制各处文保单位及文物点的平面图，在工作中深入细致，确保绘制质量，提高平面图的真实性，奋战了 2 个月，完成了我市 128 处文保单位及文物点的平面图绘制任务，到 3 月底，完成了绘制配置各文保单位地理位置图及分布图和文字资料的录入工作，并报送自治区进行审核。加强巡查，确保我市文保单位及文物点安全。6 月上旬我市发生严重水灾，导致山体滑坡等情况，多次派出人员对区、县市级文保单位及文物点进行排查，发现问题及时上报或处理隐患。在巡查中发现区级文保单位“五世衍祥”牌坊出现载重车辆从牌坊旁边通过，危及到牌坊安全，立即竖立警示牌，要求重载车辆绕道通过；诚谏镇陀村“陈氏宗祠”破损严重，文物所即作出评估报告；区级文保单位南渡镇“邓公庙”前座出现漏雨，即与南渡文保小组联系安排人员进行了补漏工作；南渡“关帝庙”发现白蚁危害，即进行了灭治工作，确保我市文物安全。切实抓好文物保护单位维修工作。市拨出专款 5 万多元，对县(市)级文保单位陀村“陈氏宗祠”及文物点“汉丁孝子祠”进行了维修，指导民间对高大夫庙、兰亭寺等市文物点进行维修。做好第三批市级文物保护单位申报命名准备工作。结合全国第

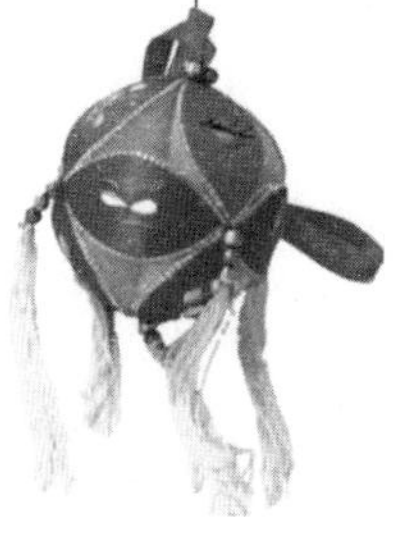

三次文物普查工作成果，根据我市的实际情况，准备申报命名一批市级文物保护单位，筛选了“坡田寨甘乃光故居”等20个文物点作为申报为县(市)级第三批文保单位名单，日前已完成材料编写工作。做好重大节日文物展厅免费对群众开放及文物法规宣传工作。2010年共接待观众3000人次，收到了较好的社会效益。结合“5·18”博物馆日及6月的文化遗产日宣传月活动，文物所派出人员下乡开展文物知识及法律法规宣传活动，得到了广大群众的好评。非物质文化遗产保护工作取得了新进展。2010年非物质文化遗产工作的重点是抓好梧州市级、自治区级、国家级非物质文化遗产名录的申报工作。我市在做好把牛娘戏向文化部申报国家级非物质文化遗产名录的同时，采集、编辑了“抢花炮”的有关资料、图片，申报自治区级非物质文化遗产名录。5月，“抢花炮”被命名为自治区级非物质文化遗产名录。此外，采录了圣绩婆婆、龙母诞、关帝诞等民俗活动的录音、录像资料，并对原有资料进行了一定的整理。

【藤县】 藤县文化和体育局于2004年4月由原文化局、体育局组建而成，将原在县委宣传部挂牌的县新闻管理办公室，更名为县新闻出版管理局，改在县文化和体育局加挂牌，并将旅游局的牌子加挂在县文体局。该局是主管全县文化、体育、旅游和新闻出版的发展规划管理，保护和开发利用工作的县政府部门，下设文化馆(含文工团)，博物馆，图书馆，旅游事务办公室，体校，文化稽查队。

全县20多支业余文艺表演团队，包括曲艺队、老年业余艺术团、县城大东社区管乐队等，每年演出超过200多场次。同时，县文化馆积极组织太平、濛江等民间专业牛歌队深入到藤县乡镇、村、社区及周边县演出。以“激情广场、和谐藤县”广场文化活动为载体，经常组织各文艺团体举办演唱、歌舞、体育、书画展览等文化体育活动。年内举办“大地之春”迎春文艺晚会及元宵晚会、“3·15”消费者权益日文艺演出、“新中陶杯”群众K歌比赛、“元旦联欢”“文化下乡”“三下乡”等，每年演出30多场。

年内，认真做好文化基础设施工作。一是上级下达文化体育与传媒事业发展专项资金100万元(其中文化馆达标补助60万元，全民健身路径补助30万元，文化馆购置设施设备10万元)完善文体设备建设。二是争取区、市、县落实濛江镇健良村、和平镇志成村等8个村级公共服务中心建设资金240万元。

全面完成第三次全国文物普查工作，顺利通过自治区验收，并获国务院三普小组授予文物调查阶段突出贡献集体奖。2010年，藤县元宵歌、山歌、采茶歌、龙母诞等16项民俗活动被列为县级非物质文化遗产项目名录；“藤县同心米粉制作工艺”“乞巧节”被列为梧州市非物质文化遗产项目名录；“狮舞”是梧州市唯一被列入国家第三批非物质文化遗产项目名录的项目。8月份，藤县“狮舞”作为广西的非物质文化遗产特色项目亮相世博会，成为代表广西馆活动周12个文体演出团队之一。

【蒙山县】 蒙山县文化和体育局设办公室、社文艺术股、文化市场和新闻出版管理股、体育综合股、财务股；新闻出版局挂靠县文化和体育局。下属机构有歌舞团、文化馆、文物管理所、图书馆、业余体校和文化稽查队等六个二层机构。

按照“三贴近”的要求，加强精品意识，努力开展文艺生产活动，总共创作舞台文艺等各类作品60多个，作品具有较强的思想性、艺术性和观赏性。表演唱《阿哥阿妹赶歌场》

（胡运信词曲）参加全区第十五届“八桂群星奖”文艺汇演荣获梧州赛区一等奖，全区决赛银奖；表演唱《农家书屋是我家》（胡运信词曲）参加梧州市文艺汇演荣获优秀创作奖，参加全区“农家书屋”讲演活动荣获二等奖；舞蹈《新生吊灯》（胡运信作曲、覃庆原编舞）参加梧州市文艺汇演荣获创作奖；表演唱《唱支小曲赞家乡》（胡运信词曲）参加梧州市文艺汇演荣获创作奖。此外，小品《荒田有主》《缘是一家人》《兔缘》等作品深受广大观众的好评；业余作者贤维的小小说《辞职》《算命》等 9 篇在梧州日报发表，《红群女人》等 4 篇在市外报纸发表。

全年县群众文化工作开展正常，举办了各类文艺演出及展览、交流活动，极大地丰富了群众文化生活。“迎春晚会”“业余文艺专场演出”“游园活动”“山歌会”“廉政书画展”“元宵节晚会”“三八妇女节游园”“五四晚会”“六一晚会”“七一晚会”“八一军民联欢”“十一国庆晚会”等节假日文艺专场或群众文化活动丰富了群众文化生活。举办庆“三八”红歌大赛、山歌歌王赛、上山下乡老文艺队怀旧晚会、护士节“天使颂”专题晚会、“百团千场”文化下乡文艺演出、县际联谊音乐会等；举办交谊舞培训班 23 期，丰富了县城的广场文化；培育、辅导 25 支业余文艺团队。努力拓宽文化下乡演出渠道，组织排练歌舞、小品、表演唱等节目，坚持以人为本，保证节目质量，演出所到之处，深受当地群众欢迎。共计演出 100 多场，观众 10 万多人次。

县图书馆目前藏书总量 86100 册，2010 年购新书 3340 册，书刊、文献借阅人数 41700 人次，书刊、文献外借 95600 册。坚持开展送书、宣传、咨询等活动，利用圩日之机送书到乡镇搞书展和科学种养图片、照片展，为社会大众提供信息、解答咨询 460 条，发放科技资料 2000 份，捐赠给新圩双垌、坝头村图书 1200 册，为建设新农村发挥了很大的作用。根据文化厅的安排，2009 年县图书馆开始筹建文化信息资源共享工程县级支中心，2010 年 1 月支中心正式运行，电子阅览室也同进开放，到年底电子阅览室共接待上机读者 17950 人次，多媒体投影室播放各种影片 42 场，共享工程进社区、下农村播放影视 20 场，深受广大农民群众的欢迎。

加强县、镇、村三级文化网特别是农村文化基础设施的建设。一是建设蒙山镇、西河镇、夏宜乡和长坪乡 4 个达标的乡级文化站，总投资 128 万元。二是建设文化信息资源共享工程县级支中心、新圩镇、文圩镇、黄村镇、陈塘镇和汉豪乡 5 个乡镇配置服务器、陈列柜、电脑、投影仪等专用设备。三是完成 35 个农村篮球场建设，现已全部竣工。近年来，积极争取项目，多方筹措资金 3000 多万元，加快文体设施建设，到 2010 年，全县已有文化馆 1 个，图书馆 1 个，文物管理所 1 个，歌舞团 1 个，乡镇文化站 9 个，农家书屋 27 个，文化市场经营户 13 家，网吧 16 家，印刷企业 6 家，图书报刊零售店 9 家，体育馆 1 个，业余体校 1 个，体育俱乐部 1 个，现有各类体育场地 60 多个，全民健身路径 14 条，村级公共服务中心 4 个。

学习实践科学发展观，充分结合效能建设年各项活动，开拓进取，勇于创新，推动各项工作取得新的进展，保证了全县文化市场的平稳有序，为“平安世博”“平安亚运”营造了健康、安全、良好的社会文化环境。据统计，全县组织执法出动检查人员 600 多人次，检查各类文化经营户 150 多家次，共收缴盗版音像制品 200 张；关闭违规电子游戏经营场所 6 家；处罚违规经营网吧 11 家次，其中停业整顿网吧 9 家次，取缔黑网吧 1 家。2010 年的文物工作管理更加规范，各项工作制度落实更加到位。4 月份已全部完成“三

普”工作中的文物点登录纸质文本、电子文本的审核工作，并通过了自治区“三普”办组织的区、市级专家组验收。陈列馆免费开放接待工作有条不紊的开展，接待游客近五万人次。利用“5·18国际博物馆日”和“中国文化遗产日”进行综合性的文物普查成果及有关文物法律法规条文解读等全民参与的宣传活动，增加了宣传内容的广度和深度。积极进行资金筹措，争取到位68万多元，其中1.5万元装修改善办公场所；3万多元用于具有我县代表性的清代建筑韦竹平故居、粤东会馆、陈家祠抢修；1.5万元用于抢救性考古发掘，清理被盗汉代墓葬；重点以32万元完成对国保单位规划编制中的我县24个文物点的地图测绘；30万元用于太平天国革命在永安史实陈列馆搬迁改造工作。馆藏文物的鉴定升级工作，通过自治区、梧州市鉴定专家组的认真审评，在众多定级、未定级的文物当中，取得新增升级为国家“三级”文物的文物件数共63件，提升了馆藏文物的级别档次。3月，报送《蒙山话山歌》《瑶族婚嫁》材料申报自治区第三批非物质文化遗产保护名录项目。

【蝶山区】 蝶山区科文体局系统工作人员16人，其中局机关编制3人，乡镇文化站事业编制2人。

年内全区文化基础设施建设得到较好完善，新建两个乡镇综合文化中心、三个村级公共服务中心、一个乡镇灯光球场、六个农家书屋及一批健身路径。群众文化如火如荼，自1993年至今连续18年举办“蝶山风采贺新春”大型文化活动，该活动已成为展示蝶山的窗口。组织全市文艺汇演蝶山专场、旅游嘉年华蝶山专场、第二届蝶山区运动会等大型文体活动。辖区内有20多个老年人活动点和25支业余群众曲艺队。创作《龙子传说》《鸳江渔恋》等一大批文艺精品。

【万秀区】 万秀区科技文化体育局紧紧围绕加强文化基础设施建设，努力构建公共文化服务体系的目标，有计划，按要求认真抓好文化基础设施的建设。我局积极与上级部门沟通和联系，建立了城东镇综合文化站，现已建成并通过了验收。2011年自治区财政厅、文化厅为我区两镇文化站分别配置了价值10万元的文化共享资源设备，配备设施有电脑、音箱、投影机等。积极做好文化信息资源共享工程，在我区16个行政村发放了投影机、布幕、音箱等价值50万元的设备共50套，区、乡、村共享工程服务全覆盖，使文化信息资源共享工程成为农村党员干部及广大群众享受数字信息及优秀文化产品的良好平台。积极做好整合村级社会事业项目建设公共服务中心工作和城乡风貌改造工程。旺甫镇鹤洞村作为整合村级社会事业项目建设公共服务中心工作示范点，旺甫镇龙洞村、城东镇思扶村为村级公共服务中心建设项目，现已竣工并通过了验收。2011年我区新建立了旺甫镇老义村、旺甫镇山心村、旺甫镇旺甫村、旺甫镇大新村、城东镇扶典村、城东镇双桥村、城东办事处大东社区等7家“农家书屋”。每个农家书屋藏书达到2000册，并按要求配备了书柜、书桌椅、照明、灭火、电化等设施和书籍、杂志、报纸，面积都不少于20平方米。完善了农家书屋管理制度，每个农家书屋每周开放时间不少于3天，并配备确定图书管理人员一名，由村支书或主任兼任。结合本村实际情况，做好“农家书屋”的编目登记、分类陈列、借阅登记等工作，使“农家书屋”实现科学规范管理。举办农家书屋管理员培训班，全区2个乡镇10名农家书屋管理员参加了培训。二是繁荣文化，丰富人民群众的文化生活。万秀区成功地举办了2010年“万秀风韵”迎春文艺演出与“璀璨广场”五一文艺演出。今年的元宵花灯展由万秀区政府、市文化局、梧州鸳江丽港旅游发展实业有限公司共同承办，我区积极做好花灯展的前期工作，新增了几十盏形式各样的花灯，让市民感受今年元宵节的别样精彩。为配合梧州市群众文艺汇演活动，我局高度重视，精心安排，做了大量的工作，获得了文艺汇演三等奖。积极做好第七届梧州国际宝石节旅游嘉年华美食节万秀区文艺专场展演。坚持以人为本，开展文化下乡、下基层活动。我们以人民群众满意为准则，以人民群众的共同参与为出发点，以活跃人民群众的文化精神为目标，举行了30场文艺演出，参与单位达50个，观众不下5万人；文化下乡10场，极大地丰富了群众的文化生活。

【长洲区】 长洲区文化卫生体育局设办公室、城区文化站。全区文体系统共有职工5人，2个镇文化广播电视站。

北 海 市

全市文化工作综述

2010年，北海市文化单位52个（含县、区和乡镇文化站），其中，文化行政单位5个，事业单位47个，在编职工470人，市直文化系统在编人员252人，专业技术人员208人。

全市文化工作硕果累累 申报国家历史文化名城喜获成功；大型舞剧《碧海丝路》荣获全国精神文明建设"五个一工程奖"和广西桂花特别奖；北海市少年儿童图书馆荣获全国"全民阅读示范基地"和广西公共图书馆先进集体称号；北海市画院"北部湾画风——北海水彩画"被列入文化部全国画院优秀创作扶持项目；北海市图书馆被评为全国公共图书馆二级馆并荣获2010年全区公共图书馆服务效果评选一等奖；北海市文物管理所被评为广西第三次文物普查先进集体；北海市文化市场稽查队被评为全区文化市场管理先进集体；北海市群艺馆舞蹈美术等作品荣获第二届"魅力北部湾"群众文艺评比12项金奖。

申报国家历史文化名城喜获成功 充分发挥北海历史文化底蕴深厚的优势，配合完成了中央电视台专题片《走遍中国——走进北海》的拍摄，组织开展了富有成效的文化宣传系列活动，申报国家历史文化名城获得成功。进一步激发了全市干部群众认知北海、热爱北海、唱兴北海、建设北海的热情，提升了北海的知名度、美誉度和影响力，增强了北海跨越发展的文化和精神支撑。同时，积极组织实施文化遗产维修保护工作，完成了涠洲城仔教堂等一批国保文物单位的维修；完成"第三次文物普查"田野调查工作任务；非物质文化遗产《北海咸水歌》等5个项目成功申报入选自治区级非物质文化遗产保护名录。

文化惠民工程日益深入民心 围绕"月月有计划，周周有活动"的安排，北海市歌舞剧院、市粤剧团、市群众艺术馆、市图书馆、市少儿图书馆及县区演出单位下农村，进广场，进社区，进企业，进校园，进军营，上海岛开展群众喜闻乐见的文化系列活动。以基层为舞台，以群众为主体，保障人民群众基本文化权益，让人民群众共享文化发展的成果。全年共组织"文化惠民"文艺演出150多场次，指导市、县区群众文艺团队演出92场次，赠送图书5000多册，赠送北海水彩画30多幅。组织举办了元旦、春节、清明、端午、中秋文艺晚会和"五一""十一"广场演出周、"历史文化宣传月"活动。开展了"百场欢歌惠珠乡""休渔文化演出周""千团万场"等群众文化系列活动，受到群众的欢迎和好评。

城乡群众文化活动蓬勃开展 坚持以人为本，服务大众，构建和谐社会为宗旨，大力开展群众文化活动，取得了良好的社会效果。广场群众文化活动丰富多彩。以政府引导、社会主办、群众主唱的模式，广泛开展广场群众文化活动。北部湾广场、海门广场、合浦还珠广场、廉州广场、铁山港南康镇文化广场等群众文化活动常年不断，常办常新。阵地文化活动形式多样。举办了"北海历史文化名城图片展"等。全年共举办各类艺术展览70多次，展出作品1000多件，举办各类艺术培训班49期，培训学员2000多人次。县区乡镇群众文化活动广泛开展。合浦县开展了“玫瑰世家杯”龙舟大赛等城乡群众文体活动；海城区“疍家文化艺术节”已成为群众文化品牌，社区蓝天艺术队的文化节目《奔腾》应邀参加韩国首尔国际中老年艺术节文艺展演荣获金奖；银海区开展“海门杯”龙狮比武大赛和“侨港休渔期群众文体活动月”等活动；铁山港区陂塘村海港粤剧团等7支农民文艺队常年以农民喜闻乐见的节目进行演出活动，深受群众欢迎。

文化交流合作日趋活跃 努力打造具有市场竞争力的文化产业品牌，《碧海丝路》《珠还合浦》《咕哩美》等精品剧目开始走向市场，北海歌舞剧院、市粤剧团赴粤港澳的商业演出取得了良好的开端；“北部湾画风——北海水彩画”晋京展览，市画院组织20多位画家创作80多件作品参展，北海水彩画品牌在京城艺术界引起轰动，获得好评；市文艺创作研究所应香港星辉研艺社邀请组团赴香港演出；邀请广州红豆粤剧团等近20个区内外文艺团体到北海演出；市北海歌舞剧院成功承办中越青年大联欢文艺晚会。

文化基础设施建设稳步推进 多方争取上级建设资金支持，采取市场运作等方式，积极推动文化基础设施建设。编制文化建设项目14项列入市发改委项目库；合浦县汉文化主题公园二期开工建设；北海市群众艺术馆改造项目完成资产评估；北海城市博物馆前期筹备工作正紧锣密鼓地推进；18个村级公共服务中心建设任务全面完成，并在元旦期间开展了文体活动。

文化市场管理规范有序 开展文化市场护苗和“平安世博”等专项整治行动。全年共组织文化市场稽查1831次，出动稽查人员3535人次，检查场所4544家次，受理举报28起，查处28起，全年查处违规文化经营单位15家。制定《文化局行政审批专用章使用管理规定》，严格执行限时办结制度，文化审批事项均在1～3个工作日内办结。全年无行政复议和行政诉讼，提高了行政效能。

文化产业逐步发展 北海歌舞剧院、市粤剧团、市群众艺术馆、市艺术学校分别举办音乐、舞蹈、绘画等各类培训班。艺术培训产业逐步发展，北海艺术培训品牌正在逐渐形成；文艺演出业发展势头良好。北海歌舞剧院、市粤剧团在完成文化惠民演出任务的同时，积极主动拓展演出市场，2010年，两院团共组织商业演出200多场次，演出收入达300多万元；市群众艺术馆下属广告美术公司不断拓展业务，生产规模不断扩大，产业收入突破200万元。北海的贝雕技艺已经成为广西民族传统手工艺的一朵奇葩，贝雕产业稳步发展壮大，日益成为对外文化交流的一张名片。

专业艺术

【北海市文艺创作研究所】 年内，市文艺创作研究所共发表文艺作品60多首(篇)，获奖10多次(项)，其中，歌曲作品《你我一起成功》被定为第四届贵州省残疾人运动会会歌，《全民健身，放飞梦想》被定为第四届湖南省浏阳市全民健身运动会会歌，《洁白的羽毛洁白的梦》荣获中国首届羽毛球文化节会歌征集入围奖，《你行我也行》荣获全国体育运动会会歌征集入围奖，《不奇怪》《京家小哈妹》分别在广东电视台“快乐童声”六一晚会、广西电视台“童声飞扬”六一晚会播出，《有一种人》《九零后一代》《柳丝丝，雨丝丝》等作品发表在《歌曲》《儿童音乐》《广播歌选》等刊物，个人CD专辑《今生有幸》由中国唱片总公司等出版发行。客家歌曲节目《清清白白好做人》

参加福建省举办的“全国首届‘海峡两岸’客家歌曲演唱大赛”进入20强，入选总决赛。积极承办大型歌舞音乐晚会“我们的节日——清明”，晚会演职员达300人，驻市各军兵种部队代表、市领导和社会各界人士近2000人观看了晚会演出。为涠洲岛驻军培训业余音乐人才，参与并完成“中越青年友好”联欢活动教歌任务。组织辅导民间音乐小分队赴香港演出，9月上旬，辅导歌手并组队赴福建龙岩参加“客家歌曲”演唱大赛。

【北海市画院】 年内，画家们紧紧抓住打造北海水彩画品牌的系统工程开展创作活动，在国家级画展、刊物上入选和发表的画作80幅，省级30幅。春节期间，举办北海市水彩画年展，举行晋京展出前的学术座谈会，并邀请上海、北京的专家共同研讨北海市水彩画作特点，提高画作创作水平。7月，由广西区党委宣传部、北海市人民政府、广西区文联主办，在北京中国美术馆举办“北部湾画风——北海水彩画作品展”，市画院组织水彩画作80幅参展，原中共中央政治局委员、全国人大常委会副委员长李铁映观看了画展，中国文联、文化部、中国美术家协会的领导出席了开幕式，新华社、人民日报、中央电视台等媒体和报刊对画展进行了报道。

【北海歌舞剧院】 年内，共演出136场次，其中“文化惠民”演出40场次，演出收入110万元，观众170300人次。年初抗雪、抗震、救灾活动中，组织全体演职人员创作演出《爱在天地间》的赈灾义演文艺晚会。1月至2月，分别参加铁山港区工商联大型迎春文艺晚会、市公安系统《警徽耀珠城》春节文艺晚会。5月，精品剧目舞蹈诗《咕哩美》、大型舞剧《碧海丝路》参加“北海历史文化大展演”活动。6月，在北部湾广场参加大型文艺晚会“北部湾·端午情”。7月，参加“北部湾城市形象大使大赛”北海赛区总决赛颁奖晚会演出。同时，与海城区第十六小学实行共建活动，组织文艺编导小组对该校进行文艺培训。8月，参加中越青年大联欢晚会的演出。9月，参加中秋晚会“明月共潮生”。10月，在南宁市举行的第一届广西青年舞蹈比赛中，一举夺得3个一等奖，1个二等奖和6个三等奖。组团赴玉林参加玉林市中小企业商机博览会开幕式演出。

【北海市粤剧团】 年内，组织排戏授课与实践讲座2期，参培人员80余人次，多渠道提高演职员的综合素质和业务能力。创作、编排一批优秀剧目和折子戏，添置了舞台灯光等一批演出设备。全年演出121场场次，其中商业性粤剧演出80场次，文化下乡、广场、社区宣传、慰问部队演出41场次，观众达115000人次，演出票房收入达50万元。年初，在市人民剧场开展粤剧演出周，连续上演四场古装粤剧。5月，大型古装粤剧《珠还合浦》参加北海历史文化宣传月演出，展演九场，演出收入3000元，观众达4800人次。6月间，在海门广场举行“北海市粤剧团小百花艺术团六一儿童节文化晚会”，观众350人。在北部湾一号广场举行“大海湾端午情”文艺晚会，观众1500人。7月，应邀赴广州市文化公园粤剧文化广场中心大舞台进行演出，节目以《珠还合浦》为主打戏的四台古装粤剧，博得了观众的阵阵掌声。著名粤剧表演艺术家红线女，广东省粤剧院当家小生丁凡、当家花旦蒋文端等粤剧名家连续到场观看。8月，应邀赴澳门作文化交流演出，在澳门永乐大戏院举行“敬老献温情2010澳门——北海粤曲交流晚会”，演出了《牡丹亭》《梦会太湖》《六月飞霜》《紫钗记之剑合钗圆》等传统古装折子戏，澳门各界及各大社团约700名老人及当地粤曲爱好者欢聚一堂，澳门中文报纸

《濠江日报》8月20日以半版的篇幅报道了演出盛况。

群众文化

【广场文化活动】 年内，北海市群众艺术馆举办北海市“和谐文化服务行”暨“千团万场”群众文化活动年启动仪式，开展“百场欢歌惠珠乡”群众文艺演出活动，举办“‘唱兴北海·喜迎新春’大型文艺晚会”“北海历史文化大展演”“我们的节日·清明颂”文艺晚会、“北海历史文化宣传月活动启动仪式”“迎新春全市少年儿童画展”“庆六一少年儿童绘画作品展”“欢乐和谐贺新春”曲艺晚会等专题群众文化活动。全年组织文化进社区、广场演出53场次，指导业余曲艺团在海门广场演出210多场次，观众20万人次。

【阵地文化活动】 年内，共举办各类艺术展览12次，展出作品638件，举办艺术研讨会2次，艺术讲座3次，举办各类艺术培训班219期，培训学员4130人次，上报文化大事记10期、文化数据10份，出版群文信息5期，出版群众艺术橱窗11期。

【“文化惠民”活动】 年内，市群艺馆业务干部累计下基层约239天，人均18天，培训文艺骨干和业余爱好者4530多人次。举办“2010年基层(社区)文艺骨干业务培训班”，培训内容有民族民间舞组合、北海水彩画欣赏、声乐等，来自海城区基层的文艺骨干共45人参加培训学习。从5月份开始，组织举办全免费的公益性文艺培训班，其中举办舞蹈培训班3期，培训学员75人次，声乐培训班1期，培训学员12人。

【第二届“魅力北部湾”活动】 10月，第二届“魅力北部湾”群众文化活动在钦州举行，市群众艺术馆组织选送优秀文艺节目3个，美术、书法、摄影作品45件，群众文化论文20篇，参加“魅力北部湾”群众文艺优秀节目展演、“魅力北部湾”美术书法摄影作品展、“魅力北部湾”广西群众文化理论研讨会等三大项活动，获金奖12个，银奖22个，铜奖24个。

【非物质文化遗产保护】 年内，举办第五个“文化遗产日”宣传活动，开展“非遗”宣传进校园、社区活动。同时，组织民间舞蹈《耍花楼》、民间音乐《西海歌》《东海歌》、杂技与竞技《南蛇过垌》(传统武术)等非物质文化遗产项目传承人在北部湾广场进行宣传演出。先后在北部湾广场、合浦县公馆镇、独树根东社区、市华侨中学等地举办多次非物质文化遗产成果图片展。全年共举办非物质文化遗产成果图片展9次、非物质文化遗产专场展演2场，向市民发放宣传资料200多份。《南蛇过垌》《北海贝雕技艺》列为市级非物质文化遗产名录，《老杨公》《疍家婚礼》《北海咸水歌》《外沙龙母庙会》《北海贝雕技艺》等5个项目被列入自治区级非物质文化遗产名录。编辑出版《北海市非物质文化遗产荟萃》。

【艺术教育培训活动】 年内，北海市艺术学校开展器乐、工艺、书法、舞蹈、少儿美术、高考美术等艺术培训活动，共有2000多人次参加艺术班培训，组织北海艺术少儿键盘乐学生与广西南宁市少儿键盘乐学生、广西艺术学院学生进行少儿钢琴演出交流活动。举办北海春节少儿广场音乐会，有民乐、西洋乐、打击乐等20多个节目在广场演出。组织学生参加全国钢琴比赛广西分区赛。组织少儿美术选手参加全国美术作品大赛，1人获铜奖。组织选手参加广西少儿钢琴比赛。8月，组织选手参加广西青少年钢琴大赛，2人获特等奖，5人获金奖。9月，举办北海市少儿庆

中秋少儿音乐会。10月,组织少儿选手参加全国海伦杯青少年钢琴大赛,获1金2银奖。

公共图书馆

【北海市图书馆】 年内,北海市图书馆升级为国家二级图书馆,全年采编新书2418种3850册,馆藏总量22万册(含电子书刊、报刊合订本),办理图书借阅证3200个(不含临时阅览证),服务读者30万人次(含借阅书刊、展览、讲座等人次,以及馆外流通点服务人次),举办讲座、演出、展览、报告会等活动共65场次,参加人数达6万多人次。全部取消临时阅览证,并降低复印费、网络使用费、借书逾期滞纳金等费用,所有图书全部开架,广大读者只需凭身份证,即可免费看书、看报、看杂志。实现了与广西图书馆的VPN互联(虚拟局域网),为读者提供丰富的信息资源,包括电子漫画、名师讲坛、10万种电子图书、论文数据库、法律信息数据库、全国学术期刊数据库等。开展"双拥文化耀珠城"系列大型军民文化活动,包括征文、摄影展、文化讲座。展览展出了北海市双拥摄影作品100幅,优秀征文50篇,双拥板报12块。全国双拥模范城检查组特别题词,"北海市图书馆——文化拥军的典范"。春节期间,"北海文史图书视频展播"在市图书馆隆重举行,展出北海文史图书100多册,并投影播放北海历史文化名城专题资料片,受到读者欢迎和好评。4月23日,为驻市海军81大队及通信二连送书上门,并赠送图书300册及电子读书卡50张,建立图书流通点。5月19日,到合浦县山口镇参加全市科技文化卫生"三下乡"活动,免费发放种养资料300份,展示科技新书200册。5月20日,到合浦县公馆镇及六甘村参加由市文化局组织的文化下乡活动,赠送图书300册。6月25日,到侨港镇参加"百场欢歌惠珠乡"北海市侨港休渔期文化周活动启动仪式,并向侨港镇文化站赠送图书200册。9月28日,参加全市"十月科普大行动"启动仪式,并到侨港镇开展文化下乡活动,展示科技新书,免费发放农业种养资料200份。

【北海市少年儿童图书馆】 年内,共接待小读者17万人次,借阅书刊35万册次,分编著录图书2111种,2803册,出版新书推介、书评专栏12期。全年共开展读者活动37次,参加活动读者3.5万人次,送书下乡13次,集体外借2350册,利用中央配套资金安装一套价值16000元防盗监控系统,强化了防盗设施。完成中央32万元配套资金的设备购置,建立多媒体电子阅览室,完善多功能报告厅设施。在北部湾广场开展新春益智游园活动,内容有科普、钓鱼、丢圈、投篮、知识有奖竞猜等。开展"历史文化名城——北海"大型摄影图片展,近千人次参观展览。在"世界读书日",推出以"保障阅读权利,享受阅读快乐"为主题的系列读书活动。承办"全国少年儿童阅读年"活动成果摄影展在湖南长沙首展,并陆续到全国各地巡展。举办庆"六一"少年儿童游园活动,在中山公园开展钓鱼、套动物、北海历史知识竞猜、北海历史文化图片展等活动,1000多小朋友参加。与北海银海区高德小学一起举办庆"六一"校园知识竞赛,组织的100幅北海历史文化图片展受到师生们的欢迎,1000多人观看了图片展。暑假期间,为丰富广大少年儿童读者的文化生活,新开设的电子阅览室举办"缤纷假期 欢乐共享"专题资源影视展播活动,内容有"身边的科学""身边的奥秘""双百人物原创动漫"和"西游记"等动漫资源,还有《孙文少年行》等适合读者观看的电影。与金太阳培训中心联合举办"北海历史文化"图片观后感征文活

动。5月，荣获自治区公共图书馆先进集体称号。6月，获评为“全民阅读示范基地”，成为全国少儿图书馆界唯一获此殊荣的单位。

文化产业

【广告美术产业】 年内，北海市群众艺术馆下属的美术广告公司，已发展成为广西重合同守信用文化企业，不断拓展广告业务，生产规模不断扩大，全年产业收入突破200万元。

【艺术培训业】 年内，北海歌舞剧院、市粤剧团、市群众艺术馆、市业余艺术学校分别举办了音乐、器乐、舞蹈、戏剧、绘画、书法、工艺等各种类型的艺术培训班，在提高市民文化艺术素养的同时，经济效益得到稳步提升。艺术培训产业逐步发展，北海艺术培训品牌正在逐渐形成。

【文艺演出业】 年内，北海歌舞剧院、市粤剧团在完成市委市政府下达的文化惠民演出任务的同时，积极主动拓展演出市场，共组织商业演出200多场次，收入达300多万元，在社会效益和经济效益方面都得到了进一步的提升。

文化市场

【治理整顿】 年内，北海市文化市场稽查队以建设平安市场为着力点，集中治理整顿市场，全年共组织检查行动2053次，出动稽查人员4125人次，检查文化经营场所5154家次，查处并处罚违规文化经营单位17家，依法吊销娱乐经营单位“娱乐经营许可证”1家，依法停业整顿互联网经营单位1家，查删歌舞厅违法卡拉OK歌曲200首，查处并依法停业整顿违法经营音像制品单位9家，证据登记保存非法音像制品2210张，与北海市电信部门联合过滤违法音乐网站86家，受理举报32起，查处32起。北海市文化市场稽查队被评为全区文化市场执法三等奖、文化市场统计一等奖。

【网吧管理】 年内，以查处网吧接纳未成年人、查处未核对上网消费者的有效证件、查处经营场所安全生产为抓手，与市各相关部门以及海城区政法委、综治办，银海区教育文体局等多次联合行动，对市区、城乡结合部和乡镇以及中小学校周边的网吧、电子游戏室、歌舞娱乐场所等进行突击检查，不断加大对网吧接纳未成年人的处罚力度，依法停业整顿网吧1家。坚持文化市场管理的检查频度，公布举报电话，坚持日常监管“三班制3+1”检查制度，发挥“五老”网吧义务监督员参与净化文化市场经营的监督作用。7月14日，组织“五老”文化市场义务监督员举行座谈会，市关工委领导作文化市场义务监管的工作部署，共同交流网吧监督的经验和体会。

【专项行动】 年内，召开全市文化市场经营单位的业主大会，动员广大业主参与文化市场的平安、规范系列专项行动。组织开展1～5月为期5个月的“整治网络手机等淫秽色情及低俗内容专项整治行动”及“元旦、春节期间文化市场集中整治行动”。以城乡结合部、乡镇（农村）的文化市场为重点，加强日常检查。文化厅领导，文化稽查总队领导5次到北海检查文化市场并抽查市区、县（区）、乡镇农村的文化市场开展专项整治行动的工作情况。4月14日，市人大副主任许光波等一行4人检查《互联网上网营业场所管理条例》落实情况，并抽查区（县）、乡镇农村8家网吧以及2家农村文化信息站。4月至5月期间，配合市政法委，与市工商、公安、综治、城管、教育等部门联合开展专项突击行动，检查学校

周边的网吧、电子游戏室、歌舞厅等经营场所。7月，配合市城管执法部门查处并取缔海景广场一带非法经营露天音乐吧等。8月，配合市工商部门查处并取缔长青路102烤鱼吧等无证照经营场所。10月，市政协副主席陈小琴率市政协社会法制委员会，市文化局、公安局、司法局、教育局、团市委、关工委等部门开展“网络对青少年负面影响问题”专题调研，并组织学校老师代表、学生家长代表、网吧业主代表等进行专题座谈。

【“扫黄打非”行动】 配合全市开展联合行动检查音像制品零售、出租情况，查处并取缔非法音像流动摊点3个，证据登记保存非法音像制品2950多张，查处了违规经营的音像制品单位9家，依法停业整顿音像制品经营单位9家，维护了音像制品市场的经营秩序。

【捐款献爱心活动】 4月，倡议文化经营场所业主向青海玉树地震灾区捐资捐物，配合市文化局在市人民剧场举办“情系玉树，大爱无疆”赈灾演出晚会，共181家捐款20多万元。8月15日，开展悼念甘肃舟曲特大泥石流遇难同胞活动。在这两次特大自然灾害悼念活动中，全市文化经营单位自觉停止一切娱乐活动，没有违规经营行为发生。

【文化市场安全监管】 年内，实施白天重点查处网吧、电子游戏室违规行为，晚上加大对娱乐场所的安全生产检查和监管力度。对6家不按规定落实安全制度的歌舞厅发出限期整改通知书，对珠海路老街无证照酒吧以案件形式移送至市工商行政管理部门，要求依法取缔。对全市电子游戏机室的年审进行现场拍照存档，对不符合法规要求的电子游戏室不予年审。统计全市开展经营活动的文化经营单位信息，为上级部门提供科学的文化经营单位数据。组织落实了全市（含合浦县）网吧电子监控软件的安装工作并组织培训，为实现与全区电子监控平台联网打好基础。

【演出市场经营管理】 年内，北海市演出公司积极发挥人民剧场的优势，面向市场，接待演出46场，会议22场，观众达69950人次，收入62万元，比去年增长32%，解决了部分债务问题，提高职工工资25%。接待演出大型音乐舞蹈剧《咕哩美》《碧海丝路》20场。邀请北京残疾人艺术团前来演出《千手观音》文艺节目，邀请广州市红豆粤剧团演出大型现代粤剧《刑场上的婚礼》和大型古装粤剧《黄飞虎反五关》。

文化遗产

【文物宣传】 年内，北海市文物管理所积极宣传文物法和北海文物知识，先后接待国家文物局单霁翔局长、童明康副局长以及国家历史文化名城评估考察组等。5月，免费开放大清邮政北海分局旧址陈列馆和普度震宫，在文化大院的德国森宝洋行楼旧址、侨港镇文化公园，开设“北海申报国家历史文化名城”文物图片展，同时为《北海日报》北海文物知识有奖征答活动提供全部试题，取得良好的宣传效果。6月，在北部湾广场举办文化遗产日宣传活动，发放文物法宣传资料，宣传北海文物知识。

【文物保护】 年内，坚持每周两次文物巡查制度，定期检查各文物保护单位安全情况，及时处理发现的安全隐患。配合广西投资集团做好一体化项目内的文物勘察工作，对该项目所在铁山港海湾进行文物调查和勘察。做好涠洲城仔圣母堂维修工程，对破坏白龙珍珠城遗址、油行村碉楼的违法行为进行处理，对市区重点文物保护单位的消防安全情况进行全面排查。8月，配合国家博物馆水下考古中心和广西文物考古研究所做好北海水下考古调查工作。

【文物普查】 根据新规范重新填写“第三次全国文物普查不可移动文物登记表”并录入数据库,第三次文物普查共登录不可移动文物251处,其中新发现138处,复查113处;在所有登录不可移动文物中,古遗址39处、古墓葬10处、古建筑73处、石窟寺及石刻4处、近现代重要史迹及代表性建筑124处、其他文物1处。4月底,全市实地普查阶段工作已初步通过自治区文物局验收。北海市文物普查队被评为广西第三次文物普查实地调查阶段先进集体,邓兰和廖元恬被评为广西第三次文物普查实地调查阶段先进个人。

【申报国家历史文化名城】 年内,配合市政府做好申报国家历史文化名城相关工作,整理、核实、申报文本有关文物方面的文字资料,考证相关文物点的地理位置、面积、年代等方面数据,对有关申报文本中的文物资料进行审核。11月9日,北海市被国务院正式批准列为国家历史文化名城。

县域文化

【合浦县】 年内,合浦县组织开展形式多样、内容丰富的文艺活动。春节期间举办书画展、游园活动、元宵节文艺晚会等,端午节,在县城西门江举行“玫瑰世家杯”龙舟大赛,共有12个男队、6个女队参赛,观众约9万人,广西电视台新闻频道报道了赛事。10月15日,在还珠广场举办大型广场文化活动,城乡26个基层老体协单位,共430人参加表演,最高龄的86岁,有武术、健身操、健身舞、大合唱等丰富多彩的节目。文化馆组织编排了一台文艺节目,利用流动舞台车先后到山口、石康、沙岗等乡镇共演出三场,观众达5000多人次。同时,结合图书馆宣传周服务活动,组织有关人员到沙岗镇沙岗村开展文化宣传服务,组织农民群众观看种植和养殖的影视资料,赠送种养等内容光碟200余块,深受农民群众欢迎。组织协调各乡镇开展舞狮、拔河、书画展、篮球赛、文艺晚会等形式多样的文体活动,活跃和丰富了群众业余文化生活。

加快推进文化基础设施建设。重点抓好合浦汉文化主题公园(合浦汉代文化博物馆二期工程)的建设,项目占地122.86亩,工程投资1838万元,项目规划共分广场区、博物馆展区、滨水景观区、绿化隔离带区、特色汉文化街、人工湿地展示区、海上丝绸之路展示区等7个功能区,完成了立项、规划设计、征地迁坟、可研报告评审、环评审批工作、建设用地清场等工作,10月28日举行开工仪式。抓好廉州镇烟楼村、白沙镇石达村、常乐镇莲南村、西场镇镇东村、党江镇亚桥村、公馆镇乘马村、石湾镇东江村等7个村级公共文化服务中心建设。协助筹资4万多元,为还珠戏院安装10部空调,并由还珠戏院自筹资金9000多元整改线路。争取上级支持,投入100万元改善廉州、党江、西场、乌家、石康、石湾、曲樟、山口、沙田、星岛湖等十个乡镇文化站的文化设施,其中50万元用于购置音响设备,50万元用于建设乡镇文化信息资源共享分中心,实现了县级有支中心,乡镇有分中心的文化信息资源共享工程网络。

开展网吧专项整治、音像制品市场专项整治、文化市场护苗专项整治、学校周边环境集中整治等行动,打击各种违法违规经营行为。收缴盗版音像制品600多盒,其中淫秽色情片200多盒。收缴非法报刊、书籍六合彩资料等500多册。取缔无证经营网吧1间,查处违规接纳未成年人网吧25间,责令违反规定搬迁网吧2间。协助县政府报请文化厅做好西门江整治工程的古城遗址保护工作，并解决了多年无法解决的文昌新城开发用地及文物保护问题。6月上旬，由城乡建设部、国家文物局、中国城市规划设计院、中国文化遗产研究院等单位11位专家组成的评估考察组，实地考察东坡亭、惠爱桥、中山路、阜民路、合浦汉文化博物馆等。

【海城区】 年内，海城区注重打造富有特色的疍家文化品牌，开展丰富多彩的群众活动。1月20日，在高德广场举办2010年和谐文化服务行——“千团万场”文化活动启动仪式暨“三下乡”文艺演出活动，近5000人观看了书画表演、疍家文化表演。全年共组织“千团万场”进农村入社区文艺巡演35场次，参演人员1000人次，观众达10万人次。蓝天艺术队编演的疍家文化节目《欢腾》应邀参加在韩国首尔举办的“国际中老年艺术节文艺展演”活动，荣获金奖。在市人民剧场举办庆祝建党89周年文艺晚会上，全区各社区农村20余支文艺队伍献演了精彩的红歌节目。8月中旬，在市图书馆举办了海城区青年书法家张良书法作品展，共展出草、隶、楷等书法作品70幅，并组织海城区书法家协会会员作品近50幅参加广西区“农垦杯”书法大赛。

文化基础设施项目引进和建设实现新的突破，军屯、驿马、高莱村等3个农村公共文化服务中心项目启动建设，于12月底前全面建设完成。其中高莱村农村公共文化服务中心，包括一幢200平方米的办公楼，1个高标准篮球场，1个室外建身活动场所等，总投入达50万元。建设并完成了公山村、苗山村等10个农家书屋项目，平均为每个书屋配备书架两个、书籍2500册。开展非物质文化遗产普查和保护工作，疍家咸水歌、外沙龙母庙会获评为自治区级非物质文化遗产项目。完成涠洲盛塘村、南万街、高德三街（一村二街）的国家历史文化名村、名街申报迎检工作。5月中旬，举办农家书屋管理员培训班和基层（社区）文艺骨干培训班，150余人参加了培训。组队参加全市第五届龙狮大赛，红坎狮队荣获地面狮队一等奖、地角龙队荣获二等奖。

年内，海城区文体广电局被评为广西区非物质文化普查先进单位、北海市文化工作先进单位荣誉称号。

【银海区】 年内，银海区制定了全区“十二五”文化体育事业发展规划，抓好平阳镇孙东村、平阳村和福成镇宁海村、西村等4个村级公共文化体育基础设施建设。投入20万元为平阳、银滩两镇文化站添置了有关的文化设备。

一年以来，社区、企业、校园、乡村文化活动蓬勃开展，全区城乡重大文化活动50余次。其中，春节期间，侨港镇、福成镇举行了迎新春文艺晚会，3月8日，举办了全区庆“三八妇女节”文艺汇演。10月1日，银滩镇电建村、福成镇福成村狮子队参加北海市第五届“海门杯”龙狮比武大赛获二等奖。福成镇福成村舞蹈队、银滩镇电建村女子舞狮队，以及白虎头村、咸田村、南万社区舞蹈队和侨港镇曲艺团等队伍，坚持开展健身文化舞蹈活动，丰富群众文化精神生活。6月上旬，组织三名文艺骨干到钦州市参加自治区文艺培训活动。

围绕“5·18”国际博物馆日和6月13日文化遗产活动日，开展宣传活动。在3月、5月、8月、10月间进行4次全区文物保护单位检查工作。6月下旬，协助市文化执法队检查侨港镇、福成镇网吧，查处接纳未成年人进入的网吧2间。

【铁山港区】 年内，全区共组织开展各种文艺汇演活动38次。南康镇曲艺团、青年艺术团、陂塘粤剧团、营盘南珠曲艺团、鹿塘村委

西板塘粤剧团等六个业余文艺队伍，多次下乡进行各种文艺演出。春节期间，在南康镇文化广场组织开展了“回乡大学生卡拉OK大赛”。8月中旬到9月中旬，兴港镇举办“共建和谐新兴港，共谋发展新跨越”文体活动月。

重点建设兴港镇彬池村、南康镇大塘村、营盘镇鹿塘村、兴港镇陂头村4个村级文化公共服务点。每个点都设有戏台、篮球场、乒乓球场、文化公共服务综合楼，并组建了农民文艺队和农民篮球队。同时，以南康镇文化广场为重点，继续完善全区农村文化广场建设。目前，全区41个行政村共有20个文化广场，每个广场都设置有戏台、图书室、篮排球场，占地面积都在1000平方米以上，其中陂塘村文化广场占地面积为3000多平方米，陂塘村和石村图书室藏书量分别为7500册和5900册。在2009年建成21个农家书屋的基础上，计划三年内再建成7个农家书屋，免费向村民开放，为农村群众提供文化精神食粮。10月1日，在南康镇文化广场主办了北海市“好好佳”第五届龙狮比武大赛。

以春节、“五一”等节假日时段为重点，结合日常检查，开展网吧安全生产检查和专项整治，联合工商、公安、教育等有关部门出动110多人次对辖区内的网吧和音像制品出租店等文化市场营业场所进行不定期检查，处理违法经营单位1家，查获非法音像制品146盒(张)，处理网吧违规接纳未成年人35人次。

防城港市

全市文化工作综述

2010年，防城港市现有文化行政主管部门(局)5个，公共图书馆4个，文管所3个，群众艺术馆1个，文化馆4个，文化站28个，专业艺术表演团体4个；国家级文物保护单位1处，自治区级文物保护单位4处，市(县)级文物保护单位67处；防城港市文化部门在职人员43名。2010年，在市委、市人民政府的正确领导和自治区厅(局)的悉心指导下，防城港市文化体育新闻出版局在5月份机构改革后，坚持一手抓机构整合，一手抓业务工作，做到两不误，双促进，防城港市文化事业和产业乘势而上，各项工作齐头并进，蓬勃发展，成绩显著，出现了八个“新”特点：

基础设施建设有新突破。争取资金835.6万元建成156个文体基础设施，惠及群众约50多万人；总投资3个多亿的市博物馆、图书馆、文化艺术中心、桃花湾体育馆建设顺利推进。

群众文化活动有新局面。成功举办《梦幻北部湾·启航》演出、伏波文化研讨会、第二届广西体育节防城港市开幕式等大型文体活动；举办节庆文艺演出15场、广场群众文艺演出72场、送文化下乡271场，参与群众达90多万人次。

文化产业发展有新势头。防城港市网吧、KTV、出版印刷经营单位共468家，固定总投资达10759.8万元，营业额达11975.4万元；基本形成以月亮岛为轴心，构筑半小时文化产业圈的产业发展思路；推进《梦幻北部湾》项目和印刷产业园的建设，加紧策划打造以“运河汉城”为代表的伏波文化系列项目。

各类文体赛事有新成果。获国家、自治区级奖文艺奖项28项，国家级团体优秀奖1项，自治区级金奖8项，银奖10项，铜奖9项；文博方面，在全国第三次文物普查中1人获国家先进个人，4人获自治区先进个人，防城港市文化体育新闻出版局获自治区优秀组织奖。

文化市场监管有新手段。加强监管，建立“五老”网吧义务监督员队伍，投入13万元完成防城港市网吧监控平台建设；完成文化执法机构改革的方案起草；狠抓治理，对防城港市文化出版物经营场所检查覆盖率达100%，全年出动执法稽查人员3343人次，检查经营单位12258家；开展“扫黄打非”集中行动5次；推进5家企业使用正版软件。

文博非物工作有新成效。完成第三次防城港市文物普查田野调查工作，复查文物点153处，新发现182处，普查覆盖率达100%；京族独弦琴弹奏技艺被列入国家级非物质文化遗产保护名录；编撰出版《防城港文化遗产》丛书(非物质文化部分)、《防城港人文》《伏波文化论文集》；公布两批市级文物保护单位16个、第二批市级非物质文化遗产名录12个和第一批市级名录传承人7个，草拟并推动市人民政府颁布出台《防城港市人民政府关于加强文物保护的实施意见》；完成第三批全国和自治区级非物质文化遗产名录申报。

文体品牌打造有新创意。大力打造以《梦幻北部湾》大型海上实景演出为龙头的大型演艺品牌、以伏波文化为核心的历史文化品牌、“欢乐西湾”广场群众文艺演出品牌，打造四大节庆品牌。

干部队伍建设有新面貌。建起一支作风过硬、纪律严明、业务精通、爱岗敬业的高素质干部队伍。

专业艺术

【文艺作品创作生产】 在各类文化活动的推动下，防城港市特色文艺创作进展顺利，舞台艺术有成果。全年主要围绕第二届“我邀明月颂中华”——历代经典爱国诗词配乐诗朗诵大赛、广西“魅力北部湾”文艺会演、广西少年儿童艺术比赛等赛事与活动着力打造具有防城港市地方特色和民族特色文艺精品，共创作小品、歌曲、舞蹈、山歌等文艺作品30多件，在原创精品节目基础上汇集成了“一台原创歌舞《风情防城港》”。

【文艺赛事获奖情况】 组织防城港市文艺队伍和个人，选送作品参与自治区及全国各类比赛，获了自治区等部门奖项共25项，自治区级金奖（一等奖）6项，银奖（二等奖）9项，铜奖（三等奖）10项。其中，京哈剧《虾公与虾婆》获第八届广西戏剧文学铜奖；参加全区第二届“我邀明月颂中华”——历代经典爱国诗词配乐诗朗诵大赛，获三等奖（全区18个参赛队位列第7）；“哈妹组合”演唱的《风吹云飘》、女声独唱《芦花》及歌舞《瑶鼓天琴》在广西“魅力北部湾”文艺会演分别荣获金、银、铜奖；组织辅导的舞蹈、声乐、古筝节目在广西少年儿童艺术比赛中获4金、5银、5铜；选送上思四名山歌选手参加广西第二届歌王大赛，岳建宵在广西第二届歌王大赛获广西十大歌手称号（防城港市文化体育新闻出版局获组织奖）；积极配合市委宣传部做好选派歌手、选派节目参加全国第十四届青年歌手电视大奖赛广西赛区选拔赛，防城港市选派的由苏海珍等八人组成的京族哈妹组合在全国青歌赛上进入了原生态唱法单项决赛比赛，获团体优秀奖。在文化理论创作方面，组织专人撰写了《防城港市广场文化之我见》《对东兴市广场文化建设发展前景的思考》等7篇论文参加“魅力北部湾”广西群众文化理论研讨会，获一等奖1篇、二等奖3篇、三等奖2篇的好成绩。

【艺术培训】 进一步加强对基层文化的培训辅导，实行市业务干部分片辅导制，开展针对性辅导。举办了美术、舞蹈、古筝、声乐等各类培训班各12期。各级文化馆（站）基层辅导员多次深入市直机关、企事业单位及社区中心、业余文艺团队进行艺术辅导。

群众文化

【“欢乐西湾”群众广场文艺演出】 年内，在桃花湾广场举行的“欢乐西湾”群众广场文艺演出共演出12场，由相关部门、企事业单位围绕国家大政方针、重大事件，围绕市委、市人民政府中心工作，围绕重大节庆、纪念日，结合本部门、单位业务和工作实际，每月组织一场以上主题文艺演出。演出主题鲜明，表演形式多样，参与面广，得到市领导和广大群众一致好评。

【《梦幻北部湾·启航》演出】 “梦幻北部湾”项目是防城港市打造“国际滨海旅游胜地”和“中国海洋文化名市”的重头戏项目，意义重大，影响深远。防城港市文化体育新闻出版局负责“梦幻北部湾·启航”文艺晚会演出节目的整体策划工作。防城港市文化体育新闻出版局安排专人负责演出创作及文化策划宣

传联系工作，卢岩局长还带领防城港市文艺专家、骨干多次亲赴北京联系落实演出公司，并多次对“梦幻北部湾”的歌曲、舞蹈演出创作、彩排进行对接和督促，最终形成一台集时尚元素并融合海洋风韵的大型文艺晚会，现场观众达4万人之多，是防城港有史以来阵容最强、规模最大、场面大气、人气最旺的一场大型文艺晚会。“梦幻北部湾·启航”演出是防城港市文化产业发展史上具有里程碑意义的重大事件，标志着“梦幻北部湾”从建设阶段进入试演运行阶段，标志着我国又一新型的大型实景演出文化项目即将在北部湾畔精彩亮相。“梦幻北部湾·启航”演出获了巨大成功，得到领导、嘉宾和群众的广泛关注和一致好评，认为“启航演出之热堪比民歌节”“明星阵容堪比央视春晚”，演出让“防城港骤然升温”，防城港市知名度得到空前提升。

【四大节庆】 防城港市分别于6月11日、7月20日、10月30日、12月14日举办了“第二届防城港市国际龙舟节”“2010年防城港市京族哈节”“2010年广西上思十万大山原始森林旅游文化节”“广西防城第二届金花茶节”等四大文化节庆活动，参与群众达30多万人次。

【2010年防城港市军警民迎春文艺晚会】 2月9日晚，由中共防城港市委、防城港市人民政府、防城港市军分区主办，市委宣传部、原市文化局、防城港市军分区政治部等单位共同承办的2010年防城港市军警民迎春文艺晚会在桃花湾广场举行，整台晚会集歌舞、小品、杂技、器乐等14个于节目一体，是一台思想性、艺术性、观赏性相统一，形式多样、内容丰富、喜庆热烈的综合文艺晚会，观众达1万多人。

【2010年防城港市元宵节大型焰火文艺晚会暨群众广场游园联欢活动】 2月28日晚，由中共防城港市委、防城港市人民政府主办，市委宣传部、原市文化局承办的2010年防城港市元宵节大型焰火文艺晚会暨群众广场游园联欢活动在市行政中心北部湾广场隆重举行，约2万多观众参加了游园活动，观看了文艺节目和焰火表演。

【“和谐之声”乡村行】 年内，防城港市共开展“百团千场”送戏下乡900多场次，送图书下乡活动20多次，参与群众达30万人次。3月初防城港市文化体育新闻出版局制定了《“和谐之声乡村行”文艺下乡演出方案》，采用市级演出团队负责送文化到乡镇，县(市、区)级演出团队送到村，分级实施的组织模式；积极组织业余文艺团体到防城港市的农村和社区，参与诚信计生下乡宣传、普法下乡宣传、消防下乡宣传、新农村开村宣传、房地产开发商楼市庆典宣传等主题到全县各乡镇圩场巡回演出，做到“周周演”，并形成了专业团体、社区与乡村共同繁荣的局面。主要曲目有《诚信计生到农家》《冲敏新村好风光》，客家山歌表演唱《厓地唱条敬老歌》、快板《打响算盘唱民生》等一批不同形式各具地方特色的节目。同时，积极进入各社区、学校、各部门进行艺术辅导工作，对文化馆、文化站等部门工作积极扶持，热情辅导基层文化活动。除此外，还鼓励各乡村文艺队，利用资助及场地自行组织演出，如上思北湖社区龙江艺术团、东湖社区十万山艺术团在上思县文体广电局的扶持下已经能够独立演出一台文艺节目，并受到农民朋友的欢迎和赞誉。2011年全市送戏下乡遍及防城港市防城、港口、东兴、上思四个县(市、区)多个乡镇。履盖全部乡镇和一半以上的行政村。防城港市还充分利用当地特有的采茶戏这一资源，自创、自编、自导来组织人员深入防城港市及钦州等附近城市进行演出活动，通过文艺团队送戏到乡镇、村屯，不仅切实解决群众“看戏难”的

问题，宣传了党的有关法律法规的政策，使广大群众在参与活动中各展其长，各得其乐，共同得到先进文化的熏陶，并以和谐文化促进和谐社会的建设。

公共图书馆

【图书机构及藏书】 防城港市有图书馆4个，分别是市图书馆、防城区图书馆、上思县图书馆和东兴市图书馆，全年防城港市图书馆藏图书共291908册。

【图书馆借阅业务】 防城港市图书馆全年接待读者9万多人次，外借书刊16.42万次，其中市图书馆共接待流通读者2.8万人次，外借书刊4.7万册次，现有馆藏35462册，1060种，为丰富市民群众的文化生活作出较大贡献。为扩大公共图书馆的受众面，市图书馆积极探索送知识方式，送知识到码头、到渔船、到工地、到农村，并指导县（市、区）图书馆开展图书下乡活动达40多次，送图书下乡10000多册，开拓了城乡群众视野和知识面。

【市图书馆服务宣传活动】 组织各种服务市民的文化讲座、专题展示等活动，进一步拓展服务载体。如应读者要求特邀防城港市知名老师举办了一期摄影培训班，开展六一儿童节趣味有奖活动，举办两期少年儿童绘画展活动，与社区、幼儿园、小学等协作单位开展文化交流活动，并赠送书刊1500多册，并通过宣传栏、横幅、板报开展图书馆服务宣传。

文化市场

【文化市场稽查】 今年，围绕社会最关注的网吧接纳未成年人、知识产权保护等问题，先后开展了以网吧、演艺场所、出版物市场、音像及电子游艺娱乐市场为重点的网吧整治专项行动、“护苗行动”等专项检查行动，成立了“五老”监督员队伍，加大了日常巡查力度，防城港市文化市场检查覆盖率达100%。切实加强防城港市元旦、春节、“五一”“十一”长假等敏感时期的文化市场监管，不断强化文化、新闻出版各个领域的文化市场综合执法，努力促进文化市场和谐发展。防城港市全年共出动执法稽查人员3343人次，检查网吧、娱乐场所、印刷企业、音像制品经营和出版物经营单位等12258家次。受理12318举报电话举报5次；立案调查28件，给予行政处罚款28件，罚款53210元；停业整顿3家；警告16家；配合工商管理部门取缔无证网吧4家；扣分处罚46家印刷企业和出版物经营单位。投入13万元，建成防城港市网吧监控平台。目前，网吧接纳未成年人现象已得到有效遏制，出版物市场正版占有率明显提高，群众举报和投诉也明显减少，社会满意度不断提高，有效地维护了文化市场正常经营秩序。

【“扫黄打非”工作】 把查处政治性出版物、淫秽色情出版物和有害青少年读物放在突出位置，守住关口，广查门店，深挖窝点，网上封堵，切实加强对文化出版物市场监管力度。防城港市各级各“扫黄打非”工作部门共同开展“扫黄打非”集中行动5次，出动执法人员260人次，检查各类文化、出版物经营场所431家次，查缴各类非法出版物41000册（盘），取缔游商地摊21个，处罚从事出版物违法经营活动的违法人员32人，有效打击了非法出版经营活动，使防城港市出版物市场经营秩序得到进一步好转。

文化产业

【文化产业规模】 抓好以“伏波文化”为中心

的系列文体产业开发工作，已初步建立文体产业项目库，涵盖了新闻出版、文化艺术、文化休闲娱乐、文化用品生产与销售、网络文化服务等各大领域，进一步整合资源，为主管部门制定政策、分类指导提供信息数据。同时多种方式吸引民间力量投资防城港特色文化体育产业。参加第五届西安文化产业博览会文化产业项目推介会，搭建交流平台积极推介防城港市产业项目，以“欢乐岛”大型滨海游乐项目(3个)、伏波主题文化产业建设项目(4个)、南山养生文化休闲建设项目(2个)、中国—东盟海上体育休闲城建设项目(3个)、防城港市体育中心项目(1个)5个项目为重点展示了防城港市海洋特色和投资优势，积极推动市内外文化企业的交流合作。特邀请国内著名投融资专家文化部产业司投融资指导处处长许蓉、中国农业银行广西区分行机构业务部经理宁海等5人为防城港机关、企事业单位干部和文体企业骨干力量授课。结合防城港市产业发展实际情况，加强对传统文化产业项目的管理和引导，鼓励业主大胆进行业务创新和拓展，并指导业主成立行业协会，促进业内有益的交流与合作。目前已经形成了以演出业、音像业、文化娱乐业、印刷业、发行业为主体的文化产业群体。全年市文化体育新闻出版系统有文化产业机构45个，其中包括艺术演出业、图书馆业、群众文化业、文博业等，共有875家从事歌舞娱乐、音像出租零售、网吧、印刷出版、发行等文化经营单位，投资总额达5400多万元，从业人员4200多人，年上交国家税收1200多万元。

文化遗产

【全区第三次文物普查实地调查阶段验收试点工作会议】 1月11日至13日，广西第三次文物普查领导小组办公室在防城港市防城区召开了“全区第三次文物普查实地调查阶段验收试点工作会议”。全区14个地级市三普办和普查机构的负责同志共80余人参加了会议。自治区第三次文物普查领导小组办公室副主任、自治区文化厅副厅长、自治区文物局局长覃溥出席会议并讲话。会上，防城港市三普办还汇报了防城港市第三次文物普查实地调查工作和对防城区初步验收情况。自治区文物局根据国家文物局《第三次全国文物普查实地文物调查阶段验收指导意见》、自治区三普办《第三次全区文物普查实地文物调查阶段验收工作方案》的要求，组成验收专家组对防城港市防城区的文物普查实地调查阶段进行验收试点，全区各市三普办和普查机构的代表参加了观摩。验收专家组根据组织管理验收、数据质量验收和调查现场验收结果，评定防城港市防城区第三次全国文物普查实地文物调查阶段省级验收合格，并形成了书面验收结论。各市通过交流和观摩验收试点，基本了解验收的方法和验收流程，表示要抓紧本市普查登记表纸质和电子文本的录入工作，尽早开展验收工作，确保在4月20日前完成广西的实地调查阶段验收工作。至此，广西第三次全国文物普查第二阶段——实地调查启动率100%，完成率99%，调查登记不可移动文物11491处，其中新发现文物点6140处，复查文物点5351处，基本完成田野调查工作任务。

【文物保护】 认真按照《文物保护法》和《文物保护管理条例》的规定，编制了防城港市文物保护“十二五”规划；完成了防城港市第三次文物普查工作田野调查阶段文物调查建档工作；协助做好白龙炮台保护性开发的方案设计工作，目前设计方案已完成，待报市政府审批同意后即可开工建设；完成了第二批市级文物保护单位的申报工作，市人民政府已于9月底批准公布；利用2010年的国际博物馆日和文化遗产日，在报社、网络等各种媒体刊登了关于文化遗产保护工作的宣传资料，通过群发宣传短信和在各区、县（市）张贴宣传标语、悬挂彩页宣传图片的形式，大力开展宣传防城港市的文化遗产保护工作，使文化遗产保护工作深入人心，形成人人参与、保护文化遗产的良好氛围。

【非物质文化遗产保护】 完成了《以“马援文化”为内核打造海洋文化名城》为课题的关于“马援文化”研究与传承工作的调研报告，召开了“马援文化”座谈会和“独弦琴”推广座谈会，进一步研究、挖掘、传承和弘扬传统文化和民族文化艺术。完成了第三批自治区级非物质文化遗产名录项目的申报工作，第二批市级非物质文化遗产名录和第一批市级名录传承人经申报市政府审核也已批准公布。完成了文化遗产丛书第二部分的《非物质文化遗产部分》的编撰出版工作。

【日常文物管理】 编写了“一套综合反映防城港市情况的丛书”中《防城港人文》部分和“北部湾海洋文化”丛书之《伏波文化论文集》。防城港市文化体育新闻出版局组织编写人员认真按照丛书编纂工作领导小组要求，确定内容大纲和编撰目录，撰写书稿和征集图片，8月初完成付梓出版。在10月召开的北部湾海洋文化论坛中两册书得到与会领导、专家学者的一致认可，会后多家单位、外地学者要求订购此书。

文化交流

【中越文化交流】 防城港市文化体育新闻出版局积极开展与越南等东盟国家的文化交流活动，大力促进文化互动，主要有开展文艺团体互访演出，双方联合举办主题活动进行文体交流（如中越青年大联欢），文化节庆活动邀请越南等东盟国家专业艺术团体、艺术家表演（如国际龙舟节邀请赛、防城港京族哈节参观邀请）及举办民间文化交流（中越界河青年联欢）等活动来加强对外文化交流与合作，带动了经济、文化、体育、旅游等领域的发展。

【旅游大篷车“五一”走进各市交流】 由防城港市旅游局、防城港市文化体育新闻出版局组织策划的防城港市旅游大篷车走进滇贵各市活动，7场独具特色的民族风情演出获得了各市观众的好评，充分展演了防城港市“边海山”特色文艺精品。

【“走出去”文化交流活动】 组织优秀节目参加“魅力北部湾”群众文艺优秀节目展演，赴台湾参加“两岸产业高峰会议——2010年桂台经贸合作论坛”文艺演出等活动，进一步扩大宣传影响，提升了防城港市的知名度和美誉度。

文化设施

【三大文化场馆建设】 在市委、市人民政府的高度重视下，市科技图书馆、市文化艺术中心、市博物馆等三大文化场馆2009年9月正式动工建设，主体估算总投资达2.8亿元。截至年底，市科技图书馆、市博物馆项目完成了桩基施工，施工作业面已全面展开，市文化艺术中心项目已组织施工单位进场施工。这些文化场馆的建设填补了防城港市没有文化艺术中心、没有博物馆、没有达标的市级图书馆的空白，将从根本上改变防城港市文化设施落后状况的局面。同时防城港市文化体育新闻出版局在推进场馆建设过程中积极协调

配合，邀请享誉国内外的剧场舞台技术方面著名专家、国家大剧院工程业主委员会舞台设备部部长金志舜到防城港考察，并对场馆建设提出专业指导，邀请自治区博物馆、图书馆等专家对场馆建设提出指导意见，联合编制功能设计方案。

【文化新惠民工程】 全年启动了32个项目，投入1013万元，开展了扶持5个村级文化活动试点工作，为11个乡镇文化站采购配备开展文化活动所需的设备，建设16个村级公共服务中心，惠及68.6万人。

【文化信息资源共享工程】 年内，在原有市级文化信息资源共享分中心（市图书馆）、东兴市文化信息资源共享支中心、东兴市江平镇基层分中心、防城区江山乡基层分中心四个点基础上，建成港口区资源信息共享中心。并多方渠道争取资金，建设乡镇、行政村文化信息资源共享工程，获自治区专项资金65万元，在防城区6个乡镇和73个行政村实施了文化信息资源共享工程，配置有电脑、投影机、打印机、播放器、音箱等设备，对于改善城乡基层群众文化服务条件，利用现代信息手段传播先进文化，丰富广大群众的文化生活将发挥重要的作用。

县域文化

【东兴市】 东兴市有文化行政主管部门1个，有文化馆、文化稽查大队、图书馆、博物馆各1个，有乡镇综合文化站3个。年内，东兴市以“环境优化年”“民生改善年”为契机带动文化发展。协助举办了“欢乐乡村行”大型文艺活动，举办东兴一芒街2010年元宵节足球友谊赛、“2010中越（芒街—东兴）商贸旅游博览会”、青年界河联欢活动和“风情东南亚”文艺焰火晚会、“扬帆北部湾”大型群星演唱会暨2010防城港市京族哈节开幕式文艺晚会和哈节闭幕文艺焰火晚会等10多个大型活动；为3个镇文化站和41个行政村、社区分别配送了一批文化活动设备和信息资源共享工程设备。认真组织开展了第三次全国文物普查实地普查阶段的各项工作，京族“独弦琴艺术”被文化部公布为国家级非物质文化遗产推荐项目。举办文化经营单位法规培训班5次，安全生产大检查16次；组织文化市场稽查近100次，检查文化行业经营单位1200多家次，查处违规经营网吧17家次，查处违规从事娱乐经营活动的场所25个，查处违规经营音像制品零售出租单位3家次，查缴盗版光盘1600多张，非法出版书籍近200册。

7月20日至26日，由中共防城港市委、防城港市人民政府主办，中共东兴市委、东兴市人民政府承办的2010防城港市京族哈节在东兴市万尾金滩举行。此次京族哈节项目全，活动多，持续一周，除了举办祭海神、歌圩唱哈、万人餐等一系列反映京族文化传统的活动外，还成功举办了哈节开幕式、百人吹螺号表演、百人独弦琴表演、百张渔排出海仪式、欢乐自驾游与滨海边境探秘游、沙滩拔河比赛、魅力防城港美术摄影展览、沙滩自行车赛、京族美食展示、游泳比赛、顶担比赛、踩高跷捕捞、拉大网、旅游推介会、“扬帆北部湾”大型群星演唱会、东兴长寿资源可持续开发论坛、沙滩足球赛、沙滩气排球赛、金滩激情之夜篝火晚会、房产·汽车交易会、“同唱友谊歌”2010中越歌曲演唱大赛东兴赛区决赛等。整个活动获得了区内外新闻媒体的高度关注。活动举行期间共有20家新闻单位近百名记者参加采访报道，人民日报、新华社、经济日报、光明日报、中国新闻社、文汇报、广西日报、广西电台、广西电视台、广西新闻网等主流媒体均派记者参加了报道，有近10万群众参与了此次活动。

【上思县】 上思县有文化行政主管部门1个，有文工团、文化稽查大队、图书馆、文物管理所各1个，有乡镇综合文化站8个。年内，上思县深入实施“文化惠民工程”，举办了元旦、春节、“三八”、“五一”等节庆文艺晚会，广西上思县十万大山原始森林旅游节万人山歌会等10多个大型文艺活动；开展了“和谐上思·大家乐”广场群众文化活动；组织了100多场“送戏下乡”活动，惠及群众约10多万人；举办全县基层文化业务培训学习2期；完成第三次文物普查资料的整理收集和纸质印刷工作，新发现文物点165处，复查118处，整理完成了2个自治区非物质文化遗产名录材料的申报工作，征集到文物427件，并在旅游文化节期间成功举办了主题为“岁月记忆”的文物展。组织稽查人员对辖区内网吧、KTV、电子游戏室等文化娱乐场所检查，检查网吧4160家次，联合执法共18次，受理群众举报18起，查处违规网吧10家，吊销文化经营许可证2家，罚款共计3.8万元。

9月8日，由中共防城港市委、防城港市人民政府主办，中共上思县委、上思县人民政府承办的2010广西县十万大山森林旅游节隆重举行。期间举办了十万大山风光风情摄影展、诗词书法展、文物展、中央电视台星光大道冠军走进十万大山暨第八届森林小姐决赛晚会、大型特色美食商品汽车展、招商推介暨项目签约仪式、“浪漫山地车，低碳万山行”山地车挑战赛、老年人象棋比赛、原生态山歌演出周、农家乐生态游等13项活动，有近10万群众参与活动。

【港口区】 港口区有文化行政主管部门1个，文化稽查大队1个，文化馆1个，乡镇综合文化站3个。年内，港口区积极开展“文化进农村”“文化进安置点”“文化进基层”等公共文化服务系列活动，先后组织了港口区大型迎春文艺晚会及采茶晚会进三镇两街、安置点开展慰问演出，五一职工运动会文艺演出，龙舟节文艺演出和首届港口区老年人大联欢等活动，协助举办了首届“与浪共舞”簕山观潮节，丰富了广大人民群众的文化精神生活，积极打造边海文化旅游品牌。同时，大力推进“六统强基”工程，先后完成了公车、光坡、企沙三镇文化站项目的验收及相关资料的完善，牛路村、中间坪村、公车村和红沙村公共服务中心建设和港口区资源信息共享中心的建设。在上级部门指导下顺利完成了簕山古建筑群、公车皇城坳、企沙石龟炮台、光坡杨瑞山墓等普查造册及迎检工作。此外，加大了稽查力度，加强文化市场的监管，一年来，组织文化市场稽查达50多次，出动人员100多人次，多次与其他地市、兄弟县(市、区)开展交叉检查，有效地消除安全隐患，净化了市场。

6月11日至12日，由防城港市人民政府、自治区体育局主办，港口区人民政府、防城港市体育局承办的第二届防城港市国际龙舟节在西湾海域隆重举办。本届龙舟节的参赛队伍阵容强大，规模空前，强队云集，有来自东盟国家、港澳地区和广西区内外的18支参赛队伍以单位或团体冠名组队参赛，各队运动员及领队、教练共26人，参照国家体育总局最新审定的《龙舟竞赛规则》进行项目比赛。历时两个小时的精彩比赛，最终由广西民族大学男子龙舟队夺得桂冠，广西柳州市贝江龙舟队和防城港市港口区企沙镇华侨龙舟队分列二、三名，有近5万群众到场观看了比赛。

【防城区】 防城区有文化行政主管部门1个，有文化馆、民族艺术团、文化稽查大队、图书馆、博物馆各1个，有乡镇综合文化站10

个。2010 年，防城区以节庆为契机，开展群众文化活动，在春节、“五一”、“七一”等传统节庆期间举办了丰富多彩的群众文化活动，还积极配合参加自治区、市举办的各种节庆文艺演出，如防城港市“旅游大篷车”宣传演出、防城港市首届“沙滩节”的文艺演出、防城港市中越青年大联欢的晚会演出，协助办好第二届金花茶节等。利用好流动舞台车，充分调动业余文艺团队的积极性，开展“千团万场”文艺演出活动 80 多场，遍及防城、港口、东兴三个区(市)10 多个乡镇。同时，全面落实文化惠农政策，加快公共文化服务体系建设步伐，投入 65 万元建设 6 个乡镇和 73 个行政村文化信息资源共享工程，投入 145 万元建成了 6 个村级公共服务中心，投入 137.8 万元建成 53 家农家书屋。扎实做好刘永福故居、谦受图书馆、禤家祠堂等文物的保护、开发、利用工作，全力打造防城镇中山街和那良镇古街。组织娱乐场所专项治理、网吧专项治理、扫黄打非等专项整治行动和各类检查 230 次，出动稽查人员 440 人次，检查文化经营单位 510 家次，受理举报 4 起，作出行政处罚 8 家，有效净化了市场环境。

12 月 14 日至 17 日，由中共防城港市委、防城港市人民政府主办，防城区人民政府承办的广西防城首届金花茶节在防城区隆重举行。活动为期 3 天，除了文艺表演，还将举行金花茶论坛、防城区项目推介会、金花茶产品慈善拍卖、花灯展等活动，近 8 万人参加了活动。

钦州市

全市文化工作综述

2010年，钦州市共有专业艺术表演团体4个，其中市属2个、县区级2个；文化馆4个、群众艺术馆1个、乡镇综合文化站（文化广播电视站）57个；市级图书馆1个、县区级图书馆2个、镇村级图书室50个；市级新华书店1家、县区级2家；文物管理机构3个，其中市属1个、县区级2个；文物保护单位56个，其中全国重点文物保护单位1处4点（刘永福旧居建筑群、冯子材旧居建筑群、刘永福墓、冯子材墓）、自治区级文物保护单位7个、市县级文物保护单位48个。

一年来，全市文化和新闻出版工作蓬勃开展，文化建设步伐加快，呈现出良好的发展势头。完成政府机构改革，新组建的钦州市文化和新闻出版局于4月13日正式揭牌成立，撤销原钦州市文化局和钦州市新闻出版局。公共文化设施规划建设顺利推进，总投资2.9亿元的广西北部湾博物馆（广西百年军事要塞遗址博物馆）落户钦州，建成乡镇综合文化站14个、农家书屋107个、村级公共服务中心33个。9月，市艺术学校正式进驻市职教中心办学。艺术精品创作生产取得较好成绩，先后创作了音乐小品《和谐新家园》、小戏《荔乡乐园》等精品剧目，组织市粤剧团参加2010年广西第三届粤曲大赛获一金、两银，为全区14个市中最好成绩。全面开展“和谐文化在基层——千团万场”群众文化活动、“和谐之声”百场文艺演出进农村和“快乐周末”社区广场文化活动，全市完成送戏下乡300场以上，成功举办了首届钦州市“欢乐田园”农村文艺汇演。全面完成第三次全市文物普查田野调查工作，刘冯旧居实现免费对外开放。文化市场管理进一步规范，扫黄打非工作进一步加强。年内，全市各级文化行政主管部门共组织开展各种专项整治行动56次，共出动执法人员7450人次，车辆1310台次，检查经营单位16200户次，一批黑网吧被取缔，网吧接纳未成年人上网等突出问题得到全面整治。成功举办2010年中越青年大联欢文艺演出、第七届中国—东盟博览会“魅力钦州”文艺演出和“魅力中国·钦州之夜”晚宴演出，市粤剧团赴香港参加“亲情中华”文艺演出交流活动。第十二届自治区运动会开闭幕式文艺演出筹备工作顺利推进，完成了《钦州市2010年区运动会开、闭幕式创意方案征集办法》等三个工作方案，邀请合作方创作团队到我市开展节目创作的采风准备工作，配合运动会开、闭幕式创作团队策划开闭幕式实施方案及主题歌曲等。

专业艺术

【专业团体创作演出】 全市文艺工作者共创作戏剧、舞蹈、小品、歌曲等作品130多个，包括音乐小品《和谐新家园》、小戏《荔乡乐园》等精品剧目。全市4个专业艺术表演团体年内共排演剧（节）目180多个，演出510多场次，观众达42.6万人次。其中“和谐之声”百场文艺演出进农村演出110多场次、防艾滋病宣传演出50多场次、计生宣传演出50多

场次、“八一”建军节慰问演出5场次，各县区、各乡镇组织开展“送戏下乡”“送戏下村”活动300场次以上。

【艺术作品比赛获奖】 民间舞蹈《鹤舞》作为广西唯一代表，参加第八届中国民间艺术节展演获银奖；坭兴陶鼓《旱中情》参加第四届全国少数民族曲艺展演获三等奖。组织节目参加第七届广西曲艺文学奖，其中《旱中情》获最高奖——特别奖，烟墩大鼓《刘永福三拒总统印》等获一等奖1个，二等奖3个，三等奖1个。组织创作节目3个，参加广西第四届戏曲青年演员大奖赛和广西第一届舞蹈青年演员大奖赛，获得了三等奖1个、组织奖1个。9月，组织选送的7个节目在参加2010年广西第三届粤曲大赛中获1金2银的优秀成绩。

【美术摄影书法作品创作及获奖】 市群众艺术馆组织专业人员深入“三娘湾”“五皇岭”“八寨沟”“大芦村”等钦州名胜古迹、自然风光进行采风活动，拍摄资料照片3000多件；专业人员创作美术书法作品56件，其中有20多幅作品发表在地市级以上各类报刊杂志上；黄道鸿、吴冠峰、刘光敏、刘雄一、黄国杰创作5件美术作品参加第二届“魅力北部湾”优秀美术、书法、摄影作品展评选中获2金3铜的好成绩。

【主题文艺晚会及节庆文化活动】 成功举办2010年钦州市迎春团拜会文艺演出《走进春天》，举办迎新春粤剧专场晚会、新春广场文艺演出和元宵广场大型文艺晚会。9月6日晚，在市文化艺术中心举办庆祝中越建交60周年中越青年大联欢钦州文艺晚会，晚会的主题是“中越友好、青春携手、世代相传”，中越青年同台演出13个节目。10月，在南宁举办第七届中国—东盟博览会“魅力钦州”文艺演出和“魅力中国·钦州之夜”晚宴演出。

【第十二届广西区运动会开闭幕式文艺演出筹备工作】 年内，完成了《区运动会开、闭幕式创意方案征集办法》《广西壮族自治区第十二届运动会开闭幕式总导演选聘方案》《广西壮族自治区第十二届运动会开幕式大型文体表演和闭幕式文艺演出工作细化方案》等三个工作方案。选定了第十二届广西运动会开闭幕式文艺演出创意合作单位，评选出运动会开闭幕式入围创意方案，向获准入围创意方案应征公司颁发奖金和证书，与合作公司签订《知识产权承诺函》和正式合作合同。11月合作方创作团队到我市开展节目创作的采风准备工作，我市配合创作团队策划开闭幕式实施方案及主题歌曲等。

【艺术对外交流活动】 11月，市粤剧团应香港钦州市同乡联谊会的邀请，首次赴香港进行文化艺术交流。11月21日晚，市粤剧团与钦州市归国华侨联合会、钦州市海外联谊会在香港荃湾大会堂演奏厅联合举办“亲情中华香港行”文化艺术交流演出，全国政协委员、香港广西钦州市同乡联谊会会长谭锦球，广西侨联原副主席、现广西华商会常务副会长、秘书长王永朗，香港广西商会会长邓清河，以及香港社团侨领和当地各界友人等1500多人观看了演出。在香港期间，艺术团除了开展文化艺术交流演出活动以外，还以联谊交流、拜会侨领等方式加强同香港同胞和社团的联系沟通，进一步宣传广西北部湾经济区建设发展成果，提升钦州知名度。此次赴香港举办“亲情中华”文化艺术交流演出活动在广西区尚属首次。

群众文化

【“魅力北部湾”广西群众文化活动】 10月16日，我市承办了“魅力北部湾”广西群众文化活动。参加这次群众文化活动的有南宁市、钦州市、北海市、防城港市以及广西群众艺术馆等单位，分别举行了群众文艺优秀节目展演、美术书法摄影作品展和群众文化理论研讨会。当晚在钦州湾广场举办了群众文艺优秀节目展演，共演出来自南宁、钦州、北海、防城港以及广西群众艺术馆最具有当地特色、最具有群众代表性的节目 16 个，演员有 300 多名。美术书法摄影作品展共有 188 件作品参展，其中美术作品 68 件、书法作品 60 件和摄影作品 60 件，前来观看的各界人士和大中专院校的学生近 4000 多人次。在整个活动中，我市共获 12 个金奖；26 个银奖；35 个铜奖，2 个优秀组织奖。

【“和谐文化在基层——千团万场”群众文化活动】 以广场文化、农村文化、社区文化、企业文化、校园文化、节庆文化为载体，全市共组织 190 多支文艺团队参加 2010 年“和谐文化在基层——千团万场 ”群众文化活动，演出 6000 多场，广大群众积极参与。

【“欢乐田园”农村文艺汇演】 3 月至 5 月各县区举办了全市“欢乐田园”农村文艺汇演节目准备和预赛，全市 6 个县区共选出了 16 个节目参加全市决赛。6 月 28 日晚，市文化和新闻出版局在钦州市大戏院成功举办了全市“欢乐田园” 农村文艺汇演决赛，评选出一等奖节目 5 个、二等奖节目 6 个、三等奖节目 5 个、优秀组织奖 1 个。这次汇演带有浓厚的乡土气息，参与演出的演员 360 多人，都是来自各县区镇、村和社区的基层业余文艺工作者及爱好者，节目有歌舞、表演唱、小戏小品、采茶等。

【送戏下乡活动】 组织专业艺术团体开展送戏下乡活动 210 多场，受惠群众达 21 万人次。其中，开展“和谐之声”百场文艺演出进农村 110 多场；结合防治艾兹病宣传，组织专业团体创作了有关防治艾兹病题材的小品、歌曲、快板等文艺节目，到镇、村、社区、学校等单位进行宣传演出，共演出了 50 多场；与计生单位联合举办“惠民政策暖人心，婚育新风进万家”文艺演出，共演出了 50 多场。

【“快乐周末”社区广场文化活动】 全年共举办了广场文化、社区文化、校园文化、农村文化等文艺演出以及各种艺术展览 22 场，受益群众近 4 万人次。同时，开展钦州市“社区文化大家乐”活动，年底举办了群众文化活动周，共举行了 5 场文艺演出。

【农村文艺人才培训】 11 月 18 日至 22 日，市文化和新闻出版局举办市群众艺术馆承办了“2010 年全市基层文艺骨干培训班”，这次培训班分舞蹈培训班和小品培训班两期，来自两县四区文化馆、乡镇文化馆（站）、中小学、基层文艺团队和街道办事处的文艺骨干的 120 多人参加培训。培训内容为理论课和表演课相结合，还举行课堂训练汇报演出。由我市文艺专家劳小玉和罗小林同志主讲。同时，协助文化厅、区群众艺术馆，举办钦州、北海、防城、崇左四市的各县区文化馆业务骨干人员培训班。

【青少年艺术教育】 市群众艺术馆利用馆内外场所举办假期及长期少年书画培训班、少年舞蹈培训班、现代舞和芭蕾舞培训班共 10 期，学员有 400 多人次，并有 120 多人次在全国、省、市级获一、二、三等奖和优秀奖。同时还举办青少年各类才艺比赛。

【群众文化辅导】 市文化和新闻出版局和市群众艺术馆专业人员创作、辅导、导演的 19 个单位 20 多个节目参加各种文艺演出、比赛成绩突出，其中壮族坭兴陶鼓《旱中情》获第四届全国少数民族曲艺展演三等奖，同时获第七届广西曲艺文学奖特等奖；娱乐小品《村

里的粉丝队》获“魅力北部湾”群众文艺优秀节目展演金奖；情景舞《情暖心灵》获“魅力北部湾”群众文艺优秀节目银奖；喜剧小品《村长找对象》获钦州市农村文艺会演三等奖；辅导广西广电网络钦州分公司男女二重唱《编织渔家电视网》获全区网络系统文艺会演第三名。组织专业人员深入市地方税务局、市司法局、市邮政速递物流局、市粮食局等单位以及钦南区文昌社区、文峰社区、江滨社区，编导节目参加各项文艺演出，深受群众好评；同时，还协助其他单位组织文艺汇演共10多场。

【群众文化艺术创作及获奖】 组织选送74个节目参加“广西第四届少年儿童艺术比赛”的声乐、舞蹈、器乐、书法四个大类的比赛，获得金奖14个、银奖41个和铜奖19个的好成绩。选派各门类的专业人员参加全区艺术馆、文化馆专业技能比赛荣获2个一等奖、3个二等奖。2010年，浦北县乐民镇乐城社区曲艺队等12个文艺团体被评为全区优秀文艺队，张冰清等12名同志被评为全区优秀文艺骨干，容泽新等5名同志被评为全区优秀辅导员。灵山县文化馆被评为全区公共文化馆群艺馆先进集体，市群众艺术馆罗小林等2人被评为全区公共文化馆群艺馆先进个人。

【农家书屋建设】 共建设农家书屋107个，每个书屋面积不少于20平方米，图书不少于1500册，报刊不少于5种，音像制品不少于100张(盒)，标准书架、书桌不少于4个(张)，椅子不少于8把，统一标识、牌匾、制度、登记册，有照明、消防设备、专兼职管理员。4－5月，市文化和新闻出版局在灵山县、浦北县、钦州市区先后举办了农家书屋管理员培训班。12月8日，自治区新闻出版局在我市召开了全区农家书屋建设现场会暨表彰会，来自全区的100多名与会人员参观了钦南区高沙村农家书屋，我市在会上作了经验介绍。12月16日，国家新闻出版总署到我市检查验收农家书屋建设工作，对我市农家书屋建设工作给予了肯定。

【基层文化基础设施建设】 投资448万元，建成乡镇综合文化站14个，总建筑面积4900平方米。利用国家和自治区补助资金209万元，为29个达标的乡镇综合文化站配置文化活动设备。还为1个社区文化室、541个文化共享工程村级点配置了一批设备。建成村级公共服务中心33个，每村建设了1个小戏台，组建了1支文艺队伍。利用中央资金46万元，为市群众艺术馆进行维修改造和购置了灯光音响等设备。

公共图书馆

【公共图书馆服务】 市图书馆全年购进新书6873册，订阅报纸69种93份，期刊367种；购买超星读秀电子书刊200万种；征集地方文献和接受赠书共2500册；建成书刊数据库条目5762条；全年装订报纸60种410册，期刊3112册。全年新增借书证510个，少儿读者实行免证阅览。全年接待读者88734人次(其中图书外借8680人次，期刊外借5878人次，书刊内阅74176人次，电子阅览室及通过共享工程平台网上读者88496人次)。全年书刊外借72368册(次)，其中图书外借35612册(次)，期刊外借36756册(次)。

【文化信息资源共享工程】 灵山县、浦北县、钦北区文化信息共享工程县区支中心均已建成并开始运行，共建设镇级29个、村级579个共享工程网点。市级分中心设备得到进一步完善，电子信息资源进一步充实。更换3KVA/2.1KW UPS电池一组8节，新购

6KVA/4.2KW 后备延时 8 小时的 UPS 电源一套。购买超星读秀电子数字资源 200 多万种。利用文华数图自动化系统，钦州市图书馆数字图书馆于 5 月 30 日正式开通为读者服务。市图书馆派出计算机网络技术人员参加各种培训 16 人次，提高了管理人员的业务技能。

【图书馆文化下乡活动】 5 月，市图书馆参加全市 2010 年“全国科技活动周”活动，印发资料 1000 多份。10 月，在全国十月科普大行动中，市图书馆派出人员参加，并根据“发展低碳经济，共享绿色生活”的活动主题，制作了宣传板报一幅，先后到灵山县那隆镇、浦北县龙门镇、钦南那丽镇、钦北矿务局宣传，印发资料 3000 份。全年送书下乡、进社区、进校园 10 多次，共计送书 4000 多册。市图书馆巩固与市七小共建图书室工作，经常派出专业人员对图书室进行业务指导；六一儿童节期间，为市七小送去新书一批。

【古籍普查保护】 3 月 1 日至 17 日，市图书馆派出人员到南宁参加第十三期全国古籍保护培训班；4 月份对所辖县区负责古籍工作的人员进行培训。全市征集、普查登记古籍 3000 多册。

【图书馆服务宣传周活动】 根据“全国‘知识工程’领导小组办公室关于在全国开展 2010 年度图书馆服务宣传周活动的通知”和市文化和新闻出版局的统一安排，市图书馆围绕“充分发挥公益性电子阅览室作用，积极推进学习型社会建设”的主题，开展一系列的宣传活动。5 月 30 日，举办“文明上网，享受网络文化”的讲座，引导青少年利用电子阅览室享受网络文化，开拓青少年上网的绿色通道。活动期间，电子阅览室免费为读者开放。据统计，活动期间电子阅览室读者达 200 多人次，参加讲座 150 多人次，其中有 50 多位家长携子女参加。

文化市场

【网吧专项整治】 重点整治网吧违规接纳未成年人进入，严厉查处无证照经营的“黑网吧”经营场所，查处接入有害有毒的网络信息，禁止在中小学校周围 200 米范围内设立网吧经营场所，对城区所有网吧经营场所逐一登记造册。在整治执法行动中，全市共出动检查人员 4000 人次，检查经营单位 3594 家次，受理举报 27 件，移交案件 4 件，责令停业整顿 5 家，行政处罚罚款人民币 9.6 万元。

【歌舞、游艺娱乐场所专项整治】 组织开展了城区歌舞游艺场所专项整治行动，对接纳未成年人消费、噪声超标扰民和存在安全隐患及黄、赌、毒等违法经营现象进行统一整治。检查歌舞娱乐场所共出动检查人员 1310 人次，检查经营单位 1155 家次，执法人员当场责令改正 14 家；检查游艺娱乐场所出动检查人员 3155 人次，检查经营单位 2128 家次，责令改正 11 家，责令停业整顿 16 家，行政处罚罚款 28500 元。在整治行动工作中，解决了群众举报的焦点、难点问题，收到了很好的社会效果。

【音像制品、书报刊市场专项整治】 全年共出动检查人员 1396 人次，车辆 20 多台次，检查经营单位 1020 家次，收缴违法盗版光碟 29804 张、盗版书刊 4000 多册，对 48 家经营单位发出整改通知，责令 21 家经营单位停业整顿，取缔 1 家经营单位，行政处罚罚款 1 万元。在“3·15”和世界知识产权保护日活动中，上街设点宣传，发放宣传资料 3800 多份。

【文化市场执法人员及经营业主培训】 全年举办 6 期文化市场法人和管理人员培训班，

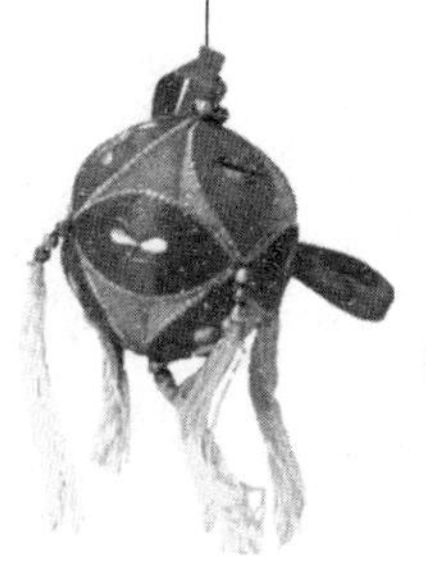

参加人数1200多人次，培训率达95%以上。通过学习《互联网上网服务营业场所管理条例》《娱乐场所管理条例》和《钦州市净化社会文化环境促进未成年人健康成长的若干意见》及文化市场管理的有关法律法规，使文化市场经营法人和管理人员提高依法行政、依法经营、文明经营的自觉性。

【扫黄打非】 各级“扫黄打非”成员单位开展查堵政治性非法出版物、整治校园周边环境、打击非法教辅发行、打击非法侵权刻录制黄贩黄窝点、清缴低俗音像制品专项行动等集中行动17次，出动人员750人次，查处各类案件25起，取缔非法书报刊地摊点32个、非法网站9个，共收缴非法出版物22195件，其中：“法轮功”邪教组织宣传品200件，淫秽色情出版物1630件，侵权盗版出版物11220件，非法报纸期刊5839件。

【互联网和手机媒体淫秽色情及低俗信息专项整治】 多次组织开展打击手机网站传播淫秽色情信息专项行动，共检查互联网服务单位3家次，网吧58家次，网站336家次，检查网页4302页次；接受网上报警20人次，核查低俗信息线索6条，共清理本地低俗有害信息3条，通报外地低俗信息线索17条。查处涉黄无证经营网吧15家，农村上网服务科技信息馆2家，处罚17人次。中国移动钦州分公司全年共拦截有害手机信息2万多条；关闭了9个未备案网站，关闭了562户未申请开办网站的专线用户80个端口，共完成608份信息安全协议书的签订。中国联通钦州分公司按照区公司的统一部署保障网络信息安全。

【文化行政审批许可】 市文化和新闻出版局行政审批窗口全年共接待来电、来访咨询人员1000多人次，受理、办结各类审批项目128件，实现办结率100%，群众评议率99.04%（邮寄的不评议），非常满意率100%，承诺提速58.08%，实际办理提速94.73%。

文化产业

【文化产业示范基地】 年内，钦州坭兴陶艺有限责任公司被国家文化部评为第四批全国文化产业示范基地，在被命名为第四批国家文化产业示范基地的全国70家企业中，该公司是广西唯一的一家。至目前为止，广西只有四家企业被命名为国家文化产业示范基地。

【重要文化设施建设】 3月，经市委、市人民政府、市文化和新闻出版局向自治区文化厅积极争取，总投资2.9亿元的广西北部湾博物馆（广西百年军事要塞遗址博物馆）正式落户钦州，年内已经完成了项目初步选址、项目建议书编制、市批复立项等前期工作。目前正委托中国人民解放军理工大学、上海复旦大学等单位开展概念性设计和露天陈列展示设计。

文化遗产

【全市第三次文物普查】 年内，文物普查调查队走遍了我市61个乡镇（街道办事处）、926个村委会（社区）、13897个自然村（自然村到达率为100%），共普查文物点475处，其中复查300处，新发现175处，完成了田野调查的普查工作任务。并按国家文物局颁布的技术标准和规范填写普查登记表和录入电脑，顺利通过自治区专家组验收。在这次文物普查中，我市新发现的文物遗址数量较多，排在全区前列。特别是犀牛脚镇西坑村古运河的发现，引起了区内外众多媒体的关注，将对研究钦州市的交通运输史、钦州在古代丝绸之路的地位起到重要作用。浦北县黄光清同志被评为全国第三次文物普查实地调查阶段突出贡献先进个人，4 人被评为广西区先进个人，3 个单位评为广西区先进单位。

【文化遗产宣传活动】 为纪念和宣传“中国文化遗产日”和“世界博物馆日”，市文化和新闻出版局与市博物馆、市群众艺术馆联合在永福广场举办钦州市“中国文化遗产日”“国际博物馆日”宣传活动暨北部湾博物馆文物捐赠仪式。活动期间，共出版第三次文物普查成果展和非物质文化遗产宣传板报 8 版，发放宣传资料 2000 多份；举办钦州文物收藏爱好者捐赠文物仪式，共有 6 名收藏爱好者捐献了 19 件文物；举办讲解员现场讲解比赛，举行文艺表演；组织学生参观刘永福旧居。这些宣传活动都取得了很好的效果。

【博物馆免费开放】 按照中宣部、财政部、文化部、国家文物局印发的《关于进一步做好博物馆纪念馆免费开放工作的意见》文件精神，在市文化和新闻出版局、市物价局、市博物馆等多方努力下，全国重点文物保护单位及全国 4A 级旅游景区民族英雄刘永福旧居、冯子材旧居自 9 月 1 日开始实行免费开放。

【博物馆接待活动】 8 月，“情系八桂——两岸文化联谊行”中越青年到三宣堂缅怀民族英雄刘永福。10 月 23 日，中共中央政治局委员、中央书记处书记、中央宣传部部长刘云山在自治区党委书记郭声琨，自治区党委常委、宣传部长沈北海的陪同下莅临刘永福旧居考察调研。此外，刘永福、冯子材旧居还接待了台湾《脚逛大陆》电视宣传节目组和各旅游团体及钦州学院等大中小学校组织的爱国主义教育参观活动。国庆期间冯子材旧居还举办了坭兴陶展览，吸引了大量的游客前来参观。

【文物保护与维修】 从 7 月开始，由广西文物保护研究设计中心对刘永福旧居北厢房至主座一进东西花厅进行全面维修，10 月份完成了维修工作。对刘永福旧居北厢房进行了维修，完成刘永福、冯子材旧居建筑群防雷工程和文物安全技术防范系统；还对全国重点文物保护单位——冯子材墓进行环境整治。10 月，争取到上级拨款 300 多万元，对刘永福旧居三宣堂实行全面的展览提升，预计 2011 年下半年完工。

【非物质文化遗产保护】 开展了坭兴陶文物普查及整理、坭兴陶传承人才培训等工作，为我市坭兴陶争取了国家非物质文化遗产保护中心的专项保护经费 35 万元。钦州坭兴陶艺有限责任公司被确定为国家级文化产业示范基地和国家级非物质文化遗产项目保护单位。编写了《钦州市非物质文化遗产选萃》一书，目前已经完成初稿，正作进一步修订。完成了钦州市第三批非物质文化遗产保护名录申报，市政府正式公布了《苏三娘的故事》等 20 项钦州市第三批市级非物质文化遗产名录。各县区开展了非物质文化遗产普查和全市古籍征集、普查工作。

贵 港 市

全市文化工作综述

2010年，贵港市共有专业艺术表演团体3个，业余群众文艺团体231个；公共图书馆5个，其中市属馆1个，县区馆4个，文化信息资源共享工程地级市中心1个，县级支中心3个，乡镇、村级文化信息资源共享工程基层服务点851个；市级群众艺术馆1个，县(市)区文化馆4个，乡镇文化站72个、街道办事处文化站2个，村级公共服务中心43个，村文化室530个；博物馆3个，全市文物保护单位134个，其中，国家重点保护单位1个，自治区(省)级文物保护单位13个，市、县级文物保护单位120个；文化经营单位875家，其中，网吧489家，娱乐场所385家，民间艺术经营团体1家，平南镇大安镇被命名为“中国民间艺术之乡”。一年来，全市文化工作蓬勃开展，文化建设步伐加快，呈现出良好的发展势头。

公共文化服务设施建设扎实推进 年内，重点抓好“三百工程”建设，加快公共文化服务网络建设。累计投资780万元完成市博物新馆基础施工，市文化艺术中心进行设计方案的征集与修改。市图书馆新馆已竣工。第四批中央、自治区投资的18个乡镇文化站已全部建成。下半年新增的7个乡镇综合文化站项目已开工建设。今年我市新增自治区投资的37个村级公共服务中心已全部建成，37个点全部组建了篮球队和文艺队。为22个乡镇文化站配置灯光音响、乐器、图书等设备，为覃塘区文化信息共享工程支中心、22个乡镇、799个村级文化信息资源共享工程基层服务点配备了电脑、投影仪等设备。争取经费为市“三馆一团”(图书馆、群艺馆、博物馆、歌舞团)及桂平、平南的三馆进行房屋维修或设备更新，提升各馆的服务能力。

艺术精品创作水平逐步提升 年内，召开贵港市舞台艺术创作座谈会，邀请文化名人共同探讨我市文化品牌思路。组织参加各种文艺赛事，获自治区以上赛事奖项8个。开展贵港市歌词创作活动，征集歌词65首，评出“魅力荷城”歌词佳作11首；举办全市“荷城之星”青少年大舞台比赛活动3期，有9个参赛者获奖；举办贵港市第三届“荷之韵”广场文化节，有57个节目和74个单位(个人)获奖。

群众文化活动丰富多彩 注重在提高群众文化活动的内容和质量上下功夫。以城区广场文化活动为龙头，带动社区、校园、企业、乡村等文化的开展。努力打造文化品牌活动，成功举办第三届“荷之韵”广场文化节，承办广西第三届粤曲大赛，精心组织“欢乐中国行”大型综合文艺晚会、《世界之舞》“携手中银·舞动新春”舞蹈晚会，“星光璀璨——中银·广汇新春经典音乐剧”演出等大型文艺演出。在全市开展人口与计划生育百场文艺下乡巡回演出、2010年未成年人思想道德教育文艺巡演等专题活动。组织全市230多个文艺队开展“和谐文化服务行”活动，全年各类演出活动达1000多场次。

文化遗产保护工作迈上新台阶 年内，组织开展第三次全国不可移动文物普查工作，完成全国文物普查工作田野调查阶段工

作，共普查文物点652处，新发现的文物点179处，完成了“南江古码头”等3处为全国重点文物保护单位的申报工作，完成了“港南君子垌围屋”等14处为市级文物保护单位的申报工作，完成了4个项目为自治区第三批非物质文化遗产名录的申报工作。争取经费180万元对金田起义纪念馆等4个文物点进行保护维修。为了提高群众的保护意识，全市开展了“5·18国际博物馆日”和“6·12非物质文化遗产日”宣传活动，在新世纪广场和三区两县市举办文物图片巡回展览、文物知识竞猜、民间戏剧表演、发放资料等活动。

文化市场稳定有序，文化产业发展步伐加快。坚持日常管理与专项行动相结合，强化依法行政，净化环境，全市文化市场健康有序发展。2010年，举办我市首期网络文化市场计算机监管平台建设工作培训班。开展元旦至春节、暑期、世博、学校周边治安、“安全生产月”等文化市场专项整治行动。市本级出动稽查2430人次，检查网吧786家次，检查电子游戏室、KTV等娱乐场所80家次，收缴盗版影碟2386张，行政处罚20家，获得了2009年度全区文化市场行政执法先进单位二等奖，平南县被评为2009年度全区文化市场行政执法先进基层单位。市文化局机关被评为2010年贵港市“扫黄打非”有功集体，市文化稽查支队、平南文化稽查支队、桂平文化稽查支队被评为2010年扫黄打非先进单位。在抓好市场管理的同时，大力发展文化旅游产业，西山风景名胜管理处被命名为“第三批自治区文化产业示范基地”。

专业艺术

【舞台艺术作品在各类比赛获奖展实力】 年内，市文化局十分重视抓好文艺创作工作。召开了全市舞台艺术创作座谈会。特邀广西著名导演、自治区京剧团副团长卢浩，自治区群众艺术馆馆长廖昆铭出席会议，为我市文化品牌的建设出谋献策。抽调相关单位专业艺术人员加强对文艺创作辅导和协调，一批新创作品涌现。市本级主抓了两台节目的创作排练，分别是“未成年人思想道德教育文艺巡演”和“人口与计生宣传”专题节目；市歌舞团创作热情高涨，涌现出一批优秀的舞台表演艺术作品。如：《猫与老鼠》《网上网下》《范进中举》《不能说》《爱的呼唤》等；市代表队参加广西第三届粤曲大赛获银奖；荷之灵合唱团参加第六届世界奥林匹克合唱比赛获民谣组银奖及全国第二届艺彩杯中老年艺术展演获合唱组金奖；桂平市金凤凰合唱团获“第十届中国合唱节暨第二届星海国际合唱节”混声比赛铜奖；桂平市的文艺创作也喜获丰收，分别在《中国文化报》《中国青年报》等全国各级报刊发表文学作品50多篇，在地级市以上文化活动展出的书画、摄影作品获奖60多个。开展贵港市歌曲创作活动，内容有歌词、曲谱征集等。计划完成曲谱征集后，评出贵港市市歌提名作品5首，“魅力荷城”歌曲佳作10首，编辑出版《荷城之歌》和制作CD伴奏光盘和演唱光盘。目前歌词征集评选工作已完成，现邀请知名词曲作家对19首获奖作品进行修改、提高。

群众文化

【春节系列文化活动】 春节期间，市文化局在城区和桂平、平南三区分别组织了丰富多彩的文化活动，为老百姓送上节日文化大餐。投入扶持经费20万元，对市老年大学艺术团等21个社区业余文艺队和桂平市白沙镇乡音队等49个农村业余文艺队春节文艺演出

进行经费扶持。全市231个社区、农村业余文艺队活跃在城乡，开展各种形式的文艺演出195多场次。同时还举办了军地联谊迎新春文艺晚会、春节猜灯谜、庆新春广场系列文艺演出、艺术展览展映等活动。春节期间，举办了迎春摄影大赛作品展，共展出145幅(组)获奖作品。这些作品反映了贵港秀美的山水风光、独特的人文景观和多彩的民族风情。市图书馆举办"贵港市2010年春节文化信息资源共享工程节目展映"活动，展映期间，利用文化信息资源共享工程投映设备在街道免费为市民放映优秀文化资源共14场。桂平、平南文体局等文化单位也举办了书画展活动，丰富了群众的节庆文化生活。

【第三届"荷之韵"广场文化节】 9月20日至28日，成功举办第三届"荷之韵"广场文化节。文化节历时10天，活动内容丰富多样，包括开幕式晚会、全市"四进社区"文艺会演、醒狮表演、全市"和谐文化服务行"农村文艺会演、广西第三届粤曲大赛、全市职工着装展示、市领导干部"风景这边独好"摄影艺术作品展、民间七巧技艺秀、时尚车展、中小学生文艺展演暨闭幕式等活动。其中，承办了自治区第三届粤曲大赛，是本届文化节的独特而最具魅力的篇章。广西电视台、贵港日报、贵港电视台等多家媒体对此次大赛进行了报道。整个广场文化节活动主题鲜明、内容丰富、形式多样，深受市民的欢迎，参与群众达8万人次。

【中央电视台"欢乐中国行——走进贵港"大型综艺晚会】 1月6日晚上8点，贵港市区新世纪广场华灯溢彩，群星荟萃。贵港市委市政府协助中央电视台举办"欢乐中国行——走进贵港"大型综合文艺晚会。羽·泉组合、伊能静、大张伟、吴克群、马一鸣、凤凰传奇、T.R.Y组合、宋歌、水木年华、王菲、南贤俊、樊凡、吕薇、张迪、阿木、毛阿敏等众多明星大腕参加本场演出，为贵港市民奉献了一场充满活力的视觉和听觉盛宴，荷城处处洋溢着节日气氛。

【中国银行"世界之舞"舞蹈晚会】 1月28日晚，由中国银行贵港分行主办，中共贵港市委宣传部、市文化局承办，由享誉全球的《世界之舞》舞蹈团演出的《世界之舞》"携手中银，舞动新春"舞蹈晚会在贵港市会议中心大礼堂隆重举行。来自欧洲的舞蹈艺术家们为市民献上精湛华美、震撼心灵的文化艺术盛宴。《世界之舞》这台令人耳目一新的演出，融合了国际性的舞蹈节目，编舞独具特色，包括了世界各种最精彩和最成功的舞蹈集萃。丰富的演出形式激起观众的热烈掌声，如"法国康康舞""奥地利华尔兹""阿根廷探戈""西班牙弗拉明戈""土耳其肚皮舞""美国现代舞"等，快速变换的舞蹈动作和高超的技巧牢牢抓住观众的注意力。通过这台演出，观众可以穿越时空和地理界限，欣赏到来自世界各地的舞蹈代表作品，不断变换的节奏旋律和华美服饰使人难以忘怀。

【重要节庆文化活动】 年内，贵港市各级文化单位围绕重要节日开展文化活动。元宵节，举办了粤剧晚会，引来近千名群众观看；4月28日晚，市文化局联合市委宣传部举办了庆祝五一国际劳动节文艺晚会"奉献者之歌"；五四青年节，联合市委宣传部、市文明办、市教育局举行了贵港市2010年未成年人思想道德教育文艺巡演活动，巡演30场，营造一个关心青少年成长、重视道德教育的良好氛围，为青少年的健康成长营造了良好的社会环境；组织了市歌舞剧团、桂平市文工团进行计划生育、艾滋病防治宣传专题巡演近百场、达到良好的社会宣传效果。"4·23世界读书日"，市图书馆举办了为期一个月的专题活动，举办了“流动读者讲座”和读书征文比赛等；“三月三歌节”，市文化局组队参加了第三届广西歌王大赛，覃塘区在蒙公乡举办了“歌王之乡·三月三”演唱会。

【“和谐文化服务行”——百队千场文化活动】 年内，贵港市文化局组织开展“和谐文化服务行”——百队千场文化活动。3月3日，贵港市“和谐文化服务行”在港北区中里乡启动。启动仪式后举行了“百队千场”群众文化活动首场演出。今年市文化局将“和谐文化服务行”作为全局开展文化服务的抓手，组织实施文艺骨干大培训行动，开展“百队千场”文化活动。共举办了3期大型业余文艺骨干培训班，培训业余文艺骨干250多人；充分发挥群艺馆、文化馆在职文艺工作者、文化骨干的作用，深入业余文艺队进行辅导。市级以贵港市新世纪广场为中心大舞台，各县市区城以区广场为舞台，由文体局或文化馆组织开展活动。全市230多队业余文艺队开展“周周演”“月月比”“季季赛”“年年奖”活动，全年演出达1000多场次。

公共图书馆

【贺岁文化活动】 春节期间，市图书馆利用文化共享工程设备举办贺岁文化活动，自大年正月初一至初六，每天晚上在街头利用投影仪为市民播映中国经典电影，其中有历史片、战争片、喜剧片，如《集结号》《建国大业》《咱们的牛百岁》等。

【中小学生网页制作大赛】 3月，市图书馆发动中小学生参加广西第三届中小学生网页制作大赛活动，展示中小学生现代信息技术教育科普成果。

【世界读书日活动】 4月至5月，市图书馆以“书香贵港 快乐阅读”为主题，开展第15个“世界读书日”专题活动。活动期间，制作宣传板报，组织人员上街宣传，为过往群众发放宣传资料及赠送图书，解答群众咨询，现场办理借书证。此外，开展读书征文比赛，视频播映名家关于读书方面的讲座。5月28日至6月2日，市图书馆以“充分发挥公益性电子阅览室作用，积极推进学习型社会建设”为主题，开展为期一周的图书馆服务宣传周活动，主要活动内容，一是编印《文化信息资源共享工程宣传资料》免费发放，让市民加深对文化信息资源共享工程的认识；二是电子阅览室免费开放7天，供读者上网阅览和学习电脑操作；三是进行文化共享工程优秀文化资源视频播映，供群众欣赏。

文化市场

【概况】 年内，贵港市共有文化经营单位875家，其中网吧489家，电子游戏（游艺）场所326家，歌舞娱乐场所59家，民间艺术经营团体1家。全年共组织稽查行动1313次，出动稽查人员4141人次，检查场所16902家次，查处违规经营单位174家次，停业整顿15家，证据登记保存电路板54块，取缔非法音像制品地摊3个，收缴并销毁非法音像制品6万多张。全年无行政复议和行政讼诉。市文化稽查支队被自治区文化厅评为2008年文化市场文化统计先进单位。

【文化市场管理】 贵港市文化局积极开展了一系列整治规范我市文化市场的专项活动。一是加强领导力量、形成合力，确保工作的有效开展。二是开展2010年元旦至春节期间文化市场专项整治活动。历时3个月，出动稽查1430人次，216车次。检查网吧544家次，其中0—4时稽查网吧136家次。检查电

子游戏、KTV等娱乐场所50家次，发放安全生产经营通知书80份，检查营业性文艺演出6家次，检查音像店40家次，收缴盗版影碟2386张。给予违规经营网吧的行政处罚11家次，罚金6000元，停业整顿的网吧6家次。查处无证经营或非节假日接纳未成年人的电子游戏室13家次，给予行政处罚13家次，罚金1.5万元。三是我局开展了文化市场护苗专项整治和开展学校、幼儿园及周边治安环境整治专项行动、平安世博文化市场专项保障行动、"安全生产月"活动。通过整顿，文化市场经营秩序进一步好转。

文化产业

【大力扶持文化产业工作】 在抓好文化市场管理的同时，积极为文化产业发展提供政策和环境支持。一是开展产业摸底调研。积极走访全市具有一定规模和影响的文化产业重点企业，了解企业生产经营情况，帮助企业协调解决问题和困难，重点开展网吧服务业、娱乐演艺业、商品油画业和古玩艺术品业的调研工作，编制《贵港市文化产业项目指南》，为推动产业发展找准思路和方向。二是扶持培育重点文化产业项目。指导、扶持并推进壮族文化园、南山佛教文化风景区、桂平西山风景区等文化产业园区的招商引资、策划及建设。其中，桂平西山风景名胜管理处被自治区文化厅命名为"第三批自治区文化产业示范基地"。三是大力发展"文化旅游"产业。目前桂平、南山文化旅游点接待游客量每年以15%的速度增长，文化旅游收入成倍增加。

文化遗产

【加强文化遗产保护工作】 年内，市文化局继续加强非物质文化遗产保护工作。继续做好非物质文化遗产保护名录的申报工作，组织桂平市的《桂平瑶族经书》、平南县的《思廻石山塱》、平南县的《大成八音》、覃塘区的《师公戏》四个项目参加第三批自治区级非物质文化遗产名录项目申报，其中，平南县的《大成八音》和覃塘区的《师公戏》入选为第一、第二批自治区级非物质文化遗产扩展项目。非物质文化遗产保护工作开展卓有成效，涌现出一批先进单位与个人。平南县文化馆获自治区非物质文化遗产先进单位，陈日清等6名同志获自治区非物质文化遗产先进工作者。

【开展全国第三次文物普查】 贵港博物馆在任务艰巨，人员不足，经费紧张的条件下，全馆人员吃苦耐劳，深入普查第一线，于2009年12月25日基本完成市本级(含港南、港北、覃塘三个区)的野外普查任务，并于1月转入到田野普查资料整理工作阶段。普查人员走访了三区27个乡镇(街道办事处)的427个村(社区)，行政村和自然村的覆盖率均达到100%，对各乡镇、街道上报的文物线索逐一核查，共登记不可移动文物131处，其中新发现88处，复查43处，登记消失文物15处。按文物普查不可移动文物分类标准，在131处不可移动文物中，古遗址11处，古建筑31处，近现代重要史迹及代表性建筑81处，石窟寺及石刻5处，古墓葬2处，其他1处。4月9日我市三区两县市第三次文物普查实地调查阶段工作顺利通过了自治区三普办专家验收组的验收。并初拟公布三普成果，公布我市第二批重点文物保护单位14处。

【文物考古勘探与调查】 2月1日至8日，组织市博物馆专业技术人员对广西第六地质队周边地块商住建设用地进行考古勘探，并形成勘探报告。3月13至23日，派员配合自治区文物考古研究所对南广铁路项目建设涉及贵县古墓葬群范围进行考古勘探，发现古墓葬29座，并于9月至10月会同区考古研究所完成其中的14座古墓葬进行抢救性考古发掘，出土文物近200件，目前该出土文物已由发掘队运往合浦进行室内资料整理。7月派员积极会同区文物考古研究所对莲城宾馆地块进行考古试掘工作，试掘工作报告表明，该地块已发现有丰富的汉代—民国时期文化堆积层，属贵港市贵城遗址重要组成部分。

县域文化

【港北区】 港北区文化和体育局设办公室、业务股。业务指导全区7个乡镇1个街道的文化站。

重视镇(乡)村文化设施建设，年内完成中里乡、奇石乡、根竹乡3个综合文化站建设任务；完成港城镇麻山村、港城镇旺岭村旺北屯、根竹乡新民村吉祥屯、根竹乡江口村、大圩镇民乐村5个村级公共服务中心项目建设任务；完成群山村、旺岭村、乐堂村等35个村的“农家书屋”工程建设任务，赠送书籍50000册、音像制品4000张，书架50张；103个村配置价值40多万元的共享工程设备；完成村级公共服务中心篮球场项目5个；完成庆丰镇高桥村石桥屯、鄱岭村大坡岭屯，大圩镇新建村桂塘屯、大仁村大仁小学，港城镇石寨村白屋屯，奇石乡山乐村6个村级篮球场建设。

社会文化活动精彩纷呈，获奖作品层出不穷。2月8日，举办2010年春节团拜会。2月9日举办慰问部队文艺晚会。春节期间，组织26个民间文艺团队开展文艺展演100多场次，开展文化“三下乡”活动8场。9月份，组织相关节目和民间工艺品及民间技艺，参加市第三届“荷之韵”广场文化节的各项活动。其中选送的舞蹈《粤女风情》获“四进社区”文艺汇演二等奖、壮族舞蹈《和谐家园》获三等奖；选送的舞蹈《祝福祖国》获“和谐文化服务行”农村文艺汇演一等奖、民乐合奏《北风吹》和粤曲《玉叶桑枝》获三等奖。同时我局也获得了市委宣传部、市文化局颁发的“优秀组织奖”荣誉称号。10月份，开展港北区第二届“社区文化活动月”。活动月期间举办了启动仪式暨“欢乐社区”健身舞蹈表演、“粤韵今宵”粤曲欣赏晚会、“同享读书快乐，共建书香社区”读书周、“激情社区”文艺演出走进新农村晚会、“和谐社区·温馨家园”书画展；“火热之夏”社区文化大展演、港北区第二届社区文艺汇演。积极组织开展“和谐文化服务行”群众文化建设年活动。年初协助市文化局在我区中里街举行“和谐文化服务行”——“百队千场”群众文化活动启动仪式。演出吸引观众近1000多人，年内举行各类文艺演出300多场次，体育比赛136场次，参加的村民达到12万人次。

整顿文化市场，全区共有39家网吧、28家电子游戏机室、25家音像制品零售店、24家打字复印店、8家书店。年内与公安、工商等单位联合执法30次，共出动检查人员1500余人次，车辆270余台次，检查文化经营户380余家次，电子游戏室365余家次，地摊72余家次，音像店铺16间次。查缴各类非法出版物430余册，其中淫秽色情出版物70余册；盗版教材教辅读物300余册，盗版音像制品200余张，收缴违规游戏机、赌马机212台，净化了社会文化环境。

全区共有市级文物保护单位4处，登记在册文物点39处，其中新发现文物点13处。年内，普查队员共走访全区7个乡镇1个街道，普查覆盖率达100%，共普查文物39处，并建立完善的区级非物质文化遗产名录体系，非物质文化遗产资源普查工作取得阶段

性成果，全区共收集非物质文化遗产资源线索资料300多份，完成收集资料的分类、归档、修改和电子录入工作。

【港南区】 港南区文化和体育局下设文化稽查大队、文化馆、图书馆。辖区有八个乡镇文化站。年内，港南区文化工作坚持以邓小平理论和“三个代表”重要思想及党的“十七大”精神为指导，以繁荣全区人民文化生活为已任，推动港南区文化大发展大繁荣，为建设富裕文明和谐港南做出积极贡献。

组织开展形式多样，丰富多彩的群众性文化艺术活动，丰富了人民群众文化生活。春节期间，举办我区春节团拜会和慰问部队文艺演出，精心组织节目参加市春节团拜会的文艺演出。积极组织人员指导好全区的群众业余文艺演出活动，指导辖区内业余文艺团开展迎新春文艺演出活动共计60场。

落实项目规划，切实推进文化基础设施建设。年内新建设综合文化站1个、村级公共服务中心5个，农家书屋28家，发放村村通广播电视卫星设备21781套。

加强管理监控，文化市场健康繁荣规范有序。依法审批，把好准入关。全面贯彻行政许可法，严格许可制度，认真审批、审核文化经营娱乐单位。全年共审审核110家，其中出版物5家，网吧66家，音像制品4家，游戏室35家。强化监管，促进净化。按照“一手抓管理，一手抓繁荣”的方针，开展以网吧为重点的文化娱乐场所综合治理，做到“认识、措施、查处”三到位，进一步整顿和规范文化市场秩序。举办全区文化市场业主培训班。全年共组织60多人次进行稽查和专项检查，收缴盗版音像1035片。取缔夜市图书地摊8家，收缴违规图书156册。查处违规接纳未成年人和超时经营的网吧12家；查处没收“六合彩”资料1500多册，取缔擅自设立的游戏机室(店)5家。

【覃塘区】 覃塘区文化和体育局下属有区文化稽查大队，区图书馆、区文化馆，全区有10个乡镇文化站。2010年，全区文体系统干部职工在区委、区政府的正确领导下，在上级主管部门的指导和大力支持下，深入贯彻落实科学发展观，主动出击，迎难克艰，全力做好文化基础设施建设和农村文化建设，通过实施艺术精品战略、拓展文化服务渠道、加强文化遗产保护、创造和谐文化环境、促进文化产业发展，形成了文化事业大发展和大繁荣的新格局。

加大公共文化服务体系建设，抓项目促发展，文化基础设施建设取得新突破。一年来，领导班子牢固树立抓项目就是抓发展、抓落实的观念，多方出击，追踪项目，累计完成投资300多万元。

紧抓乡镇综合文化站建设。大岭乡、山北乡文化站正在抓紧建设，2011年9月份完工投入使用。覃塘镇文化站完成前期准备工作，这三个文化站每个投入资金32万元，建成后将极大满足人民群众日益增长的文化需求，夯实了基层思想文化阵地作用，促进了农村文化事业健康发展。

做好文化信息资源共享工程建设。投入54.4万元的区级文化信息资源共享工程的所有设备已经全部到位，政务中心大楼建成后即可装机投入使用，4个乡镇，118个村的文化信息资源共享工程全部安装完毕，并投入使用，区、乡、村三级联网基本普及。通过利用先进科技手段传播、整合全国文化信息资源、建设先进文化的大型公益性文化网络，使更多老百姓享受优质的文化资源。

完善村级公共服务中心建设。筹集90多万元建成我区5个村级公共服务中心，并逐步完善各功能室的设备设施，每个村都成立有篮球队、文艺队，平时每个村都能组织开展丰富多彩的文娱活动，极大丰富了老百姓的精神生活。同时，使村里有了一个集文体娱乐、健康服务、文化学习、宣传教育等一体的好去处。

积极开展广场文化演出和“送戏下乡”活动。树立“群众文化群众办，办好文化为群众”的观念，以农村文化建设为中心，活跃和繁荣群众文化生活为己任，进一步加大对社会文化的扶持、辅导力度，深入广泛地开展群众文化活动。以重大节庆日为抓手，组织举办文艺汇演、广场演出等特色文化活动，营造节日气氛和文化色彩，以满足不同层次和不同人群的精神文化需求。2010 年，先后成功举办了 2010 年春节团拜会、中学生文化艺术节、“三月三. 歌王大赛”等 10 多场次的文化活动。为满足基层群众特别是广大农民群众文化需求，促进社会和谐发展，以强烈的时代感、责任感、使命感，积极行动，组织好“送戏下乡”活动，到全区各乡镇农村进行面对面的演出，为建设社会主义新农村营造良好的文化氛围。全年先后组织各类群众文艺演出、文化下乡等 10 多场次。

扎实做好文化遗产保护工作。认真抓好文化遗产保护的宣传工作。利用“6·12 文化遗产日”，加大对文化遗产保护政策、法规的宣传工作。继续抓好全市第三次文物普查工作，并于 3 月底前完成第三批自治区级非物质文化遗产项目的申报工作，特别是“贵港师公戏”已经进入广西第三批非物质文化遗产名录。继续加强非物质文化遗产的保护利用工作。建立健全我区非物质文化遗产保护名录体系，继续做好我区非物质文化遗产的挖掘工作，特别是深层次挖掘富有壮民族特色的“七巧节”的历史渊源和一些传说等，真正把“七巧节”作为贵港、覃塘的一个民俗节抓好。

加强文化市场监管，突出重点，把握关键，创造和谐文化环境。今年以来，结合“平安世博”文化市场专项行动，和贯彻落实全国综治维稳电视电话会议精神，在 5 月份开展了文化市场“护苗”专项整治行动，组织文化稽查小组深入辖区 10 个乡镇的网吧、电子游戏室等娱乐场所开展排查防控工作，共出动执法人员 100 多人次，检查网吧、电子游戏室、娱乐场所 80 多家，下发停业整顿通知书 15 份，提出整改 3 家，通过开展专项整治和日常巡查相结合，极大震慑了业主违法违规经营行为，保证我区文化市场的繁荣稳定。

抓好“十二五”的规划。未来五年是覃塘区文化发展的关键五年。覃塘区高度重视“十二五”规划工作，组织人员深入基层，认真仔细的开展调研工作，经过多方论证，制定了我区“十二五”文化发展规划，重点抓好“两馆两中心”的建设，不断夯实基层文化基础设施的建设，加大培植我区文化产业的发展。

【桂平市】 年内，桂平市文化工作在桂平市委市政府的正确领导下，坚持以邓小平理论和“三个代表”重要思想为指导，努力实践科学发展观，认真学习贯彻“十七大”精神，积极参加组织开展“改进作风葆本色，廉洁从政履本职”主题学习教育活动、“工作落实年”活动、“党组织建设年活动”“三百工程”项目建设大会战工作、深化“科学发展先锋行”深入开展创先争优活动、“和谐文化服务行”群众文化建设年活动等主题活动，全市的群众文化活动、文化“三下乡”、文化艺术创作、文化业务辅导培训、文化资源信息共享工程建设、文化遗产普查保护利用、文化市场管理以及文化基础设施建设等工作都取得了可喜的成绩。继续保持了“全国先进文化县(市)”称号。文化遗产、文物保护及普查工作取得新进展。

年内，充分调动文化系统干部职工积极性，不断创作文艺精品以及反映文体建设的新闻信息等文章，不断加大对文体工作的宣传力度和知名度。自2009年创办《乡土诗苑》以来共出版了7期，年内出版了3期；文体系统干部职工分别在《新华副刊》《中国文化报》、文化传媒网、《广西日报》《当代广西》《南国早报》《广西政协报》《贵港日报》等各级报刊发表文学作品、文化工作宣传信息近100篇；文化馆丁桦创作的反映我市非物质文化遗产内容的报告文学《“瑶族经书”手抄传奇》获国家级立项扶持，获中国作协给予首期帮扶经费1.8万元。8月份组织我市少年儿童参加由区文化厅群艺处、区群艺馆、广西少儿艺术中心举办的广西少年儿童艺术比赛活动，参赛10个类别节目：舞蹈6个，器乐3个，美术1个。获得6个银奖，4个铜奖的优异成绩。今年在地级以上文化活动展出书画、摄影作品获奖10多个。经广西区合唱协会推荐，我市“金凤凰合唱团”于10月13日至16日参加在广东番禺举行的“第十届中国合唱节暨第二届星海国际合唱节”比赛荣获混声合唱铜奖。9月份组织城乡业余文艺队参加贵港市第三届“荷之韵”广场文化节成绩喜人。白沙镇乡音队参赛节目舞蹈《天地喜洋洋》获二等奖，歌舞小品《青和桥》获三等奖；桂平市朝阳歌舞团参赛节目舞蹈《荷塘月色》获二等奖。组织我市歌舞团参加“第一届广西青年演员大奖赛，参赛2个节目舞蹈《瑶山妹》和《山歌酒歌赶马歌》顺利进入决赛，到南宁参加决赛获优秀奖。

积极组织开展形式多样，丰富多彩的群众性文化艺术活动，丰富了人民群众生活，促进了群众文化活动的蓬勃发展。举办了具有地方特色和影响力的每年一届的文化艺术表演晚会。2月1日晚，为丰富和活跃市民的节日文化生活，营造一个欢乐、祥和的新年氛围，展示我市音乐艺术的风采，弘扬先进文化，唱响主旋律，在桂平剧场举办了“桂平市2010年新春音乐会”。7月28日晚，在市人民剧场举行了“和谐文化服务行”暨第三届粤曲展演晚会。晚会以群众喜闻乐见，寓教于乐，丰富多彩的节目为载体，以自编的粤曲和小戏以及优秀的传统粤剧折子戏、广东音乐等形式，歌颂我市改革开放的新人新事、项目建设感人事迹和本土人文风采。9月29日晚，在城区文化广场成功举办了“桂平市迎国庆暨第30届军民歌咏比赛晚会”。来自全市党政机关、企事业单位、学校、驻浔官兵和城乡观众逾万人共同分享建国61周年，特别是改革开放以来的丰硕成果，喜迎新中国61岁生日。11月20日晚，在市文化广场举行了第四届《浔城飞歌》音乐翻唱大赛颁奖晚会。《浔城飞歌》音乐翻唱大赛，是本市从2007年以来创新的以互联网作为参赛平台的一个群众性歌唱比赛舞台，以进一步推动群众性文化活动的开展。11月26日晚，在市文化广场举行了桂平市“和谐文化服务行”暨第三届社区廉政文化文艺展演晚会，晚会组织了城乡19个业余文艺团队用歌舞、小品等多种形式参加展演，节目丰富多彩，让群众喜闻乐见，寓教于乐。充分利用节假日开展形式多样、丰富多彩的群众性文化艺术活动。1月1日，在市博物馆举行历时7天的“庆祝2010年元旦书画展活动”，展出反映当地风景名胜、民族风情、建设成就等书画美术作品100多幅；1月3日中午在城区文化广场组织开展了“桂平市庆元旦，迎新年文化艺术展演游艺活动”，来自我市城区社区群众业余艺术团队展演了歌舞、曲艺和器乐合奏、独奏等精彩的节目，同时举行了我市自治区级非物质文化遗产保护项目《桂平杖头木偶戏》展演活动；1月18日至19日，积极配合市委、市政府做好广西电视台“手拉手”艺术团赴我市在金田镇和

城区文化广场开展的慰问演出等“文化惠民”活动；1月初，组织精选了城区9个业余文艺团队在文化广场进行文艺演出10多场，组织城区及乡镇各街道社区业余文化艺术团体春节期间在各街区举行形式多样，丰富多彩的春节文化艺术演出活动20多场，并在市文化广场组织开展猜灯谜、斗鸡等形式多样的游园活动，同时，充分利用农村公共文化活动场所，积极发挥农村业余文艺队的作用，开展形式多样、丰富多彩、健康向上的文化活动，使广大人民群众在欢乐、喜庆、祥和的气氛中欢度春节。2月28日晚组织在市文化广场举办了“2010元宵节音乐会”，使城乡群众又亨一台节日文化大餐；4月30日晚，在城区文化广场举行“桂平市庆五一国际劳动节文艺演出”晚会。来自该市城区二支社区群众业余艺术团体，展演了歌舞、器乐独奏、魔术表演等群众喜闻乐见的节目，增添了“五一”节日的喜庆祥和氛围；7月2日晚，在市文化广场举办了“桂平举行纪念中国共产党建党89周年暨桂平市文化馆建馆60周年原创歌曲音乐会”活动；10月1日晚，在城区文化广场举行了“庆国庆文艺演出晚会”。同时，10月1日至3日在文化广场“中山公园”，组织城区社区业余文艺团队开展形式多样，丰富多彩的文艺演出和游园活动；10月29日中午，我局组织开展“和谐文化服务行”走进“三百工程”文艺专场演出，演出在“桂平市生活垃圾无害化处理厂”建设工地举行；12月17日，在桂平市体育馆举行了“庆元旦、迎新年会员联欢活动”，参加活动人员有来自城区及乡镇“桂平市文化和新闻出版业发展协会”会员以及文体系统各单位领导、干部职工代表和各乡镇综合文化站站长近600人；年内还分别在5月15日和9月4日举办了两期“合唱指挥艺术业务培训”辅导活动，邀请了中国合唱协会常务理事、广西合唱协会会长苏以淑教授亲临现场指导授课。参加培训辅导活动有来自市直机关、企事业单位、驻浔部队、社区团体的业余文艺骨干和各乡镇文化站文化专干等共200多人次。全年组织市歌舞团开展送戏下乡35场次；组织市图书馆送书下乡1500册；开展文化艺术下乡辅导30次。

桂平市图书馆2010年总藏书22.4万册，每周开馆时间56小时，开架书刊册数占56%，年借阅人数15.6万人次。开展农民读书周活动2次，图书馆宣传月活动1次，举办各种讲座、报告会8次，为村级图书室图书管理员业务培训92人次，建成基层服务点12个，深入到92村级图书室业务辅各1次。

年内桂平市文化市场稽查队出动检查人员524人次，检查文化经营场所1561家次，收缴非法出版物285册(本)、违法音像制品2500张，取缔违法经营点11个，责令停业整顿网吧4家，行政处罚款21多万元，全年无行政复议和行政诉讼。全年共开展了创建“平安世博”“扫黄打非”专项整治行动，文化市场“护苗”专项整治行动，暑假期间文化市场整治行动。开展保护知识产权宣传周”活动，在市广场设立法制宣传台，发放宣传资料2500多份，举办文化经营业主及从业人员学习班学习法规和业务知识3期，参加学习人员200多人次。

桂平市演出业、文化娱乐业、网络文化业、艺术培训业等传统文化产业不断壮大，进一步促进了经济发展和社会进步，成为了全市新的经济增长点。2010年，全市共有文化经营单位559家，其中网吧145家，音像制品销售出租35家，卡拉OK(KTV)厅23家，棋牌娱乐场所86家，电子游戏室128家，国内正版报刊零售单位46家，国内正版图书零售出租单位31家，打字复印经营单位33家，印刷厂单位32家。

文化遗产、文物保护工作取得新进展。

认真整理《桂平杖头木偶戏》材料报送国家文化部立项，争取第三批国家级非物质文化遗产保护项目；《桂平西山佛教音乐》获自治区第二批立项保护；组织人员整理我市《桂平紫荆瑶族经书》有关材料料，申报第三批自治区级非物质文化遗产保护项目；做好2010年度非物质文化遗产普查成果出版及数据库建设经费申报工作。在今年我国的第五个“文化遗产日”，组织开展形式多样的“文化遗产日”系列活动。6月12日在市文化广场组织开展了“文化遗产日”系列活动，组织了石龙春牛队、平安“蝴蝶舞”队、紫荆瑶族“八音”队、寻旺大为八音队、西山新岗木偶戏队等进行现场展演。

大力开展文物普查保护工作。开展文物普查工作以来，全市共普查文物点313处，其中复查登记不可移动文物点282处，新发现不可移动文物点31处，消失文物点112处，基本摸清了我市不可动文物所处的历史、地理、自然、人文环境和保护现状，实地文物调查覆盖率达到100%。并于4月份通过自治区验收。我市文物普查队由于在第三次全国文物普查工作中成绩显著，获区文化厅评为第三次文物普查实地调查阶段先进集体，1人获先进个人。利用今年“5·18”国际博物馆日和“6·12”我国文化遗产日做好文物保护宣传活动工作。活动以流动版面形式进行《文物保护法》《博物馆管理办法》等相关法律、法规的宣传。同时，开展文物知识咨询服务、有奖竞猜活动，向群众宣传桂平的文化遗产精华，组织专业人员进行现场咨询解答观众的有关问题，讲解文物鉴赏和保养方面的基本知识，对公众提供有关藏品保养、保护与鉴赏知识。现场展出有关文物保护和非物质文化遗产宣传图片资料，发放宣传资料5000多份。配合区考古所先后完成了来宾至桂平高速公路、荔铁高速等重点工程的文物调查与考古勘探任务，支持、配合了我市重点工程建设的开展，促进了工程建设的顺利进行。积极向上级争取维修保护资金。争取到了金田起义陈列馆改造维修资金180万元，博物馆馆舍维修经费30万元。抓好文物征集工作。根据群众提供线索，派员到市河南开发区南江铸造厂征回清朝《粤东会馆创建刻碑》一方，该碑刻对研究、佐证桂平的地方史以及当时的社会政治、经济、文化等面提供了宝贵的实物资料；征集小组还到紫荆山瑶族聚居地征集到瑶族服饰等文物一批，不但丰富了馆藏，而且对今后研究瑶族的服饰文化以及风俗习惯提供了实物资料。完成了《桂平市文物志》编写出版工作。《桂平市文物志》记录了我市重要的文物保护单位，馆藏代表性的文物，记录了博物馆从1982年成立以来28年的辉煌历程以及我市第三次全国文物普查取得的重大成果。

【平南县】 一年来，在县委县政府的正确领导下，全县文化工作，始终坚持以邓小平理论和“三个代表”重要思想为指导，努力实践科学发展观，在群众文化、文艺创作、文化下乡、文化信息资源共享工程建设、农家书屋建设、非物质文化遗产保护、文物保护、文化市场管理、文化基础设施建设等方面都取得了显著的成绩。全年县文化局继续转变职能，加大服务力度，推进政务公开，提高办事效率，更好地方便群众和企业单位办事，做好政务审批和服务工作。全年在县行政服务中心文体局办事窗口受理行政审批事项333件，全部在承诺期限内办结，其中新办审批5件，变更换证4件，年审324件。通过强化行政审批，优化服务管理，内强素质，外树形象，使全县文化市场管理进一步走向依法行政，依法审批，依法管理，依法经营，规范有序，健康繁荣发展。

年内，完成9个乡镇综合文化站建设。我县大鹏镇、国安瑶族乡、马练瑶族乡、同和镇、思界乡、东华乡、上渡镇、大洲镇、大坡镇综合文化站列为第四批扩大内需中央投资项目，项目总投资288万元，总建筑面积3187.7平方米，我局认真按照项目建设程序要求，扎实推进项目建设进程。10月底，9个乡镇综合文化站工程建设已全部完成。完成基层文化设备发放。全年发放平山镇、寺面镇、大新镇、武林镇、官成镇、上渡镇综合文化站文化配套设备共70万元；向218个行政村发放文化信息资源共享工程设备93.7万元。11月份，我局下达农村文化"以奖代补"专项资金30万元到华艺包公文化有限责任公司(牛歌戏剧团)与平南县龚州艺术团等2个业余文艺团体和9个村(屯)用于购置文化设备。完成农家书屋建设。本县坚持组织开展文化科普惠农，开展农民读书演讲比赛，着力推进社会主义新农村文化建设进程。在全县70个村、屯建设了"农家书屋"，共送图书105000多册、DVD光盘7000张，价值140多万元，每个"农家书屋"还配送书架、消防灭火器、制度牌、登记簿等配套设备。年内，我局分别获自治区、贵港市新闻出版局评为"农家书屋读书演讲比赛"优秀组织奖。村级公共服务中心建设。为加快发展农村公共文化事业，促进社会主义新农村建设，在平南镇遥望村、平南镇平田村、安怀镇德寨村、安怀镇安怀村、镇隆镇社垌村、镇隆镇平隆村、上渡镇上渡村湾肚屯、大洲镇潭龙村、东华乡兴华村、大安镇燕岭村等建设10个村级公共服务中心，每个点获自治区扶持资金16万元。12月底，10个村级公共服务中心已全部建设完成，并通过了区文化厅的检查验收。

充分调动文体系统干部职工和群众的创作文艺精品以及反映文化建设、经济建设等各个方面的文艺、新闻和图片积极性，不断加大宣传、文化工作的力度，取得了喜人的成绩。下半年出版了《花州》文艺期刊一期；出版《龚江诗词》期刊(第十四期)；大成诗社出版了诗词期刊3期(总第33期)。在书法艺术创作方面，平南县获优秀文艺作品奖的有：莫文才书法作品《爱莲说》在第八届法制宣传暨廉政建设书画摄影作品征集活动中获书法类二等奖。莫文才书法作品《唐王湾·次北固山下》获首届全国人力资源社会保障系统兰亭书法大赛三等奖。莫文才书法作品《陶渊明·归园田居》入展广西首届册页书法展。莫文才书法作品《唐王维·访吕逸人不归》入展第二届"八桂书风"网络篆刻展。袁克彬书法作品《李达上人草书歌》入展广西首届册页书法展。梁月红创作的书法作品《明月松间照》在全市法院系统书画、摄影作品中获书法类三等奖。黄永和创作的书法作品在广西财政系统书法摄影比赛中荣获二等奖。梁月红创作的美术作品《山村》在全市法院系统书画摄影作品展中荣获书法类一等奖。郑玉坤创作的民间彩茶剧《狄青与公主》在首届广西刘三姐民间文艺奖评活动中获二等奖；马仲华创作的民间艺术表演古装牛歌剧《嫦娥奔月》在首届广西刘三姐民间文艺奖评活动中获三等奖。易克健摄影作品《绿色家园》荣获"生态中国——政协委员摄影作品展参展作品奖。刘达斌创作的摄影作品《生命礼赞》荣获"桂人堂金花茶"杯2010年广西首届鸟类摄影大赛精彩行动组银奖。黄永年创作的摄影作品《大餐来了》在中国银行股份有限公司广西壮族自治区分行"中行杯"摄影艺术摄影大赛中荣获客户组二等奖。程海焱创作的摄影作品《山花朵朵》《求知》在"美丽广西新农村"摄影大赛中获优秀奖。程海焱 参加全区群众艺术馆、文化馆专业技能(摄影)比赛荣获二等奖。臧华秋创作摄影作品在广西财政系统书画摄影比赛中获得二奖。李永健的《收获》

获贵港市“美丽贵港新农村”摄影大赛特等奖；陆庆军的《时尚》获一等奖；林艺的《喜事》获贵港市“美丽贵港新农村”摄影大赛二等奖；梁君荣的《金秋》、莫新雄的《欲与天公试比高》获大赛三等奖；唐战平的《童年》、雷鹤松的《新农村》、陈汝军的《老当力壮》、周长贵的《乡戏》《丰收季节》、莫新雄的《小小木箱养大蛇》、陈福林的《巨变》分别获贵港市“美丽贵港新农村”摄影大赛优秀奖。另外，陈阜勤的《欢送新兵》（组照）获贵港市2010年“华光杯”迎春摄影大赛二等奖；雷鹤松的《台前幕后》（组图）获“全市法院书画摄影作品展”二等奖。在舞蹈、器乐、电视表演方面，李想创作的《梦回唐朝》节目，在2010年“校园时代”全国青少年才艺电视展演活动中成绩优异，被评为最佳词曲创作奖；李想同时被评为优秀指导老师；黄馨莹、杨苑茗、李娉、卢影然、一姗彤、张誉方、梁滢、伍映桦、刘珊彤表演的《梦回唐朝》节目，在2010年“校园时代青少年才艺电视表演活动中获金奖；杨佳璇、李方园、林倩羽参加广西开展学习《新农村少儿舞蹈美育教材》《中国舞蹈考级教材》成果展演，荣获中国舞教材（五级）《小阿哥·寻胡隐君》表演一等奖；其中，莫庆军、马红华分别获艺术指导一等奖。陈政君、杨丹妮、范馨予参加广西开展学习《新农村少儿舞蹈美育教材》《中国舞蹈考级教材》成果展演，获中国舞教材（六组）《长相思·爱的人间》表演二等奖，其中，莫庆军、马红华荣获艺术指导二等奖。平南县喜洋洋舞蹈培训中心参加广西《新农村少年舞蹈美育教材》《中国舞蹈考级教材》成果展演，获组织优秀奖。在参加由文化部民间文艺发展中心、中国艺术家协会、中国教育事业促进联合举办，中国艺术家协会广西壮族自治区承办的第五届中国青少年艺术节大型活动中，蒋诗音获广西区总评选少儿A组舞蹈项目二等奖；杨佳璇获三等奖。在参加由文化部民族民间文艺发展中心、中国艺术家协会、中国教育事业促进联合主办，中国艺术家协会广西壮族自治区分会承办的第五届中国青少年艺术节大型活动中，黄烨莎、李怡霏获广西区总评选幼儿组舞蹈项目二等奖。郭璐、陈思瑶荣获2010年第十三届全国少年儿童电子琴数码钢琴大赛广西选拔赛合奏组特等奖；林奕同、朱湘铭、陈思瑶获2010年第十三届全国少年儿童电子琴数码钢琴大赛广西区选拔赛电子琴合奏组一等奖；蒙丽萍先后在《今日平南》龚州美食专栏发表《平南汤园》等8篇美食作品；莫凤玲在《八桂诗词》发表律诗《嵩山谒中岳庙》《永百崖大峡谷》《鹏山云雾茶》；在《浔郁诗词》发表《鹏山云雾茶》《观鹰嘴岩》《观梁嵩状元读书岩》《大鹏江石滩》《世界山茶之王——万朵山茶》《云南圆通山赏樱花》《游畅岩》《晨游武林港》等8首；在《贵港日报》发表古典诗词《登容县真武阁》《晨游武林港》《游畅岩》《秋游平天山》《临江仙·漓江行》《浪淘沙·登叠彩山》《蝶恋花·七星岩纪游》等9首；在《花洲》《今日平南》《龚江诗词》发表诗词《南广高铁在镇隆动工喜赋》《新隆怀古》等，以及新闻、图片报道等13篇。

全县开展丰富多彩的群众文化艺术活动，丰富城乡人民群众文化娱乐生活，促进了群众文化活动全面地发展。1月底，在县影剧院成功举办“平南县春节团拜会”，晚会由中共平南县委、县政府主办，县委宣传部、县文化和体育局承办。精彩的晚会体现了平南县文艺工作的实力和水平。春节期间，由县委宣传部、文体局主办，平南县龚州艺术团先后到县中心广场、平南镇新公园、水果街、月亮湾小区等城区进行春节文艺巡回演出12场次，观看人数达1万多人次。演出活动大大活跃了城乡文艺娱乐氛围。此外，大年初一、初二和元宵节分别在文化馆大院、县中心广

场举办猜灯迷、摸鼻子、抛圈等游园活动，丰富城区群众文化娱乐生活。举办春节象棋、围棋大赛并评出一、二、三等奖。在城区中心广场每逢圩日都举办山歌演唱或比赛，吸引了县内外大批山歌手来赛歌，每次都有数百观众前来观看欣赏。大年初一至初三，在城区中心广场举办木偶剧表演，每天有一两百观众来观看，让将临绝迹的传统木偶剧继续传承和延续。常年开展舞蹈健身活动。根据城区居民特别是中年舞蹈爱好者的需求，县文化馆努力推进这项活动，在文化馆大厦二楼常年开设舞蹈健身厅，晚上 7 至 10 点对外开放，吸引了中老年舞蹈爱好者前来健身；同时，在县中心广场、各乡镇、各社区都有大批舞蹈爱好者自发组织跳健身舞。配合县委、县政府、县妇联等单们搞好元旦、三八节“七一”“十一”等重大节日演出活动，组织县歌舞团、龚州艺术团登台献艺。同时春节期间举办了《雁州书画院书画展》展出作品 80 多件；举办《平南县书法大展》展作品 89 件，评出获奖作品 20 件。同时，美术书法协会经常组织会员参加各地举办的美术书法比赛和采风创作活动。在县中心广场组织龚州艺术团、华艺包公牛歌戏剧团等进行禁毒宣传专场晚会，宣传戒毒知识，观看人数达 1000 多人次。在县中心广场、城区各小区进行预防艾滋病宣传晚会 10 场，观看人数达 12000 多人次。12 月，在县中心广场组织举办 7 场广场文化周文艺演出，观看人数达 8000 多人次。

全年组织县歌舞团、龚州艺术团、华艺包公文化有限公司等演出单位，开展送戏下乡服务，共演 300 多场次。其中，龚州艺术团春节期间到思旺、马练、同和、丹竹、思界、安怀等乡镇进行春节巡回演出 16 场次；观看人数达 1 万多人次，2010 年还先后到思旺、思界、大成等乡镇进行预防艾滋病宣传晚会演出 10 多场，观看人数达 2 万多人次。华艺牛歌戏剧团下乡演出 280 多场。同时，华艺包公文化有限公司的演员不断拍摄、录制多部牛哥戏。其中，《狄青与公主》《嫦娥奔月》等新录制的牛歌剧很受群众欢迎，全年共销售 DVD 光碟 40 万多张，深受群众的喜爱。

平南县文化市场管理坚持“一手抓繁荣，一手抓管理”的方针，以依法行政，规范管理，服务到位为工作准则，积极开展“扫黄打非”，严厉整治网络经营单位非法经营行为，特别是严禁未成年人违规进入网吧和超时经营。加强部门协作管理，有力地打击了文化市场违法经营行为，确保文化市场健康、有序、繁荣发展。全年我县开展文化市场“扫黄打非”专项行动 12 次，出动检查人员 3485 人次，检查文化经营单位 989 家次，收缴非法出版的 VCD、DVD 光盘 6800 张，收缴非法出版物和六合彩码报资料 19800 多册(份)，办理执法案件 35 宗，并已全部办结。

年内全县共有文化经营单位 333 家，其中网吧 154 家、歌舞娱乐场所 21 家、音像制品零售经营场所 21 家、电子游艺经营场所 86 家，图书出版物经营场所 18 家、出版业的印刷厂 14 家，“三印”企业 19 家。

文物保护工作取得进展，坚持“保护为主、抢救第一、合理利用、加强管理”的方针 。全年共投入资金 35 万元，对六陈登塘古民居等 7 个文物点进行维修。开展第三次文物普查工作，对全县 21 个乡镇 288 个行政村和社区进行调查，共普查符合录入条件的文物点 136 处，其中新发现 59 处，复查 77 处，按照文物普查不可移动文物分类标准，在 136 处普查点中，古遗址 22 处，古墓葬 20 处，古建筑 28 处，石窟寺及石刻 6 处，近现代重要史迹及代表性建筑 60 处。有 50 多个新点因不符合三普录入要求，只进行了一般性的登记和拍摄工作，有部分进行了 GPS 定位。此外，根据上级部署，继续补充完善非物质文化遗产

有关资料，建立档案管理；继续做好调研普查工作，写出了《平南县民俗文化的现状与建设的设想》《平南县七夕诗歌的传承和发展》等调研文章；在大成举办八音培训班，培训八音人员25名，提高八音人员的技术水平；将大成的八音申报为区级非物质文化遗产；继续支持和保护大安粤曲文化节和大安消防节；继续管理好平南的牛哥戏，让牛哥戏普及千家万户，同时支持创作牛哥戏。郑玉坤的《狄青与公主》、马仲华的《嫦娥奔月》分别获广西首届刘三姐民间文艺奖评委活动二等和三等奖。将平南的牛哥戏申报为国家级非物质文化遗产。

玉 林 市

全市文化工作综述

2010年，玉林市有专业艺术表演团体9个；公共图书馆6个，其中市级公共图书馆1个，县级公共图书馆5个；文化馆7个，其中市群众艺术馆1个，县(市、区)文化馆6个；乡镇综合文化站102个(年内达标建成乡镇文化站21个)；文化市场管理机构6个，其中，市级1个，县级5个；博物馆4个，其中市级1个，县级3个，另有县级文馆所2个。

文化基础设施建设实现“新提速”。建国以来全市文化系统第一个专业剧场——万花剧场建成并投入使用；玉林文化艺术中心(包含大剧院、市博物馆新馆)破土动工；市图书馆新馆、市群众艺术馆新馆和市非物质文化遗产展示中心(“两馆一中心”)已在玉东新区定址(共占地30亩)，正在筹备编制可行性研究报告。列入第四批中央扩大内需投资项目的21个乡镇综合文化站已全部竣工并通过验收；建成48个村级公共服务中心，完成为23个乡镇文化站配送230万元设备工作。

打造特色文化品牌凸显“新亮点”。“玉博会”文化品位得到提升。围绕“挖掘历史文化内涵”主线，成功打造玉林文化品牌。首次在“玉博会”牵头组建“文化产业馆”，全面展示玉林及国内外文化产品、企业文化(品牌)；设立文化产业馆分馆，举办了玉林市第二届民间藏品展。“玉博会”开幕当天央视“科教频道”《百科探秘》栏目组播出了《天南杰构真武阁》节目；电视连续剧《廉石传奇》剧组主创人员应邀在“岭南和韵”开幕式文艺晚会上集体亮相并表演节目，提升了我市文化形象。玉博会期间，各县(市、区)还举办了富有地方特色的文化活动，如陆川县举办中国名猪(陆川)文化节，博白县举办第三届县客家文化节。

民族运动会文体表演特色鲜明。全区第十一届少数民族传统体育运动会开闭式文艺(文体)演出凸显了浓郁的地方特色与民族风情，受到现场观众的热烈欢迎，并得到自治区政府领导的高度评价。

文化宣传和交流实现“双向互动”。举办了“蓝色爱琴海之夜——李安它·故乡玉林新春音乐会”和“旅德华侨女画家吴英玲画展”；市歌舞剧团派出演出队伍作为广西侨务代表团成员，赴马来西亚彭亨州文冬广西会馆成立百年庆典演出活动；博白县杂技团延续对外商业性演出的优异成绩，分赴澳大利亚、美国和泰国演出，演出场次200多场，观众达33多万人次，收入60多万元，“杂技艺术”对外交流“走出去”成绩斐然。

基层文化建设实现“新跨越”。群众性文化活动影响力扩大。北流市“激情广场”活动荣获第十五届“群星奖”项目奖。全市全年共组织开展“和谐文化服务行”“千团万场”演出7000多场；送戏下乡800多场。全市全年开展节庆日活动80多场，广场文化活动150多场；惠及群众达300多万人次。

公益性文化服务日渐丰富。全市国有博物馆、纪念馆坚持免费开放，全年接待观众20多万人次。各级公共图书馆、群众艺术馆(文化馆)等举办的各类文化展览活动全部免费；玉林市图书馆以获评国家地市级一级图书馆

为新起点，进一步加强读者服务工作，盲人声讯阅览室坚持全年免费开放，报刊阅览室坚持免费阅览，全年惠及读者达 6 万多人次。群众艺术馆(文化馆)专业艺术人员深入到学校、社区、农村和企事业单位开展辅导工作，2010 年共辅导人员 3.5 万多人次，辅导节目或作品 200 多个(件)，部分优秀节目(作品)在市级以上各系统文艺汇演获奖。各级文化单位还组织知名书法家为群众义写春联 3000 多幅。

群众性文艺创作质量提升。全市艺术创作人员获省部级奖励 50 多件，还有一批美术、文学等作品在省部级刊物上发表。特别是成功举办了玉林市第四届文艺比赛，参赛人员、作品数量与比赛场次均创历届之最，作品质量整体提升，成为展示我市近几年来艺术创作成就的最佳平台。

文化遗产保护取得“新进展”。专项文物保护工程全区领先。“第三次文物普查实地调查阶段”工作和“文物调查及数据库管理系统建设”项目工作按进度要求完成，成绩位居自治区各地市前列。在“三普”工作评比中，玉林市“三普办”获评为自治区先进组织奖一等奖(全区仅 2 名)，另有 2 个单位获全区先进集体，1 人获全国先进个人，5 人获全区先进个人。

文保单位维修保护稳步推进。争取上级对国家级文物保护单位的专项经费 190 万元。继玉州区城北街道高山村获国家级历史文化名村后，北流市民乐镇萝村获评为自治区历史文化名村。

“非遗”工作循序渐进。完成第二批市级非物质文化遗产名录和第一批非物质文化遗产扩展项目名录评审、公布工作(其中第二批市级非物质文化遗产项目 29 个，第一批非物质文化遗产扩展项目名录项目 3 个)。

文化学术研究工作深入拓展。市文化局与玉林师范学院联合组成课题组，策划启动了《玉林文化大典》(系列丛书)研究编纂工作。

专业艺术

【专业艺术表演团体演出】 全年创作各类文艺作品 300 余个，其中获奖自治区级以上 20 多个、市级 168 个。全年举办各类文化活动 7000 多场次，观众 300 多万人次，总收入 100 多万元。其中广场文艺演出 150 多场次，送戏下乡 800 多场，对外文化交流演出 200 多场。

【艺术作品比赛获奖】 一批优秀文艺精品获得全国和自治区级重大文艺赛事奖项。参加第一届广西舞蹈青年演员大奖赛，市歌舞剧团庞筝等 13 名演员分别获得表演奖一、二、三等奖，市文化局获优秀组织奖；参加广西第一届杂技(魔术)比赛，博白县杂技艺术团杂技《荡杆》《台圈》和魔术《川剧三变》等 3 个节目分获一等奖和三等奖；参加广西第三届粤曲大赛，钟玉坚的《幻觉离恨天》获金奖，其他一人获铜奖，2 人获优秀奖；参加“打造西江黄金水道”优秀原创歌曲征集活动，梁宠传创作的 2 首歌词被评为优秀作词。

【大型文艺活动】 举办“蓝色爱琴海之夜——李安它·故乡玉林新春音乐会”、2010 年玉林市春节文艺晚会、玉林市庆祝中华人民共和国成立 61 周年文艺晚会，组织开展第二届中国(玉林)中医药博览会招待会文艺演出和玉林市首届保健美食节保健养生文化体验板块文艺演出，举办玉林市第四届文艺比赛。

【举办玉林市第四届文艺比赛】 9 月 7 日至 11 日举办了玉林市第四届文艺比赛，参赛作品类别涵盖了舞台艺术类(舞蹈、声乐、器乐、小戏、小品等)与非舞台艺术类(美术、书法、摄影等),参赛人员包括了专业类与村屯类(非专业)类,其中,舞台艺术类参赛作品达6类111个,美术、书法、摄影类作品达200个,参赛人员达870多人,共举办比赛6场,评出作品奖168个,单项奖91个,组织奖12个。

【对外文化演出交流】 玉林市歌舞剧团派出演出队伍作为广西侨务代表团成员,赴马来西亚彭亨州文冬广西会馆成立百年庆典演出活动;博白县杂技团年内分赴澳大利亚、美国和泰国演出,演出场次200多场,观众达33多万人次,收入60多万元。

【音乐创作】 玉林市组织12首原创词曲参加“打造西江黄金水道”优秀原创歌曲征集活动,其中梁宠传创作的2首词获广西词海选为优秀词作,在广西范围内征集谱曲。

群众文化

【群众艺术创作】 年内群众艺术创作成果丰硕。其中,国家级包括北流市“激情广场”活动荣获第十五届“群星奖”项目奖;玉林美术家协会的李晓智作品《边缘》获“第九届全国水彩水粉画展”最高奖——中国美术奖;省部级包括《亚妹等哥来拍拖》等三个作品参加第二届八省“优秀客家山歌(东莞凤岗)邀请赛”分别获银奖和铜奖,陆川县、博白县代表队获组织奖;王世文参加广西第三届歌王(山歌)比赛获“十佳歌手”称号,玉林市获比赛组织奖;组织学生作品参加广西美术家协会主办的“第八届广西中学生美术作品大奖赛”,20多人获奖,市群众艺术馆获优秀组织奖;苏华聪的《母女》等5幅油画在广西《美术界》杂志发表。

【迎新春系列文化活动】 元旦春节期间,玉林市文化局组织开展了玉林知名书法家为民义写春联、2010年福利彩票回报社会迎春晚会、玉林市迎春书画展等10多项群众文化活动,极大地丰富了群众节庆日精神文化生活。

【“颂祖国、赞和谐、贺新岁”春联征集活动】 玉林市举办了2010年“颂祖国、赞和谐、贺新岁”春联征集活动,在全国范围内共征集春联2439副,评出特等奖2副,一等奖10副,二等奖20副,三等奖30副。

【举办书画展】 全年共举办“旅德华侨女画家吴英玲画展”“桃花节书画展”“玉林市图书馆馆藏历代书画精品展”“庆五一书画展”“朱勤英国画艺术展”“玉林书画名家作品展”“奋进中的玉林市图书馆”“黄励书画德国展汇报”“陈一鸣陈东书画展”“广西科技书画院玉林分院成立六周年书画摄影作品展”等10多项书画展览,展出作品400多幅,接待观众5万多人次。

【“人寿杯”少儿即席书画比赛】 6月5日,市群艺馆与中国人寿玉林分公司联合举办“人寿杯”少儿即席书画比赛。“人寿杯”少儿即席书画比赛,来自我市各学校的170多名少年儿童即席挥毫、一展风采。

【梁雪梅独唱音乐会】 9月28日晚,在玉林市万花剧场举办“我爱你中国——梁雪梅独唱音乐会”。观众约400多人。音乐会展示了群众文化工作者的艺术风采。

【全区群众艺术馆馆长联席会】 4月19日至21日,玉林市群艺馆承办“2010年全区群众艺术馆馆长联席会”,全区20多位市群艺馆馆长或代表、玉林市文化局相关领导参加会议。中共玉林市委常委、宣传部长、副市长陈延国参加了19日的欢迎晚宴并作了重要讲话。

【干部业务技能比赛】 1月11日，市群艺馆组织我市群艺馆（文化馆）业务干部8人到南宁参加广西首届群艺馆（文化馆）干部业务技能比赛，2人获一等奖，1人获三等奖，5人获优秀奖。

【全市“文化致富工程”培训班】 11月下旬，玉林市文化局自筹资金近8万元举办全市“文化致富工程”培训班，对全市乡镇文化站站长及各县（市、区）文体局分管领导等120多人进行了专题培训，培训内容包括专家授课、赴南宁市考察自治区民族博物馆等。

【文化信息资源共享工程培训班】 玉林市文化局组织技术人员分赴全市23个乡镇综合文化站对工作人员进行文化共享工程设备、舞台音响设备、乐器设备使用知识的培训。

【词典创作笔会】 12月15日至17日在玉林市城区举办2010年玉林市词曲创作笔会，对全市专业和业余词曲作者进行创作培训，参加人员23名人参加，由玉林市艺术创作研究所副所长、二级编剧梁宠传授课和点评。

【参加名师讲堂】 6月29日，玉林市歌舞剧团、市创作研究所、市舞蹈家协会一行30多人赴南宁市参加由广西舞蹈家协会和广西艺术学院舞蹈学院联合举办的“名师讲堂”。本次讲堂由中国最重要的现代舞先驱、亚洲现代舞之父、“香港十大杰出青年”、香港城市当代舞蹈团艺术总监、北京雷动天下现代舞团团长曹成渊先生主讲。

【玉林市直文化系统第二届职工运动会】 7月中下旬，玉林市文化局举办了玉林市直文化系统第二届职工运动会，运动会以“庆七一，强体魄，展风采，促和谐”为主题，以“文明、友谊、拼搏、向上”为宗旨，设立了气排球、拔河、乒乓球、羽毛球、象棋、跳绳、投篮、扑克牌、100米短跑等九大类13个比赛项目，7支代表队共210名运动员参加了比赛。玉林市文化局机关代表队以总分第一名排名第一位，其余分别为市图书馆、市演出公司、市歌舞剧团、市群众艺术馆、市博物馆、市粤剧团代表队。

公共图书馆

【玉林市图书馆】 玉林市图书馆核定编制45名，在职干部职工39人，其中大专以上文化程度28人，占职工总人数的72%，中级以上职称人员15人。占职工总人数的38%。总藏书量49.9万册。全年购书经费50万元。2010年1月，国家文化部授予玉林市图书馆全国一级图书馆称号。

【馆长联席会】 3月22日至25日，由广西图书馆和桂林市图书馆联合主办、玉林市图书馆承办的第三届全区自治区、市级公共图书馆馆长联席会在玉林市召开，自治区文化厅社文处处长黄燕熙和2家自治区级、13家地市级公共图书馆及2家县市级公共图书馆的馆长和相关代表27人参加了会议。会议审议通过了《广西公共图书馆地方文献资源建设协作网工作方案》和《全区公共图书馆联合编目协作网建设方案》，并就《基于OAI－PMH协议的互操作广西文化信息资源共享平台》项目的合作建设以及全区将开展的读者活动进行了交流讨论，达成了共识。

【一级图书馆揭牌仪式】 8月5日，玉林市图书馆隆重举行荣获国家一级图书馆揭牌仪式，市委常委、宣传部部长、副市长陈延国，市政府副秘书长李旭，市委宣传部副部长、市文明办主任黎德胜，市文化局党组书记、局长李克等领导嘉宾出席了仪式。玉林市图书馆自1997年由县级玉林市图书馆上划为地市级图书馆，职能工作得到进一步开拓，服务能力不断提高，实现了由三级馆向一级馆的跨越式进步。

【文化信息资源共享工程建设】 坚持以“共享工程”建设为契机，以图书馆网站建设为平台，积极整合、宣传地方文化信息资源。积极开展文化共享工程资源建设工作，自加工整理视频资源85部，容量达到14GB，新建“文化共享春耕系列视频”和“共享书香、快乐阅读”两个视频专题。全年，电子阅览室共接待读者166424人次，盲人声讯阅览室共指导、接待残疾人上机近1000人次，免费播放电影94部。

【馆藏文献资源建设】 玉林市图书馆全年共购买纸质新书6798种14462册，订购报刊876种(其中:报纸156种，杂志720种)。全年共录入新书目数据8027条，加工整理可借阅新书16654册。年内接受单位和个人捐赠图书资料147种316册；做好古籍普查和修补装裱工作。年内共普查登记古籍35种176册，修补装裱古籍28册，共4263页；及时修补破旧受损图书并对报刊进行整理装订，全年共计修补图书2300多册，装订报刊合订本4740册。

【读者服务活动】 3月30日，玉林市全民阅读活动启动仪式在青年广场举行，在启动仪式上，接力出版社向玉林市青少年赠送了价值100万元的图书，在图书宣传周期间，玉林市图书馆举办了第十五届“爱我中华”少儿乐系列活动，活动内容包括:“十佳少儿读者”评选、游园活动、优秀少儿电影暨小学生学习辅导讲座展播等内容。活动得到了全市少年儿童的响应，共有3000多少年儿童参加了活动。该馆还与玉林电台合作了四期节目，宣传图书馆营造读书氛围、推动全民阅读活动的做法和经验。年内玉林市图书馆先后为福绵管理区成均镇平威村关塘科技文化室、武警三中队等单位赠送价值5万多元的图书3000多册。玉林市图书馆全年接待读者299471人次，外借图书288597册次；新办理借书证2654个，其中成人借书证1460个，少年儿童借书证1194个。

【先进表彰】 年内，玉林市获全区文化馆先进集体1个、先进个人2人；图书馆先进集体1个、先进个人2人。玉林市图书馆《开展“爱我中华·少儿乐”主题活动》参加玉林市第一届未成年人思想道德建设工作创新案例比赛获二等奖，暑期“读书乐”系列活动荣获2010年广西“快乐暑期大行动”系列活动特色项目奖，《服务弱势群体，促进社会和谐》项目获“全区图书馆服务效果评选”活动优秀奖。

文化市场

【文化市场普查】 5月份，玉林市文化局开展了文化市场企事业单位和经营场所普查统计工作，普查结果为:全市有文化经营单位860家，其中网吧350家，电子游艺(戏)350家，歌舞娱乐场所139家，表演团体19家，演出经纪单位2家。

【文化市场整治概况】 年内市、县两级文化部门通过开展独立和联合执法行动，整治和规范文化市场秩序。年内共出动稽查人员20434人次，检查文化经营场所12493家次(其中网吧4758家次，音像店1437家次，歌舞娱乐场所976家次，游艺娱乐场所2504家次，演出场所153家次，其他场所32家次)，责令改正343家次，受理举报83件，查办案件157件，结案149件，警告45家次，罚款18.94万元，责令停业整顿16家次，收缴非法音像制品25119张(盒)，收缴各类非法出版

物 15265 份。

【网络文化市场计算机监管平台建成启用】 根据自治区文化厅《关于加快推进全区网络文化市场计算机监管平台建设的通知》要求，在玉林城区 79 家网吧全部安装了运行监控软件，对城区网吧的运营情况进行了全天候实时监控，标志着玉林市网络文化市场计算机监管平台建设工作取得了初步成效，网吧市场监管模式逐渐向人力监管与科技监管相结合的方式转变。

文化产业

【概况】 全市有文化经营单位近 4000 家，年生产总值达 30 亿元，从业人员达 3 万多人。

【云天文化旅游区建成开放】 投资近 20 亿元的云天文化旅游区建设项目于 2010 年元旦正式建成开放。

【公布文化产业示范基地】 玉林市文化局将玉林市云天民俗文化世界、玉林市笔雕舞台文化艺术品店、北流市民乐镇罗政村、容县真武阁公园、容县庆寿岩风景区有限责任公司、陆川县谢鲁山庄、博白县杂技艺术团、兴业县鹿峰山风景区等 8 家企事业单位(行政村)公布为玉林市第一批文化产业示范基地。

【玉博会文化产业馆】 第七届中小企业商机博览(中国・玉林)期间，玉林市文化局联合广电、新闻出版、玉林日报社等部门单位组建“文化产业馆”，全面展示玉林及国内外文化产品、企业文化(品牌)。同时，还单独设立文化产业馆分馆，举办了玉林市第二届民间藏品展，全面展示民间收藏的古代家具、瓷器、玉器、碑帖拓片、字画等文物古玩和艺术作品。展馆成为展示和推介特色文化和文化产品的重要平台。

文化遗产

【概况】 玉林市共有文博馆所 6 个，其中三级博物馆 2 个，未达标博物馆 2 个，文物管理所 2 个，文博职工 52 人，其中文博系列副高级职称 1 人，中级职称 10 人，初级职称 23 人。文物保护单位 117 处，其中国家级 2 处，自治区级 17 处，市级 15 处，县(市)级 83 处。馆藏文物约 15000 件。

【第三次文物普查】 1 月 14 日，市文化局张国强副局长代表玉林市在全区文物工作会议上作“三普”工作经验发言；1 月至 4 月，玉林市博物馆分别完成“三普”不可移动文物登记表纸质以及电子文本填写各 254 份；导入不可移动文物照片 254 张，扫描 1：10000 比例的地图 254 张；标注导入不可移动文物地理位置图 254 份。4 月 20 日，通过自治区“三普办”组织的市级验收。8 月至 9 月，对全市共 966 处不可移动文物点材料再次进行修改，提交国家三普办审核。

【文物数据库建设】 4 月至 5 月，玉林市博物馆共完成馆藏 1038 个编号一般文物的图像处理及数据库填报工作；6 月，举办全市馆藏一般文物录入数据集中修改会议，共完成 4317 条文物数据的修改；2 月至 7 月，玉林市博物馆专业人员帮助百色市的平果县博物馆、田阳县博物馆、右江民族博物馆、百色起义纪念馆、右江文物管理所共六个馆(所)完成了数据库图像采集工作，共拍摄文物 3712 件，照片 17085 张。

【文物保护维修】 2 月至 11 月，广西文物考古研究所受托编制《兴业县桂东南起义司令部旧址(震声楼)抢险加固和修缮方案》。7 月 27 日至 8 月 25 日，博白县拨款 70000 元维修县级文物保护单位大平坡水楼。8月，陆川县政府拨款4万元，对自治区级文物保护单位谢鲁山庄的“半山亭”进行落架维修。9月，自治区级文物保护单位菁莪馆获国家文化传媒专项补助30万元。11月26日起，广西文物考古研究所对菁莪馆外墙及后座进行落架维修。11月下旬，兴业县投入经费2万多元对绿鸦冶铁遗址分布的10个文物点设置标志牌。12月，容县利用国家文物保护专项经费30万元，购置安装了经略台真武阁消防系统。

【文物展览】 1月，李明瑞、俞作豫烈士纪念馆投入资金55万元进行改展工作，11月底完成。中共广西省委机关旧址布展开始筹备。容县举办《南国名郡，容州记忆——容县历史文物展览》，展出文物精品约300件 。博白博物馆举办“博白县第三次全国文物普查成果专题展”。

【免费开放】 年内，全市免费开放的博物馆有3个，分别为容县博物馆、北流博物馆、博白博物馆。北流博物馆接待人次约13万人次，其中包括马来西亚华裔青少年“中国寻根之旅”冬令营——广西壮乡行活动成员；容县接待观众10万 人次；博白博物馆共接待包括“海峡两岸青年学生客家文化寻踪夏令营”在内的各种团体及零散观众约11万人次。

【先进表彰】 玉林市博物馆李义凡荣获国务院第三次全国文物普查领导小组办公室颁发的“第三次全国文物普查实地调查阶段突出贡献个人奖”；全市文博系统共有5人获自治区“三普办”颁发的“第三次全区文物普查实地调查阶段先进个人”称号，玉林市博物馆和容县博物馆获“第三次全区文物普查实地调查阶段先进集体”称号，玉林市“三普办”获“第三次全区文物普查实地调查阶段组织奖一等奖 ”称号。

【公布非物质文化遗产名录】 玉林市文化局完成第二批市级非物质文化遗产名录和第一批非物质文化遗产扩展项目名录评审工作，公布了第二批市级非物质文化遗产项目29个、第一批非物质文化遗产扩展项目名录项目3个。

【文化遗产保护宣传月活动】 整合“文化遗产日”“国际博物馆日”等主题宣传活动，开展了为期一个月的“文化遗产宣传月”活动，主要内容包括：广场文化遗产宣传活动，参加“全区文化遗产保护宣传讲解大赛”，在《玉林日报》刊登专题文章进行宣传报道，在玉林电台《978会客厅》制作播出关于文化遗产保护的3期访谈节目等。活动期间出动850人次，悬挂张贴大小宣传标语500幅(张)，制作版面67版，发放宣传资料约25000份(本)，观众约50000人，接待观众咨询约4300人次。

文化设施

【文化基础设施建设】 投资近700万元的万花剧场(玉林市歌舞剧团多功能排练场)建成并投入使用，成为建国以来玉林市文化系统首个专业剧场。玉林市图书馆新馆、玉林市群艺馆新馆、玉林市非物质文化遗产展示中心项目(“两馆一中心”)已经市政府批准，市发改委批复立项，正在编制可行性研究报告。筹资672万元建成玉州区仁东镇等21个乡镇综合文化站，筹资1645.6万元建成玉州区名山街道太阳村等48个村级公共服务中心。

【文化设施维修与设备配送】 获中央专项补助经费300万元，用于文化馆(群众艺术馆)及其他文化单位的建设、维修与设备添置。投入54.4万元，为全国文化信息资源共享工

程县级支中心(玉州区)配送了电脑等设备。投资230万元,为23个乡镇综合文化站配置了电脑、音响等设备。投资562.69万元,为全市1319个农村党员干部远程教育基层服务点(行政村)配置了投影仪等设备。

县域文化

【玉州区】 玉州区文化和体育局前身为鬰林县文教科,成立于1950年12月。1952年8月兴业县并入鬰林县,两县文教科随之合并。1955年10月,鬰林县人民政府单独设文化科,1958年6月,文化科与教育局合并为文教局,1961年改为文教科。1963年6月撤销文教科,分设文化科与教育科。1966年5月,玉林县和玉林镇分别设文教卫生局,1968年5月,玉林县成立县文化教育领导小组。1970年12月,玉林镇划归玉林县管辖,文教机构合并,1973年10月,玉林县设县文化局。1983年10月,因撤县设市更名为玉林市(县级市)文化局。1993年9月,玉林市文化局与玉林市文联合署办公,实行一套人马两块牌子(文化局正、副局长分别兼文联正副主席)。1997年7月,县级玉林市撤销,分设玉州区、兴业县和福绵管理区。玉林市文化局更名为玉州区文化局。2001年下半年机构改革,玉州区文化局与玉州区体育局合并为玉州区文化和体育局。区文化体育局行政编制12人,设局长(文联主席)1人,党组书记兼副局长(文联副主席)1人,副局长1人,纪检组长1人,主任科员1人,干部6人(其中文联2人)。文体局内内设政秘股、业务股、体育股、文管办;文联设综合股。办公地点设在玉州区政府大院5号楼。下设二层机构有区文化馆、区粤剧团、区杂技团、区电影公司(2009年3月底上划玉林市广播电视局管理)、区体育场、区文化市场和新闻出版稽查大队。

精品创作成绩喜人。一年来创作了10多个(篇)艺术精品,其中包括了玉林采茶调、歌曲、说唱、歌词、小品、相声等作品。在农业部中国合作经济学会、文化部中国大众音乐协会主办的"让世界听到中国幸福乡村的声音——第二届全国村歌评选活动"中,玉林采茶调歌曲《美丽的高山》被评为优秀村歌。参加2010年玉林市第四届文艺比赛,小品《特殊约会》《夫妻之间》《非遗普查员》,玉林民间说唱《唱春牛》分别获一、二、三等奖,民间舞蹈《撑船舞》获优秀奖,歌曲《高山前景更辉煌》《钱鞭声声》、方言歌曲《日子越过越开心》深受广大人民群众喜爱。协助玉州区纪委编排独弦琴演奏加伴舞《荷韵清风》获玉林市"创先争优,廉洁从政"文艺调演二等奖。

年内举办十多场文艺演出,包括玉州区迎春文艺晚会、元宵曲艺演唱会、"千团万场"和谐文化服务行,"非物质文化遗产""走进军营"、走进仁厚镇等专场文艺演出,以及玉州区创先争优文艺汇演暨第二届村(社区)文艺表演大赛、庆祝中华人民共和国成立61周年暨祖国颂庆"国庆"广场群众文艺演出、药博会专场文艺演出活动、玉州区群众晨练迎玉博会。

玉州区共有1个影院剧场、69个村级图书室、64个文化活动室、352个篮球场、64个舞台、109个业余文艺团体(包括采茶八音、木偶剧、粤剧、歌舞、麒麟等)、50多个妇女健身队,演职员共有3000多人。年内组织开展各类文体活动230多场次。年内,建成了仁东镇、大塘镇综合文化站。投入66万元建成60家农村书屋并向广大群众免费开放。建成城西街道永上村等5个村级公共服务中心。投资50多万元在玉州区文化馆四楼装修建成全国文化信息共享工程玉州支中心,并通过了自治区文化厅的检查验收。投入31.99万

元，建成75个农村党员干部远程教育基层点并投入使用。10月，玉州区文体局和团区委联合主办了2010年玉州区十大青年歌手大赛，200多名选手参加了初赛，经复赛、决赛评出十大青年歌手，社会影响广泛。

玉州区文化市场和新闻出版管理办公室现有工作人员3人，由文联、文化市场稽查大队内部兼职调剂使用。玉州区文化市场和新闻出版稽查大队核定编制12人，稽查队员12人，执法专用车1辆。玉州区共有网吧80家，电子游戏机室92家，KTV娱乐场所72家，儿童游乐、综合娱乐8家，音像制品零售出租74家，文艺表演团体11家，报刊亭(摊)、书店、打字复印店共161家。就业人员约5000多人。年内，稽查大队共出动8987人次，检查经营网点1495家次，责令改正84家次。其中，检查网吧516家次，责令改正7家次，警告8家次；检查游艺115家次，责令改正3家次；检查演出市场44场次；检查歌舞KTV 130家次，责令改正25家次；检查音像333家次，责令改正33家次，警告6家次，扣缴非法盗版光盘5849张；检查书报刊332家次，责令改正12家次，警告8家次，扣缴非法出版物2758册(份)；检查印刷25家次，责令改正4家次。

玉州区文体局坚持以“保护为主，抢救第一，合理利用，传承发展”的工作方针，我局共出动普查人员300多人次，深入80多个村(屯)、社区进行普查，收集地方文化书籍资料30多册，挖掘收集整理了750条普查线索，完成了20个普查项目。年内，新增国家级非物质文化遗产项目1个，“广西八音”已成功申报为第三批国家级非物质文化遗产保护项目。玉州区文体局荣获2010年度玉州区平安建设一等奖、2010年安全生产工作二等奖，以及2010年度玉州区社会主义新农村建设先进后盾单位称号；谭艳艳同志获2009～2010年度玉林市“扫黄打非”工作先进个人。

【北流市】 北流市文化和体育局前身为北流县文化局，成立于1973年10月，1994年7月，北流撤县设市，北流县文化局更名为北流市文化局，2001年11月，市文化局和市体育局合并成北流市文化和体育局(简称市文体局)。市文体局共有行政编制10名、事业编制1名，现在编在职11人，其中局长1人，副局长1人，党组书记1人(兼副局长)，内设秘书股、文化股、体育股、文化市场管理股。下设二层机构有市文化馆、市图书馆、市博物馆、市歌舞团、市文化市场管理稽查大队、市体校、市电影公司(2009年5月归口市广播电视局管理)；业务指导全市22个镇文化广播电视站。

北流市歌舞团是全市唯一的专业表演团体，其前身为县文工团，成立于1959年1月，1987年1月改名县歌舞团，1994年7月改称市歌舞团。现有编制30名，在职24人，办公地点在北流市城东一路0070号。年内，创作文艺作品5个。

北流市文化馆前身为北流县人民文化馆，成立于1950年8月1日，1994年5月，北流县撤县设市，北流县人民文化馆改称为北流市文化馆。全馆占地面积1230.5平方米，建筑面积3138.4平方米。目前，全馆有事业单位编制15人，在职14人。配馆长1人、副馆长3人。全馆在职人员中有大专学历以上11人；获得中级职称5人、初级职称5人；有中国儿童歌舞协会会员、广西舞蹈家协会会员、广西儿童音乐学会会员等省级以上协会会员4人；县级文艺家协会主席1人、市级文艺家协会副主席1人；县、市级协会会员6人。设有音乐、舞蹈、戏(剧)曲(艺)、美术、书法、摄影、理论调研、非物质文化遗产普查和保护等8项艺术门类。创立有文化艺术培训

中心和玉林市未成年人校外活动中心。1990年被评为“全区先进文化馆”，1995年1月被评为“全区二等模范馆”；1993年被国家文化部授予“标准文化馆”称号。重视镇村文化基础设施建设。建设农家书屋35家，村级公共服务中心建设任务8个，对全市259个村配送了文化信息工程设备，年内，举办大型文化活动4次，组织歌舞艺术下乡20场次。认真组织开展“激情广场大家唱”活动，群众文化活动不断提升，荣获文化部“激情广场万人唱”群星奖。

北流市图书馆成立于1944年(北流设市前称北流县图书馆)，现有工作人员17人，藏书30万册(其中电子图书12万册)，占地面积7600平方米，建筑面积3970平方米。2005年被国家文化部授予“国家一级馆”。12月份再次被文化部授予“国家一级图书馆”。全年图书外借近18万册次，流通18万多人次。

北流市文化市场稽查大队与北流文化市场管理办公室是两块牌子一套人马，属市文化和体育局的二层机构，现有编制6名，在职人员6人，今年12月定为参照公务员管理单位。全市共有文化经营单位359家，其中，娱乐场所20家，印刷企业45家，复印打字店60家，书报刊亭75家，网吧48家，电子游戏室62家，音像零售店19家。一年来，联合多部门对全市娱乐场所进行全面整治10多次，处罚非法、违规经营的文化娱乐场所50多家，停业整顿10多家。共出动执法人员500多人次，检查各类经营场所1000多家次，查办案件10多件，收缴非法音像制品8000多张，非法出版物10000多册(页)，低俗音像制品1000多张，非法“六合彩”活页资料20000多份。

北流市博物馆的前身为北流县博物馆，成立于1989年6月，1994年7月改为北流市博物馆。现有编制6名，在职人员11人。主要职能是负责市辖22个镇、3个街道办事处文物、标本、资料的征集、保藏、研究、陈列及文物保护单位和文物点进行监督管理。全市收藏文物1143件(其中一给文物5件，二级文物19件，三级文物111件，一般文物1008件)，目前世界出土最大面径铜鼓(面径165厘米，重300公斤)在北流。全市有各级文物保护单位14处(其中自治区级文物保护单位6处，市级文物保护单位8处)，登记在册文物点105处，李明瑞、俞作豫烈士纪念馆被列为自治区级爱国主义教育基地，玉林市级爱国主义教育基地3处，北流市级爱国主义教育基地6处。爱国主义教育基地接待参观8000多人次。

【容县】 容县文化和体育局前身为容县文教科，成立于1950年。1958年改名容县文教局，1973年成立文化局，2001年11月，容县文化局和容县体育局合并成容县文化和体育局，办公地点设在容县容州镇东门街1号。县文化和体育局行政编制9个、事业编制1个，现在编在职11人，其中局长1人，党组书记兼副局长1人，副局长3人，纪检组长1人，副主任科员1人；各职能股(室)4人；内设秘书股、体育股、文化市场管理办公室等3个职能股室。在文化市场管理办公室挂县新闻出版(版权)管理办公室、县“扫黄打非”工作小组办公室牌子。直属二层机构有县文化馆、县图书馆、县博物馆(与文物管理所合署办公，两块牌子一套人马)、县教育艺术团(对外称县歌舞团)、县文化市场稽查大队、县业余体校、真武阁公园；除真武阁公园属于定额拨款单位外，其余各单位均为财政全额拨款事业单位。业务指导全县15个乡镇综合文化站。

1959年，容县成立专业文工团，1969年改名为文艺队，1981 年，容县文艺队改名为容县粤剧团，1990 年改名容县歌舞团，2004 年在歌舞团基础上组建容县教育艺术团。教育艺术团编制 35 个，现有在职职工 16 人。

全年共演出 35 场(其中下乡演出 17 场，城区和赴玉林市演出 18 场)，参加演出人员 800 人次，观众 8 万多人次。2 月 8 日，在容县人民会堂举办 2010 年春节晚会；4 月份，参加广西政协会议文艺演出；6 月 1 日，组织举办庆“六一”文艺汇演；9 月 28 日，协助容县县委、县政府举办国庆文艺晚会；11 月份，举办第六届“玉博会”容县专场演出；12 月 30 日，举办 2011 年元旦晚会。

全县共有 1 个影院剧场，51 个村级图书室，69 个村级篮球场，舞台 25 个，业余文艺团体 80 多个，包括舞狮、采茶、木偶、粤剧、文艺、杂技等，其中舞狮 21 个队、采茶 18 个队、木偶 3 个队、粤剧 2 个队、文艺队 42 个队、杂技 1 个队，业余演职员共有 5000 多人。年内各业余团体共开展各类演出 3000 多场次。容县文化馆成立于 1950 年，占地面积 2000 平方米，建筑面积 600 平方米，主要职责为：宣传科学文化知识，组织开展各种群众文化活动，辅导业余作者进行文艺创作，培养文艺人才，保护非物质文化遗产。核定编制 19 个，现有工作人员 12 人，其中，中级职称 2 人，初级职称 3 人。重视镇村文化基础设施建设年内投入 231 万，建成石寨镇石寨村、杨梅镇杨梅街村、灵山镇六图村、罗江镇黎木村、县底镇泗关村、容州镇千秋村、十里乡大坡村、六王镇塘垌村等 8 个村级公共服务中心。投资 148.12 万元，为乡镇基层发放 230 套农村党员远程教育建设设备、5 套文化信息资源共享工程乡镇基层点设备。投资 166 万元，维修和改造县文化馆、博物馆、文物陈列馆、经略台真武阁消防系统建设工程。

开展丰富多彩的文化活动。组织参加玉林市第四届文艺比赛，获一等奖 1 个、二等奖 3 个、三等奖 1 个。创作文学、音乐、美术、摄影等作品 100 多篇(幅)，选送优秀作品参加玉林市第四届文艺比赛，荣获摄影类二等奖 1 个、优秀奖 2 个，美术类优秀奖 2 个，书法类优秀奖 1 个，词、曲创作优秀奖各 1 个。2 月 9 日至 11 日，组织书法家免费为群众义写春联近 1000 幅；8 月份，开展计生服务宣传“三个在我心中”下乡巡回演出。年内容县教育艺术团进农村、学校、厂矿演出 17 场；组织社会业余文艺团体下乡演出 100 多场次。4 月 9 日至 11 日，举办农家乐旅游经营专题培训班，共有全县“农家乐”旅游经营户及有意向参加“农家乐”经营的农村党员 35 人参加了培训班。12 月 29 日，举办文化馆、文化市场稽查大队、乡镇文化站干部职工文化业务培训班，56 人参加。

1950 年，容县图书馆隶属于容县文化馆，1973 年脱离容县文化馆单独设立。图书馆占地面积 1000 平方米，建筑面积 1640 平方米。编制 11 人，现有工作人员 10 人，藏书 16 万多册。年内接待读者 5 万多人次，外借书刊 3 万多册次。全县共有 3 个镇级图书馆，分别为县底镇爱华图书馆、容州镇图书馆、自良镇图书馆，藏书共 4 万多册；有 11 个村级图书室，分别为容州镇东光村图书馆、河南村图书馆、厢南村图书馆、同古村图书馆、峤北村图书馆，容西乡祖立村图书馆，十里乡黎读村图书馆，黎村镇珊萃村图书馆，松山镇沙田村图书馆，石头镇水口村图书馆，县底镇泗关村图书馆，藏书共 2 万多册。容县图书馆年内派出 18 人次，到各个农家书屋协助分编、上架图书 3 万多册；在图书馆多媒体放映室为未成年人播放爱国主义电影、动画片、科幻片、知识讲座 22 场次。8 月 16 日，在馆内的电子阅览室同容县文明办联合举办“青少年爱国主义教育知识问答会”及“浮沉子”科技制作

活动，并播放爱国主义电影。7月至8月，组织图书下乡15次；上级送书下乡8万多册，建成40个农家书屋。

容县全县共有网吧35家、卡拉OK歌舞娱乐场所30家、电子游戏厅29家、音像制品销售店68家、音像制品出租店2家、印刷厂31家、打字复印店30家、书店58家、民间剧团3家。容县文化市场稽查队为全额拨款事业单位，核定编制5人，现有在编人员5人。年内共出动执法人员3362人次，检查文化市场经营户网吧、电子游戏娱乐场所、音像店、出版物发行单位、打字复印及印刷企业等共2633家次。责令整改225家次，取缔游商地摊10个；受理举报14件，立案调查12件，结案9件。依法收缴非法盗版、低俗音像制品5220张，查缴各类非法六合彩码报6480份，查处取缔黑游戏室4家，查处违规接纳未成年人的网吧7家次，查处经营非法出版物经营单位1家；协助配合工商局查处"黑网吧"11家，查扣计算机85台。通过治理整顿，我县大多数文化经营单位业主能做到守法经营，诚信服务，确保了文化市场、文化产业健康、有序和谐发展。

年内，真武阁公园投入资金4万多元购置了办公设备、安装了LED显示屏、更换真武阁地板胶和公园招牌、指示牌等，改善了办公条件，完善了公园设施。2010年共接待外地游客14万多人次，旅游收入163.4万元（含贵妃园），同比增长21.8%。真武阁公园获玉林市文化局命名为第一批玉林市文化产业示范基地。

全县共有全国重点文物保护单位2处（经略台真武阁、容县近代建筑）、12个点（经略台真武阁、黄绍竑别墅、黄旭初别墅、罗奇别墅、苏祖馨别墅、韦云淞别墅、马晓军别墅、夏威夏国璋别墅、黄绍竑故居、黄旭初故居、容县中学旧教学楼、容县图书馆旧址），自治区重点文物保护单位4处（容县城关窑址、西山冶铜遗址、唐开元寺景子铜钟、真武阁碑刻）、8个点（容城变电所窑址、松脂厂窑址、东光上埌窑址、东光下埌窑址、河南上埌窑址、西山冶铜遗址、唐开元寺景子铜钟、真武阁碑刻），县级重点文物保护单位14处（中共容县特支活动旧址、范亚音农民起义使用过的大铁炮、南山古迹、范亚音农民起义活动遗址——天后宫、唐容州古城址、杨叶古井、海晏李公祠、中共容县临时委员会县底农民协会旧址、罗奇旧居、彭氏大屋、伍廷飏故居、陵瑞庄、徐松石故居、君杰崔公祠）。县博物馆共有馆藏文物6659件，其中一级文物3件、二级文物36件、三级文物258件。从1971年起，容县文化馆设兼职文物干部，1979年正式成立容县文物管理所，1989年更名为容县博物馆，实行两块牌子、一套人马的管理模式。县博物馆有事业编制6名，现在职在编人员10人。年内，开展第三次文物普查，普查登记文物点188处（其中新发现文物点86处，复查102处，包括古建筑66处，近现代重要史迹及代表性建筑61处，古遗址29处，古墓葬9处，石窟寺和石刻17处，其它6处，确认消失文物点49处，全部完成全县文物普查实地调查阶段任务，并通过自治区第三次全国文物普查实地调查阶段验收专家组的验收。5月，完成了黄绍竑故居、夏威夏国璋别墅的修缮方案及预算的编制，第一期维修经费100万元已到位，维修工作即将展开。完成经略台真武阁消防系统工程项目建设。7月中旬，容县博物馆从灵山镇六良村征集到一面汉代四蛙云雷纹北流型铜鼓，属本地所产，距今已有2000多年的历史。该面铜鼓高46厘米，壁厚1厘米，周长252厘米，重46公斤。容县博物馆认真贯彻落实中央关于国有博物馆、纪念馆实行免费开放政策，加紧对免费开放重要场馆之一的文物陈列馆进行维

修、布展和恢复展览工作，恢复中断12年之久的容县文物陈列展览，并对外免费开放。开展“5·18国际博物馆日”和“6·12中国文物遗产日”的宣传月活动，发放宣传资料3000多份，进行文物知识有奖问答，开设文物知识咨询台，吸引3000多名群众前来咨询了解文物知识。同年，公布地市级、县级非物质文化遗产项目15个。通过普查摸底和整理，我县非物质文化遗产项目《灯图舞》成功申报为市级非物质文化遗产项目，《年宵歌》《哭嫁歌》《看鸭妹》《龙母坟传说》《真武阁传说》《出米寺》《灯图舞》《功曹舞》《木偶戏》《真武阁建筑工艺》《容县近代民国将军建筑群艺术》《霞烟鸡原产地养殖技术》《六槐米酒酿造工艺》《打醮》等14个项目为县级非物质文化遗产项目。推荐了何浩深和夏锦汉作为我县市级非物质文化遗产项目杨贵妃传说和容县采茶戏的代表性传承人。

容县文化市场稽查大队获评为“全国服务农民服务基层文化建设‘基层文化市场管理和执法先进集体’”；容县文物普查队荣获“全区第三次文物普查实地调查阶段先进集体”，容县博物馆获评为“全市‘文物调查及数据库管理系统建设’项目工作先进集体”。

【陆川县】 陆川县文化和体育局前身为陆川县文教科，1955年8月，陆川县文教科分为陆川县文化科和陆川县教育科；1958年6月，陆川县文化科和陆川县教育科合并为陆川县文教局；1961年10月，陆川县文教局改称为陆川县文教科；1963年，文化、教育分科，由文化科主管文化工作，文化大革命开始后，文化科处于瘫痪状态；1968年，陆川县革命委员会下设教工组文教卫革命领导小组。1973年10月，陆川县设文化局，配正副局长各1人，工作人员2人。2001年12月，陆川县文化局和陆川县体育局合并成陆川县文化和体育局（简称县文体局），是主管全县文化艺术、文物保护、文化市场管理、新闻出版和版权管理、体育事业的政府职能部门。内设政秘股、文化股、体育股、文化市场管理办公室。县文体局共有行政编制9名，“扫黄打非”办公室编制3名，其中局长1人，副局长3人（其中1人为挂职），下设二层机构有县文化市场稽查队、县图书馆、县文物所、县歌舞团（教育艺术团、客家山歌剧团）、县体校、县“扫黄打非”办公室文化馆。业务指导全县14个乡镇立文化站。

陆川县歌舞团前身为陆川县文工团，2008年3月改为陆川县歌舞团，同年增挂“陆川县教育艺术团”牌子，2009年6月增挂“陆川县客家山歌剧团”牌子，实行一套人马、三块牌子。共有编制30人，现有工作人员18人。年内，组织编排的一批文艺节目，其中“客家姐妹”获广西第一届青年舞蹈大赛专业组三等奖，表演唱“阿妹等哥来拍拖”获得了第二届八省区优秀客家山歌（东莞凤岗）邀请赛银奖。小品“都是六合彩惹的祸”、歌伴舞“有客家人的地方”、独唱“欢迎你到陆川来”、独舞“小马驹”、三人舞“客家姐妹”、器乐萨克斯“回家”等作品，在玉林市第四届文艺比赛中，分别获得一等奖、二等奖、三等奖和优秀奖。

陆川县文化馆成立于1951年，现有在编工作人员15人，设有音乐、舞蹈、文学创作、美术、摄影、群文等6个业务组室，全县共有63个村图书室，73个村文化活动室，65个篮球场，28个舞台，业余文艺团体110多个，年内各业余团体共开展各类演出180多场次。年内，投资220多万元，完成沙湖乡长沙村，米场镇新民村，沙坡镇北安村，横山乡稔坡村、旱塘村，乌石镇紫恩村、塘域村，良田镇良田村8个乡镇综合文化站的建设任务。投资11万元，建设农家书屋37家。年内，组织排

演了“陆川县‘心连心’慰问专场晚会”、“玉林市中级人民法院建院60周年文艺汇演”等三十二场文艺节目。5月17日，精心创作排练了一台具有客家文化特色的文艺节目与新加坡茶阳会馆客家歌唱团交流演出。七月份以来，组织开展了“庆‘七一’”“腾舞飞扬，共创艺术辉煌”“暑期文艺下乡”“庆‘八一’军民联欢晚会”，参加了“两岸三地师生‘客家文化寻踪’文艺晚会”；10月23日，组织了“欢乐乡村行”陆川站文艺及“中国名猪(陆川)文化节大型文艺晚会”演出，10月24日，组织编排六个节目参加了“广西夺宝奇兵栏目”的文艺演出。

陆川县图书馆1979年从县文化馆分出来，单独成馆，现有在职在编人员9人，藏书12.8万册，电子图书24万册，为三级图书馆。年内新购置了24万册电子版图书，办理了近三千多张阅读卡。陆川县文化网站经国家信息产业部核准，4月开通。

陆川县文化市场稽查队5月份由原来的自收自支单位改为财政全额拨款事业单位，核定编制5名，现有工作人员5人。全县共有网吧49家、电子游戏机室46家、音乐酒吧9家、歌舞卡拉OK厅6家、音像店23家、印刷厂6家、复印打字店28家、书报刊亭30家。加强文化文化市场整治。年内，加大对“网吧”及娱乐场所专项治理力度，重点查处网吧接纳未成年人消费的现象。5月20日至26日，对全县学校周边的文化娱乐场所进行了专项整治行动，此次行动共出动126人次，检查了网吧49家，游戏机室89家。全年按照规定处理违规经营网吧、电子游戏机室共35家，取缔了2家无证经营电子游戏机室，拆除赌博机电路板122块。在“扫黄打非”专项治理方面，据市“扫黄打非”工作领导小组办公室在全市开展迎世博“扫黄打非”专项行动的工作布置，4月2日至4月25日，重点对全县23家音像店、30家图书销售点、3家印刷企业进行了拉网式的全面检查。共查缴各类非法音像制品1200张(盘)；盗版、色情、恐怖等图书200册(本)；“六合彩”码报800张(本)。

陆川县文物管理所现有在编职工5人，其中专业技术人员2人(馆员1人、助馆1人)、其他工作人员3人。全县共有文物保护单位10处，其中自治区级文物保护单位2处(谢鲁山庄、茂园)，县级文物保护单位8处(中山纪念亭、茂园、革命烈士纪念碑、大坑寨、庞石洲墓、革命八烈士墓、桂东南起义活动旧址—八角楼、革命活动旧址—龙潭岩)。现有馆藏文物1021件，其中，二级文物6件、三级文物51件。年内，完成我县129处不可移动文物的数据录入工作。公布林虎将军旧居等22处文物点列为县级文物保护单位。投资4万元对区级文物保护单位“谢鲁山庄”的“半山亭”进行了维修。开展县保“大坑寨”保护范围及部分寨墙被毁事件的调查工作。

【博白县】 博白县文化和体育局的前身为博白县文教科，成立于1956年。1957年，博白县设立文化局。2001年11月19日，博白县文化局和博白县体育局合并成博白县文化和体育局(简称县文体局)。县文体局共有行政编制11名，现设局长1人，党组书记1人，副局长2人，纪检组长1人。办公地点位于博白县政府办公大楼四楼。下设二层机构有博白县文化市场管理办公室(文化市场稽查大队)、博白县文化馆、博白县图书馆、博白县博物馆、博白县杂技团、博白县采茶剧团、博白县王力故居管理所、博白县体育学校。业务指导全县28个乡镇综合文化站。

博白县杂技艺术团为财政全额拨款事业单位，始建于1957年，1999年经玉林市人民政府批准增挂“玉林市杂技团”牌子，实行一套人马，两块牌子。定编37人，现有演职人员130多人，3个演出队（其中一个长期在国外演出）。博白县杂技艺术团自1999年1月以来，先后赴新加坡、马尔代夫、泰国、马来西亚、西班牙、越南、沙特阿拉伯、美国、加拿大、瑞士、南非、爱尔兰、英国、澳大利亚、新西兰、香港等30多个国家（地区）演出，演出580多场次，收入100多万元，观众达300多万人次。

博白县采茶团的前身博白县民间艺术辅导团成立于1953年。1981年，经自治区文化厅批准更名为“博白县采茶剧团”。博白县采茶团为财政全额拨款事业单位，全团演职员40多人（包括学员）。该团表演的采茶戏《清水塘边》参加“2003年第十届曹禺戏剧奖全国小戏小品评选”大赛获二等奖，采茶戏《门神下乡》参加广西第六届戏剧展获金奖和八个单项奖。年内该团共演出120多场，观众40多万人次。

文艺创作演出获奖情况良好。参加第一届广西杂技（魔术）比赛喜获佳绩：杂技《荡杆》获一等奖，杂技《台圈》、魔术《川剧三变》获三等奖。年内，组织创作文艺作品近200件，其中故事、散文作品82件，小品作品2件，诗歌作品107篇（首），美术、摄影作品4件。其中，宾炜创作的小小说《阿婆在等待》获自治区“反腐倡廉”小小说大赛二等奖，获玉林市二等奖，《阳台相隔一米》获自治区“第三届小小说大奖赛”三等奖；黄强创作的国画《绿衣裹赤胆 银龙降火魔》获2010年“首届广西公安消防总队书画展摄影作品展”三等奖。小小说《杀死局长》获湖北网络文化节小小说大赛铜奖；散文《父亲很美》获湖北孝义市举办的孝文化征文二等奖；故事《狮子出笼》获2010年中国最佳故事奖。在“中国故事第一刊”《故事会》上发表了《父亲破纪录》《为啥不开枪》《合法夫妻》《我想有套房》《狮子出笼》等37篇作品。

博白县文体局组织的优秀作品在参加玉林市第四届文艺比赛中喜获丰收。舞蹈类有《阿赖的浪漫爱情》获舞蹈类非村屯组一等奖，《山娃的心愿》获舞蹈类村屯（社区）组优秀奖。杂技类有《向往》获杂技类一等奖，《高椅》获二等奖。音乐类有《客家人》、《阿妹心里爱上他》获声乐类三等奖，《美丽的阳朔我的家》获优秀奖；笛子演奏《秦川抒怀》获器乐类少年组一等奖，钢琴演奏《肖邦练习曲》获三等奖，扬琴演奏《山丹丹花开红艳艳》获成年组三等奖，二胡演奏《金珠玛米赞》获优秀奖。此外还有采茶小戏《钓拐》片段获戏剧类三等奖。博白县文体局获优秀组织奖。

组织文艺工作者完成了博白县春节文艺晚会、第三届博白客家文化节《客家和韵》文艺晚会等重要演出。年内举办各类文化活动600多场次，观众70多万人次，收入80多万元。其中，商业性演出325场，公益性演出35场次，下乡宣传演出100多场。

博白县文化馆成立于1950年，现有干部职工19人，其中高级职称1人，中级职称4人；设有文学、音乐、舞蹈、艺术、曲艺、摄影、档案管理等专业。年内，建成旺茂等9个乡镇综合文化站、8个村级公共服务中心和50家农家书屋，其中三滩镇良茂村茂山屯农家书屋获广西十家农家书屋称号。还为9个乡镇文化站配送了文化设备，28个乡镇286个村配送了文化信息资源共享工程设备。全年组织举办各类文化活动500场次，其中影响较大的活动有：第三届博白客家文化节、群众性文艺晚会（6场），以及“元旦”博白县农民书画作品展、迎春书画作品展、六一博白县青少年书法作品展等；8月份举办了以“我行我快乐”为主题的2010年广西“快乐暑期大行动”的活动，此外组织其他校外活动5次。全年组织广场演出及送戏下乡480场；举办舞蹈、

美术、扬琴学习班7期，辅导单位18个、250人次。在第三届博白客家文化节中，博白县文体局精心部署、周密组织开展第三届县客家文化节各项文体活动，如秧歌队、鲜花队、鼓号鼓乐队迎宾，客家民俗风情表演一条街，摄影、书画大赛，民间采茶剧、木偶戏专场演出，开幕式文艺表演，“客家和韵”文艺晚会等活动。通过迎宾欢乐一条街和文艺晚会把博白县列入首批国家级非物质文化遗产项目的桂南采茶等民间文化艺术向嘉宾和群众展示，展现了绚丽多姿的客家民俗文化和改革进取的时代风采。博白电视台进行直播，广西电视台进行录制并3次播出。

博白县图书馆为财政全额拨款的事业单位，定编19人。始建于民国13年，建筑面积约500平方米，1933年馆藏书5万多册；1981年县图书馆大楼落成开馆，占地面积4109.39平方米，建筑面积2256平方米。目前总藏书量24万多册，其中：古旧图书5万余册，普通图书13多万册，报刊杂志6.8万余册。全年共发放借书证732个，接待读者5.6万多人次，图书外借5万多册次；分编图书4000多册，图书数据录入6000多条；协助乡镇图书室分编图书3800多册。获国家文化部授予“国家二级图书馆”。

年内，组织开展读者活动6次，其中，大型游园活动、“农民读书活动周”、“未成年人思想道德建设宣传日”读书演讲比赛和传唱优秀童谣网上签名等活动吸引众多市民参与。图书馆电子阅览室实行凭证限时免费上网，还组织小学生观看科教片20场，组织群众观看有关种养殖科教片12场。开展图书配送和送书下乡活动，3月中旬，为筹建中的龙潭寨觉村图书室赠送书籍500余册；5月份，协助县委宣传部图书室做好图书配送相关工作；6月中旬为县武装部图书室送书上门；5月14日，在县城区兴隆街开设“图书科技咨询服务点”，共接待群众300人次，赠送科技资料200余份。

博白县文化市场稽查大队为财政全额拨款的事业单位，和博白县文化市场管理办公室实行两块牌子、一套人马，属县文化和体育局二层机构。设主任1人(兼大队长)，副主任1人，现有在编人员5人。全年共出动车辆300多台(次)、人员1300多人次，检查各类文化市场经营场所1200多家次，查处经营非网络游戏、接纳未成年人、未按规定核对登记上网消费者有效身份证件80多家，警告未建立从业人员名簿、营业日志娱乐场所60家，相关部门集中行动113次，专项行动5次，召开业主会议4次，收缴非法音像制品1400多张(盒)，夹杂色情、封建迷信、口袋书、盗版资料、“六合彩”玄机书报刊13500多张(册)，累计检查城乡文化经营户940多家次，处罚违规经营户14家次，罚款5万多元，受理举报4件，立案查处5件，结案5件，停业整顿2家次。

全县共有1个自治区重点文物保护单位、2个市级重点文物单位、28个县级重点文物单位，3226件馆藏文物(其中一级文物2件，二级文物10件，三级文物84件)。博白县博物馆系财政全额拨款事业单位，内设办公室、保管部、宣教部、保卫股、文物保护管理部、文物行政执法队等6个科室，定编10人，现有干部职工10人。获国家文化部授予“国家三级馆”。

王力故居管理所成立于2004年7月14日，属财政全额拨款事业单位，核定编制2名，现有在职人员4人。地址位于博白县博白镇新仲村岐山坡王力故居内。年内，王力故居开展了爱国主义教育、未成年人校外活动和“弘扬和培育王力精神宣传活动月”等活动，接待上级领导和社会各界4000多人次，青少年10000多人次，发放宣传资料10000

多份。其中包括新加坡茶阳会馆客家交流团、台湾“海峡两岸青年学生客家文化寻踪夏令营”等41个团体以及15个学生参观团。

年内，完成了文物普查野外普查的各项工作，共普查不可移动文物141处，并于4月20日顺利通过自治区三普办专家组检查验收。文物调查及数据管理系统建设顺利推进，全年完成并上报馆藏一、二、三级文物及一般文物760件信息数据录入工作。根据博白县政府主要领导指示精神，7月27日至8月25日，对县级文物保护单位太平坡水楼进行加固抢救性维修。积极配合广西南流江博白段文物考古调查与研究课题小组开展南流江博白段的文物考古调查与研究的各项工作，先后发现三滩古城遗址、马门滩遗址、浪平古城遗址，亚山古城遗址等4个较有价值的古遗址，初步判断前三个遗址年代为南朝至唐代，后一个遗址年代为宋代。开展国际博物馆日及文化遗产日宣传活动，举办“博白县第三次全国文物普查成果专题展”在博白县城主要街道悬挂宣传横幅20条，悬挂张贴宣传标语100多余、文物保护宣传彩图50多幅。

【兴业县】 兴业县文体局成立于1997年6月，办公地点在兴业县石南镇电影院；兴业县体育局成立于1997年6月，2001年11月，兴业县文化局和兴业县体育局合并成兴业县文化和体育局(简称县文体局)。2002年10月，县文化和体育局搬迁到县行政中心大楼7楼办公。目前，县文体局行政编制8人，在编在职8人，其中局长1人，党组书记1人，副局长3人，各职能股室负责人3人；内设秘书股、群众文化和体育股、艺术训练和体育竞赛股、县新闻出版(版权)管理办公室、县“扫黄打非”领导小组办公室5个职能股室。下设二层机构有县文化馆、县图书馆、县文物管理所、县文化市场管理稽查大队、县业余体校；业务指导全县13个乡镇文化广播电视站(宣传文化站)。

兴业县鹩剧至今已有100多年历史，由民间“贺新年”活动中的一段“引风”歌舞发展而来，以唱故事为主，唱词通俗易懂，多为抒发“春祈秋报”之意，并吸收采茶，粤剧及地方民歌等40多种曲调。在兴业县，几乎每村每屯都有各自的鹩剧队，常年活跃在基层农村，通过表演宣传党的政策，为当时文化生活相对贫乏的乡村增色不少。由玉林市文化局和兴业县文体局联合打造的鹩剧《长恨碑》参加第四届“中国滨州·博兴小戏艺术节”获四个奖项：稀有剧种保护(发掘)奖、适宜农村和基层推广演出的“优秀推荐剧目”、剧本创作突出贡献奖、表演创作突出贡献奖(主演杨禄有)；该剧在第七届广西小戏小品大赛中又大放异彩，主演杨禄有获“表演奖”。

9月7日至11日的玉林市第四届文艺比赛，兴业县组织9个节目参加玉林市第四届文艺比赛取得良好成绩：周少妮独唱《喷香的红纱巾》获声乐类一等奖，丁冬获优秀作词奖，周少妮获优秀演员奖；黄红叶独唱《金凤凰在歌唱》获优秀奖，麦昭阳、梁宠传获优秀作词奖；笛子独奏《扬鞭催马运粮忙》、古筝《秦桑曲》获器乐类二等奖，笛子独奏员曾勤获优秀演员奖；小品《调解》获戏剧、小品类二等奖，杨禄有获优秀导演奖；曲艺《歌唱新兴业》获曲艺类三等奖；舞蹈《在希望的田野上》《和谐中国》《英台初妆》获舞蹈类优秀奖。

全县共有8个影院剧场、57个村级图书室、59个文化活动室、230个篮球场、40个舞台、420多个业余文艺团体(包括舞狮、八音、鹩剧、粤剧、歌舞、麒麟等)、130个妇女健身队，演职员有8000多人。全年我县各业余团体共开展各类演出592场次。其中粤剧60多场次、鹩剧80多场次、歌舞类表演12场

次、曲艺类30多场次，文化下乡演出200多场次。

兴业县文化馆于2005年建成投入使用，建筑面积1548平方米。共有编制3名，现有在职人员3人，中级职称1人。年内建成村级公共服务中心7个、农家书屋38个、村级篮球场9个、农民健身工程试点1个，为204个行政村配送投影设备。2月份辅导保险公司舞蹈《幸福誓言》获一等奖，辅导兴业县法院歌伴舞《母亲》参加系统汇演获得好评。12月28日至30日，文体局邀请玉林市群艺馆和玉林市粤剧团专业老师授课，举办了为期三天的农村文艺骨干和各镇文化站站长培训班，培训类别分别为美术、书画、声乐、舞蹈、戏曲和基层文化工作管理知识培训，通过培训、参观、学习交流等形式，使学员们既掌握专业技能，又进一步开阔视野，汲取了先进县（区）经验，促进了我县基层文化活动开展。全年共开展“千团万场”主题下乡演出208场次，演职员共450人次，观众人数达16400人次。

兴业县图书馆成立于1999年，共有编制3名，现有工作人员3人，其中获中级职称1人。图书馆大楼于2008年5月竣工并投入使用，占地面积500平方米，建筑面积1000平方米，藏书2万多册。另有57家村级图书室（农家书屋）。6月，兴业县葵阳镇获上级配给价值10万元文化设备，新建1个文化信息资源共享乡镇基层服务点。7月份，将210套村级共享工程设备发放到全县210个行政村，并对13个镇文化站人员进行了技术培训。全县已建成1个县级支中心、7个镇和210个村基层服务点的共享工程网络。10月1日，县级支中心电子阅览室对公众开放。

全县共有各类文化经营单位163家，从业人员达619多人，其中网吧41家、电子游戏机室34家，茶座、餐饮卡拉OK 12家，KTV2家，音像零售12家，书报刊零售31家，打字、复印25家，印刷厂6家。兴业县文化市场稽查大队与兴业县文化市场管理办公室是两块牌子、一套人马，核定编制3名，工作人员3人，办公地点设在兴业县石南镇解放路。2008年定为参公单位。全年共举办了各类经营业主培训8期，其中网吧、电子游戏机室业主培训班4期；音像、书报刊经营业主培训班3期；打字复印、印刷厂、餐饮卡拉ok业主培训班各1期，培训人员达250人次。全年开展文化市场稽查共出动检查135次（其中联合执法15次），出动车辆135车次，执法人员695人次，检查经营场所1132家次，收缴非法音像制品1574张（盒），非法书报刊（含六合彩资料）5700份（册），取缔非法经营摊点2个，立案查处违规接纳未成年人网吧3个，其中2家停止整顿1个月行政处罚，配合工商、公安依法取缔黑网吧8家，黑电子游戏室8家。

兴业县文物管理所成立于1997年12月，核定编制2名，工作人员2人。全县共有各级文物保护单位14处，其中自治区级文物保护单位2处（龙安绿鸦冶铁遗址、庞村古建筑群）；县级文物保护单位12处（中共兴业县特支旧址、兴业县抗日民主政府旧址、桂东南抗日游击区办事处印刷机关旧址、桂东南抗日游击区办事处兴业抗日武装起义司令部旧址（又名覃震声楼）、革命烈士纪念碑、石南孔庙、石嶷塔、何以尚夫妇墓、东山乡约亭、龙泉枫木井、陈应夫妇合葬墓、平山新村古窑址），登记在册文物点135处。无馆藏文物。对全县13个镇134处文物点普查、后期数据录入、填写和编排，4月份，我县迎接并通过自治区第三次文物普查验收小组工作验收合格，取得阶段性成绩。10月下旬，城隍镇龙潭村委已与广西文物考古研究所签订《编制〈兴业县桂东南起义司令部旧址（震声楼）抢险加

固和修缮方案〉协议书》。11月下旬，兴业县投入经费2万多元对绿鸦冶铁遗址分布的10个文物点设置标志牌。新增13个非物质文化遗产市级保护项目、1个市级保护扩展项目。在“5·18”国际博物馆日及“文化遗产保护日”宣传中，出动人员20多人次，车辆2车次，悬挂宣传标语15条，发放宣传资料1100多份，接受群众咨询650多人次。并举行地方传统小戏“鹩剧”专场汇演，演员人数共180多人，观众达1200人次。

兴业县文体局荣获自治区精神文明建设委员会授予“2008～2010年度全区未成年人思想道德建设工作先进单位（集体）”；兴业县文化市场稽查大队获评为2009年度全区文化市场行政执法先进基层单位；获广西壮族自治区新闻出版局、广西壮族自治区农家书屋工程办公室颁发“我的书屋，我的家”——全国农家书屋阅读讲演大赛广西赛区优秀组织奖；获国家文化部、财政部赠送价值31万元的流动舞台车一辆；获评为玉林市基层文化工作先进集体、玉林市文化信息共享工程建设先进集体、玉林市第四届文艺比赛优秀组织奖、玉林市第三次文物普查实地调查阶段先进集体。梁婵获自治区文物局授予“2009－2010年全区第三次文物普查”先进个人。

【福绵管理区】 福绵管理区文化和体育局共有编制3名，现有干部职工5人。设局长1人，党组书记1人，副局长2人，下设政秘股、业务股、体育股、文化市场和新闻出版管理办公室。直属单位为文化市场稽查大队。业务指导全管区6个乡镇综合文化站。

年内抓好福绵镇、新桥镇、成均镇3个乡镇综合文化站续建工作；投资70万元，完成福绵镇覃村、樟木镇罗冲村、成均镇通曹村、新桥镇田横村、石和镇塘茂村5个村级公共服务中心建设；筹资57万多元为19个农家书屋建设点赠送图书28000多册、音像制品近4000张、书架19个。

1月至2月，完成福绵管理区迎春晚会排练演出工作；协助各镇、村举办各项春节文体活动20多场次；“五一”期间，与工会联合举办管区直单位职工运动会；5～7月，协助管区纪委监察局组织开展了廉政文化主题演讲、廉政书法展及篮球赛等系列廉政文化主题活动；9月份，组织文艺节目参加玉林市第四届文艺比赛，其中小品《夫妻之间》获二等奖、古筝独奏《春苗》获优秀奖；10月份，组织节目参加第七届“玉博会”专场演出并协助组织开展福绵服装节活动。

福绵管理区现有网吧15家，电子游戏机室24家，音像制品出租零售店15家，打字复印店4家，书店5家。年内，文体局与公安、工商等部门开展联合执法行动9次，出动检查52人次，检查文化经营户106家次，其中处罚违规音像店1家次，收缴非法音像制品400多张，取缔无证经营黑电游5家次，收缴电路板23块，收缴电脑主机2台，收缴含有“六合彩”玄机非法报刊资料250多张（册），收缴淫秽色情出版物，特别是有害卡通画册和“口袋本”图书120多张（册）。

全区共有市级文物保护单位7处，登记在册文物点50多处。认真开展第三次全国文物普查第二阶段野外普查工作，普查队员按照文物普查相关规范标准，如实准确地采集信息并进行登记。已完成全区6个乡镇的普查任务，共普查文物50多处，普查覆盖率达到100％。5月，文体局联系管区建设局，对文物保护单位万济桥保护范围内的非法建筑进行处理。

百 色 市

全市文化工作综述

百色市共有市、县级文化行政管理机构13个，专业艺术表演团体14个，公共图书馆12个，群众艺术馆1个，文化馆12个，博物馆(纪念馆)14个，文物管理站(所)4个，文化稽查支队1个，文化稽查大队11个，文化事业机构从业人员875人，其中，高级职称11人，中级职称84人。在市委、市人民政府的正确领导和自治区文化厅的具体指导下，我们深入开展创先争优活动，紧紧围绕建设文化名市的战略目标，以“工作落实年”为抓手，以满足人民群众精神文化需求、保障公民的文化权益为根本出发点，以强化管理、提高公共文化服务水平为突破口，努力抓建设、抓管理、抓创作、抓繁荣，促发展，积极抓好文化工作，全系统各项事业健康有序发展，取得了可喜的成绩。

抓学习，促效率，创先争优活动深入开展。根据《中共百色市委关于百色市深入开展创先争优活动的实施意见》精神，市文化局结合工作实际，从6月起启动开展创先争优活动。一是及时成立了以党组书记、局长为组长的局创先争优活动领导小组；二是制定了文化和新闻出版系统活动方案，围绕市创先争优活动主题，设计了“筑坚强堡垒、树先锋形象、建和谐队伍、促文化和新闻出版事业发展”的活动主题；三是联系实际，做到七个结合，即与加强文艺创作和艺术生产、与村级公共服务中心工程建设、与加强文化和新闻出版市场日常监管、与加强文物和非物质文化遗产保护工作、与实施壮族生态文化保护区建设、与转变职能改进作风、与帮扶共建社会主义新农村相结合；四是建立工作责任制度，明确每个党员负责年度一项主要工作和联系一名农村基层党员开展创先争优。全系统掀起了创先争优活动热潮，全体党员和干部职工创业精神面貌焕然一新，促进了全市文化和新闻出版工作的有效开展。

抓精品，促提升，文艺精品打造和艺术创作取得新成绩。继续抓好大型壮族歌剧《壮锦》的打造和提升。年初，该剧完成了在区内南宁、桂林、柳州、钦州4个城市的巡演展演工作，4月初组织进行复排，5月参加在广州市举行的第九届中国艺术节展演，获得第十三届文华优秀剧目奖，是建国以来我市舞台艺术作品获得的第一个国家级最高奖项。抓好各门类艺术精品创作，组织参加区内外各类艺术比赛并取得了好成绩。7月，我市廖紫林等14名小歌手参加在南宁举行的中国—东盟青少年艺术盛典全国总决赛分别获得金奖4个，银奖6个，铜奖4个；8月，傅燕燕六名小歌手代表广西参加在古城西安举行的“快乐阳光”第九届中国少年儿童歌曲卡拉OK电视大赛分别获得银奖1个，铜奖2个，优秀奖3个；9月，在第四届广西戏曲、曲艺青年演员大奖赛上，陈万斌、刘喜昌表演的粤剧《刀客》获得表演三等奖；10月，在第一届广西青年演员舞蹈大赛奖赛上，右江民族歌舞团杨柳枝表演的独舞《朵也》获得表演一等奖；杨萍、李丽梅表演的《佤山印象》获得表演一等奖；梁琛、赵婧表演的双人舞《心碰心脸碰脸》，黄杰、张洋表演的《水》，罗海钊、梁裕表

演《傩惹》，廖智享等表演《花腰么》和靖西县文工团杨阳的独舞《水夜》等获得表演二等奖；右江民族歌舞团陆玉杰表演的《花腰么》、庞宇倩、郑宇表演的《彝寒曲》、邓钧元表演《傩惹》、梁秋萍表演《佤山印象》、黄坚、任海盛表演的《悄悄话》、方菲表演的《踩泥人》等分别获得表演三等奖；西林县民族歌舞团谢骑、李翔表演的《彝乡酒趣》，岑长青表演《牛铃荡瑶山》等获得表演三等奖。

抓活动，促繁荣，群众文化工作丰富精彩。成功举办全市文艺汇演。本着弘扬地方优秀传统文化，挖掘原生态民族文化资源，打造民族歌舞精品，丰富城乡广大人民群众文化生活的目标，我们于年初开始筹办全市文艺汇演。7月20日至8月3日全市文艺汇演在百色成功举行，12个县区代表队和市直2个代表队参加展演。此次文艺汇演实现了“三个之最”，即汇演时间最长，时间长达半个月；规模最大，演职人员2500多人，演出27场次，观众达15.7万人次；节目最丰富，演出节目有200多个，歌声美、舞蹈美、服饰美，气势恢弘，震撼人心，美不胜收，具有很强的民族性、地域性、原创性和独特性，极大地活跃了城乡文化，丰富了广大人民群众的文化生活，同时涌现了一批具有地方民族特点的艺术精品和一批基层文艺人才，为进一步推动全市文化大繁荣大发展奠定了良好基础。开展“和谐文化服务行——千团万场”群众文化活动，丰富城乡广大人民群众文化生活。今年以来，按照自治区的统一部署，积极开展“和谐文化服务行——千团万场”群众文艺演出活动。全市组建800多个县、乡、村和城镇社区基层业余文艺演出团体，业余演员13200多人，开展以“崇尚健康生活，建设和谐社会”为主题的业余文艺演出，形成“周周演、月月比、季季赛、年年奖”的浓厚文化活动氛围。各业余文艺演出团体积极开展活动，为广大群众表演各种喜闻乐见的节目，丰富了群众文化生活。年内，全市各业余文艺队已演出9416场次，观众1212400人次。举办地方民族特色文化节庆活动，活跃城乡文化生活。围绕重大节庆和民族文化风俗，积极组织开展一系列文化活动，进一步提高广大人民群众文化生活质量，打造民族特色文化品牌。一年以来，先后举办了田林北路壮剧艺术节、田东芒果节、田阳布洛陀旅游文化节、那坡黑衣壮文化艺术节、凌云茶文化节、平果“壮乡天籁”歌圩音乐节、隆林苗族跳坡节、西林句町文化艺术节等等，这些文化节庆活动极大地丰富了广大人民群众的文化生活，成为我市具有较大影响的文化品牌。

抓建设，促完善，稳步推进村级公共服务中心建设、农家书屋建设和文化信息共享资源项目建设。积极抓好村级公共服务中心建设。2010年自治区人民政府下达我市实施63个村级公共服务中心建设任务。按照百色市人民政府的指示，市文化局作为牵头实施单位，全面负责项目建设过程协调工作。为确保工作顺利进行，四月初成立了由局主要领导为组长的工作领导小组，代市人民政府制定并下发了工作实施方案，将建设任务指标分解到各县区。其中右江区、田阳、田东、平果四个县区各6个；德保、靖西、那坡、凌云、田林、隆林、西林七个县各5个；乐业县4个。按照要求，每个村级公共服务中心建设内容包括“五个一”，即一个篮球场（排球场）和室外乒乓球场、一个文艺舞台、一栋公共服务综合楼（包括多功能活动室、农家书屋、人口计生服务室、卫生室等），组建一支农民文艺队和一支农民篮球队。根据上述要求，我们认真履行牵头单位的职责，局主要领导亲自挂帅，协调项目建设，分管领导和业务科室具体抓落实，制定了项目建设工作制度，并要求各县区每半月上报一次建设进度，每月组

织开展一次检查、督查活动。我们积极筹备，由市人民政府主持召开了全市项目建设推进会议，同时组织各成员单位到各县区开展检查、督查，确保了项目建设的有效推进。至10月底，自治区项目补助资金1008万元全部到位，并划拨到各县(区)财政局；全市落实地方配套资金955.3万元，其中：市本级262万元，县(区)693.3万元，当地群众自筹资金投入7.5万元；至2010年底，全市63个项目点建设任务全面竣工完成。继续抓好自治区"为民办实事"工程乡镇综合文化站建设完善工作。认真抓好文化信息共享资源的建设，完成全市489个村级文化服务点设备购置和配发工作，对12个县级支中心及106个乡镇基层文化服务点进行业务指导，确保文化信息共享工程各项业务正常开展。

抓培训，促提高，文化队伍整体素质进一步提高。年初制定了文化培训工作方案，按计划抓好"强基惠农"行动暨"文化致富工程"培训工作，提高基层文化管理人员知识水平和业务能力。4月中旬在市教师培训中心举办全市"基层文化骨干培训班"，培训内容有音乐、舞蹈、戏剧、小品等。各县(区)文化馆文艺辅导员、乡镇"三求"文化试点单位以及"千团万场"业余文艺团队试点单位文艺骨干、百色城区各业余团队骨干共112人参加了培训。5月中旬协助自治区文化厅在百色举办了"强基惠农"行动暨"文化致富工程"两委干部、文化馆(站)长培训班，全市各县(区)文化(文体)局分管领导，各乡镇分管文化的乡镇领导、文化馆(站)站长、各县(区)文化致富工程试点村"两委"负责人，2008年小康示范户户主、小康示范户所在村"两委"负责人，各县(区)文化馆馆长等289人参加了培训。积极组织人员参加国家文化部、文物局和自治区文化厅等举办的各类业务培训学习。先后组织34人次参加了文化市场执法、文物和非物质文化遗产保护法规知识等业务知识培训学习；组织6名博物馆讲解员参加全区博物馆讲解员知识大赛，获得优异成绩。

抓管理，促规范，文化和新闻出版市场监管力度进一步加大。积极开展专项整治行动，抓好元旦、春节、自治区"两会"期间等重大节日和重大活动文化新闻出版市场专项整治行动，开展校园周边文化市场"百日行动"整治工作，营造良好的文化氛围。年内，全市共审批新设立文化经营单位44家，其中互联网上网服务营业场所41家，KTV3家，办理电子游戏室变更8家，互联网上网服务营业场所经营地址变更15家；全市共出动10971人次，检查音像单位3163家次，演出单位35家次，歌舞(KTV)娱乐场所3943家次，互联网上网服务营业场所11850家次，电子游戏经营场所2036家次，书报刊经营单位2887家次；受理举报25件，立案调查86件，向有关部门移交案件2件，办结案件79件，办结率91.8%，收缴非法音像制品18506盒(盘)，收缴网吧电脑及附属设备31件，收缴违规电子游戏机47台，收缴非法书报刊8512册(份)，责令停业整顿10家，取消经营资格1家，取缔黑网吧25家，取缔黑电子游戏室9家。

抓保护，促传承，文物文博、非物质文化遗产保护和壮族生态文化保护区建设有效推进。文物文博基础管理得到加强，第三次全国文物普查工作有效开展。完成了文物普查资料和文物信息数据库资料上报工作，并通过自治区级的初步验收。全市有10位同志被评为"三普"先进工作者，右江民族博物馆和平果、隆林两县文物普查队被评为先进集体。文博基础设施建设进一步改善。年内争取到中央补助地方文化体育与传媒事业发展专项资金255万元，完成了隆林县民族博物馆、那坡县博物馆、德保县秀阳书院、乐业县

博物馆、靖西县壮族博物馆、西林县博物馆、田东县博物馆、凌云县博物馆的维修改造和右江民族博物馆的设备购置工作。非物质文化遗产保护工作有效开展。结合第五个“文化遗产日”开展一系列非物质文化遗产保护管理知识宣传，成功举办了百色民族民俗传统美食技艺大展示活动，全市12个县(区)及右江民族博物馆、右江民族医学院等单位参加，近10000名市民到场参观，了解非物质文化遗产保护知识。切实抓好非物质文化遗产名录收集申报工作，年内收集申报第二批市级名录项目30项，收集申报第三批自治区级名录20项。开展壮族文化生态保护区建设。年内，通过开展调研、论证，编制了《百色市民族文化生态保护区建设纲要》，6月通过自治区文化厅组织专家组评审，正式批准设立“百色壮族文化生态保护区”。并按“纲要”要求组织人员开展文化生态保护区片区划定和实施项目的收集整理等工作。

抓交流，促合作，积极开展文化交流活动。成功举办中越青年大联欢晚会活动。8月27日晚上，在百色森林广场协助自治区有关单位举办了以“中越友好、青春携手、世代相传”为主题的中越青年大联欢文艺晚会，来自越南的300名青年与500多名中国青年载歌载舞，开展文化交流，抒发中越两国人民世代友好的共同愿望。2月至3月组织大型壮族歌剧《壮锦》到南宁、桂林、柳州、钦州4个城市进行巡演展演，通过巡演活动，促进与兄弟城市之间的文化交流合作。10月组织右江歌舞团到内蒙古呼和浩特等城市开展演出活动，增进民族团结友谊，展示百色壮民族特色文化歌舞，与当地文艺团体交流学习，吸收当地优秀文化艺术元素。

专业艺术

【大型壮族歌剧《壮锦》荣获文华奖】 5月，大型壮族歌剧《壮锦》参加在广州市举行的第九届中国艺术节展演，获得第十三届文华优秀剧目奖，是建国以来我市舞台艺术作品获得的第一个国家级最高奖项。《壮锦》是广西第一部壮族原创歌剧，讲述了一位壮族母亲和她的3个儿子用智慧、爱情、生命寻找壮锦的故事，由《锦》《江》《琴》《火》《羽》《歌》6幕组成。《壮锦》的音乐汲取了尼的呀、嘹歌等壮族经典音乐元素，综合运用了美声、民族、通俗、原生态等多种唱法；剧中包含了壮锦、百鸟衣、马骨胡、驮娘江、红木棉、壁画、铜鼓等诸多壮族文化元素。

【艺术创作表演获奖】 9月，在第四届广西戏曲、曲艺青年演员大奖赛上，陈万斌、刘喜昌表演的粤剧《刀客》获得表演三等奖。10月，在第一届广西青年演员舞蹈大奖赛上，右江民族歌舞团杨柳枝表演的独舞《朵也》获得表演一等奖。杨萍、李丽梅表演的《佤山印象》获得表演一等奖。梁琛、赵婧表演的双人舞《心碰心脸碰脸》，黄杰、张洋表演的《水》，罗海钊、梁裕表演《傩惹》，廖智享等表演《花腰么》和靖西县文工团杨阳的独舞《水夜》等获得表演二等奖。右江民族歌舞团陆玉杰表演的《花腰么》，庞宇倩、郑宇表演的《彝寒曲》、邓钧元表演《傩惹》，梁秋萍表演《佤山印象》，黄坚、任海盛表演的《悄悄话》、方菲表演的《踩泥人》等分别获得表演三等奖。西林县民族歌舞团谢骑、李翔表演的《彝乡酒趣》，岑长青表演《牛铃荡瑶山》等获得表演三等奖。

【青少年艺术】 7月，廖紫林等14名小歌手参加在广西南宁举行的中国—东盟青少年艺

术盛典全国总决赛分别获得金奖4个，银奖6个，铜奖4个。2010年8月，傅燕燕等6名小歌手代表广西参加在古城西安举行的“快乐阳光”第九届中国少年儿童歌曲卡拉OK电视大赛分别获得银奖1个，铜奖2个，优秀奖3个。

群众文化

【全市文艺汇演】 7月20日至8月3日全市文艺汇演在百色成功人民会场和森林广场举行，12个县区代表队和市直2个代表队参加展演。此次文艺汇演演出节目有200多个，演职人员2500多人，演出27场次，观众达15.7万人次。通过激烈的角逐，各县（区）代表队都取得了优异的成绩，右江区歌舞团获得特别奖；田林县代表队、那坡县代表队荣获综合艺术一等奖；右江区代表队、靖西县代表队、乐业县代表队、隆林各族自治县代表队、西林县代表队、德保县代表队荣获综合艺术二等奖；田阳县代表队、田东县代表队、凌云县代表队、平果县代表队、教育系统代表队荣获综合艺术三等奖。并选出优秀作品一等奖10个；优秀节目二等奖13个；优秀节目三等奖14个。

【“和谐文化服务行——千团万场”群众文化活动】 年内，按照自治区的统一部署，积极开展“和谐文化服务行——千团万场”群众文艺演出活动。全市组建800多个县、乡、村和城镇社区基层业余文艺演出团体，业余演员13200多人，开展以“崇尚健康生活，建设和谐社会”为主题的业余文艺演出，形成“周周演、月月比、季季赛、年年奖”的浓厚文化活动氛围。各业余文艺演出团体积极开展活动，共演出9416场次，观众达120多万人次。

【群众文化赛事】 1月10日，组织11人作为百色市代表队参加文化厅人事教育处、社文处、广西群众馆艺术馆联合举办第一届全区艺术馆、文化馆业务技能比赛，共获一等奖1名、二等奖2名、三等奖4名、优秀奖2名的好成绩。2月份承办市春节“壮戏飞扬”——百色市迎春壮剧专场晚会。承办春节期间“群星荟萃大舞台”——百色市优秀业余文艺团队节目展演及各部门各单位的迎春文艺。组织百色市代表队一行17人于5月17日至5月23日赴重庆、遵义参加重庆·虎年五月红色文化展演周“红色中国行——革命老区红歌会演”“红色中国行·魅力遵义——革命老区红歌会”活动。

【地方民族特色文化节庆活动】 年内，全市共举办地方民族特色文化节庆活动12次，分别是：百色右江端午龙舟文化节、百色市布洛陀民俗文化旅游节、百色（田东）芒果文化节、平果“壮乡天籁”歌圩音乐节、广西百色（德保）红枫旅游节、百色靖西端午壮药市、那坡黑衣壮文化艺术节、凌云茶文化旅游节、百色乐业国际天坑旅游节、田林北路壮剧艺术节、隆林苗族跳坡节、百色西林句町文化艺术节。

【基层文化骨干培训】 4月中旬在百色市教师培训中心举办全市“基层文化骨干培训班”，培训内容有音乐、舞蹈、戏剧、小品等。各县（区）文化馆文艺辅导员、乡镇“三求”文化试点单位以及“千团万场”业余文艺团队试点单位文艺骨干、百色城区各业余团队骨干共112人参加了培训。

【“强基惠农”行动培训】 5月中旬协助文化厅在百色举办了“强基惠农”行动暨“文化致富工程”两委干部、文化馆（站）长培训班，全市各县（区）文化（文体）局分管领导，各乡镇分管文化的乡镇领导、文化馆（站）长、各县（区）文化致富工程试点村“两委”负责人，

2008年小康示范户户主、小康示范户所在村“两委”负责人，各县(区)文化馆馆长等289人参加了培训。

【村级公共服务中心建设】 完成自治区人民政府下达的百色市实施63个村级公共服务中心建设任务。百色市文化和新闻出版局作为牵头实施单位，全面负责项目建设协调工作，及时将建设任务指标分解到各县区，其中右江区、田阳、田东、平果四个县区各6个；德保、靖西、那坡、凌云、田林、隆林、西林7个县各5个；乐业县4个。至10月底，自治区项目补助资金1008万元全部到位；全市落实地方配套资金955.3万元，其中：市本级262万元，县(区)693.3万元，当地群众自筹资金投入7.5万元；至2010年底，全市63个项目点建设任务全面竣工完成。每个村级公共服务中心建设均达到了“五个一”的要求：即一个篮球场(排球场)和室外乒乓球场、一个文艺舞台、一栋公共服务综合楼(包括多功能活动室、农家书屋、人口计生服务室、卫生室等)，组建一支农民文艺队和一支农民篮球队。

公共图书馆

【文化信息共享工程建设】 认真抓好文化信息共享资源的建设，完成全市489个村级文化服务点设备购置和配发工作，对全市12个县级支中心及106个乡镇基层文化服务点进行业务指导和设备维护，文化信息共享工程各项业务正常开展。

【推荐表彰先进】 年内，推荐乐业县图书馆、隆林县图书馆为全区图书馆先进集体；推荐右江区图书馆卢林春、凌云县图书馆黄远明、那坡县图书馆黄秀春为全区图书馆先进个人。

【图书馆服务宣传周活动】 5月24日至30日，组织各县区开展图书馆服务宣传周活动，宣传周期活动间共挂横额48幅，张贴标语560条，全市共参加读者35618人次。开展书展活动展出科技种养图书3200册；开展送书下乡为群众免费赠送农村实用科普资料2000份，共展出农村种养技术书籍250册，观众达15000人次。

文化市场

【行政审批】 年内，全市共审批新设立文化经营单位44家，其中互联网上网服务营业场所41家，KTV3家，办理电子游戏室变更8家，互联网上网服务营业场所经营地址变更15家。

【行政执法】 年内，全市共出动执法人员10971人次，检查音像单位3163家次，检查演出单位35家次，检查歌舞(KTV)娱乐场所3943家次，检查互联网上网服务营业场所11850家次，检查电子游戏经营场所2036家次，检查书报刊经营单位2887家次，受理举报25件，立案调查86件，移交案件2件，办结案件79件，办结率91.8%，收缴非法音像制品18506盒(盘)，收缴网吧违规电脑及附属设备31件，收缴违规电子游戏机47台，收缴非法书报刊8512册(份)，警告75次，罚款241900元，责令停业整顿10家，取消经营资格1家，取缔黑网吧25家，取缔黑电子游戏室9家。

【元旦春节期间文化市场监管】 根据《百色市开展2010年元旦、春节期间文化市场专项整治行动实施方案》，各县(区)从1月15日至3月15日对本辖区文化经营单位进行检查，市级督查组共20人分成4个组，从1

月25日至29日分赴12个县（区）进行督查。检查组对全市1115家文化经营单位进行地毯式的检查，共取缔违规文化经营单位37家，其中“黑网吧”25家，没收违规电脑320台；黑电子游戏室9家，销毁赌博电子游戏机387台，没收72台；KTV1家，音像制品店2家。

【整治校园周边文化市场“百日行动”】 5月13日至9月13日在全市范围内开展整治校园周边文化市场“百日行动”。整治内容主要有网吧、电子游戏室、歌舞厅（KTV）、出版物市场等，重点查处网吧接纳未成年人，电子游戏室及歌舞娱乐场所在国家法定节假日外接纳未成年人，歌舞厅播放内容及噪声扰民，经营场所安全隐患等。在这次开展整治校园周边文化市场“百日行动”中，田阳县、德保县为防止辖区内歌舞厅（KTV）噪声扰民，主动与当地环保部门联系，联合巡查辖区内歌舞厅（KTV）噪声情况，确保歌舞厅（KTV）周围群众的正常生活。德保县还对距离学校周边不足200米的4家网吧一律限期搬迁。右江区稽查队从5月9日至20日开展“零点行动”，严防未成年人通宵上网。

【“平安世博”文化市场专项保障行动】 从1月份起，按照国家、自治区、市委、市人民政府的有关通知精神，结合我市文化市场安全生产工作实际，印发了《关于做好2010年元旦、春节期间文化市场安全生产工作的通知》，制定了《百色市文化和新闻出版局开展文化市场社会治安重点地区排查整治行动工作方案》，贯彻落实国务院安全生产委员会印发的《关于开展春节和“两会”期间安全生产检查的通知》和自治区安全生产委员会印发的《关于切实做好春节前后和春节期间安全生产检查工作的紧急通知》，转发《文化部关于开展“平安世博”文化市场专项保障行动的通知》等一系列文件，要求各县（区）在日常文化市场监管或开展文化市场专项整治行动中，务必把文化经营场所的安全隐患放在首要位置，在检查中发现存在安全隐患，必须立即进行整改，保持全市文化经营场所安全经营。

【从严查处网吧接纳未成年人违法行为】 根据《文化部关于加大对网吧接纳未成年人违法行为处罚力度的通知》精神，要求各县（区）将《通知》印发给每家网吧1～2份，部分县（区）还将《通知》张贴，并把《通知》作为网管岗前培训考试的必考内容。在百色城区及各县开展4·26知识产权日、5·18国际博物馆日、5·22科技活动周、6·6安全生产月、6·12文化遗产日等宣传活动中，将《文化部关于加大对网吧接纳未成年人违法行为处罚力度的通知》印发给广大居民群众，印发资料达15600份。各级执法人员加强对网吧巡查力度，一经发现网吧接纳未成年人，严格依法查处，据统计，全年全市共立案调查网吧接纳未成年人案件59件，占总案件68.6%。

【网络文化市场计算机监管平台建设】 认真贯彻落实《广西壮族自治区文化厅办公室关于各市网络文化市场计算机监管系统建设有关问题的通知》精神，争取到市财政划拨16万元进行监管平台建设，并于9月份分别组织右江区、田阳县、田东县开展网络文化市场计算机监管系统客户端软件安装培训工作。

文化产业

【概况】 全市文化经营单位1366家，其中网吧473家，电子游戏厅83家，歌舞娱乐场所139家，印刷复制企业221家，音像制品出租零售单位170家，图书发行企业280家。

文化遗产

【第三次全国文物普查受表彰】 完成了第三次全国文物普查资料和文物信息数据库资料上报工作，并通过自治区级的初步验收。市“三普”工作领导小组办公室被评为先进单位，全市有10位同志被自治区评为“三普”先进工作者，右江民族博物馆和平果、隆林两县文物普查队被评为先进集体。

【文博基础设施建设】 年内，争取到中央补助地方文化体育与传媒事业发展专项资金255万元，完成了隆林县民族博物馆、那坡县博物馆、德保县秀阳书院、乐业县博物馆、靖西县壮族博物馆、西林县博物馆、田东县博物馆、凌云县博物馆的维修改造和右江民族博物馆的设备购置工作。

【博物馆、纪念馆免费开放工作】 年底，百色起义纪念馆、田东县右江革命纪念馆、右江民族博物馆、田东县博物馆、凌云县博物馆、靖西县博物馆、那坡县博物馆实行了免费开放。

【文物考古和研究工作】 年内，继续派出专业人员配合自治区文物考古所相关专业人员对百色盆地旧石器遗址群进行专题调查，搜集和掌握了大量的遗址调查资料。为配合国家重点项目南昆高速公路建设工程，派出专业人员配合自治区考古队对公路过境的平果、田东、田阳、右江区进行抢救性考古发掘，目前，此项工作仍在进行中。

【非物质文化遗产申报保护】 认真组织各县(区)申报非物质文化遗产名录项目，共组织材料申报第二批市级名录项目30项、通过26项；组织申报第三批自治区级名录25项、通过20项。6月12日在百色森林广场开展以展示民族传统美食技艺为主题的全国第五个“文化遗产日”宣传活动。来自全市10个县(区)及右江民族博物馆、右江民族医学院等单位参加此次活动。参加民族传统美食技艺展示项目有靖西县五色糯饭等18个项目。各参展项目都制作宣传展版进行宣传，内容包括项目名称、原材料、制作工艺、制作流程、主要流传地、项目传承人等，并以实物展示、现场制作、加工等形式向市民宣传展示各具特色的传统美食。

【非物质文化遗产名录收集申报】 切实抓好非物质文化遗产名录收集申报工作，年内收集申报第二批市级名录项目30项，收集申报第三批自治区级名录20项。

【壮族文化生态保护区建设】 通过开展调研、论证，编制了《百色市民族文化生态保护区建设纲要》，6月通过文化厅组织的专家组评审，正式批准设立“百色壮族文化生态保护区”。年内，开始着手组织人员开展文化生态保护区片区划定和实施项目的收集整理等工作。

县域文化

【右江区】 百色市右江区文化局设办公室、计财股、社文股、文化市场管理股、艺术股、电影服务站；局属二层单位有：右江区文化稽查大队、百色市文化馆、百色市图书馆、百色市文物管理所、百色市艺术团5个单位；从业务上指导9个乡镇(街道)文化站。

群众文化活动。全年组织开展社会宣传文艺晚会82场次，农村(社区)业余剧团“千团万场”演出372场次，放映数字电影1410场，观众12.6万人次，开展农村(社区)业余文艺辅导373次，培训人数达2500余人。

文化基础设施。投资200万元，完成六

个村级公共服务中心点建设。建设阳圩镇、大楞乡两个乡镇宣传文化站。完成22个农家书屋建设任务。完成44个文化信息共享工程村级服务点建设任务。

文博工作。“右江壮族岑王庙会”和“右江瑶族歌堂习俗”成功申报广西非物质文化遗产保护名录；完成了第三次全国文物普查野外调查并通过市专家组的验收；公布了右江区第一批13个文物保护单位，并编写《右江区不可移动文物名录》；开展解放街申报“全国历史文化名街”工作；开展“扬屋遗址”考古发掘工作；论文《论基层公共文化服务的资源整合及效能最大化》在中国文化学会、中国文化报举办的“全国乡镇(街道)综合文化站发展论坛”征文评选中获二等奖；《论保护地域文化在打造群众文化品牌中的地位与作用》在“魅力北部湾”广西北部湾群众文化理论研讨会征文评选中获二等奖。

文艺精品创作。创作各类文艺作品32个，其中舞蹈《瑶依哚》荣获第七届全国“四进社区”文艺展演优秀节目奖，并代表广西作为全国9个优秀节目之一到辽宁省营口市参加中央电视台的展演。百色市文艺汇演右江区专场晚会《梦启右江》，荣获汇演综合二等奖。节目分别获一、二、三等奖。

文化市场管理。全年共出动执法人员2018人次，执法车辆285辆(次)，开展文化(出版物)市场整治。重点开展“扫黄打非”、校园周边文化市场安全整治、网吧“午夜零点行动”等专项行动，检查经营单位1418家次，受理举报9件，立案调查11件，办结案件10件；收缴非法音像制品2317余盘(张)，非法书报刊6176本(份)，警告29次，罚款28500元，惩戒教育经营场所业主35家次；召开2010年度右江区网吧业主会议，并与辖区25家网吧业主签定了《网吧管理安全生产责任状》《互联网经营场所版权执行责任状》，有效维护文化市场稳定。

成功举办百色右江端午龙舟文化节。年内，围绕“节文化、水文章”，重点抓好“两节一会”活动，品牌文化活动举得了重大突破。百色右江端午龙舟文化节，被列入百色市重大文化活动统筹范围。6月14日至16日，我区在百色江滨公园大码头举办了“‘华润杯’2010年百色右江端午龙舟文化节”，共有45支龙舟队参赛，并邀请中国青年滑水队现场助阵表演，举办了“旅游商贸美食一条街”“红船之约”交友会、红城红歌会等丰富多彩的活动；在总体策划上通过充分的调研，区委、区政府决定将端午龙舟文化节打造成我区的一大文化品牌，综合考虑文化与旅游相融、文化与体育相映等因素，提出了“动感端午、文化端午、美食端午、时尚端午”四大主题，推出民俗文化旅游产品“壮族端午药材香囊‘麽乜’”等手工艺品；在龙舟比赛中把传统端午祭祀活动、龙舟比赛及端午习俗文化等融合起来，群众反映热烈，产生了万人空巷的效应，取得了空前成功。

成功创作、演出《梦启右江》。2011年百色市委、市政府以打造文化精品发展文化旅游产业为着眼点，举办了百色市文艺汇演，各县区组织创作一台以展现本土人文历史、旅游为主的文艺晚会参加比赛。右江区文化局创作的我区专场晚会《梦启右江》，在全部14场比赛中，名列第三、荣获综合艺术类二等奖。另有4个节目获单项一、二、三等奖。由区文化局牵头创作的专场晚会《梦启右江》，是我区第一台原创旅游文化民俗歌舞，之后区文化局又从《梦启右江》筛选了部分精彩片段加以改编创作文化旅游接待表演，率先在百色市开展“文艺汇演成果转化”。

第四届阳圩山歌节特色鲜明。4月27日至29日，在阳圩新集镇举办了右江区第四届阳圩山歌节，今年由于遭遇罕见的旱情，我们在活动策划中充分考虑民意，把一个群众传统歌圩办成一个鼓舞斗志、众志成城的群众文化活动。在活动中融入科技抗旱、护林防火等元素，把本届山歌节办成了凝心聚力的群众文化活动；首次举办少儿山歌表演赛，并推出右江区“乖啊咧”少儿山歌合唱团，成为本次山歌节的一大亮点；组织实施了“森林防火 科学发展”文艺宣传表演、山歌擂台赛、“壮仔壮妹”专场演唱会、农村业余剧团“壮剧专场”表演等文化活动，共有来自右江区9个乡镇街道及周边云南富宁、田林县兄弟乡镇约1400多名参赛歌手、演员、民间传统体育爱好者参加了各种文体活动的比赛，观众达3.5万人次。

【田阳县】 田阳县文化和体育局有文化馆(民族歌舞团)，图书馆，博物馆，文管办，文化稽查大队，业余体校等6个下属单位。在业务上指导10个乡镇文化广播电视站、县舞狮艺术团。

文化工作成绩喜人。《布洛陀的故乡》《家乡有支幸福歌》参加全国2010年全国村歌大赛荣获“让世界听到中国幸福乡村的声音”优秀作品奖并赴北京人民大会堂参加盛大颁奖晚会盛典；《神秘的敢壮山》《布洛陀之歌》等多部作品在广西《歌海》期刊发表；2010年“田阳布洛陀文化生态保护区”获百色壮族文化生态保护区重点保护区域称号；策划、组织百色市布洛陀民俗文化旅游节大型迎宾晚会《布洛陀之夜》等晚会10多场，深受广大群众的赞誉，为百色文化体育事业交流争得了荣誉。由文化馆辅导的夕阳红艺术团选送的歌舞《年年都有三月三》参加在苏州举办的“夕阳秀——第九届艺术节”大赛获荷花奖；舞蹈《芒乡夕阳红》获牡丹花奖；夕阳红艺术团获精神文明奖，最佳组织奖。夕阳红艺术团选送的舞蹈《绣球传递壮乡情》和男声独唱《再见大别山》参加在北京举办的“我和祖国一起成长”大型文艺展演获一等奖；舞蹈《田阳布洛陀的故乡》获二等奖。夕阳红艺术团获最佳组织奖、精神文明奖、最佳编导奖。辅导头塘镇头塘村艺术团选送的壮话歌曲《开楼头塘胜特尼》2009年10月参加在北京举办的全国首届村歌大赛获全国优秀村歌奖、全国十佳村歌奖，头塘镇头塘村艺术团获组织奖。参加全区群众艺术馆文化馆专业技能比赛：吴昊获舞蹈专业技能三等奖，韦晴晴获器乐专业技能优秀奖。参加第十四届CCTV青年歌手电视大奖赛：韦晴晴获得了优秀奖、百色赛区二等奖；邓峰、农志、刘姿余也分别获得百色赛区三等奖和优秀奖。黄之林儿童剧《大地钟声》获第二届百色市“金锈球”优秀作品奖；原生态歌舞《布洛陀》获中国剧协2010年“全国戏剧小品曲艺大展赛二等奖。黄玉珍创作的电视剧本《摇摆乡村》入围全国少数民族题材电影电视新剧本奖。

艺术创作与生产硕果累累。组织文艺创编人员，围绕突出地方民族特色，全力挖掘布洛陀文化，创作群众喜闻乐见的文艺作品40个。这些作品在县内演出及参加百色市2010年民俗文化旅游节文艺演出，深受各级领导和观众的好评。

努力挖掘民族文化，精心打造布洛陀文化品牌。积极组织文艺工作者围绕布洛陀文化、瓦氏文化、舞狮文化、歌圩文化进行挖掘、抢救、整理和艺术创作，如器乐《布洛陀圣乐》；舞蹈《吹田螺的俏妹》《布洛陀诗经神韵》《姆勒甲的长头巾》《蚂拐舞》；歌曲《寻根问祖布洛陀》《相约敢壮山》《贝侬》《布洛陀的故乡》等，在市级以上文艺比赛获奖37个。顺利完成百色市2010年文艺汇演《布洛陀圣乐、圣舞、盛典》(田阳专场)演出任务，《布洛陀圣乐、圣舞、盛典》获综合艺术三等奖；舞蹈《姆勒甲的长头巾》获优秀节目二等奖；壮族

竹咧组合曲艺《竹咧声声唱唐皇》获优秀节目三等奖。

成功举办2010年百色市布洛陀民族文化旅游节文化活动。一是组织举办全县布洛陀山歌大赛，全县十个乡（镇）均组队参赛，共有28个山歌队共80名歌手参加，举行比赛20场次。场面热烈精彩，吸引数十万游客。比赛成为各媒体聚焦的对象，中央电视台第7频道、新华社、广西日报、广西电视台、香港大公报、中国新闻社等20多家媒体对山歌比赛活动进行了现场录制，提高了敢壮山歌圩知名度。二是协助广西电视台录制《夺宝奇兵》走进田阳"2010百色市布洛陀民俗文化旅游节"特别节目活动。配合摄制组完成好开场歌舞《布洛陀的故乡》和表演唱《竹咧声声唱唐皇》两个节目的表演工作。《夺宝奇兵》之"走进田阳"系列特别节目，以宣传田阳丰富多彩的壮民族传统民间文化为切入点，集中展现布洛陀歌圩文化旅游品牌的建设发展、田阳独特的"中国芒果之乡""舞狮之乡""南菜北运"基地等盛传美誉，巧妙地将其融入游戏环节当中，通过娱乐游戏的方式，潜移默化地宣传田阳。

群众文化"千团万场"活动。元旦春节期间，承办田阳县元旦歌舞晚会、迎春歌舞晚会；组织群星艺术团、县关心下一代工作委员的艺术团、常青艺术团、老体协艺术团、夕阳红艺术团、芒乡艺术团等团队在布洛陀文化广场举行迎春文艺晚会共14场次；配合县文联、县书法协会在布洛陀文化中心举行田阳县2010年春节书法现场比赛；组织县文化馆、民族歌舞团到驻田阳空军部队进行慰问演出。承办了由田阳天盛房地产公司赞助的2010年迎中秋暨第二届农民工大型综艺晚会。组织80人的文艺队伍及25头舞狮80人总计160人参加11月8日区党委办公厅系统在平果县举行的气排球乒乓球比赛开幕式。顺利完成2010年中国—东盟（百色）现代农业展示交易会迎宾文艺晚会、2010年中国—东盟（百色）现代农业展示交易会中心广场文艺表演活动、田阳县2010年迎国庆"和谐家园 祖国颂"大型歌舞晚会。

广场文化。举办"春之歌.夏之声.秋之乐.冬之韵"系列广场群众文化活动，打造布洛陀文化广场特色文化品牌。全年开展广场文化活动80多场次，丰富了广大群众精神文化生活。

新农村文艺汇演活动。精心组织举办为期7天的田阳县2010年"欢乐农村 魅力田阳"新农村文艺汇演活动。共有60多个农村业余文艺团体共1200多人参赛，参赛节目150个。

文艺辅导卓有成效。组织县文化馆文艺辅导队40人及乡镇文化站骨干深入农村、社区开展文艺辅导活动。通过县级培训乡镇、乡镇培训村屯，建立逐级培训网络，培训文艺辅导员，培养扎根本土的群众文化活动辅导员。共培训各类文艺骨干136人次。

文化下乡活动有声有色。认真组织县文化馆文艺辅导队及乡镇文化站骨干深入农村、社区指导组建业余文艺团队，实行"分片包干"的办法，每个辅导员均下农村、社区进行文艺辅导达60天以上，积极组建、扶持农村、社区业余团队。全县共建80多个社区、农村业余文艺队，人数达1200多人。组织县文化馆、民族歌舞团、敢壮艺术团、常青艺术团等深入百育镇四那村那生屯、头塘镇府、头塘镇百沙村和坡洪镇古美村、五村乡等乡村进行文艺慰问演出。组织敢壮艺术团、常青艺术团等业余艺术团体到坡洪镇传统花炮节、巴别乡歌圩、桥业歌圩、五村乡端午节歌圩、玉凤镇等送戏下乡演出。全年组织各种形式主题文化下乡演出达560场次。

文化交流活动。应中央电视台《民歌·

中国》栏目的邀请，由县委常委、宣传部部长、副县长赵文刊带队组织县民族歌舞团于5月21日至28日赴京参加中央电视台《民歌·中国之田阳篇》节目录制工作，所选送的30个节目在中央电视台连播一周。配合接待中央媒体采访团到田阳县采访建设学习型党组织活动。中宣部于9月16日组织人民日报、新华社、光明日报、经济日报、中央人民广播电台、中央电视台及所属网站、中国文明网等媒体到百色（田阳）采访建设学习型党组织情况。县文体局负责完善县党员学习俱乐部学习活动记录、完善电子阅览室的规范化管理（制度上墙），组织全系统党员到俱乐部开展学习活动。创作了学习型党组织山歌4首，组织县歌舞团山歌队前往那生屯做好表演工作。

图书工作和“知识工程”成绩斐然。认真开展为读者服务工作，全年读者总流通94652人次；抓好“知识工程”的实施，共送书下乡1.3万册；配合县委宣传部开办的党员学习俱乐部，共接待全县各党支部党员5952人次到俱乐部交流学习。完成建设农家书屋8个，抓好县级文化信息资源共享工程中心的建设。

拓展服务空间，文博工作打开新局面。完成第三次全国文物普查任务。新发现文物点30处，复查文物点60处，消失文物点18处。协助自治区文物考古研究所开展古鼎香物流园项目、敢壮大道文物调查，云桂高速铁路田阳段、右江区段等专题文物调查。完成文物法制宣传和“文物调查及数据库管理系统建设”项目影像数据采集工作，完成馆藏文物458件约3500份影像数据采集，鉴定“明洪武年铜炮”等馆藏文物18件。加强粤东会馆、崇正书院等7处文保单位的防火、防盗安全管理，年内未发生一起文物灾害事故。

非物质文化遗产的保护与普查工作成果喜人。《田阳舞狮技艺》被公示列入国家级第三批非物质文化遗产项目；《古美山歌》《抢花炮》《敢壮山壮族歌圩》3个项目被推荐为广西第一、第二批自治区级非物质文化遗产扩展项目；《布洛陀圣乐》《古美山歌》《抢花炮》《敢壮山壮族歌圩》4个项目列入百色市级第二批非物质文化遗产保护项目名录。

加强文化市场管理，促进文化市场健康有序发展。坚持一手抓繁荣一手抓管理的方针，抓好文化市场和新闻出版市场管理工作，加大“扫黄打非”工作力度，强化重点整治，严厉打击文化市场和新闻出版市场的违法违规经营行为。全年共组织公安、工商、城管、广电等部门力量出动执法人员达600人次、车辆27台次，开展统一执法收缴行动7次，查处违规经营网吧5家，立案4家，处罚金额3200元；检查娱乐场所296家次，下达整改通知书4次21家，取缔不符合设立条件KTV2家；收缴非法音像制品1069碟，打击无证无照非法经营音像游商9人次；深入17所中小学校检查盗版课辅书本，依法对经营书报刊经营户、摊点检查192家次，收缴非法书报刊共2693本（张），其中政治性非法出版物16本、封建迷信类书刊210本、黄色淫秽书刊26本；六合彩赌博书报刊2557本（张），净化社会文化创造良好环境，有力地促进我县文化市场和新闻出版市场健康发展。

【田东县】 县文化和体育局内设办公室、社会文化体育股文化体育市场股，下辖文化稽查大队、文化馆、图书馆、右江革命纪念馆、博物馆、民族艺术团。

群众文化。举办2010年春节文艺晚会，举办3场广场群众文艺和元宵节灯展晚会，大年初一组织秧歌队、灯笼队、腰鼓队、唢呐队参加县迎春大拜年活动；承办“三八”妇女节文艺晚会和“五一”劳动节文艺晚会；承办

芒果文化节文艺晚会和开幕式迎宾文艺活动；开展创先争优和廉政文化建设文艺下乡活动；参加百色市群众文艺汇演荣获三等奖；组织梅林金锣舞艺术团参加广西区党委办公厅（室）在平果举办的气排球乒乓球比赛开幕式文艺表演；组织老年大学艺术团成立十周年文艺汇报演出晚会；组织横山寨粤剧团到隆安县交流演出。全年开展文艺演出共110场次，参与群众达15万人次。

群众文艺团队。全县有业余文艺团队56支。为了提高业余团队演出技能，安排20名文艺骨干与48个业余文艺团队结对子活动，新组建梅林金锣舞艺术团、那恒革命老区艺术团、祥周街艺术团、新州村艺术团、康元村艺术团、联合村艺术团、联福村艺术团、联雄村艺术团、九合村艺术团、布兵村艺术团等团队。组织乡镇分管领导和文化站站长参加在百色举办基层文艺骨干培训班和“文化致富工程”培训班；举办全县文艺骨干培训1期，共有90多名文艺骨干参加培训。

公共图书馆。年内，到图书馆外借书刊人数60566人次，共111180册次；到馆阅览书刊和报纸38900人次，到馆查询报纸资料的单位和社会各界人士1800人次，新办证读者49人，电子阅览室7月份正式对外免费开馆，共接待上机读者1600多人次。

文博工作。开展文化遗产保护宣传月活动。在国际博物馆日、文化化遗产日举办临时展览2次，发放宣传材料30000份。举办临时展览，丰富陈列内容。举办《邓小平在恩隆》《红七军将士艰苦奋斗、勤政廉政的故事》《文物保护法》等图片展览，在全县10个乡镇的中小学校巡回展出，参观人次达到8万多人次。10月份到陇穷、巴麻、合恒等革命圣地开展国旗知识图片展，发放宣传资料1000多份，参与人数1000多人，收到较好的社会效益。抓好项目工程建设和革命旧址的保护维修。制定了“右江工农民主政府旧址”维修方案、编制规划、防雷改造、陈列版面改造以及文物征集等项目；投入50多万元组织实施“右江工农民主政府旧址”技术防范工程项目；组织实施“右江总工会旧址”的维修项目；完成对布兵岑氏土司墓进行和“八仙山摩崖造像”保护维修。开展东海岭遗址抢救性发掘工作，发掘面积为500平方米，出土石制品有石片、石核等35件。配合区自然博物馆做好林逢独山洞遗址发掘，发掘面积为12平方米，出土动物化石30件，头盖骨、人骨架3副以及新旧石器上千件。做好文物征集工作，征集文物陶罐、瓷罐等共15件。做好文物普查野外调查的查缺补漏工作。从年初开始，文物普查工作组深入文物点进行查缺补漏工作，截至5月底查缺补漏工作已全部完成。按照国家文物局颁发的技术标准和规范，整理好文物普查野外调查的第一手材料，准确填报普查信息和填写普查登记表等各项工作，总共完成录入信息151条。6月份4名讲解员参加的全区讲解员大赛获得三等奖。据统计，全年先后接待了国家文物局副局长、国家发改委领导、农业部、郑州市委党校、自治区党委办公厅、自治区党校等考察团、参观团800多批，海内外观众28多万人次。

非物质文化遗产。田东作登金锣舞和田东排排歌被列入自治区非物质文化遗产保护名录。

文化市场管理。全年共出动稽查人员906人次，检查经营单位3362家次，责令停业整顿6家，取缔无证经营的5家，立案15件，结案15件，收缴非法音像制品2223盒，收缴非法书刊1078册（份），罚款39500元。

文艺汇演及文艺创作。全年共创作演出剧（节）目30多部（个），相声《码王争霸》《说真话》等；小品《修桥》《情系119》《预防》《烧烤摊》《月亮走，我也走》《六合彩的危害》等；歌

曲《收到你的回信》《芒果熟了》《芒果园里笑声嘹啊嘹》《田东好风光》《希望的田东》,《岁月印记》《山歌唱出好生活》《锦绣壮乡》等;舞蹈《婚礼》《红色浪潮》《吉祥田东》《横山马市》《传说棋盘滩》《芒香》《金锣兆丰年》《虎年序曲》《摆姨倩芭》《走向和谐盛世》等;快板《做好五篇大文章,田东奔小康》等。组织老年大学艺术团参加百色市老干局在那坡县举办的第一届老年人文艺会演获一个二等奖、两个优秀奖。山歌手黄汉章、覃忠礼参加西林勾町文化旅游艺术节歌王大赛荣获二等奖。获得2010年百色市专业文艺会演综合艺术三等奖;歌曲《岁月印记》、舞蹈《金锣兆丰年》分别在2010年百色市专业文艺会演中获得二、三等奖;4月份农正甫参加全区"歌王"大赛荣获全区十大歌手奖;5月份应广西艺术学院的邀请参加中国音乐学院、中央音乐学院民歌展演;6月份那恒革命老区艺术团参加东莞市中堂镇举办的"端午节龙舟赛"获金奖。

【平果县】 平果县文化和体育局设办公室、文化市场管理办公室、群众文化艺术股、群众体育股、竞技体育股5个职能股(室),下属文化单位有县文化馆、县图书馆、县博物馆、县铝城艺术团、县文化稽查大队。全县广大专业和业余文化艺术工作者,在县文化和体育局指导、扶持下,分别组织举办各类培训班12期,培训人员980人;组建农家书屋26个、村级公共服务中心6个、各种业余文艺团(队)45个、城区业余文艺团(队)18个;组织创作各类文艺节目(作品)1600多个(幅、篇、首);开展对非物质文化遗产的挖掘传承、申报保护工作,列入第三批自治区级非物质文化遗产名录2项;结合节日庆典,在县城和各乡(镇)、村(屯)组织举办群众性文艺演出、嘹歌演唱比赛、征联比赛等活动138场次;送戏、送嘹歌下乡10场次,送书画下乡1300多幅。主要有"壮乡天籁·2010"歌圩音乐节期间举行的"壮乡故事"群星演唱会、哈嘹乐队专场演唱会、母娘山歌圩歌手选拔赛、"嘹歌飞扬·壮乡天籁"文艺晚会、2010年春节那荣布荣首届嘹歌演唱大奖赛、书画工作者到坡造等11个乡(镇)为群众免费写春联活动等等。哈嘹乐队参加第十四届CCTV全国"青歌赛"广西赛区选拔赛获流行唱法一等奖、第十四届CCTV全国"青歌赛"获团体赛优秀奖;铝城艺术团参加全市文艺汇演获综合艺术三等奖;廖华源楷书入编《全国师生美术作品选集》获铜奖;黄荣清国画《大地飞歌》入展全国西部美术作品展;黄谚召、唐云龙、韩祖勇书法入展广西首届册页书法展,其中韩祖勇小楷获提名奖;唐云龙篆书入展广西"八桂书风"网络书法篆刻作品展获提名奖。县图书馆完成2个社区8个农村图书室5000多册图书分类、编目和上架工作,为县党校图书室整理上架图书4000多册;县博物馆保管护理馆藏文物5976件(套),完成馆藏文物数据库项目建设和第三次文物普查信息数据库整理工作;文化稽查大队与相关部门紧密配合,共出动执法人员2475人次,检查网吧2633家次,KTV娱乐场所1049家次,音像制品店987家次,书报刊亭854家次,缴获非法出版物4256份(册、张、卡、本)、淫秽色情出版物1045本(册)、非法音像制品1229张(盒)、"六合彩"码报819份,立案查处违规经营文化单位40家次。

"壮乡天籁·2010"歌圩音乐节。7月25日至27日,由广西电视台和平果县委、县人民政府主办,县委宣传部和县文体局等单位承办的"壮乡天籁·2010"歌圩音乐节成功举办。本届歌圩音乐节以保护国家级非物质文化遗产——壮族嘹歌为主题,活动项目包括25日上午在县文化公园举行"壮族故事"群星演唱会、26日晚上在县体育馆举行"哈嘹乐

队”专场演唱会、27日晚上在县体育馆举行“嘹歌飞扬·壮乡天籁”文艺晚会。

2010年平果母娘山歌圩歌手选拔赛。作为“壮乡天籁·2010”歌圩音乐节系列活动之一,7月25日至27日在县革命烈士陵园举行,共有400多名来自全县各乡(镇)和武鸣、马山、大化、田东、天等等县的歌手参加比赛,评出一等奖1名、二等奖2名、三等奖3名、优秀奖5名、最佳歌对奖10对。

平果歌圩文化论坛开坛。7月26日,作为“壮乡天籁·2010歌圩音乐节”系列活动之一,平果歌圩文化论坛成立并开坛,自治区文联主席潘琦,百色市委常委、宣传部部长、副市长叶乐阳,市政协副主席黄碧功等领导与中国音乐学院、中国社会科学院、广西文化艺术界的专家学者一起出席开坛仪式。论坛上,与会领导和专家学者共同探讨歌圩的历史现状及歌谣、音乐、嘹歌文化等,致力挖掘歌圩文化与休闲娱乐、乡村旅游的同一性、倡导保护原生态文化生存环境,把民族文化与休闲旅游、节庆活动融为一体,处理好保护与开发的关系,进而打造嘹歌文化品牌。

2010年百色市文艺汇演平果县专场晚会。7月28日晚,平果县参加百色市文艺汇演的专场晚会——《嘹歌飞扬·壮乡天籁》在百色人民会堂开演。整台晚会以“逛歌圩,听嘹歌,赏民俗”为主线展开,共有《壮乡嘹歌》《踏歌而行三月天》《嘹歌曲调》《有歌的日子好养心》《城里阿妹跟我走》《我们一起唱嘹歌》《蝉鸣声连声》《月亮》《乐逍遥》《追歌三月天》《盛世嘹歌》等11个歌唱节目和《蒸糯饭》《碰彩蛋》《打砻》《踩花灯》《吉祥火》等5个舞蹈节目,集中展现了独具特色的平果壮族嘹歌文化,突出体现了“嘹歌情,壮族魂”这一民族内涵,获综合艺术三等奖,《月亮》获优秀节目一等奖,《踏歌而行三月天》获优秀节目三等奖。

2010年春节那荣布莱首届嘹歌演唱大奖赛。由县文化馆和果化镇那荣布荣村委联合举办,于农历正月初三、初四在果化镇那荣村举行,共有164名来自全县各乡(镇)的嘹歌歌手参加比赛,评出一等奖2名、二等奖2名、三等奖4名、优秀奖6名。

“壮族嘹歌”音乐专题研讨会召开。12月7日,在平果县召开的中国少数民族音乐学会第十二届年会暨第二届全国高等音乐艺术院校少数民族音乐教育传承研讨会,设立“壮族嘹歌”音乐专题。在研讨会上,中国少数民族音乐学会会长、中国音乐学院原院长樊祖荫教授认为,嘹歌是壮族重要的歌种之一,本届年会在壮侗语各民族音乐研究中专门设立嘹歌专题,主要是想在音乐研究上有所突破,进一步探讨建立嘹歌的保护、传承与发展的有效机制。中国音乐学院音乐研究所谢嘉幸教授说,嘹歌是壮族歌谣的经典,是壮族文化的“品牌”,尤其是平果壮族嘹歌无论是原生态的还是加工改编的,都令人耳目一新,为之振奋,希望“壮族嘹歌”得到更好地保护、传承与发展。

【德保县】 德保县文化和体育局内设办公室、文艺股、体育股。局机关直属事业单位文化市场管理稽查队。下属事业单位有县文化馆、县壮剧团、县图书馆、县文物管理所。

大力实施“八个一百”工程。“八个一百”即:百场壮剧下乡、百场山歌比赛、百场电影下乡,百篇优秀文学作品、百幅优秀摄影作品、百幅优秀书画作品评比,百场篮球比赛、百场气排球比赛。年内,共举办山歌比赛220场次,参赛歌队236队,观众达13万多人次。实施百幅优秀书画作品评比工作。全年共举办了“全县中小学生交通安全现场书画比赛”、全县职工“五一”书法诗歌比赛,学生职工创作书画作品300多幅,组织书画爱好者下乡写生采风10次。

参加全市文艺汇演获奖。7月，参加百色市2010年文艺汇演，参加演职员共170多人，是我县到目前为止规模最大、阵容最强的一次演出。马骨胡齐奏《壮家喜洋洋》获节目二等奖，歌舞《枫叶红了》获节目三等奖。德保县专场晚会《德保红》获综合二等奖。

成功举办第二届南路壮剧汇演。11月1日至3日，成功举办了德保县第二届南路壮剧汇演，来自全县各乡镇、社区共31个业余壮剧队参加了比赛，本次参赛节目内容多样、新颖，导演编导水平，演员年龄、演技等都比上届有很大的提高。三天的演出观众场场爆满。

成功承办首届红枫旅游节。11月19日至21日举办德保县首届红枫旅游节，我局主要负责开展民族巡游、山歌歌王大赛、南路壮剧优秀剧目调演等主要工作，并协助有关部门做好迎宾晚会、闭幕式晚会、矮马选秀等相关工作。

大力实施文化惠民工程。实施“千团万场”群众文化活动，对业余文艺团队进行辅导，组队参加百色市基层文化骨干培训班学习。组织全县31个业余文艺团队下到乡镇进行约372场次文艺演出。开展资源共享工程建设，完成101个农村党员干部远程教育基层点的资源共享设备安装工作。新建农家书屋2010年市级试点3个，市级下达农家书屋任务68个。

不断完善文化基础设施建设。今年我县村级公共服务中心建设点为城关镇西读村、巴头乡巴头村、燕峒乡兴旺村、足荣镇巴明村、马隘镇安阳村5个点。截止年底，已全部完成建设任务，总投资224.8万元，我县各项目点综合楼、篮球场、戏台均为新建项目，按照图纸规划建设，是全百色市乃至全区的典型。完成了2009年实施的第四批扩大内需中央投资的我县四个乡镇（城关、荣华、敬德、足荣）综合文化站建设任务，项目总投资128万元；开工建设2010年中央扩大内需项目龙光乡、东凌乡、巴头乡3个乡综合文化站。保护与传承并重，加强非物质文化遗产管理。对非物质文化遗产项目的资料进行整理，全年登记造册1300多项，南路壮剧、德保壮族山歌、壮族马骨胡艺术等三项入选自治区级非物质文化遗产保护名录。其中南路壮剧列为自治区第一、第二批非物质文化遗产保护平台，文化厅在我县设立南路壮剧传习基地。县委、县人民政府高度重视南路壮剧的传承与发展，每年拨出5000元扶持资金扶持各业余壮剧队。为挖掘、保护、传承本土文化，建设德保县少儿马骨胡培训基地。

抓好文物普查与保护管理工作。以第三次全国文物普查为重点，主要开展对普查资料的整理、汇总和录入工作；完成馆藏文物数据的录入工作；制定《德保县征集文物方案》，并加以实施；协助有关人员进行本县馆藏文物影像数据的采集工作；收集“镇安府三堂”“镇安府孔庙”等重要文物的相关资料；筛选46个文物点作为拟列入县级文保单位名录等主要工作。加大监管力度，文化市场逐步规范。根据上级文件精神，组织人员多次对县城的音像店和报刊亭进行突击检查；贯彻落实上级文件精神，开展了春季中小学进校书刊检查工作；采取日常监督和突击检查结合，加大对网吧的执法力度；加强安全生产工作。结合开展学校周边安全整治工作，组织有关单位对全县各网吧、娱乐场所进行安全大检查。全年共出动稽查人员902人次，检查经营单位1067家次，查缴非法音像制品1247张（盒），收缴非法印刷品473册（份），查处违规经营场所13家，立案调查13件，办结案件12件。举办文化经营单位培训班2期，受训人员共85人次。

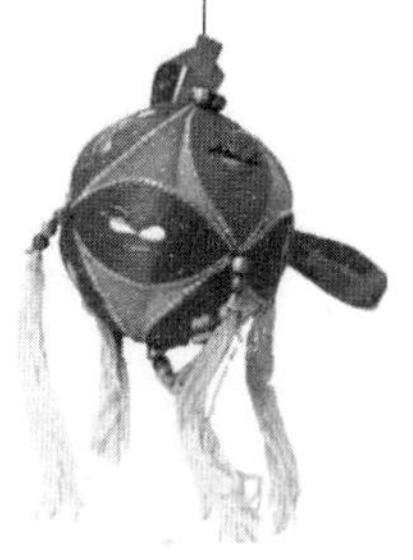

【靖西县】 年内，靖西县文化和体育局下辖文化馆、图书馆、博物馆、文工团和19个乡镇文化广播电视站。全县有业余文艺队95个，山歌队200队，提线木偶队18个，抛绣球队185个，文化户540户，舞龙舞狮队26个，电影院2个，音像影碟经营店（摊）12个，网吧72家，电子游戏室12个，报刊零售店24个，歌舞厅及音乐茶座16个。举办全县性大型文化活动4次，创作、编导、排演大型文艺节目4台。送戏、图书、电影下乡180场次。县文工团演出36场，其中下农村30场，观众30000人次。业余团队演出250场次。县文化馆举办“文学”“音乐”“少儿美术”“舞蹈”“电子琴”“墙报版报”等培训班8期，培训人员160人次，对老体协等18个业余文艺团队多次进行辅导，辅导的节目有20多个，19个乡镇文化广播电视站结合中心工作出版墙报106期，观众24000多人次。今年县财政划拨文化经费835.2万元，其中，文化行政运作68.7万元，一般文化行政事务17.9万元，文化活动等经费617.7万元，其它经费140.9万元。

群众文化活动。年内，靖西县结合各种节日和纪念日，开展了丰富多彩的群众文化活动。元月份协助检察院做好《你是我的兄弟》开机仪式，协助靖宇客运站搞好联欢晚会；承办元旦军警民文艺晚会；春节期间主办2011年迎新文艺晚会、扮台阁大巡游、舞龙舞狮闹新春、第二十九届迎春征联比赛、迎春山歌比赛、游园活动、元宵焰火晚会、交谊舞比赛、元宵联欢晚会；正月初四至十七举办传统壮剧会演和业余团队歌舞会演；3月31日举办“三月三”壮族山歌比赛；6月16日配合百色市（靖西）端午药市文艺演出；6月8日，协助公安局做好“和谐之夏”禁毒防艾晚会的相关工作。9月29日晚，在县人民会堂举办靖西县纪念中华人民共和国成立61周年“歌唱祖国”文艺晚会，共有八个演出单位150名演员参加演出；9月28日至30日，组织民俗演唱队和人民社区扮台阁队参加百色市庆祝国庆61周年暨2010年百色市文艺汇演颁奖晚会；9月28日至30日，组织农民画家创作作品参加百色市画展，共83幅作品在百色森林公园展出。10月30日至11月2日，《壮族敬酒歌》MTV在我县拍摄，组织县文工团及业余演员参加本次拍摄；常年组织群众在中山休闲广场进行民族艺术健身舞活动。

艺术表演与创作。7月30日至31日，组团参加全市文艺汇演，晚会的主题是“绣球 舞动的风情”，整台节目的音乐、舞蹈、文字全部由本县创作人员创作完成，演职员共120多人，节目获得2010年百色市文艺汇演综合艺术二等奖。壮族末伦《绣球传说》获得优秀节目一等奖、舞蹈《浴》获得 优秀节目二等奖；歌舞表演《三月三》和壮族婚俗表演《马鹿迎亲》获得优秀节目三等奖。2010年8月，选派靖西县实验小学李玉琦、林明霁两名同学赴陕西省西安市参加由中国西部研究与发展促进会、中国教育学会、人民音乐出版社等单位联合举办的“快乐阳光”第九届中国少年卡拉OK电视大赛全国总决赛，李玉琦获得总决赛的铜奖；林明霁同学获得优秀奖。农宛容同志获得全国优秀指导老师奖。10月25日至28日，第一届广西青年演员大奖赛（舞蹈）决赛在广西儿童剧院和广西桂剧团桂戏坊隆重举行，我县选派的边防文工团新演员杨阳独舞《水夜》，以精湛的表演获得了表演二等奖。11月8日至9日，组队参加百色市第一届老年人文艺汇演，张华林男声独唱《说句心里话》获二等奖，廖声波男声独唱《夕阳红》获三等奖。11月13日至15日，组队参加在南宁举办的“三丰集团杯”2010年广西第四届知青文艺汇演。舞蹈《映山红》获二等奖；舞蹈《洗衣歌》获三等奖；廖清波男声独唱《我为伟大祖国站岗》获三等奖；张华林男声独唱《说说句心里话》获优秀奖；文化馆获优秀组织奖。全县业余艺术创作（含改编和修改提高）的作品有小壮剧23个，舞蹈95个，歌曲10首，曲艺15个，小品18个。

民间文艺。靖西县民间艺术丰富多彩，年内，本着对民族民间文化进行挖掘抢救，合理利用、传承发展的原则，县博物馆民俗演唱队、壮锦民族艺术团等排演了一批壮剧、末伦、山歌、小调、民间器乐节目。如春牛调演唱《赞水牛》、民间婚俗表演《马鹿接新娘》、民间器乐演奏《田螺与俄乌》、鸿鹄调演唱《鸿鹄颂》、上下甲山歌演唱《迎客歌》、末伦等等。为国内外游客表演民俗文艺50场，观众1500多人次。被国内多家媒体曾先后进行报道。

公共图书馆。积极做好22个“农家书屋”点和60个“共享工程”村级点、5个“共享工程”乡镇基层点的工作。利用双休日、节假日，组织工作人员进社区、下学校利用投影仪播放名家讲座及影视作品及共享工程专题宣传片7次，服务人数达3000人次。全年新建5个共享工程乡镇基层点，所有设备已下发并安装完毕，使全县共享工程乡镇基层点达到了15个；新建60个共享工程村级服务点，设备也已全部下发。县图书馆坚持天天开放，2010年接待读者93600人次，借阅图书117300册次，外借图书流动点53个，图书流通26500册次，送书下乡5000多册。

文物博物。第三次全国文物普查于2010年进入了第三阶段——整理、录入普查资料。普查资料小组以我馆业务骨干为主，在四月初完成了我县82个复查、新发现文物点的数据的整理、归档、电脑录入工作，上报消失文物点20处。博物馆馆藏文物数量多，为此，博物馆组织电脑管理员进行数据库软件的录入工作。到12月底为止，馆内共录入馆藏二级文物16件；三级文物283本，实际数量304件；拟推荐申报三级文物17件。基本完成了我馆馆藏文物数据库录入工作。

非物质文化遗产保护工作。继续完善非物质文化遗产数据库的建立和档案的管理工作，申报第二批国家级非物质文化遗产传承人，陈晔被列入第二批自治区非物质文化遗产传承人。年内举办非物质文化遗产培训班三期，共培训100人次。切实抓好非物质文化遗产名录收集申报工作，年内收集申报第二批市级名录项目30项，收集申报第三批自治区级名录20项。组织申报第三批自治区级非物质文化遗产项目，申报的项目有南路壮剧、壮族提线木偶戏、壮族末伦等，三个项目均获第三批自治区非物质遗产保护项目；结合第五个“文化遗产日”开展一系列非物质文化遗产保护管理知识宣传，先后组织非遗产项目和传承人到西安、百色参加非物质文化遗产展示活动。

文化市场管理。一是开展了以解决未成年人进入网吧为主题的整治行动。年内，对全县的70家网吧共出动检查98多次；出动稽查人员510余人次；检查网吧2250余家次；行政处罚3家（罚款共5000元）；停业整顿2家次；配合工商部门取缔黑网吧6家。二是开展“反盗版天天行动”，规范音像市场经营秩序。于4月22日在全县统一开展侵权盗版非法出版物集中销毁活动，共集中销毁盗版光碟5700多张，非法书报刊、“六合彩”资料等2600多册/张。三是开展公共文化经营场所安全大检查。5月11日晚组织有关单位执法人员对县城区公共文化娱乐场所进行联合执法大检查，对县城区26家网吧、11家电子游戏室、18家KTV娱乐场所进行全面安全大检查。四是坚持开展“扫黄打非”。坚决遏制政治性非法出版物和各类非法出版活动，切实维护社会安定和政治稳定。坚决清除淫秽色情等有害读物及网上有害信

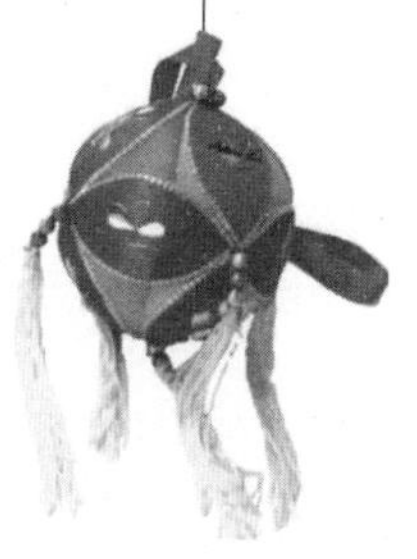

息，营造有益于青少年健康成长的文化环境。1月29日，开展了“扫黄打非”统一行动，此次行动共出动人员21人，检查门店35家，共收缴盗版音像制品253盒/张；非法报刊、“六合彩码报”490余本/张。4月29日，开展了“迎五一暨查堵政治性非法出版物”统一行动，共出动人员21人；检查门店17家，共收缴非法报刊、“六合彩码报”380余张；非法图书17本。为迎接“国庆节”的到来，9月29日，在县城范围内开展“扫黄打非”统一行动，参加行动人员共14人，出动车辆3台，对县城的书报刊零售亭(店、摊)、网吧、音像店，进行突击检查，共收缴盗版光碟1350多盒(张)，暂扣用于非法经营的电脑1台。

对外文化交流。为增进中越友谊，促进经贸往来，年内，我县与越南高平省进行文化艺术互访1次。6月份百色市(靖西)端午药市期间，邀请了越南高平省歌舞团到县进行文艺联欢。

村级公共服务中心建设。年内，我县完成5个村级公共服务中心建设任务，累计完成财政总投入1993728.2元，其中，上级财政投入80万元，县地方财政完成配套资金1193728.2元，另外，群众自筹资金22.5万元。

【那坡县】 那坡县文化和体育局机构由文化馆、图书馆、博物馆、文化稽查队、文工团及新闻出版管理等六个单位组成，在编人数为84人，年度财政拨款额为503.2万元。

节庆文化娱乐。那坡县群众节日文化活动主要以重大节日和民族民间传统节日为龙头，积极组织开展了一系列群众文化活动。如广场文艺演出、山歌节、农历四月初十达腊跳弓节、龙合五月五花炮节、二月的坡荷中山村“请仙姑”(坐巫胲)、百省红彝“祈雨节”以及全县各乡镇每年一度的建街纪念日(风流街)等活动。还有地处中越边境的百省、平孟等乡镇利用民族民间传统文化活动邀请越南民间团体进行民间文化交流活动，体现出了“文化搭台，经济唱戏，促进旅游”的群众文化发展繁荣场面。据统计，全县年内开展文化活动128场，观众人数达12.5万多人次。

专业团体演出活动。7月29日晚，由县委、县人民政府主办，县委宣传部、县文化和体育局承办的“那坡县2010年参加百色市文艺汇演《那歌 那人 那坡》”大型主题歌舞晚会，在全市文艺汇演中引起很大反响，备受世人关注，整台晚会荣获本届汇演一等奖，部分创作节目在全市众多参演节目中脱颖而出，其中歌舞《那坡迎客歌》获汇演优秀节目一等奖；舞蹈《红线传情》和《捶布歌》获得汇演优秀节目二等奖。年底，县文工团组织参加2010年滇桂五边境县文化交流活动，成绩斐然。既为我县争得了荣誉，同时也为2010年度全县文化工作锦上添花。那坡县民族文工团在完成市、县下达的各项重大演出任务外，每年从元旦开始，该团就承担着全县“文化下乡”宣传工作重任，“八一”建军节期间，专门组织反映部队生活文艺节目到边防驻军进行慰问演出，同时还担起县里的各种接待演出。据统计，2010年度那坡县民族文工团全年共完成98场次的演出任务。

群众文化活动。开展非物质文化遗产普查的拾遗补漏、资料整理、数据录入和成果汇编工作，组织人员对那坡壮族山歌、民间民俗文化、达腊彝族跳弓节等进行资料收集整理。编撰出版《那坡县非物质文化遗产普查名录(二)》和《那坡县壮族山歌汇编(一)、(二)》两本书。完成达腊彝族跳弓节申报国家级第二批非物质文化遗产名录项目资料上报工作。开展那坡县“和谐文化服务行”“千团万场”群众文化活动。组织城厢壮剧团、金秋艺术团等业余文艺团队到乡镇、村开展文化演出96

场，观众人数8万多人次。6月11日，组织人员参加百色市开展第五个“文化遗产日”宣传活动，展示特色食品酸肉、腊肉民族传统美食技艺。加强对乡镇文化站、业余文艺团队业务辅导工作。创作《一朵红玫瑰》参加文化部与重庆广电局主办的全国红歌征集活动；创作歌曲《烈火中的凤凰》，派出山歌手参加西林县句町艺术节山歌比赛荣获三等奖。举办壮族山歌、舞蹈等培训班2期，参加人数57人次。开展书法、摄影、美术等创作活动，参加区内外举办书法、摄影、美术等比赛中均获得较好成绩。完成各项非物质文化遗产传承保护基地专项资金材料上报和传承保护基地挂牌材料申报工作。

文博工作。以“第三次全国文物普查”为主要内容开展“5·18国际博物馆日”和“6·13国家文化遗产日”宣传活动，加深广大干部群众对文物普查工作的认识。完成全县文博“十二五”规划编制上报工作。编制上报2010年“大遗址保护”项目。做好博物馆免费开放工作。配合做好靖那高速公路过境文物点办理情况。进一步完善生态博物馆建设和管理工作。协助完成博物馆珍贵文物拍照工作。完成黑衣壮民族文化“记忆工程”工作。完成黑衣壮道公“盖冠”仪式编辑工作和春节期间采录驱邪、盘粮、种保命树等议式的采录收集。

知识工程。利用“共享工程”先进设备，在“图书馆服务宣传周”和“六一”期间积极开展宣传活动。将2500份《全国文化信息共享工程那坡支中心建设情况》《致富之路，远程教育帮助》的宣传资料向社会发放。同时做好介绍图书馆电子阅览室的作用和远程教育的实用性等工作，全年共展示图书1058册次，接待科技咨询108人次，发放科技资料1860份。活动期间电子阅览室免证对外开放，共接待读者2050多人次。举办“2010年农家书屋信息管理系统填报员暨管理员教师培训班”。馆内全年接待读者人数10800人次，图书流通8500册次；阅览人数7200人次；完成2009年报纸装订入库109册、杂志装订分类上架380册。

文化市场管理。认真学习贯彻《娱乐场所管理条例》以及文化市场法律法规，加强文化市场管理与监督，严厉打击网吧接待未成年人和歌舞娱乐场所扰民以及书报刊等各种违法经营行为，开展严防政治性非法出版物、打击有害出版物、打击盗版教材教辅读物、治理非法报刊一系列文化市场专项行动。全年检查各类出版物市场73家次，其中检查图书批发、零售单位10家次，音像制品批发、零售、出租单位63家次，收缴各类非法出版物近380件，其中盗版图书140余册，盗版音像制品370余张。开展“扫黄打非”行动。共出动行政执法人员80人次，车辆20台次；收缴各类非法出版物159件，盗版出版物总数346件，其中盗版图书80件、盗版音像制品296件。

文化项目建设。年内，完成20个“农家书屋”、4个“共享工程”乡镇基层点和32个“共享工程”村级点的建设任务，完成德隆乡、百合乡、百南乡、平孟镇和龙合乡五个乡镇综合文化站建设项目任务。完成百南乡上盖村、规迪村以及百省乡那布片区等五个村级公共服务中心建设任务。

【凌云县】 凌云县文化和体育局设有办公室、文体股、财务室，下辖文化稽查大队（文化市管理办）、文化馆、图书馆、博物馆、民族歌舞团、业余体校等二层机构。辖区8个乡镇均设有文化站。现全县共有业余文艺队33支，区级文化示范户4户。

群众文化。开展丰富多彩群众文化活动，利用元旦、春节、三八、农历三月十六、五

一等节日在泗城、朝里那荷、那巴、平广、下甲平怀等乡举办丰富多彩的群众文化活动60多场。春节在县会议中心举办群众文艺汇演11场。2010年群众文化“千团万场”活动不仅仅在县城的广场,在乡村也开展的丰富多彩。共组织“周周演”“月月比”“季季比赛”70场次,23个业余文艺团队参加活动。

业余文艺蓬勃发展。今年新组建下甲平怀和平广两个业余团队。县文化馆文艺辅员下乡镇和各业余团队进行辅导达到150人次。辅导的节目有沙里的牛头舞、逻楼新寨龙凤舞、玉洪长号、加尤的快漫歌、下甲平怀迎亲、朝里的三娘教子和宝葫芦等节目,深受群众好评。

非遗工作扎实推进。3月向文化厅申报非物质文化遗产项目两个:朝里壮族吼喊歌圩文化和玉洪蓝靛瑶长号。朝里壮族吼喊歌圩文化一项已顺利通过自治区评审并于5月1日在《广西日报》上进行公示。3月12日凌云壮族七十二巫调音乐代表广西非物质文化遗产保护名录到北京参加文艺展演。6月中旬,我县特色小吃“玉米三角粑”参加全市非物质文化遗产日展出,深受市民喜爱。8月中旬玉洪瑶族长号到上海世博会参加广西周文艺展演。

文艺创作成效明显。年内,我县各种艺术作品创作取得了较好的成绩。县文化馆刘剑锋同志创作音乐作品《春雨绵绵到茶乡》《茶乡情歌》《敬酒歌》三首,其中《敬酒歌》参加了百色市委、市政府举办的“百色之歌”征集活动,在全国范围征集的134首参赛作品中,脱颖而出,被评为百色之歌十首入选歌曲之一。罗婉桢、刘甫堂创作的书法、国画作品在县书画展上展出,并被县文艺刊物《水源洞》刊用。全县其他文艺爱好者在各种报刊发表书画、摄影、文学作品共60多幅(篇)。

文艺演出。全年共演出48场,观众达5万多人次,其中专场演出20场,下乡演出18场,协助演出20场。文艺辅导20多次。在团拜会和春节文艺晚会上,精心编排了舞蹈《盛世欢歌》《茶仙女》《年年有余》《千姿百色》《茶乡情浓》,小品《街头卫士》等全新节目,得到了县领导的高度评价。积极配合各有关部门做好我县2010年茶文化旅游节各项工作,为茶节灯会创作组提供了各种音乐原始创作素材。积极备战百色市四年一届的专业文艺汇演,这一届的文艺汇演与往年不同的是组织一台以地方民族民俗为主,体现原生态的节目进行比赛演出。在上级业务主管部门的指导下,我局组织各创作人员精心策划、编排,分工负责,同心协作、认真排练,参加文艺汇演的《茶香凌云古府茶香》获得综合类三等奖,单项节目《泗水河边唱茶歌》《茶歌悠扬》分别获得二等奖、三等奖。积极配合党委政府及各部门做好宣传演出。2月份协助并参与百色市计生委“三下乡”到我县巡回宣传演出;8月份启动“学准则,促廉政”为主题的廉政文化文艺下乡巡回演出;11月份启动诚信计生宣传文艺下到8个乡镇乡巡回演出。

公共图书馆工作。县图书馆藏书总量31220册,新增了2219册。杂志284种,报纸36种,年接待读者来馆阅览人次54362人,借阅78094册,其中科技书是3824册,每周对开放时间是61.5小时,图书馆黄远明获2010年自治区图书管理工作先进个人。图书馆在做好各项业务工作的同时,还做好其他各有关工作。一是农家书屋建设工作,积极培训乡镇、村屯图书管理员业务。目前我县有23个行政村(社区)建立了“农家书屋”,图书馆技术人员分期分批下到各农家书屋进行业务培训。通过业务培训及指导,各社区图书室和农家书屋在管理上走向了规范化,各农家书屋都建立健全的规章制度。二是抓好文化资源共享工程建设工作。2010年共购置价值

56万元的设备，其中电脑30台，笔记本电脑2台，摄像机1台等。四个达标文化站设备购置共40万元，20个村级文化共享中心设备购置共10万元，以上设备购置已经全部到位。县级文化共享中心网络设备已安装完毕并投入使用。三是举办图书馆服务宣传周活动，大造“文化共享工程”声势。在2010年的图书馆服务宣传周活动中，大力宣传公共图书馆电子阅览室的公益性质。制作水稻、玉米种植的视频资料200多张光盘免费发放。制作图片展板对外展出。丰富电子阅览室数字资源内容，引导广大公众学习利用网络工具，吸引广大读者特别是青少年、进城务工人员等到电子阅览室享受网络文化，推进学习型社会建设。“六一”国际儿童节期间县图书馆在青少年中广泛开展了“告别游戏机”“读书活动”。四是积极发展馆外图书服务网点，建立起学校、武警、社区、村级图书网点，组织流动书籍送书下乡，并在各点轮换流通共15062册，提高了图书利用率，促进了图书网络发展。春节期间，县图书馆还在电信广场开展猜谜语、钓鱼、套活鸭等活动，参加活动人数达到8253人次，从一定程度上提高了图书馆在社会上的知名度。

文博工作。全年文博工作围绕“保护为主、抢救第一、合理利用、加强管理”这一文物工作方针，认真做好各项文物工作。一是全年实行文物馆免费开放，收到了很大的社会效益。县博物馆是广西第二批实行免费开放的博物馆，从2009年开始实行免费开放，今年认真做好免费开放的各项工作，先后两次安排工作人员参加了全区博物馆免费开放工作会议，根据会议精神的要求和部署，完善和上报各项免费开放的资料。全年共接待观众达2万人次，取得了很好的社会效益。“5·18国际博物馆日”和文化遗产日期间，以“保护文物资源，传承历史文化”为主题，制作宣传板报宣传我县第三次文物普查的成果，宣传文物法和博物馆免费开放政策。“6·12文化遗产日”期间，还制作了1000余张文物宣传单，利用圩日开展文物法律法规宣传文物知识普及。二是认真做好馆藏文物和野外文物保护单位的保护工作，全年无任何事故发生。对于馆藏文物的保护，我们坚持死守硬看的方法，白天值班开放，夜晚守夜看守。野外文物保护单位的保护工作我们实行定期开展安全检查，发现问题及时处理。根据要求上半年大旱时做好文物的防火安全工作，开展旱期文物消防检查，制定旱期文物消防制度和消防应急预案，并报上级文物部门存档，购买和更换消防器材。雨季洪涝时做好文保单位的防洪以及防地质灾害工作，并做好检查记录。三是做好第三次文物普查电子文本和纸质文本的填写录入工作。根据第三次文物普查的时间安排，我县于4月20日前完成文物普查第二阶段的工作任务，顺利进入第三阶段的工作。四是做好馆藏文物数据库的录入和影像拍摄工作。五是完成文物保护及经费需求“十二五”规划的填报工作。六是做好文庙的创建3A级景区单位工作。县委、县府要求把泗城文庙创建成3A级景区，为此，我们按照3A景区的要求，认真做好文庙的创优工作。10月已通过自治区旅游局的检查验收，文庙被评定为3A级景点。七是做好文物征集工作。从10月份开始，我县组织一次专门针对频临失传的背陇瑶服饰和生产生活用具等文物的征集工作，征集到背陇瑶百褶裙、三角绑脚布、腰带、银手镯、银耳环、银发簪等背陇瑶服饰。八是做好博物馆和中山纪念堂改造与维修工作。九是完成摩崖石刻、碑刻、木刻、金刻等文物古籍的校正工作。经过近四个月的艰苦工作，共完成了全县七处文物保护单位的87幅摩崖石刻、25块碑刻、9幅木刻、4座金刻古铁钟、2对古石人和古石马

的铭刻资料的整理校正，获得了相关部门的好评。

文化市场管理。全县文化市场经营单位(户)共有46家，其中互联网上网服务营业场所13家，歌舞娱乐6家，音像制品经营单位13家，打字复印4家，出版物经营单位7家。全年共出动执法检查人员1214人次，检查文化经营摊点1067家次，收缴非法音像制品383张。联合公安、工商等部门共同执法8次，取缔黑电子游戏室3家，扣押违规电子游戏机49台，取缔黑网吧4家。加强对互联网上网服务营业场所的管理力度，于年初举办了全县互联网上网服务营业场所业主及网管培训班，重点查处容留未成年人上网和通宵上网。对3家违规网吧各处罚2000元。广泛发动群众，聘请退休老干部、学校老师为义务监督员，参与网吧的管理，形成全社会共同抵制、打击违法经营"网吧"的良好氛围，使我县文化市场健康有序发展。配合县"扫黄打非"办分别开展了"保护知识产权，打击侵权盗版音像、电子出版物"专项行动和"扫黄打非"行动。

文化项目建设。年内，全县共实施了多个文化项目建设。一是5个村级公共服务中心的项目建设。经乡(镇)推荐上报，县文体局摸底调查，县人民政府严格把关，确定了朝里六作村、下甲河洲村、加尤镇央里村、逻楼山逻村、沙里沙里村五个行政村作为我县村级公共服务中心建设项目点，并落实选择交通便利、基础较好的朝里六作村、下甲河洲村两个项目点作为我县村级公共服务中心建设示范点。县人民政府制定了《凌云县2010年村级公共服务中心建设工作实施方案》，下发各有关部门、各有建设任务乡(镇)，明确各相关部门工作职责。该项工作已全部完工并投入正常使用。二是图书馆、文化馆设备购置项目，今年我局争取到图书馆、文化馆设备购置项目经费共60万元，目前已通过政府采购，各种设备全部到位。三是博物馆维修项目，争取到博物馆维修项目资金30万元，维修工程已竣工并通过验收。四是争取到中山纪念堂维修经费10万元，各种维修工程于12月中旬完工。

【乐业县】 乐业县文化和体育局有下属单位:文化馆、图书馆、博物馆、文化市场稽查队、业余体校、户外运动管理中心、唱灯艺术团。联系和指导乡镇文化站开展文化艺术工作。

文艺工作成绩显著。获"八个第一"即:6月份，百色市端午文化节龙舟赛12人男子组第一，百色市端午文化节龙舟赛24人男女混合组第一;8月份，全市文艺汇演节目《乐业酒歌》单项第一，全市青少年儿童锦标赛摔跤团体第一名;11月份，"黔桂两省区"6县山歌邀请赛男队第一，"黔桂两省区"6县山歌邀请赛女队第一;12月份，百色市首届"联通杯"广场舞蹈比赛，交谊舞集体第一，百色市首届"联通杯"广场舞蹈比赛，交谊舞青年组单项第一。

山城花争艳，民俗展演闹新春。2月，新春的来临使各地的群众文化活动活跃起来，处处都洋溢着浓郁的过年气氛:大年初一，甘田镇组织的舞龙舞狮争霸赛尤为抢眼，9条舞龙10头舞狮上下翻腾，热闹了乡村，也让县城沸腾起来。同时开展活动的有同乐镇拉逢屯业余文艺队、雅长乡尾沟村业余文艺队、新化磨里村、乐翁村业余文艺队。各地举行了文艺表演、篮球比赛、山歌集会等活动。2月28日的元宵晚会，同乐镇三乐街业余文艺队的演出大放异彩，获得了各方群众的好评。

加强文化基础设施建设。建成45个村级水泥篮球场、2个乡镇级灯光篮球场，总投资8万元;乡镇级农民健身工程1个，总投资

25 万元;建成文化艺术活动楼一栋,建筑面积3312 平方米,总投资 493 万元;建成体育活动中心一栋,建筑面积 2206 平方米,总投资 746 万元;建成乐业县攀岩墙和训练基地,占地 10 亩,总投资 500 万元。建成 4 个村级公共服务中心,总投资 64 万元。新建县级文化信息资源共享支中心 1 处,维修县级文化馆、图书馆各 1 座,新建乡(镇)文化站 5 个等,纳入桂西五县基础设施大会战建设项目计划,计划投资 358 万元。

开展农家书屋建设工作。举办乡镇文化站管理人员、农家书屋管理人员培训班。全县 2010 年农家书屋建设任务为 21 个,共计发放了 38437 册书刊,420 份报刊,2289 盒音像制品。农家书屋配套设施建设,县财政拨付 6.8 万元,采购 48 个书架、36 个阅览桌、168 张椅子、制度牌 63 张,农家书屋牌匾 21 张。各个书屋配套设施已发放完毕。

积极规范和繁荣文化市场。截至目前,全县共有文化经营 46 户,其中网吧 18 家、音像 8 家、图书报刊 3 家、打字复印业 12 家、娱乐场所 5 家。2010 年,共出动执法人员 706 人次,检查网吧 871 家次,KTV 娱乐场所 238 家次,音像制品经营单位 392 家次,地摊游商 204 家次。收缴非法出版音像制品 121 盒,封建迷信类书刊 15 册,黄色淫秽书刊 2 本。警告 2 家违规经营网吧,配合工商行政管理部门取缔 4 家黑网吧,配合公安部门打击非法电子游戏经营 4 家,有效地促进了全县文化市场的规范经营。

【田林县】 田林县文化和体育局内设办公室、艺术研究室、市场股、体育股,下辖文化馆、图书馆、博物馆、壮剧团,联系指导 14 个乡镇文化站工作。

文化活动。在连续三届举办“广西北路壮剧文化艺术节”的基础上,于 5 月成功举办了“2010 田林 · 首届中国壮剧文化艺术节”,艺术节内容丰富多彩,规模宏大。人民日报、新华社、中港澳国际新闻报、经济日报、法治快报、中新网、新浪网等 20 多家媒体到会采访报道,数百名各级领导、专家学者和媒体记者汇集田林指导。首届中国壮剧文化艺术节开幕式晚会上,来自泰国、贵州、云南、广西崇左市等国内外的艺术团同台演出,扩大了田林对外宣传的知名度。3 月 10 日(农历正月二十五),在潞城瑶族乡弄光村弄光屯组织开展“壮族祭瑶娘”活动。“壮族祭瑶娘”是弄光屯独特的壮族民间习俗,已有 300 多年历史。活动第一部分是进行传统竞技娱乐活动,有舞狮、抛锦包、打陀螺、拍毽子、竹筒对歌、壮剧表演等;第二部分是祭瑶娘过程,有跳祭拜舞、敬福水、赠送吉祥包、长桌宴等。中央电视台著名导演敖立群,区、市、县领导和潞城乡弄光村附近的群众约 3000 多人参加活动。大年初六,在八渡瑶族乡那拉村组织开展大型的“瑶族民间风俗”活动,有区、市、县领导参加,观众近 3000 人。同日,在乐里镇风洞村渭额屯组织举行大型的“蓝靛瑶抛沙包”活动,参与群众约 2000 人。春节期间,还组织了灯谜展猜、征诗征联和各类游园活动,同时组织利周壮剧业余剧团、乐里壮剧业余剧团、八桂女子壮剧业余剧团等农村壮剧业余团队在各地开展壮剧巡演活动,文化活动丰富多彩。

文艺演出活动。为积极响应“千团万场”的号召,年内,县壮剧团、农村业余剧团,适时组织开展内容丰富多彩、形式多样的各类文艺演出活动,年内共举行了文艺演出 102 场。其中:春节壮剧巡演活动 45 场、壮剧文化艺术节壮剧展演 32 场、纪念抗日战争胜利 65 周年活动演出 1 场、民俗文化活动 10 场、“创先争优”文艺汇演活动 14 场。演出剧目既结合田林地方特色的实际,又有反映现代文化

创新的气息，宣传影响广泛。2010年《风流竹乡·壮戏飞扬》专场晚会获得百色市文艺汇演一等奖。

非物质文化遗产保护。按照“有效保护，合理利用，加强管理”的方针，建立了以文化战略上“定向”、发展蓝图中“定位”、工作决策时“定项”、领导班子内“定人”、干部职责上“定责”、资金投入上“定额”的“六定”保护措施，积极挖掘民族民间特色文化，着力保护、传承民族民间优秀文化遗产，并积极组织申报工作。田林壮剧于2006年入选中国首批非物质文化遗产保护名录；2007年，田林瑶族铜鼓舞入选中国首批非物质文化遗产扩展项目保护名录。今年“壮族祭瑶娘”被列入自治区级非物质文化遗产保护名录，“壮族纺织”等项被列入市级非物质文化遗产保护名录。同时，聘用了闭克坚为壮剧传承人、班点义为田林瑶族铜鼓舞传承人（县财政保障传承人的生活待遇）和聘用数10名退休文艺工作者为艺师。

剧目创作。田林是八渡笋之乡、壮剧之乡，结合本地实际，有针对性地发展文艺精品的创作。年内，精心创作了现代小壮剧《和谐家》、古装壮剧《一幅壮锦》、新篇历史剧《壮族祭瑶娘》等10多个剧目，参加区、市文艺汇演中，获得综合一等奖1个、二等奖3个，三等奖6个，优秀奖9个。

文化市场。文化市场经营户有：音像制品经营店（摊）10家、网吧28家、KTV娱乐场所15家、“三印”店7家、报刊零售摊点7家、电子游戏室1家。始终坚持“一手抓繁荣，一手抓管理”的目标，加大了日常监管力度。有计划地对全县文化经营户的法人代表和管理人员进行业务培训，不断提高管理人员的法律法规意识。同时，核发《文化经营资格认证书》，制定了持证上岗制度。在加强日常监管的情况下，针对形势，开展“扫黄打非”和清理整顿公共娱乐场所专项整治行动6次，对辖区内的音像制品、电子游戏、网吧、歌舞娱乐等经营场所、出版物市场和印刷业经营户进行了全面的清理和整顿。长期聘请50名“五老”人员为社会文化环境义务监督员，不断规范加强文化市场的监督和管理。文化市场正朝着和谐、文明、健康、繁荣的方向发展。

图书管理。“图书借阅服务”从读者服务、业务管理、读书活动、提高素质入手。一年来，共接待读者借阅图书11084人次，借阅图书册数13008册，图书阅览6738人次，解答读者咨询30条，向读者宣传推荐新书250多种。“图书配送活动”：年内，除了完成全县14个乡镇综合文化站图书、书架、阅览桌等设备购置和配发工作外，为不断完善“农家书屋”的藏书量，文化和体育局把自治区新闻出版局和财政厅免费赠送的书籍分别配送到八渡、乐里、潞城等乡镇的16个“农家书屋”建设点，切实解决了群众借书难、看书难的问题。

文博工作。以“保护为主、抢救第一”为目标，采取多项措施，组建县、乡联合普查工作队，深入村屯开展全国第三次文物普查工作。先后组织普查队员深入那比电站淹没区、“西林教案”“岑氏宗祠”等文物点开展普查工作，年初，已完成全县野外实地普查工作。新发现平塘乡平塘村古动物化石遗址和八渡乡央茶屯古稻米炭化遗址，这两处古遗址都具有较高的考古研究价值。

文化基础设施。年内，认真贯彻落实县委、县人民政府的重大决策部署，把农村业余壮剧团建设任务当做重中之重的工作来抓，新建立壮剧业余剧团14个，5月份由县财政划拨70万元资金扶持这14个剧团的音响、戏服、乐器等物资一批。在着力完善、恢复壮剧业余剧团的同时，县文化和体育局还组织辅导老师深入农村业余剧团对演员进行培训，有效提高农村壮剧业余演员的演艺水平。截至今年，县农村业余剧团已恢复发展到46个。“村级公共服务中心建设”：在乐里镇的新宁村、新建村，潞城乡的旺吉村，利周乡的百达村，六隆镇的供央村启动了5个村级公共服务中心建设工程项目。工程项目含盖一栋综合楼、一个篮球场（含气排球场）、一个室外乒乓球场、一个戏台、一支文艺队、一支篮球队的建设或组建，截至11月8日，5个村级公共服务中心建设工程全部竣工并交付使用。“文化信息资源共享工程”：充分利用条件，把县图书馆四楼装饰成多媒体教室，把二楼装饰成文化信息资源共享工程活动室，室内安装30台电脑，室外安装电视地面接收机等设备，目前文化信息资源共享工程正常对外开放。完成全县13个乡镇综合文化站文化信息共享资源和34个村级文化服务点的建设，配送电脑、投影幕布、投影仪、音箱等设备。此外，年内还对14个乡镇基层文化服务点进行业务指导，确保文化信息共享工程各项业务正常开展。

【隆林各族自治县】 隆林各族自治县文化和体育局内设有办公室、群众文化股、体育股、艺术股、文化市场股、财务股。下辖机构有文化馆、图书馆、歌舞团、文化市场管理办公室、文物管理所。

群众文化活动丰富多彩。举办2010年春节文艺晚会、“三八”妇女节文艺晚会、“三月三”壮族歌会、隆林2010年仡佬族“尝新节”等大型文艺演出活动；组织社区、老体协等文艺团体积极开展“千团万场”群众广场演出活动，全年共演出110场。举办的春节摄影美术书画展是隆林县近年展览规模较大、展出时间较长，展出的作品数量较多的一次综合性展览，作品充分反映隆林县政治、经济、文化建设等取得的丰硕成果，展示隆林秀美的自然风光和具有民族特色的民俗活动情景，吸引大量群众观看。鼓励社企参与群众文化事业建设，指导和扶持民间业余文化团体，活跃群众文化生活。全县已成立了9支业余文艺队伍和社区文艺团队，健全的公共文化服务体系，为丰富群众文化生活起到了积极的作用。

艺术创作成果丰项。深度挖掘民族文化，加大艺术精品创作力度。县民族歌舞团紧紧依托地域文化和民族文化的优势，创作出一批融艺术性、思想性、观赏性为一体的的民族艺术精品，由县民族歌舞团策划创作的大型民族歌舞《五彩织锦》，参加全市文艺汇演获得艺术综合类二等奖，其中苗族舞蹈《笙鼓・图腾》获优秀节目一等奖；仡佬族舞蹈《傩魂》获优秀节目一等奖；声乐《喊月亮》获优秀节目二等奖。文化下乡巡回宣传演出共105场次。在广西隆林仡佬族尝新节开幕式上成功策划创编《风情隆林——仡佬缘》大型专题民族歌舞，演出获得区内外领导、嘉宾的高度赞誉。

图书馆工作业务迈上新台阶。争取到国家扶持的54万元“全国文化信息资源共享工程隆林支中心”项目经费，文化信息资源共享工程顺利建成，从而实现了全国文化资源共享共建的电子阅览。电子阅览室面积138平方米，有25台电脑免费为读者提供电影、电视、音乐歌舞、期刊资料以及各类图书查询服务，实现了优秀文化信息资源在全国范围内共建共享电子阅览项目。争取到自治区财政厅、文化厅下拨的50万元传媒资金用于图书馆大楼全面装修，工程已全面竣工，图书馆新增钢制书架89个，报纸架8个，阅览桌16个，椅80个、办公桌13套，密集柜18个，档案柜5个，目录柜6个，会议桌椅20套，还有书梯、书车等，极大改善了藏书服务环境和工作学习环境。图书馆2010年订报刊179种，

全年接待读者31002人次(包括图书宣传、图书下乡的读者),其中综合阅览21050人次;外借6050人次;期刊1050人次;少儿502人次;书刊流通10207种,43500册次。

非物质文化遗产保护申报工作扎实有效。向隆林县人民政府申报第二批1133项县级非物质文化遗产保护名录;开展了国际文化遗产日系列宣传活动;指派人员拍摄了辣椒骨、羊瘪汤制作、爬坡杆活动、栽姜苗、白苗婚礼过程等录像和照片,进一步完善和充实非物质文化遗产数据库建设工作。在壮族“颠罗颠罗那”歌会习俗申报为市级保护名录的基础上,完成了将壮歌会申报为自治区级非物质保护名录的各项申报工作,今年已在《广西日报》上进行了公示。完成了中国苗族歌舞之乡——德峨乡的材料申报和撰稿工作。完成了隆林县志文化和体育章节的撰写工作。

文物工作成效显著。隆林第三次文物普查工作始于2007年8月,认真按照第三次全国文物普查的规范和技术标准收集各种数据进行填写和录入,从而保证了文物普查工作基础数据的科学、完整和真实性。第三次文物普查调查登记录入纸质和电子文本材料,因内容翔实、采集数据准确、材料填写规范,于3月通过自治区第三次全国文物普查工作领导小组的检查验收,全面完成了第三次文物普查工作任务。由于按时、按质完成普查工作任务,隆林县被评为自治区文物普查工作先进单位。根据上级关于开展2010年国际博物馆日和国家文化遗产日系列宣传活动的工作部署,从5月10日至6月20日布置开展宣传活动。在历时1个多月的宣传活动中,通过制作宣传版报、悬挂宣传横幅、散发宣传资料、开展咨询等活动,积极营造宣传活动气氛。开展宣传“国际博物馆日”和“国家文化遗产日”宣传活动中,制作宣传版报三期、悬挂宣传横幅10条、发放宣传资料2000多份,接待群众咨询200多人。

文化市场管理健康有序。全年共出动检查人员315人次,检查音像店250家次,营业性演出15家次,娱乐场所70家次,网吧120家次,电子游戏45家次,报刊60家次。停业整顿网吧4家,查处“黑网吧”3家。与公安、工商等部门联合行动,展开全面清理大行动。期间收缴非法音像制品5500张(盒),书报刊80本(册),促进了出版物市场的繁荣健康稳定发展。

公共文化基础设施逐步完善。隆林县新州、者保、桠杈、革步、金钟山、岩茶、克长、介廷等8个乡镇新建文化站,先后被纳入国家“十一五”规划、桂西北五县基础设施大会战、广西壮族自治区50周年大庆等重点整合实施的项目。全县8个乡镇综合文化站已全部竣工交付使用,共完成投资265.8万元。

全面推进村级公共服务中心工作建设。为加快建设完善的农村公共文化服务体系,促进社会主义新农村建设,提升农民科学文化素质,丰富广大农民的精神文化生活,隆林县在开展村级公共服务中心建设工作中,认真按照“五个一”的要求做好工作。今年建成的新州镇者隘村、者浪乡央腊村、岩茶乡卡白村、克长乡海长村和平班镇扁牙村洪安屯的村级公共服务中心,都有一个活动室、一个灯光球场、一个戏台、一支男女篮球队、一支业余文艺队。

【西林县】 西林县文化和体育局设有文化市场管理办公室,县文化馆,县图书馆,县博物馆。

群众文化。全年共组织开展了城乡文艺演出共50场,观众达12万人次。打造那劳屯文化示范点。从元月份开始全部投入打造那劳屯文化示范点,创作了一台具有民族特

色、新农村特点的文艺节目。开展春节文化活动：春节文艺联欢晚会，春节期间初三至初七广场文化活动（社区文艺演出、青年卡拉OK演出比赛、山歌擂台赛等），元宵节游园活动。农村文化活动：那劳业余壮剧团初一至初四壮剧演出，那来屯业余文艺初二至初三演出，西平平寨村春节文艺演出，初二至初八那佐乡春节“龙崖外”活动。抓好和谐文化服务行——“千团万场”群众文化建设年活动。认真组织开展和谐文化服务行——“千团万场”群众文化建设年活动，采取以点带面，全面发展的方式，以西平乡文化站、那劳乡那来屯业余文艺队为试点，认真组织实施，以全面改善和提升乡镇综合文化站的服务能力和水平为目标，以站舍建设和功能设施建设为重点，使之能够发挥文化站的职能作用，成为建设农村文化和社会主义新农村建设的主力军，在丰富农村群众文化生活、完善公共文化服务体系和建设社会主义新农村中发挥重要作用。并通过重点抓那来文艺队来带动全县各个业余文艺团队，目的是给他们能够做到自编、自导、自演、自练、自比、自赛的农村业余文艺团队，形成“周周演”“月月比”“季季赛”的良好氛围，使广大群众在参与活动的过程中各展其长，各得其乐，激发群众参与文化、自办文化的热情，为建设和谐美好家园作出贡献。开展第二次林权改革宣传巡回演出活动，下乡镇、村屯演出24场。参加桂林国际旅游节文艺演出活动。排练句町古乐《日月八音》参加百色市庆祝国庆61周年暨2010年文艺汇演颁奖晚会。协助县直部门及乡镇开展文化活动。分别是：马蚌乡“三月三”歌节活动；“五一”“五四”两节文艺演出活动；六一儿童节文艺活动；计生宣传文艺晚会；为玉树灾区募捐晚会；庆祝民族高中落成典礼晚会。

文艺创作及文艺表演。全年开展专业文艺演出60场次，新创作舞蹈节目24个，新创作歌曲4首，对外交流5次，接待各类任务上百次，对外辅导25次，共获得市级以上一等奖1项；二等奖3项；三等奖1项，个人荣获全国优秀奖1人，区级三等奖3人。组织歌舞团、文化馆及全县优秀文艺人才，创作排练了专场晚会《神奇句町·生态西林》参加百色市2010年文艺汇演，于7月21日在百色市人民会堂惊艳亮相，7月22日晚在森林公园进行了观众场演出，百色市领导、专家、评委及上千名观众观看了演出，对晚会给予了高度评价。《神奇句町·生态西林》运用现代手法，通过优美的舞蹈，动听的壮歌，神奇的八音和独特的民间民俗文化，充分展示了神奇、独特的古句町文化，展示了西林人民勤劳、善良、热情好客的优秀品德。百色市委刘正东书记评价说：作为百色市今年文艺汇演活动的首场演出，西林县为百色市文艺汇演活动打响、打好了第一炮！在此次汇演中，《神奇句町·生态西林》荣获专场演出二等奖，器乐演奏《日月八音》荣获优秀节目一等奖，歌舞《羽人与舟》、舞蹈《捶背情》荣获优秀节目二等奖，民族服饰展荣获优秀节目三等奖。4月歌舞团演员李兰瑛被选送到广西“哈嘹组合”，代表广西参加全国第十四届青年歌手电视大奖赛获团体赛“优秀奖”。10月原创舞蹈节目《彝乡酒趣》《牛铃荡瑶山》参加第一届广西舞蹈青年演员大奖赛，演员谢琦、李翔、岑长青分别荣获个人表演三等奖。

文化市场管理。年内，为促进全县文化市场管理，通过规范网吧市场经营秩序，采取网吧零点断网、建立上网刷身份证等制度，制作警示牌和签订网吧经营责任状，采用定期巡查和突击检查相结合，对娱乐、音像、书报经营场所进行监管等措施，规范我县文化市场管理，确保文化市场繁荣稳定，同时相继开展了一系列的文化市场专项行动，取得了较好的成效，进一步净化了我县文化市场环境。

一是“扫黄打非”集中统一行动；二是网吧专项整治活动；三是娱乐场所专项整治；四是校园周边文化环境集中整治行动，共出动稽查人员 515 人次，检查音像制品店 92 家次、电子游戏室 97 家次、娱乐场所 213 家次、书报刊亭(点)60 家次，共 697 家次；受理举报案件 3 件，收缴非法音像制品 427 碟，收缴书刊 39 本，取缔黑网吧 1 家，取缔无证经营具有赌博性质的电子游戏室 2 家，停业整顿 4 家次，处罚违规经营网吧 16 家，处罚金额 2 万元。参加全县性“扫黄打非”集中统一行动 3 次，组织召开业主培训会 3 次。目前，全县登记在册的 64 家文化经营户都能做到守法经营，全年没有发生一起严重政治性问题和重大安全事故。

图书阅览。在每周正常开放 48 小时的基础上，加强了优化基础服务、优化管理软环境、优化业务基础建设和读者服务等各项工作力度，全年借阅图书量 48757 册次，接待读者 45942 人次，落实购书经费 35000 元，报刊、杂志经费 30000 元，采购新书 1565 册，订报纸 46 种份，杂志 230 种；分类图书 1220 册，著录财产号 1220 册。全年到馆阅览人次 45942 人次，馆外借阅 23485 人次，外借阅册次 48757 册次；阅览室接待读者 36379 人次，外借阅人次 13922 人次，外借阅册次 38415 册次；外借处接待读者 7198 人次，外借阅 10342 册次，电子阅览室接待读者 2365 人次，查阅信息 268 条；新书推荐 3 期，打印宣传资料 20 份，日常咨询解答 822 条，开展送书下乡两次，共送出图书 600 册价值 9830 元。

文物考古。认真贯彻“保护为主、抢救第一、合理利用、加强管理”的文物工作方针，加大对历史文物抢救保护和管理工作力度，推进文博事业发展。一是开展全县文物保护单位安全检查工作，先后修缮了文物库房，文物展室的加固和区保单位岑氏家族古建筑群枪救维修。二是做好文物藏品管理及文物数据库的工作，建立科学规范的文物藏品档案和各种文物藏品数据的整理，完成 230 件文物藏品的数据库系统管理录入工作。三是搞好文物陈展和对外宣传工作，以举办第二届句町艺术节扩大文物陈列展为契机，先后举办了“句町历史文物展”“岑氏家族文物展”。四是积极地做好西林县全国第三次文物普查工作。到 6 月已基本完成全县 8 个乡镇 90 余个村屯的文物调查及文物点材料的上报工作，先后复查文物点 28 个，新发现文物点 38 个。目前已转入文物标本整理及登记表格录入阶段。五是投资 30 万元完成区级文物单位西林“岑氏土司古建筑群”岑氏土司府后院，宫保府旧府的维修工作。做好文物各项项目的申报工作。先后申报了“西林岑氏土司府古建筑维修及周围居民搬迁项目”，“西林句町民族博物馆建设项目”“西林西汉铜棺铜鼓陈列馆项目”，“西林岑氏土司府古建筑文物陈展项目”，并完成“岑氏家族古筑群为国保单位”申报工作，国家文物局专家已到实地勘查核实，有利推动文物事业向前发展需要。

贺 州 市

全市文化工作综述

2010年，贺州市文化新闻出版局在市委、市政府的正确领导下和自治区文化厅、自治区新闻出版局的大力关心支持下，高举中国特色社会主义伟大旗帜，以邓小平理论和“三个代表”重要思想为指导，按照市委、市人民政府和上级业务部门的安排部署，深入学习实践科学发展观，全面贯彻落实全区宣传思想文化工作会议和全区文化局长工作会议精神。紧紧围绕“工业立贺、文化兴市”发展思路，进一步转变工作作风，开拓创新，团结奋进，真抓实干，圆满完成2010年文化事业和文化产业和“扫黄打非”工作任务，推动全市文化事业的繁荣和发展。2010年，贺州市文化新闻出版局获全区“三普”工作先进集体、广西“扫黄打非”工作先进集体荣誉称号，局长廖平被评为广西“扫黄打非”工作先进个人。组织创排的客家小戏《仙姑岭茶歌》、国家级非物质文化遗产名录《瑶族蝴蝶歌》双双荣获全国第十五届“群星奖”，《瑶族蝴蝶歌》演唱组合代表广西进京参加第十四届CCTV青年歌手电视大奖赛获优秀奖(前12名)等荣誉。完成第四批中央扩大内需投资项目——19个乡镇文化站建设任务和自治区下达的为民办实事项目——24个村级公共服务中心建设任务。

专业艺术

【两项文艺节目获全国群星奖】 年内，由贺州市文化新闻出版局组织创作的客家山歌剧《仙姑岭茶歌》和蝴蝶歌组合《流水欢歌迎客来》参加文化部5月份在广州举办的全国第十五届“群星奖”评比，分别获戏剧类、声乐类“群星奖”。市群众艺术馆副馆长、国家二级编剧黄毅环荣获“群文之星”称号。《仙姑岭茶歌》剧组应邀赴安徽省滁州市参加第三届中国农民歌会农村题材节目调演，扩大了贺州客家艺术在全国的影响。蝴蝶歌组合《流水欢歌迎客来》代表广西进京参加第十四届CCTV青年歌手电视大奖赛获优秀奖(前12名)，还代表广西进京参加文化部举办的全国非物质文化遗产保护文艺调演和世博会广西周的演出活动。

【坚持品牌打造，繁荣文化创作】 年内，坚持品牌打造，推动舞台艺术创作再上新台阶。继续做好客家文化、瑶族文化品牌打造工作。全市创作、排练小品《新任务》等舞台艺术作品20多个。重新打造我市优秀客家歌曲《我是客家人》《情郎阿哥》《豆腐酿》《小河淌水》等一批节目，赴台进行客家文化交流工作。《瑶族长鼓舞》由广西彩调团代表我市进京演出。选拔7个优秀节目赴南宁参加广西第一届青年舞蹈演员大奖赛决赛，并取得较好的成绩，有五位演员获个人表演奖。市文学艺术创作研究所的莫波和林虹两位同志的作品客家山歌剧《农家乐》和组诗《时光的痕迹》获贺州市第二届麒麟尊文艺创作奖，为文化系统争得了荣誉。

【首届文化旅游节“客家风·民族情”联谊晚会】 年内，成功承办了2010桂台客属联谊

会暨贺州市首届文化旅游节“客家风·民族情”联谊晚会，并邀请台湾新竹县树杞林客家文化协会参加该晚会，拉近了桂台客家人的距离。晚会节目丰富多彩，展示了两岸客家同胞同根同脉的客家情缘，以及渊远流长的客家文化和浓郁的客家风情，深受观众的喜爱。晚会有两张照片在中新社新闻网站上刊发。通过系列文化活动的交流，加强了与台湾文化的交流活动。组队参加贺州市、广西区赴台经贸文化交流活动，与台湾新竹县签订文化交流协议。

群众文化

【和谐文化服务行活动丰富多彩】 2月9日，正式启动“和谐文化服务行——欢乐贺州”活动，开展了一系列丰富多彩的群众文化活动。当日，组织市歌舞团、图书馆、群众艺术馆等单位共80人到平桂管理区沙田镇开展送文化下乡活动。共进行慰问演出一场，举办展览一次，播放科技投影一场，为群众免费书写春联70多副，给农村群众、留守儿童、农村小学现场赠书700册(价值4500元)，给群众送“福”字100张，向群众赠送《桂东电视报》180多份、计生年画300多份，2000多群众到现场参加了活动。截至12月共开展节庆演出活动61场，观众近20万人次。深入乡镇农村、学校开展文艺下乡演出活动130场。重点扶持平桂管理区水口麒麟马民族歌舞艺术团、沙田镇农民艺术团等农村业余文艺队开展活动。群众艺术馆、文化馆辅导员下基层辅导达60多人次，辅导各业余团队11个，编排节目30余个，累计辅导人数达900人次。送书下乡6次，送书籍15690册。12月，平桂管理区水口麒麟马民族歌舞艺术团等15支农村业余文艺队被评为全区“和谐文化在基层——千团万场”群众文化活动优秀集体，曾小玲等15人被评为优秀文艺骨干，廖平等7人被评为优秀辅导员。

【举办“乡村风采”农村业余文艺调演】 12月29日，为检阅全市“和谐文化服务行”成果，贺州市文化新闻出版局在贺州大会堂举行2010年贺州市迎新年“乡村风采”农村业余文艺调演。参加此次文艺调演的17支代表队来自三县两区，其中5个为市级乡镇示范文化站代表队，12个为获广西优秀村屯文艺队称号的代表队，参演人员多达230人。节目形式有戏曲、小品、歌舞、器乐演奏、歌曲对唱等，参演节目全部由各乡镇自行组织创作、排练，各县、区文化馆辅导。节目内容丰富多彩，既反映了新农村的新气象、新变化，又展示了地方的特色文化、民族文化、乡村文化，有原生态的山歌对唱，也有现代气息的歌舞、小品，还有传统的戏曲表演。此次调演共评出一等奖2名，二等奖4名，三等奖6名，优秀奖5名。来自富川县福利镇神仙胡艺术团、八步区贺街镇东球彩调团赢得了一等奖的桂冠。

【文化基础设施建设】 文化基础设施建设步伐加快，重点文化工程建设有力推进。市文化中心建设项目列入全市城市建设大会战重点建设项目。项目规划选址在太白湖公园东侧，计划投资15000万元，项目建设业主为市城投公司，项目责任单位为贺州市文化新闻出版局。已完成项目建议书、可行性研究报告及立项批复、工程环境评估报告和土地预审、现状地形图和规划控制红线图、选址意见书、规划设计及报批、办理建设用地规划许可证等工作。完成了项目的征地工作和规划、勘探招投标工作。规划设计正在进行中。

【乡镇文化站建设有序开展】 完成第四批中央扩大内需投资项目的19个乡镇综合文化站(八步区8个、钟山县7个、平桂管理区4

个)的建设任务,共投入资金672.58万元。列为2010年建设任务的富川县6个乡镇文化站建设工作于11月动工,工程进展顺利。完成全市24个村级公共服务中心建设任务。成立了贺州市2010年公共服务中心建设工作领导小组工作机构,市人民政府与各县(区、管理区)签订了目标责任书,明确了各县(区、管理区)的工作职责。在经费落实上除自治区配套资金外,按标准建设所需的其余建设资金由各县(区)负责筹措,市财政采取以奖代补方式对完成任务的每个建设点给予补助。至12月31日,全市24个村级公共服务中心已完成建设任务,共投入资金964.48万元,建成24个篮球场,24个乒乓球场,24个戏台,24座综合楼。组建24个村级文艺队,24个村级篮球队。

公共图书馆

【公共图书馆业务建设】 全市图书总藏量569006册,新购图书1518种18100册。累计发放借书证7933册,到馆阅读人数432051人次,书刊外借387493册次。电子阅览室开机8268小时,接待读者6937人次。组织各类讲座11次,1140人次。举办各种培训班20多期,培训2100多人。开展送书下乡活动12次,为群众送去图书15000余册,各种科技宣传资料8000多份,光碟120张。年内,贺州市图书馆从实际出发,调整办公场所、书架及阅览桌椅布局,添加阅览室读者座位30个,新增藏书面积20平方米、阅览室面积30平方米,使开放空间面积增加50%。于炎热夏天延长开馆时间,开放阅览室空调,优化了阅览环境,极大的方便读者到馆阅览。开展"无障碍借书、无门槛阅读"(即读者免证即可阅览所有的文献资料),借书期限由10天延长至15天。组织开展贺州市全民阅读"读书日"活动,活动形式新颖、内容丰富,激发了广大读者的读书学习热情,为促进全市上下形成爱书、读书、用书的良好风气发挥了积极的作用。于春节、五一国际劳动节、六一国际儿童节、国庆节、图书馆服务宣传周等节假日开展读书活动7场次,受益群众达1万多人。坚持开展"送文化共享工程资源下乡"活动,全年组织文化共享工程资源下乡活动6场次,送农村实用技术专题光碟等文化资源下乡13次。组织开展了"网页设计竞赛""投影知识讲座"、少儿卡通片展播等文化活动16次,参与人数共2600多人。市图书馆投入资金35万元,对图书馆立面实施风貌改造,面貌焕然一新。

文化市场

【文化市场经营场所】 年内,全市有文化市场经营场所568家,其中歌舞娱乐场所69家,电子游戏场所152家,音像制品经营场所87家,网吧242家,演出经营场所18家。

【文化市场稽查整治】 市、县(区、管理区)坚持"谁主管、谁负责"和"属地管理"原则,采取打击与教育相结合,查案件与打窝点相结合,日常监管与集中行动相结合的方式,突出重点,将市区(县城)繁华街道、车站、码头、旅游景点等人员流动比较集中的区域作为关键部位,以图书、音像、软件店和无证摊档以及网吧、娱乐室等作为监管和治理的重点,切实加强文化市场的监管。开展文化市场专项整治活动、打击手机网站传播淫秽色情信息专项行动、加强学校及周边安全"扫黄打非"工作、世博会"扫黄打非"专项行动、进一步查堵"美国之音"反动宣传品专项行动、印刷企业清查行动、迎亚运"扫黄打非"专项行动等各种专

项检查、专项治理工作，做到正常工作日每周检查1次以上，重大会议、活动期间定期或不定期地进行巡查检查，周末、节假日实行值班巡查制度。向社会公开举报电话，做到接到举报立即组织人员进行查处。据统计，全市共出动文化执法人员8689人次，检查网吧5195家次、歌舞娱乐场所1330家次、电子娱乐场所2302家次、音像店1004家次。警告文化经营单位309家次、责令整改119家次、停业整顿28家次、立案调查57家次，收缴非法音像制品14325张。特别是在3月份开展打击盗版音像制品专项行动中，出动检查执法人员305人次，共查缴盗版音像制品2733张，有效打击了销售盗版音像制品的违法行为，进一步净化了出版物市场。4月22日，在市灵峰广场组织开展了贺州市侵权盗版及非法出版物集中销毁活动，当场销毁侵权盗版及非法图书13500册，非法报纸期刊、“六合彩”资料52000份，非法音像制品和软件23800张，总量达8.9万件以上。

文化产业

【文化产业持续发展】 年内，贺州市文化新闻出版局不断深化文化体制改革，稳步推进文化产业健康持续发。加大扶持力度，积极引导支持公益性文化事业单位和文化企业依法经营，不断成长壮大。各直属企事业单位主动适应市场需要，增强市场意识、服务观念，提高服务质量，加强管理，开拓市场，积极主动参与市场竞争，有力地促进了全市文化产业健康持续发展。全市已形成娱乐网络业、电影放映业、文物仿制品业、艺术培训业、黄蜡石工艺品业、彩印业等一批骨干文化企业，产值不断上升。2010年全市文化产业总产值达7亿多元，其中娱乐网络业、电影放映业、文物仿制品业、艺术培训业、黄蜡石工艺品业的产值约为1亿元，印刷业总产值为6.08亿元。制定了《贺州市文化产业示范基地评选命名暂行管理办法》，经各县（区、管理区）申报，媒体公示，命名贺州民族旅游艺术职业学校、广西昭平黄姚古镇文化旅游有限公司、贺州市冠丰教育印刷有限公司、富川小阳印刷包装有限公司、广西麒麟尊文化旅游开发有限公司等五个单位为贺州市第一批文化产业示范基地。

文化遗产

【展示历史文化】 市博物馆以免费开放为契机，积极营造文物保护环境，对馆内石刻碑廊进行保护维修，积极挖掘博物馆历史文化品牌，使之形成博物馆三大主题展览“贺州汉魂、瑶族风情、百年八步”，石刻碑廊，留趣山钟廊，莲塘客家生态博物馆历史文化圈。征集回收各种文物50件，特别是征集到1943年贺州从德国西门子公司进口的广西第一台直流式发电机组，它作为贺州市水利发电的鼻祖，见证了城市发展史。全市第三次文物普查田野调查工作、普查资料补遗汇总、专题普查深化和资料整理等各项工作指标经自治区“三普”办验收全部合格，贺州市第三次文物普查工作队和钟山县文物普查队获全区“三普”工作先进集体，贺州市文化新闻出版局被自治区文化厅评为全区“三普”工作组织二等奖，本系统有4人被评为全区“三普”工作先进个人。

【非物质文化遗产】 做好第三批自治区级非物质文化遗产名录申报工作，《贺州瑶族盘王大歌》等十三项被自治区人民政府公布为第三批自治区级非物质文化遗产名录，其中《八步区的广西八音》为第一批第二批自治区级非物质文化遗产扩展项目名录。开展了“文化遗产日”“全国第五个非物质文化遗产日”宣传活动。6月11日，于富川县新华乡举办纪念全国第五个文化遗产日暨非物质文化遗产进校园活动。富川县文体局、富川县文化馆、新华乡党委、政府和当地非物质文化遗产项目《瑶族长鼓舞》、《瑶族蝴蝶歌》传承人、新华中学师生共1100人参加了活动。

县域文化

【八步区】 八步区文化和体育局下辖文化馆、山歌剧团、音像管理办、电影公司，业余体校，文化稽查大队等6个文化事业单位。

专业文艺获奖情况喜人。组队参加贺州市妇联举办的“庆祝第100个‘三八’国际妇女节”时装秀比赛，荣获第一名。八步区山歌剧团参加全国第二届八省优秀山歌(东莞凤岗)邀请赛《守住那座老围屋》荣获金奖；歌曲《过山过坳追太阳》荣获银奖；《淡水河斗歌》荣获铜奖。八步区文化馆的刘小春和王鸣浚指导的舞蹈《月光上的绣球》参加全国第三届中小学生艺术展演活动荣获艺术表演类中学甲组一等奖。

文艺辅导工作井然有序。积极组织文艺骨干深入学校、社区开展艺术辅导工作，认真抓好文化馆寒暑期青少年艺术培训及各种业余艺术培训工作，开设美术、书法、舞蹈、二胡、电子琴、葫芦丝、声乐、戏剧表演等培训班12期，培训学生约650多人次。组织文艺骨干深入基层开展各种艺术培训达1055课时，培训人员达1500多人次。

群众文化异彩纷呈。全年组织区山歌剧团、业余文艺团队深入乡镇农村、学校开展文艺三下乡演出活动230多场。创编了小品《计生协会》《上门郎》《骂与爱》，歌曲《生男生女都一样》，独舞《二月踏青》《春闺怨》，双人舞《圆夜》等一批群众喜闻乐见的文艺节目。在区委、区政府精心组织和正确领导下，八步区文化和体育局圆满成功举办了“五个一”文化建设实施工程的节庆活动。“五个一”文化节庆活动近三个月，内容丰富多彩，共进行文艺演出12场，举办书画、摄影、奇石花卉盆景展各一次，展出书画作品151件、摄影作品64幅、奇石1200多件、花卉盆景600多盆，观看观众人数近50000多人次。本届文化艺术节不论演出规模，还是参与人数，或是表现形式，都为八步区历年文艺活动之最。

认真抓好农村文化基础设施建设。投资256万元，完成开山、桂岭、大宁、南乡、黄洞、步头、灵峰、里松等8个乡镇文化站综合楼工程建设。投资96万元，完成仁义镇共和村、灵峰镇爱群村水细寨、莲塘镇炭冲村、贺街镇西南村新兴寨、步头镇梅中村白竹寨、南乡镇垌新村代岑自然村6个村级公共服务中心的建设工作。

抓好文化信息共享工程建设。完成县级文化信息资源共享工程支中心建设。加强对共享工程设备管理人员的培训，举办文化信息资源共享工程培训2期，培训人员50人，接待群众3000人次，派出文化馆3名工作人员到桂林市参加了3期信息共享工程的培训班。

文化市场执法监管工作有序开展。八步区文化和体育局认真做好文化市场法律、法规宣传教育工作，先后举办文化行业经营户培训班7期，培训人员380人次。积极参加八步区2010年“综治平安建设宣传月活动”，发放法规条例宣传品1000份。出动文化执法人员220多人次，对网吧、娱乐场所检查800多家次，发出安全生产整改通知书28份，停业整顿2户，对13个乡镇网吧进行突击检查5次。共收缴盗版碟(光盘)11000盒(其中

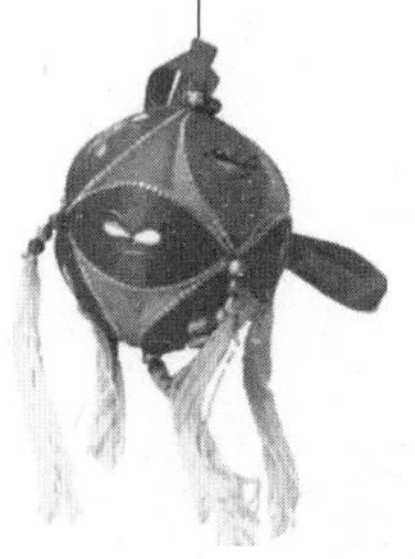

“亚凡达”影碟1张)，淫秽光盘530盒，盗版、封建迷信书刊和“六合彩”资料8600册(本)，取缔游无证照流动音像、书摊7户。

非物质文化遗产保护工作扎实推进。年内，整理文字资料10万多字、图片300多张，申报电视片90多分钟。认真做好自治区级非物质文化遗产名录的申报工作，《壮族舞火猫》《信都龙舟节》《八步八音》《瑶族婚礼》《瑶族度戒》《客家竹板歌》《浮山歌节》《贺州盘王大歌》《瑶族凿花》等九项被列为第三批自治区级非物质文化遗产项目名录。撰写非物质文化遗产图典文字5万多字，收集图片200多张；撰写《贺州市文化大典》文字1.2万多字，收集图片100多张。

【钟山县】 钟山县文化和体育局下辖文化馆、文物所、图书馆、桂剧团、文化稽查大队、业余体校等6个文化事业单位。全年用于文化建设财政拨款共718万，包括总投入247万元完成钟山镇、回龙镇、石龙镇、凤翔镇、珊瑚镇、同古镇、红花镇等7个乡镇文化站建设任务；总投资122.5万完成钟山镇榕马村委朝阳自然村，公安镇双元村委立元自然村，清塘镇南庙村委妙村，回龙镇龙虎村八门楼)等4个农村公共文化服务中心项目；争取文物维修资金45万元，完成两安乡莲花古戏台，英家起义地址建设和英家革命历史陈列馆的展览更新工作。钟山县20个业余文艺队村屯发放了文艺设备，2个乡镇文化站信息共享设备配送安装和文化设备采购发放全部落实到位。

县文物普查队被评为第三次全区文物普查实地调查阶段先进集体；县图书馆被国家文化部评为三级图书馆；中国民族器乐学会授予钟山县文化馆为2010年中国民族器乐艺术节优秀组织奖；县文体局被评为贺州市2010年度城乡风貌改造工程先进单位。

年内举办庆元旦迎新春“和谐钟山广场文艺展演”活动，邀请11个业余文艺队，每周在新世纪广场展演一台文艺节目。舞蹈《又见白鹭》获自治区专业青年舞蹈比赛优秀奖；创作舞蹈音乐《门崃欢歌》参加湘、粤、桂三省十县瑶族盘王节。组队参加2010年贺州市业余文艺队调演，桂剧《梁祝十八相送〈选段〉》节目获二等奖，彩调《下南京》节目获优秀奖。

年内，钟山县的“瑶族门崃歌”“瑶族羊角长鼓舞”被列入第三批自治区级非物质文化遗产名录。文物普查实际调查登记文物点225个，完成223个文物点正式文本录入工作。红花铜盆(贵广高速铁路段)的文物考古发掘工作进展顺利。共发掘古墓葬61座，出土各类文物近500多件。这次红花铜盆古墓葬的发掘，是贺州市三县二区历史以来单次发掘墓葬最多的一次，也是出土文物最多的一次考古发掘。

【昭平县】 昭平县文化和体育局下辖文化馆、文物管理所、图书馆、歌舞团、黄姚纪念馆、文化市场管理办公室、青少年业余体育学校等7个文化事业单位。昭平县用于文化建设年内财政拨款共720万元。

昭平县文化和体育局年内荣获的荣誉有：昭平县文化馆贝伟助、叶小燕两位演员，参加了《仙姑岭茶歌》的演出，该剧代表广西参加“第十五届全国群星奖”比赛获“群星奖”；县图书馆被国家文化部评为“三级图书馆”；自治区文化厅2010年授予昭平县文化馆“全区公共文化馆(群艺馆)先进集体荣誉称号”；县文物普查队荣获“贺州市第三次文物普查实地调查先进集体奖”；县歌舞团演员在广西第一届青年舞蹈演员大奖赛获八桂群星银奖，贺州赛区二等奖；在2010年中国乳源盘王节大赛中获得最佳表演奖。

重视基础文化建设。总投资298.7万元，完成黄姚镇黄姚村，昭平镇上岸村，仙回瑶族乡大中村，樟木林乡潮江村，走马乡西坪村等5个村级公共服务中心建设。完成8个乡镇综合文化站文化信息资源共享工程设备和文艺演出设备配备工作，配合安装80个农村党员干部远程教育多媒体基层服务点设备。完成广西省工委旧址维修工程。

开展和谐文化服务行“千团万场”群众文化活动。组织和辅导开展群众性广场文艺演出38场。举办第五届广西昭平“茶王节”暨生态旅游文化节大型文艺演出，为打响“黄姚古镇”“昭平银杉茶”两个特色品牌作了有力宣传。举办“农历五月十三”文化艺术节，来自全县12个近百名民间艺人表演了具有浓郁地方特色的客家山歌、彩调、采茶戏、新采茶调、瑶族歌舞、八音等民间优秀艺术节目。少儿培训工作卓有成效。全年举办少儿美术培训班10期，培训人数500多人。组织参加广西未成年人书画创作大赛，共获银奖4个、铜奖7个、优秀奖8个。黎泉同志在第五届中国青少年艺术节大型活动中被评为优秀指导老师；陈矗同志在首届“中华颂”全国原创歌曲作曲暨演唱大赛活动中作曲、作词的作品《绿色家园》荣获铜奖。

非物质文化遗产工作。“黄姚放灯节”被列入第三批自治区级非物质文化遗产名录。“迎王爷”“昭平（农历）五月十三”等6项被列入市级非物质文化遗产名录：印刷出版《昭平县非物质文化遗产》一书共8万字。完成《贺州市非物质文化遗产名录图典》昭平县部分三项（篇）1.5万字撰稿。李昭伦同志被文化厅评为全区非物质文化遗产普查先进工作者。

全面完成昭平县第三次全国文物普查工作。完成调查登记文物点144处，其中复查78处，新发现66处，并完成电子文本和纸质文本的填写、刻录工作。县文物普查队荣获“贺州市第三次文物普查实地调查阶段先进集体奖”、1人获第三次全区文物普查实地调查阶段先进个人、5人获贺州市第三次全区文物普查实地调查阶段先进个人。

【富川县】 富川瑶族自治县文化和体育局下辖文化馆、文物管理所、图书馆、民族艺术团、文化市场和出版物稽查大队、业余体校等6个文化事业单位。年内富川县用于文化建设财政拨款共496.6万元。

县文化和体育局荣获全县“扫黄打非”工作先进集体称号；县文物普查队，荣获贺州市第三次文物普查实地调查阶段组织奖；富川荣获广西全民健身示范县称号。

重视文化基础设施工作。总投资196.49万元，完成柳家乡大中屯、白沙镇洞尾村、新华乡虎马岭村、福利镇八佰岭村、富阳镇黄龙村等5个村级服务中心项目建设任务。富阳镇、白沙镇、麦岭镇、新华乡、石家乡、柳家乡等6个乡镇文化站办理好相关手续，开工建设。完成莲山、城北、古城、福利、朝东五个乡镇文化站共享工程设备发放及安装。完成总投资85万元的莲山镇大莲塘村“瑶族蝴蝶歌”和新华乡虎马岭村“瑶族长鼓舞”传承基地建设。在县文化馆成立了非物质文化遗产研究保护中心，在福利镇“神仙湖”休闲区建立《瑶族蝴蝶歌》《瑶族长鼓舞》保护传承基地。

特色项目多姿多彩。举办“新石新村山歌演唱赛”等迎春文化活动。年内，成立科技文化下乡服务队，送书下乡65次，送科技图书2500册，开展科技图书展22次，开办农村科技培训班16期，印发科技信息资料20000多份。举办农家书屋管理员、学校图书馆管理员培训班4期，培训学员200多人/次。10月，选送的双人舞《做对》参加第一届广西青

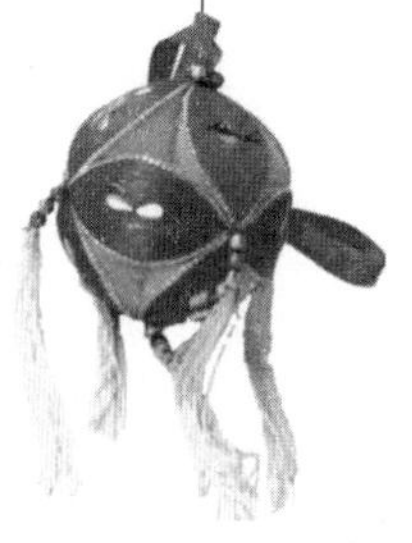

年舞蹈演员大奖赛获得三等奖;11月参加在广东乳源举办的第十一届中国瑶族盘王节,本团创作的歌舞《羊角追》获得最佳创作奖。参加贺州市迎新年"乡村风采"农村业余文艺调演,福利镇神仙湖民俗民间艺术团的参赛节目《瑶妹子》获得一等奖;新华乡大井村民间表演队的《瑶族长鼓舞》、城北镇凤溪村民间艺术团《欢腾的瑶寨》获得二等奖;新华乡虎马岭村民间表演队的《瑶族长鼓舞》获得三等奖。3月,县文化馆的林振玉和盘芬两人参加由市文化新闻出版局组织创作的蝴蝶歌组合《流水欢歌迎客来》,并参加全国青年歌手CCTV大赛,获得团体优秀奖。"瑶族长鼓舞"参加澳门万人军操赛。积极组织和策划富川县第三届脐橙节暨瑶族文化旅游节大型文艺表演和凤溪瑶寨风情晚会。

完成第三次全国文物普查工作,完成208个文物正式文本录入工作。县文化和体育局获第三次全市文物普查实地调查阶段先进集体,8人获得贺州市第三次全市文物普查实地调查阶段先进个人。

【平桂管理区】 平桂管理区文化和体育局于2010年4月成立,目前内设机构有综合股、社会文化艺术股、文化体育市场管理股、文化体育产业股、体育业务股等5个股室,二层机构有文化馆、图书馆、文化市场稽查大队。年内平桂管理区用于文化事业的财政拨款累计达250万元。为保护平桂百年矿区文化,建立广西贺州矿业遗址博物馆,该项目计划建设时间为2011—2013年,计划总投资4.5亿元,目前文化厅下拨的前期经费40万元已到位。

农村文化基础设施建设成效显著。总投资143万元,完成羊头镇、公会镇、大平乡、水口镇4个乡镇综合文化站的建设。总投资165万元,完成鹅塘镇华山村、沙田镇田厂村山脚寨、鹅塘镇芦岗村和望高镇新农村等4个村级公共服务中心项目建设任务。完成一1个县(管理区)支中心、9个乡镇(街道)、54个村建立了文化信息共享工程基层站、点建设任务,形成了覆盖县(管理区)、乡镇、村级的三级网络建设。

文艺活动丰富多彩。开展"和谐文化服务行"——"千团万场"群众文化建设年活动中,组织文艺骨干近100人次深入乡镇(街道)、社区(村屯)组织开展文艺辅导,为农村各类文艺团队编导文艺演出剧目20多个,帮助辅导排练文艺演出节目70多个,共为群众写春联、送春联500多幅,演出90多场,观众达12000多人。为纪念中国共产党成立89周年,举办大型的文艺活动"赞歌献给党——庆祝中国共产党成立八十九周年红歌会"。全年组织业余剧团到乡镇村屯进行巡回文艺演出活动80多场次。

文化市场健康有序。出动执法检查车辆416多辆(次),执法工作人员950多人次进行文化市场执法检查,共查处了网吧和电子游戏室810多家次。管理区"扫黄打非"办联合各级相关工作部门多次开展集中整治行动,共出动文化、公安、工商、消防等部门执法人员600多人次,执法车辆200多辆次,共查缴各类盗版及非法出版物1000多份(册),收缴盗版光盘1300多碟,检查经营场所200多家次,取缔非法游商、地摊19个,查获地下"六合彩"资料6000多份(册),取缔"黑网吧"和无证照电子游戏室6家,捣毁了一个赌博和贩卖六合彩资料严重的场所,取缔了一个贩卖违法书刊的摊点,有力地净化和维护了管理区文化市场的良好环境和社会稳定。

河 池 市

全市文化工作综述

河池市文化广播影视管理局成立于2009年12月，是在2009年政府机构改革中，撤并原市文化局、市广播电视局而组成的行政单位(内挂河池市新闻出版局牌子)，为河池市人民政府工作部门，行使全市文化、广播影视、新闻出版行政管理职能。是广西壮族自治区最早实行文化、广播影视、新闻出版“三局合一”体制的市级部门。苏满勇同志任局党组书记、局长，市新闻出版局局长。

局属二层机构单位有市广播电视台、市文化市场综合执法支队、市群众艺术馆、市民族歌舞团、市民族图书馆、市革命纪念馆、市文物管理站、市艺术创作研究室、市电影公司、市演出公司等9家单位。

在新的平台、新的起点上，市文广局紧抓发展机遇，深入改革创新，主动作为，各项工作都取得了显著成绩。先后被评为“2006—2010年全国广播影视系统法制宣传教育先进集体”“2010年河池市防汛抗旱救灾工作先进集体”“河池市文明单位”“河池市2006—2010年信访工作先进集体”“广西非物质文化遗产普查工作先进集体”“2010年广西‘扫黄打非’工作先进集体”、双拥工作先进单位、安全生产月活动先进单位、“河池市2010年度保密工作先进集体”、全市反腐倡廉宣传工作先进集体等。

认真贯彻落实国务院总理温家宝视察河池重要讲话精神，发挥文化力量，深入推进生态民族文化名城建设。2月12日至14日，中共中央政治局常委、国务院总理温家宝到河池市东兰县、巴马县等地视察抗旱救灾工作，看望慰问各族群众，共迎虎年新春，并为河池题写了“山青水秀生态美，人杰地灵气象新”、横批“日新月异”的题词，极大地振奋和鼓舞全市人民科学抗旱救灾和建设美好新河池的信心。在温总理视察河池期间，河池市文广局组织记者深入总理视察慰问的各个点进行跟踪采访，并在市广播电视台等开设专栏，集中宣传报道各级各部门学习贯彻落实温总理重要讲话精神的具体行动，为掀起全市学习宣传、贯彻落实温总理重要讲话精神热潮营造了浓厚的宣传舆论氛围。同时，以总理的题词为动力，在打造河池“生态民族文化名城”品牌、塑造河池新形象上，创新宣传推介河池新方式新途径，全力营造河池“山青水秀生态美、日新月异气象新”建设的良好社会文化大气候、大氛围。

将文化基础设施建设和公共文化服务体系列为政府年度为民办的十大实事之一，深入实施河池市2010年十大文化惠民工程。河池市2010年文化惠民十大工程内容包括文化基础设施建设、文化信息资源共享工程、农村科技文化队伍建设、农村文化体育人才培养、文艺影视下乡等，河池市委、市人民政府高度重视，将文化惠民工程列入政府工作报告，作为政府年度承诺为民办的十大实事之一，得到了上级主管部门和各级党委政府的高度重视和大力支持。年内圆满完成全市第二批20户以上通电自然村“村村通”广播电视卫星直播工程274383户/套建设任务；建成村级公共服务中心49个；农村电影放映

17964场次，观众335万人次；完成2009年度扩大内需项目16个乡镇文化站的建设任务；完成12个乡镇基层中心、545个文化信息资源共享工程村级基层点建设任务；完成173个农家书屋建设，建设面积2595平方米，配备书柜519个，图书27万多册。“百团千场”文艺下乡演出活动蓬勃开展。

正式启动河池铜鼓文化生态保护区工作，开启了我区“非遗”保护整体性、活态性的保护新模式，文物和非物质文化保护工作扎实深入开展。为进一步加大对河池铜鼓文化生态保护，今年上半年，我市正式成立河池市红水河流域铜鼓文化生态保护实验区工作领导小组和下属机构，并经反复论证、修改、补充和完善，编制完成《河池市铜鼓文化生态保护实验区规划纲要》文本，并成功申报自治区级文化生态保护区。

以开展特色文化活动为载体，创新重点文化节庆活动，深入打造品牌，提升河池特色文化品牌影响力。先后在都安县高岭镇成功举办了“乡村文化大世界”走进高岭启动仪式暨大型电视文艺晚会，创新举办春节联欢晚会以形成品牌，承办“锦绣河池——中国画名家画河池作品迎春展”，成功举办“2010年北京·广西河池刘三姐故乡、世界长寿之乡文化舟”活动，成功在深圳锦绣中华民俗村举办广西河池旅游文化节活动周活动，全力支持各部门和县(市、区)文化节庆活动。

率先整合文化市场执法队伍，成立河池市文化市场综合执法支队，文化体制改革扎实稳步推进。以机构改革为契机，整合了原市文化局、市广播电视局、市新闻出版局的行政执法力量，充实相关人员和设施，成立河池市文化市场综合执法支队，成为全区最早组建文化市场综合执法队伍的单位，改革步伐走在全区的前列。

认真编制“十二五”文化广播影视业和新闻出版业发展规划。根据自治区党委、政府和市委、市政府的安排部署，积极组织力量参与编制“十二五”文化广播影视业、新闻出版业发展规划工作，认真总结全市“十一五”文化广播影视业、新闻出版业发展规划实施情况，依据文化基础设施建设规模和发展的趋势，对全市“十二五”事业、产业发展的预期目标、要求、采取的措施等进行认真编制。

专业艺术

【专业文艺参赛获嘉奖】 参加9月举行的第一届广西舞蹈杂技青年演员大奖赛及第四届广西戏曲曲艺青年演员大奖赛，罗城县艺术团独舞《精武》的表演者雷霖获表演二等奖，宜州市文工团三人舞《我的祖国》的表演者刘夏、张俏、谭珍珍，都安县文工团三人舞《我们》的表演者韦婧、韦柳青、韦思燕获表演三等奖，南丹县文工团选送的双人舞《瑶山恋》的编导覃潇获编导奖，市文广局获得大赛组织奖。

【重要文化节庆活动】 全市“一县一节”蓬勃开展，全年共举办“乡村文化大世界”走进高岭启动仪式暨大型电视文艺晚会、河池市2010年春节联欢晚会、环江毛南族分龙节、中国影视明星特型演员东兰俱乐部成立活动、天峨红水河龙文化旅游节、宜州首届刘三姐文化旅游节、罗城仫佬族攀岩节、巴马国际长寿养生节、凤山国际旅游探险节、都安中国密洛陀文化风情节、2010年迎新文艺晚会等重要节庆活动。

【对外文化交流】 2月5日至10日，在市民族图书馆举行“锦绣河池——中国画名家画河池作品迎春展”，共展出应邀于2009年来河池采风的40位中国画名家170多幅作品。

3月9日至14日，在全国“两会”召开期间，与市旅游局共同组织实施的“2010年北京·广西河池刘三姐故乡、世界长寿之乡文化舟”展示活动在北京民族文化宫展览馆展出，展示内容有“锦绣河池——中国画名家画河池”作品展、“中国生态旅游基地——广西河池”展示活动、河池民族生态文化展演、河池文化旅游影视展播等，受到了各级领导、“两会”代表、社会各界人士和媒体的广泛关注。8月2日，上海世博会广西活动周隆重开幕，河池的彩调、毛南族肥套、瑶族猴鼓舞入选参演项目。10月1日至7日，在深圳市成功举办广西河池旅游文化节活动周活动。

群众文化

【群众文化活动】 “百团千场”文艺下乡演出活动以多种形式开展，文化产品和文化服务丰富多样，全年全市各类文艺团体举行文艺演出2292场次，参加演出的文艺团队379个，下农村演出1456场次，观众267.8万人次。

【河池市2010年春节联欢晚会】 2月8日晚，由市委、市人民政府主办，市委宣传部、市文广局承办的2010年春节联欢晚会成功演出，为河池各族人民欢度新春献上了一道丰盛的文化大餐。河池电视台、河池人民广播电台、河池广播影视网对晚会进行现场直播，并在春节期间重要时段重播这台晚会，使全市最广大群众共享本土春晚的快乐。

【乡村文化大世界】 1月23日，市文广局以“打造乡村文化大世界，共建和谐文明新农村”为主题，在都安县高岭镇成功举办了“乡村文化大世界”走进高岭启动仪式暨大型电视文艺晚会，并现场直播这台晚会，将高岭镇作为打造河池“乡镇文化大世界”的示范乡镇，在河池创新打造“乡村文化大世界”品牌。“乡村文化大世界”主要是通过送影、送戏、送政策下乡和与当地农村群众的互动联欢，深入挖掘、弘扬和宣传本土文化、民族文化。市文广局计划在高岭镇举行两年一次的全市性农村文艺汇演活动，通过打造“乡村文化大世界”品牌，带动更多的乡村参与新农村文化建设事业。

【抗旱救灾】 4月8日至10日，市文广局组织抗旱救灾慰问演出小分队，赴东兰、巴马、凤山三县，先后深入广州军区李向群英雄部队、塔山英雄部队驻地、凤山县袍里乡央垌村群众抗旱引水现场、北京军区给水工程团驻巴马县打井现场、解放军303医院专家医疗队驻地等进行慰问演出，为抗旱一线的广大部队官兵和干部群众送去6场文艺大餐，为抗旱工作加油鼓劲，营造了民拥军、军爱民的良好氛围。

【河池市首届文广(新)系统运动会】 11月5日至9日，由市文广局与市体育局共同主办的河池市首届文化广播影视体育(新闻出版)系统运动会在金城江举行，来自全市文广体新系统的17个代表团参加了男女气排球团体赛、羽毛球、乒乓球等四个项目的比赛，并举行了隆重的开幕式文艺晚会，展现了机构改革后河池市文化广播影视体育(新闻出版)系统“大文化、大资源、大团队、大整合、大发展”的良好形象。

【重大文化基础设施建设】 完成250平方米的河池市文化广播影视演播厅的建设工作，实现重大广播影视设施建设的新突破，并于10月10日上午在该演播厅进行了首次直播活动，“听民言、纳民谏、优环境、促发展——河池市民主评议政风行风大型直播活动”。

公共图书馆

【公共文化场馆免费开放】 8月8日，市革命纪念馆举行免费开放仪式，正式对外免费开放，陈列、展示我市的革命斗争历史与部分民族民间文化遗产，成为我市对外宣传、文化交流、旅游接待的重要阵地。

【图书馆业务活动】 2010年市图书馆订各类报纸70种，杂志134种，全年接待读者65700人次，借阅图书29598人次，外借图书57600册次，接待咨询、查阅报纸、过刊、代查资料1150人次。新书入藏11000册，装订报纸合订本524册，装订期刊合订本465册，修补破损图书280册，发放借书证375本。开展预约借书和咨询服务，根据不同的读者对象和需求，开展导读工作，为读者推介各类图书489册，预约借书132册。2010年市图书馆有两篇论文在省、市级刊物上发表，有两篇论文在全市科协系统科技论文征集竞赛中荣获二等奖一篇，三等奖一篇。

文化市场

【文化市场经营单位】 全市共计有文化市场经营单位1017家，其中歌舞娱乐场所101处，电子游戏厅89家，出版物经营单位227家(含新华书店)，音像制品经营单位142家，印刷厂62家，“三印”(打印、复印、影印)店204家。

【文化市场执法管理】 全年开展校园周边文化环境整治、打击非法盗卖村村通设备等专项整治行动4次，确保了全市文化市场的健康、稳定、有序发展。开展全市视听网站大排查3次，及时纠正相关违规行为，有效打击手机、互联网等淫秽色情视听内容的传播。全市文化稽查支队共出动稽查人员454人次，立案23起，结案20起，下达行政处罚决定书23份，拟罚款人民币75000元。城区三大市场没有发生安全事故。

文化遗产

【第三次全国文物普查】 全市共普查登录文物点1132处，其中新发现708处，复查424处；按照第三次全国文物普查不可移动文物分类标准，在1132处普查登录文物点中，古遗址196处，古墓葬225处，古建筑292处，石窟寺及石刻183处，近现代重要史迹及代表性建筑213处，其它23处。4月20日至21日，自治区三普验收组对我市实地调查阶段进行验收，我市第三次文物普查实地调查阶段工作通过自治区级验收。环江县文物管理所的谭家乐被国务院第三次全国文物普查领导小组办公室授予“全国第三次文物普查实地调查阶段先进个人”荣誉称号。

【非物质文化遗产保护】 罗城仫佬族自治县的仫佬族古歌、仫佬族刺绣技艺、仫佬族舞草龙，南丹县的勤泽格拉、苗族服饰制作技艺，环江毛南族自治县的壮族铜鼓铸造技艺、毛南族分龙节等7项被列入第三批自治区级非物质文化遗产名录。6月12日，我市全国第十二个文化遗产日纪念活动在市街心广场举行，活动中展出2007年以来我市第三次全国文物普查成果图片。

【河池铜鼓文化生态保护区】 6月12日，文化厅授予河池市“河池铜鼓文化生态保护区”牌匾，标志着自治区级河池铜鼓文化生态保护区项目申报成功。8月25日，河池铜鼓文化生态保护区建设启动仪式在东兰县体育馆举行，保护区建设进入实施阶段。目前广西只有河池铜鼓文化生态保护区、百色壮族文化生态保护区被授予第一批自治区级文化生态保护区牌匾，这两个保护区开启了广西“非遗”保护整体性、活态性的保护新模式。

县域文化

【金城江区】 金城江区有1个专业表演团体，1个文化馆，1个文物管理所，电影发行放映管理机构1个，电影放映单位3个，文化稽查大队1个，乡镇文化站12个。全区文化工作以科学发展观创新工作思路，以开展创先争优活动为契机，面向基层、面向群众，引导和推动我区文化、新闻出版（版权）及“扫黄打非”工作健康、繁荣发展，为构建“文化金城江”打下了坚实的基础。

文化设施建设全面推进。一是建成保平乡下洛村、五圩镇朝觉村、六甲镇坡维村、九圩镇三旺社区4个村级公共服务中心。二是建设白土、六圩、六甲、五圩、九圩、保平6个乡镇综合文化站。三是建成长老乡、侧岭乡2个文化信息共享工程基层点，建成40个村级文化信息资源共享工程基层点。四是建设15个农家书屋，丰富农村文化生活。文化活动蓬勃发展。以满足群众文化生活的需求、提高我区的知名度为目标，组织开展各种大小文艺宣传演出活动112场次，其中下乡演出51场次，观众达16.3万人次。为丰富农村群众的精神文化生活，利用节假日等有利时机到各乡镇演出，2010年累计文艺下乡演出51场次，观众达5万多人次。

经常组织对外文化交流。其中，4月，组织天天乐业余艺术团赴环江县参加“百姓大舞台暨河池市交谊舞联谊”文艺晚会；8月，组织金城江区老干局红叶艺术团参加香港举行的2010年亚洲国际音乐舞蹈艺术大赛，《蓝靛谣》荣获舞蹈组最高奖。

市场管理规范有序。加大“扫黄打非”力度，开展文化市场专项整治，检查各类经营摊点247家次，责令3家经营摊点整改；取缔3家无证经营的“黑网吧”；收缴六合彩资料118份，淫秽光碟、非法音像制品330多盒。通过开展一系列的专项整治行动，有力地打击了各种违法行为，进一步净化了农村文化市场。

文保工作扎实推进。积极开展文物“三普”工作，做好“三普”资料登记台账，建立健全“三普”资料档案。搞好恢复红军标语楼外墙白灰墙面工作。抢修加固“红军标语楼”内的标语、漫画方案已通过专家的评审，报送国家文物局，申报的35万元专项资金到位即可动工抢修。同时积极向国家文物局申报红军标语楼防雷、消防系统等工程项目建设。完成了首次全区非物质文化遗产资源普查，全区现有非物质文化遗产项目70个，列入市级名录项目8个。

广电事业稳健发展。一是实施“2131”农村电影放映工程。全年共送电影下乡1634场。二是实施村村通广播电视工程。2010年我区完成直播卫星设备发放21000套，覆盖11个乡镇95个自然屯21000户，完成设备发放和信息录入率为100%，目前为止，我区共有直播卫星设备用户25400户。三是不断强化“村村通”网络维护管理体制，搞好乡镇网络整合和村村通资产移交工作。通过建立村级公共服务中心建设局际联席会议制度，明确联席会议成员单位主要职责、工作规则和工作要求，成员单位实行挂点督查责任制；拓宽投资渠道，每个村配套资金达4万元，使保平乡下洛村、五圩镇朝觉村、六甲镇坡维村、九圩镇三旺社区4个村级公共服务中心项目建设顺利实施。每个点都建有文化综合楼、戏台、文化展廊，建有篮球场和乒乓球台，组

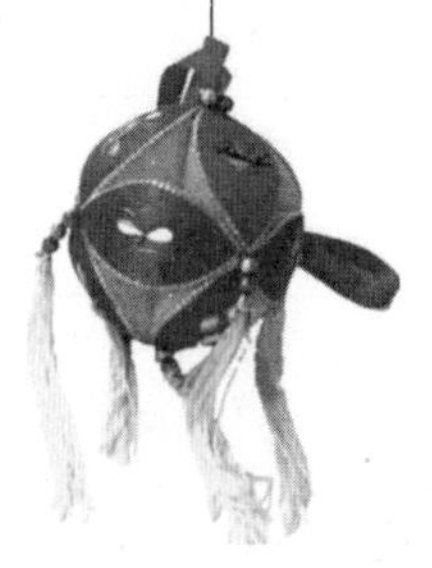

建了篮球队和文艺队。村级公共服务中心建成后,发挥了很大作用。

【大化县】 大化县文化体育局坚持以科学发展观为统揽,进一步解放思想,以新农村公共文化体育服务体系建设为主线,大力开展群众性文化活动,稳步推进我县文化事业建设。

加大文化基础设施建设。投资125万元,建成村级公共服务中心建设事业5个,共投资30万元建成文化信息共享工程村级终端设备55个点,投入20万元,贡川乡建成国家级乡镇农民健身工程项目。建成村级篮球场项目26个,村文化室52个,农家书屋57个。

文艺工作正常开展。做好"和谐文化服务行"群众文化建设年和文化下乡、进农村、进社区、进库区的各项工作,全年下乡演出120场。组织开展了春节期间的"迎春晚会""广场联欢"等系列文艺活动,举办了32期广场文化演出,组织民间文艺演出活动18场次。9月10日至12日,举办了第二届农村文化艺术节,活动内容有:文艺比赛,山歌比赛,书法、美术摄影作品展赛,非物质文化遗产展演,全县16个乡镇都组团参加。

图书事业效益明显。图书馆工作继续坚持"三贴近"的方针,依托馆藏,发挥阵地作用,开展赠书、图书流动等活动。继续加强电子阅览室的管理,发挥电子阅览室的科技平台作用,共接待读者9000多人次,为传播科学文化和促进社会文明和谐发挥了积极作用。

文化市场工作长抓不懈。按照上级关于重大节假日、敏感日文化市场稽查的统一部署要求,采取扎实有效措施,加强对文化经营单位的监管和检查力度。今年共出动检查人员193人次,检查音像单位24家次,娱乐场所48家次,互联网上网服务营业场所226家次,为规范文化经营活动、净化文化市场做了大量的工作。

文物保护、民族民间传统文化工作扎实开展。精心组织开展第三次全国文物普查工作,按照上级的工作部署和时间流程,扎实做好迎检准备工作,3月份胜利通过了市级初评验收;积极开展民族民间传统文化调查工作,收集、整理瑶族和红水河流域的优秀传统文化,申报市和自治区级文化名录,推进非物质文化的保护工作。

【东兰县】 东兰县文化体育局内设机构有办公室、文化股、体育股;下辖县文化稽查队、县文化馆、县图书馆、县革命纪念馆、县铜鼓艺术团等事业单位。负责指导全县14个乡(镇)文化站业务工作。抓好文化设施建设。做好2009年度三石镇纳合村村级公共服务中心建设工程的扫尾工作;基本完成2010年度兰木乡纳核村、大同乡和龙村、武篆镇巴学村、长乐镇永模村、三弄瑶族乡双苏村等5个村级公共服务中心建设工程;8月,完成13个乡镇文化信息资源共享工程建设,发放52个行政村村级文化信息资源共享工程设备;上报53户为我县2010年农家书屋建设对象,已完成16家农家书屋建设任务;积极向上级部门争取,国家文化部无偿拨给我县一台价值31万元的流动舞台车;投资42万元,为21个行政村购置价值2万元的文艺演出设备。

抓好社会文化工作。春节前夕,组织书法协会11名书法家,免费为群众写春联3000多副;新春佳节到来之际,中共中央政治局常委、国务院总理温家宝来到我县,检查指导抗旱救灾工作,看望慰问各族人民群众。为增加节日气氛、展示我县民族民间传统文化,我局按照县委县政府的要求,组织16名山歌手和24名铜鼓手进行现场表演;2月27日,组织30名歌手在县文化广场举行东兰县元宵节感恩歌会；3月15日晚，我局与县工商局联合举行“3·15”文艺晚会；3月15日，组织举办“3·15”广场宣传山歌会；3月17日，组织100名鼓手和100面铜鼓到隘洞参加中央电视台拍摄《广西宣传片》——东兰铜鼓阵，组织歌舞团演员到巴英参加中央电视台拍摄《广西宣传片》——东兰蚂拐节；组织举办“三月三”广场山歌会；3月28日晚，中国电影表演学会“梦舟”明星篮球队情系老区“红色之旅”拔哥故乡行活动，在东兰县体育馆举行篮球友谊赛，并组织30名农民铜鼓手及30面铜鼓助阵；4月，组织群众演员参加广西非物质文化遗产北京展演；受邀组织铜鼓队到百色市田阳县参加壮族始祖布洛陀朝拜活动；组织举办受灾群众与抗旱部队（塔山英雄团）联欢晚会；组织东兰交谊舞协会到环江进行联谊演出活动；5月份，组织东兰“夕阳红”艺术团到宜州进行交流演出活动；结合“图书馆服务宣传周”活动，在县文化广场举行读者宣传活动、读者猜谜活动等，发放宣传资料500多份，参加活动达2000多人次；协助、参与组织举办“六一”广场文艺演出5场次。6月份，组织鼓手、山歌手，接待广西民协及香港大学博艾敦教授一行前来东兰考察铜鼓及山歌等民俗民间文化；在文化广场举办第五个世界文化遗产日“非遗”宣传活动；2010年东兰县图书馆被文化厅授予“三级图书馆”称号；2010年文化厅确定我县为“广西非物质文化遗产·铜鼓文化研究基地”；协助县委县政府举办中国影视明星特型演员东兰篮球俱乐部成立庆典系列活动，7月11日上午在拔群广场举行中国影视明星特型演员慰问老区演出活动，我县铜鼓艺术团20名演员与40多名中国影视明星特型演员同台演出；8月8日，广西壮族自治区人民政府授予东兰县“社会文化先进县”荣誉称号（桂政发〔2010〕34号）；8月份我局组织铜鼓队和三弄瑶族《猴鼓舞》分别参加上海世博会《欢腾广西》及《广西民俗》文艺演出活动；8月25日，协助市政府在我县举行河池铜鼓文化生态保护区启动仪式；9月17日，为迎接欧洲新闻采访团到我县进行采访活动，我局组织歌舞剧团及三弄瑶族乡农民演员进行表演；9月27日，协助县委、县人民政府举办东兰首届板栗文化节；10月1日至3日，我局组织25名演员参加河池市在深圳举行的河池文化周活动；12月5日，我局举办全县农村文化体育骨干培训班，来自14个乡镇文化站的文化专干及149个行政村（含2个社区）的村干共160多人参加培训。

抓好专业艺术团体工作。2月9日晚，组织县歌舞剧团在县文化广场举行东兰县2010年迎春文艺晚会；2月1日至4日，县歌舞剧团编排的小品《楼上楼下》，被选送到北京参加“大地情深”——全国城乡基层群众小戏小品展演暨“群星奖”比赛；3月至4月份，组织县铜鼓艺术团深入三石镇巴造村、长乐镇纳标村、花香乡弄曼村等旱灾区进行慰问演出；5月12日至18日，县歌舞剧团创作演出的小品《楼上楼下》参加在广州举行的第九届中国艺术节文艺比赛获得“群星奖”；12月11日举行东兰县歌舞剧团建团52周年庆典活动。全年演出活动达129场，完成送戏下乡100场。

抓好文物保护和文物管理工作。完成东兰县文物保护十二五项目及经费规划。充分发挥东兰作为全区爱国主义教育基地的作用，做好革命传统教育工作，做好免费开放各项工作。全年共接待观众10万人次。做好第三次全国文物普查录入工作。完成90普查项目，其中古遗址17处，古墓葬12处，古建筑6处，石刻5处，革命遗址44处，消失6处。2月9日结合第五个“国家文化遗产日”

举办2010年博物馆日活动。做好韦虎臣墓遗址修复的前期准备工作。

抓好文化市场及新闻出版市场管理工作。切实抓好文化市场的日常管理工作，日常文化稽查工作开展正常。为贯彻落实《文化部关于开展“平安世博”文化市场专项保障行动的通知》(文市函〔2010〕457号)、《广西壮族自治区文化厅关于开展文化市场护苗专项整治行动的紧急通知》(桂文函〔2010〕243号)精神，重点加强对网吧的专项整治工作，开展文化市场整治“百日行动”，举办县网吧管理整治及法规知识培训会，并与网吧经营单位签订守法经营承诺书，规范经营管理秩序，完善各项经营制度。出动600人次，处罚违规网吧7家次，开出罚单16500元，违规接纳未成年人和超时营业的现象得到有效遏制。坚决打击含有禁止内容的文化产品。我们把文化市场集中整治行动与“扫黄打非”集中行动结合起来，在全面检查演出、娱乐、音像、书报刊、艺术品、影院、网吧等经营场所的同时，严格防止含有禁止内容的文化产品进入市场流通。继续抓好校园周边文化市场的整治工作。严格落实国家法律法规，严格禁止在中小学周围开办电子游艺室、歌舞厅等娱乐场所，禁止在中小学校周围200米以内开办网吧。对县城中小学周边非法经营、无证游商、无证摊点进行了集中清理，有效遏制了校园周边的游商走贩和违法违规经营行为。加强对出版物市场的治理整顿工作。我们对全县书报刊市场进行了全面、细致的摸底调查和治理整顿，共检查各类出版物市场30家次，音像制品零售单位9家次，收缴各类非法出版物500余件，其中盗版图书80册，盗版音像制品500余张，淫秽色情光盘5张。落实市场稽查工作责任制。实行领导负总责，稽查员分区分片管理工作制。县城分为东西两区，乡镇分为两个组，加强日常稽查工作力度。加强对文化娱乐场所管理力度。对文化娱乐场所超时经营，歌舞厅、OK厅(包厢)、音乐茶座音量超标及娱乐场所安全等问题进行严格检查，各经营单位都能做到守法经营。

积极参加县委县政府中心工作。1月至4月份，组织文体系统的全体干部职工及网吧经营业主参加抗旱救灾工作，投入人力200多人次，投入资金10000多元，捐赠抽水机12台。3月份，组织县歌舞剧团、县文化馆赴旱灾区进行慰问演出达20场次。6月份，我县普降暴雨，局部有特大暴雨，我局立即派人下到联系点三石镇巴造村察看灾情，为群众排忧解难，发动受灾群众进行生产自救。组织干部职工捐款2800元，为联系点三石镇巴造村捐赠一个“爱心水柜”。

【都安县】 都安瑶族自治县文化体育局下辖文化馆、文工团、图书馆、文物馆、文化市场稽查大队、青少年儿童业余体校和19个乡镇文化站。2010年，财政共拨款474万元投入文化事业建设。

2010年，县文体局紧紧围绕县党委县政府建设“文化都安”的战略目标，以科学发展观为统领，按照“树立新观念、明确新目标、落实新任务、实践新要求”的思路，努力完善公共文化体育基础设施建设，大力繁荣文艺创作，开展丰富多彩的群众文化体育活动，建设规范有序的文化、新闻出版市场，切实加强文化遗产和文物保护等工作，使全县文化体育工作取得显著成绩。

公益性文化活动方兴未艾。年内送戏下乡148场次，送图书资料20000余册，培训业余文艺骨干320人。在各重大节假日中，举办了音乐晚会、焰火晚会、联欢晚会、游园晚会、群众文艺大赛、交谊舞表演、健身操表演、山歌比赛、十佳主持人大赛和“非遗”项目展演、斗鸡斗鸟等各类丰富多彩的文化娱乐活动。大型活动亮点纷呈。1月23日与市电视台联合举办了“乡村文化大世界”——走进高岭。协助自治区政协举办了《同舟共进》文艺巡回演出。7月6日与广西电视台联办的《欢乐乡村行》“魅力瑶乡、天下都安”大型公益文化活动。10月初到深圳参加“中国生态旅游基地,世界长寿养生天堂广西河池文化周”活动。10月11日举办红水河·石头开花旅游风景区开工暨电影《红水谣》开机仪式的大型文艺演出。12月18日协助策划和筹办中国都安首届密洛陀文化节。

文艺作品再创佳绩。作品小彩调《羊为媒》,舞蹈《瑶族铜鼓舞》《欢乐瑶乡》《瑶浴》,歌曲《密洛陀诞生的地方》《石头开花》,民俗文艺《竹筒喝酒打雷堆》等近100个节目在各类晚会中演出获得好评,其中小彩调《羊为媒》获“第二届广西彩调艺术节”二等奖,舞蹈《我们》获广西第一届青年舞蹈大赛三等奖。舞蹈《竹扁曲》和器乐合奏《好日子》获世界华人才艺大赛金奖。同时书法、美术、摄影等多幅作品在市级以上发表,书法作品《洛神赋》(楷书)荣获“亭林杯”第四届全国硬笔书法大展一等奖。《无孔不入》获全国司法宣传漫画大赛入选奖。《晚归》获婚育漫画大赛入选奖。另有80幅漫画作品在中国新闻漫画网及《讽刺与幽默》报等发表。

城乡文化阵地有序推进。一是投资65万元建立了文化信息资源县级支中心1个,乡镇基层服务站19个,村级基层服务点100个,逐步实现城乡网络全覆盖。二是建成了澄江乡红渡村、永安乡八达村、板岭乡板岭村、地苏乡赞字村、大兴乡九顿村、龙湾乡中旧村、九渡乡九如村、下坳乡板旺村8个村级公共服务中心。三是为县图书馆、文化馆、文物馆增添价值30多万元的设备,为90多个农家书屋配备阅览桌椅和书架等设备。为县城区所有业余文艺队和部分村屯的业余文艺队配置音响设备共26套。

文化、新闻出版市场监管力度加大。针对全社会反映的突出问题和热点问题,适时开展了“扫黄打非”、网吧接纳未成年人、非法音像制品的监管,以及校园周边文化环境、盗版教辅教材、印刷企业等集中行动或专项整治工作,有力地打击了各类违规违法经营活动,净化了社会文化环境。去年来,我县开展各专项整治行动90多次,共检查网吧、音像、娱乐场所、书报刊等4000多家次,出动人员1.3万人次,捣毁了6家“黑网吧”、查处违规经营的网吧29家,立案25家,处罚13家,停业整顿4家,取缔1家,批评教育4家。收缴涉嫌非法音像制品3万多张(碟)、非法出版物20000余张本册,其中“六合彩”赌博资料19000余张本册。群众满意率达99%。

文物保护工作切实开展。全面出色地完成全县19个乡镇248个行政村全国第三次野外实地文物调查和信息数据采集工作。共普查出不可移动文物77处,其中新发现46处,复查31处。

【环江毛南族自治县】 环江毛南族自治县文化体育局下辖稽查队、文化馆、图书馆、文物所、艺术团。

年内,新建村级文化室5个,至年底,全县累计建村级文化室22个,总投资110万元;完成43个新农村篮球场建设,在建6个,配置篮球架62个,总投资168万元,我县村级篮球场建设已成为河池市的先进典型;完成县民族博物馆、文化活动中心、图书馆和中心篮球场天棚工程等标志设施的主体建设和外墙装修,总投资额为1200余万元;县级信息共享工程支中心及乡镇分中心16项共200多万元综合配套设备全面安装、调试完毕。

全年创作新节目18个(小品10、曲艺5、舞蹈2、歌曲1),投入业务经费3.2万元;全

年演出102场次，大型演出30场(含分龙节演出)，下乡演出12场，覆盖观众12万人次；舞蹈《傩》《三娘与土地》等节目参加广西电视台《欢乐乡村行》拍摄活动；唐振高等5人组成的毛南族民歌演唱组赴深圳中华民族村作环江生态旅游文化展演；赴澳门参加第十五届澳门国际贸易展览会“祖国好、民族亲”系列活动，演出毛南族民歌《拉了拉》《又宜又》等节目，扩展了环江毛南族文化艺术的影响。“舞香”群众艺术团赴香港参加亚洲音乐舞蹈艺术大赛，获得节目金奖和组织金奖；艺术团小品《邻里之争》获河池市国土系统文艺比赛一等奖，自治区二等奖；歌曲《啦了啦》演唱组合获得CCTV广西区青年歌手大赛选拔和决赛优秀奖，孙子曼等3位演员获市级优秀演员奖。

年内举办群众文化活动45场(县城有贺岁迎春、三八百年庆、百姓大舞台、分龙节山歌会、陈双苗族移民场芦笙歌舞会及元旦迎新大联欢等10场，12乡镇平均每乡镇3场)，总投入约18万元。举办2010年分龙节龙舟赛，参赛队伍63支，共1000名运动员，投入经费12万元。

县图书馆全年对外借阅图书17860余册，接待读者借阅18600余人次，装订报纸84册，装订期刊230册，修补破损图书211册。文化馆(站)辅导群众文化业务达120场次240余人次；文物所和“非遗”保护中心联合接待部委级领导视察1次，自治区级领导视察3次，市级领导视察2次，接待新闻媒体5次，共110余人次。

年内，检查网吧32家次，各类经营76家次，停业整顿3家，取缔3个“黑网吧”经营点，暂扣电脑主机25台，有效遏制网吧违法违规行为；行政罚款13000元；收缴盗版音像制品360盘，淫秽带160盘和非法印刷物790册。

完成《毛南族分龙节》《壮族铜鼓铸造》第三批省级非物质文化遗产保护名录申报；挖掘、整理毛南族民间宗教神谱故事等21个新名录，系统实施下南、思恩、驯乐等12个自然屯“非遗”生态保护区的选址调研；举办一期毛南族“肥套”传承者(16人)技艺培训班，组织城区中小学生举行民俗文化进校园和千人傩面绘画大赛活动，共投入经费1.8万元；完成非物质文化遗产代表性传承人定级2人和省区民族民间工艺大师级申报2人；同时挖掘毛南族传统体育2个项目参加全区民运会；完成《毛南族古籍》3万字的初稿纂写和《毛南族宗教经书影印》10万字的译注翻译。

开展全国第三次文物大普查工作，完成登录228处文物点，新发现206处；通过了自治区第三次文物普查实地调查验收，调查覆盖率与到达率达100%；新发现文物点占全市总数的29.09%；新征集德国产手摇计算机、“顺命随善”碑等文物19件；全年经费4.2万元；谭家乐获评全国文物“三普”工程先进工作者。

【罗城仫佬族自治县】 文化基础设施进一步加强。规划建设占地300亩的民族体育训练基地，年内完成投资1000多万元；四把大新、东门大福、乔善乔本、龙岸物华、四把梅洞等5个村级公共文化服务中心已建成投入使用，每个村级公共文化服务中心建有一座综合楼、一个篮球场、两张乒乓球台、一个戏台、一块室外宣传廊、一支业余文艺队、一支篮球队；怀群镇的标准乡镇灯光篮球场已竣工；在建乔善板团、黄金义和、东门上南岸、怀群太平、兼爱镇安五个村级公共服务中心。

成功举办首届“广西罗城攀岩旅游节”。谋划并精心组织了开节仪式暨文艺晚会、万人徒步健身体验活动、中外嘉宾共植友谊纪念树活动、参观博物馆、“罗城人画罗城”国画展、攀岩比赛及广场攀岩模拟的抱石比赛等活动，首届广西罗城攀岩旅游节的成功举办，得到了上级领导、社会各界的好评在全国、全区引起较大的反响。新华社、中新社、广西时报、广西电视台、河池日报、河池电视台、香港文汇报、香港大公报等30多家新闻单位在各级新闻媒体、网站刊发罗城报道100多篇（幅）。

文化下乡服务有声有色。全县专业和业余团队下乡演出100场，活动主要内容为一台90分钟的文艺演出，有歌舞、独唱、小戏、小品等，有书画表演活动、文化市场管理服务活动，图书馆展示种养图书、赠送科技光碟、发放种养资料、播放科教和爱国主义影片等。共有15000名的观众观看了演出，接待咨询群众5000多人，展示种养图书2000多册，免费发放种养资料及文化市场管理服务资料12000多份。

节庆文体活动异彩纷呈。举办了春节联欢晚会、卡马水库施工现场春节慰问演出、罗城第二届新春杯篮球赛、春节游园活动、“祝福罗城”卡拉OK大奖赛、春节群众文艺汇演、彩调戏剧调演、斗鸟比赛、书画现场表演以及元宵晚会等丰富多彩的文体活动，受到了广大群众的欢迎和好评。

“非遗”项目申报。《仫佬族古歌》《仫佬族舞草龙》《仫佬族刺绣技艺》已被列为第三批自治区级非物质文化遗产代表名录。

新增建设15个“农家书屋”。为满足广大农村文化需求，根据我局申请，自治区新闻出版局给我局下拨了15个“农家书屋”指标，每个书屋配送书籍2000册，价值3万余元，县政府配套书架等设备。15个书屋已全部落实到位。

充实完善文化站硬件建设。积极申请项目资金。6月中旬，文化厅派专车下拨了6个文化站文化共享工程设备，为文化站配备有关设备总价值近百万元，包括液晶电视、投影仪、电脑、接收机等。至此，我县11个乡镇全部配齐文化共享工程设备。

群文工作蓬勃发展。先后组织了春节期间的各项群文活动，举办了庆“三八”妇女节、人口普查和敬老节专题文艺晚会等演出12场次；组织“庆七一·颂党恩”等山歌演唱会5场次；组织群众文化活动板报展。为全县中、小学设计校园文化标语。筹备成立民间山歌协会，组建音像工作室，建设文化馆宣传橱窗，组织书法、美术、摄影、文学、舞蹈培训辅导工作。组织承办“电力安康杯”书画摄影展和“罗城人画罗城”国画作品展，展现了秀美的罗城风光。派出歌手参加了广西宜州首届刘山姐文化旅游节山歌擂台赛并获优秀奖；参加广西兴安第四届桂林米粉节“泸州老窖杯”广西歌王争霸赛，获得“广西山歌王后”奖项。

文化市场健康发展。一是加强了执法队伍的规范化建设，提高行政执法人员的综合素质及执法业务水平；二是规范文化市场管理，以“净化社会文化环境、促进青少年健康成长”为目标，以专项治理为抓手，依法依规开展文化市场执法活动，进一步规范文化市场秩序。出动检查人员326人次，检查网吧426家次；出动检查人员218人次，检查电子游戏室272家次；开展与其他部门联合检查5次，本单位集中检查18次，查处违规经营的网吧6家次、电子游戏室1家，检查书报刊市场122家次，音像市场51家次，收缴非法音像制品、“六合彩”非法书报刊1024张（册）。

【南丹县】 县文体局在县委、县政府的正确领导下，在上级业务主管部门的悉心指导下，认真学习贯彻邓小平理论、“三个代表”重要思想，以构建社会主义和谐社会为目标，以繁荣发展为中心，大力推进文化体育基础建设，

着力发展先进文化，构建和谐文化，全面加强文化市场监管，极力巩固“全国文化先进县”和“全国群众体育先进单位”成果，各项工作平稳发展，取得了一定的成效。

群众文化艺术活动蓬勃开展，文化艺术作品层出不穷。认真组织开展群众文化体育和广场文化活动。春节期间，县文体局制定了具体、详细、可操作性强的工作方案，精心组织了各种群众文体活动。从2月8日至2月28日，先后组织开展了免费书写春联活动、斗鸟斗鸡、摄影展、山歌比赛、楹联比赛、老年门球比赛、元宵焰火晚会等活动，使全县人民过上一个欢乐、祥和的节日，同时，通过举办广场文艺展演等方式，做到“周周有活动，月月有演出”，推进了广场文化建设，进一步繁荣了广场文化，极大提高了城区群众节日文化生活品味。

认真开展“文化下乡”活动。根据业务工作实际，县文体局要求文化馆和文工团主抓文化下乡工作。在县文化馆的指导下，阿谋业余文艺队下到八圩乡利乐村、芒场镇拉者村、车河镇八步村进行慰问演出；县山歌协会组织会员分别到罗富乡黄江村、宜州市下枧乡、车河镇八步村等地举行有关“科学发展观”“科学种田靠气象”“敬老爱幼不可丢”等内容的山歌演唱会；小龙人艺术团在金芙蓉广场举行了“抗洪赈灾”义演；蓓蕾艺术团在文化广场举行“2010年暑假广场文艺晚会”；山花艺术团举行“南丹县文化馆山花艺术团成立四周年汇报演出”；举行了纪念“抗战胜利65周年”街舞表演交流会；民歌演唱会和个人演唱会；指导八圩、罗富、小场、车河等六个乡镇联合举办“颂祖国·祝和谐文艺联欢晚会”；春节期间还指导各乡镇积极开展各项群文活动，正月初二至十五期间，指导城关、大厂、车河等11个乡镇开展了游园、拔河、唱山歌、打篮球、放电影等迎春活动，其中八圩乡在正月初二精心组织了文艺晚会和正月十五的舞龙舞狮活动。此外，县文工团下乡演出103场。“文化下乡”一系列活动的开展，大大丰富了基层文化生活。

加强群众文化艺术创作工作，艺术新品层出不穷。年内，南丹县的摄影、音乐、舞蹈、论文等共有10多件作品在各级报刊、杂志上发表：摄影作品：《人间仙境》（作者张海智）刊登在由区群众艺术馆主办刊物“文化新视野”（2010年第2期）封底上；《苗花》（作者徐立宇）入选“辉煌六十年·政协委员摄影展作品集”；《马飙主席送温暖》（作者徐立宇）获得“全区共产党员好作风”摄影大赛特别奖，该作品后又刊登于“党风廉政教材”刊物封面；作品《哥俩一同赶歌会》《晨韵》《瑶家汉子》《红蛋传情》入选“河池政协委员书画摄影作品集”；《鼓会路上》刊登在由区群总艺术馆主办刊物“文化新视野”（2010年第2期）上；音乐作品：《鸳鸯桥恋歌》和《有人有爱就有家》（作者韩建强）在2010年河池专刊文化新视野第22期刊登；小品：《撒娇》（作者韩建强）收入“中华颂”全国小戏小品曲艺作品集，并获创作二等奖；舞蹈作品：双人舞《瑶山恋》（作者覃潇）参加广西自治区首届青年舞蹈大赛中获创作奖；论文：陈爱民同志的《浅谈开发与利用少数民族地区的非物质文化遗产》刊登在由区群众艺术馆主办的刊物“文化新视野（2010年第2期）上；《开展节日文化活动是文化馆工作职能的组成部分》（作者）荣获广西群众论文大赛二等奖，《浅谈非物质文化遗产的挖掘与得用》和《浅谈民族地区文化工作的开展与出路》获得论文大赛三等奖；谭安强同志的《发挥乡镇文化站前沿阵地的作用》在11月24日《河池日报》理论版刊载。

全力做好图书馆免费开放等服务工作。县图书馆全年共接待读者约6万人次，借阅1917人次，阅览13611人次，文献外借3698

册次，办证163人次，共享工程网络开通时间8400小时，访问4080人次。同时，以读书服务宣传周、读书月为契机，利用县图书馆馆藏资源积极开展读书服务宣传活动，努力倡导全民学习，开展了少儿优秀图书展借、青少年暑期读书活动、送书下乡等系列读书服务宣传活动，营造了浓厚的读书氛围，进一步推动了学习型社会、创新型社会的构建。

在做好图书馆服务工作的同时，切实抓好“知识信息共享工程”工作。利用“共享工程”县级支中心信息服务平台，图书馆与县诗词楹联学会联合举办楹联知识讲座，下乡对各乡镇“文化共享工程”设备使用情况调查，按上级“知识工程”办通知要求开展五月图书馆宣传服务周活动。发放45个“共享工程”基层服务点设备，指导基层服务点的设备安装和使用；利用好共享工程支中心视听室技术设备，承接各种会议、讲演活动，专业人员视频宣传制作达35件次。

努力完成“农家书屋工程”的建设，开展送书下乡工作。完成了15个农家书屋的图书配送，分类上架、制度上墙、挂牌和2010年54个(追加指标)农家书屋布点的调查、确定和建设规划上报工作。此外，10月20日至23日，举办第一期“共享工程“和”农家书屋”管理员培训班，来自全县乡镇“共享工程”和农家书屋的管理员共52人参加学习培训。

深入开展全县非物质文化遗产普查和文字材料的整理工作。全年先后到芒场镇黑泥屯采录《六月六登高节》民俗活动，到城关甲界采录民间舞蹈《拿编(壮语：面具)舞》，到罗富黄黑采录民俗《师公道场》活动，到城关采录民间舞蹈《拿编(壮语：面具)舞》，还采录民间工艺《拿编制作工艺》和民间舞蹈《板鞋舞》等。力做好申报自治区级非物质文化遗产名录工作。其中白裤瑶铜鼓舞《勤泽格辣》《苗族服饰制作技艺》申报获得自治区级保护项目，《白裤瑶铜鼓舞》《中堡苗族服饰》《中堡苗族葬礼习俗》3个已获得市级非物质文化遗产的项目申报为自治区级非物质文化遗产。年内，县“非物质文化遗产保护中心”举办了非物质文化遗产图片展3次，策划、设计、制作了“文化遗产日”宣传板报并在文化广场开展宣传活动；在里湖怀里村、怀里小学开办民族文化传承班及民间歌谣班、民间粘膏画艺术传承班。指导南丹县绣玉民族工艺坊开展民族民间工艺品的制作生产。

文物普查、保护和征集成效显著。认真组织开展第三次文物普查实地田野调查工作。做好《不可移动文物登记表》文本填写及电脑录入工作，确保文本修改及录入工作按期完成；南丹县《不可移动文物登记表》文本顺利通过市“三普”验收专家组及区“三普”验收专家组的验收，按期完成全县的文物普查任务。10月份文物普查全体人员到八圩开展文物普查，新登记古墓葬1处(2座)。该墓葬为清乾隆年间墓葬，其碑文对研究当时八圩(南丹)的社会、经济状况有重大研究价值。在第三次全国文物普查实地文物调查阶段中，我县徐金文同志荣获“广西区第三次文物普查实地文物调查阶段先进个人”称号，徐金文、覃秋盛、覃茜等三人荣获“河池市第三次文物普查实地文物调查阶段先进个人”称号，“南丹县第三次全国文物普查工作办公室”获优秀组织奖。

为加强文物宣传和保护工作，县文物所同志先后到里湖板劳一带进行洞穴调查并发现剑齿象牙齿化石；到大平辛店一带进行古墓调查；随上海东方卫视《霞客行》摄制组进行徐霞客经过南丹的线路考察，并在六寨麻阳一带发现古窑址；妥善处理和保护在铜江公园挖出的古井围栏碑；将原安放在商贸中心的毛主席石膏像安全运送到县文物所予以保护；同时开展了汛期文物巡查工作，完成了

莫树杰故居排水沟改道、房屋柱子防水保护及安装消防自来水龙头等工作。6月11日至12日在文化广场举办中国文化遗产日"南丹县第三次文物普查板报展"及"南丹县非物质文化遗产板报展"等宣传活动。文物征集数量有所增加,县文体局于11月份成功征集到傩面一套(19个),中堡苗族服饰四套,文革时期的红歌本一本。

加强对里湖白裤瑶生态博物馆的建设和整治,努力做好村寨建设工作。里湖白裤瑶生态博物馆由展示中心和怀里村的蛮降、化图、化桥三个自然屯组成。县文体局对几个村子环境卫生进行整治,主要是对蛮降、化桥进行猪圈、牛圈的改造。共有86户进行改造,每户给予资金资助600元。年内,除了对白裤瑶的古歌谣进行文化记录工作,还对对村寨的粮仓、铜鼓进行登记建档管理。通过工作我们发现大部分的粮仓都已面临倒塌。

加强白裤瑶文化展演工作。生态博物馆接待的游客来自世界各地,有专家学者,有一般团队游客,有采风学生。年内共接待游客3万多人次。其中接待学生约8000人次;国外游客约400人次;团队游客约17000人次;散客约5000人次。博物馆今年共展演200场,村民收入约30万元。应中国民族博物馆的邀请,10月份博物馆还组团到美国参加"多彩中华"演出活动,白裤瑶民俗文化又一次走出国门,受到了极大的欢迎。

重视白裤瑶文化传承工作。里湖白裤瑶生态博物馆与怀里小学、里湖小学合作,在小学开展白裤瑶民俗文化传习班工作,开展的内容是以白裤瑶传统文化为主,馆里的工作人员兼教师。文化传承班的课程现已经列入两个小学的课程表。

为使民俗文化得以传承发展和保护,5月1日至3日,里湖乡生态博物馆组织了部分热爱白裤瑶民俗文化的白裤瑶干部、教师、群众自发组织成立了南丹白裤瑶民俗文化保护与发展协会,召开了广西、贵州两省区白裤瑶民俗文化交流会,共有80多人参加。会议达成了保护和发展白裤瑶民俗文化的共识13项。2010年暑假,举办南丹里湖白裤瑶生态博物馆民俗文化体验志愿者活动,20多名白裤瑶学生在活动中更加了解白裤瑶的民俗文化。

年内有文化市场经营户113家,其中网吧36家,歌舞娱乐场所14家,音像制品零售、出租单位18家,出版物零售、出租15家,打字、复印经营单位20家,印刷业5家,电子游戏娱乐室5家。从实际出发,扎扎实实抓好各项工作,使全县文化市场朝着健康、有序的方向发展。按时召开业主会议,完成年审换证工作。县文体局召开业主会议4次,总结2009年全县文化市场的发展情况和存在的问题,安排2010年的一切安全检查和宣传工作,抓好对业主的思想教育和法律法规的培训。理顺文化市场的审批制度,完成全县网吧、歌舞娱乐场所、电子游戏室、音像制品出租零售、打字复印、印刷、出版物等文化市场共计100多家的年审换证和变更工作,完成文化市场企事业单位和经营场所的普查统计上报工作。年内,县文体局稽查大队以"元旦、春节""护苗""平安世博"文化市场专项保障行动为重点,围绕校园及周边环境百日专项整治行动和安全生产专项整治,严厉查处学校周边违法违规经营为重点,相继开展了网吧、电子游戏专项整治等形式多样的整治和清查行动。为确保专项整治取得良好效果,做好安全生产宣传,制定完善各项安全生产及各种经营业责任制,督促经营业主做好经营场所的环境清洁工作,实行人性化管理。目前,南丹的文化市场经营环境有了较大改观,过去"脏、乱、差"等状况已基本消除。县稽查大队与工商、公安部门联合执法,查处校园周边及各乡镇黑网吧 14 家，查扣电脑设备 86 台(套)。在春季网吧整顿行动和日常管理工作中，强化网吧监管。对接纳未成年人等违规经营行为，坚持从严从重查处。对重点巡查区域，重点时段，重点巡查对象，增加巡查频率，加强日常监管。年内县文体局稽查大队共组织检查网吧 362 家次，查处违规网吧 9 家次，与违规经营网吧业主 4 人次进行诫免谈话，对三家违规接纳未成年人的网吧进行了严厉处罚。

开展“扫黄打非”工作，规范出版物及音像市场。一年来，为规范音像市场，县文体局开展集中整治行动，对全县音像市场进行了拉网式检查，共检查音像制品经营单位 164 家次。收缴各类淫秽、盗版光盘 6580 多张。在“3·15”打假行动中，收缴盗版图书和 3000 多张光盘被统一销毁。文化稽查队还加大对游商、地摊经营非法音像制品、非法出版物的打击力度，在全县城区开展大规模检查，对车站、农贸市场、商场旁的游商予以查处。

加强娱乐场所、演出市场、印刷市场的管理。县文体局经常会同公安等部门加大对娱乐场所的检查力度，消除安全隐患，营造安全、繁荣、健康的文化环境。高考期间，要求所有歌舞娱乐场所停止营业，为考生创造良好、安静的复习和考试环境。一年来，共检查娱乐场所 96 家次。对营业性演出团体的审核更加细致和严格，对演出内容进行全程监控，确保演出市场健康安全。

【天峨县】 天峨县文化体育局下辖二层机构 5 个：图书馆、文化馆、艺术团，文化市场稽查大队，文联。

积极开展“千团万场”群众文化活动。9 月下旬举办全县非物质文化遗产项目汇演。10 月下旬辅导滑稽小剧《存钱来防老，不如新农保》，参加“首届广西社会保险经办系统文艺汇演”荣获三等奖等；

龙滩艺术团完成演出 100 场，其中下乡演出 80 场。9 月为举办中国天峨红水河龙文化旅游节文艺晚会排演 6 个节目。10 月份排演节目参加在深圳举行的“深圳·锦绣中华城河池文化旅游展演活动周”演出。

县图书馆全年完成新书上架 2700 册；办理借书证、阅览证 260 本，阅览人数 39164 人次，借阅 7276 人次，图书流通 13788 册次；电子阅览室上机浏览 5017 人次。编写《文化共享工程与图书馆活动照片展》和《全国文化信息资源共享专栏》板报两期，发放宣传资料 400 份，免费赠送科技信息 400 份。完成文化信息资源共享工程 5 个乡镇分中心和 38 个村级服务点建设。

开展文化、新闻出版市场专项整治行动 7 次，检查文化市场、出版物市场 383 家次，出动检查人员 226 人次，收缴非法书刊 256 册、非法音像制品 696 碟(盒)，行政处罚 1 家，确保我县文化市场健康、有序发展。

继续做好文物、非物质文化遗产普查和保护工作。完成好文物、非物质文化遗产普查资料的归档和电子文本编制工作；继续抓好“壮族蚂拐舞系列舞”国家级非物质文化遗产项目的申报工作。

【宜州市】 4 月，原宜州市文化体育局和市旅游局合并，组成宜州市文化旅游体育局。联系指导全市 16 个乡(镇)文化广播电视站。下辖：文化稽查大队、旅游质量监督管理所等 2 个参公单位以及文工团、文化馆、图书馆、文物管理所、业余体校等 5 个事业单位。主要负责实施“文化惠民工程”，做好乡镇综合文化站、文化信息资源共享工程、农家书屋建设以及文艺下乡进村等工作。2010 年 3 月份市文化体育局被宜州市政府评为社会主义新农村建设先进后盾单位。

从2009年11月开工建设的北山、三岔、安马、福龙、屏南、龙头、同德等七个乡镇综合文化站，于2010年6月全面竣工并通过验收交付使用，完成总投资224万元。完成屏南乡合寨村、洛西镇妙调村、刘三姐乡小龙村、北山镇怀道村、石别镇屯蒙村、怀远镇李家寨村6个村建设项目试点建设任务，总投资113万元(其中自治区专项资金96万元，地方自筹17万元)。

全年共完成演出场次138场，其中城镇32场，农村106场，观众达10万人次；新创作舞蹈类节目3个，彩调剧目1个；学习节目有舞蹈类3个，彩调类1个，小品类3个。荣获自治区级三等奖1个。市保育院的少儿舞蹈《哪嗬咿嗬嗨》作为广西唯一一个少儿舞蹈节目参加由中宣部、文化部主办的全国第十五届"群星奖"角逐，获得"群星奖"。市文工团舞蹈《我的祖国》参加广西首届青年演员大赛荣获三等奖。排演了宜山渔鼓《司法为民送春风》，代表河池市中院参加全区法院系统文艺汇演，荣获二等奖，并代表全区法院系统参加广西政法系统文艺汇演，赴广西电视台拍摄，在广西电视台资讯台播出。纪念合寨村村民委员会成立30周年系列文化活动而创作的歌曲《春天的合寨村》荣获"全国优秀村歌"奖。9月10日至13日由中共河池市委员会、河池市人民政府、广西壮族自治区旅游局主办的广西宜州首届刘三姐文化旅游节在宜州举行。在宜州市民广场举行开幕式文艺晚会，邀请韩红、凤凰传奇、阿木、彝人制造等著名歌手演唱，以及大型歌舞《唱山歌》、彩调剧《双簧旦》等具有浓厚地方特色的节目、五代"刘三姐"的扮演者傅锦华、马若云、唐佩珠、吴似梅、王予嘉聚首晚会舞台等。举行宜州民俗狂欢、刘三姐原乡水岸实景演出、广西歌王争霸赛、宜州风光风情摄影展、"浪漫宜州，真情你我"篝火晚会等一系列精彩纷呈的文化旅游活动。旅游节期间，还推出新包装开发的刘三姐故里旅游景区和新的旅游线路，开展商贸推介等活动。

开展"和谐文化服务行——千团万场"群众文化建设年活动和"一月一节"系列文化活动。举办了宜州市第三届彩调唱腔选段表演大赛、宜州市首届广场舞蹈大赛、"和谐之春"群文展演、"金翰宇杯"美术书法摄影大赛、2010宜州市广场文艺周周演、彩调剧《刘三姐》剧中人模仿秀大赛、"人间仙境，醉美宜州"——广西宜州首届刘三姐文化旅游节书画、摄影作品、美文大赛、"风情三月三歌节""乐动广西·生态宜州"文体活动周等一系列活动。还参与组织"2010北京·广西河池刘三姐故乡、世界长寿之乡文化舟"展示活动；福龙乡成立30周年庆典大型文艺演出及迎宾表演活动；纪念合寨村民委员会成立30周年歌舞晚会、刘三姐山歌演唱会等活动。特邀中国红色词作家蒋开儒来宜作专题讲座，与本市词作爱好者座谈创作心得活动。全市共举办文艺演出、知识竞赛、电影晚会、文化交流、民族体育竞技、艺术展览等各类文体活动612场次，参与群众192.7万人次，产生了良好的社会效益，涌现了一批优秀的文化馆辅导员、农村基层文艺骨干。其中洛西镇祥北村祥北屯卢斌、北山镇建安村板另屯陈雄武荣获2009年全区农村"小康文化示范户"称号。1月，龙头彩调艺术团演出的彩调小戏《该帮还得帮》、怀远女子彩调团演出的彩调小戏《媳厉婆》荣获第二届广西彩调艺术节演出奖。钟声、钟秋蓉荣获第二届广西彩调艺术节表演奖。市文工团、文化馆创作演出的彩调水戏《抓村长》荣获第二届广西彩调艺术节剧目三等奖。市文化馆的韦文苑2010年荣获中央数字电视台书画频道、中国文化艺术管理委员会主办的全国中学生美术大赛二等辅导奖。樊洁文创作的《放飞梦想的地方》

词、曲作品获得中国民族音协举办的全国新创校园歌曲比赛优秀作品奖等。

开展文艺下乡辅导活动，深入怀远、庆远、石别、洛西、北牙等乡镇，帮助组建业余文艺队、挖掘整理民俗节目、开展节庆活动等。今年以来城区业余文艺团队下乡演出300多场次，为繁荣农村文化生活、促进农村社会稳定发展发挥了积极作用。目前全市城乡文艺队、山歌队、彩调队共有227支，并都保持稳定的发展态势。

市图书馆全年购进新书1320册，购进电子读物33件，订阅报刊172种，搜集地方文献302册；全年编目新书1230多册，装订报刊690册；获得“共享工程”国家中心赠送硬盘一套。全年接待读者共83600多人次，借阅图书达79200多册次；参考咨询1105人次，解答咨询320条；为我市筹备开展庆祝屏南乡合寨村——中国第一个村民委员会诞辰30周年庆典活动提供相关的图书报刊资料，一些史料、照片、图书存列在“中国村民自治展示中心”内；出版科技信息宣传橱窗20期，出版时事板报5期，编印《宜图科技信息》2期共680份；全年办理借书证230份。全年组织开展丰富多彩形式多样的读书活动4次，参加活动的读者达6400多人次。1月被文化部评定为国家“二级图书馆”；5月，韦丽玲馆长被自治区文化厅评为全区图书馆先进工作者。

完成德胜镇上坪村等18个“农家书屋”建设任务，每个书屋获得自治区新闻出版局赠送1600册(价值20500多元)新图书，市图书馆向合寨村果作屯书屋赠送科技书刊850册。于5月27日举办一期乡镇图书馆基础业务培训班，全市16个乡镇馆管理员参加培训，培训的内容有乡镇图书馆的性质、任务、管理、服务，藏书建设，图书分类上架等。

出版“共享工程”专题板报2期。完成庆远镇六坡村等70个与农村党员干部远程教育基层点合办的共享工程村级服务点建设任务，7月将自治区赠给每个点的投影机及幕布设备送到各点并现场培训和指导管理员安装设备。5月25日至26日举办一期宜州市文化共享工程乡(镇)村基层点技术人员培训班，共有28个基层点管理人员集中到市支中心培训。全年开展共享工程专题服务活动和“文化共享助春耕”服务活动共5次。

在文化市场管理工作中，以文化市场整治为重点开展集中行动中，检查出版物、互联网上网服务、文化娱乐场所，对繁华街区、旅游景点、集贸市场、图书和音像市场反复巡查，发现问题坚决查处。对网吧专项检查行动共出动检查人员920人次，查处50家次。查处黑网吧4家，无证电子室10家。

全市共有文化经营单位200余家，其中：营业性歌舞娱乐场所12家，电子游戏机室23家，音像制品零售店12家，印刷厂12家，打字复印店25家，书报亭28家，网吧86家。从业人口约2000多人，年营业收入约1.2亿元。投资250多万元打造刘三姐原乡水岸实景演出，目前已完成演出场地建设和灯光、音响等演出设备购置。投资1500万元建成中国村民自治展示中心，并于2010年12月正式开馆；投资300万元建设浙江大学西迁纪念广场，目前工程建设已经完成80%。

全面完成全市非物质文化遗产普查工作，组织编纂《刘三姐歌谣系列丛书》，涵盖爱情歌、劳动生活歌、谜语歌、礼俗歌等内容，共8本，计划用3～4年的时间完成。该书编撰工作已于5月初启动。元月份宜州市被文化厅授予广西非物质文化遗产普查工作先进集体称号。莫瑞杨、樊洁汶两位同志荣获先进个人称号。宜州渔鼓被列入河池市级“非遗”保护名录。6月12日举行宜州市第五个“文化遗产日”宣传文艺演出暨表彰先进颁奖仪

式。授予市文化馆等7个单位“宜州市非物质文化遗产保护工作先进集体；授予王建伯等10位同志为“宜州市非物质文化遗产保护工作先进个人”。9月11日，在首届刘三姐文化旅游节期间，举行了大型非物质文化遗产民俗巡游展演活动，有民间草龙舞、打扁担舞、彩调脸谱、民间牛角舞、民间傩舞、壮族婚庆展演等。建成古龙歌台和刘三姐原乡沿江水岸实景演出场地。基本完成水族特色村寨（向南屯）保护和承传水族民居原居风格式样示范点工程。

完成第三次全国文物普查实地调查工作，已通过市级验收合格。建立文物普查数据库。市文物局被授予自治区“第三次全区文物普查实地调查阶段先进集体”；河池市“第三次文物普查实地调查阶段组织奖二等奖”；河池市“第三次文物普查实地调查阶段先进集体”。冯建国获自治区“第三次全区文物普查实地调查阶段先进个人”；冯建国、陈仲涛、韦傲松获河池市“第三次文物普查实地调查阶段先进个人”。

【巴马瑶族自治县】 巴马瑶族自治县文化单位设有县文化体育局、县文化市场管理办公室（文化稽查大队）、文化馆、图书馆、文物管理所、民族艺术团及10个乡镇文化站。全县文化系统在编人员67人，经费县财政全额拨款。一年来，全县文化工作坚持以邓小平理论和“三个代表”重要思想和科学发展观为指导，深入贯彻落实党的十七大、十七届三中全会、四中全会和全国宣传部长会议、全区宣传思想工作会议、全区文化广播影视新闻出版工作会议精神和全市宣传思想工作会议精神，按照“高举旗帜、围绕大局、服务人民、改革创新”的总要求，大力发展文化事业，为提升我县文化软实力，推动全县继续实现经济社会科学发展、和谐发展、跨越发展提供强大的精神动力。

利用群众喜闻乐见的文艺形式，广泛宣传温家宝总理在巴马视察指示精神，激发全县各族人民振奋精神，为建设生态、富裕、和谐新巴马作出新贡献。我局认真组织创作文艺节目，编排“党盎”总理到瑶乡巴马各界文艺联欢晚会并组织下乡巡回演出，配合县委宣传部举办感恩山歌会，使温家宝总理在巴马视察指示精神更加深入人心。

积极组织参与抗旱救灾工作，“进村屯、摸实情、顺民意、解民忧”主题实践活动取得实效。在组织文艺下乡巡回演出，广泛发动干部群众齐心协力抗旱救灾保春耕，建设和谐家园之后，4月16日，我局在县文化广场组织举办“唱支山歌谢党恩——巴马县抗旱救灾山歌演唱会”，发动网吧业主、娱乐场所业主及出版物、音像制品经营业主等为抗旱救灾捐款，山歌演唱会募捐资金达1万多元。山歌会的成功举办，既弘扬了民族传统文化，又为我县抗旱救灾筹集了资金，深受领导和群众的赞誉。另外，积极配合市文广局文艺慰问演出队到西山林览村、县党校、凤凰乡长和村等抗旱部队驻地开展慰问演出工作；配合有关部门到巴马镇、东山乡举行抗旱救灾捐赠仪式和大石山饮水工程启动仪式。

围绕开展创先争优活动，积极深入村屯，了解摸清群众生产生活中存在的实际困难，多次到农村联系点燕洞乡岩廷村与村干、队干、村民座谈，并到田头地块查看灾情，进村入户了解群众生活状况，强调要求重点确保五保户、痴呆户、老残户的人饮工作，并针对岩廷村田地主要分布在河溪两岸的特点，明确向上级业务部门争取支持，为群众解决抽水设备问题。通过汇报争取，我局获得了自治区体育局体育彩票中心捐赠价值近2万元的12套水泵机组，并及时移交县水电局下发到我局农村联系点等村屯。组织发动本系统

党员、干部职工为抗旱救灾捐款。据统计，全系统先后为抗旱捐款近2万元。

抓住扩大内需的机遇，按照中央的决策部署，以农村文化建设和文化惠农工程为重点，加快我县公共文化服务体系建设。抓好我县燕洞乡龙凤村、西山乡福厚村（百六屯）、甲篆乡百马村（甘水屯）、那社乡东烈村4个村级公共服务平台建设试点调查及申报工作；结合实际，切实抓好项目实施工作，目前，已到位项目资金64万元，甲篆乡百马村（甘水屯）、燕洞乡龙凤村、西山乡福厚村（百六屯）3个点已动工建设，并完成了篮球场、乒乓球场建设，其中，戏台项目均完成前期工作，综合活动楼项目分别完成基础施工、主体施工、内部装修工作；落实中央补助和自治区配套专项资金32万元，完成巴马镇综合文化站建设。抓好项目建设资金管理和施工监督，按时按质按量抓好工程进度，今年7月底完成建设任务；完成县民族艺术团排练厅大楼建设，现已投入使用，解决了县民族艺术团办公用房问题；完成37个村级文化资源共享工程和15个“农家书屋”建设工作，总投入44.93万元；还做好2011年“农家书屋”工程36个“农家书屋”申报工作；充分利用好中央补助地方文化传媒专项资金，抓好县文化馆综合楼维修工作，并为县文化馆购置了音响、灯光及电脑设备，共投入30万元；还积极做好西山革命纪念馆维修工作。

创新公共文化服务的方式和手段，提高服务质量和水平。充分发挥县文化馆的职能，抓好节庆文化工作，群众文化活动常办常新。1至10月，先后组织举办了春节文艺联欢晚会、金狮贺岁活动，凌云县“常乐艺术团”·巴马“夕阳红艺术团”文艺联欢晚会、全县道路交通安全宣传文艺演出等活动8余次，还协助县委宣传部、县妇联等举办“元宵感恩”山歌会、纪念“三八”国际妇女节100周年健身操大赛、“关爱儿童，放飞梦想”庆“六一”文艺晚会、全县中华经典诗文朗诵比赛等活动，不断丰富了群众文化生活；推进县图书馆等公共文化设施向全社会免费开放工作。县图书馆认真做好图书外借、宣传工作，1至11月完成图书借阅6000多册；完成文化信息资源共享工程县级分中心调试工作，并对外开放；组织开展图书服务周活动，为群众免费提供科技致富信息、资料共计500多份，进一步提升服务功能。

扩大成果，提高质量，有效深入开展农村文化下乡活动。加强活动监管，强化对活动的指导和培育，积极扶持农村各类文艺社团，结合全年市文广局“百团千场”工作部署，扎实做好我县文化下乡工作。年初，在甲篆乡百马村举行了我县“十团百场”文化进村演出启动仪式。1月至11月，县文化馆组织、协助各业余文艺团队开展文艺下乡演出88场，县民族艺术团开展围绕“进库区、双拥、交通、司法”宣传等主题，开展各类文艺下乡演出86场，文化下乡活动服务水平的提高，进一步提高农民群众享受文化生活的质量。

积极实施精品战略，创品牌工程得到不断推进。立足民族文化特点，结合元旦、春节、“五一”“十一”等节庆文化活动实际，组织群文工作者和文化艺术骨干、文艺工作者深入生活，进行采风活动，抓好艺术作品的生产。采取不同的艺术形式，创作更多的体现民族特色文化的、为人民群众喜闻乐见的文艺作品，不断提高精神文化产品的数量和质量。1月至10月，县文化馆、民族艺术团共新创作舞台文艺作品20余个。不断丰富提升民族文化舞台艺术，积极参加区内外民族文化推介宣传活动。9月下旬，我县民族艺术团积极组织民族风情文艺精品，参加由市委、市政府在深圳锦绣中华民俗文化村组织举办的“中国生态旅游基地，世界长寿养生天堂——

广西河池·文化周”活动，展示了巴马的民族风情、长寿文化风采。

推进管理创新，促进文化市场健康有序发展。加大对违法经营行为打击力度。加大执法力度，以管理促繁荣，以规范促发展。严厉打击非法音像制品的经营，打击网吧接纳未成年人和超时经营等违规活动，根据当前我县现状，坚持取缔一切无证经营的黑网吧和非法电子游戏室，净化文化市场。今年1至11月，开展以“护苗行动”“平安世博”“暑期文化市场整治”“亚运安全”等为主题的全县文化市场专项整治行动，共出动稽查车辆119车次，出动人员487人次，检查文化市场经营户465家次，罚款14200元，其中，联合文化、公安、工商部门，开展了非法网吧、电子游戏经营场所专项整治行动，联合执法5次、出动车辆34辆次，出动人员186人，取缔黑网吧12家，没收电脑97台，取缔非法电子游戏室2家，没收电子游戏机46台；不断健全文化市场长效管理机制，促进文化市场结构调整。创新文化市场的管理手段，加强文化行业协会等民间组织建设，充分发挥行业管理和行业自律。积极引导15家网吧业主，筹备建立巴马县网吧协会。

以第三次文物普查为重点，做好文物普查保护工作。完成了第三次文物普查的野外调查扫尾工作。截至10月底，我县文物普查队员踏遍10个乡镇、107个行政村（社区）、1676个自然屯，共已登录文物点84处，其中复查文物点40处，其中登记消失文物点1处；新发现文物点44处；按照文物普查不可移动文物分类标准，复查登录的古遗址16处、近现代重要史迹及代表性建筑物19处、石窟寺及石刻3处、古墓葬2处，新发现登录的近现代重要史迹及代表性建筑物21处、古遗址10处、石窟寺及石刻9处、古建筑2处、其他2处。实地调查覆盖率均达区、市“三普”办所要求的比例；顺利通过自治区、河池市专家组对我县第三次全国文物普查实地调查阶段的验收工作；完成我县“十一五”文物工作总结和“十二五”文物规划，并抓好革命文物征集工作。

【凤山县】 凤山县文化体育局重视城乡文化建设，年内投资760万元，占地面积900平方米，建筑总面积5200平方米的县宣传文化中心项目建设工程进展顺利，明年下半年投入使用；投资2000万元，占地18.3亩，建设面积7831.6平方米，57个停车位，2252个座位的县体育馆已完成招投标，年内完成基础施工；建设村级公共服务中心3个，投资54万元，全县项目总量为6个；建设村级文化信息资源共享工程50个，全县项目总量为71个，其中县级1个、乡镇8个、村级88个，覆盖率99%；建设农家书屋19个，全县项目总量为28个，每家藏书均在3000册以上。

文化活动深入人心。艺术团编排计生、新农村建设、廉政建设、换届选举、建党建国专题节目送戏下乡96场次。创作舞蹈《红棉红》参加第六届广西音乐舞蹈比赛获得好评。辅导行业单位创作编排文艺节目参加行业汇演。创作编排舞蹈、声乐、小品节目参加河池市第十一届铜鼓山歌艺术节文艺汇演；文化馆组织筹办乡镇、社区、广场群文活动36场次，辅导社区、村屯文艺队40支。创作书画、美术、摄影作品60余件，发掘整理非遗线索7条；文物所普查文物景点12个，完成文物申报12项，其中获市级重点保护文物4个、自治区级重点保护文物2个；图书馆克服经费困难，添购图书8000多册，送书下乡13次14400册，包括28个农家书屋、20多个村级文化室；文化稽查大队坚持“一手抓管理，一手抓繁荣”的工作方针，认真落实文化市场管理工作要求，以日巡夜查和专项治理为手段，严厉打击各类违法违规经营活动。年度举办经营业主法制培训班 9 期，其中行政执法分析会 4 期，业务学习 6 期，街头法制宣传 10 期。依法换证 43 家，取缔非法书报刊摊点 1 个，处理游商 3 人，收缴非法书刊 200 多本、迷信书籍 960 多册、非法小报 1600 多份，有效地净化了文化环境。

做好文体事业发展规划。根据自治区发改项目计划相关文件精神，做好文体事业发展规划，申报了凤山县剧场、体育公园、文化市场技术监管平台、文物管理所、全民健身活动中心以及文化馆、图书馆设备购置等建设规划申报。

来 宾 市

全市文化工作综述

2010年,来宾市辖4个县、1市、1区,66个乡(镇),4个街道办事处,771个村民委(含社区)。全市设有县(市、区)文化行政管理机构7个(来宾市文化新闻出版局、来宾市兴宾区文化和体育局、象州县文化和体育局、武宣县文化体育广播电视局、合山市文化体育广播电视局、金秀瑶族自治区县文化体育广播电视局、忻城县文化体育旅游局),专业文艺表演团体6个(来宾市民族歌舞剧团,编制85人,在编56人,差额拨款事业单位;来宾市兴宾区、象州县、武宣县文工团、合山市歌舞剧团、金秀瑶族自治县艺术团),除忻城县没有专业文艺团体。市本级设有艺术创作室,编制4人,在职3人,全额拨款事业单位;群众艺术馆,编制12人,在编12人,全额拨款事业单位;文化市场综合执法支队编制7人,在编7人,属参公单位。演出公司,有机构、无编制,兼职1人。市本级没有图书馆、博物馆。文物管理所6个、博物馆4个、图书馆6个、文化馆6个、文化稽查大队6个(其中:象州、武宣、忻城县、兴宾区有机构、有编制、有专人,均属全额拨款事业单位。金秀瑶族自治县、合山市有机构、无编制、均属兼职人员。乡(镇)文化广播电视站66个(其中2个无站址)。乡(镇)图书馆64个、农家书屋630个、农村业余文艺队851支、农村文艺露天舞台754个、农民篮球队1155支、农村露天篮球场856个。国家级文物保护单位1个、自治区级文物保护单位11个、市级文物保护单位18个、一级文物4件、二级文物64件、三级文物490件、一般文物6793件。网吧256家、娱乐场所107家、音像制品出租(零售)94家、电子游戏26家。印刷厂31家、打字(复印)162家。市文化新闻出版局内设7个科(室),即:办公室、艺术科、社文科、文物科、新闻出版(版权)科、文化市场科、文化产业科。市本局机关编制18人,在职18人(其中2名工勤人员)。全市文化新闻出版系统在编人员600人,(其中:公务员88人、行政人员59人、工人150人、专业技术人员303人。)正高级职称1人、副高级职称6人、中级职称80人、初级职称236人,研究生4人、大学105人、大专282人、中专以下209人,35岁以下178人,36至50岁333人,51岁以上89人。全市文化事业经费4482.7594万元(其中:市本级1468.6703万元)

一年来,全市文化新闻出版工作者,以邓小平理论和“三个代表”重要思想为指导,全面贯彻落实科学发展观,积极响应自治区党委、自治区人民政府号召,认真落实区文化厅《工作落实年活动方案》的要求,结合创建学习型机关党组织活动,把学习当做提高班子和队伍素质的基础性工程来抓,坚持每周一上午为固定学习时间,同时通报一周来的工作、学习及业务情况,局班子认真抓好自身建设。一是加强政治理论学习。以推进学习型党组织为契机,结合“学《准则》、守纪律”主题教育活动及学习区党委书记郭声琨同志到来宾调研时讲话精神,抓好局领导班子及党员干部理论学习和业务学习,不断提高党员干部的综合素质。二是始终坚持民主集中制原

则。制定和完善重大工作议事制度，凡是局内重大事项都要经局班子集体讨论决定，重大事项定期向干部职工通报，增加工作透明度和群众知情权。三是加强制度建设。建立和完善中心组学习制度、调研制度、党员干部学习制度、制定局机关支部与农村基层党组织结对共建制度。四是学习形式灵活多样。除集中学习外，还采取“走出去”“请进来”学习方法，先后分别组织 103 人次到香港、上海、杭州、西安等地学习，同时还请专家学者给党员、干部辅导上课，有力促进文化队伍知识更新和综合素质，不断增强全局同志的理论水平和业务技能，形成人人想干事、劲往一处使的可喜新局面。市委、市政府授予我局 2010 年度全市“六个一”目标管理一等奖，授予我局 2010 年度人口和计划生育特等奖，市委组织部、宣传部等系统授予我局 2010 年科普先进单位，黎瑞江同志获市委、市政府授予 2010 年度先进工作者，陈大权同志获市委组织部、宣传部等单位授予 2010 年度科普先进个人等荣誉称号。

专业艺术

【全国瑶族文化高峰论坛】 5 月，来宾市民族歌舞剧团配合市委、市人民政府赴京参加全国瑶族文化高峰论坛暨广西来宾市金秀圣堂山旅游节新闻发布会，在新闻发布会上市民族歌舞剧团演员身着瑶族盛装表演具有瑶族特色的瑶族民歌、瑶族祝酒歌，演出精彩夺目，形式生动活泼。身着民族服装的演员与参会各界人士形成良好互动。演出不仅让大家直观的感受瑶族文化，而且为人们了解瑶族文化打开一扇神秘的面纱。

【赴港庆祝香港回归 13 周年少数民族歌舞文艺晚会】 为促进来宾市与香港两地文化交流，庆祝香港回归祖国 13 周年。7 月 7 日至 11 日，应香港广西商会邀请，由来宾市文化新闻出版局主办，来宾市民族歌舞剧团精心创作的主题为《魅力来宾风采八桂》大型文艺晚会在香港隆重上演。华丽的民族服饰和精湛的民族歌舞轰动香港，连续演出 3 场，充分展示广西 12 个少数民族文化，让广大香港同胞领略祖国内地少数民族文化的魅力，香港《大公报》对演出予以充分肯定和高度赞赏。

【打造红水河民族文化艺术品牌】 为挖掘红水河流域丰富的文化资源，扩大民族文化影响力，提升来宾市城市知名度，推动来宾市文化大发展、大繁荣，促进来宾市经济社会全面、协调、可持续发展，9 月 19 日至 26 日，中共来宾市委、来宾市人民政府在行政中心广场举办首届“天下来宾 · 红水河民族文化艺术节”，邀请红水河流域 37 个市县代表参加，直接参与群众达 200 多万人，开幕式现场观众 13000 多人。出席开幕式有自治区人大常委会副主任覃瑞祥同志参加开幕式：出席开幕式的还有各地（市）领导、嘉宾共 600 多人。来宾市文化新闻出版局，来宾市民族歌舞剧团精心组织策划，编排一台由《水之源》《山之魅》《海之韵》三个篇章组成的大型民族歌舞，节目形式多样、内容丰富多彩，充分展示来宾独特的民俗风情与民间文化。开幕式还邀请我国著名歌唱家王宏伟、吴碧霞等同志到场献唱，将晚会 推向高潮，赢得观众阵阵掌声，晚会取得圆满成功。这次活动有六个特点：一是规模空前，参与面广。这是来宾建市八年来规模最大、群众参与面最广泛的一次文化盛会。二是地域性强。代表广泛，来自社会各阶层群众。三是内容丰富，影响面广。有开、闭幕式晚会、旅游文化舟系列活动、狂欢巡游、丰富多彩美食展、绣球大赛、经贸洽谈会、奇石展、书画展、农机展销等内容。涉

及文化、艺术、旅游、体育、商贸、农业等诸多领域。四是质量较高。多家新闻媒体及网络反响强烈。五是民族性强，富有特色。既有广西来宾各民族特色元素，又充分展示了云南、贵州等原生态文化。六是文化搭台，经济唱戏。邀请170多家各地客商参加，并举办经贸洽谈会，推介来宾市资源和招商环境及优惠政策，签订48亿多元的投资合同或意向协议。活动期间充分展示我市经济和社会发展建设成就，增强了全市广大干部群众的自信心和自豪感，获得社会各界广泛赞誉。

【送文化下基层、进营房活动】 来宾市民族歌舞剧团结合市委、市政府宣传“城乡风貌改造工程”创作排练一台小品、小戏歌舞综合晚会在全市高速公路沿线26个乡(镇)巡回演出，生动活泼、群众喜闻乐见，有力推动全市城乡风貌改造工程进展，自治区人民政府还在来宾市召开全区城乡风貌改造现场会。同时结合市委、市政府双拥工作，策划编排一台“军爱民、民拥军”为主题的文艺晚会，于11月8日赴鹿寨县为海军某部驻桂部队进行慰问演出，演员与官兵们和谐互动，充分展现了军民渔水深情。

【城市联谊晚会】 为加强来宾、崇左、贺州三市传统友谊，“三市联谊会”在来宾市举行，来宾市民族歌舞剧团为联谊会献上3场文艺演出，节目丰富多彩、精彩纷呈，为联谊会锦上添花，赢得市领导好评。

【组织策划节庆活动】 根据市委、市人民政府关于举办市庆活动总体部署，来宾市文化新闻出版局负责组织、策划系列节庆活动。一是不请外地专家，充分调动本市各类文艺创作编导、演职人员积极性和创造性，在短暂20天采取“白加黑”和“5＋2”的工作作风，创作、编排一台主题为“辉煌成就，锦绣前程”庆祝建市8周年文艺晚会，于12月28日晚在市行政中心礼堂公演，让全市广大干部、群众通过文艺形式了解来宾建市8年来的奇迹；二是在行政中心广场举行市庆焰火晚会；三是12月29日晚在城区相思公园举行“农家展风采，城乡共和谐”庆祝建市8周年暨来宾市第二届农村文艺大展演(总展演)颁奖文艺晚会，以鲜活的形式生动反映来宾市经济社会建设取得的辉煌成就。

群众文化

【公共文化服务设施建设】 加快城乡公共文化服务设施建设。一是加快推进市区文化设施建设，市政府投资1.5亿元建设“来宾市文化艺术中心”，并于5月份举行典基仪式，截至12月底已完成主体工程。二是市委、市人民政府主要领导亲自率队赴京向国家文化部、自治区文化厅、自治区新闻出版局汇报我市继续巩固和扩大“三求”文化惠农工程，得到国家、自治区文化部门支持和帮助，争取价值达2163.4万元设备，全部发放村级文化室。5月31日因我市遭受50年以来特大洪灾，我们及时向上级有关部门汇报基层文化服务设施水毁情况；得到区文化厅资金大力支持，及时修膳文化设施。三是认真组织实施自治区下达我市17个乡(镇)综合文化站建设，年底已全部竣工。截至12月31日止，全市已建成村级文化综合楼557个，正式投入使用409个。全年开展文艺演出4958次(场)，组织农民文艺队进城演出584场次，开展各类体育比赛12218场次，其中：篮球10299场次，为村民委或社区义务放电影10175场，观众达1261543人次，丰富了全市城乡人民群众精神文化生活。“三求”文化惠农工程，为全区乃至全国构建公共文化服务体系建设提供借鉴。

【文艺队伍培训】 一是组织市群众艺术馆、市民族歌舞剧团组成文艺辅导队到各县(市、区)举办基层文艺骨干培训班 21 期,共培训农村文艺骨干 2410 人次;二是协助自治区文化厅在我市举办 2010 年和谐文化建设在基层——全区基层文艺骨干培训班,我市选派 110 多名骨干参训;三是举办农村文艺作品改稿班 2 期,70 多名乡土编剧、编导人员拿自创作品参加,面对面听专家点评,有力地推动我市农村业余作者主动创作的积极性和创造性。

【城乡基层活动】 协助市委、市政府举办来宾市第二届农村文艺大展演暨区文化厅“千团万场”“和谐文化在基层”演出活动。我们提出“天天演、周周训、月月比、季季评、年年奖”的基层文化发展思路,以“展农家风采,城乡共和谐”为主题,每天请一支农村业余文艺队到市区展演。县(市、区)政府对“天天演”活动予以财力支持。市本级财政拨专款 50 万元,主要用于农村文艺队进城演出补助,各县(市、区)财政共拨 250 元支持各农村业余文艺队进城交通等费用,据不完全统计,2011 年共演出 131 场,演出节目 1560 多个,参加演出的农村文艺队演员 3840 多人,观众达 32 万人次。大展演活动带动农村文化活动蓬勃发展,丰富了城乡人民群众精神文化生活。实现了城乡互动,促进社会和谐。2011 年 12 月 27 日,自治区文化厅在融安县召开全区“和谐文化服务行——千团万场”总结表彰会,我市在会上作经验发言。在全区“和谐文化服务行——千团万场”先评中,我市有 28 支农村文艺队被评为全区“优秀村屯文艺队”(自治区文化厅文件称:“来宾市作为千团万场试点市,工作出色,特增加来宾市 10 个优秀文艺队名额”),我市 18 位同志被评为全区“优秀文艺骨干”,9 位同志被评为全区“优秀辅导员”,是全区被评为先进集体和先进个人最多的市。覃革被评为全区公共文化馆(群艺馆)先进个人。我市人民政府评选表彰十佳农村文艺、十佳文艺队长、十佳文艺编导、十佳演员、优秀文艺队 14 个。

【新春文化活动】 新春佳节来临之际,我局早策划、早准备各种文化活动,并在《来宾日报》、来宾电视台、来宾人民广播电台等新闻媒体刊登(发布)信息,将市本级及各县(市、区)春节期间文化活动日程安排表向社会公布。如:在市城区内有广场文艺演出、山歌擂台赛、迎新春音乐会、书画展、游园活动、焰火晚会等活动。中央电视台晚间新闻对我市春节山歌擂台赛进行报道。同时组织开展地方特色各类群众文化活动。要求各县(市、区)利用节庆开展丰富多彩系列活动。让群众享受丰盛的文化大餐。

【参赛作品获奖】 年内,市本级创作人员共创作各类文艺作品共 25 件,其中舞蹈 8 件、戏曲 10 件、美术 7 件。积极参加国家农业部、文化部在北京举办全国首届农民艺术节,我市自编自演反映来宾市城乡风貌改造为题材的女声表演唱《四个老奶逛新村》,获全国首届农民艺术节最高奖——“精翠奖”。唐云端同志被评为中国首届农民艺术节组委会先进个人。参加在贵州举行的全国少数民族曲艺会演,我市选送的蜂鼓说唱《李宁还乡》获三等奖。我市文新局与市教育局联合举办“2010 广西小音乐家技能竞赛暨第九届中国少年儿童卡拉 OK 电视大赛来宾市选拔赛”,我市获银奖 2 个及铜奖 1 个。参加广西第七届曲艺文学评奖,我市故事传奇《吉鸿昌带牌》获一等奖;快板《拆招》获三等奖;蜂鼓说唱《李宁还乡》获特别奖。参加全区第四届知识青年文艺会演,小品《美古和翠芳》获一等奖。组织参加全区首届群文系统声乐比赛,

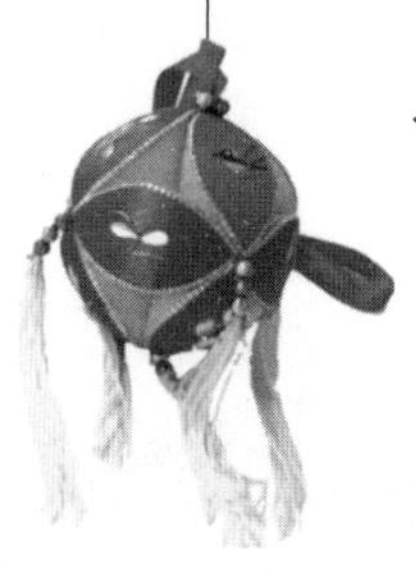

我市群众艺术馆覃春梅同志演唱的《玛依拉变奏曲》获金奖。参加全区在玉林市举办的第七届少数民族体育比赛文艺表演，我市《破竹》获一等奖。组织参加全区文联、妇联举办的首届全区女性书画作品展，我市群艺馆覃小原同志创作的国画《晨曲》系列之二获二等奖。组织参加广西少儿才艺大赛，我市获金奖8人，银奖10人，铜奖15人。与市文联协助市政府举办来宾市第三届麒麟作品评奖，我局的《追蚕茧》获麒麟奖。

公共图书馆

【文化信息共享工程】 各县(市、县)文化信息资源县级中心已全面建成并对外开放(市本级无公共图书馆)，读者可进入文化信息资源共享工程网络查阅资料、看电影、戏剧等。乡(镇)村级文化信息共享工程服务点正在稳步推进。

【送书下乡活动】 各县(市、区)图书馆配合全市“三下乡”活动，送图书3000多册及科普资料6000多份到乡(镇)、社区、企业。

文化市场

【文化市场管理整治】 按照上级统一部署，认真开展整治互联网、手机媒体淫秽色情及低俗信息工作，采取日常监管和集中检查相结合，对网吧、游戏室、娱乐场所及各类非法出版物行为进行检查。据不完全统计，全市与有关部门联合执法检查，共出动1500多人次，对1000多家次经营场所、摊点进行检查，共收缴各类非法出版物21万多册(张、盒)，责令整改50多家次，受理举报30件，立案10件，办结10件，警告20家次。净化了社会文化环境，维护和促进我市文化市场健康有序发展。2010年来宾市文化新闻出版局被自治区文化厅授予全区文化市场行政执法一等奖。

【查处大案要案】 根据群众举报，在来宾市来华路北七巷28、31号门牌有窝藏、批销盗版出版物两个窝点，当场查获涉嫌侵权盗版出版物《风声水起北部湾》，涉嫌盗版学前班教材《快乐的童年》《学前儿歌》，涉嫌盗版教辅《新课堂同步训练》，涉嫌盗版工具书《现代汉语词典》《小学生成语词典》及涉嫌传销非法书籍《北部湾集结号》《无店铺连锁经营》《精英之路》《连锁为王》《资本运作赢在观念》等盗版出版物1200多件，15万多册，对这批非法出版物进行依法扣押，这是建市以来查获的最大一宗批销盗版出版物窝点案件。目前，我局正乘胜追击，积极配合公安等有关部门对案件进行侦破。2011年我局被自治区“扫黄打非”工作领导小组授予全区“扫黄打非”先进集体荣誉称号。

文化产业

【文化产业园建设】 按照市委、市人民政府部署，我局协助推进来宾民族风情文化博览园和广西来宾市凤凰文化创意产业园两个文化产业项目建设。民族风情文化博览园已落实建设用地，正在进行理念设计和筛选投资业主；凤凰文化创意产业园正在进行项目合同起草、征地、拆迁、安置调查、测算，以及相关市政配套设施建设规划设计等前期准备工作。

【文化产业规划】 年内，培育发展2家娱乐场所，3家上规模上档次的网吧；扩大原广西海洋世纪音像有限公司新厂房及设备搬迁，

新建综合楼已建成投入使用；富兴印刷有限责任公司厂房建设已完成，并进入试产阶段，同时制定我市“十二五”文化发展初稿规划。

【加强巩固演出市场】 来宾市民族风情艺术团精选排练三台节目，先后赴北京、江浙等地旅游景点演出600余场，为市各有部门商业演出30多场，培养了人才，增加了收入。

文化遗产

【完成全国第三次文物普查】 按照全国第三次文物普查工作要求，补漏、补缺，完善、按质、按量、按时完成全国第三次文物普查，全市有不可移动文物660处（其中：复查374处，新发现280件），经自治区“三普办”检查验收合格，忻城县博物馆韦家雅获全国“三普”先进个人；象州、忻城县“三普办”评为全区先进集体；李赞鲁、何广明、赖明宗、江柳君分别获全区“三普”先进个人。

【文物保护维修】 配合自治区文物考古研究所对柳南高速公路来宾段沿线的中缅天然气供气管道线涉及文物景点勘察工作；配合区文物保护中心做好昆仑关战役指挥所遗址保护工作并完成保护方案草案；协助兴宾区对文辉塔护栏建设工程的征地工作；承办我市新建兴宾区凤凰镇东汉塘“百人坟”爱国主义教育基地，10月8日通过验收合格，并向社会开放。

【完成全市非物质文化遗产普查第三阶段工作】 年内，完成全市非物质文化遗产普查的第三阶段工作，共普查到非物质文化遗产资源信息（线索）24000多条；积极向自治区申报第三批全区非物质文化遗产名录，我市象州县《壮欢》、金秀瑶族自治县的《过山音》、忻城县的壮族土司建筑艺术等8项被录入自治区第三批非物质文化遗产名录；申报金秀瑶族自治县《黄泥鼓舞》为国家非物质文化遗产名录，已批准录入国家非物质文化遗产名录，这是我市第一个国家级的非物质文化遗产名录。

【非物质文化遗产后续工作】 5月下旬，在金秀瑶族自治县举办首届瑶族文化高峰论坛暨广西来宾金秀圣堂山旅游节，中外瑶族专家、学者115人参加研讨会；8月，中国社会科学院在桂林举办土司文化与社会边疆研讨会，进一步扩大我市壮族土司文化影响力；10月，忻城土司陈列馆建设工程已竣工并通过验收合格并向社会对外开放；《盘古》专题片已顺利制作完成；总投资200万元修建兴宾区甘东盘古庙已竣工；财政拨款100万元摄制来宾城市形象宣传片《天下来宾》已完成样片制作。

县域文化

【象州县】 象州县文化和体育局编制7人，在职11人，超编4人。文体局下属文化馆、文物管理所（博物馆）、图书馆、文工团、文化稽查大队、业余体校等6个二层单位，编制98人。其中：其中：公务员9人，行政人员20人，专业技术人员63人，工人6人。大学18人，大专52人，中专以下28人。35岁以下32人，36至50岁50人，51岁以上15人。中级职称13人，初级职称50人。财政拨款630万元。

剧目获奖情况喜人。小彩调《请保姆》参加广西第二届彩调艺术节获二等奖，何瑞武获编剧奖及表演奖。快板《拆招》参加广西曲艺文学比赛获三等奖，该县文工团结合本县中心工作积极开展“送文化下乡”演出59场，同时还到青海省西宁市进行商业演出38场，

社会效益和经济效益双丰收。积极组队参加来宾市首届“2010年红水河文化艺术节”获先进单位奖。

群众文化丰富多彩。一是组织50支农民业余文艺队参加市委、市政府、区文化厅联合举办的“天天演”“千团万场”,演出活动,获优秀组织奖。二是举办全县企业文体活动周“演讲、集体婚礼、电影周、文艺演出”四个一比赛,获圆满成功。三是组织全县112支农村业余文艺队在全县乡(镇)村、屯演出1700多场;15支街道社区业余文艺队演出300多场。四是举办“廉政飞歌”“学《准则》守纪律促廉政”广西歌王山歌会,组织全区32名广西歌王以山歌对唱、合唱,即兴演唱等方式用诙谐幽默山歌宣传《廉政准则》,教育干部廉洁自律、弘扬正气。五是配合区文化厅和市文化局在象州县举办“和谐文化广西行”基层文艺骨干培训班。文化馆派文艺辅导员到全县乡(镇)举办舞蹈、美术培训班6期,培训各类人员1298人次。

注重文化设施建设。一是县图书馆外借处、综合阅览室、科技阅览室、少儿阅览室、电子阅览室、地方文献与参考咨询室等7个部门,不分节假日全天对外开放,接待读者19万人次借图书24万册,借书刊32万册(次)。二是配送2个乡镇文化站(每站5万元)共享工作设备,另外,还配送给122个行政村(社区)共享工程设备,全年县级共享工程支中心电子阅览室接待读者38522人次。三是送书下乡,展出图书500多册,免费印放科技科普资料1000多份。积极参加全县科普活动周借阅科普图书300多份,发科普资料1500多份,积极派专技人员到运江镇、百丈乡帮助援建(建华)图书馆。四是举办中小学暑期夏日电影展播。五是参加全区“快乐暑假大行动”特色活动,并获自治区文明办颁发“快乐暑期大行动”特色项目奖。六是继续抓好“求乐、求知、求技”“三求”文化惠农工程,完成86个村级公共服务中心综合楼建设任务,筹集资金88万元,建设一栋少儿活动服务中心楼840平方米,已完成主体工程,象州镇、百丈乡综合文化站已正式建成,建筑面积350平方米,投资64万元,建设53个“农家书屋”,每家配送价值2万元图书、书架。2010年象州县图书馆获全区公共图书馆先进集体、梁环春获全区公共图书馆先进个人等荣誉称号。

加大对文化市场监管和执法。查处违法经营网吧7家,与有关部门联合执法,取缔无照经营网吧13家,地下黑电子游戏室3家,取缔无证娱乐场所1家,罚没非法盗版音像制品3967件,盗版电脑软件1200盘。举办2期文化市场业主培训班。

文博工作成绩显著。继续抓好第三次全国文物普查,圆满完成各项任务,县文物普查队获自治区人民政府授予“全区第三次文物普查实地调查阶段先进集体”称号,赖明宗获“全区第三次文物实地调查阶段先进个人”称号。

完成非物质文化遗产保护工作。收集、整理相关文字、音像等资料,申报各级非遗保护名录,“象州壮欢”列入自治区级名录,“甘王祭”、“春秋社”列入市级名录,象州县人民政府公布第二批县级保护名录10个。民间歌谣“象州山歌”、民间风味“白米糟”“象州粉利”“素材牛腊巴”“白色米饼”、民俗“甘王祭”、传统戏曲“象州彩调”、民间文学《小谷故事》、民间故事《薛仁贵在象州》、民间手工技艺“中平镇三来村竹编”。

【武宣县】 武宣县于2010年10月将原来文化和体育局、广播电视局合并为文化体育广播电视局,编制18人,其中行政编17人,工勤编1人。下属6个二层单位:文化馆编制7人,在编5人;图书馆编制7人,在编6人;博物馆编制 3 人，在编 3 人；文化市场办公室、文化稽查大队编制 6 人，在编 6 人（实行一套人马两块牌子）；业余体校编制 5 人，在编 5 人。学历：本科 3 人、大专 17 人，中专 13 人。中级职称 8 人，工人技术等级高级工 6 人。全年财政拨款 609 万元。

组织创作人员参加市文艺创作骨干培训班，全年创作作品 46 个，其中 20 个参加来宾市第二届农村文艺大展演，小品《晚开的花》参加全区首届“百万妇女”文明交通宣传行动暨广西“和谐家庭魅力秀”展示大赛获二等奖，送文化下乡演出 58 场。

群众文化日益活跃。举办文艺骨干培训班 2 期，美术培训班 3 期，组织文艺辅导员下基层、社区辅导业余文艺队 2205 人次。全县农民文艺队 193 支，演出 2460 场。

文化信息共享工程。规范办证制度和借书卡，全年接待读者 12556 人次，借阅书刊 13020 册（次）。

文化市场监管有序。建立“政府监督、企业自律、社会监督”三位一体监管机制，举办文化市场经营业主培训班 5 期，162 人参训。利用圩日向群众免费发放文化法规宣传资料 2800 份，出动执法人员 1731 人次，立案 10 起，检查各类文化经营场所 577 家次，收缴非法六合彩资料 2480 份，查缴盗版音像制品 1700 张，收缴电子游戏机 91 台。

认真搞好文物普查。第三次文物普查文物 148 件。其中：复查 87 件，新发现 61 件。遗址 37 件、古墓 31 件，古建筑 62 件、石刻、石碑 18 件，并经自治区专家验收通过。壮族翡翠乌舞、壮欢列为市级第二批非物质文化遗产名录。

【忻城县】 忻城县将原来文化体育局与旅游局合并为文化体育旅游局，全县在编人 41 人，其中：公务员 10 人，行政 10 人，专技人员 25 人，工人 6 人；大学 8 人，大专 21 人，中专以下 12 人；35 岁以下 8 人，36 至 50 岁 28 人，51 岁以上 5 人；中级职称 11 人，初级职称 14 人。财政拨款 248 万元。

群众文化丰富多彩。充分利用“三求”文化惠农工程，全年业余文艺队演出 70 多场。其中：第二届农村文艺大展演 29 场，送文化下乡 20 场，节庆演出 26 场，举办文艺骨干培训班 2 期，170 人参训。古蓬镇蓬城文艺队、城关镇芝州艺术团获来宾市第二届农村文艺大展演鼓励奖；大塘镇新时代文艺队获来宾市第二届农村文艺大展演优秀文艺队；城关镇阳光文艺队、城关镇加仁村文艺队获十佳文艺队，忻城县文化馆获优秀组织奖，胡述光、马克惠获十佳明星演员奖，蓝月以、莫玉珊获十佳明星编导奖，黄福强获十佳明星队长奖。

县级支中心于 2010 建成，1 月并对外开放。为城关镇、大塘镇、古蓬镇、安东乡、遂意乡、北更乡、新圩乡文化站配备信息共享工程设备，支助 79 个行政村配发投影机、音箱。完成 35 家书屋书籍书柜配送工作。

文化市场监管惩处并举。出动稽查人员 120 余人次，联合有关部门检查“黑网吧”2 次，查封 2 家，暂扣服务器 1 台，电脑主机 2 台，查缴非法音像制品 120 张，非法书刊 36 册。

积极完成全国第三次文物普查，登记不可移动文物 155 处。其中复查 58 处、新发现 106 处，消失文物 10 处，县文物普查队获广西第三次全国文物普查实地调查阶段先进集体，韦喜雅获全国第三次文物普查实地文物调查阶段先进个人奖。经自治区馆藏文物鉴定 13 件为国家二级文物，96 件为国家三级文物，2010 年 7 月全国土司文化研讨会论文集《土司文化探究》由中央民族大学出版社正式出版。

【合山市】 合山市将原文化和体育局与广电局合并为文化体育广播电视局,全局在编59人,其中:公务员11人,专技人员47人,工人1人;研究生1人,大学11人,大专27人,中专以下20人;35岁以下15人,36至50岁35人,51岁以上9人;中级职称11人,初级职称36人。财政拨款796万元。

开展送文化下乡活动。举办2期文艺培训班800多人参训,组织市歌舞剧团到乡(镇)村演出21场。

群众文化活动精彩纷呈。组队参加来宾市“千团万场”文艺大展演,北泗乡屯山村文艺队,岭南镇里兰村、里仰村文艺队获区文化厅授予优秀村屯文艺队,凌丽英、樊芝益、陆毅坚评为优秀文艺骨干,陈瑞荣被评为优秀文艺辅导员;岭南镇里仰村文艺队获来宾市文新局授予十佳文艺队,谭绍尤获全市十佳编导,陈易娟、何丽花、侯燕萍为十佳演员,岭南镇里 文艺队、北泗乡屯山村文艺队获全市优秀文艺队。

积极完成全国第三次文物普查,有20件列为国家二级文物。

加强文化市场监管。出动车辆25台(次)对文化市场检查,稽查执法人员87(次),检查文化经营户250家次,收缴非法光碟1530张,非法书刊651册,收缴“六合彩”1735份,处罚音像店1家,取缔无证音像、电子游戏摊点各1家,取缔无证书刊摊点2家。

【金秀瑶族自治县】 金秀瑶族自治县原文化和体育局在3月份机构改革后,合并为金秀瑶族自治县文化和体育广播电视局,编制8人,实有9人,超编1人。内设办公室、文化市场办、综合股等3个股(室)。局下属有瑶族艺术团、文化馆、图书馆、博物馆4个事业单位。文化稽查大队有机构、无编制,兼职5人。全县文化系统在编52人。其中:公务员6人,行政人员9人,专业技术人员33人,工人4人。大学12人,大专33人,中专以下7人。35岁以下23人,36至50岁21人,51岁以上8人。副高级职称1人,中级职称5人,初级职称36人。财政拨款256万元。瑶族艺术团组织排练大型瑶族舞《瑶山路》,由《山》《水》《火》《鼓》四场组成,5月22日在首届“全国瑶族高峰论坛”开幕式演出,同时还制作排练一台闭幕式文艺晚会《魅力瑶山》;创作6台群众喜闻乐见文艺节目,送戏下乡22场,组织农村业余文艺队参加来宾市“天天演”20场,举办文艺骨干培训班2期,培训骨干107人,下乡辅导70人次,图书借阅3.5万人次,送科技资料下乡5500册,组织群众、青少年看优秀影片3000多人次,电子阅览读者达12100人次。完成10个乡(镇)73处文物点野外实地普查,征集瑶族生产、生活、服饰、宗教等民族文物300余件,协助六巷乡古陈屯坳瑶生态博物馆拍摄图片100余张。举办文化经营业主法律法规、消防知识培训班2期,培训业主210人,出动文化执法检查车辆15台(次)、出检执法人员49人次检查文化市场175家次。

【兴宾区】 兴宾区将原文化局与体育局合并为文化和体育局,编制14人,在编16人。局属有:文化馆、图书馆、文物管理所、文化市场管理办公室、文化稽查大队、文工团、电影公司,其中:文工团为差补单位,电影公司为自收自支事业单位。在编167人,其中:公务员16人,行政人员12人,专技人员45人,工人94人。大学23人,大专75人,中专以下69人。35岁以下49人,36岁至50岁96人,51岁以上22人。副高级称职1人,中级职称7人,初级职称37人。财政拨款584万元。

结合中心工作,送文化下乡。组织区文工团宣传中央一号文件,分别在全区24乡

(镇)巡回演出170多场，壮族蜂鼓说唱《还乡》参加第三届全国少数民族曲艺展演获三等奖。

节庆文化活动丰富多彩。一是组队参加来宾市第二届农村文艺大展演30场；二是组队开展5·31抗洪救灾慰问演出10场；三是组队参加2010年“天下来宾·红水河民族文化艺术节”活动；四是承办“携手反腐败、你我共参与”的来宾市兴宾区纪念“12·9”国际反腐败日文艺晚会。

全面完成76家农家书屋建设任务，将自治区新闻出版局赠送价值为159.6万元图书分别发送到各农家书屋。

文化市场管理有序。出动130辆车，及350人次对城区及乡(镇)文化市场进行检查，收缴非法出版物6000多册，收缴盗版光盘4530张，关闭违规“地下”电子游戏经营场所3家，收缴销毁各类电子游戏机及主板27台(块)，查处非法“网吧”4家，收缴电脑16台；取缔音像制品店、游商、地摊36家；取缔非法娱乐场所6家。

积极完成第三次全国文物普查第三阶段工作；开展“5·18国际博物馆日”和“非物质文化遗产日”宣传活动。

崇　左　市

全市文化工作综述

2010年，崇左市的文化管理机构，除设文化局外，江州区、凭祥市、天等县、宁明县、大新县、龙州县、扶绥县设文化体育局。市本级设3个科室，下辖市文化市场管理办公室（文化市场稽查支队）、市文物管理局、市演出管理处、市图书馆、市群众艺术馆、市壮族博物馆、市歌舞团7个二层单位。全市拥有市群众艺术馆1所，县级文化馆7所，图书馆6所，文博馆（所）6所，文化站76个。全市76个乡镇均设文化（广播）站，452个行政村设有文化室，有297支业余文艺队。

大力实施文化惠民工程，加快构建公共文化服务体系。以抓好项目建设为中心，不断完善文化基础设施。今年市政府下达给文化系统全社会固定资产投资任务1亿元，完成11761万元，占1亿元任务的117.61%。市级项目主要抓好市壮族博物馆续建、左江斜塔景区项目建设。目前市壮族博物馆主体工程已完成并通过验收（2009年12月完成），全年主要做好外墙装修项目的筹备工作。左江斜塔景点已正式立项，总建设面积为390平方米，项目总投资估算198万元，全年主要进行项目前期工作。县级项目主要抓好文化馆、博物馆建设，维修改造图书馆、文化馆。乡镇项目主要是做好14个乡镇文化站共140万元设施配置工作，这个项目是政府工作报告提出的为民办好10件实事的“继续实施文化惠农工程”重点工作之一，每个乡镇文化站按照10万元的标准给予补助，年内由文化厅组织招标的文化信息资源共享工程设备全部配送到各乡镇文化站，崇左市负责招标的文化活动设备全部下发到有关乡镇文化站。村级项目主要是文化厅下达的444个村级远程教育点的设施配送以及26个村级公共服务中心建设；村级远程教育点设备共189.42万元全部完成配送任务，至2011年2月，26个村级公共服务中心建设项目将全部完成。加强“求乐、求知、求技”文化惠农工程建设。2011年崇左市扶绥县山圩镇综合文化站，天等县龙茗镇综合文化站、江州区新和镇文化站列入自治区乡镇综合文化站规范管理试点站，作为群众“三求”的前沿阵地，注重培养农村文艺人才，并有计划地开展农村文艺汇演、农民篮球赛等各具特色的文体活动，让农民在参与中享受到快乐。年内，试点文化站基层群众共开展各类文体活动、文体赛事100多场次，参与者达2万人次，“三求”工程试点文化站工作收到了实实在在效果。

抓好艺术创作，努力打造文化艺术精品。积极鼓励艺术创作、加强文艺创新。加紧打造以壮族文化、山水文化、红色文化和边关文化为重点的民族特色文化品牌。全市举办的艺术培训中，全年共培训小品58期，戏剧28期，音乐48期，舞蹈89期。艺术创作中，小品有25个，戏剧12个，音乐33首，舞蹈64个。艺术展览中，展出书画作品178幅，摄影作品960幅。全市共举办重大演出399场，观众达32.45万人次。全市艺术作品获得市级大奖18次，区级7次，自治区级获奖作品中有书法一等奖，书法二等奖，美术三等奖，少儿声乐大赛获得三金一银。我市文艺创作

坚持以弘扬民族优秀传统文化，走具有地方特色、民族特色与时代精神相结合的路子，充分挖掘壮族文化资源，努力打造天琴文化品牌。龙州天琴经过7个年头的打造、宣传，成效逐步凸显，在天琴乐曲、服装、舞台设计以及人才队伍等方面有了很大突破。年内，龙州天琴成为第七届中国—东盟博览会国家政要和贵宾礼品。博览会期间，天琴艺术团在各个展区表演节目，进一步提高了天琴文化的知名度。广泛开展文化艺术交流，大力弘扬天琴文化。元旦期间，天琴艺术团赴北京参加中央电视台音乐频道民乐风貌特别节目演出，赴黑龙江牡丹江市参加冰雪艺术节开幕式文艺演出。3月份，天琴女子弹唱组合参加文化部在北京举办的"全国少数民族非物质文化遗产项目调演"活动，7月底至8月初赴上海参加世博会广西文化周演出，赴越南谅山省进行文化交流演出，赴北京参加"八桂风谣——广西非物质文化遗产项目"演出。古老的民间艺术重放异彩，天琴文化已经成为崇左市的一张名片。

积极开展群众文化活动，不断满足群众日益增长的文化需求。根据自治区文化厅关于开展"和谐文化服务行"的指示精神，崇左市全面启动"百团千场"——"和谐文化服务行"群众文化建设年活动。结合"春节""三八节""五一节"等重大节日组织开展形式多样、内容丰富、群众喜闻乐见的各类群众文化艺术活动。积极举办"崇左市第三届迎春狮会大比舞"活动，成功举办"崇左市第二届三月三壮族山歌擂台赛"。继续深入开展市级广场文化活动，协助12个市直单位举办12场市级广场文化活动，观众达4万多人，丰富了广大市民的文化生活。积极推进文化下乡活动，配合市委宣传部，科技、民生、农业、计生等部门深入农村开展文化科技卫生"三下乡"活动，为农民朋友送戏124场，送农业科技资料12.6万份。春节期间，全市举办舞狮活动266场，舞龙111场，专业文艺演出40场，业余文艺演出286场，游园活动140场，观众达109.59万人次，投入活动经费210.284万元，拉动消费468.2万元，丰富了全市广大人民群众文化娱乐生活，增添了节日的喜庆气氛。

大力实施文化遗产保护工程，切实加强文化遗产的保护和利用。收集非物质文化遗产线索，取得非物质遗产第一手资料，编印《崇左市非物质文化遗产普查资料汇编》。召开全市非物质文化遗产保护工作阶段性总结表彰会，表彰崇左市非物质文化遗产保护的先进集体和个人。积极做好市级第二批非物质文化遗产名录项目评审工作，对全市7个县(市、区)推荐申报市级第二批非物质文化遗产名录的20个项目进行评审，确定市第二批市级非物质文化遗产名录19个。做好崇左市申报自治区级第三批非物质文化遗产名录项目申报工作，经过自治区非物质文化遗产保护中心专家审核，《大新县高腔山歌》《民间打榔舞》《壮族拜囊海》《壮族霜降节》《天等指天椒加工技艺》和《左州金山花炮节》入选自治区级第三批非物质文化遗产名录。切实抓好第三次文物普查工作，"三普"成果顺利通过了自治区验收组的验收，圆满完成了普查阶段性任务。1人全市被评为全国"三普"先进个人，两个单位被评为自治区先进集体，6人被评为自治区先进个人。加强执法和文物安全检查工作。积极开展文物安全与执法常规检查，对全市的文博馆所和文保单位进行了大检查，共进行执法巡查107次，安全检查107次，发现隐患2处，责令整改1处，确保了各级文保单位的安全。积极开展文化遗产保护宣传月活动。年内，崇左市组队参加全区文化遗产保护宣传讲解大赛，6名选手在150多名选手中脱颖而出，获得3个二等奖、3个三等奖。完成左江流域考古调查任务。左

江岩画申报世界文化遗产是崇左市乃至自治区的一项重要工作，根据自治区文物局的总体部署，为收集左江岩画的基础资料，在自治区申遗办的领导下，组成了包括自治区考古队专家、南宁市博物馆和崇左市文博系统骨干的考察队，从9月5日开始至9月30日，对宁明县、龙州县、江州区和扶绥县的左江流域进行了考古调查。新发现了2处岩洞葬和13处贝丘遗址，圆满完成了阶段性任务。积极做好文物保护调研和文博资料汇编工作。一是开展我市文物保护与利用的专题调研。8月初，组成文物保护与利用专题调研组到各县(市、区)文博单位进行调研，摸清了我市文物保护与利用的基本情况，形成了调研报告上报市委市政府，为市领导决策提供了强有力的依据。二是为介绍崇左古建精华，展现崇左珍贵遗产，市政协拟编纂《崇左市文物古迹大观》一书，我局积极配合协调各县(市、区)文博单位开展资料收集和整理工作，并具体负责采写市区内部分文物古迹，初稿撰写任务现已基本完成。

加大执法工作力度，规范文化市场的管理。全年认真开展各项文化市场专项整治，加强文化市场的日常监管力度。坚持“一手抓繁荣，一手抓管理”，加大执法力度，提高执法水平，继续深入开展净化社会文化环境活动，坚持“扫黄打非”，抓好整顿和规范文化市场秩序工作，积极联合有关部门，不定时地开展整顿规范工作，净化全市文化市场，促进文化市场健康有序发展。自元月份开始，相继开展了文化市场元旦、春节期间专项检查整治、“护苗行动”校园周边环境整治、暑假网吧市场专项检查整治，“平安世博”保障行动等一系列整治工作，市场专项整治活动主线贯穿于今年的文化市场管理执法工作中，专项整治与日常监管有效结合。年内全市文化执法共出动了10869人次，检查文化经营单位7404家次，其中：检查网吧2688家次、电子游戏经营户974家次、音像摊点1035家次、歌舞娱乐场所563家次，其他2144家次；责令改正162家次、受理举报39件，立案调查63件、移交案件17件、结案56件、警告156家次，会同工商取缔无证经营单位9户，收缴非法出版音像制品7907盒(册)。同时，紧抓安全生产不放松，制定了《崇左市文化局继续深入开展“安全生产年”活动工作方案》，与城区娱乐、网吧业主签订了《安全生产责任状》，明确了双方的职责，将日常执法检查与经营场所安全检查结合进行，严防严控，对不符合要求的场所坚决责令整改并及时书面告知消防部门进行处理，将隐患消灭于萌芽状态。积极建设网络监控平台，提高文化市场监管水平。8月份开展了全市网吧网络监控软件安装技术员培训，年内市直、江州区、扶绥县、宁明县、龙州县、凭祥市已开展网络监管软件网吧终端安装工作，市财政划拨市本级网吧监管平台建设经费14万元。加快推进全市文化市场综合执法改革。根据中央、自治区关于文化市场综合整治改革的统一部署，9月底市文化局拟出了《加快推进全市文化市场综合执法改革实施意见(代拟稿)》，10月报市委宣传部审定。

加强沟通联谊，扩大文化交流合作。为了更好学习和借鉴区外以及国外的文化经验，进一步扩大对外尤其是边境县(市)文化交流合作，经常与越南举办文化联谊活动，有效促进文化交流，增进两国人民传统友谊。应越方邀请，凭祥、宁明、龙州县(市)出访越南各1次，邀请越南艺术团体到崇左市演出7次。制定《崇左市文化建设实施方案》和《崇左市“十二五”文化事业发展规划》。文化旅游建设是崇左市的“四大建设”之一，2010年，崇左市文化局研究制定出《崇左市文化建设实施方案》《崇左市“十二五”文化事业发展规划》。

专业艺术

【艺术团体现状】 崇左市目前市级和各县(市、区)都有一个专业艺术团体,全市共有8个专业艺术团体。除扶绥县文工团为差额拨款性质的事业单位外,其他7专业艺术团体都是全额拨款性质的事业单位。全市艺术团体共有189个事业编制,在编人员共有149人,演员平均年龄34岁。

【组建市歌舞团】 撤地设市后,原南宁地区民族歌舞团已经归属南宁市。此前,崇左市成立7年多以来都没有市级的专业文艺团队,没有自己的队伍和阵地,几年来只能组织县级艺术团参加自治区举办的专业文艺汇演和相关大赛,成绩很不理想。没有自己的文艺团队,不仅使我市文化事业单位出现严重缺位,大大削弱文化行政部门的管理职能,并且还极大制约了舞台艺术精品战略的实施和成效。经过几年的努力,上半年终于获得市委、市政府领导的批准,正式建立了崇左市歌舞团。

【艺术演出和艺术创作】 年内,全市共创作各种声乐作品31个,舞蹈18个,小品8个和其他文艺作品一批。7个县(市、区)专业艺术剧团共演出365场,观众达10万多人次。

【崇左保利迎春晚会】 2月4日,崇左市与广西保利置业公司共同举办"2010崇左·保利迎新晚会",为了保证晚会的成功举办,我市积极配合广西保利置业公司做好相关的工作,协助落实演出场地,协调解决灯光、音响等设备,落实电源和接电等有关工作。由于各方面工作准备充分,整台晚会精彩纷呈,气势恢弘,极大地丰富了人民群众的精神文化生活,得到了群众的好评。

【在京创业者演讲暨汇报演出】 为了鼓励全市干部群众学习在京务工创业人员艰苦创业、勇于拼搏的精神,4月27日晚,由广西驻北京办事处主办,市委、市政府承办的广西在京人士庆"五一"回家乡汇报创业成果(崇左专场)演讲暨文艺晚会在崇左人民会堂举行。北京广西大厦员工黄美兴、天等桂林米粉老板言经海、人民大会堂广西籍服务员胡佳在会上汇报自己的创业史。报告结束后,来自广西大厦的红苗伞艺术团、在京广西籍艺术家,以及天等县艺术团为市民献上精彩的演出。整台晚会弘扬了创业者敢于打拼、艰苦奋斗的自强精神,不等不靠的自立精神,放眼全国、敢于闯荡的开拓精神,互相帮助、共同发展的协作精神,敢于突破、勇于创造的创新精神,回报社会、反哺家乡的奉献精神。

【中越青年大联欢晚会】 2009年正逢中越建交60周年、中越友好年,也是中国—东盟自由贸易区全面建成的第一年。为了隆重开展纪念中越建交60周年暨中越友好年文化活动,巩固和发展我市与越南的传统友好关系,增进友谊,深化文化的交流与合作,8月26日,我市举办中越青年大联欢晚会演出活动。演出内容包括中越歌舞、杂技等节目,重点突出我市本土的艺术特色和越南风土民情,着力渲染青春、友谊、欢乐、向上的热烈气氛。通过举行中越文化艺术团联袂演出活动,不断巩固扩大和两国文化交流工作,全面推进中越文化交流活动向纵深发展,促进中越两国文化和友谊交汇与融合,巩固和发展我市与越南的传统友谊关系。

群众文化

【村级公共服务中心建设】 年内,自治区下达崇左市村级公共服务中心建设任务共26

个。其中:江州区7个,扶绥县1个,凭祥市4个,大新县5个,宁明县4个,龙州县5个。截至2011年春节前,26个建设项目已全部竣工,并投入使用。

【文化信息资源共享工程乡镇服务点和农村党员远程教育服务点建设】 年内,为14个乡镇文化站配置了140万元的文化信息资源共享工程设备和文化活动设备,其中扶绥县4个,宁明县3个,大新县4个,凭祥市1个,江州区2个,初步完成县、乡、村三级文化信息资源共享工程网络建设;为村级服务点444个农村党员远程教育基层服务点配送189.42万元的设备,其中扶绥79个,大新县73个,天等县69个,龙州县58个,宁明县69个,凭祥市21个,江州区75个。

【"三求"工程试点文化站及"社区文化建设"试点工程建设】 年内扶绥县山圩镇综合文化站,天等县龙茗镇综合文化站,江州区新和镇文化站列入自治区乡镇综合文化站规范管理试点站,作为群众"求乐、求知、求技"的前沿阵地,注重培养农村文艺人才,并有计划地开展农村文艺汇演、农民篮球赛等各具特色的文体活动,让农民在参与中享受到快乐。年内,试点文化站基层群众共开展各类文体活动、文体赛事100多场次,参与者达2万人次,"三求"工程试点文化站工作收到了实实在在效果。年内为"社区文化建设"试点工程社区配送了5万元设备,大大调动了群众参与的积极性和主动性。

【和谐文化服务行】 年内,全面启动"和谐文化服务行"群众文化建设年活动,以县(市、区)、社区、乡镇为依托,认真开展辅导、培训工作。一是"走出去"抓常规培训工作,以各县(市、区)文化馆和各乡镇文化站等为主要场所,采取"走出去"的办法切实抓好辅导和培训工作。市级辅导县级,县级辅导各乡镇,层层下派文艺辅导员深入基层,认真开展辅导和培训工作。年内全市共出动文艺骨干250人次,深入农村基层开展文化辅导480次,接受辅导人数近10000人次,辅导编排文艺节目560个。二是采取"请进来"的办法做好培训工作。为提高各个农村文艺队舞蹈、小品、乐器等演出(演奏)水平,要求各县(市、区)文化馆集中各业余文艺队文艺骨干人员进行培训,"请进来",根据实际情况,采取不同形式的培训,让参加培训的学员对日常开展舞蹈、小品、乐器等活动有所提高。

【群众文化活动蓬勃发展】 年内,多次在市行政中心广场开展大家乐广场演出活动,同时,组织市级文艺比赛,如:"三月三"壮族山歌擂台赛、"迎春狮会大比舞"比赛等;各县(市、区)组织"文化下乡"文艺演出,启动"2010年春节文艺下乡演出"以及"计划生育优质服务宣传""普法""防治艾滋病"等宣传活动。各乡镇文化站、文艺队还自导自编各类文艺节目参加演出。据不完全统计,全市全年各级各类演出场次达2100场,演出人次6348人次,观众人次30万人次。

【三月三壮族山歌擂台赛】 4月14日至15日举办首届三月三壮族山歌擂台赛,这次比赛吸引了全市7个县(市、区)50个代表队参加,最后,扶绥县的《哥妹连心共百年》获得专业组一等奖,宁明县的《花山魂》获得词曲创作一等奖;大新县的《阳春三月唱山歌》、扶绥县的《扶绥新貌》获得原生态组一等奖,大新县文体局、扶绥县文体局、宁明县文体局获优秀组织奖。

【文化下乡】 年内,全市组织较大规模文化下乡活动58次,送图书12000余册,送科技资料12.6万份。我局向江州区太平镇文化站赠送了惠农书籍130册,价值2000元。

【加强文化队伍建设】 全市举办了两期乡镇文化站业务人员技能培训班，参加培训对象主要是市内配有全国文化信息资源共享设备的64个乡镇文化站工作人员，培训采取集中授课、互动交流、实践锻炼等方式，学习相关设备理论知识，具体操作及简单故障的处理方法等，深受学员欢迎。培训进一步提高了全市文化站工作人员业务水平，确保乡镇综合文化站各类设备能正常运转。

公共图书馆

【概况】 全市目前有县级以上公共图书馆7个，其中市级1个，县级6个，馆舍总建筑面积11625平方米，藏书总量75.36万册，其中报刊2956192册，缩微制品（视听文献）606件，图书管理员73人。国家文化部命名二级馆2个，三级馆5个。同年5月，市图书馆筹建，馆址设在太平镇中山街，馆舍面积288平方米。原图书馆于1956年8月正式开馆，原名崇左县图书馆。1960年与文化馆合并，至1979年又与文化馆分开独立建制。1984年底筹建新馆舍，至1987年1月新馆落成正式开放。馆舍占地面积5353平方米，建筑面积904平方米。1999年2月筹建图书馆新楼，2001年9月新楼落成，建筑面积2760平方米。2003年8月，撤销原南宁地区设立地级崇左市，同年12月，崇左县图书馆上划归市，改名为“崇左市图书馆”。崇左市图书馆现有馆舍建筑面积3664平方米，设有专用书库、报刊库、综合阅览室、科技阅览室、少儿阅览室、电子阅览室、采编室。藏书量已达120325册，藏书有一定特色，地方文献比较丰富，学科比较齐全，文种多样，全部藏书均采用《中图法》分类，编制有图书目录4套，期刊目录2套。工作人员12人，其中大学本科3人，大学专科3人，中专4人，高中学历2人，有5人获得了中级职称，领导班子成员全部具有中级职称，熟悉图书馆业务，具备计算机操作技能。

【公共文化服务工作】 年内，全市各级图书馆开架图书达20多万册，各种杂志400多种，报纸100多种，接待读者40万人次，全年新增读者流量15%，流通册数提高8万册次。

【图书征订】 图书的征订工作是开展图书馆业务的一项重要内容。年内，市图书馆在购书经费极其有限的情况下，对此项工作做了合理、科学的部署和安排。根据各室负责人、退休老职工和读者的意见，结合馆藏文献实际情况，订购了以政治、时事、新闻、科技等几大类为主的书报刊，确保能最大限度的满足读者的要求，把钱用到实处。每年订阅书报刊达312种。

【开设讲座】 为使读者特别是学生和广大下岗职工得到更多学习机会，今年以来，市图书馆积极联系江州区教育局、江州区社会劳动保障保险所等部门，联合举办了多个知识讲座和电脑培训班，受到了广大群众的欢迎。

【图书宣传】 市图书馆近几年来每年通过请示的方式，争取到市文化局的支持，每年拨给图书活动经费开展图书服务宣传周和农民读书活动，并把重点放在乡镇，将图书送到农民读者的手中，最大限度地满足了农民读者读书难的问题。

文化市场

【概况】 全市有文化市场经营单位552家，其中网吧持证231家，电子游戏室61家，音像制品零售出租203家，KTV60家，从业人员2208人，固定资产原值6820万元，全年营

业总收入12844万元，经营利润总额3895万元，本年应交税金总额2148.6万元，全市文化市场从业人员全年工资总额2617万元，人均年工资1.16万元，经营面积6.3万平方米。

【社会文化环境专项治理】 全面开展净化社会文化环境专项整顿治理活动，规范市场经营行为，清理整顿中小学校园周边违规经营摊点。文化部门以查处网吧、电子游戏室违规接纳未成年人、超时经营、无证经营为工作重点，增加人力物力的投入，加大加强执法频度和力度，部门执法与社会监督相结合，打击文化经营中的不法行为。经整治，低俗不良经营现象被涤荡，社会文化环境改观。全市文化部门先后聘请了182名“五老”(老干部、老专家、老教师、老战士、老劳动模范)为网吧社会监督员。组织召开了128场业主学习会议，与会人员达3779人次。

【文化行政执法稽查活动】 1月至2月，开展元旦、春节寒假期间文化市场专项整治行动。3月至6月召开业主会议贯彻文化部458号文的通知精神，对此后仍违规接纳未成年人的网吧进行了严厉处罚。配合全国、全区开展了促进校园人身安全的“护苗”行动，整治校园周边环境。7月至8月，开展全市暑假文化市场大检查专项活动，预防放假期间网吧违规接纳未成年人的现象反弹。在“扫黄打非”专项行动中对全市网吧、音像市场进行不定期检查，加强对“民国无双”等互联网和手机网站传播非法信息的打击，经检查全市没有非法网站出现，网吧没有发现色情淫秽内容。9月份根据文化厅部署开展了各辖区网吧经营户网络监管软件安装技术员培训，同时根据桂文办发129号文组织开展全市各县(市、区)文化执法工作交叉检查活动，并进行执法卷宗评比；全市分两组互相检查依法行政落实情况和市场监管及其经营秩序。9月18日，开展全市国庆节前的文化经营单位生产场所安全大排查；9月27日召开城区娱乐场所经营业主会议，贯彻有关安全生产文件精神，强调安全生产的重要性，增强业主的安全主体责任意识，要求完善娱乐场所安全生产必须具备的具体安全条件，并给与会人员印发了《关于加强中秋、国庆期间经营场所安全生产工作的建议书》。在亚运期间开展迎亚运“扫黄打非”专项行动，加强对全市文化市场传播不良信息情况进行全面排查。10月份，开展了国庆节和中国东盟博览会等“两会一节”的安全生产大检查，对文化娱乐人员密集场所进行逐户安全隐患检查。11月至12月，配合市政府开展各辖区娱乐场所消防联合检查，重点检查经营场所的应急机制、设备配置是否完善。

【年度全市文化行政执法检查】 据统计，今年全市文化执法共出动了20210人次，检查文化经营单位13461家次，(其中检查演出市场23场次，网吧6945家次，电子游戏经营户1752家次，音像摊点2051家次，歌舞娱乐场所1263家次)；责令改正668家次，受理举报处理58件，立案调查87件，移交案件17件，结案57件，警告188家次，停业整顿8家次，会同工商取缔无证经营单位21户，收缴非法出版音像制品10835盒(册)。

【文化市场综合执法改革】 年内，我市针对文化市场综合执法改革召开了两次专题会议，研究文化市场综合执法机构建设的有关问题。市政府办、市委宣传部、市编办、市文化局、广电局、新闻出版局、法制办等有关负责同志参加会议。会议讨论研究了市、县两级文化市场综合执法机构的职责、级别、编制数、性质、经费来源、装备保障等问题；明确了按照中宣发〔2009〕25号和桂宣发68号文件

精神，新组建了文化市场综合执法机构。市、县（市、区）文化行政部门管理，市本级综合执法机构为副处级，县（市、区）为副科级，执法人员参照公务员管理。由市委宣传部牵头，市文化局具体负责全市文化市场综合执法工作。根据会议精神，市文化局对《关于加快推进全市文化市场综合执法改革的实施意见》（以下简称《实施意见》）作再次修改完善，报市委宣传部审核后，将《实施意见》发到市编办、市广电局和市新闻出版局征求意见。

文物遗产

【文物博物事业概况】 全市有文博事业机构9个，其中市级文物管理局1个，市级博物馆1个，县级博物馆（纪念馆）4个，县级文物管理所3个。管理文物保护单位179个，其中全国重点文物保护单位3个，自治区文物保护单位19个，市级50个，县级107个。全市各级博物馆、纪念馆和文物管理机构共收藏文物2560件，其中珍贵文物652件（一级文物3件，二级22件，三级627件）。

【文物保护】 年内，国家重点文物保护单位花山岩画抢救性加固工程继续实施，资金来自中央补助850万元，维修面积500平方米。由自治区文物局补助35万元的扶绥县文物保护单位中山纪念堂修缮工程竣工，维修面积223平方米。

【馆所建设】 总投资6000万元，建筑面积12000平方米的市壮族博物馆完成主体工程建设，正式设立机构，开始调入人员；天等县博物馆建成开馆，县财政投入600万元，建设面积1200平方米。

【第三次全国文物普查】 截至年底，崇左市第三次全国文物普查共普查登记不可移动文物709处，其中新发现289处，复查420处（含登记消失文物点35处）。在国家和自治区先后开展的第三次文物普查表彰活动中，崇左市1人被评为全国突出贡献个人奖；2个普查队获得自治区先进集体奖，6人获得自治区先进个人奖。

【文物征集】 市壮族博物馆继续开展文物征集活动，市文物局征集文物12件，天等县博物馆征集文物312件。

广西文化年鉴

文化政策法规

广西壮族自治区国民经济和社会发展"十二五"规划纲要

（节选）

广西壮族自治区国民经济和社会发展第十二个五年（2011—2015 年）规划纲要根据《中共广西壮族自治区委员会关于制定国民经济和社会发展第十二个五年规划的建议》编制，对"十二五"时期科学发展和加快转变经济发展方式，推进"富民强桂"新跨越作出重大部署，是全区各族人民共同的行动纲领。

第一章　开创"富民强桂"新局面

"十二五"时期是我区科学发展、和谐发展、跨越发展，加快"富民强桂"的关键时期，是深化改革开放、加快转变经济发展方式的攻坚时期，必须适应新形势，抢抓新机遇，完成新使命，实现新跨越。

第一节　"十一五"时期经济社会发展跃上新台阶

——文化软实力实现大提升。城乡社区基本公共文化服务体系建立完善。广西民族博物馆、广西科技馆、广西体育中心主体育场等标志性工程建成使用，广西城市规划展示馆、广西美术馆、广西铜鼓馆等重大文化项目开工建设。文化惠民工程硕果累累，广播、电视人口覆盖率分别达到 95%、97%。广播影视数字化取得突破，在全国率先完成城市有线电视数字化整体转换。南宁国际民歌艺术节、《印象·刘三姐》等一批彰显广西民族气派的优秀文化品牌享誉中外，一批优秀文学作品、舞台艺术精品剧目和广播影视剧获国内外大奖，漓江画派在国内美术界独树一帜。建成一批文化名城名镇名街名村。文物和非物质文化遗产得到保护传承。少数民族传统体育活动深入开展，竞技体育屡创佳绩。出版和报业实力居西部地区前列。组建一批文化产业集团，打造一批重点文化产业基地。以东盟为重点的国际文化交流不断扩大。

……

第十四章　促进文化大发展大繁荣

坚持社会主义先进文化前进方向，弘扬中华文化，建设和谐文化，发展文化事业和文化产业，提升文化软实力，满足人民群众不断增长的精神文化需求，构建具有时代特征、壮乡风格、和谐兼容的民族文化强区。

第一节 提高全区各族人民文明素质

加强社会主义核心价值体系建设，广泛开展爱国主义教育和中国特色社会主义理想信念教育，倡导爱国守法和敬业诚信，形成各族人民奋发向上的强大精神力量。深入推进社会公德、职业道德、家庭美德、个人品德建设，加强学习和宣传道德模范，深化拓展群众性精神文明创建活动，不断推进“和谐建设在基层”活动，广泛开展志愿服务。弘扬科学精神，加强人文关怀，注重心理疏导，培育奋发进取、理性平和、开放包容的社会心态。提倡修身律己、尊老爱幼、勤勉做事、平实做人，推动形成我为人人、人人为我的社会风尚，倡导能帮就帮的助人为乐精神。净化社会文化环境，加强未成年人校外活动阵地建设，高度重视未成年人思想道德建设和大学生思想政治教育。坚持正确导向，营造积极健康的思想舆论环境，引导人们知荣辱、讲正气、尽义务，形成扶正祛邪、惩恶扬善的社会风气。

第二节 大力推动文化创新

适应群众文化需求新变化新要求，弘扬主旋律，提倡多样化，使精神文化产品和社会文化生活更加丰富多彩。实施文化精品战略，提高文化产品质量，深入挖掘优秀民族文化资源，推动文化与时俱进，创作生产更多体现民族特色、反映时代精神、艺术水准精湛、群众喜闻乐见的文化精品。繁荣发展哲学社会科学，推进学科体系、学术观点、科研方法创新。加强对东盟发展研究。运用高新技术创新传统文化生产方式，发展数字文化、网络文化等新兴文化业态，推进公共文化信息服务便捷化，加快构建传输快捷、覆盖广泛的文化传播体系，扩大优秀精品文化的社会影响。推动文化体制机制改革与创新，深化公益性文化事业单位改革，创新公共文化服务运行机制。加快经营性文化单位转企改制，建立健全法人治理结构，推动文化企业股份制改造和上市融资。深化文化管理体制改革。完善国有文化资产管理体制。

第三节 繁荣发展文化事业

坚持政府主导、社会参与、公共文化服务普遍均等的原则，以城乡基层为重点，加快实施文化惠民工程，加强基层文化队伍建设，基本建成公共文化服务体系。重点支持革命老区、少数民族聚居区、边境地区、贫困地区文化服务网络建设。完善城市社区文化设施，促进基层文化资源整合和综合利用，广泛开展群众性文化活动，丰富群众文化生活。加强重要新闻媒体建设，重视互联网等新兴媒体建设、运用和管理，提高传播能力，扩大广播影视覆盖范围。加强保护利用桂林、柳州、北海国家历史文化名城和名镇名村文化遗产及自然遗产，积极申报左江岩画世界文化遗产，实施百家博物馆建设工程，加强古籍整理保护，重视档案馆基础设施建设。实施重振体育雄风计划，加强公共体育场地设施建设，促进群众体育、竞技体育和体育产业协调发展。

第四节 加快发展文化产业

推动文化产业培育成为千亿元产业，增强文化产业整体实力和竞争力。实施重大文化产业项目带动战略，做大做强广电网络、电影院线、影视制作、出版发行、印刷复制、文化创意、演艺娱乐、动漫游戏、文化会展、工艺美术、文物博物馆等文化产业，推动文化产业与旅游业、商贸业、高新技术产业融合发展。加快培育大型文化企业和战略投资者，建设广西文化产业城、体育城等基地，发展区域性特色文化产业群，促进文化产业规模化、集约化、专业化。繁荣文化市场，扩大文化消费，

打造城市文化消费集聚区，加强文化市场监管。培育发展体育产业，开发休闲健身体育、体育竞赛和表演市场。加强以东盟各国为重点的国际文化交流合作。到2015年，力争文化产业增加值占地区生产总值比重5%以上，推动文化产业成为国民经济支柱性产业。

专栏24:文化建设

文化惠民工程：重点实施广播电视村村通、文化信息资源共享、广播影视少数民族语言译制及播出工程、乡镇综合文化站、职工书屋、农家书屋、社区书屋、农村电影数字放映、文化致富、公共体育设施，及边疆少数民族地区新闻出版东风工程等。

文化产业：重点建设广西电视台新传媒中心、中国—东盟文化产品物流园区、中国—东盟文化产业人才培养基地、中国—东盟国家数字出版基地、广西美术馆、广西铜鼓博物馆、广西城市规划展示馆、广西文化产业城、广西体育中心二三期、广西文化艺术中心、广西刘三姐演艺城、工人文化宫、柳州文化产业园、桂林演艺之都、钦州坭兴陶文化园、百色红色文化产业园、梧州文化产业园、城市数字电影院改造、市县级国家综合档案馆、中国—东盟创意印刷园区、桂林动漫基地、北海(竹林)文化创意产业城等工程。

文化遗产保护：重点建设广西自然博物馆、广西博物馆改造、市县级博物馆、广西非物质文化遗产传承展示中心、广西民族文献中心，实施宁明花山岩画、连城要塞遗址及友谊关、北海老街等重点文物保护工程，建设国家考古遗址公园桂林靖江王府及甑皮岩遗址、贵港南江古码头遗址、贺州临贺古城、合浦汉文化主题公园、北海大埌海上丝绸之路始发港遗址博物馆等。

广西壮族自治区人民政府关于加快文化产业发展的实施意见

桂政发〔2010〕63号

各市、县人民政府，自治区农垦局，自治区人民政府各组成部门、各直属机构：

为贯彻落实《中共广西壮族自治区委员会 广西壮族自治区人民政府关于进一步加快服务业发展的决定》(桂发〔2010〕34号)，进一步加快广西文化产业发展，结合我区实际，现提出如下实施意见。

一、总体要求和发展目标

(一)总体要求。以邓小平理论、“三个代表”重要思想和党的十七大精神为指导，全面贯彻落实科学发展观，围绕打造千亿元产业的目标，以文化企业为主体，以深化改革为动力，以科技进步为手段，以政策法规为保障，政府引导，市场运作，科学规划，合理布局，实施重大文化产业项目和大企业、大集团带动战略。加快文化产业园区、基地和区域性特色文化产业集群建设，培育文化产业骨干企业和战略投资者，积极采用高新技术创新文化生产方式，培育新兴文化业态，加快推进文化产业集约化、专业化、规模化发展，使我区文化产业总体实力达到全国中上水平。

(二)发展目标。形成拥有比较优势的主导文化产业集群，发展一批具有较强实力和竞争力的骨干企业和企业集团，培育一批知名文化产业品牌，建立一批具有地域优势的文化产业园区和基地，形成地域特色鲜明、产业优势明显、发展重点突出、总体实力不断增强的文化产业发展新局面。到2015年，文化产业增加值达到1000亿元，占全区GDP的比重达到5%，成为我区国民经济和现代服务业中新的支柱产业。

二、主要任务

(三)发展重点文化产业。加大扶持力度，完善产业政策体系，重点发展文化旅游、文化创意、广告、文化会展、演艺娱乐、工艺美术、数字内容、影视制作、出版发行、印刷复制、动漫游戏、体育健身、休闲养生等产业。文化旅游业要促进文化和旅游的融合，重点开发特色鲜明、效益显著的文化旅游产品，打造文化旅游系列活动品牌，推出高品质旅游演艺产品，培育文化旅游精品线路。文化创意业要着重发展创意设计、文化科技、音乐制作、艺术创作等企业，拉动相关服务业和制造业的发展。广告业要提高规模化、专业化水平，积极促进网络游戏广告、移动电视广告、手机短信广告等新型广告媒体的发展，建立全方位、多门类的广告媒介体系。文化会展业要加强文化会展场馆设施建设，培育品牌文化会展，积极承办国际性、全国性重大会议、展览和赛事。演艺娱乐业要加快文艺院团转企改制和资源重组，加快形成演艺集团，完善演艺娱乐基础设施，培育消费市场，创作面向市场的演艺精品，加强演出网络建设。工艺美术业要壮大工艺美术品特色产业基地，建设工艺美术品特色产业园区，加强工艺美术品专业村规划建设，扶持龙头企业、重点项目和品牌产品。数字内容业要鼓励扶持对舞台剧目、音乐、美术、文化遗产和文献资源进行数字化转化和开发，充分运用数字技术传播文化产品，为便携显示终端提供内容。影视产业要重点推动城市院线电影院建设，加快实现广播影视数字化网络化，提升电影、电视剧和电视节目的生产能力，扩大影视制作、译制、发行、播映和后产品开发。出版发行业要积极构建数字出版平台，加快从主要依赖传统纸介质出版物向多种介质形态出版物的数字出版产业转型，积极开展跨地区、跨行业、跨所有制经营，培育大型出版、发行、报业集团。印刷复制业要发展高新技术印刷、特色印刷，建设中国—东盟创意印刷园和南宁、桂林、玉林、柳州文化印刷工业园。动漫游戏业要重点加强南宁、桂林、柳州、北海动漫基地建设，加强原创动漫游戏和衍生品开发，着力培育精品，创建品牌。体育健身业要重点发展野外运动和滨海运动项目，支持一批大型体育赛事成长为国际性体育旅游品牌。休闲养生业要重点开发温泉康体养生、森林氧吧康复和民族医药等休闲养生服务项目，抓好巴马、东兴等长寿文化生态休闲养生区项目建设。

（四）培育壮大骨干文化企业。实施大集团带动大产业发展战略，以培育一批销售收入过1亿、10亿、50亿、100亿元的文化企业为目标，在广电、出版、发行、演艺、娱乐、网络文化等领域着力发展大型骨干文化企业。组建广西电影集团、广西演艺集团、广西文物资源保护与开发集团、广西报业印刷集团、广西书刊印刷集团、广西党刊集团等企业集团。继续发展壮大广西广播电视信息网络股份有限公司、广西日报传媒集团有限公司、广西出版传媒集团有限公司、广西师范大学出版社集团、广西新华书店集团有限公司和广西正泰包装印刷集团等骨干企业。鼓励实力较强的企业集团，以资本为纽带，实行跨地区、跨行业和跨媒体兼并重组，使之成为在全国具有较强竞争力和影响力的大型文化企业集团。鼓励和引导有条件的文化企业面向资本市场融资。同时，坚持集团化、专业化与多元化并举，支持中小文化企业向“专、精、特、新”方向发展，形成富有活力的文化企业群。

（五）推进实施重大文化产业项目。实施重大项目带动战略，以文化企业为主体，强化政策扶持，加大招商引资力度，加快建设一批具有重大示范效应和产业拉动作用的重大文化产业项目。建立文化产业项目管理推动的长效机制，扶持发展广西文化产业城、中国—东盟文化产品（出版物）物流园区、广西广影灵山影视动漫摄制基地等首批70多个重大项目。选择一批起点高、前景好、具备实施条件的重大项目给予重点支持。

（六）打造特色文化产业品牌。实施广西文化品牌打造工程，深入挖掘和开发利用全区丰富的文化资源，围绕重点文化产业，打造优势突出、特色鲜明、结构合理的文化产业品牌体系。打造一批具有较高知名度、美誉度的文化产品品牌、文化企业品牌、特色文化产业品牌、区域文化产业品牌和新兴文化产业品牌。充分挖掘广西民族文化、红色文化、生态文化、海洋文化、和谐文化等文化资源，突出产业化发展导向，打造一批区域文化产业品牌。

（七）加快文化产业园区和基地建设。加强对文化产业园区和基地布局的统筹规划，坚持标准，突出特色，提高水平，促进各种资源合理配置和产业分工。规划建设广西文化产业城等一批文化创意、影视制作、出版发行、印刷复制、文化旅游、美术工艺、演艺娱乐和动漫等产业园区，加快发展集聚一定数量文化企业、具有地域和民族特色的文化产业集群。进一步做大做强我区的国家和自治区

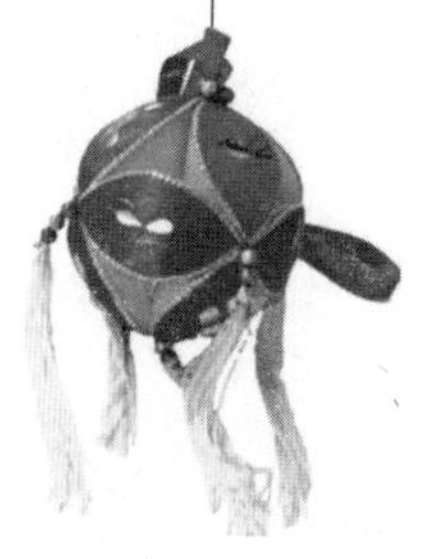

文化产业示范基地。对符合规划的产业园区和基地,在基础设施建设、土地使用等方面给予支持。

(八)积极发展新兴文化业态。支持发展基于广电网络的互动多媒体广播电视、CMMB移动多媒体广播电视、网络广播电视、手机电视、IP电视、高清电视、3D电视、公共视听载体等新兴媒体业务,鼓励开发移动文化信息服务、数字娱乐产品等增值业务。加快广播电视传播覆盖和电影放映数字化进程,积极推进下一代广播电视网建设。加快推进电信网、广播电视网和互联网三网融合,促进互联互通,资源共享。大力发展数字出版产业,积极采用数字、网络等高新技术推进传统出版业转型升级,促进电子图书、数字报刊、网络文学、手机出版物等数字出版新型业态发展。加大印刷业技术改造力度,加快技术设备更新。以信息技术、数字技术应用为核心,提高出版物发行业各环节科技应用水平。加快重点动漫基地发展,发挥辐射带动作用,形成动漫产业集群。加快传统文化产业改造和升级,在音乐、影视、演艺等方面加快关键技术设备的改造更新和核心技术研发。积极发展与数字创意相关的网络游戏、在线娱乐、电脑特技、软件设计、数字节目制作、户外新媒体等新兴业态。

(九)建设现代文化市场体系。加强文化产品市场渠道建设。发展文艺演出院线,推动主要城市演出场所连锁经营。支持全区文化票务网络建设。全面推进广播电视乡镇网络整合,构建自治区、市、县、乡、村五级联网、全程贯通的有线广播电视网络格局。推进电影院线、数字电影院线的跨地区整合以及数字影院的建设和改造。加快建设覆盖城乡的全区出版物发行网络体系。规划建设若干个全国性和区域性的影视和演艺节目、书报刊和电子出版物、音像制品、工艺美术品等交易市场;积极发展文化电子商务,开发以网络和移动媒体为载体的新兴文化市场。大力发展文化生产要素市场,重点培育文化人才市场、金融市场、产权市场和版权交易市场,发展文化市场经纪、代理、评估、鉴定、拍卖等中介机构和行业组织。加快建设和完善各类文化协会和文化商会,发挥其在文化产业发展中的积极作用。加强文化市场监管,加大知识产权保护力度,理顺文化市场综合执法体制,建立统一、开放、竞争、有序的现代文化市场体系。

(十)培育扩大文化消费。适应城乡居民消费结构的新变化、新需求,创新文化产品和服务,优化文化消费意识,培育新的消费热点。加强原创性作品的生产开发,推出一批具有较强吸引力的文化产品。努力降低成本,提供价格合理、丰富多样的精神文化产品和服务。在教育、培训、健身、旅游、休闲等服务业中增加文化内涵,提升文化教育、文化培训、文化体育、文化旅游、数字影视、健身休闲等服务性消费水平。加快培育城市社区、农村文化消费市场,扩大文化消费市场和领域。通过“艺术节”、“文化周”、“文化年”、“电影周”、“全民读书节”等多种形式,大力推进各种惠民性文化活动,倡导和促进演艺消费、影视消费、图书消费、书画消费、旅游消费、文物复制仿制消费等。以每年举办的艺术节或重大活动为契机,加强南宁、柳州、桂林、北海等中心城市文化建设,活跃基层文化生活,打造中心城市文化集聚区。

(十一)扩大对外文化产品和服务贸易。支持文化企业研发外向型文化产品,通过国际合作、委托代理、发展出口基地和境外直接投资等多种形式,积极参与国际文化市场竞争。依托中国—东盟博览会和中国—东盟商务与投资峰会,办好中国—东盟文化产业论坛、电视交流论坛、文化产业展览、电影展映、

东盟中国图书展销会暨版权贸易洽谈会等活动，建设中国—东盟文化交流培训中心、中国—东盟文化产业（传媒）人才培养基地，搭建交流合作平台，扩大与东盟的文化交往与投资贸易，使我区成为中国—东盟文化产业交流合作中心。大力扶持具有国际竞争力的外向型文化企业，支持扩大广西电台北部湾之声、广西卫视、广西电视台国际频道在东盟国家的覆盖和合作，支持文化企业参加境外艺术节、图书展、影视展等国际文化活动和展会，支持开展境外舞台艺术精品演出、非物质文化遗产展示等活动，鼓励广西实景演艺团队走出去，拓展我区文化产品和服务贸易出口。

三、政策措施

（十二）加强组织领导。各级政府要将加快文化产业发展列入重要议事日程，把《意见》提出的目标任务纳入当地经济社会发展总体规划，建立相关考核、评价和责任制度；将文化产业发展纳入科学发展考核体系，作为评价发展水平、衡量发展质量和领导干部实绩的重要内容。加强自治区文化体制改革和文化产业发展工作领导小组对全区文化产业发展工作的领导。建立文化产业发展联席会议制度，及时协调解决文化产业发展遇到的重点难点问题。将文化产业统计纳入政府常规统计工作，加强部门全社会全行业统计。

（十三）深化文化体制改革。抓住国有经营性文化单位转企改制这一中心环节，按照现代企业制度要求，实行规范的公司制改革，完善法人治理结构，建立多元化投融资体系，培育文化市场主体。抓好报刊业“两分开”的改革和广播电视节目制播分离改革。积极推进文化行政管理体制改革，促进政府职能转变，建立统一高效的文化市场综合执法机构，加强文化领域综合治理，为文化产业发展营造良好的环境。

（十四）发挥财政资金引导作用。设立自治区文化产业发展专项资金，采取项目补助、贴息、奖励等方式重点扶持文化产业龙头企业、重点文化产业基地、重点文化产业园区、重大文化产业工程、具有示范性或导向性的文化产品生产和文化服务项目及国有文化企业改制等。积极争取国家文化产业发展等专项资金的支持。各级政府要加大对文化产业投入的力度，有条件的市、县（市、区）要设立文化产业发展专项资金，充分发挥财政资金的引导和带动作用。

（十五）发挥税收政策促进作用。认真贯彻执行国家对文化体制改革和支持文化产业发展出台的各项税收优惠政策，加大税收政策宣传力度，优化纳税服务，提高办事效率，加强税收执法监督，为推动文化体制改革和支持文化产业发展营造良好的税收环境。

（十六）鼓励非公有资本进入文化产业。切实贯彻落实国家关于非公有资本、外资进入文化产业的有关规定，根据文化产业不同类别，通过独资、合资、合作等多种途径，积极吸收社会资本和外资进入政策允许的文化产业领域，参与国有文化企业的股份制改造，形成以公有制为主体、多种所有制共同发展的文化产 业格局。

（十七）建立健全文化产业投融资体系。组建广西文化产业投资集团有限公司，对重点文化产业项目建设和大型骨干文化企业上市等给予重点支持。建立文化产业投融资体制机制，研究制订著作权、版权、专利权、商标权、文化品牌等无形资产的评估和质押办法。建立文化企业信用评价指标体系，鼓励金融机构适时开展知识产权权利质押业务试点。鼓励文化企业通过银行贷款、发行企业债券等方式，投资开发战略性、先导性文化产业项目。采取担保业务风险补偿和担保资金支持

的方式，鼓励担保机构为文化企业提供融资担保。加大对文化企业的贷款支持，对符合信贷条件的文化企业给予利率优惠，并积极拓展适合文化产业发展特点的贷款融资方式和相关保险服务。

（十八）落实土地优惠政策。鼓励单位和个人利用自有土地建设文化产业项目。对列入国家和自治区重点规划且符合建设条件的文化产业项目，涉及新增用地的，优先安排土地。凡符合《划拨用地目录》规定的文化产业项目，经县级以上人民政府批准，可以划拨方式供地。鼓励文化企业以短期租赁方式使用土地，鼓励文化企业租用现有物业从事文化产业经营。公益性文化设施建设和相关配套设施项目的行政事业性收费，按照规定程序批准后进行减免。

（十九）加强文化产业人才队伍建设。制定和实施文化产业人才教育培训计划，建立多层次、多渠道的文化产业人才培训体系。充分发挥高等院校、科研院所和各类教育机构的作用，引导和支持高等院校设立文化产业专业院系，打造优势学科，培养文化产业人才。鼓励高等院校与文化企业创立文化产业人才培养、研发基地，大力培养引进优秀文化产业创新人才。设立自治区级荣誉制度，表彰有突出贡献的文化产业工作者。允许文化企业对有突出贡献的优秀人才以股权、期权等形式进行鼓励。

广西壮族自治区人民政府
二〇一〇年十二月十九日

广西壮族自治区人民政府关于建设百家博物馆的意见

桂政发〔2010〕73号

各市、县人民政府，自治区农垦局，自治区人民政府各组成部门、各直属机构：

为贯彻落实《中共广西壮族自治区党委广西壮族自治区人民政府关于加快推进我区城镇化跨越发展的决定》（桂发〔2010〕33号），进一步加快我区博物馆建设，不断完善公共文化服务体系，满足人民群众日益增长的文化需求，现就建设百家博物馆提出如下意见。

一、重要意义

（一）建设百家博物馆是逐步完善公共文化服务体系，满足人民群众日益增长的文化需求的需要。改革开放以来，我区博物馆建设取得了长足发展，但与丰富的自然、历史、人文资源和民族文化资源还不相称，还不能满足人民群众日益增长的文化需求。建设百家博物馆有助于促进公共文化服务体系建设，有助于促进城镇化发展、提高城市软实力、带动文化旅游、不断满足人民群众日益增长的精神文化需求。

（二）建设百家博物馆是弘扬产业行业文化，为产业行业更好更快发展服务的需要。鼓励和引导历史悠久、业绩突出、实力较强的行业、企业、社会组织等建设博物馆，有助于挖掘保存产业行业发展历史，保护发展产业行业文化遗产，传承弘扬产业行业文化；有助于提升产业行业形象和影响，增强自身发展能力，提升自身发展质量，为产业行业今后更好更快发展提供服务。

（三）建设百家博物馆是鼓励和引导社会力量和民间资本进入博物馆建设领域，促进经济社会发展的需要。破解体制机制障碍，利用市场办法鼓励和引导社会力量和民间资本参与建设博物馆，有助于贯彻落实国家和自治区关于鼓励和引导民间投资健康发展，促进博物馆发展的政策措施；有助于拓宽博物馆投资渠道，增强博物馆发展活力；有助于扩大投资，拉动内需，促进地方经济发展，转变经济发展方式，扩大社会就业，增加居民收入，促进社会和谐稳定。

二、总体要求和目标

（一）总体要求。以邓小平理论和“三个代表”重要思想为指导，深入贯彻落实科学发展观，坚持“政府引导、市场运作、民间资本进入、社会参与、惠及全民”的原则，充分发掘利用我区丰富的自然、历史、人文资源和民族文化资源、行业产业资源，鼓励和引导行业、企业、社会组织和个人，主要依靠市场的办法建设行业博物馆、国有企业博物馆、民办博物馆，满足广大人民群众日益增长的文化需求。

（二）工作目标。在今后的5年，调动行业、企业、社会组织和个人建设博物馆的积极性，利用市场的办法建设行业博物馆、国有企业博物馆、民办博物馆，力争在全区新建、改扩建100家左右博物馆，提升博物馆现代化、专业化、社会化水平。

三、建设类别

（一）行业博物馆。行业博物馆是从事本行业相关文物、标本收藏、保护、研究和展示并向公众开放的非营利性社会服务机构，是行业文化的载体，是展示行业历史和业绩的窗口，也是行业履行社会服务职责、传播科学知识的途径，对保护行业文化遗产，树立行业形象和品牌，提升行业和城市的影响有重要作用。各级政府要鼓励和引导各行业主管部门和单位利用自有土地、房产、资金，以及文物、标本、资料依法申请建立博物馆（纪念馆、陈列馆）。有条件的行业和单位，可以申请博物馆建设用地新建、改扩建行业博物馆。

（二）国有企业博物馆。国有企业博物馆是从事本企业相关文物、标本收藏、保护、研究和展示并向公众开放的非营利性社会服务机构，是企业文化的载体，是展示企业历史和业绩的窗口，也是企业履行社会服务职责、传播科学知识的途径，对保护企业文化遗产，树立企业形象和品牌，促进企业可持续发展，提升企业和城市的影响有重要作用。各级政府要鼓励和引导国有企业利用自有土地、房产、资金，以及文物、标本、资料依法申请建立博物馆（纪念馆、陈列馆）。有条件的国有企业，可以申请博物馆建设用地新建、改扩建企业博物馆。

（三）民办博物馆。民办博物馆是以教育、研究、欣赏为目的，由民营企业、社会组织和个人利用非国有文物、标本、资料等资产，依法设立并取得法人资格，向公众开放的非营利性社会服务机构，对满足人民群众不断增长的文化需求有重要作用。各级政府要鼓励和引导民营企业、社会组织和个人利用自有土地、房产、资金，以及文物、标本、资料，依法申请建立博物馆（纪念馆、陈列馆），有条件的可以申请博物馆建设用地新建、改扩建博物馆。

四、政策措施

（一）规范博物馆准入条件。举办博物馆需具备申请设立博物馆所需的基本条件。新办博物馆的，由申请人向项目所在地文化行政主管部门提出书面申请，经项目所在地文化行政主管部门逐级上报自治区文化厅审核同意。其中，属于国有企业、行业博物馆的，由其主管部门同意后报文化部门审核；涉及事业单位机构编制事项的，报文化部门审核后，按照机构编制审批权限和程序专题报批；属于民办博物馆的，经文化部门审核同意后，申请人报民政行政主管部门进行民办非企业单位法人登记。根据广西实际，适当放宽博物馆设立条件中有关馆址面积、办馆资金、藏品标本、专业管理人员等方面的数量标准，具体准入条件，由自治区文化行政主管部门制定。

（二）保障博物馆建设用地。鼓励单位和个人利用自有土地、房产建设博物馆。各级政府可协调有关部门和单位利用经济结构、产业布局调整闲置的土地、房产支持场馆建设。在旅游园区和文化产业园区内，在符合城镇规划布局、土地用途的前提下，可以建设博物馆。对新建改扩建博物馆，凡符合《划拨用地目录》规定的非营利性博物馆建设用地，经县级以上人民政府批准，可以划拨方式供地。博物馆建设必须贯彻节约集约用地的原则，严格履行《博物馆建设用地标准》的规定。严禁改变博物馆用地的土地用途，不得以划拨土地使用权抵押。民办博物馆因故终止的，其土地由国家依法收回后继续作为博物馆建设用地。

（三）多渠道筹措博物馆建设资金。

1. 国有企业博物馆、民办博物馆建馆资金和日常运转经费由举办的企业、社会组织和个人自筹解决。各级政府可协调金融机构为符合银行贷款条件的国有企业博物馆、民办博物馆建设项目提供贷款。

2. 对经批准立项建设的行业博物馆，其建设资金和机构运作经费按照属地管理原则由各级政府统筹安排。各级政府可根据本级政府财力实际，通过代建公司组织建设、"BT"(建设一移交)项目公司融资建设、与银行及投资担保公司、风险投资公司等多种合作方式，多渠道筹措建设资金。

3. 允许现有行业博物馆(纪念馆、陈列馆)利用政府划拨土地或自有土地、房产等，与社会力量和民间资本合作新建、改扩建博物馆馆舍和配套服务设施，根据合作投资方投资数额将合作建成的部分馆舍、配套服务设施交合作投资方在双方商定的合作年限和经营范围内经营，使合作投资方取得合理回报。提供合作投资方经营的馆舍面积不能超过合作建成馆舍总建筑面积的35%。

4. 允许县级以上人民政府采取公建民营的形式，在保证文物和藏品安全的前提下，通过签订合作协议方式将国有建筑类、遗址类博物馆与社会力量和民间资本合作建设经营管理。合作年限、收益分配、文物保护等事项由县级以上人民政府确定。其中涉及重点文物保护单位的，根据文物保护单位级别需经上一级文化(文物)行政部门同意后报核定该文物保护单位的人民政府批准。

5. 拓宽渠道积极支持博物馆发展。根据公平、择优的原则，可通过项目公开招标和政府购买服务的方式，支持博物馆参与公共文化服务体系和国民教育体系建设。鼓励企业、社会团体以及个人等社会力量通过合法形式向博物馆捐赠财物。对捐赠额度大、带动力强、受益范围广的单位和个人，可给予表彰和独立展馆冠名。支持博物馆依托藏品、展览研发推广博物馆文化产品。对于社会服务功能发挥优越、成绩突出的博物馆，可按规定命名为爱国主义教育基地、青少年教育基地，推荐参与国家和自治区组织的博物馆评估定级。

6. 实施税收优惠政策。各级政府要严格按照中央和自治区有关法律法规的相关规定，对符合现行税收优惠政策条件的博物馆给予享受有关税收优惠。

五、组织保障

(一)加强组织领导。各级政府要充分认识建设百家博物馆的重要意义，积极调动各方力量，加快推进百家博物馆建设。自治区文化厅负责百家博物馆建设的协调指导工作，自治区有关部门和项目所在地市、县(市、区)政府密切配合，确保工作措施和各项政策落到实处。项目所在地政府要强化指导，主动服务，按规定办理博物馆设立申请、注册登记和建设规划、用地审批、环保评估、项目建议书、可行性研究报告、初步设计、施工建设等有关各项手续，将有关博物馆项目纳入本地城镇建设规划，及时帮助有关博物馆解决在创办、建设、开放等工作中遇到的困难和问题。

(二)加强监督指导。各级政府要督促博物馆投资主体依照规定办理博物馆设立、场馆建设等有关手续，对申报建设博物馆的项目进行可行性审定，对投资方进行资质和藏品方面的审核，建设项目要提交项目所在地县级以上人民政府常务会议审议。凡享受政府土地扶持或财政补助的博物馆，应签订土地使用、经营要求等相关协议。建成的博物馆陈列展览、藏品库房面积必须达到建筑面积60%以上，馆内商业活动、每年开放天数和对特殊人群免费开放等须符合有关部门的规定。

(三)加强业务扶持指导。各类博物馆在

行业准入、藏品征集、等级评定、人员培训、职称评定、科研活动、陈列展览，以及人才、学术的交流、合作、奖励、政策信息服务等方面享有国有事业单位性质博物馆的同等待遇。文化行政主管部门要鼓励和支持所属博物馆对其他博物馆业务活动进行帮扶。文化、民政行政主管部门要把博物馆纳入质量监管体系，通过评估定级和年度检查、考评等方式，指导博物馆严格遵守国家政策法规和技术标准规范，建立健全并严格执行各项管理制度，依法落实博物馆法人财产权和财产处置权。文化行政主管部门要指导博物馆加强人才队伍建设，加强科学研究、陈列展览、社会教育和服务活动，提升展示服务水平，鼓励和支持博物馆积极参与对外文化交流。

（四）加大宣传力度。各级政府要充分利用广播、电视、报纸、网络等媒体，大力宣传建设百家博物馆的政策措施和重要作用，及时总结推广好经验、好做法，大力宣传先进典型，积极支持和参与百家博物馆建设工作。

二〇一〇年十二月十九日

附件：

广西百家博物馆建设项目名单

序号	名 称	投 资 人	性质	备注
一、国有企业博物馆				
1	广西南宁电信博物馆	广西电信南宁分公司	国企	
2	广西柳州钢铁博物馆	柳州钢铁集团公司	国企	
3	广西柳州工程机械博物馆	柳工集团公司	国企	
4	广西柳州汽车博物馆	上汽通用五菱公司	国企	
5	广西柳州牙膏博物馆	两面针股份有限公司	国企	
6	广西柳州桥梁博物馆	柳州市城市投资公司	国企	
7	广西柳州铁路博物馆	国企办，未定	国企	
8	广西柳州奇石馆	柳州市建设投资公司	国企	在建
9	广西柳州军事博物馆	柳州市东城公司	国企	
10	广西柳州工业博物馆	柳州市投资控股公司	国企	已立项
11	广西柳州白莲洞史前遗址博物馆	柳州市东通公司	国企	
12	广西柳州蜡像馆	柳州市城市投资公司	国企	在建
13	广西柳州邮电博物馆	中国电信柳州分公司	国企	在建
14	广西柳州儒学博物馆	柳州市建设投资公司	国企	在建
15	广西桂林三花酒文化博物馆	桂林三花酒有限责任公司	国企	

16	广西桂林啤酒文化长廊博物馆	燕京啤酒(桂林漓泉)股份有限公司	国企
17	广西梧州自来水工业遗址博物馆	梧州市粤海公司	国企
18	广西玉柴动力博物馆	玉柴集团有限公司	国企
19	广西玉林制药博物馆	玉林制药有限责任公司	国企
20	广西百色煤炭博物馆	百色矿务局	国企
21	广西桂东水电博物馆	桂东电力公司	国企
22	广西平桂飞碟锡博物馆	广西平桂飞碟股份有限公司	国企
23	广西贺州黄姚古镇博物馆	桂东电力黄姚旅游公司	国企

二、民办博物馆

24	广西华厦文博收藏博物馆	广西开源置业有限责任公司	民企
25	广西南宁雍福博物馆	广西半闲居资产管理有限公司	民企
26	广西壮锦博物馆	广西金壮锦文化艺术有限公司	民企
27	广西柳州鹿寨古今丝绸博物馆	鹿寨古典桑蚕丝织有限公司	民企
28	广西桂林地质矿产博物馆	桂林高新珠宝有限公司	民企
29	广西桂林天和膏药文化博物馆	桂林天和药业股份有限公司	民企
30	广西桂林天然奇石博物馆	桂林市桂宝实业有限责任公司	民企
31	广西桂林靖江王城历史文化博物馆	桂林佳辉王城旅游发展有限责任公司	民企
32	广西桂林阳光历史文化博物馆	桂林同德房地产开发有限公司	民企
33	广西桂林雁山艺术博物馆	桂林实惠房地产开发有限公司	民企
34	广西桂林大圩古民居博物馆	桂林大圩博物馆有限责任公司	民企
35	广西桂林大塘湾苗瑶民俗陈列馆	龙胜各族自治县大塘湾少数民族民俗文化发展中心	民企
36	广西桂林爱情博物馆	广西和合文化发展有限公司	民企
37	广西北海南珠博物馆	北海市国发南珠宫珠宝有限公司	民企
38	广西北海疍家文化博物馆	北海市疍家棚酒店服务公司	民企
39	广西桂平市乳泉井酒业博物馆	广西桂平乳泉液酒业有限公司	民企
40	广西玉林市艺术博物馆	玉林市兰镶文化艺术传播有限公司	民企

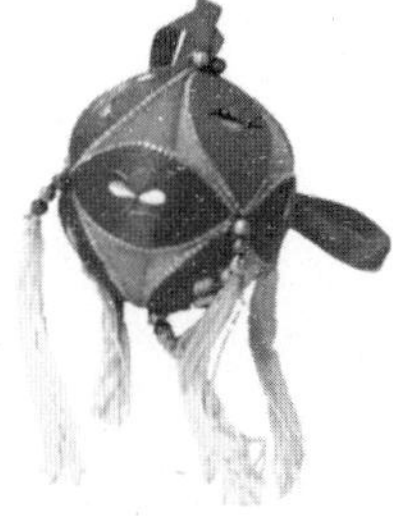

41	广西容县南方黑五类食品博物馆	容县南方黑五类食品有限公司	民企	
42	广西容县南瓷博物馆	容县灵山瓷厂	民企	
43	广西北流市陶瓷博物馆	北流市三环陶瓷有限公司	民企	
44	广西贺州森林博物馆	贺州市姑婆山、大桂山旅游公司	民企	
45	广西崇左市糖业博物馆	东亚糖业有限公司	民企	
46	广西大新明仕壮族博物园	德天旅游公司	民企	
47	广西桂林金葫芦艺术博物馆	桂林市收藏家协会	民间组织	
48	广西玉林民间藏品博物馆	玉林市收藏家协会	民间组织	
49	广西南宁古风博物馆	蒙古	个人	
50	广西天之痕古陶博物馆	袁国璋、张创才	个人	
51	广西柳州票证博物馆	李三台	个人	
52	广西桂林高万通天然矿物标本科普博物馆	高万通	个人	
53	广西桂林漓江艺术博物馆	赵　洪	个人	
54	广西桂林静观茗楼陶瓷艺术博物馆	姜晓风	个人	
55	广西大化红水河奇石艺术博物馆	韦军官	个人	在建
56	广西东兰耀灵铜鼓博物馆	陈耀灵	个人	在建

三、行业博物馆

57	广西铜鼓博物馆	广西壮族自治区文化厅	行业	已立项
58	广西博物馆(改扩建)	广西壮族自治区文化厅	行业	
59	广西自然博物馆(新馆)	广西壮族自治区文化厅	行业	
60	广西城市规划展示馆	广西壮族自治区建设厅	行业	已立项
61	广西体育明星博物馆	广西壮族自治区体育局	行业	
62	广西工业和信息化博物馆	广西工业和信息化委员会	行业	
63	广西广电博物馆	广西壮族自治区广播电影电视局	行业	
64	广西共青团南宁地委旧址陈列馆	共青团南宁市委	行业	
65	广西南宁市博物馆	南宁市文化新闻出版局	行业	已立项
66	广西南宁市顶蛳山遗址博物馆	南宁市文化新闻出版局	行业	
67	广西南宁孔庙博物馆	南宁孔庙管理所	行业	在建
68	柳州博物馆(扩建)	柳州市文化局	行业	已立项

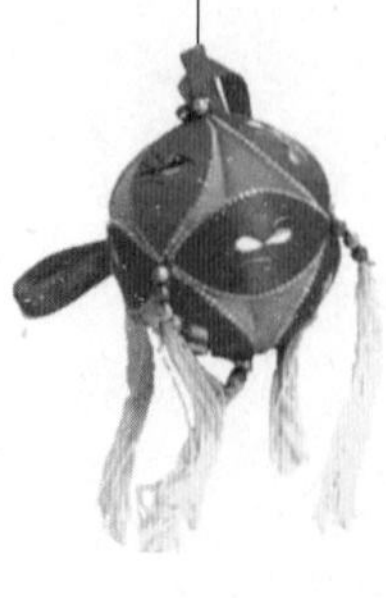

69	广西柳州柳宗元纪念馆	柳州市文化局	行业	
70	广西柳州中越博物馆	柳州市文化局	行业	
71	广西柳州中韩博物馆	柳州市文化局	行业	
72	广西融水县苗族博物馆	融水苗族自治县文化和体育局	行业	在建
73	广西桂林航空轮胎博物馆	桂林曙光橡胶工业研究设计院	行业	
74	广西桂林中国岩溶地质博物馆	中国地质科学研究院岩溶地质研究所	行业	
75	广西桂林博物馆（新馆）	桂林市文化局	行业	在建
76	八路军桂林办事处纪念馆（新馆）	桂林市文化局	行业	在建
77	桂林靖江王陵博物馆	桂林市文化局	行业	
78	桂林甑皮岩遗址博物馆（新馆）	桂林市文化局	行业	
79	广西永福窑田岭宋代窑址博物馆	永福县文化和体育局	行业	
80	广西桂林秧塘飞虎队遗址博物馆	临桂县文化和体育局	行业	已立项
81	广西西江文化博物馆	梧州市文化新闻出版局	行业	已立项
82	广西梧州市博物馆	梧州市文化新闻出版局	行业	在建
83	广西北海市博物馆	北海市文化局	行业	
84	广西合浦县汉墓博物馆二期工程	合浦县文体局	行业	在建
85	广西防城港市博物馆	防城港市文化新闻出版局	行业	在建
86	广西北部湾博物馆（百年军事要塞遗址博物馆）	钦州市文化和新闻出版局	行业	已立项
87	广西钦州市坭兴陶博物馆	钦州市文化和新闻出版局、相关企业合办	行业	
88	广西浦北县博物馆	浦北县文体局	行业	在建
89	广西灵山县博物馆	灵山县文体局	行业	在建
90	广西贵港市博物馆	贵港市文化局	行业	在建
91	广西桂平市金田起义陈列馆改建	桂平市文体局	行业	在建
92	广西玉林市博物馆	玉林市文化局	行业	
93	广西贺州矿业遗址博物馆	贺州市文化新闻出版局	行业	已立项
94	广西百色起义纪念馆二期工程	百色起义纪念公园管委会	行业	已立项
95	广西百色右江民族	百色起义纪念公园管委会	行业	已立项

	博物馆(扩建)			
96	广西乐业红七军红八军会师纪念馆	乐业县文体局	行业	在建
97	广西河池市民族博物馆	河池市文化广播影视管理局	行业	
98	广西来宾市博物馆	来宾市文化新闻出版局	行业	
99	广西崇左市壮族博物馆	崇左市文化局	行业	在建
100	广西崇左市矿产博物馆	崇左市国土资源局	行业	

广西壮族自治区人民政府关于公布第三批自治区级非物质文化遗产名录和第一批第二批自治区级非物质文化遗产扩展项目名录的通知

桂政发〔2010〕25号

各市、县人民政府，自治区农垦局，自治区人民政府各组成部门，各直属机构：

自治区人民政府批准自治区文化厅确定的第三批自治区级非物质文化遗产名录(共计86项)和第一批、第二批自治区级非物质文化遗产扩展项目名录(共计16项)，现予公布。

各地、各部门要按照《国务院关于加强文化遗产保护的通知》(国发〔2005〕42号)和《广西壮族自治区人民政府关于加强我区非物质文化遗产保护工作的意见》(桂政发〔2005〕47号)要求，进一步贯彻“保护为主、抢救第一、合理利用、传承发展”的工作方针，认真做好我区非物质文化遗产的保护、管理工作，为弘扬中华文化，推动社会主义文化大发展大繁荣作出新的贡献。

广西壮族自治区人民政府

二〇一〇年五月三十日

第三批自治区级非物质文化遗产名录名单

(共计86项)

编号	项目名称	申报地区或单位
108	桂林山水传说	桂林市
109	仫佬族古歌	罗城仫佬族自治县
110	贺州瑶族盘王大歌	贺州市八步区
111	象州壮欢	象州县

112	宾阳“老窍”故事	宾阳县
113	田东壮族排歌	田东县
114	壮族马骨胡艺术	德保县
115	北海咸水歌	北海市
116	大新壮族高腔山歌	大新县
117	永福阴笛乐	永福县
118	苗族山歌	资源县
119	瑶族山歌	资源县
120	瑶族溜喉歌	富川瑶族自治县
121	瑶族门咪歌	钟山县
122	瑶族过山音	金秀瑶族自治县
123	南宁多声部民歌	南宁市
124	南宁平话民歌	南宁市
125	壮族打砻(榔)舞	天等县、马山县、平果县
126	瑶族羊角舞	恭城瑶族自治县
127	瑶族羊角长鼓舞	钟山县
128	临桂草龙舞	临桂县
129	桂林傩舞	桂林市
130	南丹勤泽格拉	南丹县
131	瑶族香龙舞	平乐县
132	壮族舞火猫	贺州市八步区
133	壮族翡翠乌舞	武宣县
134	瑶族金锣舞	田东县
135	平果壮族踩花灯	平果县
136	南宁香火龙舞	南宁市青秀区(青秀区壮族芭蕉香火龙舞) 南宁市良庆区火龙舞、良庆区香火龙舞
137	壮族九莲灯	隆安县
138	南宁壮族春牛舞	南宁市江南区
139	壮族提线木偶戏	靖西县
140	乐业唱灯	乐业县
141	鹿儿戏	苍梧县
142	天等指天椒加工技艺	天等县
143	北海贝雕技艺	北海市
144	京族服饰制作技艺	东兴市
145	把吉造纸技艺	乐业县
146	红良打铁技艺	隆安县
147	黄昌典毛笔制作技艺	桂林市

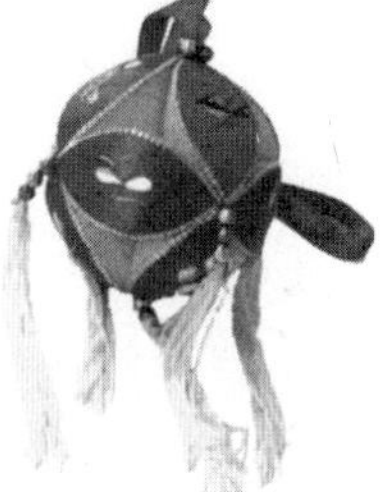

148	侗族草龙草狮制作技艺	龙胜各族自治县
149	湘山酒传统酿造技艺	全州县
150	壮族铜鼓铸造技艺	环江毛南族自治县
151	仫佬族刺绣技艺	罗城仫佬族自治县
152	苗族服饰制作技艺	南丹县
153	瑶族织绣技艺	金秀瑶族自治县
154	桂林米粉制作技艺	桂林市
155	宾阳酸粉制作技艺	宾阳县
156	横县鱼生制作技艺	横县
157	杨美豆豉制作技艺	南宁市江南区
158	壮族五色糯米饭制作技艺	武鸣县
159	横县大粽制作技艺	横县
160	全州醋血鸭制作技艺	全州县
161	壮族霜降节	天等县
162	右江瑶族歌堂习俗	百色市右江区
163	隆林壮族歌会习俗	隆林各族自治县
164	右江壮族岑王庙会	百色市右江区
165	壮族祭瑶娘	田林县
166	外沙龙母庙会	北海市
167	瑶族婚俗	贺州市八步区、恭城瑶族自治县
168	侗族祭萨习俗	龙胜各族自治县
169	毛南族分龙节	环江毛南族自治县
170	瑶族婆王节	恭城瑶族自治县
171	浮山歌节	贺州市八步区
172	信都龙舟节	贺州市八步区
173	黄姚放灯节	昭平县
174	瑶族度戒	贺州市八步区金秀瑶族自治县
175	恭城关帝庙会	恭城瑶族自治县
176	跳甘王	金秀瑶族自治县
177	壮族亥日	隆安县
178	横县炮会	横县
179	那桐农具节	隆安县
180	上林壮族灯酒节	上林县
181	壮族芒那节	隆安县
182	岑溪抢花炮	岑溪市
183	壮族拜囊海	天等县
184	壮族末伦	靖西县

185	老杨公	北海市
186	桂林渔鼓	桂林市
187	零零落	桂林市
188	客家竹板歌	贺州市八步区
189	仫佬族舞草龙	罗城仫佬族自治县
190	壮族斗竹马	南宁市青秀区
191	全州民间剪纸技艺	全州县
192	瑶族凿花	贺州市八步区
193	瑶族医药	金秀瑶族自治县

第一批、第二批自治区级非物质文化遗产扩展项目名单（共计16项）

编号	项目名称	申报地区或单位
5	桂剧	桂林市
6	采茶戏(壮族采茶戏)	南宁市邕宁区、横县
7	彩调(永福彩调)	桂林市、永福县
8	壮剧(南路壮剧)	靖西县、德保县
9	壮族织锦技艺	忻城县、宾阳县(忻城壮族织锦技艺、宾阳织锦技艺)
10	壮族抢花炮	崇左市江州区(左州金山花炮节、那坡县、田阳县龙合花炮节、田阳抢花炮)
12	瑶族盘王节	恭城瑶族自治县(还盘王愿、金秀瑶族自治县瑶族做盘王)
16	壮族歌圩	田阳县、凌云县(田阳敢壮山壮族歌圩、凌云县朝里壮族吼喊歌圩)
24	壮族多声部民歌	田阳县、德保县(田阳古美山歌、德保壮族山歌)
25	广西八音	贺州市八步区(八步八音、大成八音)平南县
36	壮族师公戏	贵港市覃塘区(贵港师公戏、宾阳县宾阳师公戏)
57	跳岭头(灵山跳岭头)	灵山县
74	壮族打扁担	马山县
78	壮族师公舞	柳江县、武鸣县(壮族骆垌舞)
94	油茶制作技艺	平乐县(平乐水上油茶)
102	疍家婚礼(船家婚礼)	北海市、平乐县

广西壮族自治区人民政府办公厅关于印发加快广西北部湾经济区大产业大港口大交通大物流大城建大旅游大招商大文化发展实施意见的通知

桂政办发〔2010〕52 号

各市、县人民政府，自治区农垦局，自治区人民政府各组成部门、各直属机构：

《关于加快广西北部湾经济区大产业大港口大交通大物流大城建大旅游大招商大文化发展实施意见》已经自治区人民政府同意，现印发你们，请认真贯彻执行。

当前，广西北部湾经济区建设面临着难得的发展机遇，也面临着严峻的挑战。今后 2—3 年是广西北部湾经济区加快发展的关键时期，全区上下必须紧紧抓住国务院出台的《关于进一步促进广西经济社会发展的若干意见》(国发〔2009〕42 号)和中国—东盟自贸区如期建成的机遇，加快广西北部湾经济区的产业、港口、交通、物流、城建、旅游、招商、文化的大发展，把广西北部湾经济区建设成为重要国际区域经济合作新高地，中国沿海经济发展新一极的重要支撑。自治区各有关部门和经济区各级党委、政府要提高认识、统一思想，按照自治区党委、自治区人民政府的统一部署，大胆改革，开拓创新，齐心协力，密切配合，集中力量，打破常规，以非常办法、非常措施、非常力度、非常政策，实现广西北部湾经济区在产业、港口、交通、物流、城建、旅游、招商、文化八个方面的重大突破，为进一步加快广西北部湾经济区开发建设作出新的贡献。

二〇一〇年三月一日

关于加快广西北部湾经济区大文化发展的实施意见

为全面贯彻落实自治区党委、政府关于“发展大文化，加快提升广西北部湾经济区发展软实力”的重要决策部署，结合北部湾经济区开放开发实际，特提出北部湾经济区大文化发展的实施意见。

一、指导思想

以资源整合为手段，以活动策划为抓手，以项目建设为重点，以平台构建为载体，以品牌打造为目标，依托主流渠道，统筹各方力量，创新工作方式，立体唱响“北部湾品牌”，全面提升北部湾经济区发展软实力。

二、基本原则

——坚持政府主导与市场运作相结合。加大政府扶持力度，积极引导文化产业发展；充分发挥市场导向作用，争取更多社会和民间资金进入。

——坚持统筹规划与重点突破相结合。加强科学统筹，挖掘特色优势；调动各方力量，形成发展合力；通过重点推进，实现整体突破。

——坚持宣传造势与项目推进相结合。通过宣传策划，广造舆论氛围；通过项目推进，增强发展后劲。

三、发展目标

争取用三到五年的时间，投资500亿元左右，打造以一首北部湾之歌、一部北部湾大剧、一台北部湾大戏、一套北部湾丛书等为标志的一批北部湾文化精品工程，以泛北部湾合作论坛为代表的一批中国—东盟合作交流平台；建成以北部湾大学和北部湾职业教育中心为标志的北部湾人才培养基地，以南宁动漫城和北海动漫基地为代表的北部湾文化创意产业基地，以广西体育中心为重点的北部湾体育训练基地，以广西北部湾发展研究院为核心的北部湾研究交流基地，将北部湾经济区建设成为面向东盟开放合作的区域文化中心。

四、工作重点

（一）以活动策划为抓手，着力营造北部湾经济区宣传大声势。

1.组织策划一批大型专题采访活动。每年设计不同的主题，积极争取中央、周边省区、港澳台和东盟国家主流媒体的支持，组织策划1—2次大型专题采访活动，并在权威主流媒体策划专题宣传，进一步扩大北部湾经济区在国内外的影响力。

2010年拟重点组织“北部湾新行动”“北部湾新机遇”“北部湾新看点”（暂定名）三场大型专题采访活动。以后每年可结合经济区开放开发的最新工作进展，分别组织“广西周边省区媒体北部湾行”“欧美日韩媒体走进北部湾”“全国知名专栏作家北部湾大型采风”等大型相关活动。

2.做好经济区大型招商推介活动宣传。结合经济区每年举办的系列大型招商推介活动，如2010年“携手四川合作开发北部湾经济区”“北部湾经济区重点产业园区投资商机（香港）推介会”“桂台港口物流发展与合作论坛”“第五届泛北部湾经济合作论坛”“北部湾经济区保税物流体系和园区发展论坛”“全国知名民营企业兴业北部湾”等，对重点推介地区开展有针对性的集中宣传。

3.围绕经济区开放开发的重点工作推进，创意和策划一批有特色、有亮点的专题、专栏宣传活动。积极争取中央和港澳主流媒体及周边省区媒体的支持，并统筹自治区主要媒体和国内知名网络媒体，创意和策划如“世界500强对话北部湾”“中国100强热议北部湾”“民营企业家论道北部湾”“知名经济学家综论北部湾”“中外外交官聚焦北部湾”等一批有特色、有亮点的专题、专栏宣传活动。

4.积极利用网络传播手段，对经济区开展多方位、立体性宣传。加快推进广西北部湾官方网站建设，完成北部湾经济区CIS设计方案，规范经济区形象包装，打造北部湾经济区权威信息发布平台。依托中央和自治区重点新闻网站，通过专题推广、连线采访、互动交流、网络直播等方式，构建北部湾网络宣传平台。

(二)以项目建设为重点,着力推进北部湾经济区人才培养、文化创意、研究交流和体育训练"四基地"建设。

1.**北部湾人才培养基地。**整合经济区现有教育资源,加快筹建北部湾大学。依托南宁、玉林、钦州、北海等既有职业教育基础和条件,加快推进北部湾临海产业集群职业教育基地建设。共推进项目17个,总投资1415496万元(不含北部湾大学)。

2.**北部湾文化创意产业基地。**加快推进南宁五象新区广西文化产业园区和北部湾(钦州)创意文化产业项目规划建设,加快推进南宁动漫城、北海动漫基地规划建设,策划几个具有创意的动漫项目,培育和引进一批具有发展潜力的区内外动漫企业,打造一批具有北部湾特色的动漫品牌。共推进项目10个,总投资622599万元(不含广西文化产业园、中国—东盟文化产业人才培养基地建设项目)。

3.**北部湾研究交流基地。**依托广西北部湾发展研究院,联合综合开发研究院(中国·深圳),加强国内外研究资源整合,加大资金和政策支持力度,发起和组织"泛北部湾地区智库论坛",建立北部湾经济区智库中心和中国—东盟研究交流基地。

4.**北部湾体育训练基地。**围绕建设北部湾中国—东盟体育训练基地目标,加快推进广西体育中心二期、北部湾体育中心等11个项目建设,总投资567054.69万元。

(三)以品牌打造为目标,着力推进北部湾文化精品工程建设。

与区内外著名词曲家、编导合作,征集创作一首高雅、易于传唱的北部湾之歌;创作排练一台反映北部湾经济区开发建设的大戏;拍摄一部反映经济区开放开发的电影或电视剧;组织区内外有关专家每年编写出版一套北部湾经济区开放开发系列丛书;加快开发"印象·北部湾"实景大型演出项目,进一步办好南宁国际民歌艺术节、北海国际珍珠文化节、钦州国际海豚文化节、北部湾海洋风情艺术节等一批节庆文化精品项目。除北部湾之歌、北部湾大戏、北部湾丛书、北部湾影视剧、南宁国际民歌节外,总计推进项目8个,总投资179350万元。

(四)以平台构建为载体,着力打造中国—东盟合作交流中心。

进一步办好中国—东盟博览会和中国—东盟商务与投资峰会、泛北部湾经济合作论坛、中国—东盟自由贸易区论坛,中国—东盟文化产业论坛、中国—东盟非物质文化遗产保护论坛、中国—东盟文化产业展,扩大其在国内外的影响力;进一步拓展和延伸中国—东盟国际汽车拉力赛的品牌效应,继续办好南宁国际龙舟赛等一系列中国—东盟国际赛事活动,形成主次分明、相互支撑的中国—东盟文化交流合作平台。

(五)以设施建设为切入,着力夯实北部湾大文化发展基础工程。

加强北部湾经济区文化、教育、体育、卫生等基础设施建设布点规划,重点推进南宁民歌博物馆、崇左市壮族博物馆、钦州千年古陶城、广西壮族自治区壮医医院等45个北部湾经济区文化、卫生基础设施项目建设,进一步夯实经济区大文化发展基础。总投资720864万元(不含首府博物馆群众文化旅游项目、南宁历史文化名城建设、南宁市中心图书馆、广西药用植物园)。

五、保障措施

(一)狠抓监督落实。

自治区有关部门、经济区各市要将大文化发展工作纳入考核体系,加强督促、检查和考核,确保工作部署落到实处。有关部门要切实落实支持北部湾经济区大文化发展的税

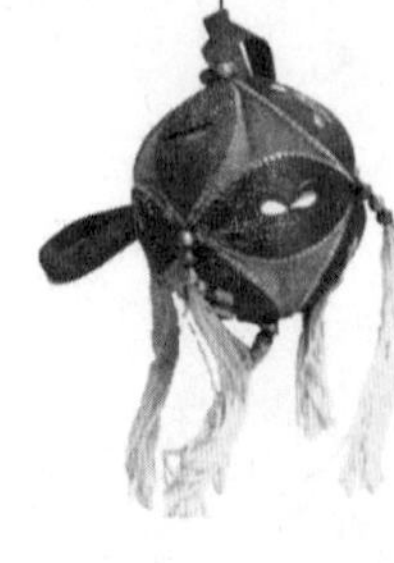

收优惠政策，严格收费项目和收费标准的审批制度，取消不合理的行政事业性收费项目，形成大文化发展的良好氛围。

（二）创新体制机制。

要推进文化管理体制改革，积极转变政府职能，理顺政府与文化企事业单位关系，为文化发展提供体制保障。

（三）拓宽建设资金渠道。

自治区加大大文化发展专项资金支持力度，有关部门、经济区各市要加大对北部湾大文化建设投入，在本部门掌握的自治区本级预算中安排资金支持北部湾经济区大文化发展重点项目和活动。鼓励风险投资和民间资本进入大文化领域，着力建设大文化项目的投融资平台，形成多元结构的融资体系，努力形成政府投入、市场运作、民间参与、社会整合的文化投入机制。

（四）加强人才支撑。

完善用人机制，完善人才激励机制，拓宽人才选拔途径，创造优秀人才脱颖而出的环境。要用好现有人才，留住拔尖人才，形成人尽其才、才尽其用的文化发展人才支撑体系。

引进急需人才，引进经营管理人才、文化经纪人才和科技创新人才等各类文化产业急需人才，吸引和聘用海外高级人才，实施引得进、留得住、用得活的人才战略。

大力培养后继人才，鼓励支持大文化发展创新与研究基地以及有条件的综合性大学，参与大文化发展人才培养、培训工作，为大文化可持续发展积累人力资本。

广西壮族自治区人民政府办公厅关于印发《广西壮族自治区文化厅主要职责内设机构和人员编制规定》的通知

桂政办发〔2010〕24号

各市、县人民政府，自治区农垦局，自治区人民政府各组成部门、各直属机构：

《广西壮族自治区文化厅主要职责内设机构和人员编制规定》已经自治区人民政府批准，现予印发。

广西壮族自治区人民政府办公厅

二○一○年二月二十四日

广西壮族自治区文化厅主要职责内设机构和人员编制规定

根据《自治区党委、自治区人民政府关于自治区人民政府机构设置的通知》（桂委会〔2009〕235号），设立自治区文化厅，为自治区人民政府组成部门。

一、职责调整

（一）取消的职责。

已由自治区人民政府公布取消的行政审批事项。

（二）划出转移的职责。

1. 将指导电影发行、放映工作的职责划给自治区广播电影电视局。

2. 将音像制品批发、零售、出租、放映管理的职责划给自治区新闻出版局

（三）划入和增加的职责。

1. 将自治区广播电影电视局动漫（不含影视动漫和网络视听中的动漫节目）管理的职责划入自治区文化厅。

2. 将自治区新闻出版局动漫、网络游戏管理（不含网络游戏的网上出版前置审核报批），及相关产业规划、产业基地、项目建设、会展交易和市场监管的职责划入自治区文化厅。

3. 增加协调拟订文化市场发展规划、政策和法规草案以及指导文化市场综合执法的职责。

4. 增加对从事演艺活动的民办机构进行监管的职责。

（四）加强的职责。

加强推进公共文化服务、指导基层文化建设和保护非物质文化遗产的职责。

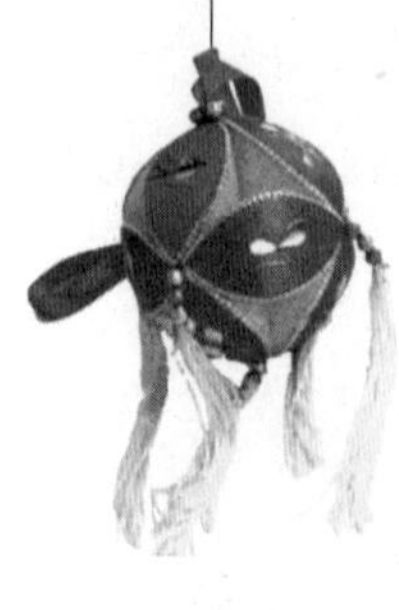

二、主要职责

（一）贯彻执行中央和自治区关于文化艺术的方针政策和法律法规，负责提出自治区文化艺术地方立法项目的建议，起草有关文化艺术方面的地方性法规、规章草案，拟订自治区文化艺术事业发展规划并组织实施，指导文化体制改革。

（二）指导、管理文学艺术事业，指导艺术创作与生产，扶持代表性、示范性、实验性文化艺术品种，推动各门类艺术的发展，管理全区性重大文化活动。

（三）推进文化艺术领域的公共文化服务，规划、引导公共文化产品生产，负责自治区重点文化设施建设和管理，指导基层文化设施建设。

（四）拟订文化艺术产业发展规划，指导、协调文化艺术产业发展，推进对外文化产业交流和合作。

（五）拟订非物质文化遗产保护规划，组织实施非物质文化遗产保护和优秀民族文化的传承普及工作。

（六）指导、管理社会文化事业，指导图书馆、群众艺术馆、文化馆（站）事业和基层文化建设。

（七）拟订文化市场发展规划，指导文化市场综合执法工作，负责对文化艺术经营活动进行行业监管，指导对从事演艺活动民办机构的监管工作。

（八）负责文艺类产品网上传播的前置审批工作，负责对网吧等上网服务营业场所实行经营许可证管理，对网络游戏服务进行监管（不含网络游戏的网上出版前置审核报批）。

（九）拟订动漫、游戏产业发展规划并组织实施，指导协调动漫、游戏产业发展，指导重点文化艺术科研项目攻关及重大成果推广工作和文化行业艺术职业教育。

（十）拟订全区文物、博物馆事业发展规划，履行文化行政执法督察职责，指导、监督文物保护、考古发掘和开发利用工作，指导全区博物馆、文物管理机构等业务建设，负责文物和博物馆有关审核、审批事务的管理工作。

（十一）归口管理对外文化工作及对港、澳、台的文化交流工作，参与指导全区对外文化宣传工作，组织实施大型对外文化交流活动。

（十二）承办自治区人民政府交办的其他事项。

三、内设机构

根据上述职责，自治区文化厅设 9 个内设机构：

（一）办公室（政策法规处、对外文化交流处）。

综合协调、督促检查机关和直属单位有关工作；拟订机关内部规章制度和年度工作计划；负责文电、会务、机要、档案、信息、安全、保密、信访、政务公开等工作；承办人大建议和政协提案等工作；指导编制文化立法规划和起草文化艺术的地方性法规草案和规范性文件；拟订全区文化事业发展战略及中长期发展规划；统筹组织文化政策调研工作、指导文化法制宣传教育工作；承办机关法律事务、社团审批和管理；归口管理对外文化工作及对港澳台的文化交流工作；统筹安排和组织大型对外及港澳台文化交流活动；管理和审批全区对外文化交流事项。

（二）艺术处。

拟订文学艺术事业发展规划；扶持代表性、示范性、实验性文艺品种，扶持体现社会主义核心价值体系的文艺作品和代表自治区水准及民族特色的文艺院团，推动各门类艺术的发展；指导、协调全区性艺术比赛、展览

和非营业性演出等重大艺术活动；指导直属艺术单位的业务建设。

（三）文化市场处。

拟订全区文化市场发展规划；指导文化市场综合执法工作，推动地级市以下文化、广电、新闻出版等部门执法力量的整合；负责本厅行政审批项目的办理；对文化领域的经营活动进行行业监管；对文艺演出、文化娱乐、艺术考级活动和文化艺术品市场进行监管；承担网络音乐美术娱乐、网络动漫（不含网络视听中的动漫节目）、网络演出剧（节）目、网络表演业务和手机音乐的前置审批工作；协调动漫游戏的市场监管，指导行业协会工作；在使用环节对进口互联网文艺类产品内容进行审查；负责对网吧等上网服务营业场所实行经营许可证管理，对电子游戏机在生产、进口和经营环节上进行内容监管；对网络游戏服务进行监管（不含网络游戏的网上出版前置审核报批）；指导对从事演艺活动民办机构的监管工作。

（四）文化产业处。

拟订全区文化产业、文化科技发展规划；指导文化科技工作和科研成果的推广应用；推进文化产业和文化科技信息化建设；协调动漫游戏产业规划、产业基地、项目建设和会展交易，扶持和促进文化产业建设与发展；指导文化产业基地和区域性特色文化产业群建设；督促重大文化产业项目实施，协调推进对外文化产业交流与合作。

（五）社会文化处。

拟订社会文化事业发展规划；指导群众文化、少数民族文化、未成年人文化和老年文化工作等社会文化事业；指导图书馆、群众艺术馆、文化馆（站）事业；指导文化信息资源共享工程建设和古籍保护工作；指导基层群众文化活动，指导村文化活动室和社区文化活动中心建设。

（六）非物质文化遗产处。

拟订非物质文化遗产保护规划并负责组织实施；承办国家级和自治区级非物质文化遗产代表项目申报和评审工作；建立非物质文化遗产项目和传承人档案及数据库；指导非物质文化遗产展示、传习基础设施建设，协调文化生态保护区建设；组织实施优秀民族文化的保护、传承和普及工作。

（七）文物处（广西壮族自治区文物局）。

拟订全区文物、博物馆事业发展规划；指导、监督文物政策、法规的贯彻执行；协调、指导文物保护、考古工作和重大项目的实施，承办自治区文物保护的审核、依法承担文化遗产审核报批工作；组织开展文物行政执法、文物和博物馆安全保卫督察；指导博物馆工作，承担全区博物馆业务指导；协调博物馆间的交流和协作；指导民间珍贵文物抢救、征集；编制文物事业经费预算，审核划拨并监督各项经费使用、统计的有关工作。

（八）计划财务处。

指导、监督直属单位的财务工作；管理文化、文物行政事业经费；负责机关和直属单位的基本建设、财务预算、国有资产、政府采购和内部审计、统计工作；规划、协调全区重点文化设施和基层文化设施建设；指导机关和直属单位基本建设。

（九）人事处。

负责机关、直属单位的人事管理、人才培训、机构编制、工资福利等工作；指导艺术职业教育和所属艺术学校的业务建设；拟订并组织实施全区文化艺术行业人才建设规划，会同有关部门指导从业人员职业资格管理和组织文化艺术系列的专业技术资格评审；指导文化系统体制改革。

机关党委 负责机关和指导直属单位的党群工作。

离退休人员工作处 负责机关和指导直属

单位的离退休人员工作。

四、人员编制

自治区文化厅机关行政编制44名。其中：厅长1名，副厅长4名（含兼任自治区文物局局长1名），正处级领导职数12名（含机关党委专职副书记1名），副处级领导职数9名。

五、其他事项

（一）动漫和网络游戏管理的职责分工。自治区文化厅负责动漫和网络游戏相关产业规划、产业基地、项目建设、会展交易和市场监管。自治区广播电影电视局负责对影视动漫和网络视听中的动漫节目进行管理。自治区新闻出版局负责在出版环节对动漫进行管理，对游戏出版物的网上出版发行进行前置审核报批。

（二）所属事业单位的设置、职责和编制事项另行规定。

六、附则

本规定由自治区机构编制委员会办公室负责解释，其调整由自治区机构编制委员会办公室按规定程序办理。

广西壮族自治区党委宣传部
广西壮族自治区机构编制委员会办公室
广西壮族自治区文化厅　　文件
广西壮族自治区广播电影电视局
广西壮族自治区新闻出版局

桂宣发[2010]68号

关于印发《关于加快推进全区市、县(市、区)文化市场综合执法改革的实施意见》的紧急通知

各市、县(市、区)党委宣传部、机构编制委员会办公室、文化局(文化广播影视管理局、文化新闻出版局、文化体育新闻出版局)、广播电视局(广播电影电视局)、新闻出版局:

经自治区领导同意,现将自治区党委宣传部、自治区编办、自治区文化厅、自治区广电局、自治区新闻出版局联合制定的《关于加快推进全区市、县、(市、区)文化市场综合执法改革的实施意见》印发给你们,请你们结合本地实际,认真贯彻执行。力争在今年年底前,完成本地文化市场综合执法机构的组建任务。

附件:《关于加快推进全区市、县(市、区)文化市场综合执法改革的实施意见》

主题词:文化市场　综合执法　通知

广西壮族自治区党委宣传部办公室　　2010年12月19日印发

(共印700份)

附件：

关于加快推进全区市、县(市、区)文化市场综合执法改革的实施意见

为贯彻落实中宣部、中编办、文化部、国家广电总局、新闻出版总署联合下发的《关于加快推进文化市场综合执法改革工作的意见》(中宣发[2009]25号)精神，现就加快推进我区文化市场综合执法改革工作提出如下实施意见。

一、深刻认识加快推进文化市场综合执法改革的重要意义

加快推进文化市场综合执法改革，建立统一、高效的文化市场综合执法机构，是中央作出的重大决策，是推进依法行政、转变政府职能、完善现代文化市场体系的重要举措；是建设壮乡风格、时代特征、开放包容的文化先进省区、推动文化事业和文化产业繁荣发展的必然要求；是解决文化市场管理中长期存在的突出问题、进一步加强文化市场管理的迫切需要。各地要充分认识加快推进文化市场综合执法改革，努力创造公平、公开、统一的文化市场环境的重要意义，把思想和行动统一到中央的部署和自治区党委政府的要求上来，不折不扣地贯彻落实好中央精神，把我区文化市场综合执法改革工作扎实推向前进。

二、明确文化市场综合执法改革的指导思想、目标任务和基本原则

(一)指导思想

以邓小平理论和"三个代表"重要思想为指导，深入贯彻落实科学发展观，按照中央和自治区党委、自治区人民政府的部署要求，加快推进文化市场综合执法改革，建立健全符合社会主义市场经济运行规律、社会主义精神文化建设规律以及文化产业发展规律的文化市场综合执法体制，为促进我区文化大发展大繁荣提供强有力的市场支撑。

(二)目标任务

按照中央对文化市场监管实行"统一领导、统一协调、统一执法"的要求，整合市、县(市、区)现有文化(文物)、广播影视、新闻出版(版权)等有关行政执法队伍，组建文化市场综合执法机构，实行统一执法。确保在2010年年底前，基本完成市、县(市、区)文化市场综合执法机构的整合重组任务。

(三)基本原则

坚持党管意识形态的原则，牢牢把握社会主义先进文化的前进方向；坚持决策、执行和监督相协调的原则，合理调整和配置职责权限；坚持精简、统一、高效的原则，推进执法重心下移，赋予市、县(市、区)明确的文化市场行政执法职能。

三、建立健全文化市场综合执法体制

(一)建立统一的文化市场管理领导体制

要从加强和完善党对意识形态领导方式的高度，建立健全统一的文化市场综合执法领导体制。按照中宣发[2009]25号文件要求，各市、县(市、区)要成立文化市场管理工作领导小组，统一领导本行政区域文化市场管理和综合执法工作。领导小组由党委宣传部部长任组长，同级人民政府负责此项工作的有关负责同志任副组长，有关职能部门负责人担任成员，文化市场管理工作领导小组办公室在各级文化行政主管部门。各市、县原有的"扫黄打非"工作领导小组及其办公室

保持不变，负责组织协调本辖区的“扫黄打非”工作。

(二)规范设置文化市场综合执法机构

1、文化市场综合执法机构的设置

(1)市级文化市场综合执法机构。市文化(文物)、广播影视、新闻出版(版权)行政部门合并设置的，归并原文化(文物)、广播影视、新闻出版(版权)等部门的文化市场执法职能和执法机构，组建市文化市场综合执法支队，由市文化综合行政主管部门管理，并以市文化综合行政主管部门名义对属地文化市场实施综合执法。市文化(文物)、广播影视、新闻出版(版权)尚未整合为一个政府工作部门的，整合市文化(文物)、广播影视、新闻出版(版权)等部门的文化市场执法职能和执法机构，组建市文化市场综合执法支队，由市文化行政主管部门管理，并根据自治区人民政府有关文化市场管理开展相对集中行政处罚权工作的决定，以市文化行政主管部门的名义对属地文化市场实施综合执法。

(2)县(市)级文化市场综合执法机构。县(市)文化(文物)、广播影视、新闻出版(版权)行政部门合并设置的，归并原文化(文物)、广播影视、新闻出版(版权)等部门的文化市场执法职能和执法机构，组建县(市)文化市场综合执法大队，由县(市)文化守合行政主管部门管理，并以县(市)文化综合行政主管部门的名义对属地文化市场实行综合执法。县(市)文化(文物)、广播影视、新闻出版(版权)尚未整合为一个政府工作部门的，整合县(市)文化(文物)、广播影视、新闻出版(版权)等部门的文化市场执法职能和执法机构，组建县(市)文化市场综合执法大队，由县(市)文化行政主管部门管理，并根据自治区人民政府有关文化市场管理开展相对集中行政处罚权工作的决定，以县(市)文化行政主管部门名义对属地文化市场实施综合执法。

下级综合执法机构要接受上级综合执法机构的业务指导。

(3)文化市场综合执法人员参公管理的问题，按照中宣发[2009]25号文件和有关规定办理。

(4)市辖城区是否设立执法机构，由各市根据实际决定。

2、文化市场综合执法机构的职责及相关行政关系

(1)根据国家关于文化(文物)、广播影视、新闻出版(版权)等领域行政执法工作的法律、法规及相关规章，文化市场综合执法机构具体负责对本行政区域文化市场实行综合执法。其职能范围主要包括：查处演出娱乐、网吧及互联网上网服务、网络动漫、手机音乐、电子游戏、美术品销售、文物经营等活动中的违法行为；查处违法安装和设置卫星电视广播地面接收设施、播映走私盗版电影电视节目和未取得发行许可证的影视剧(片)等行为；承担图书、报纸、期刊、音像制品等各类出版物在市场流通环节的执法工作和“扫黄打非”有关任务。

(2)根据中宣发[2009]25号文件精神，自治区文化厅负责指导全区文化市场综合执法工作，推动各级文化市场综合执法机构的组建；建立完善统一的综合执法工作制度，建立全区文化市场技术监管体系，加强综合执法队伍的专业化、规范化、信息化建设；完善对综合执法工作的绩效考核。各文化综合行政主管部门或者文化行政主管部门要加强对下级部门实施综合执法工作的指导和监督，建立和完善行政执法责任制和执法过错追究制，切实提高行政执法工作质量。

3、文化市场综合执法机构的人员编制和经费

(1)文化市场综合执法机构应明确相应级别。各市、县机构编制部门要结合本地执

法任务量、辖区范围、执法对象等实际情况，合理确定综合执法机构编制配备标准。综合执法机构的编制数量，要在整合现有文化、广播影视、新闻出版（版权）执法机构的基础上，根据文化市场管理的需要和从严从紧的原则核定，并按规定的程序报批，整合后的人员编制总量一般不突破现有规模。

（2）文化市场综合执法机构人员原则上从文化（文物）广播影视、新闻出版等原有执法队伍中选调。未进入综合执法机构的执法人员，由原主管部门按照编制属性妥善安置。新进人员参照有关规定参加统一招考录用，取得行政执法资格后的方可上岗。

（3）文化市场综合执法机构的干部任免，参照现行宣传文化单位干部管理规定办理。

（4）文化市场综合执法机构的业务经费和执法装备应予保障，所需经费列入同级财政预算。要严格实行"罚缴分离""收支两条线"制度，罚款、没收违法所得或者没收非法财物拍卖所得款项上缴同级国库。

四、加强组织领导

（一）文化市场综合执法改革涉及面广，政策性强，各市、县（市、区）党委宣传部、机构编制、文化、广播影视、新闻出版（版权）等部门要积极配合、密切协作，同时要加强与财政、人力资源和社会保障、法制等部门的沟通，认真研究解决改革存在的主要问题，形成推进改革的合力，确保有关工作的顺利开展。

（二）各市、县（市、区）要理顺文化市场综合执法机构与相关的职能部门的关系，为开展综合执法工作营造良好的环境。要认真选配文化市场综合执法队伍领导班子，做好有关执法人员的选拔和培训工作，努力提高队伍的整体素质。

（三）各市、县（市、区）要按照本《实施意见》的部署，结合本地实际，及时制定改革方案，按规定程序和审批权限报批后抓紧组织实施。自治区文化体制改革与文化产业发展领导小组交适时组织督查，督促各地按时完成文化市场综合执法机构的组建任务。

广西壮族自治区党委宣传部
广西壮族自治区机构编制委员会办公室
广西壮族自治区文化厅
广西壮族自治区广播电影电视局
广西壮族自治区新闻出版局

二〇一〇年十二月十九日

中共广西壮族自治区委员会宣传部
中国人民银行南宁中心支行
广西壮族自治区财政厅
广西壮族自治区文化厅
广西壮族自治区广播电影电视局
广西壮族自治区新闻出版局
中国银行业监督管理委员会广西监管局
中国证券监督管理委员会广西监管局
中国保险监督管理委员会广西监管局

文件

南宁银发[2010]125号

关于金融支持广西文化产业振兴和发展繁荣的指导意见

广西区各市党委宣传部，人民银行广西区各市中心支行、南宁市各县支行，各市财政局、文化局、广播电影电视局、新闻出版局，广西各市银监分局，各政策性银行、国有商业银行广西区分行，各股份制商业银行南宁分行，邮政储蓄银行广西区分行，广西区农村信用联社，广西北部湾银行，各保险公司广西分公司，中国出口信用保险公司南宁营业管理部，各外资银行南宁分行：

为切实贯彻落实《国务院关于印发文化产业振兴规划的通知》(国发[2009]30号)及《关于金融行支持文化产业振兴和发展繁荣的指导意见》(银发[2010]94号)精神，进一步改进和提升对广西文化产业的金融服务，支持广西文化产业振兴和发展繁荣，现提出以下指导意见：

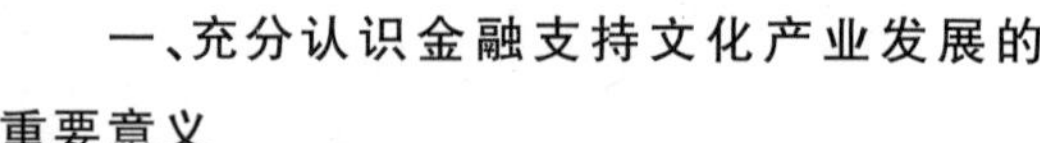

一、充分认识金融支持文化产业发展的重要意义

(一)文化产业是现代服务业的重要组成部分，科技含量高，资源消耗低，环境污染少，发展潜力大，是推动经济结构调整、转变经济发展方式的重要着力点。近年来，我区文化产业立足于广西特色民族文化资源，在中央及自治区党委、政府一系列文化政策的引导和文化体制改革的推动下，呈现出良好的发展态势，对广西经济增长的促进作用日益凸显。金融是经济的核心，加大金融业支持文化产业的力度，推动文化产业与金融业的对接，是培育新的经济增长点的需要。是促进文化产业发展繁荣的需要，是提升地区文化软实力的需要。各金融机构以及相关部门要把积极推动文化产业发展作为一项重要战备

任务，作为拓展业务范围、培育新的利润增长点的努力方面，大力创新和开发适合文化企业特点的金融产品，努力发送和提升金融服务水平，促进我区文化产业又好又快发展。

二、积极开发适应文化产业特点的信贷产品，增加有效的信贷投放

（二）鼓励金融机构加大文化产业信贷支持力度。加强对银行业金融机构的窗口指导，灵活运用各种货币政策工具引导信贷资金投向文化产业。按照《广西壮族自治区小企业贷款风险补偿专项资金管理暂行办法》（桂财金[2009]48号印发）的有关规定，自治区财政对符合条件的银行业金融机构，按其年度小企业贷款平均余额净增加额的5‰予以风险补偿。

（三）推动多元化、多层次的信贷产品开发和创新。对于处于成熟期、经营模式稳定、经济效益较好的文化企业，要优先给予信贷支持。积极开展对上下游企业的供应链融资，支持企业开展并购融资，促进产业链整合。对于具有稳定物流和现金流的企业，可发放应收账款质押、仓单质押贷款。对于租赁演艺、展览、动漫、游戏，以及出版内容的采集、加工、制作、存储和出版物流、印刷复制，广播影视节目的制作、传输、集成和电影放映等相关设备的企业，可发放融资租赁贷款。探索建立文化企业无形资产评估体系，为金融机构处置文化类无形资产提供保障。对于具有优质商标权、专利权、著作权的企业，可通过权利质押贷款等方式，逐步扩大收益权质押贷款的适应范围。

（四）积极探索适合文化产业项目的多种贷款模式。对于融资规模较大、项目较多的文化企业，鼓励商业银行以银团贷款等方式提供金融支持。探索和完善银团贷款的风险分担机制，加强金融机构之间的合作，有效降低单个金融机构的信贷风险。对处于产业集群或产业链中的中小文化企业，鼓励商业银行探索联保联贷等方式提供金融支持。

三、完善授信模式，加强和改进对文化产业的金融服务

（五）完善利率科学定价机构，合理确定贷款期限和利率。各银行业金融机构要在坚持风险可控、商业可持续原则的基础上，根据不同的文化企业的实际情况，建立符合监督要求、灵活便捷的差别化利率定价机制。针对部分文化产业项目周期特点和风险特征，银行业金融机构可根据项目周期的资金需求和现金流分布状况，科学合理确定贷款期限。对于列入国家或自治区发展规划重点支持的文化产业项目或企业，银行业金融机构在有效防范风险的基础上可适当延长贷款期限。

（六）建立科学的信用评级机制和业务考证体系。各银行业金融机构在确定内部评级要素，设计内部评级指标体系、评级模型和计分标准的过程中，应充分考虑文化企业的特点，建立和完善科学、合理的信用评级和信用评分机制。要充分借鉴外部评级报告，建立内部评级相结合的评级体系。要进一步改进和完善业务考评程序和考核方法，建立专门针对文化产业金融服务的考评体系，将加强信贷风险管理和积极促进文化产业发展相结合，建立正向激励机制。在落实工作责任和考核整体质量及综合回报的基础上，对中小文化企业的贷款项目，根据实际情况和有关规定追究或免除有关责任人的相应责任，做到尽职者免责，失职者问责。

（七）进一步改善对文化企业的金融服务。对于国家或自治区重点支持的文化企业和项目，要简化审批流程，提高贷款审批效率。在满足银行业金融机构授信客户准入标准的前提下，可对举办培训的企业和接受培训的人员予以信贷支持。银行业金融机构与非银行金融机构应积极加强合作，综合利用

多种金融业务和金融产品，推出信贷、债券、信托、基金、保险等多种工具相融合的一揽子金融服务，做好文化企业从初创期到成熟期的融资方式衔接。

（八）积极开发文化消费信贷产品，为文化消费提供便利的支付结算服务。各金融机构应积极培育文化产业消费信贷市场，通过消费信贷产品创新，不断满足文化产业多层次的消费信贷需求。可通过开发分期付款等消费信贷品种，扩大对演艺娱乐、会展旅游、艺术品和工艺品、动漫游戏、数字产品、创意设计，图书、报刊、音像制品、电子出版物、网络出版、数字出版等出版产品与服务、印刷、复制、发行，高清电视、付费广播电视、移动多媒体广播电视、电影产品等的综合消费信贷投放。加强网上银行业务推广，提高软件、网络及计算机服务、设计服务和休闲娱乐等行业的网络支付应用水平。进一步发挥人民银行支付清算和征信系统的作用，加快完善银行卡刷卡环境，推动文化娱乐、广播影视、新闻出版、旅游广告、艺术品交易等行业的刷卡消费，促进文化市场的繁荣发展。

（九）积极支持广西文化企业“走出去”。中国—东盟自由贸易区建成后，文化产业交流成为新时期中国和东盟经贸往来的一项重要内容。对于符合《文化产品和服务出品指导目录》条件，特别是列入《国家文化出口重点企业目录》和《国家文化出口重点项目目录》以及文化部门重点推荐的广西出口企业和项目，银行业金融机构应积极提供出口卖方信贷、进口信贷等信贷类业务产品以及结算、结售汇、贸易融资、对外担保、财务顾问等中间业务产品，以提供便捷全面的融资服务满足文化企业的多元化融资需求。保险机构应积极提出口信用保险服务，为广西文化企业顺利进入东盟等国际市场提供强有力的保障。外汇管理部门应继续完善文化企业外汇管理，提高文化产业贸易投资便利程度。便利文化企业的跨境投资，满足文化企业对外贸易、跨境融资和投资等合理用汇需求，提高外汇管理效率，简化优化外汇管理业务流程，促进文化企业提高外汇资金使用效率，降低财务成本，提高广西文化企业核心竞争力。

四、大力发展多层次资本市场，扩大文化企业的直接融资规模

（十）推动符合条件的文化企业上市融资。加强证券监管部门与宣传文化部门的沟通合作，建立项目信息合作机制，通过摸底调查挖掘优质文化企业，将符合条件的文化企业纳入上市后备企业资源库，分类指导，推进上市。加强适合于创业板市场的中小文化企业项目的筛选和储备，支持符合条件的企业到创业板上市。对注册地在广西境内，经自治区金融办备案登记的拟上市文化企业，按照自治区财政厅、金融办《关于印发广西壮族自治区企业上市扶持资金管理暂行办法的通知》(桂财金[2008]35号）有关规定，给予上市扶持资金支持。

（十一）引导文化企业通过债券市场融资。加强对债券市场融资方式的宣传、培育，支持符合条件的文化企业通过发行企业债、集合债和公司债等方式融资，鼓励文化企业利用银行间债券市场开展投融资活动，灵活运用短期融资券、中期票据、中小企业集合票据等非金融企业债务融资工具等集资金。

（十二）鼓励多元资金支持文化产业发展。发挥保险公司机构投资者和保险融资功能，在风险可控的前提下，鼓励保险公司投资文化企业的债权和股权，引导符合条件的保险公司参与文化产业投资基金。

五、积极培育和发展文化产业保险市场

（十三）进一步加强和完善保险服务。在现有工作基础上，各保险机构应根据文化企业的特点，积极开发适合文化企业需要的保

险产品，并按照收益覆盖风险的原则合理确定保险费率。对于宣传文化部门重点扶持的文化企业和文化产业项目，应建立承保和理赔的便捷通道，对于信誉好、风险低的，可适当降低费率。加快培育和完善文化产业保险市场，提高保险在文化产业中的覆盖面和渗透度，有效分散文化产业的项目运作风险。

（十四）推动保险产品和服务方式创新。各保险公司应深入文化产业进行调查研究，掌握不同文化产业的风险特点和保障需求，积极创新开发合适的保险产品，提供个性化的保险服务。探索开展知识产权侵权险，演艺、会展、动漫、游戏、各类出版物的印刷、复制、发行和广播影视产品完工险、损失险，团体意外伤害保险等适合文化企业特点和需求的新型险种和各种改良保险业务。鼓励保险公司增强活力开展信用保险业务，弥补现行信用担保体制在支持服务业融资方面的不足，为文化企业融资提供保险保障支持。对于符合《文化产品和服务出口指导目录》条件，特别是列入《国家文化出口重点企业目录》和《重点项目目录》的广西文化出口企业和项目，保险机构应积极提供出口信用保险服务，为广西文化企业顺利进入东盟等国际市场提供强有力的风险保障服务支持。

六、建立健全有利于金融支持文化产业发展的配套机制

（十五）推动文化企业建立现代企业制度，完善公司治理结构。坚持创新体制、转换机制、面向市场、增强活力的原则，推动文化企业建立现代企业制度，引入现代公司治理机制和现代企业财务会计核算制度，规范会计和审计流程，提高信息披露透明度，增强财务管理能力，为金融支持文化产业发展奠定扎实基础。

（十六）建立文化产业补贴机制。自治区财政可通过自治区宣传文化发展专项资金等渠道，对符合条件的文化企业，给予贴息等补助，推动国有经营性文化事业单位的转企改制。支持组建广西文化投资公司，引导和鼓励社会和个人投资文化产业，加快文化投融资体制多元化发展。

（十七）建立多层次的贷款风险分担机制。鼓励各类担保机构对文化产业提供融资担保，通过再担保、联合担保以及担保与保险相结合等方式多渠道分散风险。研究建立企业信用担保基金和区域性再担保机构，以参股、委托运作和提供风险补偿等方式支持担保机构的设立与发展，服务文化产业融资需求。按照《广西壮族自治区中小企业信用担保机构风险补偿资金管理办法的通知》（桂政办发[2009]186 号）的规定，自治区财政对符合条件的中小企业信用担保机构，按年均贷款担保责任额的6‰给予担保风险补偿。

（十八）完善知识产权法律体系，切实保障各方权益。抓紧制定和完善专利权、著作权等无形资产评估、质押、登记、托管、流转和变现的管理办法，根据《中华人民共和国物权法》修订有关质押登记规定。进一步加强对文化市场的有效监管和知识产权的保护，完善各类无形资产二级交易市场，切实保障投资者、债权人和消费者的权益。

七、加强政策协调和实施效果监测评估

（十九）加强信贷政策和产业政策的协调配合。加强金融部门与文化、广电、新闻出版主管部门的协调与配合，积极落实国家发展文化贸易的相关政策措施；及时向银行金融机构推荐重点文化企业和项目，公布国家文化产业示范基地名单、国家级文化产业示范园区名单、自治区文化产业示范基地名单以及广西文化产业重点项目表，对广西文化产业发展规划等相关文件进行解读，充分发挥政策的引导和扶持作用；积极推动文化企业诚信体系建设，为文化产业融资营造良好的

外部环境。

（二十）建立多部门信息协调沟通机制，搭建文化产业投融资服务平台。加强金融部门与文化产业部门的协调合作，通过座谈、研讨、项目推介等形式，加强对文化投融资项目的宣传、推介工作；配合银行业金融机构做好有关企业和项目的贷前调查、可行性研究、评价、论证、贷款审批和贷后管理工作，切实提高文化企业的融资能力，协助企业解决发展中的融资难题。加强在产业政策、发展规划、企业和项目等方面的信息交流以及开展相关领域的合作研究。

（二十一）加强政策落实评估和督促工作。人民银行广西区各市中心支行可会同同级宣传文化、财政、银监、证监、保监等部门，切实抓好贯彻实施工作。广西各金融机构要逐步建立和完善金融支持文化产业发展的专项统计制度，加强对文化产业贷款的统计与监测分析。人民银行广西区各市中心支行可根据辖区实际情况，建立金融支持文化产业发展的专项信贷政策导向效果评估制度，切实推动广西金融支持文化产业的发展和繁荣。

主题词：金融　文化产业　意见

内部发送：杨小平行长，余文建副行长，罗跃华副行长，办公室，货币信贷管理处。

联系人：罗树昭　联系电话：2853599　（共印221份）

中国人民银行南宁中心支行办公室　2010年8月17日印发

广西壮族自治区文化厅关于命名第三批自治区文化产业示范基地的通知

桂文发〔2010〕27号

各市文化局，厅直属各有关单位：

为贯彻落实党的十七大精神，通过先进文化企业的典型带动作用，进一步引导、促进我区文化产业持续健康快速发展，增强我区文化产业的整体实力和竞争力，推动我区文化大发展大繁荣，根据《广西壮族自治区文化产业示范基地推荐评审办法》（桂文发[2004]319号）要求，经认真推荐和遴选，自治区文化厅决定命名广西金壮锦文化艺术有限公司等7个企业和单位为自治区文化产业示范基地。

现将第三批广西壮族自治区文化产业示范基地名单公布如下：

广西金壮锦文化艺术有限公司

广西接力世纪传媒有限公司

广西南宁唐人文化传播有限公司

桂林佳辉王城旅游发展有限责任公司

龙胜各族自治县和平乡金江村黄洛长发瑶寨

梧州市石表山休闲旅游风景区发展有限公司

桂平西山风景名胜区管理处

各地要广泛宣传、借鉴和推广自治区文化产业示范基地的成功经验，充分发挥它们的典型示范作用。通过先进文化企业的引领带动作用，培养造就一批在全区乃至国内外闻名的文化产业骨干企业，不断增强我区文化产业的整体实力和核心竞争力。

希望被命名为第三批自治区文化产业示范基地的企业和单位以此为契机，再接再厉，锐意改革，大胆创新，提高发展战略意识和品牌意识，进一步做大做强文化产业，为繁荣我区文化建设，推动文化产业跨越式发展做出较大贡献。

特此通知。

二〇一〇年五月六日

主题词：文化　命名　基地　通知

抄送：文化部

广西壮族自治区文化厅办公室　　2010年5月6日印

（共印45份）

广西壮族自治区文化厅关于印发《广西文化艺术人才培养规划(2011—2020年)》的通知

桂文发[2010]90号

各市文化局,厅直属各单位、机关各处室:

现将《广西文化艺术人才培养规划(2011—2020年)》印发给你们,请结合实际认真贯彻执行。

二〇一〇年十二月二十一日

广西文化艺术人才培养规划(2011—2020年)

为进一步实施"人才兴文"战略,全面部署我区"十二五"期间文化艺术人才培养工作,促进高素质文化艺术人才队伍建设,推动广西文化大发展大繁荣、兴起文化建设新高潮,根据《国家中长期人才发展规划纲要(2010-2020年)》和《全国文化系统人才发展规划(2010-2020年)》,结合我区文化人才队伍实际,特制定本规划。

一、序言

人才是指具有一定的专业知识或专门技能,进行创造性劳动并对社会作出贡献的人,是人力资源中能力和素质较高的劳动者,是我国经济社会文化发展的第一资源。文化艺术人才是党和国家人才队伍的重要组成部分,是先进文化的建设者和传播者。

自治区文化厅历来重视文化人才培养工作,按照党中央、自治区的部署和要求,积极推进我区文化艺术人才队伍建设。在过去5年间,根据《广西文化艺术人才培养2006-2010年工作规划》部署,紧紧抓住创新机制、重点突破、点面结合、整体推进的人才培养方针,不断完善组织协调、经费扶持、培养开发、培训激励、质量评估"五种机制",探索建立了自治区、市、县三级文化部门分级负责、上下联动、共同发展的人才培养格局,有计划、有步骤、分层次、多渠道地开展人才培训,以人才小高地建设为载体,以文化经营管理后备人才为重点,统筹兼顾各门类文化艺术人才队伍建设,不断增强文化艺术人才培养的针对性和实效性,促进了我区文化事业和文化产业发展。

2011到2020年,我国正处在全面建设小康社会的关键阶段,也是推动社会主义社会文化大发展大繁荣的重要时期。随着西部大开发的深入开展,未来十年是广西经济社会发展的重要战略机遇期,迫切需要加快发展文化事业和文化产业,以文化软实力提升经济硬实力，使文化成为推动经济社会快速发展的强大引擎。人才资源是国家经济社会文化发展的第一资源，文化繁荣，人才为先。加快文化艺术人才发展，既是在日益频繁的文化交流中赢得主动的战略选择，也是提升地区文化软实力、推动文化建设持续快速发展的必然要求。我区的文化人才队伍建设同文化建设发展的需要还存在不少的问题和困难，主要是：文化系统人才结构和布局不够合理、文化创意、文化经营管理和公共文化服务人才储备不足、人才创业成才能力有待提高、复合型高精尖人才难觅等问题。面对新形势新任务，必须切实增强文化人才培养的责任感、使命感和紧迫感，进一步贯彻落实科学发展观，把文化艺术人才队伍培养纳入文化发展的总体布局，科学规划、开拓创新、突出重点、全面推进，加快文化艺术人才资源开发，贯彻实施“人才兴文”战略，以文化繁荣吸引凝聚人才，以人才辈出繁荣发展文化，不断开创人尽其才、人才辈出、充满活力的文化艺术人才工作新局面。

二、指导思想和总体目标

指导思想：以邓小平理论和“三个代表”重要思想为指导，深入贯彻落实科学发展观，坚持党管人才原则，坚持实施人才强国、人才兴文战略，以改革创新为动力，以坚定理想信念、增强理论知识、提高专业技能为重点，按照服务发展、人才优先、以用为本、创新机制、高端引进、整体开发的要求，全面提高培训质量和效益，努力开创全区文化艺术人才教育培养工作新局面，为广西文化的大发展大繁荣提供坚强有力的智力支持和人才保证。

总体目标：2011 年至 2020 年，培养造就一支门类齐全、结构合理、梯次分明、素质优良的文化人才队伍，各类人才的思想素质、文化水平、业务能力得到全面提升，处级以上干部 5 年内脱产培训时间累计达 3 个月以上，其他在职文化艺术人才培训时间不少于 2 个月。建设好文化党政人才、文化艺术专业人才、文化市场综合执法人才、公共文化服务人才、基层宣传文化人才、文化行业高技能人才等六支人才队伍。实施好文化艺术人才小高地建设工程、文化艺术“培星”工程、八桂名家“传帮带”工程和“高校联姻”工程等四个人才建设工程。建立好文化经营管理后备人才库、民间文化人才库和高技能文化人才库等三个人才库。不断改善文化人才培养环境，壮大文化人才队伍规模，提高文化人才整体素质，优化文化人才队伍结构。

三、主要任务

2011 年—2020 年文化艺术人才培养的主要任务是：

（一）教育培训

1. 党政领导干部

发展目标：用中国特色社会主义理论体系教育培养干部，着力提高文化干部领导水平、执政能力和实践科学发展观的本领，培养造就一支政治立场坚定、勇于创新、勤政廉洁、求真务实、奋发有为，懂管理、会经营，能够推动文化事业和文化产业科学发展的高素质党政人才队伍。

主要举措：结合区直文化系统领导班子建设工作，每年举办 1 期领导干部理论研讨班和 1 期市文化局长培训班。建立文化经营管理后备人才库，动态跟踪培养，有计划、有针对性地组织干部到区外先进地区和出国（境）外培训，加强对文化产业项目创意策划和经营管理人才培养。与高校和社会培训机构合作开展培训，每年选派 5—10 名处级干部和公务员参加各类党校或者有关干部院校的培训学习。选派干部到上级部门跟班学习和到基层挂职锻炼，进行公开选拔，实施文化

厅机关干部与直属单位领导干部双向流动任职，争取机关中层领导干部具有两年以上基层工作经历的达到三分之二以上。

2. 文化艺术专业人才

发展目标：按照重点专业重点培养，紧缺专业抓紧培养，特殊人才特别培养的原则，适应新时期文化建设的需要，以提高专业水平和业务素质为核心，重点建设一支学风严谨、业务精湛、品德优良、成就突出的高层次文化艺术专业人才队伍，急需紧缺人才基本得到满足，文化艺术专业人才整体素质明显提升。

主要举措：充分发挥政府在高层次文化人才培养中的导向和扶持作用，以文化艺术人才小高地建设项目为龙头，制定双向挂职、项目合作、专家聘用等灵活多样的人才柔性流动政策，培养打造我区学科领军人才和拔尖人才。争取设立创业成才培训专项资金，实施文化艺术“培星”工程，切实加强艺术表演院团人才培养，重点打造青年尖子演员，培养造就一批技艺突出、业绩显著、有知名度和影响力的文化青年杰出人才，每年重点扶持10对有导向和示范作用的紧缺专业“传帮带”师徒项目，每年选送15—20名业务尖子参加泛珠三角区域合作培养文化高层次人才进修培训项目。实施“高校联姻”工程，加强与高等院校的交流与合作，共同举办文化产业、文化编创、文化外交、文化科技、文化遗产保护等专业定向班，加快各类紧缺人才的培养，选送优秀青年人才到区内外高等院校学习深造，优化人才队伍的学历结构和专业结构，提高文化艺术专业人才的整体素质。

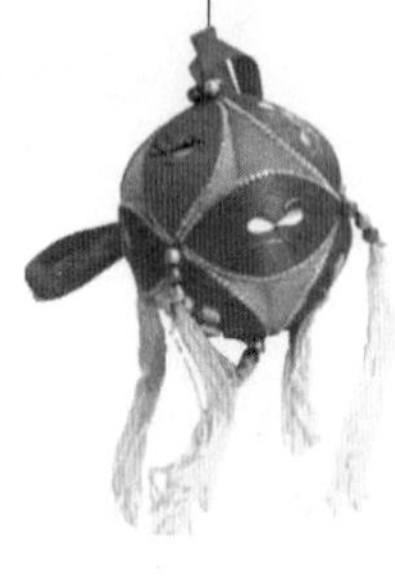

3. 文化市场综合执法人才

发展目标：进一步加强文化市场综合执法队伍建设，帮助文化市场综合执法队伍掌握新知识、提高新技能，适应文化市场综合执法改革的新要求，切实保证文化执法队伍的行政效率、文明公正和廉洁自律。

主要举措：以提高文化市场综合执法人员依法行政能力为核心，每年举办1期县区级文化市场综合执法队长能力提升班，举办1期200人左右的执法业务培训班，重点学习文化市场综合管理和执法的相关法律法规和政策，巩固业务知识，提高执法队伍业务技能和执法水平。十年内文化市场综合执法人才培训率要达到100%，参加学习培训情况纳入年终绩效考评指标，

4. 公共文化服务人才

发展目标：按照素养优良、业务精湛、结构合理的要求，努力建设一支适应新形势下文化发展要求的公共文化服务人才队伍。

主要举措：结合“文化致富”“和谐文化在基层”等活动，配合自治区组织部继续抓好“两委”干部培训，提高基层文化从业人员素质。积极发展市、县各级文化队伍培训网络，加大公共文化服务人才业务技能培训力度，加强对基层文化馆(站)长、文化信息资源共享工程人才和非物质文化遗产人才的培训扶持，每年举办2—4期公共文化服务人才培训班，每期培训100人左右。

5. 基层宣传文化队伍

发展目标：适应加强新形势下基层宣传思想文化工作需要，切实加强基层专职文化队伍建设，积极发展基层业余文化队伍，努力培养一支专兼职结合、素质全面的基层宣传文化队伍。

主要举措：以班子带动队伍，加强基层文化领导班子建设和干部管理建设，切实加强乡镇、街道党委宣传委员的配备，从实际出发配备宣传文化干事，强化保障体系；以培训提高素质，每年从县级和城乡基层选拔100名文化人才进行重点培养，定期举办宣传文化骨干研讨班，鼓励支持基层宣传干部自主学习、到高校和党校深造；以考核增强实效，研究制定加强基层宣传文化队伍建设的实施意

见，把基层宣传文化队伍建设纳入干部人才队伍建设总体规划，纳入基层宣传思想文化工作目标责任考核，明确职责分工，确保队伍建设各项任务落到实处。

6. 文化行业高技能人才

发展目标：适应产业结构优化升级的要求，以提高职业素质和职业技能为核心，形成一支门类齐全、技艺精湛的高技能文化行业人才。加强文化行业职业技能鉴定基地和师资队伍培训工作，提升鉴定水平，规范文化艺术从业人员执业资格，促进文化行业职业技能鉴定工作健康有序发展。到2020年，培养文化行业职业技能培训师资队伍100人，文化行业职业技能人才500人。

主要举措：探索建立艺术职业学校教育和文化企事业单位培养、政府推动与社会支持相互结合的高技能人才培养培训体系。加强文化行业职业培训，整合利用现有各类职业教育培训资源，建设一批示范性高技能文化人才培养基本和实训基地，加强文化行业特有职业技能鉴定和人才培训工作，定期组织文化行业职业技能鉴定的师资队伍和考评人员进行专业培训，全面了解国家和文化行业职业技能鉴定有关政策法规、规章，职业分类与职业标准应用，促进技能人才评价多元化，建立文化行业高技能人才信息库。

（二）重点工程

1. 文化艺术人才小高地建设工程

目标要求：依托重点产业、重点项目、重点学科吸引、聚集和培养一批文化艺术领域高尖人才和领军人才，以文化艺术人才小高地为龙头，聚人才、出成果，力争建设自治区级人才小高地和文化厅本级人才小高地的数量翻番，有效发挥高层次人才的作用，促进文化系统人才建设的文化艺术人才队伍建设整体推进。

主要举措：组织协调各建设载体加强广西文化艺术创作人才小高地建设，每年对人才小高地承建基地的重点培训项目给予重点扶持，制定双向挂职、项目合作、签约专家等灵活多样的人才柔性流动政策，对贡献突出的专家给予专项培训补贴，选送优秀学科带头人和高精尖人才到区内外高等院校进修学习。

2. 文化艺术“培星”工程

目标要求：立足本土，重点打造青年尖子演员，培养造就一批技艺突出、业绩显著、有知名度和影响力的文化青年杰出人才。

主要举措：对列入“培星”计划的青年尖子演员、特殊行当的紧缺人才和具有发展潜力的优秀青年业务骨干，量身制定培养计划，给予创业成才培训资助经费，鼓励支持他们参加重要专业比赛、举办个人音乐会或个人作品展，外送进修和培训，扶持包装宣传等。

3. 八桂名家“传帮带”工程

目标要求：培养一批在全区具有影响的编剧、导演、演员、音乐、舞蹈、灯光音响、舞美人才，能够承担各类重大演出活动任务，重点关注和培养广西特有民族的各类人才。

主要举措：开展“传帮带”活动，在全区文化系统精心挑选10名业务精湛、成就突出、影响广泛的领军人物和拔尖人才，鼓励优秀高级专家带徒传技，建立“师徒结对”的传帮带机制，举行拜师仪式，每对师徒给予一定经费资助，支持师徒进行技艺传授、艺术创作和学术交流，促进后备人才队伍迅速成长。

4. “高校联姻”工程

目标要求：加强与高等院校的交流与合作，优化文化艺术人才队伍的学历结构和专业结构，促进文化人才队伍整体素质逐步提高。

主要举措：与区内外高校合办学历班和定向班，按现有学历程度分期分批选送文化党政人才和专业技术人才到高校进行学习培训，经考试合格者，由校方颁发学历证书，全面提高专业艺术人员的学历层次和业务水平。

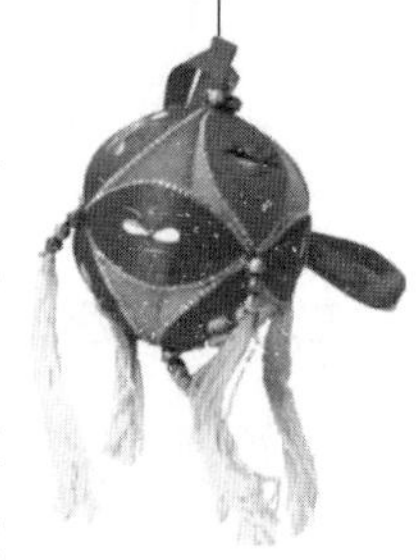

(三)人才库建设

1. 文化经营管理后备人才库

目标要求:随着文化体制改革的深入开展,建立健全文化经营管理人才培养机制,以提高战略开拓能力和现代化经营管理水平为重点,着力培养战略经营者和职业经理人,加大年轻干部选拔任用和干部交流轮岗工作力度,努力建设一支具有先进管理理念,懂市场、会经营的文化经营复合管理人才队伍。

主要举措:选拔一批有培养发展潜力的文化经营管理人才,建立文化经营管理后备人才库,每年有计划地组织入库人员到区直文化系统单位挂职锻炼或到外省文化部门跟班学习,动态培训、跟踪考核。对培养成熟具备任职条件的经营管理人才,根据单位领导班子建设情况进行配备充实。采取"请进来、走出去、开眼界、拓思维"的培训方式,定期举办文化经营管理研讨班,加强对文化产业经营管理、文化产业项目创意策划和文化产业中介营销人才培养。

2. 民间文化人才库

目标要求:进一步加强民间文化人才队伍建设,做好民间文化艺术资源保护工作,促进民间文化艺术的健康发展。

主要举措:普查在民间文学、工艺、美术、音乐、舞蹈、戏剧、曲艺、杂技、研究等方面造诣高深、成就突出、影响广泛且对民族民间文化的保护、传承与弘扬做出突出贡献的文化艺术人才,建立健全完备的民间文化人才档案库,对全区民间文化艺术人才进行全面有效整合。从民间文化人才档案库中推选 10 名传承人的优秀代表,经过专家鉴定、调查核实和网上公示等严格程序最终认定和命名,每人每月给予适当经费补助,为传承人开展传统文化传习活动创造条件。以县为中心成立民间文化讲习所,定期邀请艺术院校专家学者及优秀民间文化传承人讲学培训。

3. 高技能文化人才库

目标要求:适应产业结构优化升级的要求,以提高职业素质和职业技能为核心,形成一支门类齐全、技艺精湛的高技能文化人才队伍,并带动中、初级技术劳动者队伍梯次发展。

主要举措:配合做好文化部开展全国文化行业高技能人才选拔表彰工作,同步建立广西文化行业高技能人才库。整合利用现有资源,建设示范性高技能文化人才培养基地和实训基地。完善高技能文化人才评选表彰制度,鼓励优秀高技能人才开展带徒传技、同业交流、技术创新等活动。协同有关部门每年重点扶持、资助一批高技能文化人才承担重大课题、重点项目,开展创作演出、出版专著等活动。

四、组织实施

(一)加强领导,狠抓落实

全区各级文化行政部门要把落实文化艺术人才培养规划作为加强人才队伍建设的一项重要举措,加强领导,上下联动,各司其职,狠抓落实。区直文化系统的人才培养工作在文化厅党组的领导下,由厅人事处具体负责组织、协调、督促和检查。各市、县文化行政部门要以本规划为指导,根据实际,制定本辖区文化艺术人才培养方案并负责组织实施,争取各方面对文化艺术人才培养工作的支持,为推动文化艺术人才发展营造良好的创业成才氛围。

(二)科学规划,加大投入

各级文化行政部门要树立全局意识,多渠道、多途径筹措资金,统筹安排人财物力,把人才培养经费列入部门预算,重点项目重点扶持,不断加大经费投入力度,切实提高经费使用效率。文化厅文化艺术人才培训专项经费采用项目申报制,由专项经费资助的培训项目,承办单位须在培训结束后将办班文

档报自治区文化厅备案。

（三）加强管理，务求实效

坚持高标准、严要求，各地各部门要加大文化艺术人才培养力度，不断提高人才工作队伍的整体素质和业务水平。自治区文化厅将文化艺术人才教育培养工作列为目标绩效检评和文化工作先进县、文化工作先进集体评选的重要指标之一，定期对直属各单位和各市、县文化行政部门的人才教育培训工作进行检查督促，确保文化艺术人才培养取得实效。

主题词：文化　人才　培养规划　通知

广西壮族自治区文化厅办公室　　　　　　2010年12月21日印发

（共印70份）

文化调研报告

文化调研报告

广西推进少数民族地区文化跨越发展研究

自治区文化厅课题组

广西兴起文化建设新高潮、推动文化大发展大繁荣的一个薄弱环节和难点所在，很可能是少数民族地区文化建设举步维艰而发展严重滞后拖累所致。自治区文化厅组织的课题组2010年对全区少数民族自治县、民族乡和壮族聚居县进行调研后认为：切实增强少数民族地区文化发展内生力，不断提高少数民族地区文化综合竞争力，注重强化少数民族地区文化建设执行力，对于推进少数民族地区文化跨越发展并与全区文化同步均衡快速发展、促进加快全面建设小康步伐、构建富裕文明和谐新广西尤为紧迫而切实可行。

一、深入剖析：造成少数民族地区文化发展滞后，主因是缺乏内生力

内生力是指一个国家或地区自我发展的能力。文化内生力指一个国家或地区文化主观能动发展的内部生成实力，不过多依靠外部条件和因素作用而具备自我发展的内在能量。内生力强，则文化发展对外依存度低，反之亦然。缺乏文化内生力，无疑是少数民族地区文化发展的致命伤。广西共有少数民族自治县12个，享受民族自治县待遇的县3个，壮族人口占本县人口80%以上的县（市）18个，民族乡58个，在全区119个县（市区）、1126个乡（镇）、5000多万人口中所占的比例不少，其文化发展拖后，对全区经济社会发展的影响极大。改革开放特别是进入新世纪以来，广西在探索加快少数民族地区的文化发展实践中取得了可喜的成绩：文化设施建设投入力度不断加大，公共文化服务体系建设不断加强，民族文艺原创精品不断涌现，文化产业发展不断推进，民族文化遗产保护能力不断增强，对外文化交流合作不断取得新进展。全区少数民族文化发展虽然取得较大的成绩，但由于少数民族人口聚居地主要散布在桂西、桂西北、桂西南山地丘陵一带等诸多不利因素，因此，少数民族地区文化建设从根本上突出存在着严重的内生力不足的问题。

1. 观念意识不到位

各级党委、政府对文化在经济社会发展中所起的先导性、基础性、战略性作用的清醒认识和高度自觉，树立这一文化意识观念对于增强少数民族地区的文化内生力至关重要。目前的现实是，各级党委、政府虽已不同程度重视民族文化建设，然而相当多的领导对民族地区文化发展重要性认识仍不到位，主要表现在：一是思想上不太重视。民族地区基层领导普遍存在着重经济发展而轻文化建设的倾向，认为文化建设可多可少甚至无

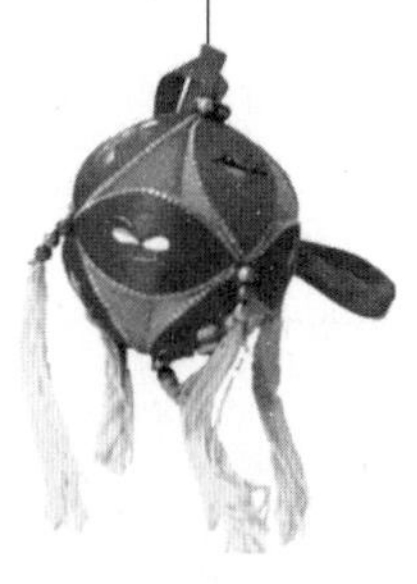

足轻重，认为文化是花钱的部门，因而对文化建设缺乏长远性思考和谋划，没有将文化建设真正纳入当地经济社会发展总体规划和年度工作计划，没有纳入党委政府工作重要议事日程和干部目标管理的责任考核指标体系，上级政府对下级政府的考核多注重于经济发展指标而轻视文化建设目标，加之文化发展很难在短期内彰显政绩，以至文化发展在民族地区不少基层政府的工作中实际上处于边缘化状态，从而致使文化工作长期处于弱势地位。二是行动上不太积极。由于文化工作没有列入各级领导干部的考核目标，有的地方基层党政领导对少数民族地区文化工作抓得不实，缺乏为民族地区群众提供公共文化服务的意识和决心，缺乏有创造力的指导和扶持措施，没有真正执行落实中央和上级党委政府对文化发展的相关政策规定，文化建设缺乏可持续发展的政策措施和资金保障，投入到民族地区的文化事业经费偏少，甚至有被挤占挪用现象。国家曾明文规定强调文化事业经费投入的增长不低于财政支出的增长速度，但全区 58 个民族乡中，综合文化站业务经费为零的就有 29 个，占了 50%，全年业务经费为 1 万元以下的有 15 个站，约占 25%，二者总计占 75%；有 13 个综合文化站无经费订报刊，31 个站无电脑配备，9 个站无藏书；10 个文化站专干无人下乡辅导，10 个站无开展培训活动，20 个站无灯光球场，56 个站无影剧院。而在民族自治县、壮族聚居县和享受民族县待遇的 33 个县中(以下简称“33 个民族县”)，无业务活动经费的乡镇综合文化站有 186 个，占 33 个县共 412 个乡镇中的 45.1%。少数民族地区尤其是基层民族文化建设长期投入不足，欠账较多，设施陈旧落后等突出存在的问题，根本原因还是由于基层领导对文化重要性的观念和认识不到位所致，也就从根本上阻滞了少数民族地区文化发展的内生动力。

2. 地区发展不平衡

少数民族地区文化建设发展不平衡的问题，主要表现在：一是少数民族地区与其他地区之间的文化发展不平衡。少数民族地区由于其所处地理位置偏远，交通不便，自然条件恶劣以及历史成因等造成经济社会尤其是文化发展与汉族、平原发达地区和大城市相比极不平衡。譬如自治区、市级或比较富裕地区举办一台文艺节目，投入动辄几百万甚至上千万元，也只演出一场或者几场或在全国参加一次比赛后就“刀枪”入库，不再演出未再发挥作用；而少数民族地区建一个乡镇综合文化站投入一般为 40 万元，相较之下，一台文艺节目的投入可以建 10 至 30 个甚至更多的乡镇综合文化站，诸如此类的不平衡问题差距非常大。二是少数民族县域之间的文化发展不平衡。33 个民族县中，文化馆无室外活动场地的有 28 个县，无演出剧场的有 20 个县，无电影院的有 18 个县，县文工团无排练场地的有 8 个县。有些民族县财政收入虽然较少，但文化事业经费拨款却较多，如金秀瑶族自治县 2009 年全县财政收入为 10701 万元，文化事业经费财政拨款达 324.5 万元；而有的县财政收入较多，文化事业经费拨款却更少，如隆安县 2009 年全县财政收入为 22268 万元，文化事业经费财政拨款仅 144.9 万元，而号称广西财政第一县的平果居然未建有县图书馆，诸如此类的情况不少，用于文化建设的财政投入差异导致文化设施建设不平衡的现象相当普遍。三是少数民族地区城市与农村之间的文化发展不平衡。文化建设软硬件尤其是在设施上与城市相比差距更为明显，人们清楚看到，与五光十色的城市文化建设特别是一些行业的现代化豪华设施形成鲜明对比的是，民族贫困地区农村文化设施简陋破旧乃至空白反差强烈。例如柳州市

2009年投入680万元，建设“柳江明珠”江中景观大舞台仅一个项目，几乎相当于同年新建18个乡镇综合文化站的经费投入项目。少数民族地区农村许多乡镇综合文化站无场所、无人员、无经费、无开展活动等问题，以及人民群众看戏难、看书难、看电影难的问题还没有从根本上得到解决，这种发展不平衡反过来更消解了少数民族地区文化内生力的生成和能量凝聚。

3.服务体系不健全

公共文化服务体系是政府举办的、非营利性的、传播先进文化和保障大众基本文化需求的各种文化机构、产品和服务的总和。近年来广西民族地区公共文化服务体系建设有了较快的发展，但这一体系尚未形成整合，尚未衔接成链条，也未发挥有效服务，仍存在一些不容忽视和亟待解决的不健全问题：一是各级文化主管部门及所属单位的专业文化队伍对少数民族地区的公共文化服务体系不健全，自治区、市、县、乡各级文化队伍少有或没有深入少数民族地区农村进行文化服务工作，尤其是县乡没有专业文化队伍下乡为农民进行比较健全的综合文化服务。例如33个民族县中2009年下乡辅导少于10人次的有8个县文化馆，有14个县文化馆全年只各举办了3期文化科技培训班，其中平果、都安、田东、东兰4个县年内竟未举办一期培训班；尤为典型的是平果县由于未建县图书馆而没有外借一本图书和读者入馆阅览，田阳县年内只有123人次到图书馆阅览；有11个县文工团下乡演出全年不到40场次，只有5个县文工团达到或超过100场次；33个民族县中8个县的乡镇综合文化站全年竟没有一个专干下乡辅导，如此不健全的基层公共文化服务令人忧心。二是宣传文化、广电、新闻出版等部门对少数民族地区公共文化服务体系整合不健全，没有形成全覆盖的强大合力，存在多头管理、部门协调不顺的现象，造成少数民族地区公共文化服务能力弱化，致使存在诸如全区拥有文化信息资源共享工程基层服务点的县乡还不多、信息利用率普遍较低、发挥不了强有力的整合效能等问题。三是企业、工会、共青团、妇联、文联等行业团体以及社会上对少数民族地区开展的公共文化服务各项制度、措施都不健全，没有给予应有的重视。四是政府统筹的公共文化服务不到位，各级政府尚未对少数民族地区的县、乡级公共文化服务体系建设有效提供政策、措施上的保障，也无法提供既质量好又价格优的文化产品和文化服务给广大群众。这种不平衡的问题，是造成少数民族地区文化发展滞后、缺乏内生力的一个重要因素。

4.精品打造不出彩

精品是文化发展的旗帜和标杆，是文化内生力外化的集中表现，也是少数民族地区文化繁荣发展的重要标志。尽管广西在少数民族舞台艺术精品创作上取得一定的成绩，如《八桂大歌》《妈勒访天边》等一批反映少数民族舞台艺术作品在国内比赛中获得大奖，但我区少数民族地区县一级特别是乡镇基层艺术精品打造力量薄弱，原创剧节目少且缺乏出彩亮点，不仅少数民族地区县乡鲜有在全国产生影响的精品剧目，而且整个状况堪忧。33个民族县2009年创作新剧节目为零的有5个县，新创剧节目2个以下的为9个县，县级剧节目在各级评奖中为零的有23个县占69.7%。特别是乡一级更谈不上精品创作演出了，58个民族乡中，业余文艺队为零的有8个乡，有12个乡则只有一个业余文艺队。而创作反映本民族题材的作品则少之又少，能够叫得响、受群众欢迎、能长期保留演出的剧目则更是寥寥无几。存在这些问题，主要有以下几个方面的局限：首先是资源开发利用的局限。少数民族地区普遍存在文化

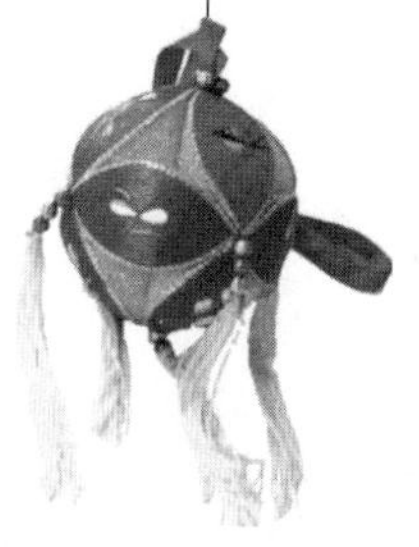

资源开发利用渠道狭窄，演出剧目在内容、艺术上很少有创新，多为“移植”外来节目演出以及跟风创作的艺术作品，没有利用本地区民族特有的艺术资源进行提炼、升华，以寻求题材、表现手法等方面的突破，而高科技信息技术与舞台艺术的结合乃是特色文化资源有效开发利用的一大瓶颈。其次是优秀人才缺乏的局限。缺乏优秀的舞台艺术剧目创作者、编导和演员，自然就不会有原创精品出现，由于少数民族地区多处偏远山区，加上福利待遇较差和工作生活条件艰苦等原因，人才送出去培养不回来，优秀人才留不住，造成文化人才队伍经常跳槽出走等不稳定因素。再次是经费投入少的局限。由于少数民族地区财政困难，对文化建设尤其是舞台艺术创作演出的经费投入极为有限，或者是领导不太重视这方面的投入，更使打造精品难上加难。

5.产业开发不作为

文化产业开发程度与文化内生力的动能释放成正比，文化产业开发程度较高则文化内生力动能释放就大，反之则低。我区少数民族地区近年来涌现出靖西绣球、临桂五通三皮画、阳朔福利画扇、钦州坭兴陶等一批文化产业品牌，但从总体上来说，绝大多数少数民族地区的文化产业开发进展不大，33 个民族县中 2009 年县文化馆产业全年收入为零的有 27 个县占 81.8%，县文工团商业演出为零的有 16 县占 48.5%，即使偶尔有一些文化产业项目开发的县，或者有一些私营企业或个人的文化产业小作坊，其经营收入也少得可怜，远没有形成产业规模，无法形成具有竞争力的高端文化产品，开发出具有本地特色优势的文化产业品牌。导致这一局面的原因：一是少数民族地区基层政府乃至相当多的文化主管部门不太重视，没有牢固树立文化产业发展的意识，没有认识到文化产业对少数民族地区调整优化经济结构、营造良好环境、促进招商引资、提升群众物质和精神生活水平增强幸福感发挥的独特作用，只知道文化的事业属性而忽视其产业的属性，不能充分认识到文化只有形成一种产业，才能在市场经济条件下生存和发展的道理，因而在抓具体工作指导上、精力投入上等都关注甚少，办法也不多，无法使文化单位真正成为自立经营、自负盈亏、自我发展的市场竞争主体。二是少数民族地区基层政府和文化主管部门缺乏敏锐的战略眼光，民族地区文化产业发展缺乏整体规划、科学布局、合理引导的谋略和有效实施，没有发现及发掘具有本地特色优势的民族文化产业资源及其品种，更没有因地制宜认真打造本地优势文化产业品牌。三是少数民族地区基层政府缺乏对文化产业相应的多方扶持举措，在文化产业的人才培养、资金投入、政策扶持等方面，没有积极的强有力对策等，这就必然使少数民族地区文化产业发展缓慢乃至停滞不前了。

6.人才培养不得力

人才是文化内生力生成的创造者，优秀文化艺术人才的培养对少数民族地区文化建设极为关键。目前，广西少数民族地区文化艺术人才培养尤其是文艺创作和管理人才的培养十分不得力，令人忧虑。截至 2009 年底，33 个民族县文化馆共 474 个从业人员中，副高职称只有 7 人，中级职称 126 人，初级职称 154 人占总数的 32.4%，其中高中（中专）122 人加上初中以下 25 人占 51.2%；33 个民族县图书馆共 260 个从业人员中，只有副高 2 人，中级 42 人，占职工总数 16.1%，大专以上 154 人，占职工总数 59.2%，尚有相当部分人员达不到职业岗位的专业职称要求。58 个民族乡综合文化站专干共 100 人，其中副高职称 6 人占职工总数 6%，中级职称 20 人占 20%，初级职称 30 人占 30%，其余 44 人

无职称占职工总数44%，整支队伍存在文化和专业素质偏低的状况。当前我区民族地区文化人才培养存在以下问题：一是少数民族地区优秀文化人才数量严重不足，有些少数民族的文化人才数量比例偏低，文化队伍人员老化，青黄不接，专业人才面临断层，缺乏高层次、高素质的民族文化人才；二是少数民族地区文化人才质量普遍不高，在民族县乡两级，少数民族文化队伍人才的学历层次较低，民族人才队伍中熟悉业务专业人才缺少，尤其是匮乏诸如艺术创作、导演、经营、管理等专业领域的拔尖人才；三是少数民族地区文化人才培养措施不力，有关部门对民族文化人才队伍培养不重视够，或者办法不多，也没有形成营造有利于优秀人才脱颖而出的体制机制和社会环境，没有制定实施培养和激励优秀文化人才创业以及留住本地尖子人才、吸引外来高端人才的相关具体办法措施等，这些都是造成少数民族地区文化内生力枯竭的根本性原因。

二、深层推进：实现少数民族地区文化跨越发展，根本是提升竞争力

推进少数民族地区文化跨越发展，其根本点是要千方百计提高地域民族文化的竞争力。当前，结合广西少数民族地区文化建设的状况，尤其是针对其存在的文化竞争力不强的现实，必须强调要从加强少数民族地区的公共文化设施建设，健全完善公共文化服务体系，活跃群众文化活动，强化舞台艺术精品创作，发展文化产业特色品牌，推进文化对外交流合作等六个方面的均衡发展，从而加快提升少数民族地区文化的综合竞争力。

1.填平补齐，奋力提升民族文化设施建设水平

文化设施是文化建设的基础和最基本的要素，文化设施建设水平体现着一个国家、一个地区、一个民族文化发展的缩影，也是提升文化竞争力的一个基本标志。鉴于我区少数民族地区目前普遍存在着乡镇、村屯等基层文化设施严重不足、空白点多、破旧面大以及标准低、功能弱等突出问题，直接地制约了少数民族地区文化竞争力的提升。为此，应着重在填平补齐的基础上奋力提升少数民族地区文化设施建设水平。

——全面加快少数民族地区公共文化基础设施整体建设的填平补齐。大力推进少数民族地区县级图书馆、文化馆、乡镇综合文化站和村文化室以及广播电视村村通工程、农村电影放映工程、农家书屋工程、文化信息资源共享工程等整体公共文化基础设施建设并保障其有效运转，地广人稀的民族地区配备、配齐流动文化服务车和相关设备，建设和完善流动服务网络。优化解决少数民族地区至今仍未建或未达标的上述各项文化基础设施的建设资金问题，切实加大对这些民族县乡的倾斜力度，争取“十二五”规划头三年内把整个少数民族地区公共文化基础设施的空白点和未达标点按规范标准全部建设起来。

——重点抓好民族乡村基层公共文化基础设施薄弱环节建设的填平补齐。对少数民族地区目前尚有97个乡镇综合文化站空白点和48个不达标的站点，进行填平补齐，民族县、民族乡两级政府要务必及时采取有效措施做出切实的针对性计划，每年定死任务做好建设乡镇综合文化站空白点或未达标站的建设数量，力争在“十二五”计划的头三年内完成这项头等重要建设任务。关键是落实好建设经费，在国家的支持下，自治区、市、县三级财政要对乡镇文化设施的空白点和不达标站点按原定的比例尽快投入建设资金。

——注意进行地域标志文化设施特色风格建设的填平补齐。对少数民族地区新建的文化设施进行适合本地民族开展文化活动的

功能性、独特性、个性化的建筑风格设计建设，多方征求民俗学、建筑学、民族艺术学等方面的专家意见并充分讨论，还可征询民族地区民众意见后再启动项目建设程序，以避免千篇一律呆板的建设模式，提升少数民族地区文化设施的设计建设水平及魅力，使重点文化设施尽可能成为少数民族当地的一个标志性建筑。

2.整合资源，全力抓好民族文化服务体系建设

公共文化服务的实质，就是文化从业群体向社会提供的公共文化产品和服务。公共文化服务体系建设的优质高效，既是体现少数民族地区文化跨越发展、提升文化竞争力的一个重要衡量标尺，也是保障公民基本文化权利、满足人民群众日益增长的文化需求的一项重要参量。抓好公共文化服务体系建设的着力点，要放在各文化服务体系要素的资源整合上，凝聚形成强大的综合服务力。

——整合文化建设各方补助投入资金。以政府投入为主体、社会支持为补充，并鼓励当地农民自主投入，包括宣传、文化、广电、新闻、出版、文联乃至工青妇等各人民团体投入公共文化服务体系建设的专项资金和资助经费，让汇集起来的资金统合安排使用，集中投入到少数民族地区文化建设的某一个薄弱环节或重点领域，使为少数民族群众提供文化活动的硬件设施诸如图书馆、博物馆（文管所）、文化馆、乡镇综合文化站、社区及村级文化室、农家书屋、文化信息服务点、农村电影放映和村村通广播电视工程等，通过建设资金这一资源的整合，让公共文化设施建设形成一个综合优化使用的效应，达到实用、美观、高起点、高质量的均衡发展目标，夯实少数民族地区公共文化服务体系建设的基础。

——整合文化辅导队伍下乡服务力量。包括文艺节目排演的辅导服务、节目创作及导演的基础知识服务、文化产业开发项目的指导服务、农民科学致富技能的培训服务，政策法规咨询解答等各项服务，都尽可能在一个综合指导小组的统筹安排下，由各级艺术表演团体、群艺馆、文化馆、图书馆、综合文化站以及农业推广站、科技培训中心、新华书店等有关职能单位分头有序开展，实现人力资源整合达到最佳配置状态，并逐步形成制度，坚持经常地为少数民族广大群众提供各种优质的文化服务，使送戏、送书、送电影、送科技等服务到基层，让开展文化下乡和文化进社区服务活动形成常态化、高质量、有效性。

——整合文化设施场地充分发挥效能。应尽可能使少数民族地区的公共文化设施，包括文化部门的县级图书馆、文化馆和乡镇综合文化站，广电部门的广播电视台、教育部门的图书室或活动场地，科技部门的职业培训中心，体育部门的运动场地等资源，都可以在一定的节庆或节假日时间内予以集中调配使用，进行统筹整合利用，开展爱国主义教育、政策法规宣传、科技知识讲座、文化娱乐辅导、体育运动开展等活动，提高设施的综合使用效率和效能，形成综合管理长效机制，从而实现文化设施功能的优化配置和整合互用。

3.传承创新，大力开展民族文化基层群众活动

保护和弘扬民族民间优秀文化，组织开展独具地域特色而又推陈出新的民族文化基层群众活动，是增强少数民族地区文化竞争力的基础前提，也是少数民族地区文化建设和文化发展的灵魂。没有传承创新群众喜闻乐见的民族文化活动，少数民族地区的文化就会失去生机活力，失去生存发展的土壤，更谈不上实现跨越发展了。

——要注重开展传承创新的民族民间文艺节目创作演出活动。少数民族地区各县、

乡一般都有本地群众喜爱的民族地方戏曲、民间音乐舞蹈、民俗风情文艺表演等传统的演出节目形式，如壮族的壮剧、山歌、末伦、扁担舞、绣球舞，侗族的侗族戏、侗族大歌、芦笙舞、多耶，瑶族的蝴蝶歌、铜鼓舞等，组织创作编导力量，对各地各民族的传统文化素材进行艺术提炼，让创作出来的节目内容和形式在传承的基础上创新出彩，多为当地民族群众演出，活跃少数民族地区的文艺舞台。

——要定期开展传承创新的民族民间节庆集市文化活动。节日期间是群众文体活动兴盛的黄金时节，着力开展如壮族的三月三歌会、蚂拐节、炮龙节、苗族坡会、瑶族的盘王节、仫佬族的依饭节等既有民族民间优秀传统又有当代气息时尚风格的节庆群众文化活动，以及农闲、集市时间开展地方特色群众文化活动，使节庆集市民族民间传统文化活动与因地制宜开展的村落文化、社区文化、企业文化、校园文化、广场文化、家庭文化等各项特色群众活动，以及举办的美术书法摄影等展览活动和知识竞赛、讲座、演讲、专题报告等读书活动结合起来，努力提高少数民族地区群众的参与度，丰富民族地区基层群众文化生活，用健康的文化艺术占领民族地区基层文化阵地。

——要有意识开展传承创新的非物质文化遗产和民族生态区的保护展演活动。组织当地民族群众广泛参与诸如宜州下枧河刘三姐歌谣生态保护区、红水河铜鼓艺术生态保护区等以及各市获得国家级、自治区级、市级非物质文化遗产名录项目的各种展示、演出等活动，坚持保护和开发并举，在规划保护建设一批历史底蕴比较深厚、民风民俗个性鲜明、开发利用较大的历史文化名镇和民族特色文化村、民间艺术之乡的同时，要注重组织开展安全性、科学性、特色性、丰富性、群众性相结合的当地民族文化艺术活动。

4.突出特色，着力打造民族文化艺术地域精品

着力打造独具民族地域特色的文化艺术精品，理应被视为少数民族地区文化实现跨越发展、提升本地民族文化竞争力的一个极其重要的标志。广西各少数民族有许多本民族的民间传统戏剧、曲艺、音乐、舞蹈、神话、传说、故事等民间文学艺术形式，还有很多独具特色的地域民俗风情等，挖掘这些丰富独特的民族民间艺术宝藏，致力打造地域民族艺术精品，是我区广大文艺工作者尤其是民族地区文化工作者义不容辞的职责。

——强化专业文艺工作者的民族艺术精品创作意识。鼓励并组织广大专业文艺工作者尤其是剧作家深入少数民族地区农村基层采风和体验感受民族群众生活，创作出更多体现民族特色、反映时代精神、具有较高艺术水准和适应各族群众需求的彰显少数民族新时代、新风貌、新生活的文化艺术精品，提高少数民族文艺作品的数量和质量，尤其抓好重点民族题材艺术重构的提炼、升华的精品打造工作，使广西少数民族地区优秀作品力争在全区乃至全国有更大的影响力。

——强化民族地域特色剧节目的创作演出。组织本地艺术人才包括业余人才力量，紧密结合本地民族文化内容特色，利用本民族戏曲音乐舞蹈等各种文化艺术形式，创作出各族群众喜闻乐见的在艺术形式流行范围内有一定影响力的舞台优秀作品，如田林、德保、靖西等县的壮剧，融水县的苗族歌舞、苗剧，三江县的侗戏、侗族大歌，恭城、富川、都安、巴马、大化、金秀等瑶族风情的剧节目，环江县的毛南剧等，各民族都应致力打造本地域民族特色的舞台艺术优秀作品，多创作面向基层和群众的中小型剧节目，以适应、方便和满足少数民族群众的生活节奏及文化生活需要和审美需求，创作的剧节目要多为本地

群众演出，并在演出中反复修改、提高，推出一批在当地常演不衰的剧节目。

——强化民族艺术精品的综合提升示范工作。对已经得到确认的民族艺术精品，要做好市场推介宣传工作，定期组织举办全区民族优秀艺术作品汇演、调演、展演，扩大交流范畴，总结成功经验。加大对舞台艺术精品生产的理论研究，组织上级专家辅导提高少数民族地区艺术人才创作水平，召开民族艺术精品创作生产研讨会，以理性思维观察、分析和评价少数民族舞台艺术创作、生产过程及市场营销商演中出现的问题，针对薄弱环节，找出症结，提出前瞻性引导建议。加大对少数民族艺术精品创作扶持力度，不断提高少数民族作者的剧节目创作水平，为少数民族舞台艺术创作生产的提升和发展提供可行性理论指导。

5.发挥优势，致力做强民族文化产业独特品牌

做强民族文化产业独特品牌是增强少数民族地区文化建设竞争力、推进跨越发展的重要举措。充分发挥广西12个世居民族的民间传统文化、历史文化、边疆文化、山水文化等文化资源优势，分析和把握少数民族文化产业发展的特点及规律，做好并鼓励民族文化产业多样化发展，做强民族文化产业品牌，加快少数民族地区文化跨越发展。

——着重构铸民族文化产业重大项目品牌。以项目为中心，优化整合民族地区丰富的文化资源，确定重点发展民族地域特色优势的文化产业门类，建立一批有一定规模的文化产业集团、园区及基地，推进民族地区文化产业专业化、集约化生产。加强民族地区文化企业的资产重组，以产品为龙头，以资本为纽带，培植一批跨行业、跨地区、跨所有制经营的大型民族文化企业，推出一批具有战略性、引导性和带动性的重大文化产业项目，精心打造一批区内外知名的民族文化产业特色品牌。

——加快培育民营民族特色文化产业集群。充分发挥非公有制经济优势，鼓励非公有资本参与发展少数民族地区文化产业，重点培育一批非公有资本的龙头文化企业和产业集群，发展一批“专、精、特、新”中小型民营文化企业，因地制宜做好民族艺术表演、民族文化遗产展示、美术品交易、民间工艺品生产、民族题材影视制作等文化产业项目，促进民族地域文化产业与教育、科技、信息、体育、旅游、休闲等领域联动发展。注重发展和建设“一县多品”、“一乡一品”、“一村一品”特色文化产业品牌，使其成为区域经济和文化产业发展的新亮点。

——高度重视民族文化产业科技创新。现代文化产业是一项与知识创新、科技创新密切相关的产业，其区别于传统文化产业的根本点在于，它日益倚重于强大的创意资源和高新技术手段。为此，要大力推动现代科技特别是信息技术在民族文化领域的广泛运用，积极发展文化创意、文物博览、动漫游戏、实景演出等新兴文化产业项目，不断创新民族地区文化产业业态，推进少数民族地区文化产业发展转型升级，形成一批具有自主知识产权的民族文化知名品牌。与此同时，要建设统一、开放、竞争、有序的文化市场体系，培育文化产品市场和要素市场，形成富有效率的文化生产和服务运行机制，不断延伸产业链，扩大民族地区文化产品的市场占有率。

6.推介宣传，努力组织民族文化对外交流合作

加大少数民族地区文化对外推介宣传及交流合作力度，促进形成政府推动、企业主导、社会参与、市场运作相结合的全方位、多层次、宽领域的民族文化对外交流合作新格局，增强少数民族文化融入国际和区域合作

发展的能力，在努力引进国外优秀文化的同时，积极推动广西少数民族文化走向世界。

——努力创新民族文化对外交流合作体制机制。在推进政府及其部门进行官方层面的对外民族文化交流合作的同时，政府应在包括经费等方面支持少数民族地区基层积极参与全国、自治区、市、县组织的对外文化交流活动，放宽少数民族文化产品的出口审批，大力扶植具有国际竞争力的外向型民族文化企业。拓展民间交流合作领域，鼓励民族地区民间组织、民营企业、社会各界和个人从事对外文化交流，切实增加少数民族文化在自治区对外文化交流合作项目中的比重，每年安排较大数量的少数民族文化活动参与我区乃至我国在国外举办的中国文化节、广西文物精品展等，鼓励在镜外兴办文化实体，重点扶持具有广西民族特色的艺术表演、书画、展览、电影、出版物、民族音乐舞蹈和杂技等产品和服务的出口，打造少数民族文化对外精品。

——重点加强民族文化对东盟的交流合作。以更加开放的姿态和更大的作为，充分利用南宁国际民歌艺术节、中国—东盟博览会等有利条件，积极打造广西民族文化与东盟各国文化交流的国际平台，在努力引进东盟各国文化更多地走进广西交流合作的同时，进一步办好“中国—东盟文化产业论坛”、东盟与中日韩“10＋3 文化人力资源开发合作培训班”、中国与东盟博物馆“‘10＋1’合作与发展联盟”、中国—东盟港口青年联谊晚会、中国东兴一越南芒街元宵节足球友谊赛文艺活动、中越边境（东兴—芒街）商贸·旅游博览会文艺晚会暨焰火晚会、京族哈节以及“中越瑶族风情节”等大型活动，全方位展示广西少数民族地区文化发展的风采。同时，大力推动少数民族文化与海外华人华侨、台湾同胞、港澳同胞的交流，增强中华文化的认同感和广西民族文化的影响力。

——稳步实施民族文化走出去战略。加快少数民族地区文化产品、文化服务走出去的步伐，着力扩大民族文化产品打入国际市场，积极推进“广西文化舟”、“彩虹之光”艺术教育拓展演出计划、“帅元国际山水实景演出”、“瑶族服饰展演销”等项目走向世界尤其是东盟市场。倾力制作若干体现广西特色、代表中国水平、吸引国际眼球的民族文化产品，在走进东盟中不断提升少数民族区域文化竞争力，推动广西民族文化品牌在更多融入国际尤其是东盟文化市场中实现更好更快发展。

三、深度实施：强化少数民族地区文化建设落实，关键是注重执行力

加快少数民族地区文化建设促进跨越发展，最主要的是明确目标任务，制定对策措施；最关键的是狠抓落实、重在执行。计划、对策、措施做得再好，而执行不了，落实不到位，就只能是一句空话。因此，推进少数民族地区文化跨越发展最要紧还是执行力的问题。执行力体现工作任务落实的过程、强度和实效，所以必须十分注重各项任务措施的有效执行落实，调动各方面的积极性，建立党委统一领导、政府协调主导、主管部门具体组织实施、有关部门密切配合、全社会大力支持的推动少数民族地区文化跨越发展的组织领导体制和工作机制。

1. 制定发展规划，明确发展战略

自治区、市、县各级党委政府高度重视、切实制定并有效实施少数民族地区文化跨越发展“十二五”规划，明确本地民族文化跨越发展的战略布局、目标任务、实施步骤、经费保障等各种措施，使规划能够真正得到有效落实。一是建议各级党委、政府尤其是各民族自治县、民族乡党委政府，要把文化建设摆

在全局工作的重要位置，结合本地实际，将文化发展特别是少数民族地区文化跨越发展目标纳入当地经济社会发展“十二五”总体规划，从自治区到各市、县文化主管部门，在制定本地文化发展“十二五”规划时，要把民族县、民族乡文化跨越发展的目标任务、措施等作为重要内容和硬性指标予以明确，确保未来五年得以不折不扣的执行落实。二是确保少数民族地区文化发展“十二五”规划的制定要高起点、全方位、易操作，根据本地本民族情况因地制宜做好各自不同的文化跨越发展战略定位，使文化跨越发展计划具有前瞻性、统筹性、独特性、项目性、操作性，保证文化跨越发展的各项工作能够与经济工作一起部署、一起实施、一起检查、一起考核，重在执行，狠抓落实，做出成效。三是力争少数民族地区未来五年文化跨越发展主要指标落实到具体实施领域项目：民族县乡级健全公共文化服务体系，实现功能全覆盖；民族县图书馆、文化馆，乡镇综合文化站、村文化室硬软件建设全部达标；民族地区文化产业实现增加值比工农业增加值年均增长超10%以上；民族县、乡每年至少分别各创作出一台专业和业余较高水平的弘扬社会主义核心价值、人民群众喜闻乐见、思想性艺术性俱佳的舞台剧节目；民族县、乡文化专业人才和业余骨干人才培养储备良好；民族文化对外交流合作迈上新台阶。

2.推进体制改革，强化机制创新

推进文化体制机制改革创新，是少数民族文化实现跨越发展的根本动力和必由之路。区别文化事业和文化产业的不同特点，以增加投入、转制机制、增强活力、改善服务为重点和以创新体制、转换机制、面向市场、增强实力为重点，发展公益性文化事业和经营性文化产业。一要深化少数民族和民族地区文化事业单位体制机制改革创新，实行公益性事业与经营性产业分类管理，对公益性事业单位实行聘用制度、岗位管理制度和岗位绩效工资制度。二要引入竞争机制，采取政府招标、项目补贴、定向资助等形式，对重要少数民族文化产品、重大公共文化项目和公益性文化活动给予扶持。三要支持少数民族文化单位按照有关规定转企改制，在一定期限内给予财政、税收等方面的优惠政策，做好劳动人事、社会保障的政策衔接，按照新人新办法、老人老办法的原则制定相关政策。同时，要使少数民族地区文化体制机制改革创新，更加符合社会主义精神文明建设的特点和规律，更加适应社会主义市场经济发展要求，更加强化文化惠民工程加快构建公共文化服务体系的实施，更加快速推进农村基层文化基础设施建设，更加有利于民族艺术精品和民族文化产业品牌的大量涌现，更加贴近少数民族群众物质文化生活的现实需要，更加符合并有利于少数民族地区文化事业和文化产业协调均衡地跨越发展。

3.执行政策法规，确保资金投入

进一步完善并坚决执行落实少数民族地区文化事业和文化产业发展的政策法规，确保各项文化建设资金投入及时拨付到位，这是少数民族地区文化实现跨越发展的重要保证。一要完善少数民族文化发展政策法规，加强少数民族文化立法工作，适时研究制订有关少数民族文化保护和发展的法律法规和政策措施，加快制定和完善从事少数民族文化工作的专业(技术)人员职称评定政策和资质认证、机构和团体建设等方面的相关标准和办法，并在研究制定或修订有关文化事业和文化产业政策法规时，要充分考虑少数民族文化的特殊性，增加专条专款加以明确。二要加大政府对少数民族地区文化建设资金投入力度，建议中央和自治区财政在安排促进民族地区发展和宣传文化发展相关经费

时，继续实行鼓励和扶持少数民族地区文化事业和文化产业发展的相关税收优惠政策，自治区、市、县各级财政建立稳定的财政投入机制，确保对少数民族地区文化建设的投入增幅高于同级财政经常性收入的增幅，在保证正常的文化基建项目和日常业务经费拨款的基础上，建议自治区财政每年安排一亿元专项资金，重点扶持对民族地区文化发展有重大影响的民族文化产业特色品牌、民族文化艺术精品、标志性大型民族文化活动、民族地区基层农村优势文化项目的建设发展。三要在保持政府投入为主的前提下，积极探索多渠道、多形式发展民族地区文化事业的新模式，积极引导社会力量参与少数民族文化建设，鼓励支持企业家、民间文化社团、个体文化户等兴办民族文化企业，吸引和鼓励社会各界支持公益性民族文化发展，调动社会力量大办民族文化事业的积极性。

4.开展对口支援，实施会战突破

近年来我国政府先后组织实施先进省市对西藏、新疆以及四川汶川大地震等地区分别进行对口支援会战措施，有力而快速地推进了该地区经济社会的跨越发展和灾区的恢复重建，彰显了一种独具中国特色的帮扶发展模式，体现了中国社会主义制度的优越性。自2000年以来，广西壮族自治区党委、政府先后实施了“边境建设大会战”“东巴凤建设大会战”“大石山区五县建设大会战”等举措，集中力量促进老少边山穷地区经济社会包括文化建设在内实现了基础设施建设的跨越发展。这一行之有效的做法，值得继续在推进少数民族地区文化跨越发展的工程实施中进一步效法弘扬。譬如规定比较富裕的市县对少数民族贫困县文化发展进行“一对一”的重点帮扶，开展文化设施建设、人才培养、经费支持等；自治区部委办厅局可分别对民族自治县、民族乡、民族村轮流开展“一对一”文化帮扶，指定专人负责，派出驻村文化扶贫工作队，动员厅机关及直属各单位干部职工捐款捐物，建立募捐定点文化扶贫资金机制。自治区文化厅定点帮扶对象的那坡县龙合乡忠合村，帮扶经费累计投入79万元，有效地推进了当地新农村文化建设。此外，鼓励有实力的企业对少数民族乡、村或某一项重大民族文化项目进行“一对一”帮扶，中央驻桂企业和自治区直属企业乃至地方企业和民营企业可以对所在民族乡村驻地文化站(室)进行“一对一”的文化建设帮扶，有钱出钱、有物资出物资、有人才资源出人才资源，进行重点帮扶或整体文化建设帮扶行动，如此将大大促进少数民族地区实现文化跨越发展的目标。在帮扶形式上，可以采取“一帮一”或“几帮一”的形式开展文化共建活动，达到“优势互补、因地制宜、互相促进、共创双赢”的目的。

5.注重人才培养，锻造一流队伍

建设一支高素质的民族文化工作者队伍，是少数民族地区文化实现跨越发展的坚实保证。高度重视民族地区文化人才队伍培养工作，着力培养一大批民族地区文化领军人物、艺术拔尖人才、经营管理人才、专业技术人才和文化创意人才，切实为少数民族地区文化跨越发展提供强有力的人才支撑。一要注重本土文化人才的培养，建立科学的人才培养机制，开展全方位多层次的人才培养工作，创新人才队伍培训机制，鼓励民族地区文化部门在职人员进修学习深造和各类业务培训，构建政府部门与艺术类高校联手的人才培训服务平台，充分发挥高校资源在少数民族文化人才队伍培养中的综合优势和特色优势，着力在文化产业管理、文化遗产保护、设计、动画、影视编导、舞台艺术等创意专业和重点学科培养民族文化艺术人才，形成人才培养的骨干支撑结构。二要加强高素质文化拔尖人才引进工作，把优秀人才尤其是顶

级人才的引进，提升到与经济上招商引资同等重要的地位上来，根据本地实际和发展需要，创新人才引进方式，广开人才引进渠道，在政府和文化部门注重人才引进的同时，可以鼓励民族地区基层文化企事业单位通过设立大师工作室、特聘教授、联合攻关课题等多种形式和渠道，开展区内、国内大师级人才的引进，研究制定高层次文化艺术人才引进政策，在工资、住房等方面给予优惠待遇，对做出突出贡献的给予奖励，如此方能吸引高水平的文化艺术人才到民族地区工作。三要营造有利于优秀人才脱颖而出的良好社会环境，切实解决少数民族地区文化队伍尤其是高层次人才工作生活中诸如收入待遇、医疗保险、住房、子女就学和职称评定、晋级等存在的问题，解决民族文化人才参加国际国内文化艺术交流活动以及培训、进修深造、出版科研成果经费不足等问题，积极保护和扶持少数民族优秀民间艺人和濒危文化项目传承人，对为传承非物质文化遗产做出突出贡献的传承人，按照国家有关规定给予表彰。

6. 切实加强领导，全面落实责任

各级党委政府要提高对少数民族文化工作重要性的认识，尤其是民族自治县民族乡党委政府要从加强党的执政地位、提高党的领导能力和执政水平的高度，增强责任感和紧迫感，切实把少数民族文化工作纳入重要议事日程，纳入当地经济社会发展总体规划，纳入科学发展考评体系，纳入创建文化先进县、乡镇和创建文明城市、文明村镇的重要考核内容。形成党委、政府、部门、单位以及社会各界各司其职、各负其责，密切配合、形成合力的领导体制和工作机制。自治区、市两级党委政府要加强对民族文化建设的领导，建立全区、市少数民族地区文化建设领导小组，统筹指导民族文化建设工作，强化文化建设决策的执行力度。民族自治县、民族乡政府作为责任主体，对加强本地区民族文化建设应发挥强势主导作用，协调各方面力量，形成齐抓共建的局面。民族自治县、民族乡文化部门要充分发挥业务主管的职能作用，全力以赴做好各项工作的落实。加强少数民族地区文化部门单位领导班子建设，充分调动和有效发挥少数民族文化工作者的积极性、主动性、创造性。充分发挥发改委、财税、建设、国土、编制、金融等相关部门和工会、共青团、妇联、文联等人民团体以及新闻媒体在联系群众、组织群众、推动民族地区文化建设方面的重要作用，把少数民族地区群众的积极性和创造性引导好、保护好和发挥好，努力营造有利于民族地区文化跨越发展的良好氛围。

广西少数民族地区文化跨越发展虽然前路艰辛，但前景光明，萌动着崛起的力量。《国务院关于进一步繁荣发展少数民族文化事业的若干意见》(国发[2009]29 号)为民族文化加快发展更是指明了前进的方向。文化的跨越发展之于少数民族地区经济社会等各领域的加快发展极具巨大的推动能量，必将催发各民族广大群众在创业致富奔小康的道路上，更有效地发挥提供精神动力、智力支持、思想保证的独特作用，文化对提高全民族思想道德素质和科学文化素质所起的先导性、基础性、战略性的引领作用，也必将更加有力地推动少数民族地区文化跨越发展的崛起步伐。

(课题组组长：余益中厅长，成员：陈 菊、李武斌、黄怡鹏同志)

关于扶绥等七县公共文化服务体系建设情况的调研报告

在改革开放和现代化进程不断加快，经济社会加速发展的时代巨变关头，农村公共文化服务建设发生怎样的变化，发展到什么程度？2010年3月8日至30日，课题组先后对扶绥、龙州、靖西、德保、象州、金秀、柳城等七县进行了相应的调研，获取的情况令人喜忧参半，发人深省。

一、目前的现状

推进农村公共文化服务体系建设的时代使命，是要满足广大人民群众求乐求知求技的文化生活需要，全面提高农民的思想道德素质、科学文化素质和身体健康素质，实现建设富裕文明和谐新农村的宏伟目标。毋庸置疑，加强健全完善县文化馆、图书馆、乡镇文化站、村文化活动中心所涉及的文化设施、文化队伍、文化活动、文化管理等农村公共文化服务体系的基础要素建设，对于实现社会主义新农村建设目标至关重要。

为此，按照自治区文化厅《关于开展公共文化服务体系建设调研的通知》要求，对各县所属文化机构及所涉及的文化设施、文化队伍、文化活动、文化管理四个方面进行依次表述。

1. 扶绥县。全县辖11个乡(镇)，132个行政村，总人口430000人。

县图书馆。有建筑面积2065平方米的楼房1栋，内设报刊阅览室、外借室、地方志室、少儿阅览室，藏书105650册，电脑30台，县财政年拨款购书经费50000元。在职员工15人；年开办图书员培训班2期，学员约100人次；年举办科技展和读者服务活动4次，参加人数1800人；办理借书证385本，月卡及阅览卡600多张，接待读者16000人次，图书流通8000册(次)，解答咨询500多条；制定出台了岗位责任制和工作奖惩制。

县文化馆。建筑面积约300平方米，设备有钢琴1台，电脑2台，照相机1部；在职员工7人，年开办各艺术门类业余文艺骨干培训班36期，培训学员约1000人次；年举办各类群众文化活动5次，观众约100000人次，创作文艺新作9件，搜集非物质文化遗产信息1386条；制定出台了岗位责任制和工作奖惩制。

乡(镇)文化站。全县有乡(镇)文化站11个，均具有相应的文化综合楼和灯光篮球场；在编员工11人，年内未开办培训活动，业余文艺团队11个，队员110人；年组织开展各种文艺演出活动22次(场)，观众约44000人次；制定出台了相应的管理制度。

村文化活动中心。在全县132个行政村中，有128个行政村建有文化活动综合楼和篮球场，25个文艺舞台；有39支业余文艺团队，队员390人；年开展文体活动共145场次，观众约145000人次；制定出台了相应的管理办法。

2. 龙州县。全县辖9个乡(镇)，127个行政村，总人口268000人。

县图书馆。现有建筑面积845平方米的图书馆楼，内设外借室、报刊阅览室，少儿阅览室、参考咨询室、采编室、典藏室，共藏书68000册，县财政年拨购书经费27000元，在职员工11人；年开办图书员管理班1至2期，培训学员100人次；年接待读者25000人

次，送科技下乡活动3至5次，观众约5000人次；制定出台了岗位责任制和工作奖惩制。

县文化馆。无馆舍馆址，现在县宣传文化中心办公，2007年，县规划建馆，未果；现有在职员工10人，年开办业余文艺骨干培训班5期，学员约250人次；年组织开展各类文艺展演活动10次，观众约50000人次；制定出台了岗位责任制和奖惩制。

乡（镇）文化站。2007年，全县有乡（镇）文化站9个，均具各自的文化综合楼，1个篮球场，4个文艺舞台，在编人员9人；业余文艺团队9个，队员100人；年组织开展各类文艺演出活动9次（场），观众约18000人次。制定出台了相关的管理办法。2008年，县委、县人民政府根据自治人民政府有关领导对机构改革的意见，将原9个乡（镇）文化站统统改为"社会事务服务中心"，导致了现在无文化站站址和人员编制的结果。但原文化站的工作人员仍做着与文化建设有关工作。

村文化活动中心。在全县127个行政村中，有27个村建有文化活动综合楼，篮球场127个；业余文艺团队17个，队员180人，球队127支，队员1024人；年开展文体活动200场次，观众约400000人次；相关管理办法弱。

3.靖西县。全县辖19个乡（镇），282个行政村，总人口620000人。

县图书馆。现有占地面积2479平方米、建筑面积1556平方米的图书馆大楼1栋，内设图书外借室、综合阅览室、报刊阅览室、参考工具室、少儿阅览室（电子）阅览室、多功能演示厅等7个室，有阅览座位300个，电脑34台，中控室设备1套，激光多功能一体机1台，投影设备1套，摄像机1部，扫描仪1台，数码相机1部，电脑笔记本1台，移动影音播放器4台，移动硬盘1个，藏书171950册，电子图书21000册，县财政年拨业务经费261500元；有在职员工11人，年开办图书管理员培训班5期，培训学员103人次；建立远程教育点314个，图书流动点46个，年举办图书讲座和知识竞赛活动25次（场），送书下乡活动16次，编辑《致富信息》6期，发放科技资料1200份，接待读者396000人次，解答读者咨询3856条，图书流通总人数335600人次，外借书图262600册（次）；制定出台了岗位责任制、工作奖惩制和读者服务手册。

县文化馆。有占地面积5500平方米、建筑面积2600平方米的文化馆大楼1栋，内设展览厅、培训厅、排练厅、美术辅导室、文艺辅导室、布景设计制作室、图书资料室等7个厅（室）；有在职员工15人，年开办业余文艺骨干培训班5期，培训学员250人次，建立业余文艺团队14个，队员140人；组织开展各类文化展演活动10次（场），观众约100000人次，搜集整理非物质文化遗产保护项目20个，其中《壮锦》已列入国家级非物质文化遗产保护名录；制定出台了岗位责任制及奖惩制。

乡（镇）文化站。全县19个乡（镇）文化站，站站都建有文化综合楼，总建筑面积为10421平方米，内设图书馆阅览室、科技培训厅、文化培训室并配置了相应的电视、VCD、音响、图书等，文艺舞台、篮球场各19个；有在职员工共40人，年开办村级业余文艺骨干培训班19期（1站1期），培训学员约200人，业余文艺团队19个，队员约38人，篮球队19个，队员190人；年组织开展文体活动和科技普及活动约38场次，观众约76000人次；制定出台了相应的管理措施。

村文化活动中心。在全县282个行政村中，建有85个篮球场，82个文艺舞台和文化活动综合楼；有业余文艺团队82个，队员共1600人，篮球队82支，队员共820人；年开展文体活动1640场次，观众320000人次；均建立出台了设施、队伍、活动等相应的管理

制度。

4.德保县。全县辖 12 个乡(镇),185 个行政村,总人口 361800 人。

县图书馆。有建筑面积 1530 平方米的图书馆楼,内设采编、外借、阅览、电子阅览、科技辅导等 5 个厅(室),电脑 37 台,打字机 3 台,复印机 1 台,书架 20 架,书柜 10 个,阅览桌椅 12 套,总藏书 60969 册;现有在编员工 6 人,年开办图书员培训活动 10 期,培训学员 500 人次;举办送科技下乡活动 5 次,观众约 30000 人次;制定出台了相关的岗位责任制和业务管理制度。

县文化馆。有占地面积 250 平方米、建筑面积 1000 平方米的文化馆楼 1 栋,内设音乐、舞蹈、戏剧、美术、办公等 5 厅(室);现有在职员工 6 人,年开办业余文艺骨干培训班 5 期,培训学员 250 人次;举办各类文艺演出活动和书画展览 10 场次,观众约 100000 人次;制定出台了行政和业务两个方面的管理制度。

乡(镇)文化站。在全县 12 个乡(镇)中,8 个已建有站舍站址和 4 个篮球场(另 4 个还在筹建中);文化站工作人员按 1 至 2 人配置,年开办村级业余文艺骨干培训班共 12 期,培训学员 240 人次,有业余文艺团队 12 个,队员 240 人;年举办各类文艺演出活动共 24 场次,观众约 48000 人次;制定出台了相关的岗位责任制和业务管理制度。

村文化活动中心。在 185 个行政村中,只有 8 个村已建有篮球场和综合文化活动楼,其余无;有业余文艺团队 80 个,篮球队 80 个,队员共 1600 人次;年开展文体活动 160 场次,观众约 320000 人次;制定出台了相关的人事管理制度。

5.象州县。全县辖 11 个乡(镇),120 个行政村,总人口 350000 人。

县图书馆。有建筑面积 880 平方米的综合楼 1 栋,内设少儿阅览室、综合阅览室、电子阅览室、采编室、办公室、外借室等 6 室,藏书 105000 册,电脑 20 台,卫星传输接收器设备 1 套,投影设备 1 套;现有在职员工 13 人,年开办图书员管理培训班 10 期,培训学员 500 人;年举办科技服务活动和少儿书画活动 10 次,参加人员 1000 人,观众约 50000 人次,接待读者 200000 人次,借阅书刊 300000 册(次),建立乡村两级图书服务点 10 个,点上流动图书 50000 册;制定出台了相应的岗位责任制和业务管理制度。

乡(镇)文化站。全县 11 个乡(镇)均建有文化综合楼,灯光篮球场和文艺舞台;共有文化站在编人员 36 人,年开办业余文艺骨干培训班 17 期,培训学员 680 人,有 20 支业余文艺队和 15 支篮球队,队员共 2100 人;年举办各类文体活动 175 场,观众约 350000 人次;各站均制定出台了相应的岗位责任制和业务管理制度。

村文化活动室。在全县 112 个行政村中,有 18 栋文化活动综合楼,111 个灯光篮球场,111 个文艺舞台;有业余文艺团队 140 个,篮球队 230 支,队员共 7700 人次;年开展各类文体活动 3700 场,观众约 740000 人次;制定出台了农民文艺队活动制度、农民文艺队设备管理制度、农民篮球队活动制度、灯光球场管理制度、科技文化室管理制度等五大制度。

6.金秀县。全县辖 10 个乡(镇),77 个行政村,总人口 153000 人。

县文化馆。有建筑面积 1000 平方米的综合办公楼 1 栋,内设排练厅、琴房、美术书法室、会议室、办公室、图书室等 6 室(厅);在编员工 6 人,年开办业余文艺骨干培训班 2 期,培训学员 100 人次,业余文艺团队 10 个,队员 200 人;年组织开展各类文艺活动 11 次(场),观众约 60000 人次,搜集整理非物质文

化遗产保护项目29项，上报非物质文化遗产资源信息3740条；制定出台了相应的岗位责任制和业务管理制度。

乡(镇)文化站。在全县10个乡(镇)文化站中，有8个建有文化综合楼，8个篮球场，8个文艺舞台，其余2个还在修建中；共有文化专干36人，年开办业余文艺骨干培训班10期，培训学员500人次，业余文艺团队10支，篮球队10支，队员约400人；年组织开展文体活动20次(场)，观众约40000人次；制定出台了相应的人事管理制度。

村文化活动室。在全县77个行政村中，有35个建有文化活动综合楼、篮球场和文艺舞台，其余正在筹建中；有业余文艺团队10个，篮球队164个，队员约2650人次；年开展各类文体活动338次(场)，观众约159000人次；制定出台了相关的基础设施、人员队伍、活动开展等管理制度。

柳城县。全县辖12个乡(镇)，121个行政村，总人口430000人。

县文化馆。无馆舍馆址；有在职员工12人，年开办业余文艺骨干培训班3期，培训学员150人，业余文艺团队3个，队员60人；年举办各类文艺展演活动10次(场)，观众约20000人次，搜集、整理非物质文化遗产保护项目20项；均制定出台了相应的人事管理制度。

乡(镇)文化站。在12个乡(镇)中，均建有文化站综合楼、篮球场和文艺舞台；共有文化专干50人，年开办各类文艺培训班12期，培训学员600人，业余文艺团队、篮球队共24支，队员480人；年举办各类文体活动60场次，观众约120000人次；均制定出台了相应的岗位责任制和业务管理制度。

村文化活动室。在121个行政村中，建有文化活动综合楼、篮球场、文艺舞台各25个；有业余文艺团队、篮球队共167个，队员3340人次；年开展文体活动334场次，观众约163000人次；制定出台了相应的管理制度。

二、过去的做法

所谓过去的做法，是指调查工作以前的做法。综合调研上述七县各所辖的“两馆”“一站”“一室”三级农村公共文化服务网络所涉及的文化基础设施、文化队伍建设、文化活动建设、文化管理建设四大建设内容，其做法主要呈现以下四个模式：

1.项目推进式。

这里有两个方面的“项目”概念：一是各级人民政府为改变区域性经济现状，促进区域性经济发展所推出的建设项目；二是文化部门为改变区域性文化建设的现状，促进区域性文化建设大繁荣大发展所推出的建设项目。作为文化建设来说，前者是一种机遇，是一种一定要抓住和借助的力量，后者无疑是一种指向性明确的文化建设。

改革开放以来特别是近年来，七县农村群众文化建设尤其是现在农村公共文化服务建设呈现加快态势，其内驱力除了广大农民群众对文化生活需要的日益迫切外，一个不可忽视的巨大驱动力就是来源于各级人民政府和文化主管部门为促进当地经济建设和文化建设而一一推出的经济的和文化的建设项目。如由自治区人民政府推出的边境地区县市、东巴凤三县、大石山区五县和桂西五县基础设施建设大会战项目；由自治区人民政府和自治区文化厅推出的文化先进县评选、边境文化长廊、知识工程、文化信息资源共享工程、广播电视村村通工程、农家书屋工程、送书下乡工程、农村电影放映2131工程、小康文化示范户建设工程、民族民间文化保护工程、民族生态博物馆“1+10”工程和新农村文化致富工程等，就是其项目推进式的体现。

由于这些项目的推出和实施，七县“两

馆”“一站”的基础设施建设问题，已基本上得到解决，村文化活动室的建设也在逐步推进，一些经济相对发达的乡（镇）、村基础设施建设已开始向一栋公共文化服务综合楼、一个灯光篮球场、一个文艺表演舞台和一支文艺队、一支篮球队的目标迈进，如扶绥县渠黎镇碧髻村、龙州县上龙镇上龙村弄农屯、靖西县新靖镇亮表村、象州县寺村镇横桥村、金秀县桐木镇仁里村、融安县浮石镇隘口村路池屯等一大批乡村文化活动中心就是如此。在这一模式的推动下，不但其基础设施达到了基本的要求，而且其文化队伍建设、文化活动建设、文化管理建设也相继完善，如七县中共有乡（镇）文化站 96 个，组建业余文体团队共 166 支，队员 3890 人次，年开展文体活动 444 场次；共有行政村 1159 个，组建村屯业余文体团队 1494 支，队员 21204 人次，年开展文体活动约 9155 场次；相应出台的管理制度有岗位责任制、设施管理办法、业务考评制度等。以上基本情况表明：以项目推进农村公共文化服务体系建设的方式，无疑是一个行之有效的好办法，应值得广泛推广。

2. 分批突破式。

农村公共文化服务体系建设涉及的内容很多，但主要包括两个方面：一是基础设施硬件建设。二是队伍、活动、管理软件建设。而无论是硬件建设还是软件建设，都必须要有相应的经费作为保障，否则，就无从谈起。但在目前国家和地方还拿不出更多的钱来实施建设的情况下，分批突破式的做法就显得更为实际，特别像我区的一些边远贫困县更是如此。

所谓分批突破式，就是在建设时各地根据实际情况，有规划、有重点、分批次地进行建设，使之建设一个，成型一个，管理一个，建设一批，成型一批，管理一批；并依次循环递进，最后全面建设起来，达到建设好、利用好、效益好起来的目标。这种做法，不但避免了“半拉子”工程现象，而且使活动场馆得到有效的充分发挥。在调研中所见到的扶绥县渠黎镇文化站、龙州县下冻镇文化站、靖西县化峒镇文化站、德保县城关镇文化站、象州县寺村镇文化站等，就是这种模式的典型代表。我们所看到的各县分批突破式的这种做法，效果很好，它不但有效地利用了有限的建设资金，同时也在逐渐地改变着农村公共文化服务建设的基本面貌，并向着稳、健、好、快的方向迈进，令人欣慰。

3. 三点结合式。

“三点”指的是在建设村级文化活动中心时，其资金的来源整合为：上级文化主管部给一点（省级文化厅用于公共文化服务建设专项经费），县级财政给一点，农民自愿集资一点（同时，农民自愿无偿投工投力）。三股资金结合在一起，加上农民们积极踊跃地参加建设，使得这一模式具有巨大的活力。

广西目前已建成的不少村级文化活动中心，不但具有一定的规模，而且管理工作也跟得上，由乐于公共文化服务的退休回乡老教师进行管理，并制定实施管理办法。同时，由村里具有组织能力和文艺编导能力的人为领头人，活动也开展得丰富多彩，如扶绥县渠黎镇渠讨村、象州县大乐镇六回村、金秀县桐木镇七里村文化活动中心等都有成功的做法，这不仅解决了村级文化活动中心建设资金短缺问题而且还解决了与之相应的管理问题和活动问题。农民在谈到“三点”结合式这一做法时说：“这种做法很好，我们出点钱出点力是应该的，因为建起的这些文化活动场所是自己享用，也是为子孙后代造福”。这种农民直接参与的做法，为新农村公共文化服务建设注入了无限的生机和活力。

4. 建点示范式。

农村公共文化服务建设，从层面上来说，

主要是指农村公共文化服务“三级”文化网络即县、乡(镇)、村三级网络的建设,如县文化馆、图书馆,乡镇文化站(乡镇文化活动中心),村文化室(村文化活动中心)。如何才能够使建设起来了的“三级”文化网点既具有一地一方的文化特色性,又具有时代的文化标志性;既具有浓郁的民族文化气息,又具有丰富的时尚文化内涵,更好地解决广大农民群众对于文化生活的新要求、新期待、新走向,这便是农村公共文化服务建设必须要认真思考和回答的又一个新问题,特别是对乡(镇)、村两级文化活动中心的构建,更是如此。

农村公共文化服务建设作为近年来中央强调和关注“三农”问题尤其是加快推进社会主义新农村建设提出的一个新概念,如何强化实施?在前无经验借鉴的情况下,只能靠人们根据时代发展的要求并经过缜密的构思和反复实践来完成。自治区文化厅以及各市、县文化局几年来经过实践的探索,逐步形成了推进农村公共文化服务体系建设的一个具体做法,就是建点示范。在自治区文化厅厅长余益中的思考理念下,经过反复的调查研究,按照“五个一”的要求(一栋综合文化楼,一个球场,一个戏台,一支文艺队,一支篮球队)和科学整合的原则,在来宾市象州县大乐镇六回村构建的“大乐镇六回村文化中心”就是其建点示范的实例。由于该点建设具备了时代的前瞻性和时效性,并进入了新概念和新理念的层面而被社会广泛认可而成为广西“三求”工程建设的范例。目前全区各乡(镇)、村所构建成型了的文化活动中心,均是这一示范作用的具体产物。对这一产物,深受广大农民群众的欢迎和好评。

三、存在的问题

从各县所表现出来的情况看,其存在的问题主要有以下几个方面:

1. 领导意识不强。

党中央、国务院对农村公共文化服务建设极为重视,各级党委、政府虽较之以往也日益重视农村公共文化服务的建设与发展,但不少基层领导在思想上对农村公共文化建设重要性和紧迫感的认识依然不到位,普遍存在着重经济建设而轻文化建设的倾向,认为文化建设是软任务,可抓可不抓,经济建设才是硬指标,非抓不可,抓文化建设工作是花架子,谁都能抓,甚至认为文化无非就是唱唱跳跳而已,没必要花费一定的财力、物力、人力、精力去抓。由于这种认识上的模糊和淡化,加之上级党委政府对下级党政班子的考核更多地注重于经济建设的硬指标,忽略文化建设的软指标,以使农村公共文化服务建设在基层党委政府工作中处于边缘的位置,而没有把其建设纳入当地经济社会发展的总体规划和年度工作计划之中,更没有列入党委政府工作重要议事日程和干部目标管理的责任考核指标体系,因此,不少基层领导对于农村公共文化服务建设来说便出现了这种现象:说起来重要,做起来次要,忙起来不要。这种现象导致的结果是:农村公共文化服务建设更加举步维艰,不少设施被挪作它用,基层文化机构被撤销。如本调研组所看到的龙州县的情况就是如此。该县 2007 年时有 9 个乡(镇)全都建有文化站,其基础设施、文化队伍、文化活动、文化管理建设均基本达标。2008 年,县委、县人民政府将文化站全部列入机构改革的对象统统撤消,全部改为“社会事务服务中心”。这一改,便使该地区目前无乡(镇)文化站也无任何编制,致使目前国家拨给龙州县建设乡(镇)文化站的专项建设资金无法转入,严重地影响了当地农村公共文化服务建设的进程。这一现象说明了基层领导对农村公共文化服务建设的意识是模糊的、不强的。

2.管理体制不畅。

农村公共文化服务建设有一个完整的体系，这个体系主要由队伍（机构和人员）、设施（场馆和设备）、活动（文化和体育）、管理（奖励和处罚）建设等构成。谁来把这个体系完好地建设起来，管理起来，这就涉及到一个体制问题。就目前的管理体制看，是不明确的，也就是说管理体制是不畅的，比如乡（镇）文化站由谁来直接管理的问题各地所表现出来的现象就很混乱。乡（镇）文化站作为我国最基层的文化事业机构，作为农村公共文化服务建设的重要对象，理应有一个能管、善管的“婆婆”，但时下的实际情况则不是这样，常常是各所属县文化局似管非管，乡（镇）党委、政府似管非管，结果是谁也没有管起来，这就造成了各文化站业务职能不突出，文化站专干工作无所适从，文化站基础设施流失或被挪做它用等的不良后果。从七县情况看，这种现象普遍地存在。这种管理体制不畅的现象，如不能得到改变，将严重地制约着乡（镇）文化站的建设与发展，这种制约的后果将是人们不愿意看到的。

3.运行机制不活。

随着我国对建设社会主义新农村力度的不断加大，农村公共文化服务建设作为一项不可或缺的重要建设内容，其建设将会在不远的将来出现一个崭新的局面，即大批高标准、高质量的农村公共文化服务基础设施出现在农村广袤的土地上。我们如何通过文化馆、图书馆、博物馆、文化站、村文化活动中心这批农村文化设施和这支公共文化服务专业队伍充分进行以文化活动为核心的高效使用和运转，以满足广大农民文化生活的需要，这是迫在眉睫的一个课题。

这个课题所要涉及的问题一般有四点：一是如何建立起一个科学高效的评估运行机制，内容包括设施达标与使用率，队伍培训与任务率，活动质量与数量率等；二是如何建立起一个科学高效的奖惩运行机制，内容为资金与任务，资金与质量，在岗与淘汰等；三是如何建立起一个经费保障运行机制，内容为县、乡、村“三级”公共文化服务机构按财政比例投入到位；四是建立起一个科学高效的监管运行机构，内容为谁来具体监管运行。这四大运行机制建立健全起来了，农村公共文化服务如何服务好的问题就会从根本上得到解决。然而，在对七县的调查中发现，这些建设基本上缺失。虽然在过去的做法中一些积极的举措值得肯定，如对县文化馆、图书馆、乡（镇）文化站进行的评估与验收等，但由于上述的四大机制没有得到很好的解决而未能达到预期的目的。比如当时评估与验收合格的大新县下雷镇文化站目前为危楼闲置，柳城县文化馆无馆舍馆址，极少开展活动等，其问题就是由于自上而下还没有制定和实施好有关的科学长效管理上的运行机制，这种关键性的约束和激励机制的缺失，将会给农村公共文化服务建设的发展造成极大的阻滞。

4.建构方法不多。

从农村公共文化服务建设的方法来看，七县自身推出的建设方法是不多的，虽然我们前面提到了四大做法，那也是主要在由自治区人民政府、自治区文化厅在形成项目的前提下推进的，如多年前进行的“先进文化县”评比和近年开展的“三求”工程建设等。而由县、乡两级人民政府和辖地文化行政机构建构的具体办法是少之又少，微之又微。七县中，只有柳城县文化局建构的“百村百戏”项目，融安县文化局建构的“月月比”项目，其他各县均无相应的建构。在这种情况下，寻找或建构能有效推动农村公共文化服务建设的方法并形成具体的推进项目，实属主要。我们必须尊重和珍惜县、乡两级人民政府和文化行政机构的创造精神，只要他们

形成并产生对农村公共文化服务建设有利的建设构想和可操作的具体建设项目，我们就应当以予肯定，并在人力、物力、财力投入上以大力的支持，激励各县建设农村公共文化服务体系的热情，同时引发竞争建设的热潮。前面做法中的四大形式作为对新农村公共文化服务建设的一种行之有效的手段，我们应当把握好、应用好，让它充分地发挥在农村公共文化服务建设中的巨大作用。

四、相应的对策

根据对存在问题的分析，提出的对策有：

1.着力制定县、乡两级党委政府领导干部问责标准，以解决农村基层领导对农村公共文化服务建设重口头轻行动的问题。

首先要注重解决的主要问题。一是农村公共文化服务基础设施建设的用地难问题。二是农村公共文化服务队伍进人不规范问题。三是农村共公文化服务基础设施的流失问题。四是开展农村公共文化服务活动经费不到位问题等。解决这些问题，没有县、乡两级党委、政府领导的重视和支持是不可能的，特别是解决建设经费问题和用地问题尤为重要。在强调和要求农村基层领导干部对农村公共文化服务建设重要性认识的同时，必须要制定出台县、乡两级党委政府领导干部对农村公共文化服务建设的问责标准，并将该问责标准与其政绩和日后的晋升紧紧相扣。其次，要注重制定完善问责标准的内容：一是当地政府是否按照当地国民经济收入比重有比例地投入到了农村公共文化服务建设中；二是农村公共文化服务基础设施是否按标准建设，建设起来了的又是否挪作它用和流失；三是是否切实把好进入农村公共文化服务队伍的人才关；四是是否创造推出了当地农村公共文化服务的新文化产品等。总之，制定出台这样一个问责标准，不但是时代的要求，更是农村公共文化服务建设稳步发展的要求。

2.着力理顺管理体制，以解决农村公共文化服务事业机构多头管理的问题。

农村公共文化服务管理主要是指对农村公共文化服务公益性文化机构的管理，具体地说就是对县文化馆、图书馆、博物馆、体育馆和乡镇文化站的管理。切实加强和理顺管理体系是完善和加强农村公共文化服务体系的关键因素之一。因此，解决目前存在的管理体制不畅乃至混乱的问题，集中到一点，就是坚持与加强县级公益性文化机构归属县文化局管理，切实改正乡（镇）级公益性文化站完全归属于乡镇政府管理的做法。原因是虽然归属乡镇政府管理，但又时时受到来自县级各部门的支配，这样，文化站的工作就不知道听哪家的，由此而引发的管理失调业务失控等问题，以及设施和队伍流失的现象。乡镇文化站是我国农村最基层的公益性文化事业机构，肩负着提供广大农民精神食粮的重任，对于这个机构，“婆婆”多了是管不好的，也不科学，更不能有效发挥出这一机构在农村文化服务中的应有的职能作用。因此，理顺文化站这一机构的管理体制，以便有效地发挥出其在农村公共文化服务中应有的作用，正是我们目前所要着力抓紧解决的一件重要工作。

3.着力建构科学长效的运行机构，以解决农村公共文化服务运行乏力的问题。

农村公共文化服务是在新时期里我国对农村文化建设提出的一个新概念，这个概念的体系由农村文化基础设施、农村文化队伍、农村文化活动、农村文化管理等要素构成。如何把这些要素有效地建设起来，运转起来，最大程度地发挥它们在农村公共文化服务中的作用，这就需要我们在对构成农村公共文化服务体系的诸要素进行认真地研究的基础

上，切实制定并有效实施相应的科学长效的运行机制。比如基础设施的完备及其高效使用，队伍人才的壮大及其高效发挥，文化活动的丰富及其功能的高效使用等，这些都需要一个科学高效的运行机制来解决。前面提到的运行机制不活的问题，已经紧迫地摆在了我们的面前，着力建构农村公共文化服务科学长效运行机制的工作刻不容缓，并要求迅即于行动之中。这项工作做好之日，就是农村公共文化服务体系建设进入科学发展轨道之时。

4.着力推出新的文化建设形式，以解决农村公共文化服务建设方法不多的问题。

前面提到项目推进式、分批突破式、“三点”结合式和建点示范式的模式就是过去不同时期自上而下创造和推出的一种很好的做法。实践证明，这种形式，这种做法，对于促进全区农村公共文化服务建设来说确实是科学而行之有效的。为了更好地发挥出这些做法在农村公共文化服务建设中的作用，同时也为了解决全区农村公共文化服务建设中的方法不多的问题，当前要着力推出新的文化建设形式：着力抓好“三求”工程建设。“三求”工程是在建设社会主义新农村的时代背景下，为了满足广大农民群众求知、求技、求乐的需要，自治区文化厅近年推出并实施的一项新的农村文化建设工程，其对村级服务中心的建设要素为“五个一”：一栋综合楼、一个文艺舞台、一个篮球场、一支业余文艺队伍、一支篮球队。这一工程，宗旨明确，不但具有很强的思想性，而且具有很好的操作性。

为完善好这一工程的建设，自治区文化厅社文处根据全区各县公共文化服务建设的需要，适时展开了农村公共文化服务建设的四大行动：即基层文化队伍培训大行动——在全区举办市县文化（群艺）馆音乐、舞蹈、戏剧、曲艺、小品、文化管理培训班，千团万场群众文化活动—引导全区农村、社区所有业余文艺队伍开展“周周演”，农村公共文化服务演唱材料供给大行动——编辑出版“农民舞台”文艺专辑，农村公共文化服务体系理论建设大行动——不定期主办理论研讨会和编辑出版相应论文集等。这一新文化建设工程的推出和相应工作的推进，将在一定程度上解决全区各地对农村公共文化服务建设方法不多的问题，并对全区农村公共文化服务建设方法创新的问题也将起到示范性的作用。总之，以新的形式和方法对全区农村公共文化服务实施有效地建设，推进全区农村公共文化服务体系建设的全面发展，是我们必须要牢牢抓紧的工作。

调研活动暂告段落，匆匆拟出这份报告，意犹未尽，掩卷沉思，我区目前有县级图书馆84个、县级文化馆98个、乡镇社区文化站1138个以及一大批村及文化活动中心和文化室，如何把这些农村公共文化服务机构从真正意义上建设好起来，把这支农村公共文化服务队伍从真正意义上用好起来，以发挥出这些机构和队伍在农村公共文化服务中的应有作用，还有待于我们在今后的建设实践工作中作更大的拼搏努力，而要想使这项庞大的文化建设系统工程达到理想的结果和预定的目标，还要靠全社会的共同努力。

（执笔：黄燕熙　赵兴文，成员：黄燕熙、罗　征、苏黔玲、黄　河、赵兴文、银河欢）

广西文化年鉴

文化专题报道

文化专题报道

营造良好舆论氛围　推动广西跨越发展

——中共中央政治局委员、中央书记处书记、中宣部部长刘云山广西调研纪实

《广西日报》2010 年 10 月 25 日

10 月 24 日上午，中共中央政治局委员、中央书记处书记、中宣部部长刘云山在自治区领导郭声琨、马飚等陪同下，来到广西人民广播电台考察调研。刘云山对广西人民广播电台对外广播的一些创新举措和做法表示肯定和赞扬。

金秋的八桂大地，丹桂飘香，硕果累累，处处洋溢着生机与活力。

10 月 23 日至 24 日，中共中央政治局委员、中央书记处书记、中宣部部长刘云山来到广西，在自治区党委书记、自治区人大常委会主任郭声琨，自治区主席马飚的陪同下，就认真学习贯彻党的十七届五中全会精神，全面总结“十一五”发展经验，精心谋划“十二五”经济社会发展，进一步做好宣传思想文化工作进行深入考察调研。

两天时间里，刘云山深入钦州、南宁的企业、港口、社区、农村和宣传文化单位，访民生、听民意、察民情、论发展、话宣传、谈文化，给全区干部群众带来党中央的深切关怀，带来推动科学发展、和谐发展、跨越发展的强大动力。

刘云山强调，学习宣传贯彻党的十七届五中全会精神是当前宣传思想文化战线的重要任务，必须突出科学发展这个主题，把握加快转变经济发展方式这一主线，围绕今后 5 年经济社会发展的目标任务和重大举措，扎扎实实做好各项宣传工作，不断把全会精神学习宣传贯彻引向深入。

非物质文化遗产要保护第一，在保护的基础上发展，就是通过进入市场，把非物质文化遗产和文化产业激活起来，保护得更好，发展得更好

钦州特有的红陶土，造就了承载着千年历史的坭兴陶。2008 年，钦州市坭兴陶传统烧制技艺被列入第二批国家级非物质文化遗产。

钦州钦宝斋陶艺有限公司的展示厅里，坭兴陶工艺品精美的图案和精致的造型让人称赞；操作间里，工艺师们正在精雕细刻、精心操作，精巧的工艺令人叹服。

刘云山缓步参观，细细端详，不时询问：“从事这个产业的人多不多？”“坭兴陶保护、发展和市场的情况怎么样？”

得知坭兴陶供不应求，有的优秀作品一件可以卖到几十万元，刘云山语重心长地说，

坭兴陶制作企业实际上是文化企业，坭兴陶产品实际上是艺术产品。坭兴陶传统烧制技艺是非物质文化遗产。我们要保护第一，在保护的基础上发展，就是通过进入市场，把非物质文化遗产和文化产业激活起来，保护得更好，发展得更好。

我国近代民族英雄刘永福的故居“三宣堂”，是一座气势不凡、古朴典雅的建筑。刘云山走进故居，在钦州市博物馆原馆长李世川充满激情的讲解中，详细了解了100多年前，刘永福在援越抗法、渡台抗日等战争中大义凛然、英勇不屈、捍卫国土，并取得辉煌战果的英雄事迹。

刘云山深有感触地说，刘永福的事迹对弘扬我们的民族精神，弘扬中华民族传统道德，都很有典型意义、教育意义和现实意义。我们要把刘永福故居这个爱国主义教育基地保护好，广泛宣传好，把作用发挥好。现在刘永福故居保护得很好，关键是要在保护的基础上，进一步充实和丰富展示内容，强化和创新展示手段，把刘永福的英雄事迹和爱国主义精神更好地展示出来。自治区和钦州市还可以把刘永福的事迹制作成影视作品和文艺作品，让刘永福的事迹和精神感染和激励更多的人。

刘云山还来到广西科技馆和广西民族博物馆参观。看到观众们特别是孩子们在广西科技馆学得认真，玩得开心，刘云山称赞科技馆做得很好，充分发挥了科普教育阵地的作用，一方面把青少年、把观众吸引过来，进行科普教育；另一方面还派出科普辅导员走出去，进学校到社区进行科普教育。这个做法非常好，一定要坚持下去。

得知每年都有很多东盟国家青少年夏令营在这里举办，刘云山勉励广西科技馆要继续发挥优势，面向东盟搞好国际交流，进一步拓宽服务领域，进一步增进中国和东盟国家之间的友谊。

我们不仅要满足老百姓的物质生活需求，更重要的还要搞好社区文化生活。有文化才生活和谐，生活和谐了，家庭和谐了，社区和谐了，社会才和谐

刘云山2007年在广西考察时曾强调，要把公共文化服务体系建设的重心放在基层和农村，加快农村文化设施建设步伐。当年底，广西启动了514个乡镇综合文化站建设，此举让广大基层老百姓受益匪浅。

23日下午，当刘云山来到钦州市钦南区康熙岭镇高沙新村社区时，群众自发地用掌声向他表达了最诚挚的感谢——几年来，该社区已建起多功能文化活动室、未成年人校外活动乐园、文化宣传长廊等，村民不仅人均收入普遍提高了，文化生活也变得更加丰富多彩了。

村里的戏台上，农民演员们正在有板有眼地表演传统的“采茶戏”。刘云山饶有兴致地走上戏台，与大家亲切交谈。

“你们都是这个村的吗？剧团有多少人？每年能演多少场戏？”

“都是这个村的。剧团有10到12个人，每年在本村演出15到20场，另外还会送戏到别的村。”

“你们做得很好，谢谢你们！”

演员们激动地为刘云山献唱了一段采茶戏，73岁的老鼓手还即兴表演了一人独奏13种乐器的绝活，博得一片喝彩与掌声。

从农家书屋、未成年人校外活动乐园、老年人活动室到村民洪家石家中，刘云山一路亲切慰问，一路深情嘱咐。他勉励大学生村官张春华扎根基层、服务群众；鼓励孩子们好好学习、早日成才；祝福老人们健康长寿、生活幸福；希望洪家石继续成为老百姓致富的示范带头人，让广大基层干部群众感受到了浓浓的情谊、殷殷的嘱托。

24日上午，刘云山来到南宁市保利凤翔花园小区，感受这个“和谐文明社区”的浓厚文化氛围。漫步在小区的文化艺术长廊，翻阅保利人家社区文化报，倾听保利中老年合唱团的热情演唱，刘云山面带微笑、频频颔首，不时驻足与社区居民亲切交谈。

看到刘云山信步走来，正在练习书法的业主叶亮邀请他与自己合作共书一幅作品。刘云山欣然应允，泼墨挥毫写就一个遒劲的“和”字，叶亮接过笔，写下一个“谐”字，“和谐”二字珠联璧合，现场响起一片欢笑。

刘云山感慨这里的环境好，老百姓生活幸福。他说，我们不仅要满足老百姓的物质生活需求，更重要的还要搞好社区文化生活。有文化才生活和谐，生活和谐了，家庭和谐了，社区和谐了，社会才和谐。作为全国文明城市，南宁市在抓文明城市建设时，从基层抓起，从家庭抓起，从社区抓起，做得很不错。

广西广播电视网络已经带头走在了全国电视网络整合的前列，希望将来也要带头继续走在前列；广播是电视代替不了的，是互联网代替不了的，搞广播的同志一定要对广播的前景，对广播的发展充满信心

广西广播电视信息网络股份有限公司依托干线网将原来互不联通的市、县城域网和大部分乡镇有线网整合为全国第一个省（区）、市、县、乡、村（屯）五级贯通的有线电视网络，扩大了广播电视的有效覆盖。年经营收入从2005年的3.68亿元增长到2009年的10.02亿元，总资产从10.39亿元增加到31亿元，增长了两倍。公司成为“首届全国文化企业30强”，连续两年荣获“全国文化体制改革优秀企业”和“全国文化体制改革先进企业”。

刘云山高度评价广西广播电视网络的整合在全国带了个好头，取得了多项“全国第一”。他说，实践证明，广西的做法好，取得的社会效益好，经济效益也好。现在网络发展的重要趋势是三网融合。在新形势、新竞争下，只要全区的广播电视网络整合成一张网，就有了做强做大的坚实基础。下一步，广西要争取进入三网融合的第二批全国试点，而且要成为第一家省级试点。目前，要重点把广电网络的增值服务、增值业务做好，为今后的三网融合打好基础，占据先机，立于不败之地。

刘云山对公司发展寄予殷切期望：“文化产业是个朝阳产业，有文化企业才有文化产业。广西广播电视网络公司已经带头走在了全国电视网络整合的前列，希望将来也要带头继续走在前列。广西广播电视信息网络要进一步做强做大，将来争取作为一个整体公司实现上市，通过资本市场融资取得更大发展。”

刘云山高度关注和关心广播媒体发展。他特意来到广西人民广播电台，走进中控室和北部湾之声等频道的直播间，亲切慰问工作人员。得知10月24日正好是北部湾之声一周岁的“生日”，刘云山高兴地说，真巧，我祝贺你们成功开播一周年！

广西人民广播电台台长周文力介绍，北部湾之声是由中国国际广播电台、广西人民广播电台联合开办的我国首个区域性国际广播频率，是国家级外宣媒体与地方媒体合作的全新模式。目前，短波覆盖越南、老挝、柬埔寨、马来西亚及泰国东南部地区，覆盖人口超过一亿。

刘云山说，中央正在下大力气实施对外传播体系建设。北部湾之声正是我们对外传播体系建设的一个新的探索和新的模式，全国很多省区市都要学习这个模式，推广这个模式。我们搞对外传播体系建设，主要是传播我们的声音，扩大我们的影响，塑造我们的国家形象。我们不推广、不推销、不输出自己

的价值观，而是促友好、搞合作、增友谊，你们要从节目里体现这一点，使传播的影响更大，效果更好。

在电台中控室，电台负责同志为刘云山介绍了北部湾在线开通的多媒体网络广播电视运行情况，展示了电台与企业联合开发的全国第一台“网络收音机”。用这个收音机，只要有互联网的地方，都可以收听到高品质的数字广播，而且可以收听一万多个频道，改变了广播传统的收听方式。刘云山表示，这个产品是一个新的终端，将来一定有广阔市场。我们现在搞传播一定要跟高新科技结合起来，依靠高新科技来发展。

得知广西电台在广播类型化改革以后，分成几个频率，避免同质化竞争，在经济效益大幅度增长的同时，医疗广告大幅度下降，社会效益也有了明显提高。刘云山肯定地说，对我们媒体和文化事业来说，什么时候都是社会效益第一，这一点一定要坚守，不要为一些蝇头小利，把我们的品位和格调降低。

临别时，刘云山语重心长地说，广西电台现在做得非常好，发展势头也很好。广播是电视代替不了的，是互联网代替不了的，而且大有发展前途。越是一些特殊的地方，广播的作用越大。搞广播的同志一定要对广播的前景，对广播的发展充满信心。

新闻媒体就是要给广西北部湾经济区开放开发营造良好的氛围。相信以后客商和投资者会越来越多

刘云山十分关心广西北部湾经济区的开放开发。2007 年，中宣部曾组织中央媒体联合采访团到北部湾开展大型新闻报道活动，对北部湾风生水起起到了至关重要的作用。这次，刘云山又专程考察了作为广西北部湾经济区开放开发的核心平台和强力引擎的钦州保税港区，以及广西北部湾经济区标志性工程、总投资 151 亿元的中国石油广西石化1000 万吨/年炼油工程。

凭海临风观澜起，北部湾畔听涛急。看到广西北部湾经济区开发建设红红火火，得知中国石油广西石化公司在设计、建设、投产中创造了多个“一流”，钦州保税港区在建设过程中创造了“钦州速度”“钦州奇迹”，刘云山十分高兴。他充满深情地说，现在，北部湾已不仅仅是风生水起，而是呈现出千帆竞发、热气腾腾、生机勃勃的景象。广西是中国和东盟合作的桥头堡，广西北部湾经济区是广西经济社会发展的新引擎，中国—东盟自贸区建设为广西插上了新的腾飞翅膀。广西在北部湾经济区开放开发上志向高远，紧紧抓住了中国—东盟自贸区建设的机遇，成功举办了七届中国—东盟博览会，取得了非常好的效果。相信北部湾经济区开放开发战略会在广西今后的发展中发挥越来越突出的作用。

刘云山表示，下一步还要组织中央新闻媒体的记者过来，宣传你们的先进事迹，给你们加油鼓劲，营造良好的舆论氛围，推动北部湾经济区“千帆竞发”。

钦州保税港区负责人高兴地说：“上次中央 30 多个主流媒体都来了，把钦州和钦州保税港区作为宣传重点。过去各地客商和投资者不知道有保税港区这么好的对接东盟的平台，现在大家都很感兴趣，每天都有大批考察团来考察、洽谈、投资、兴业。”

刘云山笑着说：“新闻媒体就是要给北部湾经济区开放开发营造良好的氛围。相信以后客商和投资者会越来越多。”

24 日下午，刘云山在南宁主持召开座谈会，听取了郭声琨代表自治区党委、政府作的工作汇报。刘云山对广西经济社会发展成绩和宣传思想文化工作给予充分肯定。他说，时隔三年多再次来到广西，很高兴看到广西经济社会发展又上了一个新的台阶，呈现出科学发展、和谐发展、跨越式发展的良好态势。干部群众团结进取、奋发向上、干事创业的氛围十分浓厚。全区宣传思想文化战线围绕自治区党委、政府的中心工作，扎实推进各项工作。尤其在民族团结宣传教育、文化产品创作生产、文化体制改革、精神文明创建，以及面向东盟的对外宣传等方面形成了许多亮点，创造了很多经验，为宣传广西良好形象，促进广西经济社会发展作出了重要贡献。

刘云山指出，刚刚闭幕的党的十七届五中全会主题重大、内容丰富，事关党和国家长远发展，涉及经济社会发展各个领域，学习宣传贯彻好全会精神，对于动员全党全国各族人民抓住用好重要战略机遇期、促进经济社会又好又快发展，对于夺取全面建设小康社会新胜利、加快推进社会主义现代化，具有十分重大的意义。

刘云山强调，学习宣传贯彻五中全会精神，首先要组织好党员干部特别是县处级以上领导干部的学习，结合党委中心组学习和干部教育培训，认真研读“十二五”规划《建议》，认真领会胡锦涛总书记重要讲话，理解精神实质、把握基本要求，切实把思想和行动统一到中央要求和部署上来。要继续组织好全会精神新闻宣传，做好深度报道、深度解读，进行专题分析、专题阐释，营造浓厚舆论氛围，推动形成学习贯彻全会精神的热潮。要围绕全会精神列出重点选题，加强对事关全局的重大理论和实践问题的研究，加强对全会提出的创新性观点和举措的阐释，回答干部群众关心的热点难点问题。要抓住有利契机，集中一段时间开展以“回顾‘十一五’、展望‘十二五’”为主题的形势政策教育活动，提倡领导干部带头做报告，发挥讲师团、党校、社科单位和宣传文化阵地作用，组织各方面力量深入城乡基层特别是高等院校、科研单位、大型企业面对面进行宣讲，使全会精神更加深入人心。

刘云山强调，要切实抓好文化的发展和改革，要深入推进文化体制改革，构建覆盖城乡的公共文化服务体系，以大战略带动、大企业带头、大项目带动加快发展文化产业，加强文化产品的创作生产引导。

刘云山强调，要切实做好意识形态工作。意识形态工作是一项关系国家安全和社会稳定，关系党和人民事业兴衰成败的重要工作。要抓好马克思主义中国化、时代化、大众化，抓好社会主义核心价值体系这个基础工程，抓好构建现代传媒体系建设，抓好宣传思想文化阵地管理。

自治区领导马飚、马铁山、陈际瓦、沈北海、车荣福、温卡华、陈武、黄道伟、余远辉、吴恒、李康参加座谈会。

中宣部副部长王晓辉，自治区领导沈北海、车荣福、余远辉等分别陪同考察调研。

（黎攀　刘水玉）

发扬改革创新精神 做大做强广西文化产业

——自治区主席马飚到湖南长沙考察文化产业

《广西日报》2010 年 4 月 24 日

览湖湘千秋文气，作八桂锦绣文章。4 月 23 日，自治区主席马飚到湖南长沙考察文化产业建设。他指出，要学习湖南发展文化产业的成功经验，进一步解放思想、开拓创新，打造千亿元文化产业，提升广西文化软实力。

当天上午，马飚首先来到湖南天闻新华印务公司。他认真参观了印刷业务的整套流程，了解该公司生产能力、销售收入和利润及公司的体制机制运行情况，叮嘱随行的广西出版传媒集团负责同志好好学习借鉴。

在华瑞物流公司，1.7 万平方米的一楼库房内堆积着大量待发图书，部分正在打包外送。得知该公司去年发货码洋高达 25 亿元时，马飚连声赞叹。二楼的图书备货仓库存放着 26 万个品种、总码洋达 1.3 亿元的图书。除经营好图书发行主业外，该公司还致力拓展第三方物流业务，目前公司日发货量最高达 2 万件，年吞吐量达 10 万多吨。

当天下午，马飚前往湖南广播电视台，探访"电视湘军"的成功之路。自 1993 年提出"大广播、大电视、大宣传、大产业"的发展思路，湖南广电始终没有停止改革创新的步伐。

到去年，湖南广电年自产节目时长已从 15 年前的 400 多小时跨越到 8000 多小时，年广告收入从 5000 万元增加到 30 亿元，资产从 4 亿元发展到 100 亿元。在观看了湖南广电改革发展纪录片后，马飚等领导用热烈的掌声向"电视湘军"敢想敢创的精神和巨大发展成果表示敬意。

在与湖南省文化体制改革和文化产业发展领导小组有关同志座谈时，马飚了解到 2007 年湖南提出"文化强省"战略，2009 年全省文化产业总产出就已达到 1395.63 亿元，实现增加值 583.67 亿元，文化产业已成为湖南省重要的支柱产业、千亿元产业。他由衷赞叹湖南省委、政府大力发展先进文化、做大做强文化产业的魄力和创举，表示一定要学习湖南成功经验，把文化产业作为广西千亿元产业和新的经济增长点来打造，加倍努力、大胆创新、务求实效。

在参观了湖南卫视 1200 平方米演播厅、高清导控室机房、直播室后，马飚来到湖南广电创办的全国首家连锁电视购物企业"快乐购"，参观公司的呼叫服务中心、物流管理中心。该公司开业 3 年多即已拥有全国 50 个区域市场，日均营业收入达 500 万元。马飚充分肯定湖南广电将传统媒体的内容生产制作和新媒体新业态相结合，指出："不断创新是电视湘军发展壮大的诀窍所在，进一步提高广西传媒业的创新力势在必行。"

马飚还考察了宏梦卡通集团。该集团打造出来的"虹猫蓝兔火凤凰"已成为著名卡通品牌，集团原创动画节目年产量达到 1.5 万分钟。马飚饶有兴致地观看了卡通制作、动画演示和玩具产品，指出要大力发展动漫产业，打造动漫品牌，拉长产业链条。

考察过程中，马飚多次强调，文化产业具有巨大的发展前景，是广西潜在的经济增长点。广西要把文化产业作为重要的千亿元产业打造，不断提升文化软实力，加快建设具有广西气派、壮乡风格、现代特征、开放包容的文化先进省区。他要求，尽快制定和实施文化产业发展规划，明确产业发展的重要支点，着力打造文化创意、演艺娱乐、出版发行、数字电视和数字电影等产业。要加快打造一批文化品牌和文化集团。要加快建设南宁动漫城和柳州、桂林、北海动漫基地，打造龙头动漫企业。

当天，马飚还考察了长沙市金霞污水处理厂，湘江橘子洲综合整治工程，以及集防洪、交通、城市景观、沿江风光为一体的湘江大道防洪工程。

湖南省委常委、长沙市委书记陈润儿，湖南省副省长徐明华，自治区副主席陈章良、高雄，自治区政府秘书长王跃飞等陪同考察。

（罗猛）

马飚要求加快发展文化体育会展服务等现代产业

《广西日报》2010年11月15日

11月11日至14日，自治区主席马飚就加快广西现代产业发展在广东进行专题考察学习。他指出，要学习发达地区培育现代产业的好经验、好做法，大力发展文化产业、体育产业、会展服务业等现代产业，积极适应需求结构调整和消费升级新变化，不断打造新的经济增长点。

马飚一行首先参观了广东动漫城。该项目一期规划250亩，建设总面积约30万平方米，主要建设有外包服务区、原创动漫区、国际动漫区、教育培训区、中央商务区、生活配套区，以及产业服务中心、动漫体验中心等。自2008年启动项目建设以来，已经引进新加坡等国的动漫公司以及国内的一批动漫企业进驻园区。从化市不仅在政府资源配置、制定优惠政策等方面做好服务，还先期引进10所大学落户为发展动漫产业奠定了人才基础。马飚十分赞同广州动漫城坚持“政府支持、企业主导、市场运作”的运行模式，认为动漫城的战略定位、产业延伸都很有特点，尤其“市场化、国际化、品牌化”的经营特色令人深受启发。

在建的深圳湾体育中心明年将作为第26届世界大学生运动会闭幕式的举办场地。该中心占地30.77公顷，建筑面积达33.5万平方米，以BOT的模式交由华润集团具体负责投资、建设和运营。马飚一行现场参观了主体育场的施工建设，其“春茧”造型别具一格。设计1.3万个座位的体育馆建成后将是深圳最大的现代化综合体育馆，能举办各种大型体育、文化活动。华润深圳湾发展有限公司负责人介绍说，在全力加快项目建设进度的同时，公司已经开始策划大运会结束后的一系列大型文化体育活动，将借鉴洛杉矶斯台普斯球馆等成功运作模式，全力打造一个融体育、文化、酒店、会展等一体的现代体育产业。马飚对此表示赞赏，强调发展广西体育产业也要做好上下游产业的配套，努力形成规模效应和集聚效应。

在深圳华南城，马飚详细了解规划、建设、招商、运营等情况。该项目规划建筑面积达260万平方米，既是一个超大规模的工业原料及成品展示交易中心，也是一个现代综合商贸物流城。有关负责人介绍说：“珠三角地区的11个主要产业所需的原材料都能在华南城的五大交易中心找到，大大降低了采购成本。”马飚十分关注华南城南宁项目的建设，得知今年中国—东盟博览会期间在南宁华南城举办的中国—东盟轻工产品展览会吸引了30多万人观展，他十分高兴，勉励南宁华南城加快建设，共同把中国—东盟博览会打造成永不落幕的展览会。

在考察过程中，马飚指出，发展现代产业是“十二五”时期我区加快转变经济发展方式的重要途径以及主要内容。我们要学习发达地区的好经验、好做法，大力发展文化产业、体育产业、会展服务业等现代产业，积极适应需求结构调整和消费升级新变化，努力提高经济增长的质量、效益和综合竞争力，不断打造新的经济增长点。

在粤期间，马飚一行还考察了广州亚运

场馆、广州大剧院等文化、体育项目。自治区副主席高雄、李康，自治区政府秘书长王跃飞等一同考察。

（罗猛）

壮乡文化事业蓬勃发展

《西部时报》2010 年 2 月 2 日

西部大开发 10 年来，广西生发出累累文化硕果，并以“边缘的活力”崛起于中国西南，爆发出如壮锦一般的绚丽色彩，在中国的文化版图上渲染出云蒸霞蔚、气象万千的文化景观，形成世人瞩目的“广西文化现象”。

文化不仅唱响、唱美了广西，还提高了广西的知名度和影响力，为广西经济社会发展提供了有力支持。

文化事业蓬勃发展，文化产业渐入佳境。作为一个经济并不发达的边疆省区，“广西文化现象”以其多彩和精美，向世人全景式、立体式展示了广西拥有不俗的文化实力，呈现出文化大发展、大繁荣的态势。

文物和非物质文化遗产保护工作进入全国前列。兴安灵渠和宁明花山以其独特价值，被列入世界文化遗产预备名单。广西京族哈节、仫佬族依饭节、壮族歌圩、瑶族服饰等 28 个项目相继入选国家级非物质文化遗产名录。2003 年底广西启动民族生态博物馆“1+10 工程”建设，其“龙头”广西民族博物馆已于 2008 年底建成并对公众开放，这意味着广西非物质文化遗产的保护体系日渐完善。

被称为中国演出史上“一场革命”的大型山水实景演出《印象·刘三姐》，则突破了我国对外文化交流贸易的传统做法。截至 2008 年底，《印象·刘三姐》演出总场次近 2000 场，观众约 300 万人次，强有力地拉动了阳朔地区旅游产业和其他产业的快速发展。目前，广西与越南、柬埔寨的文化旅游机构已达成建设“下龙湾旅游演艺项目”和“吴哥旅游景点实景演出项目”的协议。

总投资 18.93 亿元的广西民族博物馆、广西科技馆、广西体育中心、广西妇女儿童医院，相继建设和完工，形成了广西文化的新地标。一批新建的图书馆、群艺馆、博物馆陆续落成并免费对公众开放，成为全自治区各市(县)群众开展文化生活的好去处。

自“十五”以来，广西的文化产业从无到有，从起步到探索，培育了一批文化产业品牌，建设了一批重点文化产业项目。在文化旅游业、节庆会展业、新闻出版业、动漫业等广西本土民族文化特色品牌和重点项目上取得突破性进展，呈现出令人欣喜的发展态势。

广西"十一五"文化事业建设综述:文化唱响美好广西

广西新闻网 2010 年 11 月 20 日

八桂大地,文化绮丽。在过去的五年间,广西文化创造了历史的辉煌。自治区党委书记郭声琨给予充分肯定:"文化不仅唱响、唱美了广西,还提高了广西的知名度和影响力,为广西经济社会发展提供了有力支持。"

文化特色铸品牌

回眸"十一五",我们看到:文学、喜剧、音乐、美术、书法、摄影、舞蹈、杂技、广播、影视、动漫等文艺精品像精灵般活跃。《广西"十一五"时期文化发展规划纲要》把"培育和扶持八桂民族音乐、漓江画派、山水实景演艺等优秀文化品牌作为建设文化广西的重要内容",这一美好蓝图已织就为现实的图景:

《大儒还乡》入选国家舞台艺术精品工程十大精品剧目,完成广西精品艺术"三连冠"的奇迹;舞剧《碧海丝路》获全国"五个一工程"奖、音乐剧《桂花雨》入选 2007－2008 年度国家舞台艺术精品工程并获第十三届文华大奖特别奖……独树一帜的"漓江画派""八桂书风"打响了广西山水文化品牌;独领风骚的"刘三姐",从民间传说到文人文本再到桂剧、彩调剧、歌舞剧、电影和山水实景演出,一次次成功的创新模式,将民族文化在时代背景下进行融合、重组、再生。

"十一五"期间,我区努力建设具有广西气派、壮乡风格、现代特征、开放包容的文化先进省区。一系列特色文化活动使"广西气派""壮乡风格"绽放异彩:

2006 年盛夏,"广西文化舟"驶进北京。2007 年初夏,"文化舟"再次起航,扬帆马来西亚。

当巨型壮锦惊艳挂起来,当马山会鼓冒雨敲起来,铜鼓、山歌、天琴……这些广西特色文化元素在 2010 年上海世博会上精彩呈现,广西民族文化品牌的魅力再次博得世人喝彩。

文化惠民筑和谐

"让文化回归百姓!"我区文化重心倾向基层,不断加快农村文化设施建设步伐,不断完善"知识工程""边境文化长廊""文化下乡工程""广播电视'村村通'工程"等公共文化服务工程。2006 年 6 月启动的农家书屋工程建设,截至 2010 年 8 月,已建成农家书屋共计 6314 个,覆盖全区 44%行政村,累计近 1500 万人口受益。

近年来,我区建成 1.1 万个文化信息资源共享工程分中心和基层服务点,初步形成了覆盖城乡的数字文化服务体系。目前,全区共有县级以上公共图书馆 100 个,县级以上文化(群众艺术馆)站 113 个、乡镇文化站 1126 个、村文化室 5027 个。广西民族博物馆等一批文化设施相继建成投入使用,10 个生态民族博物馆像散落民间的珍宝,与民共存。

文化不仅要"送",还要"种"。我区以广场文化、农村文化、社区文化、企业文化、校园文化、节庆文化为载体,各种丰富多彩的群众文化活动在"十一五"期间如火如荼展开。

"干群共同来构建,和谐社会新农村……"柳城县大埔镇勤俭村新兴屯业余文艺队的 10 余位妇女常用彩调《刘三姐》的曲调,现场编词即兴演唱。这是广西农村文艺的一个缩影。"十一五"期间,我区"五个一"(每个

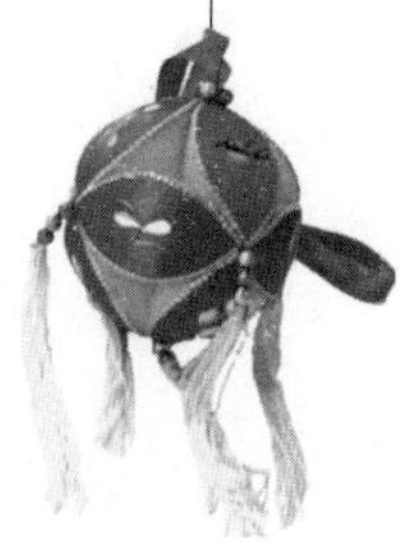

行政村建设一个灯光篮球场、一个文艺舞台、一个科技文化卫生综合活动室，组建一支农民文艺队、一支农民篮球队）工程收获成果。走进广西各地村屯，4000多个民间文艺队活跃在田间地头，“千团万场”球赛、文艺赛热火朝天。

文化交流助发展

“走出去、引进来”的文化交流策略，使广西文化对外产生了独特的吸引力和影响力。

2008－2010年，广西艺术团先后赴印尼、泰国、韩国等地参加了中国春节文化演出活动。与此同时，彩调歌舞剧《刘三姐》先后走进美国、马来西亚等地，并随广西经贸文化代表团赴台湾演出。2009年，来自东南亚国家以及欧洲等国的京剧爱好者、国际友人齐聚“中国—东盟京剧爱好者南宁演唱会”。2010年，南宁市粤剧团在“2010新加坡艺术节”精彩亮相。与此同时，南宁国际民歌艺术节已走过12个年头。据不完全统计，广西各艺术表演团体境外商演比率日益提高，仅2008年就有16起境外演出活动。

自2006年起，“中国—东盟文化产业论坛”已成功举办四届，成为中国—东盟文化领域合作的品牌之一；近3年来，我区通过联盟形式在南宁举办了“中国广西民族博物馆与东盟十国博物馆交流合作工作座谈会”、印尼文物精品展、越南出水瓷展等，开展了有东盟国家文博机构参加的博物馆藏品与人力资源合作学术研讨会、考古工作交流会。广西还特别注重与东盟国家的文化人才培育。自2006年以来，广西文化厅连续承接两届“东盟与中日韩（10＋3）文化人力资源开发合作研讨班”在广西站的培训任务，并举办了首届中国—东盟红铜鼓艺术教育展演。广西大学、广西民族大学与泰国合作开办了孔子学院，广西艺术学校、广西杂技团为越南培训了杂技演员，广西民族文化艺术研究院赴泰国、马来西亚、越南等国开展了民俗民间文化研讨讲学等。

（林雪娜）

“情系八桂——两岸文化联谊行”揭幕

《中国文化报》2010年8月19日

8月16日，由文化部和国务院台办担任指导单位，中华文化联谊会与广西壮族自治区人民政府共同主办，广西壮族自治区文化厅与自治区人民政府台湾事务办公室承办的“情系八桂——两岸文化联谊行”大型文化交流活动在广西南宁拉开帷幕。广西壮族自治区党委副书记、自治区人民政府主席马飚出席开幕式并宣布活动开幕。文化部党组成员、中纪委驻部纪检组组长李洪峰，台湾嘉宾代表、访问团团长张京育出席开幕式并致辞，来自台湾的101位嘉宾和50多位祖国大陆文化界人士参加了开幕式。

马飚在开幕式上说，近年来，桂台两地的文化交流活动十分频繁，两地文化团组来往较多。桂台少数民族文化交流周每年举办一届，已成为两岸少数民族交流的重要品牌。桂台文化产业合作已有良好开端，大量的台湾文化创意人才开始来桂觅求更大的舞台和空间。桂台间丰富多彩的文化交流合作，加深了彼此了解、增进了同胞情谊、密切了骨肉亲情，成为维系两岸同胞感情的重要精神纽带。

李洪峰在致辞中说，当前，两岸关系实现历史性转折，取得一系列积极成果。两岸各领域、各界别交往更加热络，大交流的局面已经形成。如今，“情系”系列两岸文化联谊活动已悄然走过了第一个十年，越来越多的台湾文化、教育界朋友加入到队伍中。相信通过为期10天丰富而充实的参访、研讨、交流、联谊，“情系八桂”文化联谊之旅一定能让台湾嘉宾深刻感受到中华多民族大家庭的缤纷特色与多元文化。

张京育说，大陆和台湾合作举办的“情系”系列两岸文化联谊活动已经迈入了第二个十年，我们每一个参加此项活动的人都是这段历史的见证人，见证了大陆各方面的发展。他希望，两岸中国人不仅能够和平发展，而且要和谐发展；不仅在经济方面要互利互惠，在文化和教育等方面也要相互促进，更上一层楼。

开幕式之后还举行了极富广西地方特色的“情系八桂”专题文艺晚会。

自2001年以来，文化部与各地政府合作，先后成功举办了七届“情系”系列两岸文化联谊活动，在两岸产生了很大的影响，“情系”系列已经成为两岸文化交流的知名品牌。“情系八桂——两岸文化联谊行”今年落户广西，是“情系”系列活动首次在大陆少数民族地区举办。

（宋佳烜）

创新服务方式 实现文化共享

——广西公共文化场馆开展公共文化服务掠影

《广西日报》2010年9月3日

公共文化场馆是城市文明的重要组织部分，其建设成效，最终是体现在“服务”二字上。广西各大公共文化场馆坚持“公益性”理念，在“工作落实年”活动中，积极开拓思路，创新公共文化服务方式，为公众服务，使公众受益，从而实现公益性文化机构的社会价值。

繁荣群文舞台　让群众唱主角

2010年的“农民的笑声——广西群文春节联欢晚会”上，来自全区的业余群众演员和基层文艺工作者，以妙趣横生、原汁原味的表演，为农民朋友“酿造”笑声，将欢乐送到广袤农村。台上，吹拉弹唱样样精；台下，欢声笑语人人乐。农民群众反映，唱他们爱唱的歌，跳他们爱看的舞，讲他们爱听的事，看了真带劲。

这样的演出，是广西群艺馆“繁荣群文舞台、让群众唱主角”的一个缩影。

“歌王大赛”“广场健身舞大赛”“少儿艺术大赛”“农民画展”“中国西部原生态山歌(民歌)”“柳州赛歌会”“魅力北部湾”“知青文艺汇演”……广西群艺馆积极开展符合群众文化特征、群众喜闻乐见的文化项目，扶持、培育基层业余文艺演出团队，使多姿多彩的文化活动、文化演出扎根基层，贴近群众。2009年以来，推出全区群众文艺新作496件(篇)，观众约10万人次。

广西群艺馆馆属的9个文艺团队，如今已成为广西群众文化汇演的主力。全年在南宁市辖区内参加各种节庆演出和下社区演出共约300场次。舞蹈《绣球飞》《壮乡瑶》，声乐《羊角追》等自创节目在全国群人次艺舞台上绽放光彩。

崇左市濑瑞小学、邕宁县那马小学、南宁官桥小学的孩子们不出校园，就可以接受广西群艺馆专业老师的艺术辅导，包括音乐、舞蹈、戏剧、美术、摄影。通过在基层建立群众文化服务点，广西群艺馆已培训学员400人次，以基地的形式活跃了群众文化生活，也带动着群众自行开展文艺演出活动。

今年2月10日，宜州市怀远镇李家寨村祥合屯的村民，在本屯的文化活动中心举办了一台别开生面的“福满祥合”迎春文艺晚会。他们自编自导，演出了彩调表演、山歌对唱、渔鼓快板、器乐演奏、现代歌舞等精彩文艺节目，吸引了周边近三千观众。大家赞不绝口地说：“春晚办在家门口，文化惠民乐悠悠！”

拓展科教讲台　让文化讲堂没有围墙

不久前，南宁市衡阳路小学的同学们上了一堂生动有趣的科学实践课《民族蜡染》。在广西科技馆科普老师的指导下，同学们自己动手操作，从煮蜡、点蜡，到染色、去浮色，再到吹风制干、熨烫去蜡，一直到完成蜡染作品。一幅幅充满童真童趣的蜡染作品从孩子们手中诞生，可把他们高兴坏了。

如何缩小场馆与老百姓之间的距离，使文化资源得到最大程度的普及，广西各大公共文化场馆拓展科教讲台，打造了“没有围墙的文化大讲堂”。

广西科技馆依托馆内青少年科学工作室的品牌优势，将中小学《科学》课搬进工作室，通过丰富多彩的活动，有效地解决了一些学校因场地设施、师资力量等无法深入开展的《科学》课教学活动，较好地实现了科普资源共享；一系列青少年科技赛事的举办，参与人数超过5万人次；2010年青少年科技夏令营让孩子们过了一回“科技瘾”。

利用“世界读书日”“世界博物馆日”“图书馆服务宣传周”“科技周”“全国科普日”等契机，广西图书馆、广西博物馆、广西科技馆开展“进农村、进社区、进机关、进学校、进企业、进军营”等活动，将公益展览、知识讲座、报告会、信息咨询、图书阅览等活动送到群众身边，服务内容丰富，服务范围更加广泛。

广西科技馆和广西博物馆开发自身优势资源，将文化与旅游相结合，为推进文化普及工作提供新的契机和平台。2009年12月，广西科技馆通过国家4A级旅游景区评审。这是广西在科技旅游方面的重要尝试。广西博物馆与南宁海外旅行社联手推出了两条精品“广西博物馆一合浦汉墓一日游”“广西博物馆一昆仑关战役遗址一日游”。

通过招聘、培训文化志愿者，很多青少年进一步参与到“没有围墙的文化大讲堂”。来自中山路北小的9名小学生成为广西博物馆首批“小小讲解员”。

从2006年起，广西博物馆与广西师范大学合作，联合培养博物馆学与考古学硕士研究生。2位研究员担任了研究生导师。几年来，为广西乃至全国培养了一批文博工作的储备人才。

搭建共享平台　实现文化信息畅通无阻

在广西图书馆电子阅览室内的盲人阅读专区，10台安装了盲人读屏软件的电脑，吸引很多盲人朋友每天兴致勃勃地前来免费“看”书、上网。工作人员将他们引导到专区，并指导大家用“有声鼠标”上网。

广西图书馆不断完善自身的服务机制，创新服务形式，着力实现文化信息畅通无阻，人人共享。

利用流动图书馆车或建立馆外流动点，把服务触角延伸到社区、学校和乡镇农村；建立盲人语音阅览室、农民工图书室，开辟了为弱势群体服务领域；推出的“八桂讲坛”，开启公众视野，启发公众思想；举办的公益性展览，使公众得到文化的熏陶，同时激发了民众阅读的兴趣；推进网上参考咨询服务平台的建设，为非到馆读者提供便捷、经济、全天候的信息咨询服务；开通广西图书馆数字资源门户，提供了馆藏数字资源查询便利，充分揭示数字资源内容，提高文献利用率。

广西文化信息共享工作是全国文化信息共享工程的重要组成部分。作为在广西的具体实施部门，广西图书馆积极做好平台搭建和资源建设。舞台艺术、旅游文化、科普知识、农业科技、文物珍品和人物等各类优秀文化信息，通过互联网络、卫星传输、光盘载体、资源镜像，配合使用机顶盒等各种传输方式，传达到市、县、乡、镇、村各级中心服务站。群众可以随时阅读电子图书，听音乐，听讲座，观看电影，欣赏戏剧、曲艺、舞蹈等艺术表演，学习科技法律、文化艺术、衣食住行等方面的相关知识，接受远程培训，参加远程会议等等。

2010年，广西文化信息共享工程的资源库新增百名新型农民专题资源、文化共享助春耕资源等10个数据库，广西农作物种植新技术和农民工实用技术视频资源已与有关部门达成合作意向。

广西文化信息共享工程为消除城乡信息鸿沟做出了积极的努力，为边远地区的农民送去了实惠，成为农民致富的信息渠道。

（蒋锦璐）

“中国—东盟文化交流培训中心”揭牌成立

《广西日报》2010 年 11 月 4 日

11 月 2 日，中国—东盟文化交流培训中心在广西民族博物馆正式揭牌成立。前来南宁参加第五期东盟中日韩（10＋3）文化人力资源开发合作研讨班活动的文化部、东盟秘书处和东盟各国代表出席了揭牌仪式。

中国—东盟文化交流培训中心是中国与东盟以及其他国家开展文化交流合作的又一重要场所，旨在培养中国—东盟文化领域专业性人才，加强中国—东盟文化人力资源的开发与合作。近年来，我区与东盟国家的文化交流日益扩大。自 2004 年以来，“刘三姐艺术团”携国家舞台艺术精品工程获奖剧目等节目，先后到越南、马来西亚等东盟 9 国进行访问演出，受到当地群众热烈欢迎；自 2006 年起，中国—东盟文化产业论坛已成功举办四届，成为中国—东盟文化领域合作的品牌之一；近 3 年来，我区通过联盟形式在南宁举办了中国广西民族博物馆与东盟 10 国博物馆交流合作工作座谈会、印尼文物精品展、越南出水瓷展等，开展了有东盟国家文博机构参加的博物馆藏品与人力资源合作学术研讨会、考古工作交流会，收获良好成效。广西还特别注重在教育、培训等领域与东盟国家的合作。自 2006 年以来，自治区文化厅连续承接两届东盟与中日韩（10＋3）文化人力资源开发合作研讨班在广西站的培训任务，并举办了首届中国—东盟红铜鼓艺术教育展演等。此外，广西艺术学校和广西杂技团为越南培训了杂技演员，广西民族文化艺术研究院赴泰国、马来西亚、越南等国开展民俗民间文化研讨讲学等。

据悉，我区将充分利用中国—东盟文化交流培训中心这一舞台，以广西民族博物馆为依托，组织开展多层次、多形式、多渠道的国际文化交流活动，通过互访交流、文体活动、学术研讨等形式进一步加深与东盟国家文化等领域的合作。

（林雪娜）

广西与东盟文化交流合作述评:以文化与东盟相牵手

《广西日报》2010 年 12 月 29 日

广西是天下民歌眷恋的地方,每年来自五洲四海的国内外民歌手纷至沓来;广西是“大型山水实景演出”品牌创意诞生的地方,《印象·刘三姐》的宏大演出模式远负盛名并走出国门;“广西文化舟”载着八桂文化从这里起航,驶向东盟各国成为增进双方友谊的桥梁……这些年来,广西在推进中国—东盟区域文化交流合作中展现出了独特的魅力。

对东盟文化交流开创新篇章

一直以来广西都非常重视与东盟的文化交流合作。特别是近几年来,广西紧紧抓住中国—东盟博览会永久落户南宁,中国—东盟自由贸易区如期建成和《广西北部湾经济区发展规划》全面实施的契机,结合广西实际积极开展全方位、多层次、广覆盖的对外文化交流活动,成为中国文化走向东盟的前沿窗口。

近年来,广西积极参与国家层面的对外文化交流活动。2008 年起连续 3 年承办文化部海外“欢乐春节”品牌在印尼、泰国以及韩国的文化交流活动,受到当地民众的热烈欢迎;2006 年配合文化部打造的中国—东盟建立对话关系 15 周年纪念峰会专场文艺晚会“金风送来山水情——风情东南亚·相约在南宁”获得了东盟各国人士的高度赞誉。

山水实景演出模式开创了广西与东盟交流合作的新境界。山水实景演出模式是广西文化人的独特创意,在国内外已具有很高的影响力。以制作人梅帅元为核心的广西创作管理运营团队与越南合作建设的下龙湾海上实景演出《越南越美》、与柬埔寨合作建设的吴哥窟实景演出《微笑的高棉》两个项目已列入文化部对外文化贸易重点项目,并取得了重要进展。

“中国—东盟文化产业论坛”打造了与东盟交流合作的新平台。自 2006 年以来,广西已成功举办了 5 届“中国一东盟文化产业论坛”,成为中国—东盟文化区域合作的一大品牌亮点。

随党政、经贸高层代表团出访演出形成了与东盟交流合作常态性的新机制。近年来,为配合中国—东盟博览会邀请国外嘉宾和招商引资活动,广西组织文化艺术团先后携民族音画《八桂大歌》、壮族舞剧《妈勒访天边》和歌舞剧《刘三姐》经典唱段等节目,随同党政、经贸高层代表团对东盟各国进行演出。

“广西文化舟”成为广西对东盟文化交流新品牌。继“2006 北京·广西文化舟”成功举办后,“2007 马来西亚·广西文化舟”又在马来西亚首都吉隆坡举办。“广西文化舟”向国内外推介了广西文化、中国文化,打造了广西对外宣传的亮丽品牌,提升了广西的国际新形象。

广西努力构建博物馆“‘10+1’交流合作长效机制”,不断深化拓展与东盟区域文博交流合作。近 3 年来,广西文博单位通过多种形式在南宁举办了“中国广西民族博物馆与东盟 10 国博物馆交流合作工作座谈会”、印尼文物精品展、越南出水瓷展等。

扩大与东盟文化交流在行动

今年 4 月,广西制定了“广西与东盟文化

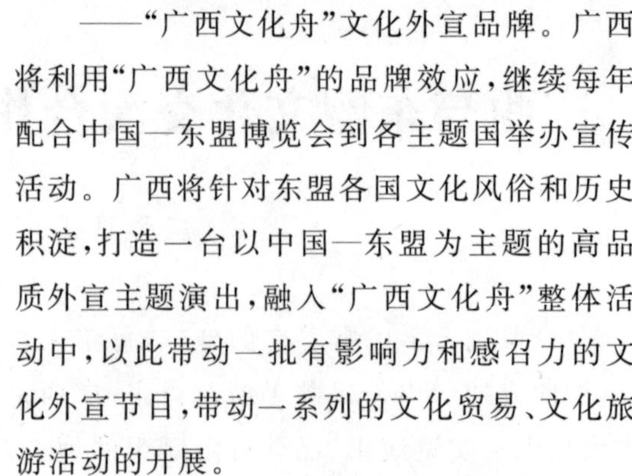

合作行动计划”，广西与东盟文化合作在已有的良好基础上，又将展开新的前景蓝图。

广西与东盟文化合作的总体目标是：通过打造文化外宣品牌，建立创新型交流载体，建设开拓性对外文化贸易品牌，扩大文化外交的成果，让广西成为中国文化走向东盟的前沿窗口，成为中国—东盟进行文化交流合作的聚集区，成为中华文化走向东盟的主力军和生力军，为建设具有广西气派、壮乡风格、时代特征、开放包容的广西文化作出贡献。

根据行动计划，广西与东盟文化合作，要构建中国—东盟文化交流合作五大平台：一是建立文化交流合作培训平台；二是打造对外文化贸易对接平台；三是构建对话平台；四是建立现代化信息交流平台；五是构建文化研究平台。

在广西与东盟文化合作中，将推进以下重点合作项目：

——中国—东盟文化交流培训中心。该中心于2010年11月2日在广西民族博物馆举行了揭牌仪式。“中国—东盟文化交流培训中心”挂牌之后将以广西民族博物馆为硬件依托，主要承接国家层面的交流培训项目，对东盟特别是老挝、缅甸、柬埔寨等欠发达国家的援外培训任务，在文博、舞台演出、艺术教育、文化产业人才等领域开展多层次、宽领域的文化培训交流活动。

——“彩虹之光”艺术教育拓展演出计划。该计划将以艺术、形象、生动、开放、立体的教育方式弘扬中华文化，以此推进国际华文教育，推动中华文化薪火相传。整合广西各类优秀艺术资源，有针对地推出一批适合华文艺术教育的精品剧，并根据东盟各国华文教育的特点和需求，策划编排一批兼具趣味性、文化性、艺术性、娱乐性的剧目，面向东盟各国青少年演出。

——“广西文化舟”文化外宣品牌。广西将利用“广西文化舟”的品牌效应，继续每年配合中国—东盟博览会到各主题国举办宣传活动。广西将针对东盟各国文化风俗和历史积淀，打造一台以中国—东盟为主题的高品质外宣主题演出，融入“广西文化舟”整体活动中，以此带动一批有影响力和感召力的文化外宣节目，带动一系列的文化贸易、文化旅游活动的开展。

——中国—东盟文化产业论坛和中国—东盟文化产业展览。“中国—东盟文化产业论坛”已成功举办5届，今后该论坛将继续加强中国与东盟各国的联络，同时在论坛期间，设立“中国—东盟文化产业展览”，设置推介交易、文艺表演、文化遗产展示和文化科技、艺术品展、动漫游戏、网络游戏、新媒体、数字出版物、文化创意活动等专展，构建一个集产品展示、要素交易和信息交流于一体，促进文化产业化项目落地的综合性服务平台。

——帅元国际山水实景演出项目。我区向东盟国家输出山水实景系列产品，使广西文化产品在东盟国际市场上占有一定的份额。我区与越南合作的下龙湾海上实景演出《越南越美》、与柬埔寨合作的吴哥窟实景演出《微笑的高棉》将成为广西山水实景演出推向世界的重要品牌，我区将继续推进这两个项目。

——建设中国广西一东盟文博交流合作基地。该基地纳入国家文物对外交流合作规划，上升为国家文物对外交流合作战略计划。每两年举办一次中国—东盟文化遗产保护交流合作论坛，每年组织1—2个文物展赴东盟有关国家展出，引进东盟有关国家文物展到广西展出，两年举办有东盟国家文博专业人员参加的人才培训班，根据需要组织文物保护、课题研究等项目合作。

——举办“红铜鼓”中国—东盟艺术教育

成果展演。展演每两年举办一届。该项目将进一步提升广西艺术教育教学水平，加强国际区域性艺术院校校际沟通，推进中国与东盟各国艺术教育的交流与合作，促进中国与东盟各国艺术教育的繁荣发展。

工业山水城　文化吐芳华

——柳州市实施“文化建设十大工程”综述

《广西日报》2010 年 8 月 27 日

“文化建设十大工程”提升柳州城市品位

灵动的山水，孕育出西南工业重镇——柳州；厚重的历史底蕴，升华着工业柳州的多元文化。

2009 年，深受金融危机重创的柳州，工业总产值、地区生产总值仍突破 2000 亿元和 1000 亿元大关；今年起“三年四千亿”目标正在实施中……广西工业之“星”依然闪烁，并当之无愧入选全国最具竞争力三线城市，且为广西唯一入选城市。

伴随着经济的快速发展，工业柳州的文化建设亦同步推进。

2009 年 9 月，柳州市委、市政府出台“文化建设十大工程”总体方案，实施水上大舞台、柳州工业博物馆、文化主题公园、白莲洞古人类遗址博物馆、电视剧《刘三姐》、军事博物园、刘三姐文化娱乐中心、重建文庙、工业题材大剧和动漫电视剧《心灵之窗》十大项目，总投资超过 8 亿元。

市委书记陈刚、市长郑俊康对此评价说，“文化建设十大工程”，既是落实科学发展观的重要载体，又是推进“三个同步”，建设“历史文化名城”，增强柳州文化软实力的创新之举，更为提升柳州城市品位，加速柳州“经济升级，城市转型”提供强有力的文化支撑。为此，该市专门成立了“文化建设十大工程”领导小组，四家班子相关领导奋勇担纲，陈刚、郑俊康担任组长，还分别负责“柳江明珠”水上大舞台和“柳州工业博物馆”工程建设。

对柳州的“文化建设十大工程”，自治区党委书记、自治区人大常委会主任郭声琨给予充分肯定，自治区党委常委、宣传部部长沈北海要求全区主流媒体广泛宣传。

“柳江明珠”水上大舞台群众娱乐好场所

7 月 30 日晚 8 时，沈北海宣布“柳江明珠”水上大舞台落成首演。刹那间，远古的山水、时尚的演绎、和谐同心的演唱、如雨后彩虹般的灯光，将歌声水影、天上人间连接成一处蓬莱仙境……

由陈刚亲抓的水上大舞台工程，总投资达 3000 多万元，从今年 3 月 16 日开始招投标到 7 月 30 日落成，仅用了 4 个半月。项目经理邓小元说，陈刚 10 余次过问和检查工期，负责建设的市城投公司和责任单位市文化局，均派员现场监工质量和进度。水利、海事、航道等部门通力协作，推进工程实施。

邓小元介绍说，总重超千吨且全钢结构的水上大舞台，全长 60 米、宽达 30 米、舞台面高 12 米，可抗 10 级台风，其浮力可容纳 400 名演员同时表演。演员升降台、各类功能房等一应俱全，还可视表演情况将船身向江中心推出 10 米，舞美装饰、灯光设置、舞台造型等，既可现场献演，又可现场直播，堪称目前全国水上第一舞台。

水上大舞台由政府搭台，群众唱戏，成为全市群众自娱自乐的高档次的文艺场所。

重建文庙传承华夏文化

重建文庙是全市人民的共同心愿。8 月 17 日，记者在施工现场看到，位于柳江河畔、登台山下的柳州文庙建设工地，数以百计的建设大军正争分夺秒加紧施工。

项目负责人李庆于介绍，占地面积约

6.54万平方米，总建筑面积约8450平方米的文庙，主要由棂星门、泮桥(状元桥)、杏坛、大成门、大成殿、厚德明伦堂、崇圣堂、文昌塔、论语林等组成。工程概算投资将超过2.2亿元。今年1月13日开工，大成殿、厚德明伦堂、崇圣堂等三大主体工程于6月17日整体封顶。至8月中旬，已完成投资1.4亿元，尽管时间紧任务重，建设者们克服难以想象的困难加快推进，确保今年9月28日孔老夫子诞辰2561周年，柳州的祭孔大典能如期举行。

柳州文庙重建伊始，市委、政府发出募捐倡议，社会贤达、各大企业即踊跃捐献。至8月18日，接受个人捐献已超过7万元，企业捐献多达1315万元，其中柳钢捐献500万元，上汽通用五菱、东风柳汽、柳工等企业捐款多至200万元，少则50万元……

工业博物馆展示百年工业历史

郑俊康主抓的柳州市工业博物馆选址于该市第三棉纺厂区内，占地面积约10.6万平方米，总建筑面积约6万平方米，总投资达3.388亿元。

工业博物馆建成后，将作为陈列、展示、研究柳州工业发展历史的重要平台，充分展示柳州百年工业的过去、现在和未来，进一步丰富柳州历史文化名城的内涵，传承历史，振奋精神，鼓舞斗志。同时，柳州工业博物馆还集工业历史展示、工业遗产保护、文化交流、科学普及、旅游休闲及工业服务等功能于一体，将积极推动工业柳州文化旅游业的快速发展。

郑俊康专门致信区内外企业和友人，捐献柳州工业遗存，不论旧机器、老产品、工业文献、拓荒建厂群体及个人旧照等，均可入馆。同时组成若干小分队遍及区内开展文物调查与征集。市长信函发出仅月余，至8月中旬，即征集到工业老照片177幅，工业文物、文献资料达3000余件，目前，响应者仍源源不断。

(刘兴标)

八桂和谐美　两岸情谊深

——情系八桂·两岸文化联谊行

《广西日报》2010 年 9 月 2 日

八桂大地，因台湾同胞的到来而增添欢乐。

“情系八桂”，因两岸文化交流而情深意浓。

8 月 16 日至 24 日，由中华文化联谊会和广西壮族自治区人民政府共同主办的“情系八桂——两岸文化联谊行”由南宁出发，经柳州、桂林，在八桂大地主动脉上，两岸文化界人士相伴相随，体验秀美的山山水水，领略深蕴的历史人文，感受民族共融的魅力，感悟同根同脉的深情。生态、和谐、热情、友好，是台湾嘉宾们对广西最多的评价。从相识到难舍难分，文化使两岸嘉宾的心连心，嘉宾们将深情系在了八桂。

1.一家人的感觉

从抵达南宁的第一天起，台湾嘉宾便被扑面而来的民族风情感染：铜鼓、山歌、天琴……身着盛装的少数民族青年载歌载舞展示广西传统文化魅力。

“看到他们从歌舞中把自然形态表现出来，我感到好亲切！我们都有传统的服饰、歌谣，都一样地热情好客。”台湾布农族同胞伍正明兴奋地告诉记者。

在广西民族博物馆和壮、瑶、苗、侗汇聚的柳州博物馆的民族馆，“爬楼”“斗马”、芦笙舞、对山歌、碰彩蛋等民俗民艺深深地吸引着嘉宾们。“看到侗族木建筑，我就想到小时候的情景。”台湾阿美同胞高学宗感慨。走过“风雨桥”，他即席赋诗一首：“海峡已经通，不要分彼此；通过风雨桥，就是一家人。”他说：“我发现广西瑶族的音乐、舞蹈、服饰与我们阿美人有很多相似的地方，有很多民情风俗是一样的，就是一家人的感觉。”

龙脊黄洛瑶寨，这片壮、瑶先民合作耕耘出的梯田，蕴含着浓郁和谐的民族风情。台湾青年代表在寨子里参加了一场别开生面的“抢新娘”，引得现场嘉宾们一片欢笑。离开瑶寨时，嘉宾们都被热情深切的“掐屁股”民俗留下深刻印记。

2.同根生的文化

“文化的力量使两岸和谐相处，大家都认同并继承中国文化。”年逾古稀的魏荨先生激动地告诉记者。

两岸文化交流知名品牌“情系”系列“两岸文化联谊行”走过第一个 10 年，这次是首次在民族自治区举办。嘉宾们大多数是第一次来广西，在八桂大地这片热土上，洋溢着两岸嘉宾深厚的同根同脉情。

在中华民族文化学术研讨会上，广西少数民族歌谣与台湾布农族同胞的“八部音合唱”美妙相遇、相知、相融。在研讨会结束的时候，两岸民间艺人情不自禁地自发对歌共舞，其乐融融。

在南宁邕江湾美术馆、桂林靖江王府的文化交流笔会上，两岸书画家同台挥毫，用笔墨传情，诠释心声。在相互交融的墨水之间，两岸深情油然而生……

昆仑关下，共缅抗日先烈；老桂树前，牵手合影留念；宴会之上，同台欢舞；船舶之间，齐声对歌；路行千里，互助合作。记者一路随行，深受感染。不经意间，常听到台湾嘉宾们哼起《山歌好比春江水》《多谢了》等广西歌谣，唱得很是地道。

闭幕联欢晚会上，两岸嘉宾拉起手合唱《我们都是一家人》，把两岸情深升华到高潮——来自台湾80后的张仲良饱含深情地说："民族记忆不能光靠老一辈守望，更须年青一代传承。我所了解的台湾年青一代，对中华民族文化是认同的。他们对大陆充满好奇和渴望，希望能有更多机会交流、了解。"

3.更密切的合作

这次活动，可以说是继广西经贸文化代表团两次赴台访问之后，桂台互动交流的又一盛会。近年来，两岸交流日益频繁，广西成为大陆与台湾开展经贸文化合作交流非常密切的省区之一。

活动期间，嘉宾们在观赏大型实景演出《印象·刘三姐》时，突降大雨。"我们看得着迷了，还以为那闪电是舞台效果哩！"江宗鸿先生感慨道："很震撼！这是一个经典的文化创意案例，产业与旅游取得了平衡，调动了群众积极性。桂台可以通过这样的经典作品交流，以及节庆或年度性重点，合力发展。"

去年9月，柳州奇石馆与台湾合作举行海峡两岸雅石联展。"今年的奇石节，将有新的奇石园，还专门有台湾专题展。"柳州奇石馆管理处副主任黄伟文告诉记者，单是柳州奇石城的赏石市场，就有几十家是台湾商人的。

此次活动举行的"两岸文化交流座谈会"，便在桂林"乐满地"举行。这个5A级景区可谓广西目前最大的外商投资旅游项目，也是桂台合作最为成功的项目。

在"乐满地"，两岸嘉宾达成了推动广西文化团体到台湾进行文艺演出、画展书展、图书出版、民俗文化节等多项共识。

来自台湾的艺术总监杜黑盛情邀请壮族嘹歌、侗族大歌等独具民族特色的歌舞节目到台湾参加一年一度的"国际合唱节"。台北市文化艺术促进协会执行长黄痱兰说："来到广西，看到这里灿烂的少数民族文化，壮、瑶、苗、侗以及其他民族精彩纷呈的表演，我对在台湾办好'广西少数民族文化艺术节'很有信心！"

台湾知名人士、代表团团长张京育深切地说，在这十天时间里，嘉宾们深切感受到了广西人民的热情友好，感受到了广西对文化的重视、保存、传承、发扬，以及文化与旅游、教育、经济等密切关系。这是一次非常成功的文化交流之旅。我们每个人都怀着感恩、欣喜之情，满载友谊与收获返程。希望文化交流延续下去，使海峡两岸情更深，连接更紧密。

自治区文化厅厅长余益中在活动结束时欣喜地谈到：通过这次活动，达成了下一步深化交流合作的意向。诸如传统艺术与民族艺术联展，举办大型桂台文化交流活动，原生态民族风情交流合作等。建立了非常好的联系网络，为桂台文化项目合作打下很好的基础。对提炼广西文化以高水准、高品质进台交流，以及对整个广西文化发展都有很大的促进作用。

（林雪娜）

拾历史遗粹　铸精神家园

——柳州、桂林文博事业巡礼

《广西日报》2010年6月21日

文化遗产是人类智慧的结晶、生命的记忆，是人类永恒的精神家园。6月12日是我国第五个“文化遗产日”，为更好地宣传、展示、关注我区的文化遗产，6月8日至10日，记者跟随自治区文化厅有关负责人，深入柳州、桂林两座历史文化名城，考察两地的文物、博物馆事业。此行让记者深切地感受到，对文化遗产的保护、传承、开发、利用，已经渗入到城市肌体，成为提升城市形象、凝聚城市文化气质、增加城市认同感的一股重要力量。

柳州：工业博物馆成一大亮点

走进如今的柳州，就如高速路口高高悬挂的温家宝总理题词所形容的——“山清水秀地干净”。你很难把这样一个整洁、干净、极具现代气息的城市与“广西工业重镇”的名号联系起来，但绝对会认为赋予它“历史文化名城”的称号是名副其实的。

熟识柳州的老市民对柳州的物质文化遗产如数家珍，从白莲洞遗址、鲤鱼嘴遗址、柳侯祠碑刻、昆仑关战役旧址、胡志明旧居等5处9个点的全国重点文物保护单位，到乐群社、廖磊公馆、桂南会战检讨会旧址、柳州解放纪念碑、杨廷理及家族墓、曾胜墓、佘立墓、东门城楼等20多处自治区级、市级文物保护单位，从南中国古人类“柳江人”的发祥地到汉代至今2100多年的建城史，都让柳州人面上倍增光彩。这些璀璨夺目的物质文化遗产在向人们诉说过往历史的同时，也在延续着柳州的城市文脉。

面对如此丰厚的文化遗产，怎样才能让社会各界更好地体味与认同它们的价值，在彰显其历史文化价值的同时挖掘其中蕴藏的巨大财富呢？

柳州市文化局党委书记朱海鹏告诉记者：“利用资源优势，发掘文化内涵，打造品牌项目，提升名城价值是柳州市工作的具体思路。”具体做法是，利用以柳宗元为代表的历史人物资源，把柳侯祠打造成为具有丰富人文内涵和城市灵魂的历史遗址品牌；利用以白莲洞为代表的历史遗址资源，打造具有史前文化独特影响力的历史遗址品牌；利用以东门城楼为代表的历史遗址资源，打造历史建筑群与革命遗址相融合、具有古城特色的柳州历史街区，整体推进历史文化名城的建设。

在这一系列颇具影响力的动作中，筹建“柳州工业博物馆”，是当下柳州文博事业的一大重点与亮点。

作为中国西南工业重镇，柳州的工业遗产见证了广西乃至西南地区工业化和城市化的进程。工业历史成为柳州城市记忆的一部分，也是柳州历史文化名城诸多文化符号的重要组成部分，是柳州塑造独特城市文化形象的重要资源，凝聚着柳州的工业文明与精神。

在柳州工业博物馆指挥部，记者看到了一部分征集到的工业遗产物品，小件的如柳州钢铁（集团）公司送来的上世纪60年代在其财务处使用过的、产于法国的手摇式计算机；庞然大物则有柳州第二空气压缩机总厂1969年的主要设备、1968年产于日本的龙门数控镗铣机床等。据介绍，自3月22日工业遗产征集倡议发出后，指挥部已经收到1000多件物品，包括机器设备、产品、图文资料等等，都是反映柳州工业发展各个不同历史阶段的代表，铭记着柳州的工业历史、柳州人的奋斗精神。

柳州市博物馆副馆长于广生从一开始就参与到柳州工业博物馆的筹建中，他告诉记者，工业博物馆的定位是“高规格、高标准，做成柳州特色的工业博物馆”。工业博物馆拟选址在文昌桥东头南侧一带，以原第三棉纺厂等老工业企业保存下来的厂房建筑为基础，结合周边秀丽的自然山水景观，利用柳州厚重的工业遗产，构建一个集工业历史展示、工业产品陈列、工业设计创意、工业人才培训的传统工业与现代创意融为一体的工业特色博物馆。

桂林：进入城市文化深处的“活”通道

都说“桂林山水甲天下”。行家们则认为，桂林的历史文化与自然景观相比毫不逊色。以甑皮岩遗址为代表的史前人类洞穴文化，以灵渠为代表的古代水利文化，以桂海碑林为代表的摩崖石刻和山水诗文化，以靖江王府、王陵为代表的明代藩王文化，以李宗仁故居、官邸为代表的桂系文化，以八路军办事处旧址为代表的抗战文化等，无不说明“桂林历史文化天下甲”。

被岭南文化、百越文化浸润多年的桂林人，对凝结并呈现着人类古老的经验和智慧、情感和价值、包含着丰富的文化多样性的文化遗产有着特殊的感情，看看他们对两个遗址公园的建设，就可知道他们将文化遗产的保护看做是体验城市灵魂，是公众进入城市文化深处的“活”通道。

甑皮岩遗址博物馆是目前广西唯一的史前遗址博物馆，其发展定位为桂林洞穴考古研究中心与甑皮岩远古乐园景区。桂林史前文化以洞穴遗址为代表，桂林市已发现甑皮岩、宝积岩、庙岩、大岩等洞穴遗址60多处，是目前中国发现洞穴遗址较丰富、较集中的地区之一，在考古界有“旧石器时代晚期洞穴考古看法国，新石器时代早期洞穴考古看桂林”的说法。

在与甑皮岩遗址博物馆馆长周海的交谈中，记者了解到，该馆开发建设的“模拟考古乐园”很受游客推崇。这个乐园由模拟发掘区、原始作坊区、原始篝火场和原始狩猎场四个小园区组成，是广西首个以“参与、互动、体验”为特色的模拟考古科普项目，开创了“博物馆快乐体验”的发展新模式。周海说：“比如在模拟发掘区，工作人员先把一些已经出土的贝壳重新埋入指定区域，参加模拟发掘的游客用我们专业的考古工具在区域里挖掘，当他把贝壳挖出后，工作人员会仔细地为这个‘出土’贝壳做好编号，还让游客捧着这个贝壳拍照留念。游客亲自体验挖掘过程后，会加深他对文物的认识以及保护的意识。”

靖江王是明朝众多藩王中唯一从建国一直延续到亡国的藩王，其墓葬等级序列齐全，规模宏大，时代延续性完整，比较系统地反映了各时期藩王制度演变的规律性，是明朝帝王陵墓体系中藩王陵墓最典型的代表。靖江王陵大遗址是指在靖江王陵保护范围内，从属于靖江王陵的所有历史遗存，既包括陵园建筑遗址、陵墓神道石刻、陵墓附属建筑遗址等不可移动文物，还包括这些文物本体所依存的环境风貌、区域内其他非陵墓文化类型的古代文化遗存、森林植被、地形地貌等等。

近日国家文物局局长单霁翔在广西考察工作时提到：靖江王陵是做一个大型的国家级的考古遗址公园的非常理想的古代文化遗存的园区，靖江王陵大遗址保护项目不仅仅是文化遗产保护的单方面的一个绩效，它所解决的是一个综合问题，它解决一个城市的

文化生态、文化定位，同时在生态、环保、环境改善方面贡献也很大。

也正是除了毋庸置疑的重大历史文化价值之外，大遗址保护的另两“大”——规模大和影响大，使得其保护工作难上加难。记者站在前不久刚经过一番清理整治的靖江恭惠王陵遗址上，看着虽有破损但仍栩栩如生的神道石刻，顿时产生一种纵横经年、笑看风云的感觉。桂林靖江王陵文物管理处副主任曾祥忠颇有感触地说，相较于单纯的遗址保护而言，大遗址公园更注重文化遗产保护成果为全民所共享，它应该是一个开放式、可参观的公园。民众只有体验到文化遗产保护的好处，才会成为身边大遗址最有力的守护者。

（李湘萍）

“文化外交”彰显广西形象

《广西日报》2010 年 1 月 14 日

在刚刚过去的 2009 年，广西以异彩纷呈、多种多样的对外文化交流活动，多层次、多角度、全方位地展现了“锦绣八桂”的独特魅力形象，也充分利用了“文化”这一重要推手，唱响、唱美了广西，提高了广西的知名度和影响力，更是促进了广西与外界在多领域、多层次、多形式中的进一步合作与友好交往。

展会活动如火如荼

广西有着得天独厚的区位优势，沿海、沿边、沿江，地处华南经济圈、西南经济圈与东盟经济圈的结合部，着力推动广西与东盟国家、港澳台地区的文化交流，有利于睦邻友好关系的发展，有益于双方合作的互利共赢。2009 年，一系列与之相关的内容丰富、形式多样的展会活动轮番登场，增进了相互间的了解，扩大了共识。

2009 年 10 月 28 日至 31 日，第四届中国—东盟文化产业论坛在广西南宁举办。论坛以“文化产业与社会发展”为主题，就金融危机给中国与东盟各国文化产业带来的机遇和挑战、大型实景演艺的特点及效果评价、中国—东盟自由贸易区框架下文化产业的合作等 6 个议题展开讨论。东盟国家对此次论坛表现出了较高的积极性，从原来每个国家两位代表增加到了三位，部分国家还要求增加代表名额，此外，还有日本、英国、美国等国家的代表参与论坛。参与论坛的代表也更加多元化，不仅包括中外政府文化官员、东盟组织代表，还有专家学者、企业家代表、民间艺人等。广西与东盟等国对文化产业发展的不断深入对话磋商、交流探讨，对推动双方在经济上的融合和推动中国—东盟自由贸易区的建立有积极的促进作用。

2009 年 11 月 26 日至 12 月 5 日，广西新闻出版局组织国内北京、广西、广东、贵州等 14 个省、市、自治区的 60 个新闻出版单位的人员赴越南、柬埔寨举办 2009 年越南、柬埔寨中国图书展销暨版权贸易洽谈会，取得了圆满成功。展销会展示了近年来中国出版的优秀图书、音像电子出版物近 1 万册，总码洋近 20 万元人民币；共销售图书近两千册，总码洋近 4 万元人民币；中国出版社与越、柬出版同行达成版权输出合同和意向的图书共计 66 种，其中当场签约输出 21 种。有相关数据表明，广西对东盟图书版权输出居全国之首，而此次展销会则显示了广西作为中国—东盟合作的前沿和窗口，在中国出版走向东盟的过程中发挥着日益重要的作用。

2009 年 5 月 22 日至 24 日，“台湾－广西漓江画派精品展”在台北举办，给两地文化美术界提供了一个更直观、更全面的交流机会，使广西美术界有机会向台湾同胞展示创作成果并与台湾美术界进行交流，也让台湾同胞有机会在台北“零距离”地欣赏来自广西的优秀艺术作品，增进了两地人民的相互了解和友谊。

2009 年 10 月 18 日至 24 日，首届中国—东盟国际摄影节在广西南宁举行，摄影节以“魅力印象，互动东盟”为主题，是中国—东盟区域内规模最大、参加人数最多、专业性最强的国际性摄影盛会，参与交流的摄影师包括来自中国 26 个省、市、自治区，以及马来西

亚、新加坡、泰国、越南、柬埔寨、缅甸6个国家的团体。作为广西与东盟互动、交流的新平台,摄影节在进一步凸显广西的旅游资源优势和推动经济发展方面发挥着重要作用,有利于对外宣传广西丰富的山水人文资源和社会经济发展良好态势,提升广西的知名度,加快广西与东盟的对接。

文艺团体交流频繁

"走出去"与"请进来"是广西在对外文化交流中坚持实施的战略,这一战略使文艺团体的交流日益频繁。在你来我往的开放交流中,加大了广西具有鲜明民族特色的优秀艺术项目的对外交流力度,形成了具有广西特色的国际性文化活动亮点。

2009年5月,广西刘三姐艺术团在台北召开新闻发布会,吸引了台湾40多家主流新闻媒体参加;23日晚,首场新版歌舞剧《刘三姐》在台湾上演,吸引了辜振倬云、陈美惠、蒋方智怡等一大批台湾社会名流观看,演出结束后,许多观众久久鼓掌不愿离去,台湾文化发展促进会理事长樊光汉先生更是当即表示要与刘三姐艺术团确定在台湾商演事宜;台湾义守大学的创始人林义守先生闻知《刘三姐》的演出盛况后,会见了广西文化厅厅长余益中,商谈了广西各类舞台艺术经典剧目在台湾义守大学剧场驻守轮流演出的事宜。7月,为庆祝中马建交35周年,加强中马两国文化交流,广西刘三姐艺术团一行40人,携新版歌舞剧《刘三姐》赴马来西亚进行文化交流,26日晚,《刘三姐》在云顶云星剧场首演成功。广西刘三姐艺术团的数次出访演出,以歌传情、以舞会友,形成了文化交流合作新机制,对于弘扬优秀民族文化艺术、打造广西文化品牌、开拓东南亚文化市场均有重要意义。

近两年来频频亮相国外演出市场的广西博白县杂技团,于2009年7月,应当地博览会的组委会邀请赴加拿大演出。这是博白县杂技团第一次走进美洲进行演出,此行对于促进中国与美洲的杂技文化交流,让美洲人民更好地了解中国文化具有积极的意义。博白县杂技团因其精湛的技艺赢得了广泛好评,邀约不断,先后赴英国、德国、瑞士、日本、新加坡、马来西亚、越南等近30个国家和地区演出,成为展示广西民族文化的一支重要力量。

到2009年已是第十一届的南宁国际民歌艺术节,以打造新民歌、弘扬民族文化、扩大中外文化交流为宗旨,以其浓郁的民族性、强劲的现代性、广泛的国际性和高雅的艺术性赢得世界越来越多的关注,影响力日益扩大,众多国家的艺术团体以能到这个舞台来展示自己民族的艺术精华为荣。而经过十年的曲折探索之路,南宁国际民歌艺术节已从"文艺晚会+广场活动"的单一模式发展为由30多个国家和地区的艺术家共同搭建的艺术舞台,显示了持续的生命力,并从经济点缀转变成一个新兴的节庆产业,已成为广西一张亮丽的文化名片。

2009年5月3日至9日,广西作家代表团赴泰国访问,并代表广西作家协会与泰国作家协会在曼谷签署了(广西)中一泰文学合作项目实施方案。双方就翻译作品的篇目数量、挑选作品的标准、编辑出版进度以及合作成果的评论和推介等方面进行了详细磋商,并最终敲定了共同翻译出版《中泰当代文学作品选》(中文版和泰文版)的合作方案。这项国际文学交流项目,丰富了中泰两国文化交流合作的内容,促进了中泰两国人民相互了解、理解,增进友谊与互信。

文化产业合作逐步推进

更为活跃、更富活力的广西对外文化交流工作正向合作方向拓展,不断扩大广西文化产品在东南亚乃至更大地域的市场占有率和影响力,促进多层次、多渠道的对外文化交流与合作。

开创实景演出境外投资项目是广西对外文化贸易的新渠道。目前广西与东盟国家正在积极推进的合作项目有两个：一个是与越南合作的下龙湾实景演出项目，一个是与柬埔寨合作的《高棉的微笑》实景演出项目。

越南下龙湾海上实景演出项目，开了中越两国企业家、艺术家联合打造跨国合作，共同开发文化产业的先河。经过双方的多次考察、洽谈，广西文化厅与越南方面签署了合作协议，推动了合作进程。这一项目由广西文化厅立项、策划并组织实施，以《印象·刘三姐》制作人梅帅元为核心，结合中国的文化理念、资本、创意、人才、运营模式及《印象·刘三姐》的广西创作管理运营团队和越南的民族风情歌舞，将流动的舞台和流动的观众席融为一体，打造世界上第一个大型海上实景演出项目。目前该项目已完成了舞美设计和台本创作。

《微笑的高棉》是广西与柬埔寨筹划在有“世界七大奇迹之一”美誉的吴哥古迹进行的大型实景演出项目，其也是《印象·刘三姐》模式的移植，内容包括在吴哥景区进行实景艺术表演，配合实景艺术表演在吴哥创办一所艺术学校，围绕实景艺术表演在吴哥建一个“美食城”以及相关的项目等。中柬双方政府部门都支持该项目，民营资本的投资态度积极，专家分析，柬埔寨是国际旅游热点，境外游客众多，此项目市场前景广阔。

此外，在东盟国家开办中国文化培训项目，也有很大的空间与潜力，对后发达国家的培训以培养专业艺术尖子为重点，如各种文艺表演培训，声乐器乐培训，工艺美术培训，文化市场管理培训等；对较发达国家则采取普及娱乐型文化培训的策略，可开设中国舞蹈、民族音乐、中国书法绘画、中国茶道文化、养生文化、中国礼仪文化等培训项目。

（李湘萍）

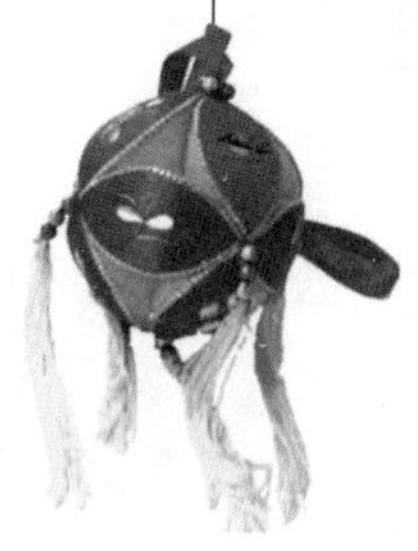

广西文化年鉴
文化大事记

文化大事记

1月

4日，2010年广西新春音乐会在广西民族艺术宫上演。法国巴黎阿尔泰南斯交响乐团的精湛技艺令在场的观众折服，如痴如醉。此次应邀与法国巴黎阿尔泰南斯交响乐团同台合作的广西本土青年琵琶演奏家亦有上佳表现，在交响音乐舞台上展现了中国民乐的独特魅力。

5日，第二届广西彩调艺术节新闻发布会在南宁举行。新闻发布会由广西文化厅、广西文联、柳州市人民政府联合主办。出席会议的领导有广西文联主席潘琦、副主席韦苏文、自治区文化厅副厅长李格训，柳州市市委常委、宣传部长、副市长张虹等。有区内外15家新闻媒体的记者参加。

8日，为了让中国壮乡的美名在世界飞扬，在与习俗相通的邻国同庆庚寅虎年来临之时，中国广西艺术团一行30人再度出征，他们肩负“相互学习、增进了解、共度佳节、共创和谐”的使命，首次踏上韩国的领土，参加“欢乐春节——中韩缘文化节”。

11日至13日，广西第三次文物普查领导小组办公室在防城港市防城区召开了“全区第三次文物普查实地调查阶段验收试点工作会议”。全区14个地级市三普办和普查机构的负责同志共80余人参加了会议。

14日至17日，由文化部文化科技司、中国艺术研究院共同主办，自治区文化厅负责承办的全国艺术研究院所建设工作会议暨2010年度全国艺术科学规划管理工作培训会议在广西举行。

19日，第十四届CCTV青年歌手电视大赛广西赛区选拔赛决赛落下帷幕。广西艺术学校合唱团荣获合唱二等奖。

21日至22日，自治区文化厅组织厅机关干部及有关直属单位负责人前往文化厅扶贫点那坡县坡荷乡弄耀村开展兴修水利、扶贫、慰问老党员等系列活动。

26日，由自治区文化厅主办，南宁市文化局和隆安县政府承办的“和谐文化服务行”——“千团万场”群众文化活动启动仪式在此举行，拉开了广西“和谐文化服务行”的序幕。

26日，由自治区文化厅主办的全区社文工作会议暨非物质文化遗产保护工作表彰大会在广西图书馆隆重召开。

30日，《七彩秘境——云南民族民俗风情展》在广西民族博物馆开展。

2月

6日，为期两个半月的广西、贵州、湖南三省区苗族银饰展在广西民族博物馆开展，300余件套苗族同胞自清代至今在不同场合使用的银器在广西民族博物馆展出。

10日，“瓯骆遗粹——广西百越文化文物

精品陈列”在广西博物馆隆重开展。

3月

2日，第十三期全国古籍普查培训班开班仪式在广西图书馆多功能厅举行。全国古籍保护工作专家委员会主任李致忠先生、国家古籍保护中心办公室主任陈红彦、国家古籍保护中心培训组组长王红蕾出席开班仪式。

4日，自治区人民政府召开全区村级公共服务中心建设工作会议，部署2010年我区村级公共服务中心建设工作。

11日，自治区人大常委会副主任荣仕星一行到自治区文化厅检查指导工作。在听取了厅长余益中的工作汇报后，荣仕星提出了四点意见：一是要用创新的理念促进广西文化大发展大繁荣；二是要突出重点抓特色；三是要创作更多群众喜闻乐见的文艺作品；四是要打造有广西气派的民族文化品牌。

12日，广西博物馆引进的“千年瓷都——江西省博物馆馆藏景德镇瓷器精品展”如期开展。自治区文化厅副厅长覃溥，来自文化厅、广西博物馆、江西省博物馆，以及区内其他博物馆纪念馆的领导和嘉宾出席了开展仪式。

17日，自治区文化厅召开“关工委”委员会议。会议贯彻落实了中国关心下一代工作委员会、中央精神文明建设指导委员会办公室联合下发的《关于开展全国关心下一代工作先进集体、先进个人评选工作的通知》和自治区关工委关于征集参加《全国关心下一代工作二十年回顾展》资料的通知。厅“关工委”有关负责人和来自区直文化系统各单位的全体委员参加了会议。

16日，全区文化产业会议在南宁明园饭店召开，来自各市文化部门分管文化产业的副局长和科长33人参加会议。自治区文化厅副厅长唐正柱听取了各市分管领导汇报当地文化产业发展情况并作专题发言。

16日，广西第三批全国珍贵古籍名录推荐评审会在广西图书馆举行。柳州市图书馆馆藏的《荀子十二卷》等9家单位的176部古籍进入第三批《国家珍贵古籍名录》的推荐名单，广西桂林图书馆等单位被推荐申报第三批全国古籍重点保护单位。

18日，全国文化厅局人事处长会在广西南宁召开。文化部党组成员、部长助理、人事司司长高树勋出席会议并发表重要讲话。自治区文化厅党组书记、厅长余益中致欢迎辞。文化部人事司副司长汪志刚主持会议。自治区文化厅党组成员、副厅长陈映红，各省、自治区、直辖市文化厅局，新疆生产建设兵团文化局，各计划单列市文化局的人事处负责人，及文化部人事司有关人员50余人参加了会议。

18日，由中共广西壮族自治区纪律检查委员会、广西壮族自治区监察厅、广西壮族自治区文化厅联合主办的《全国纪检监察宣传教育工作座谈会文艺演出》在南宁市人民大会堂精彩上演。当晚的文艺演出融合了舞蹈、歌曲、杂技等艺术形式，呈现出多元的艺术风貌。充满广西浓郁民族风情的演出赢得了在场观众的一致好评。

21日，全国少数民族非物质文化遗产（音乐舞蹈类）调演广西专场——《八桂风谣》晚会在北京天桥剧场倾情上演。文化部副部长王文章、国家民族事务委员会副主任罗黎明等领导到场观看演出。《八桂风谣》的编排极具匠心，在用木棉花、花山崖壁画、壮锦等广西元素装饰的舞台上，来自壮乡的非物质文化遗产项目的传承人用本真、自然、自信的精彩表演，为首都观众奉献了耳目一新的视听盛宴。

23日，第三届全区自治区、市级公共图书

馆馆长联席会在玉林召开。此次会议由广西壮族自治区图书馆和广西壮族自治区桂林图书馆联合主办、玉林市图书馆承办。来自全区14个地市的2家自治区级、11家市级公共图书馆及2家县市级公共图书馆的馆长和相关代表27人参加了会议。

24日,自治区党委督查室副主任胡毛世率自治区“亮点”工作认定工作小组督查组一行到自治区文化厅检查指导工作,对自治区“亮点”工作申报情况进行核查。

29日,自治区文化厅向区直文化系统广大党员、干部职工发出紧急号召,为那坡县特重干旱灾区群众捐款购送爱心水。厅领导带头、各处室、厅直属各单位党员、干部职工以及离退休老同志都积极踊跃捐款。截止4月1日,厅机关党员、干部职工以及离退休老同志110人(其中驻厅保安队、保洁员11人)共捐款6310元;厅直属24个单位捐款61401.6元。总共67711.60元;广西博物馆干部陆建秋同志捐赠矿泉水30件。

30日,自治区文化厅召开2010年党风廉政建设工作会议。

30日,《中国少数民族古籍总目提要·仫佬族卷》、《中国少数民族古籍总目提要·毛南族卷/京族卷》出版首发仪式在广西南宁举行。自治区政府副主席高雄、广西文联主席潘琦、自治区民族事务委员会主任卢献匾,以及70多位来自少数民族古籍研究相关单位的专家学者参加了首发式。

4月

1日,“广西壮锦赠献世博织锦开机仪式”在南宁举行。为保证能在今年8月2日世博会广西活动周开幕式上将这幅世界最大的壮锦赠献给上海世博会,5位广西民间艺人将每日连续工作12小时,争取今年7月底将壮锦织成。

7日,国家文化部副部长杨志今、社会文化司司长于群、文化部共享工程国家中心主任张彦博等一行7人在广西文化厅厅长余益中、副厅长陈映红的陪同下,先后到来宾市北合村和下料村、广西图书馆、南宁市图书馆和南宁市群众艺术馆等地就村级公共文化服务中心建设,公共图书馆免费开放、群众艺术馆免费服务和图书馆电子阅览室工作等进行了调研。

13日至15日,自治区文化厅在南宁举办全区文化产业规划研讨班。来自厅直属单位、全区各市县文化局和文化企业的189名代表参加了研讨班。自治区文化厅副厅长唐正柱作开班动员讲话,并作专题授课。

16日,由自治区文化厅主办,广西非物质文化遗产保护中心、广西群众艺术馆承办的第三届广西歌王大赛在南宁举行。来自11个市的40余名歌手以市为单位参加了比赛。经过初赛和决赛的主题接龙、分组对抗、轮流做庄打通关等多个环节的角逐,比赛最终决出覃耀达、郭桂英、蒋兴元、粟桂发等四位新歌王,另外有十名选手获优秀歌手称号。

16日,南宁市武鸣县举办“三月三”歌圩,庆祝壮乡传统民间节日“三月三”。来自于中国壮乡特有的民间文化,“三月三”歌圩规模一届比一届壮大,吸引了海内外的观众前来观看,唱响了中国壮乡文化品牌。

21日,全国文化财务工作会议在桂林召开。会议提出,文化财务工作要在项目策划和资金投入上,着力向农村倾斜,向基层倾斜,向中西部倾斜、向文化建设的薄弱环节倾斜,为推动公共文化服务体系建设做出积极的贡献。文化部副部长欧阳坚出席会议并发表讲话,自治区副主席李康代表自治区政府对会议的召开表示热烈祝贺。

23日,是第15个“世界读书日”,也是广

西图书馆“八桂讲坛”开讲200期纪念日。为此，广西图书馆在其报告厅热烈举行了“世界读书日”暨“八桂讲坛”200期庆典活动。

30日，在上海世博会即将开幕之际，广西壮族自治区主席马飚在广西馆名誉馆长、自治区副主席高雄，自治区政府秘书长王跃飞等陪同下来到广西馆，亲切看望了广西馆全体工作人员，并启动世博广西网上展馆，标志着广西馆正式开馆。

5月

18日，以“博物馆致力于社会和谐”“文化遗产，在我身边”为主线的广西文化遗产保护宣传月活动正式启动。活动月间，广西各地将举办多种形式的宣传活动。

6月

17日，自治区文化厅隆重举行“广西文化艺术创作人才小高地”挂牌仪式。

22日至23日，为期两天的全区文化系统文化产业投融资项目落实工作培训班在广西科学活动中心举行。

23日，广西区直文化系统幼儿园迎来建园50周年的纪念。

30日，自治区文化厅召开2010年全区文博工作表彰大会。大会对2010年全区文化遗产保护宣传讲解大赛获奖单位和个人，全国和自治区第三次文物普查实地调查阶段先进集体和先进个人进行了表彰。

7月

2日，为纪念中国共产党成立89周年，推进“党组织建设年”活动深入开展，自治区文化厅组织机关党员干部到来宾市兴宾区凤凰镇凤凰社区、陈塘社区开展“结对共建，先锋同行”主题党日活动。

8月

1日，中国2010年上海世博会广西活动周开幕式昨天上午举行，中共中央政治局委员、上海市委书记俞正声出席，广西壮族自治区党委书记、自治区人大常委会主任郭声琨宣布广西活动周开幕。文艺表演是广西活动周的重头戏，为了配合上海世博会广西馆的“绿色家园，蓝色梦想”参展主题，广西活动周文艺演出主题定为“壮美广西、人居天堂”，由“民俗广西”小舞台演出、“壮美广西”大舞台演出、“欢腾广西”庆典广场演出、“声动广西”踩街巡游四大板块构成。通过歌、舞、乐等多种艺术形式，向世界全面展现广西独具特色的历史文化、多姿多彩的民族风情、历史悠久的非物质文化遗产、优美宜人的自然景观、开拓进取的发展理念，以及广西改革开放以来，特别是北部湾经济区建设成为国家战略以来，在经济社会各个领域取得的巨大成就。

11日，全区各市文化局长座谈会暨全年文化工作落实会议在南宁召开。全区14个市文化局长，文化厅机关各处室、主任、以及厅直属文化单位主要领导参加了会议。自治区文化厅厅长余益中，副厅长洪波、唐正柱、覃溥，副巡视员马红英出席了会议。

16日，“情系八桂——两岸文化联谊行”文化报告会在广西民族博物馆举行。广西文化专家对我区文化作了导入式介绍，会议启动了台湾嘉宾在广西的文化之旅。接下来的9天时间里，在南宁、柳州、桂林还举行了一系列的文化交流、文化参访、文化联谊等活动。

23日，中越歌手在广西人民广播电台录音棚重新录制了中越青年大联欢主题曲《你来我往有情缘——中越青年之歌》的中越版本，由著名歌唱家韦唯和越南歌唱家范文甲共同演唱。

9 月

3 日至 6 日，第四届广西青年演员大奖赛(戏曲、曲艺、话剧)决赛在南宁举行。91 个决赛节目涵盖了桂剧、彩调剧、壮剧、京剧、粤剧、邕剧、话剧、苗族呢呐哩和广西大鼓等。来自全区 15 个院、剧团的青年演员们拿出各自的看家绝活，为广大关心和关注此次大赛的各界观众奉献了精彩演出。

10 日，正值教师节到来之际，广西艺术学院举行了广西艺术学院园湖校区揭牌仪式。自治区政协副主席、广西艺术学院院长黄格胜，自治区文化厅党组副书记、副厅长李民胜，副厅长洪波，副巡视员马红英出席仪式。黄格胜副主席和李民胜副厅长还为广西艺术学院园湖校区进行揭牌。

10 月

1 日，广西壮族自治区博物馆即日起推出“妙笔丹青——馆藏齐白石、黄宾虹、徐悲鸿、张大千绘画艺术精品展”。齐白石、黄宾虹、徐悲鸿、张大千是中国近现代美术史具有深远影响的国画大师，他们或曾长期驻桂，或与桂籍友人过往密切和浓重的八桂情结。虽然四位大师的艺术经历、创作题材各有不同，但在弘扬传统、追求革新“守”与“变”的长期探索中，都达到了一个崭新的高度，在中国近现代美术史上占有举足轻重的地位。本次展出了四位大师的 44 幅作品都是广西博物馆的珍贵藏品，具有相当高的艺术价值。

15 日至 18 日，为期 4 天的第五届中国西部文化产业博览会在西安曲江国际会展中心举行。广西代表团在自治区文化厅厅长余益中的带领下，精心组织了包括壮锦、绣球、贝雕、核桃工艺品等富有广西特色的文化产品参展，并在博览会上重点推介了中国—东盟视听艺术中心、梅帅元创意产业总部基地、八桂欢乐世界等 27 项招商引资项目。

25 日，为期 5 天的第一届广西舞蹈青年演员大奖赛决赛在南宁拉开帷幕。本次大奖赛共有 105 个参赛节目，来自 32 个参赛单位的 192 名青年演员将以精湛的技艺展示风采。六场决赛分别在广西儿童剧院、广西话剧团明星剧场、广西桂剧团桂戏坊展开。本次大奖赛设有表演一、二、三等奖，优秀编导奖和编导奖，优秀组织奖和组织奖等奖项。

11 月

2 日，“中国—东盟文化交流培训中心”在广西民族博物馆正式揭牌成立。文化部外联局亚洲处处长王晨，自治区文化厅厅长余益中，副厅长李民胜、覃溥，副巡视员马红英以及东盟各国的代表出席了揭牌仪式。余益中厅长在揭牌仪式上致辞。

4 日，2010“红铜鼓”中国—东盟艺术教育成果展演在南宁举行。自治区人民政府副主席李康出席开幕式并宣布本次展演开幕。文化部文化科技司副司长王丰、自治区文化厅厅长余益中在开幕式上致辞。经过专家评审，此次从区内 19 所院校选送的 88 个优秀节目中共评选出一等奖 17 项，二等奖 22 项，三等奖 29 项，创作奖 2 项，特别奖 5 项，新星奖 2 项，优秀指导教师 17 项。

10 日至 11 日，由自治区文化厅、自治区文学艺术界联合会、广西电视台联合主办的第一届广西杂技(魔术)大赛决赛在南宁举行。经过激烈的角逐和专家评委的认真评选，广西杂技团的杂技《转碟》等 6 个节目荣获一等奖、桂林市桂剧团的魔术《心动时刻》

等6个节目荣获二等奖、广西杂技家协会的魔术《神话组合一人偶双变脸》等7个节目荣获三等奖，谢俊芳、龙缘等18名参赛选手荣获优秀表演奖、谢玮瑜等16名指导老师荣获优秀编导老师奖。

14日，2010中国桂林，史前文化遗产国际高峰论坛暨中国博物馆学会史前遗址博物馆专业委员会第八届研讨会、广西桂林甑皮岩国家考古遗址公园项目启动仪式在桂林甑皮岩遗址博物馆隆重开幕。国家文物局文物保护与考古司副司长陆琼，自治区文化厅副厅长、广西文物局局长覃溥以及来自中国、瑞士、澳大利亚、日本、台湾等国家和地区的100多名领导、专家、学者出席了开幕式。

15日，中国地方志指导小组办公室发文“关于印发全国地方志系统第二届年鉴评奖获奖名单的通知”（中指办字[2010]48号），由自治区文化厅主编、南海出版公司出版的《广西文化年鉴（2009卷）》荣获专业类一等奖。

15日，桂林龙胜龙脊壮族生态博物馆在龙胜各族自治县和平乡龙脊村龙脊古壮寨举行开馆揭牌仪式。自治区文化厅副厅长、广西文物局局长覃溥出席仪式并致辞。

9日至19日，由自治区文化厅主办、文化共享工程广西分中心承办的2010年广西文化共享工程市县支中心系统管理员高级培训班在广西图书馆举行。来自桂南片区15个市县支中心的34名技术骨干参加了此次培训。

26日，由中国文化部对外文化联络局、文化产业司和自治区文化厅共同举办的2010中国—东盟文化产业论坛在广西南宁隆重开幕，来自中国与东盟的近百位专家学者、文化企业家、文化官员出席了开幕式。本届论坛以“中国—东盟文化产业的互动与发展”为主题，与会嘉宾围绕“演艺业的改革与发展”“演艺业交流合作的途径和模式”“动漫游艺业面临的机遇和挑战”“动漫游艺业的共同繁荣与发展”“中国—东盟文化产业的模式、内容及发展”和“文化产业发展对中国—东盟自由贸易区建设的促进作用”六个议题进行深入探讨。

29日，由自治区文化厅和南宁市青秀区区委、区政府共同举办的“共享城乡文化 携手同促和谐”和谐文化服务行活动在青秀区长塘镇正式启动。2010年“共享城乡文化 携手同促和谐”和谐文化服务行活动是自治区文化厅开展构建公共文化服务体系和争先创优工作之一，是一项长期服务基层、服务农村、服务农民的活动。

29日，由自治区防治艾滋病工作委员会主办，自治区文化厅和卫生厅承办的大型专题公益晚会在南宁市人大会堂隆重举行。今年是自治区防治艾滋病攻坚工程开局之年，12月1日是第23个“世界艾滋病日”，我国宣传主题是“遏制艾滋，履行承诺，——权益，责任，落实”。此场晚会是我区在世界艾滋病日前后开展的一系列宣传活动之一，晚会主题是“防治艾滋，履行承诺，共享阳光”，主要目的是倡导各级政府、社会各界和个人负起责任，履行在与艾滋病斗争中作出的承诺，充分发挥社会各方面的作用，采取有力行动，控制艾滋病在广西的蔓延。

30日，为庆祝中印建交60周年，由余益中厅长为团长的广西艺术团一行40人首次踏上南亚次大陆的土地——印度，参加由中国文化部外联局和中国驻印度大使馆主办的2010印度“中国节”系列活动。

12月

5日，《清冶铜华以为镜 莹光如水照佳人——陕西历史博物馆铜镜特展》在广西民族博物馆隆重开幕。展览精选了陕西历史博物馆收藏的铜镜一百六十余面，上起西周，下至元明，多数出土于古代墓葬，也有该馆历年征集的传世佳品。展览分为辨貌增妍话使用、朗耀千秋鉴历史、妙极神工美造型、巧刻精雕修纹饰、辞旨温雅铸镜铭、质明采丽见工艺等六个单元展现了我国古代铜镜的发展状况，同时也反映了中国古代青铜实用器铸造的又一特色。

10日，由宁夏回族自治区文化厅和广西壮族自治区文化厅联合主办的《久远的记忆——中国少数民族地区岩画联展》在广西民族博物馆开幕。展览汇集了来自宁夏、新疆、内蒙古、西藏、云南、青海、广西七省区的岩画照片、岩画拓片和岩画实物精品，展示了中国少数民族地区的岩画艺术。岩画是人类在不同的历史时期用石制、金属制或其他工具，以凿刻、磨刻、划刻或涂绘等方法，在露天的石块、石壁、岩石地面或洞窟内的石壁上制作的各种图形。岩画内容包罗万象，有动物、人物、植物、器物、天象、地理、符号以及几何图形等，人们可以从中了解早期人类的社会实践、哲学思想、宗教信仰和美学观念等，有“史前百科全书”之称。

12日，由自治区文化厅主办，自治区演出公司承办的“2011年广西新春演出季”于2010年12月至2011年2月期间在首府南宁缤纷上演。既能欣赏到美国百老汇经典荟萃《星光璀璨百老汇》、俄罗斯古典芭蕾剧《天鹅湖》、土耳其比尔肯特交响乐团的《新年音乐会》，以及西班牙风情的弗拉明戈舞剧《卡门》等大型涉外演出，又能品味到壮剧《天上的恋曲》、音乐剧《桂花雨》、彩调剧《刘三姐》、童话剧《九色鹿》等充满本土韵味的广西艺术精品剧目。整个演出季将呈现中西文化交相辉映、多元素艺术表演形式争奇斗艳的繁荣景象。

17日，为加强两岸文化艺术交流，增强桂台青少年的艺术创作，推动两岸文化艺术领域更宽领域的交流合作，应台湾“中国青年大陆研究会教基金会”的邀请，由中华文化联谊会和中国宋庆龄基金会共同组派，广西文化厅组建的广西青少年艺术团一行30人启程赴台进行文化交流与访问演出。本次活动为期10天，是今年八月举办的“情系八桂”——两岸文化联谊行的一个后续活动。

22日，自治区文化厅在南宁召开了全区动漫游戏产业工作座谈会。自治区文化厅副厅长洪波出席会议并讲话。来自南宁、柳州、桂林、北海4个市的文化局分管动漫游戏产业的领导以及全区动漫游戏企事业单位、动漫教育机构近60位代表参加会议。

23日，为了发挥文化产业示范基地的典型示范作用，带动我区文化产业又好又快发展，我厅在南宁召开全区文化产业示范基地管理建设工作会议。会议听取了各基地特别是国家五家文化产业示范基地发展情况的交流汇报，研究部署“十二五”期间文化产业园区基地建设管理工作的发展目标、主要任务和措施。自治区文化厅副厅长洪波出席会议并讲话。南宁、柳州、桂林、梧州、北海、钦州、防城港、百色、贵港、河池等市文化局领导和来自5家国家级文化产业示范基地及28家自治区级文化产业示范基地的代表参加了会议。

24日，自治区政府在南宁召开全区村级公共服务中心建设工作会议，自治区安排的2011年村级公共服务中心建设将增至800个。自治区副主席李康在会上指出，各级各有关部门要整合资源、统筹谋划、推进工作。自治区文化厅厅长余益中在会上通报了今年我区村级公共服务中心建设工作的情况，总结了所取得的成效和经验，并对明年的工作提出了新要求。

24日，由自治区党委宣传部牵头、自治区

文化厅等16个部委办厅局共同参加的《乡土情深》文化科技卫生“三下乡”集中示范活动在来宾市金秀瑶族自治县举行。自治区文化厅党组成员、纪检组长李晓泉率领厅艺术处、社文处负责人以及广西歌舞剧院、广西杂技团、广西彩调剧团三家院团的演职人员参加了当天的活动。在当日的活动现场，102名演职人员为当地群众奉献了一台精彩的文艺演出，并向金秀瑶族自治县赠送了一批价值5万元的书籍和文化活动设备。

18日至26日，广西木偶剧团创作排演的木偶音乐剧《拇指姑娘》在唐山市举办的金狮奖第三届全国木偶、皮影戏大赛上获得金奖及表演单项奖，这是厅直属院团今年在国家级奖项上获得的又一佳绩。

河池市：文化

河池市文化广播影视管理局（内挂河池市新闻出版局牌子）成立于2009年12月，由原市文化局、市广播电视局合并组成，是广西最早实行三局合一政府机构体制改革的部门。局里内设机构13个，下属二层机构有市广播电视台、文化市场综合执法支队、群众艺术馆、民族歌舞团、民族图书馆、革命纪念馆、文物管理站（正科级）、艺术创作研究室、演出公司、电影公司等9家单位。

五年来，河池市委、市人民政府年年将文化惠民工程列为年度政府公开承诺的十项为民办的实事之一，从政策和资金上给文化建设工作予以大力支持，县、乡、村文化基础设施建设大为改善，"和谐文化在基层"、"乡村大世界"等群众文化活动广泛开展，覆盖城乡的公共文化服务体系初步形成。五年来，全市创作小品、曲艺、舞蹈节目900多个，声乐器乐曲70多首，多项作品和演出在国内外获奖，涌现出金城女子合唱团等优秀艺术表演团体。共举办了4届河池铜鼓山歌艺术节，刘三姐文化旅游节、巴马国际长寿养生节、凤山世界地质公园国际探险旅游节等"一县一节"文化节庆活动蓬勃开展，影响力日增，2011年5月15日，在由人民网主办的第二届中国节庆创新论坛暨2011中国品牌节会颁奖盛典上，河池铜鼓山歌艺术节荣膺"2011中国十大品牌节庆"，"刘三姐文化旅游节"荣获"中国最具民族特色节庆"称号。五年来，全市被列为国家级重点文物保护单位2处、自治区级文物保护单位6处，全面完成全市首次非物质文化遗产资源普查工作和第三次全国文物普查工作，有刘三姐歌谣、壮族铜鼓习俗等8个项目入选国家级非物质文化遗产名录、17个项目入选自治区级"非遗"名录，宜州市、东兰县、下南乡被命名为"中国民间艺术之乡"，成为全区仅有两个获得被授予第一批自治区级文化生态保护区牌匾的荣誉。五年来，河池市重点发展文化旅游业、影视传媒业、文化娱乐业、互联网上网服务业和印刷业、出版发行业等，据统计，2010年全市文化及相关产业法人单位约1583个，从业人员5000多人，文化及相关产业增加值约4亿多元，文化产业初步实现繁荣发展。

②

在新的起点上，河池市将进一步深化文化体制机制改革，加快构建城乡公共文化服务体系，加快文化产业的发展，加快对文化产品创作生产的引导、引领，重点打造"生态"、"民族"、"红水河"及"铜鼓"品牌，构建"黔桂走廊文化产业带"和"红水河流域文化产业带"，突出"生态、长寿、民族、红色"四大特色，大力促进文化和旅游的融合，重点发展文化娱乐演艺、美术工艺品、广播影视、文博和会展节庆业等，加快文化产业基地建设，打造"生态民族文化名城"，扩大河池优秀民族文化的知名度和影响力。

河池市：文化

河池市文化广播影视管理局（内挂河池市新闻出版局牌子）成立于2009年12月，由原市文化局、市广播电视局合并组成，是广西最早实行三局合一政府机构体制改革的部门。局里内设机构13个，下属二层机构有市广播电视台、文化市场综合执法支队、群众艺术馆、民族歌舞团、民族图书馆、革命纪念馆、文物管理站（正科级）、艺术创作研究室、演出公司、电影公司等9家单位。

五年来，河池市委、市人民政府年年将文化惠民工程列为年度政府公开承诺的十项为民办的实事之一，从政策和资金上给文化建设工作予以大力支持，县、乡、村文化基础设施建设大为改善，“和谐文化在基层”、“乡村大世界”等群众文化活动广泛开展，覆盖城乡的公共文化服务体系初步形成。五年来，全市创作小品、曲艺、舞蹈节目900多个，声乐器乐曲70多首，多项作品和演出在国内外获奖，涌现出金城女子合唱团等优秀艺术表演团体。共举办了4届河池铜鼓山歌艺术节，刘三姐文化旅游节、巴马国际长寿养生节、凤山世界地质公园国际探险旅游节等“一县一节”文化节庆活动蓬勃开展，影响力日增，2011年5月15日，在由人民网主办的第二届中国节庆创新论坛暨2011中国品牌节会颁奖盛典上，河池铜鼓山歌艺术节荣膺“2011中国十大品牌节庆”，“刘三姐文化旅游节”荣获“中国最具民族特色节庆”称号。五年来，全市被列为国家级重点文物保护单位2处、自治区级文物保护单位6处，全面完成全市首次非物质文化遗产资源普查工作和第三次全国文物普查工作，有刘三姐歌谣、壮族铜鼓习俗等8个项目入选国家级非物质文化遗产名录、17个项目入选自治区级“非遗”名录，宜州市、东兰县、下南乡被命名为“中国民间艺术之乡”，成为全区仅有两个获得被授予第一批自治区级文化生态保护区牌匾的荣誉。五年来，河池市重点发展文化旅游业、影视传媒业、文化娱乐业、互联网上网服务业和印刷业、出版发行业等，据统计，2010年全市文化及相关产业法人单位约1583个，从业人员5000多人，文化及相关产业增加值约4亿多元，文化产业初步实现繁荣发展。

②

在新的起点上，河池市将进一步深化文化体制机制改革，加快构建城乡公共文化服务体系，加快文化产业的发展，加快对文化产品创作生产的引导、引领，重点打造“生态”、“民族”、“红水河”及“铜鼓”品牌，构建“黔桂走廊文化产业带”和“红水河流域文化产业带”，突出“生态、长寿、民族、红色”四大特色，大力促进文化和旅游的融合，重点发展文化娱乐演艺、美术工艺品、广播影视、文博和会展节庆业等，加快文化产业基地建设，打造“生态民族文化名城”，扩大河池优秀民族文化的知名度和影响力。

广播影视发展开新局

河池市文化广播影视管理局局长:杨卫群

① 国务院总理温家宝2010年2月13日在河池泼墨挥毫,书写春联

② 温总理大年三十在河池敲响起新年的第一声鼓声

③ 自治区副主席、河池市委书记、市人大常委会主任蓝天立(前右三)到河池市文广局检查指导

④ 1月25日,河池市文化广播影视管理局正式挂牌成立,局党组成员苏满勇(左三),饶永恒(右三),黄英儒(右二),袁俊袖(左二),黄鹤(读稿者),黄家根(左一),卢华厚(右一)参加挂牌仪式

⑤ 河池铜鼓文化生态保护区建设启动仪式现场

⑥ 2010年6月12日,自治区文化厅授予河池"河池铜鼓文化生态保护区"牌匾

⑦ 中共河池市委常委、宣传部部长、副市长黎丽(居中着红正装者)与金城女子合唱团在一起

柳州市：文化改革

柳州市文化局是主管柳州市文化工作的政府行政机关，设有办公室（党办）、艺术科、文化市场管理及产业发展科、社会文化管理科、文物和非物质文化遗产科5个科室。柳州文化工作一直走在全区前列，近几年先后荣获“全国精神文明建设工作先进单位”、“全国文化市场行政执法先进单位”、“全国文化遗产日组织奖”、“全国文化产业先进集体”、“全国文化系统先进集体”、“全国文化市场综合执法先进单位”等称号。

着力打造柳州市艺术剧院。2010年，整合市歌舞团、桂剧团、粤剧团、彩调剧团、文化艺术中心成立了柳州市艺术剧院，该市专业院团改革成为全区的先行者。改革后主动服务大局，服务市民，积极安排公益性演出全年超200场，到县乡村屯的公益演出达40多场，下乡演出场次居全区市级剧院之首，精品剧目演出连续不断。工业题材大剧《红瑶梦》在广西第二届彩调艺术节上获得优秀剧目奖等23个奖项。

精心实施“文化建设十大工程”。加快推进水上大舞台、重建文庙、柳州工业博物馆、白莲洞古人类遗址博物馆、刘三姐文化娱乐中心等工程项目建设，“柳江明珠”水上大舞台成为了目前世界上最大的江上浮动舞台，柳州文庙建设创下8个“全国第一”，市县乡村各级文化设施建设也不断完善。

积极组织举办公益文化活动。文庙免费向市民开放10天，接待参观者100万人次；成功举办“2010中国著名画家走进柳州”、“我爱侗乡——三江农民画展”等画展；“和谐文化服务行”带动基层文化，“周周演”活动吸引各城区250多支文艺队共1500人积极踊跃参演，共演出29场；开展“柳江之夏”群文活动，促进全市基层文化繁荣发展，各类业余文艺团发展到1000余支。“柳江之夏”群众文化活动摘得了社会文化的政府最高奖全国第十五届“群星奖”。

认真开展文物保护工作。完成第三次文物普查第二阶段工作和全市5896件馆藏文物的数据采集、填报和录入工作。传统戏剧侗戏被列入第三批国家级非物质文化遗产名录，民间舞蹈壮族师公舞被列入第三批自治区级非物质文化遗产名录。新建侗族器乐传承基地、侗族农民画传承点、苗族刺绣传承点。

加强市场监管发展文化产业。先后开展“护苗”、“创全国文明城”等多项专项整治行动，建立了网吧远程视频监控平台，充分发挥行业协会及社会各界作用，配合监督管理文化市场，确保了文化市场的繁荣、稳定和安全。认真编制《广西柳州市“十二五”期间文化发展规划》，扶持蓝海动漫产业基地建设，通过招商引资，推进基层经营单位设备升级改造，为文化产业发展创造条件。

发展整体迈上新台阶

柳州市文化局局长：李丽珍

①中共中央政治局委员、中央组织部部长李源潮考察柳侯祠并题字

②国家文物局局长单霁翔（左四）、广西壮族自治区副主席李康（左五）、文化厅厅长余益中（左三）和副厅长章溥（右一）、柳州市副市长王柳平（右三）出席"五菱柳机向柳州工业博物馆捐赠文物仪式"

③解放军艺术学院院长张继钢少将（左二）与市委书记陈刚（右二）为艺术剧院揭牌

④全国游戏游艺机市场管理培训班在柳州市举行

⑤2010年1月9日，第二届广西彩调艺术节开幕式暨柳州市彩调歌舞剧《红瑶梦》首演在市文化艺术中心举行

⑥2010中国柳州祭孔大典在重建落成的柳州文庙举行

⑦2010年7月30日晚，在水上大舞台隆重举办"山水欢歌"——"柳江明珠"水上大舞台首演暨拥军演出，自治区党委常委、宣传部长沈北海与柳州市领导高唱《歌唱祖国》

⑧2010年6月12日在艺术中心大门前露天舞台举办"文化遗产，在我身边"柳州市2010年全国第五个"文化遗产日"文艺演出

⑨2010年11月柳北区下陶村级公共服务中心建成，主楼、舞台、操场等硬件设施一应俱全，图为村级公共文化服务中心揭牌仪式

钦州市：文化及

钦州市文化和新闻出版局于2010年4月由原钦州市文化局和钦州市新闻出版局组建而成，内设办公室（财务科）、社文科、艺术科、文化遗产和产业科、新闻出版科、版权管理科、行政审批科（市场管理科）、监察室等8个科室，下辖钦州市群众艺术馆、图书馆、博物馆、艺术创作办公室、歌舞团、粤剧团、影剧院、演出公司、艺术学校、新华书店等10个二层单位。2010年，该局在钦州市委、市人民政府的正确领导下，认真贯彻落实科学发展观，坚持社会主义先进文化前进方向，着眼于提升全体市民文化素质和增强全社会的凝聚力、创造力，以实施文化惠民工程为动力，全面推进公共文化服务体系建设，各项工作取得了新成绩。

基层文化设施建设取得新进展。全市共建成乡镇综合文化站14个、农家书屋333个、村级公共服务中心33个，为29个达标的乡镇综合文化站和1个社区文化室配置文化活动设备，并为全市541个行政村配送文化信息资源共享工程基层村级点设备。

群众文化活动迈上新台阶。大力开展“和谐之声”百场文艺演出进农村和“快乐周末”社区广场文化活动等群众文化活动，成功举办了首届钦州市“欢乐田园”农村文艺汇演，全市完成送戏下乡300多场。

文化精品创作演出呈现新亮点。组织创作了一批精品剧目，民间舞蹈《鹤舞》作为唯一代表广西参加第八届中国民间艺术节展演，并获银奖；坭兴陶鼓《旱中情》参加第四届全国少数民族曲艺展演，获三等奖。

文化新闻出版市场健康又有新发展。加强对歌舞娱乐场所、网吧、游艺机厅（室）、新闻出版市场等场所、企业的检查整治,年内市、县（区）两级文化行政主管部门共组织开展各种专项整治行动56次，出动执法人员7450人/次，车辆1310台/次，检查经营单位16200户/次，促进社会文化环境健康有序发展。

文化遗产保护传承工作再获新成效。完成了全市第三次文物普查实地调查工作，并顺利通过自治区专家组验收。共普查文物点475处，其中复查300处，新发现175处。公布了钦州市第三批共20个市级非物质文化遗产名录，钦州坭兴陶艺有限责任公司获国家级文化产业示范基地、国家级非物质文化遗产项目保护单位荣誉称号。刘永福、冯子材旧居在9月份正式免费开放。争取到总投资2.14亿元的广西北部湾博物馆落户钦州，前期工作正有序推进。

新闻出版工作展新貌

钦州市文化新闻出版局局长:林钦娟

① 中共中央政治局委员、宣传部部长刘云山(中站者)、陪同的自治区党委常委、宣传部长沈北海(后排三)视察钦州市村级公共服务中心图书室,群众在图书室学习

② 文化部党组成员、国家文物局局长(右一)、自治区副主席李康(左二)在钦州冯子材旧居考察

③ 对文化市场执法人员和经营业主进行培训

④ 新建投入使用的乡镇综合文化楼

⑤ 文物普查重大发现—西坑古运河

⑥ 群众艺术馆开展艺术辅导

⑦ 组织群众自办文艺团体在乡镇社区演出

广西贤才灵创

①

广西贤才灵创文化传播有限公司是一家集代理、宣传、制作于一体的新兴文化传播机构。公司坚持以“一流人才服务社会”为目标，主体经营项目有品牌形象策划、文化艺术交流策划、企业形象策划与推广、趣味运动会策划、各种主题文化节策划、各类广告媒体制作发布、代理经营全国著名书画家作品等，业务领域广泛。

公司目前承接多个政府机关的杂志、年鉴等广告经营业务，协助南海出版公司完成文化年鉴的插图广告征集业务，达成协议全权代理北京《小康》《小康财智》杂志社在广西开展的广告招商业务。2011年，公司获得有关部门的同意，启动了广西籍体育明星李婷、陆永作为企业形象代言人项目的深度策划。

公司通过与广西知名书画院建立长期、密切的合作，拓展广西书画展市场，近两年连续举办了“国家领导人出访专机绘画人张宪大师与广西著名书法家谭华的书画展”，依靠自身厚实的业务创新力，竭诚为客户提供最专业、最优质的人性化服务。

公司地址：广西南宁市怡宾路2号（区工商局对面）　邮编：530022

电话：0771—5673166　　传真：0771—5561670

网址：http://www.gxxcwh.com　　邮箱：gxxcwhcb@163.com

②

③

文化传播有限公司

①2010年，公司首次举办“国家领导人出访专机绘画人张宪老师与广西著名书法家谭华老师书画展”

②2011年11月26日，在南宁喜相逢大酒店举行“北京著名御用画家张宪老师与广西著名书法家谭华老师南北书画家强强联手笔会活动”，会间，张宪老师接受新闻媒体现场采访

③广西贤才灵创文化传播有限公司携广西通宝堂书画院与梧州六堡茶公司开展书法交流活动

④2011年起，公司与北京《小康》杂志社达成协议，全权代理《小康》杂志在广西开展的广告招商业务

⑤世界举重冠军陆永是我公司正在策划广告宣传中的企业形象代言人

⑥广西书法家谭华向北京著名画家张宪老师赠送自己精心创作的作品并合影留念